CURSO DE PROCESSO PENAL

Fernando Capez

Advogado, Procurador de Justiça aposentado, mestre pela Universidade de São Paulo (USP) e doutor pela Pontifícia Universidade Católica de São Paulo (PUC-SP). Atuou no Ministério Público de São Paulo durante trinta e seis anos, lecionou por dezoito anos no Complexo Jurídico Damásio de Jesus, sendo, também, professor honorário da Universidade Presbiteriana Mackenzie, coordenador jurídico da Universidade Nove de Julho, professor concursado da Academia de Polícia e professor da Escola Superior do Ministério Público de SP. Foi Deputado Estadual por três mandatos, Presidente da Comissão de Constituição e Justiça da Assembleia Legislativa de São Paulo (2007-2010), Coordenador do Curso de Direito da Universidade Bandeirante de SP (2004/2012), Presidente da Assembleia Legislativa de São Paulo (2015-2017) e Presidente do Colégio de Presidentes das Assembleias Legislativas do Brasil (2015-2017). Foi Secretário Estadual de Defesa do Consumidor e Presidente do Procon-SP de janeiro de 2019 a março de 2022.

CURSO DE PROCESSO PENAL

32ª edição
2025

- O autor deste livro e a editora empenharam seus melhores esforços para assegurar que as informações e os procedimentos apresentados no texto estejam em acordo com os padrões aceitos à época da publicação, *e todos os dados foram atualizados até a data de fechamento do livro.* Entretanto, tendo em conta a evolução das ciências, as atualizações legislativas, as mudanças regulamentares governamentais e o constante fluxo de novas informações sobre os temas que constam do livro, recomendamos enfaticamente que os leitores consultem sempre outras fontes fidedignas, de modo a se certificarem de que as informações contidas no texto estão corretas e de que não houve alterações nas recomendações ou na legislação regulamentadora.

- Data do fechamento do livro: 18/12/2024

- O autor e a editora se empenharam para citar adequadamente e dar o devido crédito a todos os detentores de direitos autorais de qualquer material utilizado neste livro, dispondo-se a possíveis acertos posteriores caso, inadvertida e involuntariamente, a identificação de algum deles tenha sido omitida.

- Direitos exclusivos para a língua portuguesa
  Copyright © 2025 by **SRV Editora Ltda.**
  Publicada pelo selo **SaraivaJUR**
  Uma editora integrante do GEN | Grupo Editorial Nacional
  Travessa do Ouvidor, 11
  Rio de Janeiro – RJ – 20040-040

- **Atendimento ao cliente: (11) 5080-0751 | faleconosco@grupogen.com.br**

- Reservados todos os direitos. É proibida a duplicação ou reprodução deste volume, no todo ou em parte, em quaisquer formas ou por quaisquer meios (eletrônico, mecânico, gravação, fotocópia, distribuição pela Internet ou outros), sem permissão, por escrito, da **SRV Editora Ltda.**

- Capa: Tiago Dela Rosa
  Diagramação: Guilherme Salvador

- **DADOS INTERNACIONAIS DE CATALOGAÇÃO NA PUBLICAÇÃO (CIP)**
  VAGNER RODOLFO DA SILVA – CRB-8/9410

C241c   Capez, Fernando
         Curso de processo penal / Fernando Capez. – 32. ed. – [2. Reimp.] – São Paulo:
             Saraiva Jur, 2025.

         632 p.
         ISBN: 978-85-5362-581-9

         1. Direito. 2. Direito penal. 3. Processo penal. I. Título.

                              CDD 345
         2024-4164   CDU 343

         Índice para catálogo sistemático:
         1. Direito penal   345
         2. Direito penal   343

Respeite o direito autoral

À minha esposa, Valéria.

A Damásio de Jesus e Luiz Flávio Gomes, pela contribuição inestimável à Ciência Criminal.

A todos os estudantes de Direito e candidatos a concurso, com quem me solidarizo.

SOBRE O AUTOR

Fernando Capez é Mestre pela Universidade de São Paulo (USP) e Doutor pela Pontifícia Universidade Católica de São Paulo (PUC-SP). Lecionou durante dezoito anos no Complexo Jurídico Damásio de Jesus, sendo, também, Professor na Escola Superior do Ministério Público de São Paulo, Professor Concursado na Academia de Polícia do Estado de São Paulo e Professor Honorário na Universidade Presbiteriana Mackenzie, na Universidade Paulista (Unip), no Centro Universitário FAM e na Universidade Nove de Julho (Uninove).

É palestrante nacional e internacional, e autor de diversos livros, principalmente nas áreas de Direito Penal e Processual Penal, publicados pela Saraiva Educação.

Suas obras possuem como principais virtudes a objetividade, a linguagem direta, fácil e agradável, vasto embasamento decorrente da larga experiência teórica e prática do autor, organização lógica dos temas em tópicos e subtópicos, contribuindo para a sua rápida localização, além de jurisprudência atualizada, farta citação doutrinária e quadros sinóticos.

A utilidade dos trabalhos alcança desde estudantes que se preparam para provas, exames da OAB e concursos públicos até experientes operadores do Direito, tais como Juízes, Desembargadores e Ministros, membros do Ministério Público Estadual e Federal, procuradores e defensores públicos, delegados de polícia e advogados.

O autor, além de vasta experiência docente, tem também intensa atuação profissional. É advogado militante, integrou o Ministério Público de São Paulo por 36 (trinta e seis anos), tendo se aposentado como Procurador de Justiça. Ao longo de sua carreira atuou no primeiro e quarto tribunais do júri da capital de São Paulo e na promotoria de justiça do patrimônio público, foi também Deputado Estadual por três mandatos, Presidente da Comissão de Constituição e Justiça da Assembleia Legislativa de São Paulo (2007-2010), Coordenador do Curso de Direito da Universidade Bandeirante de SP (2004/2012), Presidente da Assembleia Legislativa de São Paulo (2015-2017), Presidente do Colégio de Presidentes das Assembleias Legislativas do Brasil (2015-2017). Foi Secretário Estadual de Defesa do Consumidor e Presidente do PROCON-SP de janeiro de 2019 a março de 2022.

ABREVIATURAS

Ac.	Acórdão
AC	Apelação Cível
ACrim	Apelação Criminal
ADI	Ação Direta de Inconstitucionalidade
ADPF	Arguição de Descumprimento de Preceito Fundamental
Ag.	Agravo
AgI	Agravo de Instrumento
AgRg	Agravo Regimental
Ajuris	*Revista da Associação dos Juízes do Rio Grande do Sul*
ANPP	Acordo de não Persecução Penal
APn	Ação Penal
CC	Código Civil
CComp	Conflito de Competência
CE	Constituição Estadual
CF	Constituição Federal
CJ	Conflito de Jurisdição
CLT	Consolidação das Leis do Trabalho
CP	Código Penal
CPar	Correição Parcial
CPC	Código de Processo Civil
CPM	Código Penal Militar
CPP	Código de Processo Penal
CPPM	Código de Processo Penal Militar
DJ	*Diário da Justiça*
DJe	*Diário da Justiça eletrônico*
DJU	*Diário da Justiça da União*
DOU	*Diário Oficial da União*
ED	Embargos de Declaração

EI	Embargos Infringentes
HC	*Habeas corpus*
JECrim	Juizado Especial Criminal
JSTF	*Jurisprudência do Supremo Tribunal Federal*
JSTJ	*Jurisprudência do Superior Tribunal de Justiça*
JTACrimSP	*Julgados do Tribunal de Alçada Criminal de São Paulo*
JTARGS	*Julgados do Tribunal de Alçada do Rio Grande do Sul*
LCP	Lei das Contravenções Penais
LEP	Lei de Execução Penal
LINDB	Lei de Introdução às Normas do Direito Brasileiro
LOEMP	Lei Orgânica Estadual do Ministério Público
LOMN	Lei Orgânica da Magistratura Nacional
LONMP	Lei Orgânica Nacional do Ministério Público
Min.	Ministro
MP	Ministério Público
MS	Mandado de Segurança
m. v.	maioria de votos
OAB	Ordem dos Advogados do Brasil
ONU	Organização das Nações Unidas
RCrim	Recurso Criminal
RDA	*Revista de Direito Administrativo*
RE	Recurso Extraordinário
RECrim	Recurso Extraordinário Criminal
rel.	relator
RESE	Recurso em Sentido Estrito
REsp	Recurso Especial
RF	*Revista Forense*
RHC	Recurso de *Habeas corpus*
RISTF	Regimento Interno do Supremo Tribunal Federal
RISTJ	Regimento Interno do Superior Tribunal de Justiça
RITACrimSP	Regimento Interno do Tribunal de Alçada Criminal de São Paulo
RJ	*Revista Jurídica*
RJDTACrimSP	*Revista de Julgados e Doutrina do Tribunal de Alçada Criminal de São Paulo*
RJSTJ	*Revista de Julgados do Superior Tribunal de Justiça*

RJTJRGS	*Revista de Julgados do Tribunal de Justiça do Rio Grande do Sul*
RJTJSP	*Revista de Julgados do Tribunal de Justiça de São Paulo*
RMS	Recurso de Mandado de Segurança
RPGSP	*Revista da Procuradoria-Geral do Estado de São Paulo*
RT	*Revista dos Tribunais*
RTFR	*Revista do Tribunal Federal de Recursos*
RTJ	*Revista Trimestral de Jurisprudência*
RvCrim	Revisão Criminal
Sec.	Seção
STF	Supremo Tribunal Federal
STJ	Superior Tribunal de Justiça
T.	Turma
TACrimSP	Tribunal de Alçada Criminal de São Paulo
TFR	Tribunal Federal de Recursos (extinto pela CF de 1988)
v. u.	votação unânime
v. v.	voto vencido

PREFÁCIO

No início de 1990, o Procurador de Justiça Cássio Juvenal Faria, Professor em nosso Curso MPM, mais conhecido como "Curso do Damásio", em São Paulo, procurou-me com recado de um ex-aluno classificado em primeiro lugar em concurso de ingresso ao Ministério Público do Estado de São Paulo que queria lecionar no curso.

Resolvi dar-lhe uma chance, por conta de sua coragem, no curso de férias: uma aula sobre crimes culposos de trânsito. Aguardei a reação dos alunos. "Ele é excelente!" "Muito bom!" Convidei-o, então, para dar uma aula no curso regular, enfrentando uma classe numerosa. Sucesso absoluto!

Foi assim que eu o contratei para ser Professor do Curso do Damásio, tendo começado a lecionar Direito Penal, Direito Constitucional e Tutela de Interesses Difusos e Coletivos.

Com vontade e esforço, firmou-se como um dos nossos melhores professores.

Nome do jovem corajoso: Fernando Capez. Estudioso, competente, leal aos amigos e fiel aos ideais de Justiça.

É desse jovem que tenho a honra de apresentar à comunidade jurídica brasileira seu primeiro livro: *Curso de Processo Penal*.

É sabido que o processo penal brasileiro, com o advento da Constituição Federal de 1988, da Lei dos Juizados Especiais Criminais, com a realização de atualizações no Código de Processo Penal e com o avanço das penas alternativas, pode ser encarado sob dois aspectos: o processo penal clássico, de litígio, e o processo penal de consenso. No primeiro, regido sobretudo pelo Código de Processo Penal e pela legislação especial, faz-se a coerção indireta, pelo exercício da pretensão punitiva estatal, sob a égide do devido processo legal, no tocante aos delitos de maior gravidade, obedecidas as regras da Carta Magna. No segundo, com fundamento no consenso das partes e na titularidade do Ministério Público para exercer a ação penal, cuida-se das infrações penais e das situações processuais que comportam a possibilidade de realização de acordos entre o investigado e o Ministério Público, seja por meio de transação penal ou por meio do acordo de não persecução penal, oportunizando a aplicação de penas alternativas, nos moldes e regras da permissão constitucional, da Lei n. 9.099/95 e do art. 28-A do CPP. Em ambos, o procedimento criminal em sentido amplo, desde a fase do inquérito policial até a execução das penas, obedece a princípios constitucionais modernos contidos na Carta Magna de 1988 e na reforma pontual.

Por isso torna-se necessário que as obras de Direito Processual Penal se norteiem por novos princípios, com fundamento nas regras do processo penal do terceiro milênio.

Em 1996, na busca de um manual para indicar a meus alunos, solicitei ao Professor Fernando Capez que elaborasse um trabalho de processo penal adequado aos novos tempos: objetivo, claro, didático, preciso, com terminologia moderna, novas ideias e doutrinas, citando ligeiramente as posições da jurisprudência, fundamentada nos princípios da Constituição Federal, com questões e breves respostas no final dos capítulos. Sugeri que a obra fosse ágil, fácil de ser consultada. Na era da Internet, não é mais possível elaborar livros quilométricos, exigindo a leitura do capítulo inteiro para se descobrir a opinião do autor. Como me disse no começo de minha carreira o atual Deputado Federal Hélio Bicudo:

— Se possível, Damásio, exponha a sua posição na primeira linha do trabalho; se puder, no título.

Tempos depois Fernando Capez entregou-me os originais. Examinei-os. Aprovei. Disse-lhe:

— A obra é excelente. Temos dois caminhos. Editá-la pelo Curso ou publicá-la por uma editora. Profissionalmente, para o MPM, é mais vantajosa a primeira opção. Para sua carreira, a segunda. O MPM desiste de publicar seu trabalho. Se quiser, apresento-o à Editora Saraiva e digo que o seu livro vai ser a obra-texto recomendada para estudo de processo penal no MPM.

No dia seguinte, apresentei o Professor Fernando Capez e os originais do livro ao Dr. Antonio Luiz de Toledo Pinto, então Diretor Editorial Jurídico da Saraiva, que os aprovou.

A obra é ágil e fácil de ser consultada. Os capítulos são bem divididos, tornando-se cômoda e simples a pesquisa do tema procurado. Está atualizada nos termos da reforma pontual, abordando temas modernos, como escuta telefônica, efeitos da revelia, prisão temporária, crimes hediondos, crime organizado, provas ilícitas, recurso em liberdade, Juizados Especiais Criminais, suspensão condicional do processo etc. Assim, tomando apenas dois exemplos, a aplicação temporal da lei processual penal e a suspensão do processo estão expostas magistralmente (legislação, doutrina e jurisprudência).

O livro não é só destinado a alunos e candidatos a concursos jurídicos. Certamente juízes, promotores de justiça, delegados de polícia, procuradores, advogados e tantos que militam na área jurídico-penal nele encontrarão amplo manancial de informações firmes e seguras.

É o livro de processo penal indicado pelo MPM.

Não faz muito tempo, conta-se que Sua Majestade, a Rainha Elizabeth II, fez uma visita real ao Canadá. Em seu itinerário constava conhecer uma cidadezinha muito pitoresca, que tinha acabado de eleger o mais jovem chefe político de sua história.

O jovem e novo Prefeito ficou muito apreensivo com a missão inesperada: receber tão importante visita nos primeiros dias de sua carreira política e apresentar Sua

Majestade à comunidade. No dia da visita, muito nervoso, esqueceu em casa o "colar oficial de cerimônias públicas", parecido com essas faixas presidenciais cheias de brasões e medalhas.

No início da cerimônia, a Rainha, percebendo o embaraço do Prefeito, procurou deixá-lo à vontade, tentando uma conversa informal e amigável:

— Senhor Prefeito, o Senhor não possui o colar oficial de cerimônias públicas?

E ele respondeu, mais nervoso ainda:

— Oh, sim, Madame, tenho, mas só o uso em ocasiões importantes!

Hoje, se tivesse um colar oficial de cerimônias, eu o estaria usando, pois é um importante momento em minha vida: apresentar ao mundo jurídico brasileiro a primeira obra de um grande aluno.

Damásio de Jesus

ÍNDICE

Sobre o Autor VII
Abreviaturas IX
Prefácio XIII

1. Introdução 1
    1.1. Conceito de processo penal 1
    1.2. O processo penal e o direito de punir 1
    1.3. Conteúdo do processo penal 2
Questões 3

2. Jurisdição 3
    2.1. Interesse, pretensão, conflitos de interesse e litígio 4
    2.2. Autotutela 4
    2.3. Autocomposição 5
    2.4. A intervenção de terceiro, a mediação e o processo 5
    2.5. Características da jurisdição 6
        2.5.1. Substitutividade 6
        2.5.2. Escopo de atuação do direito 7
        2.5.3. Inércia 7
        2.5.4. Imutabilidade (ou definitividade) 8
        2.5.5. Lide 8
    2.6. Princípios próprios da jurisdição 8
        2.6.1. Investidura 8
        2.6.2. Indelegabilidade 8
        2.6.3. Inevitabilidade 9
        2.6.4. Inafastabilidade (ou princípio do controle jurisdicional) 9
        2.6.5. Juiz natural 9
        2.6.6. Juiz de garantias 10
    2.7. Finalidades da jurisdição 13
    2.8. Espécies de jurisdição 13
    2.9. Jurisdição necessária 13
Questões 14

3. Processo 14
    3.1. Processo, procedimento e relação jurídica processual 14

3.2.	Elementos identificadores da relação processual		15
	3.2.1.	Sujeitos processuais	15
	3.2.2.	Objeto da relação processual	15
	3.2.3.	Pressupostos processuais	16
3.3.	Formas do procedimento		16
3.4.	Princípios informadores do processo penal		19
	3.4.1.	Legalidade	19
	3.4.2.	Verdade real	20
	3.4.3.	Imparcialidade do juiz	21
	3.4.4.	Igualdade processual	21
	3.4.5.	Contraditório	22
	3.4.6.	Ampla defesa	23
Jurisprudência			24
	3.4.7.	Da ação ou demanda	24
	3.4.8.	Da disponibilidade e da indisponibilidade	24
	3.4.9.	Oficialidade	25
	3.4.10.	Oficiosidade	25
	3.4.11.	Autoritariedade	25
	3.4.12.	Indisponibilidade	25
	3.4.13.	Da verdade formal ou dispositivo	26
	3.4.14.	Da verdade material ou da livre investigação das provas	26
	3.4.15.	Inadmissibilidade das provas obtidas por meios ilícitos	26
	3.4.16.	Do impulso oficial	27
	3.4.17.	Iniciativa das partes (*ne procedat judex ex officio*)	27
	3.4.18.	*Ne eat judex ultra petita partium*	27
	3.4.19.	Da persuasão racional do juiz	28
	3.4.20.	Da motivação das decisões judiciais	28
	3.4.21.	Publicidade	29
	3.4.22.	Lealdade processual	30
	3.4.23.	Economia processual	30
	3.4.24.	Celeridade processual	30
	3.4.25.	Duplo grau de jurisdição	31
	3.4.26.	Estado de inocência	31
	3.4.27.	*Favor rei*	33
	3.4.28.	Juiz natural	33
	3.4.29.	Identidade física do juiz	33
	3.4.30.	Promotor natural	34
	3.4.31.	Devido processo legal	34
3.5.	Pretensão punitiva		35
3.6.	Tipos de processo penal		36
	3.6.1.	Acusatório	36
	3.6.2.	Inquisitivo	36
	3.6.3.	Misto	36
Jurisprudência			36
Questões			38

4.	**Eficácia da lei processual penal no tempo**......................................	**38**
Jurisprudência..		41
Questões...		42
5.	**Eficácia da lei processual penal no espaço**......................................	**42**
Questões...		43
6.	**Imunidades**	**43**
	6.1. Imunidades diplomáticas	43
	6.2. Imunidades parlamentares..	43
	6.3. Imunidade material...	44
	6.4. Imunidade processual	45
	6.5. Imunidade prisional	46
	6.6. Do foro especial por prerrogativa de função................................	46
	6.7. Prerrogativa de foro de outras autoridades..................................	47
	6.8. Imunidade para servir como testemunha	48
	6.9. Imunidades parlamentares e estado de sítio	48
	6.10. Imunidade penal temporária do presidente da República............	48
Jurisprudência..		48
Questões...		49
7.	**Interpretação da lei processual penal**...	**49**
	7.1. Conceito...	49
	7.2. Espécies..	49
	7.3. Interpretação da norma processual..	50
	7.4. Formas de procedimento interpretativo..	50
Questões...		50
8.	**Analogia**...	**50**
	8.1. Conceito	50
	8.2. Fundamento	51
	8.3. Natureza jurídica...	51
	8.4. Distinção..	51
	8.5. Espécies..	51
	8.6. Norma processual...	51
Jurisprudência..		52
Questões...		52
9.	**Fontes do direito processual penal**	**52**
	9.1. Conceito	52
	9.2. Espécies..	52
	9.3. Fonte de produção	52
	9.4. Fonte formal..	53
	9.5. Costume	53

	9.6.	Princípios gerais do direito	53
	9.7.	Lei processual	53
Questões			53
10.	**Inquérito policial**		**53**
	10.1.	Conceito	53
	10.2.	Polícia judiciária	54
	10.3.	Competência e atribuição	54
Jurisprudência			56
	10.4.	Finalidade	56
	10.5.	Inquéritos extrapoliciais	56
Jurisprudência			57
	10.6.	Características	58
		10.6.1. Procedimento escrito	58
		10.6.2. Sigiloso	58
		10.6.3. Oficialidade	59
		10.6.4. Oficiosidade	59
		10.6.5. Autoritariedade	59
		10.6.6. Indisponibilidade	59
		10.6.7. Inquisitivo	59
Jurisprudência			60
	10.7.	Valor probatório	60
Jurisprudência			61
	10.8.	Vícios	61
Jurisprudência			61
	10.9.	Juizados especiais (Lei n. 9.099/95)	62
Jurisprudência			62
	10.10.	Dispensabilidade	63
Jurisprudência			63
	10.11.	Incomunicabilidade	63
	10.12.	*Notitia criminis*	63
	10.13.	Início do inquérito policial	64
		10.13.1. Crime de ação penal pública incondicionada (CPP, art. 5º, I e II, §§ 1º, 2º e 3º)	64
		10.13.2. Crime de ação penal pública condicionada (CPP, art. 5º, § 4º)	66
		10.13.3. Crime de ação penal privada (CPP, art. 5º, § 5º)	66
	10.14.	Peças inaugurais do inquérito policial	67
Jurisprudência			67
	10.15.	Providências	67
	10.16.	Indiciamento	71
Jurisprudência			73
	10.17.	Encerramento	74
	10.18.	Prazo	74

		10.19.	Prazos especiais	77
		10.20.	Contagem do prazo..	77
Jurisprudência...				77
		10.21.	Arquivamento — Inovações da Lei n. 13.964/2019	78
		10.22.	Investigações criminais presididas diretamente pelo representante do Ministério Público	79
Jurisprudência...				81
		10.23.	Investigação do crime de tráfico de pessoas.................................	82
Questões				83
11.	**Ação penal**			**84**
	11.1.	Conceito		84
	11.2.	Características..		84
	11.3.	Espécies de ação penal no direito brasileiro...		84
	11.4.	As condições da ação penal...		85
		11.4.1.	Possibilidade jurídica do pedido	85
		11.4.2.	Interesse de agir	86
		11.4.3.	Legitimação para agir	86
	11.5.	Ação penal pública incondicionada: titularidade e princípios.............		87
		11.5.1.	Titularidade	87
		11.5.2.	Princípio da obrigatoriedade	88
			11.5.2.1. Acordo de Não Persecução Penal — ANPP............	89
			11.5.2.1.1. Breve histórico	89
			11.5.2.1.2. Conceito...	89
			11.5.2.1.3. Finalidade..	90
			11.5.2.1.4. Natureza jurídica..................................	90
			11.5.2.1.5. Requisitos, condições, vedações e procedimentos	91
			11.5.2.1.6. Violência culposa..................................	92
			11.5.2.1.7. Questão polêmica: aplicação do ANPP no tempo...	92
Jurisprudência				92
		11.5.3.	Princípio da indisponibilidade..	94
		11.5.4.	Princípio da oficialidade	94
		11.5.5.	Princípio da autoritariedade	95
		11.5.6.	Princípio da oficiosidade	95
		11.5.7.	Princípio da indivisibilidade	95
		11.5.8.	Princípio da intranscendência	95
		11.5.9.	Princípio da suficiência da ação penal...........................	96
	11.6.	Ação penal pública condicionada..		96
		11.6.1.	Conceito...	96
		11.6.2.	Ação penal pública condicionada à representação	96
		11.6.3.	Crimes cuja ação depende de representação da vítima ou de seu representante legal	97

	11.6.4.	Natureza jurídica da representação	97
	11.6.5.	Titular do direito de representação	98
	11.6.6.	Prazo	99
	11.6.7.	Forma	99
	11.6.8.	Destinatário	100
	11.6.9.	Irretratabilidade	101
	11.6.10.	Não vinculação	101
	11.6.11.	Ação penal pública condicionada à requisição do Ministro da Justiça	102
	11.6.12.	Ação penal nos crimes contra a dignidade sexual	103
Jurisprudência			103
	11.6.13.	Ação penal nos crimes de violência doméstica e familiar contra a mulher – Lei n. 11.340/2006	103
Jurisprudência			103
11.7.	Ação penal privada: conceito, fundamento e princípios		103
	11.7.1.	Conceito	103
	11.7.2.	Fundamento	104
	11.7.3.	Titular	104
	11.7.4.	Princípio da oportunidade ou conveniência	105
	11.7.5.	Princípio da disponibilidade	105
	11.7.6.	Princípio da indivisibilidade	105
	11.7.7.	Princípio da intranscendência	105
11.8.	Ação penal privada: espécies		106
	11.8.1.	Exclusivamente privada, ou propriamente dita	106
	11.8.2.	Ação privada personalíssima	106
	11.8.3.	Subsidiária da pública	106
	11.8.4.	Ação penal secundária	106
11.9.	Crimes de ação penal privada no Código Penal		107
11.10.	Prazo da ação penal privada		107
11.11.	Distinção entre prazo penal e prazo processual		108
Jurisprudência			109
Questões			109
12.	**Denúncia e queixa**		**109**
12.1.	Conceito		109
12.2.	Requisitos: art. 41 do CPP		110
Jurisprudência			113
12.3.	Omissões		113
12.4.	Prazo para a denúncia (CPP, art. 46)		113
12.5.	Prazo para a queixa (CPP, art. 38)		114
12.6.	Aditamento da queixa		114
12.7.	Rejeição da denúncia ou queixa: art. 395 do CPP		115
	12.7.1.	Inépcia da denúncia ou queixa	115
	12.7.2.	Ausência de pressuposto processual	115

	12.7.3.	Ausência de condição para o exercício da ação penal............	115
	12.7.4.	Ausência de justa causa para o exercício da ação penal	117
12.8.	Fundamentação no recebimento......................................		117
12.9.	Recurso..		117
12.10.	Absolvição sumária...		118
12.11.	Rejeição posterior da denúncia recebida		118
Jurisprudência..			118
Questões..			119

13. Ação civil *ex delicto* 119
Questões.. 123

14. Sujeitos processuais.. 123
- 14.1. Juiz penal.. 123
- 14.2. Prerrogativas e vedações... 125
- 14.3. Ministério Público... 126
- 14.4. Prerrogativas e vedações... 127
- 14.5. Princípios – art. 127, § 1º, da Constituição Federal 127
  - 14.5.1. Unidade e indivisibilidade............................... 127
  - 14.5.2. Independência.. 128
  - 14.5.3. Autonomia funcional e administrativa (art. 127, § 2º, da CF/88).. 128
- 14.6. Querelante.. 128
- 14.7. Acusado... 129
- 14.8. Identificação... 129
- 14.9. Presença, direito ao silêncio e revelia........................ 130
- 14.10. Outras garantias fundamentais 132
- 14.11. Defensor.. 133
- 14.12. Defensor constituído.. 135
- 14.13. Defensor dativo 135
- 14.14. Curador... 136
- 14.15. Assistente 136
- 14.16. Ministério Público e ação penal privada...................... 137
- 14.17. Funções do assistente: natureza jurídica 139
- 14.18. Admissão 141
- 14.19. Atividades do assistente 142
- 14.20. Prazo para interpor recurso 145

Jurisprudência.. 146
Questões.. 146

15. Competência 147
- 15.1. Conceito de jurisdição... 147
- 15.2. Origem etimológica da palavra "jurisdição" 147
- 15.3. Princípios da jurisdição 147

15.4.	Características da jurisdição	148
15.5.	Competência	148
15.6.	Conceito de competência	148
15.7.	Espécies de competência	149
15.8.	Como saber qual o juízo competente?	149
Jurisprudência		160
15.9.	Outros critérios para saber qual o juiz competente	160
15.10.	Diferença entre competência material e competência funcional	161
15.11.	Competência absoluta e relativa	161
15.12.	Prorrogação de competência necessária e voluntária	162
15.13.	Delegação de competência	162
15.14.	Competência *ratione materiae* na Constituição Federal	163
15.15.	Competência pelo lugar da infração: teoria adotada e regras especiais	163
15.16.	Competência pelo domicílio ou residência do réu	164
15.17.	Competência pela natureza da infração	165
	15.17.1. Federalização das causas relativas a direitos humanos. Do incidente de deslocamento de competência	168
	15.17.2. Do Tribunal Penal Internacional. Competência para julgar genocídio, crimes de guerra, contra a humanidade e de agressão	168
15.18.	Competência por distribuição	169
15.19.	Competência por conexão	169
	15.19.1. Espécies de conexão	169
15.20.	Competência por continência	170
15.21.	Foro prevalente	171
15.22.	Separação de processos	172
15.23.	Competência por prevenção	173
15.24.	*Perpetuatio jurisdictionis*	174
Jurisprudência		174
Questões		175

16. Prisão **175**

16.1.	Introdução	175
	16.1.1. Finalidade das regras da prisão provisória	175
	16.1.2. Prisão provisória: imprescindibilidade	175
	16.1.3. Hipóteses de prisão provisória: ser preso e permanecer preso	175
	16.1.4. Caráter excepcional da prisão preventiva: restrição de hipóteses para seu cabimento e natureza subsidiária como providência cautelar	176
	16.1.5. Revisão obrigatória de todos os casos de prisão provisória	176
	16.1.6. Modificações operadas no instituto da fiança	177

16.2.	Conceito		177
16.3.	Espécies de prisão		177
16.4.	Mandado de prisão		178
16.5.	Prisão em domicílio		179
16.6.	Prisão em perseguição		180
16.7.	Prisão fora do território do juiz		180
16.8.	Custódia		180
16.9.	Uso de algemas		180
16.10.	Prisão especial		183
16.11.	Prisão provisória domiciliar		185
16.12.	Prisão em flagrante		185
	16.12.1.	Espécies de flagrante	185
	16.12.2.	Flagrante nas várias espécies de crimes	188
	16.12.3.	Sujeitos do flagrante	188
	16.12.4.	Auto de prisão em flagrante	190
	16.12.5.	Relaxamento da prisão em flagrante pela própria autoridade policial	194
	16.12.6.	Prisão em flagrante por apresentação espontânea	195
	16.12.7.	Audiência de custódia	195
16.13.	Prisão preventiva		196
	16.13.1.	Conceito	196
	16.13.2.	Natureza	196
	16.13.3.	Presunção da inocência e prisão cautelar	196
	16.13.4.	Pressupostos para a prisão preventiva: *fumus comissi delicti*	197
	16.13.5.	Requisitos para a prisão preventiva: *periculum libertatis*	197
	16.13.6.	Da contemporaneidade da prisão preventiva	199
Jurisprudência			200
	16.13.7.	Hipóteses de cabimento da prisão preventiva	201
	16.13.8.	Momento para a decretação da prisão preventiva	202
	16.13.9.	Recurso contra a decisão que decretar a prisão preventiva	202
	16.13.10.	Modalidades de prisão preventiva: autônoma; transformada ou convertida; e substitutiva ou subsidiária	202
	16.13.11.	Prisão preventiva domiciliar	204
Jurisprudência			205
	16.13.12.	Prisão preventiva, medidas cautelares e detração penal	205
	16.13.13.	Prazo para conclusão do inquérito policial no caso de indiciado preso	207
		16.13.13.1. Termo inicial do prazo na hipótese de conversão do flagrante em preventiva	207
	16.13.14.	Conversão do flagrante em prisão preventiva, sem oferecimento da denúncia: possibilidade	207
	16.13.15.	Fundamentação	208

	16.13.16.	Revogação	208
	16.13.17.	Momentos processuais em que a prisão preventiva deverá ser necessariamente revista	209

Jurisprudência 209

- 16.14. Prisão temporária 209
- 16.15. Medidas cautelares 212
  - 16.15.1. Pressupostos constitucionais: necessidade e adequação...... 212
  - 16.15.2. Caráter subsidiário da preventiva: preponderância das medidas cautelares alternativas... 214
  - 16.15.3. Rol de medidas cautelares 214
  - 16.15.4. Necessidade e adequação para as medidas cautelares alternativas... 215
  - 16.15.5. Ressalvas legais... 215
  - 16.15.6. Decretação das medidas cautelares 216
  - 16.15.7. Contraditório 216
  - 16.15.8. Descumprimento das obrigações impostas: prisão preventiva é a *ultima ratio* 216
  - 16.15.9 Revogação da cautelar não implica prisão automática 217
- 16.16. Liberdade provisória 217
  - 16.16.1. Conceito... 217
  - 16.16.2. Espécies.. 217
  - 16.16.3. Liberdade provisória sem a necessidade de recolhimento de fiança... 218
  - 16.16.4. Competência para a concessão... 218
  - 16.16.5. Recurso 218
  - 16.16.6. Liberdade provisória com fiança 218
    - 16.16.6.1. A liberdade provisória como regra 218
    - 16.16.6.2. Conceito de fiança criminal................................... 218
    - 16.16.6.3. Natureza cautelar.. 219
    - 16.16.6.4. Momento para concessão da fiança 219
    - 16.16.6.5. Modalidades de fiança.. 219
    - 16.16.6.6. Arbitramento da fiança: critérios para a concessão... 220
    - 16.16.6.7. Dispensa do pagamento em razão da situação econômica 220
    - 16.16.6.8. Reforço da fiança.. 220
    - 16.16.6.9. Obrigações processuais decorrentes da fiança ... 220
    - 16.16.6.10. Momento e competência para a sua concessão ... 220
    - 16.16.6.11. Prática de mais de um crime passível de fiança.. 221
    - 16.16.6.12. Delito afiançável e existência de motivo para decretação da prisão preventiva............................. 221
    - 16.16.6.13. Quebramento da fiança 221
      - 16.16.6.13.1. Efeitos do quebramento da fiança 221
    - 16.16.6.14. Perdimento da fiança 221

		16.16.6.15. Cassação da fiança	222
		16.16.6.16. Infrações inafiançáveis	222
Jurisprudência			222
Questões			223

17. Prova 224

	17.1.	Conceito e objetivo	224
	17.2.	Objeto	224
		17.2.1. Fatos que independem de prova	224
		17.2.2. Fatos que dependem de prova	225
		17.2.3. Prova do direito	225
	17.3.	Prova proibida	226
		17.3.1. Conceito	226
		17.3.2. Provas ilícitas por derivação e a teoria dos "frutos da árvore envenenada" (*fruits of the poisonous tree*). Princípio da proporcionalidade	227
		17.3.3. Provas ilícitas nos termos do art. 157 do CPP	230
		17.3.4. Provas ilícitas e a inviolabilidade do sigilo das comunicações. Comunicação por carta e telegráfica	234
		17.3.5. Provas ilícitas e a inviolabilidade do sigilo das comunicações. Comunicações telefônicas	235
		17.3.6. Inviolabilidade do sigilo das comunicações. Comunicações telefônicas. Interceptação. Requisitos legais constantes da Lei n. 9.296/96	240
		17.3.7. Provas ilícitas e a quebra do sigilo bancário e fiscal	245
Jurisprudência			247
	17.4.	Classificação das provas	248
	17.5.	Meios de prova	248
	17.6.	Ônus da prova	249
		17.6.1. Procedimento probatório	250
		17.6.2. Prova emprestada	251
		17.6.3. O álibi	251
	17.7.	Sistemas de apreciação	251
	17.8.	Princípios gerais das provas	252
	17.9.	A providência cautelar da busca e apreensão	253
		17.9.1. Natureza jurídica	253
		17.9.2. Objeto	253
		17.9.3. Busca em repartição pública	254
		17.9.4. Busca domiciliar	254
Jurisprudência			255
		17.9.4.1. Restrição	255
		17.9.4.2. Horário	255
		17.9.4.3. Requisitos	255

		17.9.5.	Busca pessoal	256
			17.9.5.1. Requisitos	256
			17.9.5.2. Restrições	256
		17.9.6.	Da apreensão	256
	17.10.	Das perícias		257
		17.10.1.	Conceito	257
			17.10.1.1. Natureza jurídica	257
			17.10.1.2. Requisitos	257
			17.10.1.3. Determinação das perícias	258
			17.10.1.4. Espécies de perícias	258
			17.10.1.5. Do procedimento da perícia	259
			17.10.1.6. Laudo pericial	259
		17.10.2.	Do exame de corpo de delito	260
			17.10.2.1. Conceito	260
			17.10.2.2. Distinção entre corpo de delito e exame de corpo de delito	260
			17.10.2.3. Distinção entre exame de corpo de delito direto e indireto	260
			17.10.2.4. Indispensabilidade do exame de corpo de delito	260
Jurisprudência				263
			17.10.2.5. Impossibilidade do exame de corpo de delito direto em infração que deixa vestígio	263
			17.10.2.6. Espécies	264
		17.10.3.	Perito	264
			17.10.3.1. Conceito	264
			17.10.3.2. Espécies	264
			17.10.3.3. Impedimentos	264
		17.10.4.	Perícia psiquiátrica	265
		17.10.5.	Questões polêmicas	265
	17.11.	Interrogatório		266
		17.11.1.	Conceito	266
		17.11.2.	Natureza	266
		17.11.3.	Disposições legais que reforçam o interrogatório como meio de defesa	268
		17.11.4.	Características	269
		17.11.5.	Ausência de interrogatório no curso da ação	270
		17.11.6.	Princípio da identidade física do juiz	270
		17.11.7.	Interrogatório por videoconferência	271
Jurisprudência				274
		17.11.8.	Silêncio e mentira do réu	274
		17.11.9.	Espécies de interrogatório	274
		17.11.10.	Revel	275
		17.11.11.	O conteúdo do interrogatório	275
	17.12.	Confissão. Conceito. Fatores determinantes		276

	17.12.1.	Espécies de confissão	276
	17.12.2.	Valor probante da confissão	277
		17.12.2.1. Jurisprudência sobre o valor da confissão	277
	17.12.3.	Características da confissão (CPP, art. 200)	277
Jurisprudência			278
	17.12.4.	Confissão ficta	278
17.13.	Prova testemunhal ou testemunha		278
	17.13.1.	Conceito	278
	17.13.2.	Características da prova testemunhal	278
	17.13.3.	Características das testemunhas	279
	17.13.4.	Dispensas e proibições	279
	17.13.5.	Testemunha suspeita. Conceito e distinções	280
	17.13.6.	Causas de suspeição	281
	17.13.7.	Contradita	281
	17.13.8.	Número de testemunhas	281
	17.13.9.	Classificação das testemunhas	282
	17.13.10.	Deveres da testemunha	282
	17.13.11.	Procedimento	282
	17.13.12.	Termo	284
	17.13.13.	Sistema de exame judicial	284
	17.13.14.	Depoimento infantil	284
	17.13.15.	Testemunho de policiais	284
	17.13.16.	Incomunicabilidade	285
	17.13.17.	Falso testemunho (art. 342 do CP)	285
	17.13.18.	Lugar do depoimento	286
	17.13.19.	Precatórias	286
	17.13.20.	Militares e funcionários	287
	17.13.21.	Ofendido	288
	17.13.22.	Questões polêmicas	289
Jurisprudência			290
17.14.	Reconhecimento de pessoas e coisas (arts. 226 a 228)		290
	17.14.1.	Definição e elementos	290
	17.14.2.	Natureza jurídica	291
	17.14.3.	Reconhecimento de pessoas	291
Jurisprudência			291
Jurisprudência			292
	17.14.4.	Reconhecimento de coisas	293
17.15.	Acareação. Pressupostos		293
17.16.	Documentos		294
	17.16.1.	Conceito legal	294
	17.16.2.	Função do documento	294
	17.16.3.	Produção	294
	17.16.4.	Limitação da produção de prova documental	294
	17.16.5.	Autor do documento	295

		17.16.6.	Meio de formação do documento	295
		17.16.7.	Conteúdo do documento	296
		17.16.8.	Autenticidade	296
		17.16.9.	Classificação geral dos documentos	296
		17.16.10.	Documento e instrumento	297
		17.16.11.	Instrumento público. Classificação. Eficácia	298
		17.16.12.	Instrumento particular	299
		17.16.13.	Força probante dos documentos particulares assinados	299
			17.16.13.1. Da autenticidade dos documentos particulares e seus efeitos	299
			17.16.13.2. Prova da data dos documentos particulares	299
		17.16.14.	Força probante do telegrama, radiograma e outros meios de transmissão	300
		17.16.15.	Força probante das reproduções mecânicas	300
		17.16.16.	Força probante dos documentos não assinados	300
		17.16.17.	Originais e cópias	300
		17.16.18.	Admissão de documento	301
		17.16.19.	Desentranhamento de documentos	302
		17.16.20.	Vícios dos documentos	302
		17.16.21.	Falsidade e incidente	303
	17.17.	Indícios e presunções		303
		17.17.1.	Definições	303
		17.17.2.	Natureza jurídica	303
		17.17.3.	Valor probante	303
	17.18.	Prova de fora da terra		304
	17.19.	Prova antecipada		304
	17.20.	Prova emprestada		304
	17.21.	Delação. Definição, natureza e valor		304
Jurisprudência				306
	17.22.	*Fishing expedition*, pescaria probatória ou loteria probatória		306
Questões				307
18.	**Das questões e processos incidentes**			**307**
	18.1.	Compreensão do tema		307
		18.1.1.	Definição de prejudicialidade	308
		18.1.2.	Elementos essenciais da prejudicialidade	308
		18.1.3.	Classificação	308
		18.1.4.	Sistemas de solução	310
		18.1.5.	Prejudicial e prescrição	311
		18.1.6.	Efeito	311
		18.1.7.	Recurso contra despacho que suspende a ação	311
		18.1.8.	Diferença entre questão prejudicial e questão preliminar	311
	18.2.	As exceções		312
		18.2.1.	Conceito	312
		18.2.2.	Compreensão do tema	312

18.2.3.	Espécies		312
18.2.4.	Classificação tradicional		312
18.2.5.	Suspeição		313
	18.2.5.1.	Processamento	314
	18.2.5.2.	Requisitos da exceção	314
	18.2.5.3.	Procedimento perante o juiz suspeito	315
	18.2.5.4.	Procedimento perante o tribunal	315
	18.2.5.5.	Contra quem pode ser alegada a suspeição?	315
	18.2.5.6.	Cabe exceção de suspeição contra autoridades policiais?	316
	18.2.5.7.	Efeitos da suspeição	316
	18.2.5.8.	Existe recurso contra reconhecimento espontâneo de suspeição?	316
Jurisprudência			316
18.2.6.	Incompetência de juízo. Procedimento		317
18.2.7.	Litispendência		318
	18.2.7.1.	Elementos que identificam a demanda, impedindo a litispendência	318
	18.2.7.2.	Recursos	318
18.2.8.	Ilegitimidade de parte		319
	18.2.8.1.	Ilegitimidade *ad processum* ou *ad causam*	319
	18.2.8.2.	Efeitos do reconhecimento	319
	18.2.8.3.	Recursos	319
	18.2.8.4.	Procedimento	320
18.2.9.	Coisa julgada		320
	18.2.9.1.	Distinção entre coisa julgada formal e coisa julgada material	320
	18.2.9.2.	História	320
	18.2.9.3.	Teorias	321
	18.2.9.4.	Função	322
	18.2.9.5.	Natureza jurídica	322
	18.2.9.6.	Cabimento da exceção de coisa julgada	322
	18.2.9.7.	Rito	323
	18.2.9.8.	Fases	323
	18.2.9.9.	A coisa julgada no crime continuado e no concurso de agentes	324
18.2.10.	Impedimentos do Ministério Público e órgãos auxiliares		324
18.2.11.	Conflito de jurisdição		324
	18.2.11.1.	Conceito e espécies	324
	18.2.11.2.	Conflito de atribuições	325
	18.2.11.3.	Processamento	325
	18.2.11.4.	Competência para julgar	325
18.2.12.	Restituição de coisas apreendidas		326
	18.2.12.1.	Restituição: objetos restituíveis, oportunidade, procedimento	326

	18.2.12.2. Coisas restituíveis e não restituíveis. Instrumentos do crime	327
	18.2.12.3. Apreensão na hipótese do art. 19 da LCP	327
	18.2.12.4. Produtos diretos e indiretos do crime	328
	18.2.12.5. Restituição feita pela autoridade policial	329
	18.2.12.6. Restituição feita pelo juiz criminal	329
	18.2.12.7. Restituição de coisas facilmente deterioráveis	330
	18.2.12.8. Coisas adquiridas com os proventos do crime	330
	18.2.12.9. Destino dos objetos apreendidos	331
	18.2.12.10. Coisas apreendidas em face de descaminho ou contrabando	333
	18.2.12.11. E quando o instrumento do crime for arma de fogo?	333
	18.2.12.12. Lei de Drogas (Lei n. 11.343/2006)	335
18.2.13.	Medidas assecuratórias	337
	18.2.13.1. Considerações iniciais	337
	18.2.13.1.1. O papel da vítima	337
	18.2.13.1.2. O processo reparatório	337
	18.2.13.2. Medidas assecuratórias	338
	18.2.13.2.1. O sequestro previsto nos arts. 125 e 132 do CPP	339
	18.2.13.2.2. Requisitos para o sequestro	340
	18.2.13.2.3. Competência	340
	18.2.13.2.4. Recurso	340
	18.2.13.2.5. Procedimento	340
	18.2.13.2.6. Embargos ao sequestro	340
	18.2.13.2.7. Competência para julgar os embargos	341
	18.2.13.2.8. Levantamento do sequestro	341
	18.2.13.2.9. Leilão e depósito	341
	18.2.13.3. Hipoteca legal	342
	18.2.13.3.1. Classificação	342
	18.2.13.3.2. Oportunidade	342
	18.2.13.3.3. Pressupostos	343
	18.2.13.3.4. Finalidades	343
	18.2.13.3.5. Liquidação	343
	18.2.13.4. O arresto previsto no art. 137 do CPP	343
	18.2.13.4.1. Oportunidade	344
	18.2.13.4.2. Pressupostos	344
	18.2.13.5. Relação das medidas confiscatórias no processo penal e dispositivos correlatos do direito penal	344
18.2.14.	Incidente de falsidade	345
	18.2.14.1. Processamento	345
	18.2.14.2. Efeitos	346

		18.2.15.	Incidente de insanidade mental do acusado. Procedimento.....	346
Questões				347

19. Colaboração premiada 347

- 19.1. Introdução... 347
- 19.2. Origem 347
- 19.3. Colaboração premiada e não delação premiada......................... 348
- 19.4. Natureza jurídica da colaboração premiada 348
  - 19.4.1. Meio de prova.. 348
  - 19.4.2. Negócio jurídico processual... 349
  - 19.4.3 Causa de diminuição de pena ou extintiva da punibilidade.... 349
  - 19.4.4. Incidente na execução da pena....................................... 349
  - 19.4.5. Natureza multifacetária 349
- 19.5. Estrutura da colaboração premiada 349
  - 19.5.1. Existência.. 349
  - 19.5.2. Validade.. 350
  - 19.5.3. Eficácia.. 350
  - 19.5.4. Conteúdo do relato... 350
  - 19.5.5. Sindicabilidade do acordo 350
  - 19.5.6. Direito subjetivo ao prêmio 351
  - 19.5.7. Impossibilidade de revisão da homologação pela sentença final 351
  - 19.5.8. Medidas cautelares e recebimento da denúncia com base em colaboração... 351
  - 19.5.9. Colaboração confirmada por outra 351
  - 19.5.10 Direitos do terceiro delatado... 352
  - 19.5.11. Impossibilidade de concessão de benefícios não previstos em lei 352
- 19.6. Colaboração premiada do preso provisório 352

20. Sentença 353

- 20.1. Breve histórico... 353
- 20.2. Natureza jurídica 354
- 20.3. Classificação das decisões... 354
- 20.4. Conceito de sentença em sentido estrito..................................... 354
  - 20.4.1. Classificação das sentenças em sentido estrito 355
  - 20.4.2. Requisitos formais da sentença....................................... 355
  - 20.4.3. Sentença suicida 356
  - 20.4.4. Embargos declaratórios 356
    - 20.4.4.1. Requisitos para a oposição dos embargos............. 356
  - 20.4.5. Efeitos da sentença 357
  - 20.4.6. Princípio da correlação 357
  - 20.4.7. *Emendatio libelli* 358
  - 20.4.8. *Mutatio libelli* 359
- 20.5. Sentença absolutória... 361
  - 20.5.1. Efeitos da sentença absolutória 361

20.6.	Sentença condenatória		362
	20.6.1.	Efeitos da sentença condenatória	362
	20.6.2.	Publicação	363
	20.6.3.	Inalterabilidade ou retificação da sentença	363
	20.6.4.	Intimação da sentença (arts. 390 a 392 do CPP)	363
	20.6.5.	Detração penal na sentença penal condenatória	364
20.7.	Crise da instância		364
Questões			364

21. Dos processos em espécie **364**

21.1.	Processo e procedimento		364
	21.1.1.	Definição de processo	364
	21.1.2.	Sistemas processuais	365
	21.1.3.	Características do sistema acusatório	365
	21.1.4.	Pressupostos de existência da relação processual	365
	21.1.5.	Pressupostos de validade da relação processual	365
	21.1.6.	Distinção entre processo e procedimento	365
	21.1.7.	Das disposições legais sobre os procedimentos penais	366
		21.1.7.1. Noções introdutórias	366
		21.1.7.2. Crime hediondo e violência contra a mulher	367
		21.1.7.3. Procedimento comum. Âmbito de incidência	367
21.2.	Procedimento ordinário		369
	21.2.1.	Início da instrução	369
		21.2.1.1. Resposta à acusação e absolvição sumária	369
	21.2.2.	Audiência de instrução e julgamento	372
21.3.	Procedimento sumário		376
	21.3.1.	Introdução	376
		21.3.1.1. Procedimento judicialiforme foi revogado	376
		21.3.1.2. Rito procedimental	377
21.4.	Da citação		379
	21.4.1.	Conceito	379
	21.4.2.	Quem determina a citação	380
	21.4.3.	Falta de citação	380
	21.4.4.	Hipóteses de conhecimento da imputação antes mesmo da citação	381
	21.4.5.	Efeitos da citação válida	381
	21.4.6.	Consequências do não atendimento à citação	381
	21.4.7.	Classificação	382
	21.4.8.	Da citação por mandado	382
		21.4.8.1. Requisitos intrínsecos da citação por mandado	382
		21.4.8.2. Requisitos extrínsecos da citação por mandado	383
		21.4.8.3. Dia e hora da citação	383
	21.4.9.	Citação por carta precatória	383
		21.4.9.1. Requisitos intrínsecos da citação por carta precatória	384

		21.4.9.2.	Caráter itinerante da carta precatória	384
		21.4.9.3.	Interrogatório por carta precatória........................	384
	21.4.10.	Citação do militar...		384
	21.4.11.	Citação do preso..		384
	21.4.12.	Citação do funcionário público.......................................		385
	21.4.13.	Réu no estrangeiro		385
	21.4.14.	Citação por carta de ordem		386
	21.4.15.	Citação por edital		386
		21.4.15.1.	Pressuposto da citação por edital............................	386
		21.4.15.2.	Hipóteses legais de citação por edital....................	386
		21.4.15.3.	Prazo do edital	386
		21.4.15.4.	Requisitos da citação por edital	387
		21.4.15.5.	Formalidades extrínsecas à citação por edital.....	388
	21.4.16.	"Citação circunduta"...		388
	21.4.17.	Suspensão do processo e do prazo prescricional......		388
		21.4.17.1.	Principais questões decorrentes da lei..................	389
21.5.	Intimação..			391
	21.5.1.	Definição..		391
	21.5.2.	Distinção entre intimação e notificação		391
	21.5.3.	Regra geral..		391
	21.5.4.	Publicação...		391
	21.5.5.	Regras especiais		392
21.6.	Procedimento sumaríssimo (Leis n. 9.099/95 e 10.259/2001)............			394
	21.6.1.	Introdução...		394
	21.6.2.	Âmbito de incidência: conceito de menor potencial ofensivo		395
	21.6.3.	Regras especiais..		395
	21.6.4.	Procedimento sumaríssimo		400
		21.6.4.1.	Fase preliminar e transação penal...........................	400
		21.6.4.2.	Fase processual	405
		21.6.4.3.	Suspensão condicional do processo	409
	21.6.5.	Questões finais..		411
		21.6.5.1.	Suspensão condicional do processo	411
		21.6.5.2.	Representação do ofendido......................................	412
		21.6.5.3.	Desclassificação para infração de menor potencial ofensivo	412
		21.6.5.4.	Descumprimento da pena restritiva de direitos na transação penal	413
		21.6.5.5.	Não pagamento da pena de multa na transação penal..	413
		21.6.5.6.	Da violência doméstica e familiar contra a mulher e da Lei dos Juizados Especiais Criminais	413
Jurisprudência...				416

21.7.	Procedimentos especiais previstos no Código de Processo Penal.......		416
	21.7.1.	Procedimento dos crimes falimentares...................................	416
		21.7.1.1. Inquérito judicial..	416
		21.7.1.2. Recebimento da denúncia. Motivação..................	417
		21.7.1.3. Competência..	417
		21.7.1.4. Rito..	417
		21.7.1.5. Natureza jurídica da sentença que decreta a falência, concede a recuperação judicial ou extrajudicial...............	417
		21.7.1.6. Cientificação do MP e prazo para a propositura da ação penal...........................	417
		21.7.1.7. Relatório	418
		21.7.1.8. Ação penal	418
		21.7.1.9. Efeitos da condenação	418
		21.7.1.10. Prescrição	419
	21.7.2.	Procedimento dos crimes contra a honra...........................	419
		21.7.2.1. Introdução...	419
		21.7.2.2. Procedimento..	420
		21.7.2.3. Do pedido de explicações. Procedimento.............	422
	21.7.3.	Procedimento dos crimes funcionais................................	423
		21.7.3.1. Introdução...	423
		21.7.3.2. Procedimento..	423
	21.7.4.	Procedimento dos crimes contra a propriedade imaterial....	424
		21.7.4.1. Introdução...	424
21.8.	Procedimento de competência do Júri popular.............................		425
	21.8.1.	Breve histórico...	425
	21.8.2.	Organização do Júri..	427
	21.8.3.	Soberania dos veredictos	428
	21.8.4.	Rito escalonado	429
		21.8.4.1. *Judicium accusationis*	429
Jurisprudência...			432
		21.8.4.2. *Judicium causae*..................................	435
		21.8.4.2.1. Recebimento da sentença de pronúncia transitada em julgado..........................	435
		21.8.4.2.2. Desaforamento	435
		21.8.4.2.3. Instalação da sessão................	436
		21.8.4.2.4. Formação do conselho de sentença ...	437
		21.8.4.2.5. Atos instrutórios	438
		21.8.4.2.6. Debates	439
		21.8.4.2.7. Provas novas	440
		21.8.4.2.8. Formulação dos quesitos...........	440
Jurisprudência...			442
		21.8.4.2.9. Votação	443
		21.8.4.2.10. Sentença...................................	443

		21.8.4.2.11. Ata do julgamento	444
		21.8.4.2.12. Atribuições do juiz-presidente	444
	21.8.5.	Questões finais específicas sobre Júri	445
		21.8.5.1. Exame de insanidade mental	445
		21.8.5.2. Conferência da urna	445
		21.8.5.3. Número mínimo de jurados	445
		21.8.5.4. Momento de arguir as nulidades	446
		21.8.5.5. Autor principal e partícipe	446
		21.8.5.6. Incomunicabilidade entre jurados	446
		21.8.5.7. Juiz togado que abandona plenário	446
		21.8.5.8. Recusa ou aceitação de jurados	446
		21.8.5.9. Compromisso dos jurados	446
		21.8.5.10. Interrogatório. Nulidades	446
		21.8.5.11. Cópias aos jurados	447
		21.8.5.12. Testemunhas	447
		21.8.5.13. Testemunhas. Pergunta direta	447
		21.8.5.14. Acareação	447
		21.8.5.15. Dispensa de testemunhas	448
		21.8.5.16. Testemunhas residentes fora da comarca	448
		21.8.5.17. Testemunha que não comparece	448
		21.8.5.18. Depoimento pessoal	448
		21.8.5.19. Debates	448
		21.8.5.20. Réplica e tréplica	448
		21.8.5.21. Apartes	449
		21.8.5.22. Intervenção dos jurados	449
		21.8.5.23. Reinquirição de testemunha	449
		21.8.5.24. Dissolução do conselho	449
		21.8.5.25. Esclarecimento do juiz aos jurados na hora de votar	449
		21.8.5.26. Leitura dos quesitos	450
		21.8.5.27. Sala secreta	450
		21.8.5.28. Contradição nas respostas	451
		21.8.5.29. Desclassificação pelo Júri	451
		21.8.5.30. Desclassificação e crimes conexos	451
		21.8.5.31. Algemas no réu durante o julgamento	451
		21.8.5.32. Prisão imediata da pena imposta pelo júri	452
21.9.	Procedimento criminal dos crimes de drogas		452
	21.9.1.	Lei n. 11.343/2006	452
	21.9.2.	Procedimento esquemático	452
		21.9.2.1. Na polícia	452
		21.9.2.2. Em juízo	453
Jurisprudência			455
Questões			457

22. Nulidades..	**457**
22.1. Quadro comparativo dos vícios processuais	460
22.2. Princípios básicos das nulidades...	464
22.2.1. Princípio do prejuízo	464
22.2.2. Princípio da instrumentalidade das formas ou da economia processual..	464
22.2.3. Princípio da causalidade ou da sequencialidade	464
22.2.4. Princípio do interesse...	465
22.2.5. Princípio da convalidação	465
Jurisprudência...	465
22.2.6. Princípio da não preclusão e do pronunciamento *ex officio*	466
22.3. Nulidades em espécie...	466
22.4. Momento oportuno para a arguição das nulidades relativas	487
Questões...	488
23. Recursos..	**488**
23.1. Conceito. Origem...	488
23.2. Fundamentos	489
23.3. Pressupostos processuais	489
23.3.1. Pressupostos objetivos	489
23.3.2. Pressupostos subjetivos	494
23.4. Interposição	496
23.5. Efeitos..	499
23.6. Extinção	500
23.7. Apelação...	500
23.7.1. Origem etimológica	500
23.7.2. Conceito	500
23.7.3. Características..	501
23.7.4. Apelação plena e limitada	501
23.7.5. Legitimidade e interesse	503
23.7.6. Apelação subsidiária do apelo oficial	504
23.7.7. Prazo da apelação do assistente da acusação	504
23.7.8. Renúncia e desistência...	505
23.7.9. Cabimento da apelação nas sentenças do juiz singular..........	506
23.7.10. Empate no julgamento	507
23.7.11. Apelação das decisões do Júri	507
23.7.12. Prazo..	509
23.7.13. Processamento	509
23.7.14. Liberdade provisória	510
23.7.15. Apelação sumária	511
23.7.16. Apelação ordinária	511
23.7.17. Deserção..	511
23.7.18. Efeitos	511
23.7.19. *Reformatio in pejus*	511

	23.7.20. *Reformatio in pejus* indireta	511
	23.7.21. *Reformatio in mellius*	512
23.8.	Recurso em sentido estrito	512
	23.8.1. Conceito	512
	23.8.2. Cabimento	513
	23.8.3. Competência para o julgamento	521
	23.8.4. Prazos	521
	23.8.5. Processamento	522
	23.8.6. Efeitos	523
Jurisprudência		523
23.9. Protesto por novo Júri		524
	23.9.1. Conceito	524
Jurisprudência		524
23.10. Carta testemunhável		524
	23.10.1. Conceito	524
	23.10.2. Origem histórica	524
	23.10.3. Natureza jurídica	524
	23.10.4. Procedimento	525
Jurisprudência		525
23.11. Correição parcial		526
	23.11.1. Conceito	526
	23.11.2. Natureza jurídica	526
	23.11.3. Legitimidade ativa	526
	23.11.4. Objeto do recurso	526
	23.11.5. Processamento	527
23.12. Embargos infringentes		527
	23.12.1. Conceito	527
	23.12.2. Prazo	528
	23.12.3. Cabimento	528
	23.12.4. Procedimento	528
23.13. Embargos declaratórios		529
	23.13.1. Conceito	529
	23.13.2. Natureza jurídica	529
	23.13.3. Prazo	530
	23.13.4. Pressupostos	530
	23.13.5. Legitimidade	531
	23.13.6. "Embarguinhos"	531
	23.13.7. Efeito suspensivo	531
Jurisprudência		531
23.14. Revisão criminal		532
	23.14.1. Conceito	532
	23.14.2. Origem histórica	532
	23.14.3. Natureza jurídica	533
	23.14.4. Legitimidade	533

23.14.5.	Prazo	534
23.14.6.	Cabimento	534
23.14.7.	Admissibilidade	535
23.14.8.	Competência	535
23.14.9.	Processamento	535
23.15.	*Habeas corpus*	537
23.15.1.	Origem histórica do *habeas corpus* no mundo	537
23.15.2.	Origem do *habeas corpus* no Brasil	538
23.15.3.	Conceito	539
23.15.4.	Natureza jurídica	539
23.15.5.	Espécies	539
23.15.6.	Legitimidade ativa	540
23.15.7.	Legitimidade passiva	540
23.15.8.	Admissibilidade	540
23.15.9.	Competência	542
23.15.10.	Impetração	543
23.15.11.	Processamento	543
23.15.12.	Julgamento e efeitos	543
23.15.13.	Recursos	544
23.15.14.	Concessão da ordem *ex officio*	544
23.16.	Mandado de segurança em matéria criminal	544
23.16.1.	Conceito	544
23.16.2.	Admissibilidade	545
23.16.3.	Legitimidade ativa	546
23.16.4.	Legitimidade passiva	546
23.16.5.	Competência	547
23.16.6.	Procedimento	548
23.17.	Recurso extraordinário	551
23.17.1.	Conceito, natureza jurídica e finalidade	551
23.17.2.	Condições de admissibilidade	552
23.17.2.1.	Repercussão geral das questões constitucionais	555
23.17.3.	Legitimidade	555
23.17.4.	Interposição e processamento	556
23.17.4.1.	Efeito suspensivo	557
23.17.5.	Súmula vinculante	559
23.17.5.1.	Jurisprudência e súmula. Distinção	559
23.17.5.2.	Súmula vinculante. Previsão legal	560
23.17.5.3.	Competência para aprovar a súmula vinculante	560
23.17.5.4.	Requisitos para aprovar, rever ou cancelar súmula vinculante	560
23.17.5.5.	Publicação	561
23.17.5.6.	Restrição dos efeitos da súmula vinculante	561
23.17.5.7.	Legitimados para provocar a aprovação, revisão e cancelamento da súmula vinculante	561

	23.17.5.8.	Procedimento	561
	23.17.5.9.	Reclamação	561
23.18.	Recurso especial		562
	23.18.1.	Conceito, finalidade e natureza jurídica	562
	23.18.2.	Condições de admissibilidade	563
23.19.	Recurso ordinário constitucional		564
	23.19.1.	No Supremo Tribunal Federal	564
	23.19.2.	No Superior Tribunal de Justiça	565
	23.19.3.	Procedimento	565
Questões			565

Súmulas do Superior Tribunal de Justiça	567
Súmulas do Supremo Tribunal Federal	575
Súmulas Vinculantes	581
Bibliografia	583

1. INTRODUÇÃO

1.1. Conceito de processo penal

Conforme ensinamento de Cintra, Grinover e Dinamarco, "chama-se direito processual o conjunto de normas e princípios que regem (...) o exercício conjugado da Jurisdição pelo Estado-Juiz, da ação pelo demandante e da defesa pelo demandado"[1].

Trazendo a definição ao campo que particularmente nos interessa, podemos afirmar que: *Direito Processual Penal é o conjunto de princípios e normas que disciplinam a composição das lides penais, por meio da aplicação do Direito Penal objetivo.*

Na definição de José Frederico Marques, "é o conjunto de princípios e normas que regulam a aplicação jurisdicional do Direito Penal, bem como as atividades persecutórias da Polícia Judiciária, e a estruturação dos órgãos da função jurisdicional e respectivos auxiliares"[2].

1.2. O processo penal e o direito de punir

O Estado, única entidade dotada de poder soberano, é o titular exclusivo do direito de punir (para alguns, poder-dever de punir). Mesmo no caso da ação penal exclusivamente privada, o Estado somente delega ao ofendido a legitimidade para dar início ao processo, isto é, confere-lhe o *jus persequendi in judicio*, conservando consigo a exclusividade do *jus puniendi*.

Esse direito de punir (ou poder-dever de punir), titularizado pelo Estado, é genérico e impessoal porque não se dirige especificamente contra esta ou aquela pessoa, mas destina-se à coletividade como um todo. Seria, aliás, de todo inconstitucional a criação de uma regra, unicamente, para autorizar a punição de determinada pessoa.

Trata-se, portanto, de um poder abstrato de punir qualquer um que venha a praticar fato definido como infração penal.

No momento em que é cometida uma infração, esse poder, até então genérico, concretiza-se, transformando-se em uma pretensão individualizada, dirigida especificamente contra o transgressor. O Estado, que tinha um poder abstrato, genérico e impessoal, passa a ter uma pretensão concreta de punir determinada pessoa.

Surge, então, um conflito de interesses, no qual o Estado tem a pretensão de punir o infrator, enquanto este, por imperativo constitucional, oferecerá resistência a essa pretensão, exercitando suas defesas técnica e pessoal. Esse conflito caracteriza a lide penal, que será solucionada por meio da atuação jurisdicional.

---
1. *Teoria geral do processo*, 9. ed., Malheiros, p. 41.
2. *Elementos de direito processual penal*, 2. ed., Forense, v. 1, p. 20.

Tal atuação é a tarefa porque o Estado, substituindo as partes em litígio, através de seus órgãos jurisdicionais, põe fim ao conflito de interesses, declarando a vontade do ordenamento jurídico ao caso concreto. Assim, o Estado-Juiz, no caso da lide penal, deverá dizer se o direito de punir procede ou não, e, no primeiro caso, em que intensidade pode ser satisfeito.

É imprescindível a prestação jurisdicional para a solução do conflito de interesses na órbita penal, não se admitindo a aplicação de pena por meio da via administrativa. Até mesmo no caso das infrações penais de menor potencial ofensivo, em que se admite a transação penal (jurisdição consensual), há necessidade da homologação em juízo.

Trata-se, pois, de jurisdição necessária, já que o ordenamento jurídico não confere aos titulares dos interesses em conflito a possibilidade, outorgada pelo direito privado, de aplicar espontaneamente o direito material na solução das controvérsias oriundas das relações da vida.

Nesse ponto entra o processo penal. A jurisdição só pode atuar e resolver o conflito por meio do processo, que funciona, assim, como garantia de sua legítima atuação, isto é, como instrumento imprescindível ao seu exercício. Sem o processo, não haveria como o Estado satisfazer sua pretensão de punir, nem como o Estado-Jurisdição aplicá-la ou negá-la.

1.3. Conteúdo do processo penal

A finalidade do processo é propiciar a adequada solução jurisdicional do conflito de interesses entre o Estado-Administração e o infrator, através de uma sequência de atos que compreendam a formulação da acusação, a produção das provas, o exercício da defesa e o julgamento da lide.

Para a consecução de seus fins, o processo compreende:

(i) a relação jurídica processual, que se forma entre os sujeitos do processo (juiz e partes), pela qual estes titularizam inúmeras posições jurídicas, expressáveis em direitos, obrigações, faculdades, ônus e sujeições processuais.

(ii) o procedimento, consistente em uma sequência ordenada de atos interdependentes, direcionados à preparação de um provimento final; é a sequência de atos procedimentais até a sentença.

O procedimento é o modo pelo qual são ordenados os atos do processo, até a sentença. De acordo com o art. 394 do CPP, o procedimento será comum ou especial.

O **procedimento comum** divide-se em:

(i) ordinário: crime cuja sanção máxima cominada for igual ou superior a quatro anos de pena privativa de liberdade, salvo se não se submeter a procedimento especial;

(ii) sumário: crime cuja sanção máxima cominada seja inferior a quatro anos de pena privativa de liberdade, salvo se não se submeter a procedimento especial;

(iii) sumaríssimo: infrações penais de menor potencial ofensivo, na forma da Lei n. 9.099/95, ainda que haja previsão de procedimento especial. Enquadram-se nesse conceito as contravenções penais e os crimes cuja pena máxima não exceda a dois anos, cumulada ou não com multa (*vide* art. 61 da Lei n. 9.099/95).

Dessa forma, a distinção entre os procedimentos ordinário e sumário dar-se-á em função da pena máxima cominada à infração penal e não mais em virtude de esta ser apenada com reclusão ou detenção. Na prática, como se verá mais adiante, poucas diferenças restarão entre os ritos ordinário e sumário, pois ambos passaram a primar pelo princípio da celeridade processual (cf. art. 8º da Convenção Americana sobre Direitos Humanos – Decreto n. 678/92, e art. 5º, LXXVIII, da CF), bem como pelo aprimoramento da colheita da prova, de onde surgiram alguns reflexos: (i) concentração dos atos processuais em audiência única; (ii) imediatidade; (iii) identidade física do juiz. Finalmente, nos processos de competência do Tribunal do Júri, o procedimento observará as disposições especiais estabelecidas nos arts. 406 a 497 do CPP.

A relação jurídica processual é aquela que se estabelece entre os chamados sujeitos processuais, atribuindo a cada um direitos, obrigações, faculdades, ônus e sujeições.

Na relação processual aplicam-se os chamados princípios constitucionais do processo, garantindo às partes direitos como o contraditório, a publicidade, o de ser julgado pelo juiz natural da causa, a ampla defesa (no caso do acusado) etc.

Sobre processo, procedimento e relação jurídica processual, oportunamente falaremos de forma mais pormenorizada.

Questões

1. Qual é o conceito de Direito Processual Penal?
2. Existe diferença entre o processo penal e a persecução penal?

2. JURISDIÇÃO

A partir do momento em que o homem passou a conviver em sociedade, surgiu a necessidade de se estabelecer uma forma de controle, um sistema de coordenação e composição dos mais variados e antagônicos interesses que exsurgem da vida em comunidade, objetivando a solução dos conflitos desses interesses, que lhe são próprios, bem como a coordenação de todos os instrumentos disponíveis para a realização dos ideais coletivos e dos valores que persegue.

Sem tal controle não se concebe a convivência social, pois cada um dos integrantes da coletividade faria o que bem quisesse, invadindo e violando a esfera de liberdade do outro. Seria o caos.

Por essa razão, não existe sociedade sem direito (*ubi societas ibi jus*), desempenhando este função ordenadora das relações sociais (controle social). O direito que aqui se trata é o direito material, cujo objeto é a regulamentação e harmonização das faculdades naturais do ser humano, em prol da convivência social.

Ao direito cabe solucionar os inevitáveis conflitos de interesses que surgirão na realização da vida em sociedade.

2.1. Interesse, pretensão, conflitos de interesse e litígio

Interesse é a disposição de satisfazer uma necessidade.

Pretensão é a exigência de subordinação de um interesse alheio a um interesse próprio.

O conflito de interesses ocorre sempre que houver incompatibilidade entre os interesses postos em relação.

Ao conflito de interesses, qualificado pela resistência à pretensão, Carnelutti denominou lide.

Todavia, a só existência do direito material como instrumento de controle social não é suficiente para prevenir ou remediar os conflitos sociais.

Ditos conflitos, insolúveis pela aplicação pura e simples do direito substancial, caracterizam-se, na lição de Cintra, Grinover e Dinamarco, "por situações em que uma pessoa, pretendendo para si determinado bem, não pode obtê-lo — seja porque (a) aquele que poderia satisfazer sua pretensão não a satisfaz; seja porque (b) o próprio direito proíbe a satisfação voluntária da pretensão (p. ex., a pretensão punitiva do Estado não pode ser satisfeita mediante um ato de submissão do indigitado criminoso)"[3].

Dessa forma, o conflito de interesses (já qualificado, a essa altura, como litígio), insolúvel voluntariamente pelas partes da relação jurídica material, pode ser eliminado mediante duas maneiras distintas:

(i) por obra de um ou de ambos os titulares dos interesses conflitantes;

(ii) por ato de terceiro.

Na primeira hipótese, ou os sujeitos consentem no sacrifício total ou parcial do próprio interesse — autocomposição — ou um deles, à força, impõe o sacrifício do interesse alheio — autodefesa ou autotutela.

Na segunda hipótese, enquadram-se a defesa de terceiro, a mediação e o processo.

2.2. Autotutela

A autotutela remonta aos primórdios da civilização e caracteriza-se, basicamente, pelo uso da força bruta para satisfação de interesses. A própria repressão aos atos criminosos se fazia ora em regime de vingança ou de justiça privada, ora pelo Estado, sem a interposição de órgãos imparciais. Os dois traços característicos da autotutela são, portanto: a ausência de juiz imparcial e a imposição da decisão por uma das partes à outra[4]. Atualmente, existe em nosso ordenamento jurídico apenas como exceção (*v.g.*, prisão em flagrante feita por qualquer pessoa do povo — art. 301 do CPP; estado de necessidade e legítima defesa — arts. 24 e 25 do CP).

---
3. *Teoria geral do processo*, cit., p. 23-4.
4. Cintra, Grinover e Dinamarco, *Teoria geral do processo*, cit., p. 25.

O exercício da autotutela fora das hipóteses legalmente admitidas configura ilícitos penais, tipificados no art. 345 do CP (quando praticado por particular), por exemplo.

2.3. Autocomposição

A autocomposição ocorre quando uma das partes integrantes do conflito renuncia ao seu interesse em favor da outra, ou quando ambas renunciam à parcela de suas pretensões para solucionar pacificamente suas divergências. São três as formas de autocomposição: desistência (renúncia à pretensão), submissão (renúncia à resistência oferecida à pretensão) e transação ou acordo de não persecução penal (concessões recíprocas)[5]. A Constituição Federal, em seu art. 98, I, nas hipóteses previstas em lei, permite a transação para infrações penais de menor potencial ofensivo.

Ao contrário das formas de autotutela, a autocomposição é, em regra, "considerada legítimo meio alternativo de solução dos conflitos, estimulado pelo direito mediante atividades consistentes na conciliação"[6], desde que não verse o litígio sobre direitos indisponíveis.

Dada a indisponibilidade dos interesses penais, a transação, forma de autocomposição, não era admitida em nosso sistema jurídico. A situação alterou-se no que concerne às infrações de menor potencial ofensivo, esfera em que, agora, admite-se esta forma alternativa de pacificação social (CF, art. 98, I, regulamentado pelo art. 76 da Lei n. 9.099/95).

A Lei n. 13.964/2019, incluiu no CPP o art. 28-A, disciplinando o acordo de não persecução penal, negócio jurídico bilateral cuja finalidade é evitar a instauração do processo, sempre que não for caso de arquivamento do inquérito, o investigado tiver confessado formal e circunstancialmente a prática da infração penal, e que esta tenha sido cometida sem violência ou grave ameaça à pessoa e desde que a pena mínima seja inferior a quatro anos. Preenchidos tais requisitos e cumpridas integralmente as condições impostas pelo acordo (cf. CPP, art. 28-A, I a V), o juiz declarará extinta a punibilidade do agente (CPP, art. 28-A, § 13).

2.4. A intervenção de terceiro, a mediação e o processo

A intervenção de terceiro na solução do conflito surgiu inicialmente com a escolha, pelos próprios conflitantes, de um árbitro imparcial. Essa escolha recaía, em geral, sobre sacerdotes, que julgavam de acordo com a vontade dos deuses, ou sobre anciãos, que decidiam de acordo com os costumes e tradições locais.

Aos poucos, o Estado foi-se afirmando e conseguiu impor-se aos particulares. Os cidadãos em conflito compareciam perante o pretor, comprometendo-se a aceitar o que viesse a ser decidido. Esse compromisso, necessário diante da ainda insuficiente expressão do Estado perante a individualidade dos particulares, era chamado de *litiscontestatio*.

---
[5]. Cintra, Grinover e Dinamarco, *Teoria geral do processo*, cit., p. 25.
[6]. Cintra, Grinover e Dinamarco, *Teoria geral do processo*, cit., p. 32.

Escolhia-se, então, um árbitro, que recebia do pretor o encargo de decidir a causa. Havia, pois, dois estágios de solução do conflito: um perante o magistrado ou pretor (*in jure*) e outro perante o árbitro (*apud judicem*)[7].

Posteriormente, o Estado passou a ter o poder de indicar o árbitro, independentemente da vontade das partes, passando-se de um sistema inicial de arbitragem facultativa (o árbitro era escolhido pelos próprios litigantes) a um sistema de arbitragem obrigatória (a escolha cabia exclusivamente ao poder estatal).

Superada essa fase individualista de solução de conflitos (*ordo judiciorum privatorum*), o pretor passou a conhecer ele próprio do mérito dos litígios entre os particulares, inclusive proferindo sentença, em vez de nomear ou aceitar a nomeação de um árbitro que o fizesse (*cognitio extra ordinem*). A justiça passou então a ser distribuída pelo Poder Público, deixando de ser privada para alcançar o *status* de pública. O Estado, já suficientemente fortalecido, impõe-se sobre os particulares e, prescindindo da voluntária submissão destes, impõe--lhes autoritariamente a sua solução para os conflitos de interesses.

Surgem os juízes estatais, que passaram a examinar as pretensões e a resolver os conflitos. Os juízes agem em substituição às partes, que não podem fazer justiça com as próprias mãos (vedada a autodefesa).

A essa nova atividade estatal convencionou-se chamar de jurisdição.

Jurisdição é uma das funções do Estado, mediante a qual este se substitui, na pessoa de um juiz, aos titulares dos interesses em conflito, para, imparcialmente, aplicar o direito ao caso concreto, a fim de fornecer uma pacífica solução ao litígio, reafirmando a autoridade da ordem jurídica e a verticalidade da relação Estado-Particular. Aqui estão os três clássicos escopos do processo: jurídico, social e político. Essa pacificação é feita mediante a atuação da vontade do direito objetivo que rege o caso apresentado em concreto para ser solucionado; e o Estado desempenha essa função sempre mediante o processo, seja expressando imperativamente o preceito (através de uma sentença de mérito), seja realizando no mundo das coisas o que o preceito estabelece (através da execução forçada)[8].

Da definição, podemos extrair algumas características essenciais e exclusivas da atividade jurisdicional, as quais a distinguirão das demais funções exercidas pelo Estado (legislativa e administrativa).

2.5. Características da jurisdição

2.5.1. Substitutividade

Vedada que está a autotutela (salvo em casos expressamente autorizados em lei), é certo que, sendo impossível às partes a resolução espontânea e pacífica do conflito de interesses, só lhes resta pedir ao Estado (detentor do monopólio da solução dos litígios) que, mediante um provimento, elimine-lhes a insatisfação e a incerteza. Dessa forma, o Estado, através de pessoas físicas (juízes) previamente designadas (critérios de

---

[7]. Cintra, Grinover e Dinamarco, *Teoria geral do processo*, cit., p. 26.
[8]. Cintra, Grinover e Dinamarco, *Teoria geral do processo*, cit., p. 113.

distribuição de competência), substitui-se, com uma atividade sua, à vontade dos litigantes, a fim de promover a justa composição da lide, pela correta aplicação das regras jurídicas genéricas e impessoais, objetivamente fixadas.

Como o Estado não vai ao processo disputar qualquer bem com as partes, nem tem com estas qualquer conflito de interesses, a sua *imparcialidade* é circunstância indispensável ao exercício jurisdicional, de modo que, se tiver qualquer interesse na solução do litígio, outro que não a pacificação social, não poderá o juiz (ou seus auxiliares) atuar no processo (CPP, arts. 95, I, 112, 252 a 255, 274 e 279 a 281).

2.5.2. Escopo de atuação do direito

Com isto, visa o Estado a garantir, por meio da substituição das partes, a realização dos objetivos da norma de direito substancial violada no caso concreto; em outras palavras, intenta fazer com que a situação prática coincida com aquela abstrata prescrita no dispositivo legal inobservado, eliminando a insatisfação e, por conseguinte, o desconforto social por ela gerado, reafirmando a autoridade do ordenamento jurídico.

Esses são os atributos inerentes à jurisdição, que lhe dão personalidade e a distinguem das demais funções do Estado (na atividade administrativa, p. ex., conquanto a lei seja o seu limite, o escopo primeiro da administração é a consecução do bem comum, não a atuação da vontade da lei; além disso, a administração, ao desempenhar uma atividade, o faz na condição de parte de uma relação jurídica e não em caráter de substituição).

Outros atributos, conquanto não essenciais, são identificáveis na atividade jurisdicional.

2.5.3. Inércia

Os órgãos jurisdicionais são, por sua própria índole, inertes (*nemo judex sine actore; ne procedat judex ex officio*), pois a experiência histórica demonstrou que o exercício espontâneo da atividade jurisdicional afeta, sobremaneira, a imparcialidade do julgador, que se deixa influenciar pela iniciativa tomada. Há algumas exceções, como a execução penal das penas privativas de liberdade e restritivas de direito, em que cabe ao juiz determinar a expedição da carta de guia, também chamada de guia de execução, dando prosseguimento à persecução penal (LEP, art. 105), além da possibilidade conferida ao magistrado de conceder *ex officio* a ordem de *habeas corpus* (CPP, art. 654, § 2º).

A inércia jurisdicional é pressuposto do sistema acusatório, pautado pelo contraditório, ampla defesa, devido processo legal, proibição de provas ilícitas e juízos de exceção, juiz e promotor natural, e, é claro, imparcialidade do juiz. Nesse sentido, bastante elucidativa a redação do art. 3º-A do CPP: "O processo penal terá estrutura acusatória, vedadas a iniciativa do juiz na fase de investigação e a substituição da atuação probatória do órgão de acusação". É importante indicar que isso em nada altera a estrutura acusatória do processo penal, nem autoriza o juiz a assumir o papel de parte e interferir ativamente na produção da prova, dada a irreversível tendência dos tribunais superiores em limitar seu campo de atuação neste sentido.

2.5.4. Imutabilidade (ou definitividade)

Os atos jurisdicionais, ao contrário dos legislativos e dos administrativos, são os únicos passíveis de transitar em julgado, isto é, de se tornarem imutáveis, não podendo ser revistos ou modificados. Coisa julgada é a qualidade dos efeitos de uma decisão, é a imutabilidade deles. De acordo com a Constituição, "a lei não prejudicará o direito adquirido, o ato jurídico perfeito e a coisa julgada" (art. 5º, XXXVI). No processo penal a exceção fica por conta da ação de revisão criminal (CPP, arts. 621 e s.).

2.5.5. Lide

Outrora identificada como elemento indispensável à jurisdição (Carnelutti), a existência da lide é, por certo, uma situação constante na atividade jurisdicional, especialmente quando se trata de pretensões insatisfeitas que poderiam ter sido atendidas espontaneamente pelo obrigado. Todavia, haverá casos em que esta não estará presente, sem que isto importe desnaturação da função em tela (exemplo ocorre no curso do processo penal, nos casos em que a situação litigiosa cessa em virtude do pedido de absolvição feito pelo órgão da acusação; note-se que o processo continua até o provimento final, sem que lide exista mais)[9].

2.6. Princípios próprios da jurisdição

2.6.1. Investidura

A jurisdição só pode ser exercida por quem tenha sido regularmente investido na autoridade de juiz.

2.6.2. Indelegabilidade

Segue o princípio geral segundo o qual é vedado a qualquer Poder delegar atribuições. A Constituição fixa as atribuições do Poder Judiciário, de modo que nem à lei nem aos próprios membros deste é dado dispor de outra forma, delegando, por conveniência ou critérios próprios, suas funções a outro órgão. Não exercendo a jurisdição em nome próprio, não tem o juiz poder para dela dispor, invertendo os critérios previamente definidos.

À regra existem exceções, *v.g.*, art. 102, I, *m*, da Constituição Federal. Anote-se, todavia, que a prática de atos por carta precatória não se insere dentre as exceções. Impossibilitado de praticar atos processuais fora dos limites da comarca sujeita à sua jurisdição, o juiz deprecante nada mais faz do que solicitar a cooperação daquele realmente competente para fazê-lo, o juiz deprecado. Impossível falar em delegação de um poder que ele próprio (deprecante) não tem, por incompetência.

---

[9]. Cintra, Grinover e Dinamarco, *Teoria geral do processo*, cit., p. 115-6.

2.6.3. Inevitabilidade

A jurisdição impõe-se independente da vontade das partes, que a ela devem sujeitar-se. A situação das partes, quanto ao juiz, na relação processual, é de absoluta *sujeição*, sendo-lhes impossível evitar que, sobre sua esfera jurídica, se exerça a autoridade jurisdicional.

2.6.4. Inafastabilidade (ou princípio do controle jurisdicional)

A lei não pode excluir da apreciação do Poder Judiciário qualquer lesão ou ameaça a direito, nem pode o juiz, a pretexto de lacuna ou obscuridade da lei, escusar-se de proferir decisão (CF, art. 5º, XXXV; LINDB, art. 4º). É o Judiciário que profere, sobre o litígio, a última palavra.

2.6.5. Juiz natural

Um dos princípios fundamentais da função jurisdicional, eis que intimamente relacionado com a imparcialidade do juízo, a garantia do *juiz natural* foi trazida para o direito brasileiro, desde o início, em seu dúplice aspecto: (i) proibição de juízo ou tribunal de exceção (tribunal *ad hoc*), isto é, criado *ex post facto* para o julgamento de um determinado caso concreto ou pessoa (CF, art. 5º, XXXVII); (ii) garantia do juiz competente (CF, art. 5º, LIII), segundo a qual ninguém será subtraído ao seu juiz constitucionalmente competente.

Não se insere na proibição dos tribunais de exceção a criação das justiças especializadas (militar, trabalhista, eleitoral). Os tribunais *ad hoc* são criados e funcionam para um determinado caso concreto, ao passo que as justiças especializadas são previamente instituídas pela Constituição e têm por escopo a aplicação da lei a todos os casos versando sobre determinada matéria ou que envolvam certas pessoas, indistintamente. Esse pressuposto também se aplica aos casos de competência estabelecida pela prerrogativa de função (CPP, arts. 84 a 87). Não se cuida, aqui, de prerrogativa instituída em função da pessoa, mas de tratamento especial dispensado ao cargo, à função exercida pelo réu, relevantes na administração do país, tanto que, deixado o cargo ou cessada a função, desaparece a prerrogativa.

A Constituição Federal cuida de fixar apenas as competências ditas absolutas (de jurisdição, funcional etc.), sem preocupar-se com a competência de foro, regulada em lei federal (CPP, p. ex.). Assim, é acertado dizer que a expressão *autoridade competente*, consignada no texto constitucional do mencionado art. 5º, LIII, deve ser lida como *juiz constitucionalmente competente* para processar e julgar (aquele cujo poder de julgar derive de fontes constitucionais), de modo que não será juiz natural o *constitucionalmente incompetente*. A competência de foro é matéria estranha à Constituição, regida exclusivamente pela lei processual federal. Essas ilações têm grande significação especialmente no que concerne à interpretação da norma do art. 567 do CPP, assunto que será tratado junto com a *competência dos órgãos jurisdicionais*.

2.6.6. Juiz de garantias

A Lei n. 13.964/2019 criou a figura do Juiz de Garantias, encarregado de atuar exclusivamente na fase investigatória, deixando a outro magistrado a função de proceder à instrução e julgamento do processo. O objetivo foi preservar a isenção e a imparcialidade do juiz que vai julgar a causa, evitando comprometimento psicológico com a tese acusatória, principalmente quando o próprio juiz decreta medidas cautelares e restritivas, situação que cria uma natural tendência de confirmar a correção das medidas impostas, mediante sentença condenatória. Na hipótese de um juiz decretar, por exemplo, a prisão provisória de um investigado, soa reduzida a possibilidade de o mesmo magistrado absolvê-lo e, assim, admitir o erro da prisão processual decretada.

Em importante decisão proferida no final de agosto de 2023, foi decidido pelo STF que os tribunais deverão implementar, no prazo máximo de dois anos, a figura do juiz de garantias. Parte das inovações trazidas pela Lei n. 13.964/2019, no entanto, sofreu significativas modificações, esvaziando, em parte, a função dessa importante proteção contra o arbítrio.

Aos tribunais foi conferida maior autonomia para definir a estrutura e organizar o funcionamento dos respectivos juízos de garantias, de modo a não prejudicar as ações penais em andamento e não sobrecarregar os magistrados que atuam sozinhos em suas comarcas. Segue análise dos pontos específicos enfrentados pelo STF nas ADIs 6.298, 6.299, 6.300 e 6.305.

Por maioria, os ministros fizeram interpretação conforme a Constituição do art 3º-A do CPP, determinando que o juiz, pontualmente, e nos limites da legalidade, poderá determinar diligências suplementares para dirimir dúvida sobre ponto relevante, no momento de proferir decisão. Nesse sentido, o STF, em vez de considerar a revogação do art. 156 do CPP por incompatibilidade com o art. 3º-A, entendeu por sua permanência no ordenamento jurídico com limitação dos efeitos do artigo trazido pela Lei n. 13.964/2019, consagrando a estrutura do sistema acusatório e a vedação da atuação do juiz durante a fase investigatória. "O processo penal terá estrutura acusatória, vedadas a iniciativa do juiz na fase de investigação e a substituição da atuação probatória do órgão de acusação" (CPP, art. 3º-A, *in verbis*). Combinado com o art. 156 do CPP, fica admitida, em caráter excepcional, a determinação pelo juiz, *ex officio*, da produção de provas relevantes e urgentes, necessárias ao esclarecimento da verdade.

No que tange ao art. 3º-B do CPP, com apenas o voto vencido do Ministro Luiz Fux, a Suprema Corte entendeu pela obrigatoriedade da implementação do juiz das garantias, por todos os tribunais, no prazo de 12 meses a partir da publicação do acórdão, sendo permitida uma única prorrogação por igual período, a critério do Conselho Nacional de Justiça, a quem também incumbirá estabelecer as diretrizes gerais do instituto.

Por sua vez, no que se refere à constitucionalidade dos incisos IV, VII, VIII e IX do art. 3º-B do CPP, por unanimidade, entendeu-se pela legalidade do controle judicial aos atos de investigação, determinando prazo de 90 dias, a partir da publicação do acórdão, para encaminhamento de todos os procedimentos investigatórios criminais e seus congêneres, independentemente da nomenclatura, ao respectivo juiz natural, ainda que não se tenha o juiz das garantias.

Outro ponto que merece destaque é a interpretação conforme a Constituição do art. 3º-B, VI e VII, quanto à possibilidade de o juiz prorrogar a prisão provisória, ou outra medida cautelar, bem como substituí-la ou revogá-la; e decidir sobre o requerimento de produção antecipada de provas consideradas urgentes e não repetíveis, desde que respeitado o direito fundamental ao contraditório, preferencialmente em audiência pública e oral.

Diferentemente do que previa a Lei n. 13.964/2019, quem receberá a denúncia ou queixa será o juiz da instrução, e não o juiz das garantias, cuja competência cessará com o oferecimento da peça acusatória. Entendeu também o STF pela inconstitucionalidade da exclusão física dos autos do inquérito, devendo o caderno investigatório permanecer fisicamente anexado ao processo.

A corte reviu a vedação absoluta de realização de videoconferência na audiência presidida pelo juiz das garantias do preso em flagrante ou provisório. Previa o art. 3º-B, § 1º, que: "o preso em flagrante ou por força de mandado de prisão provisória será encaminhado à presença do juiz das garantias no prazo de 24 (vinte e quatro) horas, momento em que se realizará audiência com a presença do Ministério Público e da Defensoria Pública ou de advogado constituído, vedado o emprego de videoconferência". Para o STF, será autorizada, excepcionalmente, sua realização, caso haja impossibilidade fática da audiência presencial.

Por sua vez, no que concerne ao instituto do "prazo com sanção", estabelecido pelo § 2º do art. 3º-B, o STF determinou a inconstitucionalidade da limitação de prorrogação por apenas uma vez, do inquérito policial de investigado preso há mais de 15 dias, sob pena de relaxamento da prisão. Admitiu, portanto, a prorrogação ilimitada do inquérito de preso, sem a ameaça do relaxamento da prisão por excesso de prazo, nos termos do que já fora decidido na ADI 6.581. Em decorrência de tal entendimento, também ficou declarada a inconstitucionalidade do § 4º do art. 310, que estabelecia: "Transcorridas 24 (vinte e quatro) horas após o decurso do prazo estabelecido no *caput* deste artigo, a não realização de audiência de custódia sem motivação idônea ensejará também a ilegalidade da prisão, a ser relaxada pela autoridade competente, sem prejuízo da possibilidade de imediata decretação de prisão preventiva".

Também foi decidido que o juiz das garantias não se aplica aos processos de competência originária dos tribunais, júri popular, violência doméstica e de competência dos Juizados Especiais Criminais. Aplica-se, contudo, aos processos de competência da Justiça Eleitoral, que tinham sido excluídos pela lei.

Decidiu pela inconstitucionalidade do art. 3º-C, que dizia em seu texto: "A competência do juiz das garantias abrange todas as infrações penais, exceto as de menor potencial ofensivo, e cessa com o recebimento da denúncia ou queixa na forma do art. 399 deste Código", bem como de seus §§ 3º e 4º, os quais, respectivamente, previam: "Os autos que compõem as matérias de competência do juiz das garantias ficarão acautelados na secretaria desse juízo, à disposição do Ministério Público e da defesa, e não serão apensados aos autos do processo enviados ao juiz da instrução e julgamento, ressalvados os documentos relativos às provas irrepetíveis, medidas de obtenção de provas ou de antecipação de provas, que deverão ser remetidos para apensamento em apartado. Fica assegurado às partes o amplo acesso aos autos acautelados na secretaria do juízo das garantias".

Da mesma forma, entendeu pela incompatibilidade do texto do art. 3º-D e seu parágrafo único com o ordenamento jurídico, cuja redação dispunha: "O juiz que, na fase de investigação, praticar qualquer ato incluído nas competências dos arts. 4º e 5º deste Código ficará impedido de funcionar no processo" e "Nas comarcas em que funcionar apenas um juiz, os tribunais criarão um sistema de rodízio de magistrados, a fim de atender às disposições deste Capítulo".

Quanto ao art. 3º-E do CPP, decidiu a corte substituir o verbete "designado" por "investido". Por fim, declarou a constitucionalidade do art. 3º-F, que versa sobre o dever de o juiz das garantias assegurar o cumprimento das regras para o tratamento dos presos, impedindo o acordo ou ajuste de qualquer autoridade com órgãos de imprensa para explorar a imagem da pessoa submetida à prisão, sob pena de responsabilidade penal, civil e administrativa.

Quanto ao acordo de não persecução penal, entendeu o STF pela constitucionalidade do art. 28-A e incisos do CPP. Por sua vez, entendeu pela inconstitucionalidade do § 5º do art. 157, também do CPP, que versava acerca da impossibilidade de proferir sentença ou acórdão o juiz que tivesse conhecimento do conteúdo de prova declarada ilícita.

Em que pesem algumas críticas quanto à modificação pelo STF de dispositivos que já tinham sido debatidos, votados e aprovados pelo Poder Legislativo, e que não tinham nenhuma efetiva inconstitucionalidade, a revelar novamente invasão de competência do legislador, a manutenção da figura do juiz das garantias implica em importante avanço civilizatório para o processo penal, afastando a possibilidade de comprometimento psicológico do juiz que determinou a prisão ou medidas cautelares restritivas, com a procedência da acusação.

Não é tarefa fácil a qualquer pessoa, nisso incluídos os magistrados, absolver um réu cuja prisão provisória decretou e manteve até a véspera da sentença. Por maior que seja o espírito de justiça, existe uma pressão ou autossugestão interna pela condenação e consequente manutenção do *status quo* do preso, muitas vezes condenado antecipadamente mediante um processo psicológico formado antes mesmo do processo, notadamente em casos de maior publicidade. O juiz das garantias é, assim, maior garantia de imparcialidade na prestação jurisdicional, ao menos na primeira instância, já que os detentores de foro privilegiado não terão a mesma proteção[10].

---

10. Fernando Capez, O juiz das garantias e suas implicações no processo penal. *Conjur.* Disponível em: https://www.conjur.com.br/2023-ago-31/controversias-juridicas-juiz-garantias-implicacoes-processo-penal. Acesso em: 8 out. 2023.

2.7. Finalidades da jurisdição

(i) Atuação da vontade da lei;

(ii) Solução de conflitos de interesse;

(iii) Aplicação de justiça a casos concretos.

2.8. Espécies de jurisdição

(i) Jurisdição penal;

(ii) Jurisdição civil.

2.9. Jurisdição necessária

Como anteriormente salientado, há conflitos que são insolúveis pela mera vontade das partes, seja porque uma delas resiste à pretensão da outra (proibição da autotutela), seja porque lhes é vedada, pelo ordenamento, a espontânea solução do conflito. Não se admite, portanto, nessa última hipótese, a autocomposição na aplicação do direito material.

Em casos como esse, a única maneira de se obter a realização do preceito contido no texto normativo substancial é o processo.

É o que ocorre em algumas situações de direito privado (*v.g.*, anulação de casamento e outras hipóteses afetas ao direito de família) e, particularmente, no direito penal brasileiro, que tem sua aplicação voluntária vedada já pela Constituição, que afasta a possibilidade de o indigitado delinquente submeter-se espontaneamente à aplicação da pena (CF, art. 5º, LVII e LIV), a ser imposta pelo titular do *jus puniendi* (o Estado), por meio de um mero ato administrativo. Sobre o tema, vale indicar que a Lei n. 13.869/2019 contém diversos tipos penais omissivos próprios, que cominam pena à conduta do magistrado que deixa, por exemplo, de relaxar a prisão manifestamente ilegal, conforme descreve seu art. 9º, parágrafo único, inciso I. Assim, a obrigatoriedade da jurisdição é de suma importância, especialmente quando o caso analisado se trata de prisão eivada de flagrante ilegalidade.

São os casos de *jurisdição necessária*, imposta sempre que o objeto da relação jurídica material for de extrema indisponibilidade.

Alguns ordenamentos, como o americano e o inglês, admitem a transação para a imposição de pena a delito de menor potencial ofensivo, bem como a submissão do acusado à pena pecuniária.

No Brasil, a exceção à regra é fornecida pelo art. 98, I, da Constituição Federal, pelo art. 76 da Lei n. 9.099/95, e pelo art. 28-A do CPP, os dois primeiros por inserirem a transação em matéria penal no direito brasileiro, enquanto o último por ser o pioneiro a possibilitar o acordo de não persecução penal em nosso sistema jurídico.

Questões

1. O que é jurisdição?
2. Quais são os princípios próprios da jurisdição?
3. No que consiste a jurisdição necessária?

3. PROCESSO

O Estado detém o monopólio da administração da justiça. O ordenamento jurídico considera crime fazer justiça com as próprias mãos (CP, art. 345).

O processo é o meio pelo qual o Estado procede à composição da lide, aplicando o direito ao caso concreto e dirimindo os conflitos de interesse.

A jurisdição é, portanto, a função; o processo, o instrumento de sua atuação.

Sem processo não há como solucionar o litígio (ressalvados os casos em que se admitem formas alternativas de pacificação), razão por que é instrumento imprescindível para resguardo da paz social.

Antes de adentrarmos o tema dos princípios informadores do direito processual, faz-se necessário traçar algumas linhas sobre o *processo*, o *procedimento* (incluindo-se aqui as formas do procedimento) e a relação *jurídica processual*.

3.1. Processo, procedimento e relação jurídica processual

O processo, instrumento de atuação da função jurisdicional, pode ser encarado sob dois prismas distintos, mas intimamente conexos entre si: (i) dos atos que representam sua forma extrínseca (objetivo); (ii) das relações que vinculam os sujeitos processuais (subjetivo).

Analisando-o sob o aspecto objetivo, isto é, dos atos, identificamos o seu primeiro elemento constitutivo: o procedimento, entendido como cadeia de atos e fatos coordenados, juridicamente relevantes, vinculados por uma finalidade comum, qual a de preparar o ato final, ou seja, o provimento jurisdicional, que, no processo de conhecimento, é a sentença de mérito.

Sob o aspecto subjetivo, surge o segundo elemento constitutivo do processo, que lhe dá vida e dinamismo: a relação jurídica processual.

Muito se discutiu a respeito da natureza jurídica do processo, discussão cujo delineamento certamente extrapolaria as finalidades deste trabalho. Pode-se dizer apenas que as principais teorias a respeito são: (i) do processo como contrato; (ii) do processo como quase contrato; (iii) do processo como relação jurídica processual; (iv) do processo como situação jurídica e, por fim; (v) do processo como procedimento em contraditório.

De todas elas, foi a da relação jurídica processual (item "iii"), desenvolvida por Bülow, na segunda metade do século XIX, que, temperada com postulados das teorias da situação jurídica e do procedimento em contraditório, ganhou acolhida junto à doutrina.

Reside o mérito de Bülow, justamente, na sistematização da relação jurídica processual, distinguindo-a da relação jurídica material, sendo esta a que se discute no processo. Figuram ambas em clara relação *continente-conteúdo*.

É possível caracterizar a relação jurídica processual como *o nexo que une e disciplina a conduta dos sujeitos processuais em suas ligações recíprocas durante o desenrolar do procedimento*. Tendo em vista que no arco do procedimento os sujeitos passam de situação em situação, de posição em posição, ativas e passivas, podemos dizer, ainda, que a relação jurídica processual apresenta-se como a sucessão de posições jurídicas ativas (poderes, faculdades e ônus) e passivas (deveres, sujeições e ônus), *que se substituem pela ocorrência de atos e fatos procedimentais*, porquanto de um ato nasce sempre uma posição jurídica, que, por sua vez, servirá de fundamento à prática de outro ato, que ensejará nova posição dos sujeitos processuais e, assim por diante, até o provimento final.

Para Dinamarco, o processo é o "procedimento animado pela relação jurídica processual"[11] e a partir dessa perspectiva é que serão abordadas suas características no próximo tópico.

3.2. Elementos identificadores da relação processual

Os elementos que identificam a relação processual, diferenciando-a da relação de direito material, são:

3.2.1. Sujeitos processuais

São três os principais: Estado-Juiz, autor e réu (lembre-se que o juiz não é propriamente um sujeito do processo, mas apenas órgão, por cujo intermédio o Estado-Juiz exerce o seu dever-poder, que é a função jurisdicional).

Em síntese, o que distingue a relação processual da material, sob o aspecto subjetivo, isto é, dos seus sujeitos, é não apenas a presença do Estado-Juiz, mas a sua condição de titular e de exercente de uma das manifestações do poder estatal. As partes, em pé de igualdade entre si, situam-se, quanto ao Estado-Juiz, em uma relação marcada pela verticalidade, dada a sua situação de sujeição em relação a este. Daí afirmar-se o caráter triangular da relação processual. Sobre os sujeitos processuais, falaremos mais, oportunamente.

3.2.2. Objeto da relação processual

No plano material, o bem que constitui o objeto da relação jurídica é o próprio bem da vida, sobre o qual versa o conflito de interesses. Quanto à relação processual, o objeto que lhe é peculiar é o próprio provimento jurisdicional pedido ao Estado.

---

11. *A instrumentalidade do processo*, 1987, p. 188-90.

É, portanto, uma relação secundária, eis que guarda estreita instrumentalidade com o bem efetivamente pretendido pelo autor: o objeto da relação jurídica material (primária), o bem da vida.

3.2.3. Pressupostos processuais

Fixa o Código Civil, no art. 104, os requisitos para a validade dos atos jurídicos em geral.

Logo se percebeu, todavia, com a distinção operada na teoria de Bülow, que a relação processual também exigia, para a sua válida constituição, a observância de certos requisitos peculiares aos enumerados no citado dispositivo legal. São os requisitos para a constituição de uma relação processual válida que, ao lado das condições da ação, formam os *requisitos de admissibilidade do julgamento do mérito*. São eles:

(i) Subjetivos (respeitantes aos sujeitos principais da relação processual):

(i.1) quanto ao juiz:

— investidura;

— competência (CPP, art. 95, II);

— imparcialidade (CPP, arts. 95, I, e 112).

(i.2) quanto às partes:

— capacidade de ser parte;

— capacidade processual;

— capacidade postulatória (CPP, arts. 44 e 257, I).

(ii) Objetivos:

(ii.1) extrínsecos: inexistência de fatos impeditivos, *v.g.*, litispendência, coisa julgada (CPP, art. 95, III e V) etc.;

(ii.2) intrínsecos: regularidade procedimental (CPP, art. 24).

3.3. Formas do procedimento

As formas dos atos processuais podem ser de três ordens: de lugar, de tempo e de modo.

(i) Lugar. Em regra, os atos processuais têm lugar na sede do juízo, excluídos os casos em que a lei ou a sua própria natureza exigirem a prática em local diverso, *v.g.*, busca e apreensão, citação, inspeção judicial, oitiva de testemunha cujo comparecimento é impossível etc.

(ii) Tempo. Dois aspectos a serem levados em consideração:

(ii.1) a época em que os atos devem ser praticados;

(ii.2) o prazo (distância temporal entre os atos do processo) para a sua execução.

Os **prazos** podem ser:

— **ordinários ou dilatórios:** são aqueles que admitem redução ou prorrogação, por vontade das partes, por serem desprovidos de imperatividade;

— **aceleratórios:** quando ocorre a fixação de um prazo máximo, dentro do qual o ato deve ser necessariamente praticado;

— **legais:** determinados em lei;

— **judiciais:** fixados pelo magistrado;

— **convencionais:** estabelecidos por acordo das partes;

— **peremptórios:** inalteráveis, quer para mais, quer para menos; caracterizáveis pela imperatividade sobre os sujeitos processuais;

— **comuns:** quando correm para ambas as partes;

— **particulares:** relativos a somente uma das partes;

— **próprios:** aqueles cuja inobservância pode trazer sanções processuais;

— **impróprios:** não acarretam sanções processuais, mas, tão somente, de caráter disciplinar.

De maneira geral, o transcurso do prazo enseja a perda da possibilidade de praticar determinado ato processual, denominada preclusão temporal.

Não há preclusão em se tratando de prazos impróprios, conferidos ao juiz, aos auxiliares da justiça e ao Ministério Público, quando este atua no processo como parte secundária. Daí que preclusivos são apenas os prazos próprios.

(iii) Modo. Pode ser quanto à linguagem, quanto à atividade que o move e quanto ao rito.

(iii.1) Quanto à linguagem

A palavra pode ser falada ou escrita e, conforme seja feita a escolha por uma ou por outra, o procedimento será oral, escrito ou misto.

Vigora, no sistema processual brasileiro, o procedimento misto, informado pelo princípio da oralidade, em maior ou menor intensidade, conforme se trate de processo penal, civil ou trabalhista.

No procedimento misto, embora ocorra o predomínio quantitativo da palavra escrita, a palavra falada se sobressai qualitativamente, porquanto é a forma eleita para expressar os atos de maior relevância na formação do convencimento do juiz.

Do **princípio da oralidade** derivam alguns princípios, distintos, mas intimamente relacionados entre si. São eles:

— **princípio da imediação ou imediatidade:** exige o contato direto do juiz com as provas e as fontes de provas, a fim de que ele colha pessoalmente o material destinado ao seu convencimento;

— **princípio da identidade física do juiz:** o mesmo magistrado que preside a instrução do feito deve julgar a causa, como forma de garantir a eficácia do princípio adrede mencionado;

– **princípio da concentração da causa:** os atos mais relevantes devem, dentro do possível, ser praticados em única audiência;

– **princípio da irrecorribilidade das decisões interlocutórias:** destinado a concretizar a oralidade e a concentração.

Com a criação dos juizados especiais criminais pela Lei n. 9.099/95, a oralidade e a flexibilidade das formas procedimentais receberam novo alento, como se infere do texto do art. 62 do citado diploma. Do mesmo modo, a estrutura atual de processo penal visa à celeridade processual e ao aperfeiçoamento na colheita da prova, primando pelo princípio da oralidade, na medida em que a legislação processual penal prevê a concentração dos atos processuais em audiência única no procedimento comum (ordinário, sumário e sumaríssimo). Mencione-se que tal concentração dos atos processuais em audiência única também foi instituída no procedimento do júri.

(iii.2) Quanto à atividade

O processo inicia-se pelo impulso das partes e desenvolve-se, predominantemente, pelo impulso oficial. Cabe ao juiz, na maioria dos casos, dar andamento ao feito determinando a prática de atos processuais, haja vista a relevância do interesse do Estado na rápida e eficaz solução do litígio.

Ligado ao impulso oficial está o fenômeno da preclusão, consistente na perda de uma faculdade processual por diversas causas, às quais se ligam as variadas espécies desse instituto. É a **preclusão** um fato impeditivo, destinado a assegurar a progressividade da relação processual. São de três **espécies:**

– **temporal:** a causa da perda da faculdade processual está na omissão da prática de determinado ato no prazo assinado;

– **lógica:** decorrente da incompatibilidade de um ato processual com outro já praticado;

– **consumativa:** caracteriza-se pelo fato de a faculdade já ter sido validamente exercida.

(iii.3) Quanto ao rito

O rito do procedimento, isto é, o ritmo e a amplitude com que são praticados os atos processuais, é escolhido com vistas, em geral, à natureza da relação jurídica material (primária) levada à apreciação do Judiciário.

No processo penal, objeto dos nossos estudos, os **procedimentos, no processo de cognição**, dividem-se em:

– **comum:** divide-se em: **(i) ordinário:** crime cuja sanção máxima cominada for igual ou superior a quatro anos de pena privativa de liberdade, salvo se não se submeter a procedimento especial; **(ii) sumário:** crime cuja sanção máxima cominada seja inferior a quatro anos de pena privativa de liberdade, salvo se não se submeter a procedimento especial; **(iii) sumaríssimo:** infrações penais de menor potencial ofensivo, na forma da Lei n. 9.099/95, ainda que haja previsão de procedimento especial. Enquadram-se nesse conceito as contravenções penais e os crimes cuja pena máxima não exceda a dois anos (*vide* art. 61 da Lei n. 9.099/95). Dessa forma, a distinção entre os procedimentos ordinário e sumário dar-se-á em função da pena máxima cominada à infração penal e não mais em virtude de esta ser apenada com reclusão ou detenção;

— **especial:** é o procedimento previsto, por exemplo, nos arts. 406 a 497 do CPP, bem como aqueles instituídos em leis extravagantes, por exemplo, nas Leis n. 11.343/2006 e 11.101/2005.

3.4. Princípios informadores do processo penal

3.4.1. Legalidade

Além de ser princípio basilar do Direito Penal, a legalidade também reverbera na seara processual. Está presente na CF, art. 5º, II, ao dizer que: "*ninguém será obrigado a fazer ou deixar de fazer alguma coisa senão em virtude de lei*", e no art. 22, I, ao prever a competência privativa da União para legislar sobre direito processual. Desta forma, excetuando-se as disposições legais referentes a procedimentos advindas dos Estados e Distrito Federal (CF, art. 24, XI), qualquer outra inovação legislativa processual que não decorrer do Poder Legislativo federal apresentará vício de competência.

Tal competência se mostra de extrema importância, tendo em vista a envergadura do objeto jurídico disciplinado. A Declaração Universal dos Direitos do Homem (1789) já entendia como essencial o direito à liberdade, admitindo sua supressão apenas mediante lei prévia que definisse o crime e o procedimento da prisão, ao discorrer que: "*Ninguém poderá ser acusado, preso ou detido senão nos casos determinados pela lei e de acordo com as formas por estas prescritas*". Tal garantia foi incorporada por nosso ordenamento jurídico pelo art. 5º, LIV, da CF, ao dispor que: "*Ninguém será privado da liberdade ou de seus bens sem o devido processo legal*", que, por ser cláusula pétrea, não poderá ser abolida ou mitigada sequer por proposta de emenda constitucional (CF, art. 60, § 4º, IV).

Além de ser citada no preâmbulo da Constituição Federal, o direito fundamental à liberdade também está presente no art. 5º, *caput*: "*Todos são iguais perante a lei, sem distinção de qualquer natureza, garantindo-se aos brasileiros e aos estrangeiros residentes no País a inviolabilidade do direito à vida, à liberdade, à igualdade, à segurança e à propriedade*"; no inciso XLVI, alínea "a": "*A lei regulará a individualização da pena e adotará, entre outras, as seguintes: privação ou restrição da liberdade*"; inciso LVXI: "*Ninguém será levado à prisão ou nela mantido, quando a lei admitir a liberdade provisória, com ou sem fiança*" e inciso XLVIII: "*Conceder-se-á* habeas corpus *sempre que alguém sofrer ou se achar ameaçado de sofrer violência ou coação em sua liberdade de locomoção, por ilegalidade ou abuso de poder*". Assim, verifica-se que a liberdade é a regra em nosso sistema jurídico, admitindo-se a prisão excepcionalmente, desde que cumpridos todos os requisitos e formalidades legais, dentre as quais a competência da União para legislar sobre processo penal.

Não poderíamos deixar de citar o inciso XXXIX do art. 5º da CF, sustentáculo dos sistemas penal e processual penal, que, refletindo o brocardo jurídico *nullum crimen, nula poena sine praevia lege*, determina que "Não há crime sem lei anterior que o defina, nem pena sem prévia cominação legal". Tal mandamento, por consequência, desdobra-se no princípio da irretroatividade da lei gravosa, contido no inciso XL: "*a lei penal não retroagirá, salvo para beneficiar o réu*", com grande repercussão no âmbito processual.

Ressalte-se que, em função do princípio do *tempus regit actum* (CPP, art. 2º), as normas processuais possuem eficácia imediata, sendo considerados válidos os atos praticados na forma da lei revogada. Assim, mesmo que presente o princípio da legalidade, não há que se falar em irretroatividade da lei processual penal. Já para as matérias de conteúdo misto, a eficácia da norma processual não será imediata para os processos já em andamento em eventual retroatividade da lei penal gravosa. Nesses casos, mesmo com novo regramento processual, a lei revogada continuará vigente para os processos em curso, ensejando seu efeito ultrativo.

3.4.2. Verdade real

No processo penal, deve-se buscar reconstruir historicamente um fato e todas as suas circunstâncias, com o objetivo de que a instrução probatória se aproxime o máximo possível da forma como esse fato ocorreu. Essa necessidade tradicionalmente é denominada pela doutrina como princípio da verdade real, que levou à afirmação, por muito tempo, de que o magistrado poderia agir ativamente na produção de provas, mesmo de ofício, nos termos do art. 156, I e II, do CPP. No entanto, é importante ressaltar que a Constituição Federal de 1988 vedou ao juiz a prática de atos típicos de parte, procurando preservar a sua imparcialidade e necessária equidistância. O princípio do ne procedat *iudex ex officio* preserva o juiz e, ao mesmo tempo, constitui garantia fundamental do acusado, em perfeita sintonia com o processo acusatório. Devido processo legal é aquele em que estão presentes as garantias constitucionais do processo, tais como o contraditório, a ampla defesa, a publicidade, o juiz natural, a imparcialidade do juiz e a inércia jurisdicional (*ne procedat iudex officio*). Assim, colocar o julgador na posição de parte, incumbindo-lhe atribuições investigatórias e probatórias típicas de acusador, implica vulnerar sua imparcialidade e violar o *due process of law*. A colheita da prova pelo juiz compromete-o psicologicamente em sua imparcialidade, transformando-o quase em integrante do polo ativo da lide penal, colidindo frontalmente com diversas normas constitucionais.

Diante do exposto, o magistrado que participar da colheita da prova, atuando como verdadeiro inquisidor, não atuará na função típica de magistrado, ficando, destarte, sujeito ao comprometimento psicológico com a tese acusatória, tão comum às partes. Por essa razão, estará impedido de proferir qualquer sentença ou decisão no processo criminal que vier a se instaurar (CPP, art. 252, II). De fato, as funções de investigar e inquirir são atribuições conferidas ao Ministério Público e às Polícias Federal e Civil (CF, arts. 129, I e VIII e § 2º, e 144, §§ 1º, I e IV, e 4º), podendo o juiz agir tão somente de forma complementar e secundária, diante de manifesto déficit probatório, conforme já decidido pelo STF na ADI 1.570. Esse parece ser o único meio de conciliar o dispositivo em comento com o modelo acusatório brasileiro.

De todo modo, o princípio da *verdade real* comporta algumas exceções: (i) a impossibilidade de leitura de documento ou a exibição de objeto que não tiver sido juntado aos autos com a antecedência mínima de três dias úteis, dando-se ciência à outra parte (CPP, art. 479); compreende-se nessa proibição a leitura de jornais ou de qualquer escrito, bem como a exibição de vídeos, gravações, fotografias, laudos, quadros, croqui ou qualquer outro meio assemelhado, cujo conteúdo versar sobre a matéria de fato submetida à apreciação e ao julgamento dos jurados (CPP, art. 479, parágrafo único); (ii) a inadmissibilidade das provas obtidas por meios ilícitos (CF, art. 5º, LVI, e CPP, art. 157); (iii) os limites para depor de pessoas que, em razão de função, ofício ou profissão, devam guardar segredo (CPP, art. 207); (iv) a recusa de depor de parentes do acusado (CPP, art. 206); (v) as restrições à prova, existentes no juízo cível, aplicáveis ao penal, quanto ao estado das pessoas (CPP, art. 155, parágrafo único).

Por fim, há doutrina que rejeita a expressão *verdade real* e defende a expressão verdade processual, não apenas pelo fato de ser produzida no curso do processo, mas, sobretudo, por tratar-se de uma certeza de natureza exclusivamente jurídica[12].

3.4.3. Imparcialidade do juiz

Em toda espécie de processo, seja no âmbito penal ou cível, o juiz situa-se na relação processual entre as partes e acima delas (caráter substitutivo), fato que, aliado à circunstância de que ele não vai ao processo em nome próprio, nem em conflito de interesses com as partes, torna essencial sua imparcialidade. Trata-se da capacidade subjetiva do órgão jurisdicional, um dos pressupostos para a constituição de uma relação processual válida. Para assegurar essa imparcialidade, a Constituição estipula garantias (art. 95), prescreve vedações (art. 95, parágrafo único) e proíbe juízes e tribunais de exceção (art. 5º, XXXVII). Dessas regras decorre a de que ninguém pode ser julgado por órgão constituído após a ocorrência do fato. Uma possível exceção se refere aos processos que tenham como objeto crimes praticados por organizações criminosas, em que o juiz poderá decidir pela formação de colegiado para a prática de qualquer ato processual, e os Tribunais poderão criar Varas Colegiadas para julgamento em primeiro grau, conforme dispõem os arts. 1º e 1º-A da Lei n. 12.694/2012.

3.4.4. Igualdade processual

Desdobramento do princípio consignado na Constituição Federal, art. 5º, *caput*, de que todas as pessoas são iguais perante a lei. Dessa forma, as partes devem ter, em juízo, as mesmas oportunidades de fazer valer suas razões, e ser tratadas igualitariamente, na medida de suas igualdades, e desigualmente, na proporção de suas desigualdades. O princípio em comento aplica-se a toda espécie de processo e também é chamado de "paridade de armas", sobretudo no âmbito penal.

No processo penal, o princípio sofre alguma atenuação pelo, também constitucional, princípio do *favor rei*, postulado segundo o qual o interesse do acusado goza de alguma

---

12. Eugenio Pacelli Oliveira, *Curso de processo penal*, 13. ed., Rio de Janeiro: Lumen Juris, 2010, p. 346.

prevalência em contraste com a pretensão punitiva. Expressões legais de tal prevalência são os textos dos arts. 609, parágrafo único (embargos infringentes e de nulidade) e 621 e s. (revisão criminal) do CPP.

3.4.5. Contraditório

A bilateralidade da ação gera a bilateralidade do processo, de modo que as partes, em relação ao juiz, não são antagônicas, mas colaboradoras necessárias. O juiz coloca-se, na atividade que lhe incumbe o Estado-Juiz, equidistante das partes, só podendo dizer que o direito preexistente foi devidamente aplicado ao caso concreto se, ouvida uma parte, for dado à outra manifestar-se em seguida. Por isso, o princípio é identificado na doutrina pelo binômio *ciência e participação*, sendo aplicável tanto no processo civil como no processo penal.

Decorre do brocardo romano *audiatur et altera pars* e exprime a possibilidade, conferida aos contendores, de praticar todos os atos tendentes a influir no convencimento do juiz. Nessa ótica, assumem especial relevo as fases da produção probatória e da valoração das provas. As partes têm o direito não apenas de produzir suas provas e de sustentar suas razões, mas também de vê-las seriamente apreciadas e valoradas pelo órgão jurisdicional.

Compreende, ainda, o direito de serem cientificadas sobre qualquer fato processual ocorrido e a oportunidade de manifestarem-se sobre ele, antes de qualquer decisão jurisdicional (CF, art. 5º, LV). A ciência dos atos processuais é dada através da citação, intimação e notificação. Citação é a cientificação a alguém da instauração de um processo, com a consequente chamada para integrar a relação processual. Intimação é a comunicação a alguém de atos do processo, podendo conter um comando para fazer ou deixar de fazer alguma coisa. Embora nosso Código não faça distinção, doutrinariamente a intimação refere-se a atos ou despachos já proferidos no processo, enquanto a notificação consiste em uma comunicação à parte para que faça ou deixe de fazer alguma coisa. Assim, intima-se "de" e notifica-se "para" algum ato processual. A notificação não deve ser empregada como ato de comunicação processual, embora às vezes seja usada nesse sentido.

Em casos de urgência, havendo perigo de perecimento do objeto em face da demora na prestação jurisdicional, admite-se a concessão de medidas judiciais *inaudita altera parte*, permissivo que não configura exceção ao princípio, já que, antes da prolação do provimento final, deverá o magistrado, necessariamente, abrir vista à outra parte para se manifestar sobre a medida, sob pena de nulidade do ato decisório; o contraditório é apenas diferido.

A importância do contraditório é destaque no Código de Processo Penal, o qual prevê limitação ao livre convencimento do juiz na apreciação das provas, ao vedar a fundamentação da decisão com base exclusiva nos elementos informativos colhidos na investigação, exigindo-se prova produzida em contraditório judicial, ressalvadas as provas cautelares, não repetíveis e antecipadas (cf. art. 155). O legislador manteve, dessa forma, a interpretação jurisprudencial já outrora sedimentada e até o momento vigente, no sentido de que a prova do inquérito não bastaria exclusivamente para condenação, devendo ser confirmada por outras provas produzidas em contraditório judicial, com a ressalva já realizada acima.

Como se vê, o sistema processual penal exige a efetiva contrariedade à acusação, como forma de atingir os escopos jurisdicionais, tarefa que só é possível com a absoluta paridade de armas conferida às partes. É por esse motivo que ao réu não habilitado não é permitido fazer a sua defesa técnica. O contraditório é um princípio típico do processo acusatório, inexistindo no inquisitivo. Por esses motivos, é essencial que o acusador, ao formular a denúncia ou a queixa-crime, narre claramente os fatos que está a imputar ao futuro réu, a fim de que este tenha pleno conhecimento da acusação, podendo elaborar sua defesa e produzir as provas necessárias, sob pena de inépcia da inicial, por violação ao princípio em testilha. Nesse sentido, o réu deve conhecer a acusação que se lhe imputa para poder contrariá-la, evitando, assim, possa ser condenado sem ser ouvido (*audiatur et altera pars*).

3.4.6. Ampla defesa

Implica o dever de o Estado proporcionar a todo acusado a mais completa defesa, seja pessoal (autodefesa), seja técnica (efetuada por defensor) (CF, art. 5º, LV), e o de prestar assistência jurídica integral e gratuita aos necessitados (CF, art. 5º, LXXIV). Desse princípio também decorre a obrigatoriedade de se observar a ordem natural do processo, de modo que a defesa se manifeste sempre em último lugar. Assim, qualquer que seja a situação que dê ensejo a que, no processo penal, o Ministério Público se manifeste depois da defesa (salvo, é óbvio, nas hipóteses de contrarrazões de recurso, de sustentação oral ou de manifestação dos procuradores de justiça, em segunda instância), obriga, sempre, seja aberta vista dos autos à defensoria do acusado, para que possa exercer seu direito de defesa na amplitude que a lei consagra.

Vale indicar o que determina o art. 261 do CPP, segundo o qual: "Nenhum acusado, ainda que ausente ou foragido, será processado ou julgado sem defensor". O seu parágrafo único, por sua vez, prevê que: "A defesa técnica, quando realizada por defensor público ou dativo, será sempre exercida através de manifestação fundamentada". Finalmente, dispõe o art. 263 (CPP) que, "se o acusado não o tiver, ser-lhe-á nomeado defensor pelo juiz, ressalvado o seu direito de, a todo tempo, nomear outro de sua confiança, ou a si mesmo defender-se, caso tenha habilitação".

Ademais, o Pacto Internacional de Direitos Civis e Políticos, em seu art. 14, 3, *d*, assegura a toda pessoa acusada de infração penal o direito de se defender pessoalmente e por meio de um defensor constituído ou nomeado pela Justiça, quando lhe faltarem recursos suficientes para contratar algum. Esse princípio é aplicável a todos os tipos de processo.

Por fim, é interessante notar que, no procedimento do júri, após o oferecimento da defesa inicial escrita, prevista no art. 406, autoriza-se a oitiva do MP, conforme o art. 409, não havendo previsão legal para a réplica da defesa. Além disso, constitui prática recorrente a apresentação de memoriais pela defesa nos Tribunais, após a juntada de parecer pelo órgão acusatório, sendo essa prática amparada pela ampla defesa.

Jurisprudência

- ÓBICE AO ACESSO A *NOTEBOOK* PELO PRESO – NÃO CONFIGURA CERCEAMENTO DE DEFESA: "A garantia constitucional à ampla defesa, prevista no art. 5º, LV, da CF/88, envolve a defesa em sentido técnico (defesa técnica), realizada pelo advogado, e a defesa em sentido material (autodefesa), por meio de qualquer atividade defensiva desenvolvida pelo próprio acusado, em especial durante seu interrogatório. Contudo, no caso, a restrição ao ingresso de *notebook* na unidade prisional justificava-se pelo risco de ofensa à segregação prisional. Essa restrição não representou obstáculo à ampla defesa, pois as peças processuais mais relevantes poderiam ter sido impressas e levadas ao preso. No caso concreto, embora o custodiado tenha formação jurídica, sua defesa técnica está sendo patrocinada por advogados habilitados nos autos, os quais tiveram pleno acesso aos autos da ação penal, anexos e mídias eletrônicas" (STJ, AgRg no HC 631.960/SP, Rel. Min. João Otávio de Noronha, 5ª Turma, j. 23-11-2021).

3.4.7. Da ação ou demanda

Cabe à parte a atribuição de provocar a atuação da função jurisdicional, uma vez que os órgãos incumbidos de prestar devem ser inertes, tanto no âmbito cível como na esfera penal. Decorrência dessa regra é a impossibilidade de o juiz tomar providências que superem ou sejam estranhas aos limites do pedido (*ne eat iudex ultra petita partium*). É verdade que o juiz, sem modificar a descrição do fato contida na denúncia ou queixa, poderá atribuir-lhe definição jurídica diversa, ainda que, em consequência, tenha de aplicar pena mais grave (CPP, art. 383). Nesse caso não se caracteriza julgamento *ultra petita*, e sim a livre aplicação do direito pelo juiz, em virtude do princípio *jura novit curia*. O princípio tem fundamento na adoção do processo acusatório (em contraponto ao *processo inquisitivo*), no qual há nítida separação das funções de julgar, acusar e defender.

Isso se dá porque, diferentemente do processo civil, o elemento que conforma os limites do pronunciamento jurisdicional no processo penal é o fato levado a juízo e não o pedido de condenação, sempre idêntico e genérico. O réu defende-se dos fatos a ele imputados e não da capitulação jurídica a estes atribuída, daí por que não há ofensa ao princípio em epígrafe na regra do art. 383 do CPP. Vale ressaltar, quanto à possibilidade de *mutatio libelli*, que o aditamento da denúncia é sempre necessário, não atuando mais o juiz de ofício. Não procedendo o órgão do Ministério Público ao aditamento, aplica-se o art. 28 deste Código (CPP, art. 384, § 1º).

3.4.8. Da disponibilidade e da indisponibilidade

Disponibilidade é a liberdade que as pessoas têm de exercer ou não seus direitos. No direito processual civil é quase absoluta essa disponibilidade, já que as únicas limitações decorrem da natureza indisponível de certos direitos materiais. Por razão inversa, prevalece no processo penal o princípio da indisponibilidade ou da obrigatoriedade. O crime é uma lesão irreparável ao interesse coletivo, decorrendo daí o dever de o Estado aplicar as regras jurídico-punitivas. Desse modo, a autoridade policial não pode se recusar a proceder às investigações preliminares (CPP, art. 5º) nem arquivar inquérito policial

(CPP, art. 17), do mesmo modo que o Ministério Público não pode desistir da ação penal (CPP, art. 42) nem do recurso (CPP, art. 576). É a regra da *irretratabilidade*.

A Constituição, contudo, admite um abrandamento dessa regra, como já falado, permitindo transação em infrações penais de diminuta potencialidade lesiva (CF, art. 98, I, c/c a Lei n. 9.099/95, art. 76), de forma semelhante ao que indica o CPP sobre o acordo de não persecução penal (art. 28-A do CPP). Outros temperamentos à regra da indisponibilidade no processo penal ocorrem também: (i) nos crimes de ação penal privada, em que o *ius accusationis* fica a cargo do ofendido, que poderá ou não o exercer, como melhor lhe aprouver; (ii) nos crimes de ação penal pública condicionada à representação, nos quais a atividade dos órgãos oficiais fica condicionada à manifestação de vontade do ofendido; (iii) nos crimes de ação penal pública condicionada à requisição do ministro da justiça.

3.4.9. Oficialidade

Em decorrência da indisponibilidade do processo penal, os órgãos incumbidos da *persecutio criminis* não podem ser privados. Sendo eminentemente pública a função penal, a pretensão punitiva do Estado também deve ser deduzida por agentes públicos. A Constituição consagra o princípio da oficialidade ao dispor que a ação penal pública é privativa do Ministério Público (CF, art. 129, I) e que a função de polícia judiciária incumbe à polícia civil (CF, art. 144, § 4º, c/c o CPP, art. 4º). O sistema admite exceções, como, por exemplo, a *ação penal privada*, incluindo-se a privada subsidiária da pública, cabível no caso de desídia do órgão ministerial (CF, art. 5º, LIX), e a *ação penal popular*, para os casos de crimes de responsabilidade praticados pelo procurador-geral da República e por ministros do STF (Lei n. 1.079/50, arts. 41, 58, 65 e 66). Por oportuno, destaca-se que o princípio também se aplica a outras espécies de processo, desde que respeitadas suas peculiaridades.

3.4.10. Oficiosidade

As autoridades públicas incumbidas da persecução penal devem agir de ofício, à exceção dos limites legais que lhe são impostos, sem necessidade de provocação ou de assentimento de outrem. O abrandamento é dado, novamente, sobretudo pelos casos de ação penal de iniciativa privada (CPP, art. 5º, § 5º) e de ação penal pública condicionada. A regra não impede a provocação dos órgãos públicos por qualquer do povo, conforme o CPP, art. 27. Embora seja aplicável sobretudo ao âmbito penal, trata-se de princípio processual geral.

3.4.11. Autoritariedade

Os órgãos investigantes e processantes devem ser autoridades públicas (delegado de polícia e promotor ou procurador de justiça). A ação penal privada também configura exceção a esta regra.

3.4.12. Indisponibilidade

A autoridade policial não pode determinar o arquivamento do inquérito policial (CPP, art. 17) e o Ministério Público não pode desistir da ação penal pública, nem do recurso interposto (CPP, arts. 42 e 576). Exceção, mais uma vez, nos crimes de ação penal de iniciativa privada, em que se admite o perdão, a perempção e a desistência, dada a disponibilidade sobre o conteúdo do processo (a relação jurídica material), ou mesmo nos casos de acordo de não persecução penal, conforme art. 28-A do CPP.

Nos juizados especiais criminais (Lei n. 9.099/95), o princípio da indisponibilidade apresenta-se mitigado, por força do permissivo constitucional da transação em matéria penal, versando sobre infrações de menor potencial ofensivo. Por fim, também os acordos de não persecução penal constituem exceção à indisponibilidade.

3.4.13. Da verdade formal ou dispositivo

Regra de que o juiz depende, na instrução da causa, da iniciativa das partes quanto às provas e às alegações em que fundamentará sua decisão (*iudex secundum allegata et probata partium iudicare debet*). Segundo o princípio, pode o juiz dar-se por satisfeito, quanto à instrução do feito, com as provas produzidas pelas partes, rejeitando os pedidos por falta de elementos de convicção. Este princípio é próprio do processo civil, mas vem sendo gradativamente incorporado ao âmbito do processo penal. Contudo, vale indicar que no âmbito penal existe uma tendência publicista no processo, levando o juiz a poder assumir posição mais ativa, impulsionando o andamento da causa, e reprimindo condutas abusivas ou irregulares, dentro dos limites legais.

3.4.14. Da verdade material ou da livre investigação das provas

Característico do processo penal, dado o caráter público do direito material *sub judice*, excludente da autonomia privada. É dever do magistrado esgotar as possibilidades apresentadas pelas partes para alcançar a verdade dos fatos, como fundamento da sentença. A produção e a idoneidade da prova possuem interesse público, devendo estar amplamente acessíveis por ambas as partes.

Dessa forma, é inegável que, mesmo nos sistemas em que vigora a livre investigação das provas, a verdade alcançada será sempre formal, porquanto o que *não está nos autos, não está no mundo*. Portanto, a livre investigação das provas pelo magistrado pressupõe a necessidade de que elas existam e estejam disponíveis nos autos, passando pelo crivo do contraditório, de modo que se tornem confiáveis para fundamentar a decisão judicial.

3.4.15. Inadmissibilidade das provas obtidas por meios ilícitos

São inadmissíveis, no processo, as provas obtidas por meios ilícitos (CF, art. 5º, LVI). Ao considerar inadmissíveis todas as "provas obtidas por meios ilícitos", a Constituição proíbe tanto a prova ilícita quanto a ilegítima. Assim, a proibição pode ser imposta a ilicitude oriunda de violação de norma de direito material ou processual.

Dessa forma, nosso sistema jurídico distanciou-se da doutrina e da jurisprudência pátria, que distinguiam as provas ilícitas das ilegítimas, concebendo como prova ilícita tanto aquela que viole disposições materiais quanto processuais. É importante indicar que as provas ilícitas estão disciplinadas no art. 157 do CPP, dispondo que: "São inadmissíveis, devendo ser desentranhadas do processo, as provas ilícitas, assim entendidas as obtidas em violação a normas constitucionais ou legais".

Podemos citar como exemplos de prova ilícita por violação a norma material: a diligência de busca e apreensão sem prévia autorização judicial ou durante a noite; a confissão obtida mediante tortura; a interceptação telefônica sem autorização judicial; o emprego do detector de mentiras; as cartas particulares interceptadas por meios criminosos (cf. art. 233 do CPP) etc. Por outro lado, são exemplos de provas ilícitas por violação a regras de natureza processual: o documento exibido em plenário do Júri, com desobediência ao disposto no art. 479, *caput* (CPP); o depoimento prestado com violação à regra proibitiva do art. 207 (CPP) (sigilo profissional) etc.

Sobre esse aspecto, merece especial atenção o § 5º do art. 157 do CPP, segundo o qual o magistrado está impedido de proferir sentença ou acórdão, quando conhecer do conteúdo da prova declarada inadmissível.

→ **ATENÇÃO:** segundo o STJ, "a participação sem prévia autorização judicial dos órgãos de persecução estatal (polícia ou MP), na gravação ambiental realizada por um dos interlocutores acarreta a ilicitude da prova" (STJ, RHC 150.343/GO, Rel. Min. Rogerio Schietti Cruz, Rel. p/ acórdão Min. Sebastião Reis Júnior, 6ª Turma, j. 15-8-2023).

3.4.16. Do impulso oficial

Instaurada a relação processual, tanto cível como penal, compete ao juiz mover o procedimento de fase em fase, até exaurir a função jurisdicional. Em sua etimologia, a palavra processo traduz a ideia de avanço, marcha para a frente. O juiz deve movimentá--lo até o ato final: a sentença. Do impulso oficial, tratamos também no item 3.3.

3.4.17. Iniciativa das partes (*ne procedat judex ex officio*)

O magistrado não pode dar início ao processo sem a provocação da parte. Cabe ao Ministério Público promover privativamente a ação penal pública (CF, art. 129, I) e ao ofendido, a ação penal privada, inclusive a subsidiária da pública (CPP, arts. 29 e 30; CF, art. 5º, LIX). Com base neste princípio, alguns tribunais têm sustentado a insubsistência do recurso *ex officio*, previsto nos arts. 574 e 746 do CPP. O princípio é decorrência da adoção, pelo direito processual brasileiro, do sistema do processo acusatório. Sobre a absolvição sumária e o recurso de ofício, previstos nos arts. 415 e 574 do CPP, é importante indicar que nosso posicionamento é de que não foi a intenção do legislador a manutenção do recurso de ofício na hipótese de absolvição sumária, tendo ocorrido a revogação tácita do art. 574, II, do CPP. Dessa forma, havendo absolvição sumária sem recurso da acusação, haverá o trânsito em julgado da decisão que a determinou.

3.4.18. *Ne eat judex ultra petita partium*

O juiz deve pronunciar-se sobre aquilo que lhe foi pedido. O que efetivamente vincula o juiz criminal, definindo a extensão do provimento jurisdicional, são os fatos submetidos à sua apreciação. Se o promotor de justiça, na denúncia, imputa ao réu um crime de furto, e, afinal, apura-se que ele cometeu outro crime completamente diverso (estupro, p.ex.), e não o de furto, não pode o juiz proferir condenação pelo estupro, que não foi pedida, e muito menos pelo furto, que não ocorreu.

Todavia, se o promotor, na denúncia, descreve um crime de tentativa de estupro, em que a vítima é maior de 14 anos, mas, ao classificá-lo, o faz como sendo tentativa de estupro de vulnerável, pode o juiz proferir a condenação pela tentativa de estupro, na forma do art. 213 do CP (*emendatio libelli* – art. 383 do CPP), haja vista que o réu se defende dos fatos que se lhe imputam, não da respectiva capitulação jurídica. O juiz deu aos fatos apenas classificação diversa, sem julgar além do que foi pedido (*jura novit curia*).

Se, contudo, o promotor descreve um fato na denúncia, e, no curso da instrução criminal, apura-se ter ocorrido de forma diversa da descrita, cumpre ao juiz proceder nos termos do art. 384 do CPP – *mutatio libelli* –, e, ainda aí, não haverá julgamento *ultra* ou *extra petita*. As hipóteses dos arts. 383 e 384 são decorrência do princípio de que o juiz conhece o direito, bastando às partes lhe narrarem o fato.

3.4.19. Da persuasão racional do juiz

O juiz só decide com base nos elementos existentes no processo, mas os avalia segundo critérios críticos e racionais, devendo observar, na sua apreciação, as regras legais porventura existentes e as máximas de experiência. É o sistema que vale como regra, em todas as espécies de processo no ordenamento jurídico brasileiro. Opõe-se ao sistema da prova legal, que atribui valor absoluto aos elementos probatórios, obrigando o juiz a aplicá-los mecanicamente, sem qualquer valoração subjetiva (p. ex.: depoimento de uma única testemunha não vale), e ao sistema do julgamento *secundum conscientiam*, onde a decisão é livre de qualquer critério (Júri popular).

3.4.20. Da motivação das decisões judiciais

As decisões judiciais precisam sempre ser motivadas (CF, art. 93, IX; CPP, art. 381). Outrora destinado apenas às partes e aos tribunais superiores com competência recursal, com vistas a possibilitar àquelas a impugnação das decisões e a estes o respectivo reexame, o princípio é visto hoje em seu aspecto político: garantia da sociedade, que pode aferir a imparcialidade do juiz e a legalidade e justiça das suas decisões. Por isso sua consagração constitucional. Seu conteúdo compreende: "1. O enunciado das escolhas do juiz, com relação: a) à individuação das normas aplicáveis; b) à análise dos fatos; c) à sua qualificação jurídica; d) às consequências jurídicas desta decorrentes. 2. Aos nexos de implicação e coerência entre os referidos enunciados"[13].

Especialmente naquelas decisões que implicam a restrição direta da liberdade do indivíduo, como na determinação da prisão preventiva, o dever de motivação se torna ainda mais intenso, como é possível verificar pelas determinações contidas nos arts. 312, § 2º, e 315, *caput* e § 2º, do CPP. Trata-se princípio aplicável a todo processo e a qualquer decisão judicial.

---

13. Ada Pellegrini Grinover, O conteúdo da garantia do contraditório, *Novas tendências do direito processual*, 2. ed., Forense Universitária, 1990, p. 35.

3.4.21. Publicidade

Vigora entre nós a *publicidade absoluta* (ou *publicidade popular*), pois as audiências, sessões e atos processuais são franqueados ao público em geral (CPP, art. 792). Contudo, "se da publicidade da audiência, da sessão ou do ato processual, puder resultar escândalo, inconveniente grave ou perigo de perturbação da ordem, o juiz, ou tribunal, câmara ou turma, poderá, de ofício ou a requerimento da parte ou do Ministério Público, determinar que o ato seja realizado a portas fechadas, limitando o número de pessoas que possam estar presentes" (CPP, art. 792, § 1º).

A Constituição também permite ao legislador restringir a publicidade de atos processuais para defesa da intimidade ou do interesse social (art. 5º, LX); a preservação do direito à *intimidade do interessado no sigilo não deve prejudicar o interesse público à informação* (art. 93, IX). Registre-se que o art. 234-B preceitua que os processos em que se apuram os crimes definidos no Título VI do CP (arts. 213 a 234-A), atualmente sob a rubrica "Dos crimes contra a dignidade sexual", correrão em segredo de justiça, e também as determinações de sigilo da Lei n. 11.340/2006, expostas acima. Esta é a chamada *publicidade restrita*, segundo a qual os atos são públicos só para as partes e seus procuradores, ou para um reduzido número de pessoas. A restrição se baseia no art. 5º, LX, da CF, segundo o qual "a lei só poderá restringir a publicidade dos atos processuais quando a defesa da intimidade ou o interesse social o exigirem". Por seu turno, o art. 93, IX, da CF, determina que o Poder Judiciário somente poderá restringir o número de pessoas em julgamento quando o direito público à informação não for prejudicado. Sopesam-se os dois bens jurídicos: direito à intimidade e direito público à informação. Conforme assinala Pietro de Jesús Lora Alarcón: "Não é possível que seja atropelada a intimidade dos indivíduos no processo gratuitamente, sob pretexto de transmitir informações. Com a Emenda, regula-se a situação de maneira que no cotejo entre intimidade e informação vence a informação, sempre e quando para veicular a notícia essa informação sobre a intimidade, que consta no processo, seja impossível de não ser transmitida para a compreensão correta da mensagem, e que a informação seja verdadeira e útil à coletividade"[14].

A regra é a *publicidade popular*, como se infere dos arts. 5º, LX, e 93, IX, da Constituição. No caso do inquérito policial, embora seja um procedimento inquisitivo e sigiloso (CPP, art. 20), o Estatuto da Ordem dos Advogados do Brasil, denominado Estatuto da Advocacia (Lei Federal n. 8.906/94), estabelece como direito do advogado o de examinar em qualquer repartição policial, mesmo sem procuração, autos de flagrante e de inquérito, findos ou em andamento, ainda que conclusos à autoridade, podendo copiar peças e tomar apontamentos. *Vide*, com merecido destaque, a Súmula Vinculante 14[15]. Por oportuno, ainda quanto à publicidade dos atos processuais penais, vale indicar a Súmula Vinculante 14 do STF, segundo a qual "É direito do defensor, no interesse do representado, ter acesso amplo aos elementos

---

14. *Reforma do Judiciário, analisada e comentada*, coords. André Ramos Tavares, Pedro Lenza, Pietro de Jesús Lora Alarcón, São Paulo, Método, p. 39.
15. Súmula Vinculante 14: "É direito do defensor, no interesse do representado, ter acesso amplo aos elementos de prova que, já documentados em procedimento investigatório realizado por órgão com competência de polícia judiciária, digam respeito ao exercício do direito de defesa".

de prova que, já documentados em procedimento investigatório realizado por órgão com competência de polícia judiciária, digam respeito ao exercício do direito de defesa".

3.4.22. Lealdade processual

Consiste no dever de verdade, vedando-se o emprego de meios fraudulentos (ilícitos processuais). Sua violação acarreta sanções de ordem processual. O princípio não mereceu acolhida no CPP, sendo este omisso a respeito. Todavia, a fraude destinada a produzir efeitos em processo penal foi tipificada no CP como crime apenado com detenção (CP, art. 347). Inclusive, também o ato de usar violência ou grave ameaça para favorecer interesse próprio durante o trâmite processual pode configurar o tipo penal do art. 344 do CP.

3.4.23. Economia processual

Em todas as esferas, o processo é instrumento, não se podendo exigir um dispêndio exagerado com relação aos bens que estão em plena disputa. Exprime a procura da máxima eficiência na aplicação do direito, com o menor dispêndio de atos processuais possível. No processo penal, não se anulam atos imperfeitos quando não prejudicarem a acusação ou a defesa e quando não influírem na apuração da verdade substancial ou na decisão da causa (CPP, arts. 563 e 566). Outras situações em que se aplica o princípio são: a reunião de processos conexos ou em relação de continência (CPP, arts. 76 e 77), a reconvenção, a ação declaratória incidental, o litisconsórcio etc.

3.4.24. Celeridade processual

De acordo com o inciso LXXVIII do art. 5º, "a todos, no âmbito judicial e administrativo, são assegurados a razoável duração do processo e os meios que garantam a celeridade de sua tramitação". Em sentido idêntico, o art. 8º do Pacto de São José da Costa Rica (Convenção Americana sobre Direitos Humanos, promulgada pelo Decreto n. 678/92), afirma que a duração razoável do processo é garantia processual[16]. Assim, há previsão constitucional expressa para assegurar: (i) os meios pelos quais se possa garantir a celeridade; (ii) a razoabilidade da duração do processo.

Além do princípio da celeridade processual que busca a pronta e eficaz prestação jurisdicional, a CF/88 trouxe alguns institutos com esse mesmo escopo, bem como o de proporcionar um maior acesso à justiça[17].

---

16. Art. 8º do Pacto de São José da Costa Rica: "1. Toda pessoa tem direito a ser ouvida, com as devidas garantias e *dentro de um prazo razoável*, por um juiz ou tribunal competente, independente e imparcial, estabelecido anteriormente por lei, *na apuração de qualquer acusação penal* formulada contra ela, ou para que se determinem seus direitos ou obrigações de natureza civil, trabalhista, fiscal ou de qualquer outra natureza".
17. De acordo com o art. 93, XIII, da CF, "o número de juízes na unidade jurisdicional será proporcional à efetiva demanda judicial e à respectiva população". O art. 93, XV, da CF, por sua vez, dispõe que "a distribuição dos processos será imediata, em todos os graus de jurisdição". O art. 93, XII, da CF, prevê que "a atividade jurisdicional será ininterrupta, sendo vedado férias coletivas nos juízos e tribunais de segundo grau, funcionando, nos dias em que não houver expediente forense normal, juízes em plantão permanente". O art. 107, § 2º, reza que "Os Tribunais Regionais Federais instalarão a justiça itinerante, com a realização de audiências e demais funções da atividade jurisdicional, nos limites territoriais da respectiva jurisdição, servindo-se de equipamentos públicos e comunitários". O seu § 3º, por sua vez,

Finalmente, visando atender à determinação contida no Pacto de São José da Costa Rica e no art. 5º, LXXVIII, insere-se no processo penal o princípio da oralidade, do qual decorrem vários desdobramentos: (i) concentração dos atos processuais em audiência una (*vide* CPP, art. 400); (ii) imediatidade; (iii) identidade física do juiz. Vale apontar o entendimento de Pietro de Jesús Lora Alarcón, para quem se dá celeridade do procedimento possa advir alguma consequência que iniba o exercício pleno da ampla defesa no campo penal, aquele princípio deverá ceder diante deste.

Portanto, recomenda-se sejam evitadas questões demoradas e protelatórias, adotando-se a decisão mais rápida de acordo com o que normalmente acontece, em vez de se ficar aprofundando em uma polêmica de difícil solução. Por exemplo, ante a divergência fática (tráfico internacional, ou restrito ao território brasileiro) devem-se enviar os autos para a Justiça Estadual (em razão do que normalmente acontece). Se, no correr do processo, surgir fato novo, modificar-se-á a competência (STJ, CComp 169.477/MT, Rel. Min. Joel Ilan Paciornik, 3ª Seção, *DJe* 21-2-2020).

3.4.25. Duplo grau de jurisdição

Trata-se da possibilidade de revisão, por via de recurso, das causas já julgadas pelo juiz de primeiro grau. O princípio em epígrafe não é tratado de forma expressa fora do Pacto de San José da Costa Rica (Convenção Americana sobre Direitos Humanos, promulgada pelo Decreto n. 678/92), como ocorre em seu art. 8º, item 3º, h. Decorre ele, no plano constitucional, da própria estrutura atribuída ao Poder Judiciário, incumbindo-se a Constituição, nos arts. 102, II, 105, II, e 108, II, de outorgar competência recursal a vários órgãos da jurisdição, reportando-se expressamente aos tribunais, no art. 93, III, como órgãos do Poder Judiciário de segundo grau.

Há casos preceituados na própria Lei Maior em que se define a inexistência do duplo grau de jurisdição, como, por exemplo, as hipóteses legais de competência originária do STF (CF, art. 102, I). Exceções à parte, esse princípio aplica-se, também, a toda espécie de processo.

3.4.26. Estado de inocência

O princípio do estado de inocência está previsto no art. 5º, LVII, da CF, o qual dispõe: "Ninguém será considerado culpado até o trânsito em julgado da sentença penal condenatória". Considerado cláusula pétrea pelo constituinte originário (art. 60, § 4º, IV, da CF), desdobra-se em três aspectos importantes: (i) instrução (o ônus da prova incumbe à acusação); (ii) valoração (em benefício do acusado — *in dubio pro reo*); (iii) excepcionalidade da prisão. Nesse ponto, nossa CF é mais avançada do que muitas legislações internacionais, na medida em que a Convenção Americana Sobre Direitos Humanos (Dec. n. 678/92, art. 8º, item 2) permite que a presunção de inocência deixe de ser aplicada se já comprovada a culpa, mesmo antes do trânsito em julgado. Por outro lado, mesmo o Pacto de San José

---

dispõe que "Os Tribunais Regionais Federais poderão funcionar descentralizadamente, constituindo Câmaras Regionais, a fim de assegurar o pleno acesso do jurisdicionado à justiça em todas as fases do processo".

da Costa Rica prevê expressamente que os direitos nela estabelecidos não poderão ser interpretados para restringir normas mais amplas do direito doméstico dos países signatários (vide art. 29, b)[18]. Assim, deverá sempre prevalecer a disposição mais favorável, que no caso é aquela do art. 5º, LVII, da CF, não sendo possível importar aspectos contidos nos sistemas penais de outros países para limitar nossas disposições constitucionais.

Sobre as consequências desse princípio, destaca-se que consiste em norma probatória de juízo e de tratamento[19]. Rodrigo Capez anota que "no campo processual penal, devem ser destacadas no art. 5º da CF, as seguintes garantias: (a) ninguém será privado da liberdade ou seus bens sem o devido processo legal (LIV); (b) ninguém será considerado culpado até o trânsito em julgado de sentença penal condenatória (LVII); (c) ninguém será preso senão em flagrante delito ou por ordem escrita e fundamentada de autoridade judiciária competente, salvo nos casos de transgressão militar ou crime propriamente militar, definidos em lei (LXI); (d) a prisão ilegal será imediatamente relaxada pela autoridade judiciária (LXV); (e) ninguém será levado à prisão ou nela mantido quando a lei admitir a liberdade provisória, com ou sem fiança (LXVI). Da conjugação desses dispositivos, que instituem um regime constitucional de garantias próprio da liberdade de locomoção, conclui-se que essa liberdade constitui a regra, a prisão cautelar sempre será excepcional e provisória"[20].

Todo nosso arcabouço infraconstitucional, expresso nos arts. 105, 147 e 164 da Lei n. 7.210/84 bem como no art. 283 do CPP, exigem o trânsito em julgado, até mesmo para a execução de penas restritivas de direitos e multa. Esse é o entendimento atual dos Tribunais Superiores. Outrossim, o Decreto-Lei n. 1.002/69 (CPPM), nos arts. 592 e 604, também exige o trânsito em julgado da sentença penal condenatória para a execução de penas no âmbito castrense.

A prisão processual (flagrante, temporária e preventiva) não viola o princípio do estado de inocência, pois a própria Constituição prevê a prisão cautelar em casos excepcionais (CF, art. 5º, LXI). Nesse sentido, convém lembrar o art. 283 do CPP: "Ninguém poderá ser preso senão em flagrante delito ou por ordem escrita e fundamentada da autoridade judiciária competente, em decorrência de prisão cautelar ou em virtude de condenação criminal transitada em julgado".

No Brasil, a prisão provisória tem natureza cautelar e sua natureza é puramente instrumental. Sua finalidade exclusiva é evitar que a natural demora do processo ponha em risco a sociedade, atrapalhe a produção da prova ou inviabilize a execução da pena. A urgência e a necessidade são seus requisitos, não podendo ser desvirtuada para funcionar como execução da pena. Confundir prisão-pena com prisão processual é afrontar a Constituição Federal. Nada impede a prisão antes do trânsito em julgado, mas é

---

18. Renato Brasileiro de Lima, *Manual de processo penal*: Salvador: JusPodivm, 2016, volume único, p. 44.
19. Maurício Zanoide de Moraes, *Presunção de inocência no processo penal brasileiro*: análise de sua estrutura normativa para elaboração legislativa e para a decisão judicial. Rio de Janeiro: Lumen Juris, 2010, p. 358-364; Gomes Filho, Antônio Magalhães. *Presunção de inocência e prisão cautelar*. São Paulo: Saraiva, 1991, p. 37.
20. Rodrigo Capez, *A individualização da medida cautelar pessoal no processo penal brasileiro*. Dissertação (Mestrado) – Universidade de São Paulo, São Paulo, 2015.

imprescindível que esteja demonstrada sua necessidade e o *periculum libertatis*, inexistindo prisão antecipada obrigatória, pois o art. 637 do CPP não foi recepcionado pela Constituição Federal[21]. Além disso, destaca-se que o parágrafo único no art. 316 do CPP determina a reavaliação da necessidade da manutenção da prisão preventiva, pelo juízo que a decretou, a cada 90 dias, bem como que existem requisitos específicos para a fundamentação de decisões que determinem a prisão preventiva, conforme consta em seu art. 315, § 2º.

Ademais, a prisão decorrente de sentença penal condenatória transitada em julgado autoriza a expedição de guia de execução para submeter o condenado ao cumprimento de pena, no caso do regime fechado, em penitenciária (*vide* arts. 33, § 1º, *a*, e 34 do CP, c/c arts. 87 a 90 da Lei n. 7.210/84). Entretanto, a ordem fundamentada de prisão cautelar autoriza o cumprimento de mandado de prisão para que o acusado, ainda presumidamente inocente, seja preso em centro de detenção provisória, separado de presos condenados (*vide* arts. 84, *caput*, e 102 a 104, todos da Lei n. 7.210/84), de modo que somente a prisão-pena (decorrente de sentença transitada em julgado) deve atender às funções de prevenção geral e especial, positiva ou negativa.

3.4.27. *Favor rei*

A dúvida sempre beneficia o acusado. Se houver duas interpretações, deve-se optar pela mais benéfica; na dúvida, absolve-se o réu, por insuficiência de provas; só a defesa possui certos recursos, como os embargos infringentes; só cabe ação rescisória penal em favor do réu (revisão criminal) etc.

3.4.28. Juiz natural

Está previsto no art. 5º, LIII, da Constituição Federal, que dispõe que ninguém será sentenciado senão pelo juiz competente. Significa dizer que todos têm a garantia constitucional de ser submetidos a julgamento somente por órgão do Poder Judiciário, dotado de todas as garantias institucionais e pessoais previstas no Texto Constitucional. É aplicável a toda espécie de processo.

O juiz natural é investido de garantias que lhe assegurem absoluta independência e imparcialidade. Do princípio, depreende-se também, a proibição de criação de tribunais de exceção, com os quais, evidentemente, não se confundem as jurisdições especializadas, que são meras divisões de atividade jurisdicional. Rememora-se, ainda, as disposições sobre o juiz de garantias, já abordadas previamente.

3.4.29. Identidade física do juiz

Consiste na vinculação do juiz aos processos cuja instrução acompanhou. Não vigorava no processo penal, salvo no que dissesse respeito ao júri popular, no qual os mesmos jurados que presenciassem a produção da prova testemunhal e assistissem aos debates

---

21. Aury Lopes Jr., *Direito processual penal*. 19. ed. São Paulo: SaraivaJur, 2022, p. 1.430 e ss.

deveriam julgar os fatos. O princípio da identidade física do juiz é uma imposição legal constante da redação do art. 399, § 2º, do CPP, o qual dispôs: "O juiz que presidiu a instrução deverá proferir a sentença".

Vale também ressaltar que, no caso do juiz de garantias, foi estabelecida uma vedação específica à identidade física do juiz, conforme descreve o art. 3º-D do CPP: "O juiz que, na fase de investigação, praticar qualquer ato incluído nas competências dos arts. 4º e 5º deste Código ficará impedido de funcionar no processo". Exceções à parte, esse princípio deverá ser aplicado a todos os procedimentos. Na realidade, ele veio ao encontro da sistemática dos procedimentos penais que privilegiou o princípio da oralidade, do qual decorre a concentração dos atos processuais em audiência única e o imediato contato do juiz com as provas. Vale ressaltar, contudo, que o STF declarou "inconstitucional por invasão à autonomia administrativa e ao poder de auto-organização do Judiciário (CF, art. 96, I), o parágrafo único do art. 3º-D, CPP, no qual impõe a criação de 'sistema de rodízio de magistrados' nas comarcas com único juiz" (STF, ADI 6.298, Rel. Min. Luiz Fux, j. 24-8-2023).

3.4.30. Promotor natural

Este princípio também deflui da regra constante do art. 5º, LIII, da Constituição, e significa que ninguém será processado senão pelo órgão do Ministério Público, dotado de amplas garantias pessoais e institucionais, de absoluta independência e liberdade de convicção e com atribuições previamente fixadas e conhecidas. O STF, em julgamento passado, vedou a designação casuística de promotor, pela Chefia da Instituição, para promover a acusação em caso específico, uma vez que tal procedimento chancelaria a figura do chamado "promotor de exceção". Fica, portanto, afastada a possibilidade de nomeação de um promotor para exercer as funções de outro, já regularmente investido no respectivo cargo. Observe-se que, quando ainda não tiver sido criado por lei o cargo, evidentemente não se poderá cogitar de promotor natural para ele, podendo o Procurador--Geral designar qualquer órgão para o exercício daquela função. Aplica-se o princípio a toda espécie de processo.

O princípio do promotor natural, indissociável da independência funcional, consiste na existência de um órgão independente do Ministério Público, escolhido por critérios legais prévios, e não casuisticamente para o caso concreto, ao qual incumbirá exercer, com liberdade, as atribuições que a lei conferiu à instituição[22]. Protege a sociedade e os membros do *Parquet* contra ingerências arbitrárias nas atividades do órgão de execução.

3.4.31. Devido processo legal

Consiste em assegurar à pessoa o direito de não ser privada de sua liberdade e de seus bens, sem a garantia de um processo desenvolvido na forma que estabelece a lei

---

[22] Hugo Nigro Mazzilli, A natureza das funções do Ministério Público e sua posição no processo penal. *Revista dos Tribunais*, v. 805, p. 464, nov. 2002.

(*due process of law* — CF, art. 5º, LIV). No âmbito processual penal, garante ao acusado a plenitude de defesa, compreendendo o direito de ser ouvido, de ser informado pessoalmente de todos os atos processuais, de ter acesso à defesa técnica, de ter a oportunidade de se manifestar sempre depois da acusação (nesse sentido, o STF entendeu que o corréu delatado deve falar sempre depois do corréu delator, que figura como uma extensão da acusação, com relação àquele — HC 166.373/PR, Rel. orig. Min. Edson Fachin, Red. p/ o ac. Min. Alexandre de Moraes, j. 2-10-2019) e em todas as oportunidades, à publicidade e motivação das decisões, ressalvadas as exceções legais, de ser julgado perante o juízo competente, ao duplo grau de jurisdição, à revisão criminal e à imutabilidade das decisões favoráveis transitadas em julgado.

Deve ser obedecido não apenas em processos judiciais, civis e criminais, mas também em procedimentos administrativos, inclusive militares, e até nos procedimentos administrativos do Estatuto da Criança e do Adolescente. Vale apontar, contudo, que o STF editou a Súmula Vinculante 5, segundo a qual: "A falta de defesa técnica por advogado no processo administrativo disciplinar não ofende a Constituição", que prevalece até a atualidade.

3.5. Pretensão punitiva

Ultrapassada a fase da vingança privada e da autotutela como forma de justiçamento, o Estado passou a ser o detentor exclusivo do direito de punir.

A punição do delinquente passou à esfera privativa do Estado.

O direito de punir decorre do ordenamento legal e consiste no poder genérico e impessoal de punir qualquer pessoa culpável que venha a cometer um ilícito penal. Trata-se do *jus puniendi in abstracto*.

No momento em que a infração penal é cometida, o direito abstrato de punir concretiza-se, individualizando-se na pessoa do transgressor. Surge o *jus puniendi in concreto*.

Assim, a partir do instante em que é praticada a transgressão, nasce para o Estado o direito de aplicar a punição legal ao infrator.

A pretensão punitiva estatal será obrigatoriamente resistida pelo delinquente. A Constituição determina que "Ninguém será privado da liberdade, sem o devido processo legal" (art. 5º, LIV), e que a todos os acusados será assegurada ampla defesa, com os recursos a ela inerentes (art. 5º, LV).

Temos, assim, um conflito de interesses entre a pretensão de punir do Estado e a obrigatória pretensão de se defender do acusado. Tal conflito só pode ser solucionável pela atividade jurisdicional, conforme já vimos.

Como a jurisdição só pode ser exercida por intermédio do processo, a pretensão punitiva depende deste para ser satisfeita.

Conclusão: a pretensão punitiva funda-se no direito material, mas só pode ser satisfeita através do processo.

3.6. Tipos de processo penal

3.6.1. Acusatório

É contraditório, público, imparcial, assegura ampla defesa; há distribuição das funções de acusar, defender e julgar a órgãos distintos.

Esse modelo processual não padece das mesmas críticas endereçadas aos juizados de instrução, no sentido de que o juiz, ao participar da colheita da prova preliminar, teria a sua parcialidade afetada. É que, no sistema acusatório, a fase investigatória fica a cargo da Polícia Civil, sob controle externo do Ministério Público (CF, art. 129, VII; Lei Complementar n. 734/93, art. 103, XIII, *a* a *e*), a quem, ao final, caberá propor a ação penal, o arquivamento do caso ou o oferecimento de acordo de não persecução penal (art. 28-A do CPP). A autoridade judiciária não atua como sujeito ativo da produção da prova, ficando a salvo de qualquer comprometimento psicológico prévio. O sistema acusatório pressupõe as seguintes garantias constitucionais: da tutela jurisdicional (art. 5º, XXXV), do devido processo legal (art. 5º, LIV), da garantia do acesso à justiça (art. 5º, LXXIV), da garantia do juiz natural (art. 5º, XXXVII e LIII), do tratamento paritário das partes (art. 5º, *caput* e I), da ampla defesa (art. 5º, LV, LVI e LXII), da publicidade dos atos processuais e motivação dos atos decisórios (art. 93, IX) e da presunção da inocência (art. 5º, LVII)[23]. É o sistema vigente entre nós.

Convém mencionar que é possível ao juiz, de ofício, a faculdade de "ordenar, mesmo antes de iniciada a ação penal, a produção antecipada de provas consideradas urgentes e relevantes, observando a necessidade, adequação e proporcionalidade da medida" (art. 156, I).

3.6.2. Inquisitivo

É sigiloso, sempre escrito, não é contraditório e reúne na mesma pessoa as funções de acusar, defender e julgar. O réu é visto nesse sistema como mero objeto da persecução, motivo pelo qual práticas como a tortura eram frequentemente admitidas como meio para se obter a prova-mãe: a confissão.

3.6.3. Misto

Há uma fase inicial inquisitiva, na qual se procede a uma investigação preliminar e a uma instrução preparatória, e uma fase final, em que se procede ao julgamento com todas as garantias do processo acusatório.

Jurisprudência

- SISTEMA ACUSATÓRIO. "As circunstâncias particulares do presente caso demonstram que o juiz se investiu na função persecutória ainda na fase pré-processual, violando o sistema acusatório. Imparcialidade judicial como base fundamental do processo" (STF, AgR no RHC 144.615, Rel Min. Gilmar Mendes, j. 25-8-2020).

---

23. *Criminologia*, cit., p. 31-38.

- PRINCÍPIO DA PUBLICIDADE. "Não há se falar em nulidade da decisão que autorizou a prorrogação das interceptações, em virtude de rasura no requerimento do Ministério Público, porquanto devidamente justificada na ponderação entre a publicidade dos atos e a preservação da intimidade de terceiros. Relevante anotar que a própria Constituição Federal, no inciso LX do art. 5º, autoriza a restrição à publicidade de certos atos 'quando a defesa da intimidade ou o interesse social o exigirem" (STJ, RHC 134.676/RJ, Rel. Min. Reynaldo Soares da Fonseca, 5ª Turma, *DJe* 26-4-2021). Inclusive: "É assegurado ao defensor, no interesse do representado, amplo acesso aos elementos de prova que digam respeito ao exercício do direito de defesa, devidamente precedido de autorização judicial, ressalvados os referentes às diligências em andamento (art. 7º, § 2º, da Lei n. 12.850/2013). II – O acesso ao termo de colaboração premiada pelo terceiro delatado deve ser franqueado à luz da Súmula Vinculante 14, '(...) caso estejam presentes dois requisitos. Um, positivo: o ato de colaboração deve apontar a responsabilidade criminal do requerente (INQ 3.983, Rel. Min. Teori Zavascki, Tribunal Pleno, j. 3-3-2016). Outro, negativo: o ato de colaboração não deve referir-se à diligência em andamento' (Rcl 24.116/SP, Rel. Min. Gilmar Mendes)" (STF, Rcl 30.742, 2ª Turma, publicado em 4-5-2020).
- PRINCÍPIO DO JUIZ NATURAL. "No que concerne à suposta nulidade por alteração da composição do colegiado no curso do processo, alegada em razão do fato de os membros do órgão julgador terem sido alterados entre o início e o encerramento do julgamento, cumpre observar que a prestação jurisdicional constitui atividade ininterrupta e que o princípio do juiz natural não se confunde com o da identidade física do juiz, que não é absoluto" (STJ, REsp 1.837.382/SC, Rel. Min. Herman Benjamin, 2ª Turma, *DJe* 3-8-2021).
- PRINCÍPIO DO PROMOTOR NATURAL. "A Jurisprudência do Supremo Tribunal Federal reconhece a existência do princípio do promotor natural, garantia de imparcialidade da atuação do órgão do Ministério Público, tanto a favor da sociedade quanto a favor do próprio acusado, que não pode ser submetido a um acusador de exceção (nem para privilegiá-lo, nem para auxiliá-lo). 2. É inadmissível, após o advento da Constituição Federal de 1988, regulamentada pela Lei Orgânica Nacional do Ministério Público (Lei n. 8.625/93), que o Procurador-Geral faça designações arbitrárias de Promotores de Justiça para uma Promotoria ou para as funções de outro Promotor, que seria afastado compulsoriamente de suas atribuições e prerrogativas legais, porque isso seria ferir a garantia da inamovibilidade prevista no texto constitucional" (STF, ADI 2.854, Rel. Marco Aurélio, Rel. p/ acórdão Alexandre de Moraes, Tribunal Pleno, 13-10-2020, *DJe* 16-12-2020).
- PRINCÍPIO DA LIVRE INVESTIGAÇÃO DAS PROVAS. "O comportamento do titular da ação penal, com o respaldo judicial, de privar a defesa do acesso à integralidade dos elementos probatórios relativos à imputação, compromete a idoneidade do processo – como espaço civilizado, ético e paritário de solução de uma controvérsia penal – e afeta, significativamente, a capacidade defensiva de, no momento oportuno, refutar a acusação e produzir contraprova. 7. Não se pode deferir ao órgão que acusa a escolha do material a ser disponibilizado ao réu e a dar lastro à imputação, como se a ele pertencesse a prova. Na verdade, as fontes e o resultado da prova são de interesse comum de ambas

as partes e do juiz (princípio da comunhão da prova). A prova não se forma para a satisfação dos interesses de uma das partes, sobretudo daquela que acusa. Se esta obtém, via mandado judicial, uma diversidade de documentos e materiais supostamente contrários ao interesse do acusado, não lhe é lícito o comportamento de privar este último do acesso a todo esse material, até para que se certifique de que nada há nele que possa auxiliar sua defesa. 8. Pode o Ministério Público, por certo, escolher o que irá supedanear a acusação, mas o material restante, supostamente não utilizado, deve permanecer à livre consulta do acusado, para o exercício de suas faculdades defensivas. Essa é a *ratio essendi* da Súmula Vinculante 14 do STF. (...) 12. O prejuízo suportado pelo ora recorrente é ínsito ao próprio vício constatado, ao não lhe ter sido franqueado o exame, antes do início da instrução criminal, dos dados colhidos em cumprimento ao mandado de busca e apreensão, diante da possibilidade de existência de elementos que pudessem interessar à sua defesa. 13. Recurso provido para anular o processo desde o ato de recebimento da denúncia, de sorte a permitir à defesa a prévia consulta à totalidade dos documentos e objetos apreendidos em decorrência do cumprimento dos mandados de busca e apreensão expedidos na ação penal objeto deste recurso, abrindo--se, a seguir, prazo para apresentação de resposta à acusação" (STJ, RHC 114.683/RJ, Rel. Min. Rogerio Schietti Cruz, 6ª Turma, *DJe* 27-4-2021).

Questões

1. Conceitue processo.
2. Quais os elementos identificadores da relação jurídica processual?
3. Existem tipos de processo penal? Enumere-os, em caso positivo.

4. EFICÁCIA DA LEI PROCESSUAL PENAL NO TEMPO

Denomina-se "atividade" o período situado entre a entrada em vigor e a revogação de uma lei, durante o qual ela está viva, vigente, produzindo efeitos e alcançando todas as situações ocorridas sob sua égide. Na data da cessação de sua vigência, a lei se torna inativa, revogada, deixando de irradiar efeitos no mundo jurídico.

Normalmente, uma lei projeta efeitos durante seu período de atividade.

Extratividade é a incidência de uma lei fora do seu período de vigência. Se o período for anterior à sua entrada em vigor, ocorre a chamada retroatividade; se posterior, surge a ultratividade, sendo ambas espécies do gênero extratividade. Só excepcionalmente uma lei alcança um período anterior à sua vigência ou posterior à sua revogação.

Consoante o art. 1º, *caput*, da Lei de Introdução às Normas do Direito Brasileiro, "salvo disposição contrária, a lei começa a vigorar em todo o País 45 (quarenta e cinco) dias depois de oficialmente publicada". Esse período entre a publicação e a entrada em vigor denomina-se *vacatio legis*, destinando-se a permitir que as pessoas tenham tempo para tomar conhecimento da nova legislação. Durante a *vacatio legis*, a lei ainda não é eficaz, pois não entrou em atividade, não podendo produzir nenhum efeito, nem mesmo o de revogar a legislação anterior. A situação é de mera expectativa. Para o mundo jurídico, ainda não existe.

Excepcionalmente, não haverá o período de espera, uma vez que, se houver disposição expressa nesse sentido, a lei poderá entrar em vigor na data de sua publicação.

Pois bem. Entrando em vigor, as normas processuais têm sua incidência regulada pelo art. 2º do CPP, segundo o qual "a lei processual aplicar-se-á desde logo, sem prejuízo dos atos realizados sob a vigência da lei anterior". Isso significa que o legislador pátrio adotou o princípio da aplicação imediata das normas processuais: o ato processual será regulado pela lei que estiver em vigor no dia em que ele for praticado (*tempus regit actum*). Quanto aos atos anteriores, não haverá retroação, pois eles permanecem válidos, já que praticados segundo a lei da época. A lei processual só alcança os atos praticados a partir de sua vigência (dali para a frente).

A retroatividade existe, no entanto, sob outro aspecto. As normas de natureza processual aplicam-se aos processos em andamento, ainda que o fato tenha sido cometido antes de sua entrada em vigor e mesmo que sua aplicação se dê em prejuízo do agente. É que a sua aplicação no tempo não se encontra regida pelo art. 5º, XL, da CF, o qual proíbe a lei de retroagir para prejudicar o acusado. Tal dispositivo constitucional não está se referindo à lei processual, que tem incidência imediata, mas tão somente à penal.

Interessante questão diz respeito ao regime disciplinar diferenciado, previsto no art. 52 da LEP, modificado pela Lei n. 13.964/2019, o qual se aplica aos condenados definitivos e aos presos provisórios, nacionais ou estrangeiros, que cometerem fato previsto como crime doloso capaz de ocasionar a subversão da ordem ou disciplina internas no estabelecimento carcerário. Tal regime consiste no recolhimento em cela individual; visitas quinzenais, de duas pessoas por vez, a serem realizadas em instalações equipadas para impedir o contato físico e a passagem de objetos, por pessoa da família ou, no caso de terceiro, autorizado judicialmente, com duração de duas horas; e outras duas horas serão destinadas ao banho de sol por dia, em grupos de até quatro presos, desde que não haja contato com presos do mesmo grupo criminoso.

Aplica-se também esse regime ao condenado ou preso provisório, nacionais ou estrangeiros, que apresentem alto risco para a ordem e a segurança do estabelecimento penal ou da sociedade, ou ainda, sob os quais recaiam suspeitas de envolvimento ou participação, a qualquer título, em organização criminosa, associação criminosa ou milícia privada, independentemente da prática de falta grave (cf. LEP, art. 52, § 1º, com redação alterada pela Lei n. 13.964/2019, em seu art. 4º).

Por se tratar de regra pertinente à disciplina interna dos presídios, tem caráter processual, devendo aplicar-se aos fatos cometidos antes do advento dessa lei, ainda que seja mais prejudicial ao condenado definitivo ou preso provisório.

A lei processual não se interessa pela data em que o fato foi praticado. Pouco importa se cometido antes ou depois de sua entrada em vigor, pois ela retroage e o alcança, ainda que mais severa, ou seja, mesmo que prejudique a situação do agente. Incide imediatamente sobre o processo, alcançando-o na fase em que se encontrar. O ato processual é regido pela lei processual que estiver em vigor naquele dia, ainda que seja mais gravosa do que a anterior e mesmo que o fato que deu ensejo ao processo tenha sido cometido antes de sua vigência.

Da aplicação do princípio do *tempus regit actum* derivam dois efeitos:

(i) os atos processuais realizados sob a égide da lei anterior são considerados válidos e não são atingidos pela nova lei processual, a qual só vige dali em diante;

(ii) as normas processuais têm aplicação imediata, pouco importando se o fato que deu origem ao processo é anterior à sua entrada em vigor.

Na hipótese de a lei ter conteúdo penal, o panorama torna-se completamente diverso: só interessa a data do fato. Se anterior à lei, esta só poderá retroagir em seu benefício; se posterior, a lei o alcança, seja benéfica ou prejudicial. Aplica-se, nesse caso, o disposto nos arts. 5º, XL, da CF, e 2º e parágrafo único, do CP, segundo os quais a lei *penal* não pode retroagir, salvo para beneficiar o agente (destacamos).

Torna-se fundamental, à vista disso, diferenciar a norma penal da processual.

Considera-se penal toda e qualquer norma que afete, de alguma maneira, a pretensão punitiva ou executória do Estado, criando-a, extinguindo-a, aumentando-a ou reduzindo-a. Assim, uma norma que incrimina um novo fato tem caráter penal, pois está criando o direito de punir para o Estado, com relação a esse fato. Se a norma cria uma nova causa extintiva da punibilidade, está afetando o direito de punir, permitindo seu perecimento ante uma nova hipótese. Se aumenta ou diminui a pena, também repercutirá no *jus puniendi* estatal. Uma regra que proíbe a concessão de anistia, graça ou indulto (Lei n. 8.072/90, art. 2º, I) está fortalecendo o direito de punir, tornando-o imune à extinção por um desses motivos. O mesmo se diga da norma que trata da imprescritibilidade do racismo e das ações de grupos armados, civis ou militares, contra a ordem constitucional e o Estado Democrático (CF, art. 5º, XLII). Igualmente, ao criar nova causa interruptiva ou suspensiva da prescrição, o legislador dificultará a extinção da punibilidade, com isso tornando mais forte a pretensão punitiva.

Convém ressaltar que é irrelevante se o dispositivo se encontra no Código Penal ou no processual penal, interessando apenas saber se a pretensão punitiva será afetada. É o caso do § 1º do art. 110 do CP, o qual prevê a vedação da retroatividade da prescrição da pretensão punitiva, na modalidade retroativa, para momento anterior à data da denúncia ou queixa, ampliando a punibilidade estatal e, portanto, de retroatividade vedada. A prescrição, aparentemente, trata-se de norma processual, contudo, como a consequência é a extinção da punibilidade, a natureza passa a ser penal.

Processual é a norma que repercute apenas no processo, sem respingar na pretensão punitiva. É o caso das regras que disciplinam a prisão provisória, proibindo a concessão de fiança ou de liberdade provisória para determinados crimes, ampliando o prazo da prisão temporária ou obrigando o condenado a se recolher à prisão para poder apelar da sentença condenatória. Embora haja restrição do *jus libertatis*, o encarceramento se impõe por uma necessidade ou conveniência do processo, e não devido a um aumento na satisfação do direito de punir do Estado. Se o sujeito vai responder preso ou solto ao processo, isso não diz respeito à pretensão punitiva, até porque tal tempo será detraído da futura execução (CP, art. 42). Desse modo, se um agente comete um crime antes da entrada em vigor de uma lei, que proíbe a liberdade provisória, caso venha a ser preso, não poderá ser solto, uma vez que a norma, por ser processual, tem incidência imediata, alcançando os fatos praticados anteriormente, mesmo que prejudique o agente. Não se pode acoimar tais normas de híbridas, para o fim de submetê-las ao princípio penal da irretroatividade (CF, art. 5º, XL), pois, como não afetam o direito de punir do Estado, não têm natureza penal.

As normas que tratam do cumprimento da pena, como, por exemplo, as que proíbem a progressão de regime, dificultam a obtenção do livramento condicional ou o *sursis*, permitem a substituição da pena privativa de liberdade por restritiva de direitos ou multa e assim por diante, têm inequivocamente natureza penal, já que afetam a satisfação do direito de punir, tornando-o mais ou menos intenso. O Estado estará exercendo de forma muito mais intensa sua pretensão executória, quando submete o condenado ao regime integral fechado, do que quando substitui a pena por multa.

Encerra-se a vigência da lei com sua revogação expressa ou tácita. Uma lei só se revoga por outra que determine expressamente a cessação de sua eficácia (revogação expressa), ou, ainda, que com ela seja incompatível ou regule inteiramente a matéria anteriormente tratada (revogação tácita — art. 2º, § 1º, da LINDB). A revogação pode ser, ainda, total (ab-rogação) ou parcial (derrogação). Em hipóteses excepcionais, pode ocorrer autorrevogação da lei, pelo decurso do seu prazo de vigência (lei temporária) ou pela cessação da anormalidade (lei excepcional).

Revogada a lei processual, não mais poderá ser aplicada, uma vez que a incidência da posterior será imediata, regulando o processo daí em diante. Em se tratando de lei penal, ainda regulará todos os fatos praticados durante o seu período de vigência, mesmo após sua revogação, na hipótese de a lei posterior ser mais gravosa (ultratividade *in mellius*).

Repristinação, do verbo *repristinar*, significa "restituir ao valor, caráter ou estado primitivo", e, na acepção jurídica, consiste no fenômeno pelo qual a lei revogada restabelece sua vigência em face da revogação da norma revogadora. Não ocorre naturalmente, dependendo de expressa determinação legal (LINDB, art. 2º, § 3º).

Jurisprudência

- SUSPENSÃO DO PROCESSO (ART. 366 DO CPP). "Em caso de inatividade processual decorrente de citação por edital, ressalvados os crimes previstos na Constituição Federal como imprescritíveis, é constitucional limitar o período de suspensão do prazo prescricional ao tempo de prescrição da pena máxima em abstrato cominada ao crime, a despeito de o processo permanecer suspenso" (STF, RE n. 600.851/DF, submetido à sistemática da repercussão geral). 2. Após o decurso do prazo prescricional, o prosseguimento do feito sem a ciência do acusado ofende os princípios constitucionais do devido processo legal, da ampla defesa e do contraditório, STF, RE n. 600.851/DF, submetido à sistemática da repercussão geral" (STJ, AgRg no AREsp 1.882.368/RJ, Rel. Min. João Otávio de Noronha, 5ª Turma, *DJe* 20-8-2021).

- PRODUÇÃO ANTECIPADA DE PROVAS. "Revela-se idôneo o fundamento apresentado para a produção antecipada de provas. No caso, em razão do risco irreparável das testemunhas se olvidarem de detalhes relevante do fato em virtude do decurso temporal. 4. Frise-se que a oitiva antecipada da vítima e do agente policial arrolado como testemunha foi realizada na presença da advogada nomeada para patrocinar a defesa do recorrente, respeitando-se o contraditório e a ampla defesa. (...) 6. Agravo regimental improvido" (STJ, AgRg no AREsp 1.823.407/PR, Rel. Min. Reynaldo Soares da Fonseca, 5ª Turma, *DJe* 28-6-2021).

Questões

1. Conceitue atividade, para a lei processual penal.
2. Qual o momento de entrada em vigor de uma norma processual?
3. O que é repristinação?

5. EFICÁCIA DA LEI PROCESSUAL PENAL NO ESPAÇO

A lei processual penal aplica-se a todas as infrações penais cometidas em território brasileiro, sem prejuízo de convenções, tratados e regras de direito internacional. Vigora o princípio da absoluta territorialidade, que impõe a aplicação da *lex fori* ou *locus regit actum*, segundo a qual, aos processos e julgamentos realizados no território brasileiro, aplica-se a lei processual penal nacional. A exegese justifica-se por ser a função jurisdicional a manifestação de uma parcela da soberania nacional, podendo ser exercida apenas nos limites do respectivo território.

A territorialidade vem consagrada no art. 1º do CPP. Esse dispositivo dispõe, como regra, a regência do processo penal, pelo Código de Processo Penal vigente, em todo o território brasileiro. Entretanto, excepciona essa regra com as seguintes hipóteses: I — os tratados, as convenções e regras de direito internacional; II — as prerrogativas constitucionais do Presidente da República, dos ministros de Estado, nos crimes conexos com os do Presidente da República, e dos ministros do STF, nos crimes de responsabilidade; III — os processos da competência da Justiça Militar; IV — os processos da competência do tribunal especial; V — os processos por crimes de imprensa. *Apenas uma importante ressalva:* a Lei de Imprensa não foi recebida pela CF/88, esvaziando a última exceção trazida no art. 1º do CPP.

As ressalvas mencionadas neste artigo não são, como podem parecer, exceções à territorialidade da lei processual penal brasileira, mas apenas à territorialidade do Código de Processo Penal. Impõem, tendo em vista as peculiaridades do direito, a aplicação de outras normas processuais positivadas na Constituição Federal e em leis extravagantes, *v.g.*, nos casos de crimes de responsabilidade, de crimes militares, eleitorais, falimentares, de entorpecentes, na contravenção do jogo do bicho, nas infrações de menor potencial ofensivo etc. O inciso I (tratados, convenções e regras de direito internacional) contempla verdadeiras hipóteses excludentes da jurisdição criminal brasileira, isto é, os crimes serão apreciados por tribunais estrangeiros segundo suas próprias regras processuais, *v.g.*, casos de imunidade diplomática (da qual falaremos a seguir), de crimes cometidos por estrangeiros a bordo de embarcações públicas estrangeiras em águas territoriais e espaço aéreo brasileiro etc.

Considera-se praticado em território brasileiro o crime cuja ação ou omissão, ou cujo resultado, no todo ou em parte, ocorreu em território nacional (CP, art. 6º). Foi adotada, *in casu*, a teoria da ubiquidade ou mista. Consideram-se como extensão do território nacional, para efeitos penais, as embarcações e aeronaves públicas ou a serviço do governo brasileiro, onde quer que se encontrem, e as embarcações e aeronaves particulares que se acharem em espaço aéreo ou marítimo brasileiro, ou em alto-mar ou espaço aéreo correspondente (cf. art. 5º, § 1º, do CP).

A lei penal aplica-se aos crimes cometidos fora do território nacional que estejam sujeitos à lei penal nacional (cf. art. 7º do CP). É a chamada extraterritorialidade da lei penal. Contudo, é preciso que se frise: a lei processual brasileira só vale dentro dos limites territoriais nacionais (*lex fori*). Se o processo tiver tramitação no estrangeiro, aplicar-se-á a lei do país em que os atos processuais forem praticados.

A legislação processual brasileira também se aplica aos atos referentes às relações jurisdicionais com autoridades estrangeiras que devem ser praticados em nosso país, tais como os de cumprimento de rogatória (arts. 783 e s. do CPP), homologação de sentença estrangeira (CP, art. 9º; CPP, art. 787) e procedimento de extradição (arts. 81 e s. da Lei n. 13.445/2017 – Lei de Migração e CPP, art. 784, § 1º).

Questões

1. Qual o âmbito geográfico de aplicação da lei processual penal brasileira?
2. A lei penal brasileira aplica-se a crimes cometidos fora do território nacional? E a lei processual penal?

6. IMUNIDADES

6.1. Imunidades diplomáticas

Os chefes de Estado e os representantes de governos estrangeiros estão excluídos da jurisdição criminal dos países em que exercem suas funções. A imunidade estende-se a todos os agentes diplomáticos, ao pessoal técnico e administrativo das representações, aos seus familiares e aos funcionários de organismos internacionais (ONU, OEA etc.).

Estão excluídos dessas imunidades os empregados particulares dos agentes diplomáticos, a não ser que o Estado acreditado as reconheça.

Admite-se a renúncia à garantia da imunidade.

As sedes diplomáticas (embaixadas, sedes de organismos internacionais etc.) não são consideradas extensão do território estrangeiro, embora sejam invioláveis como garantia aos representantes alienígenas, não podendo, desse modo, ser objeto de busca e apreensão, penhora ou qualquer outra medida constritiva. Tanto assim que a prática de crimes, na sede diplomática, por pessoa alheia à imunidade sujeita o autor à jurisdição do Estado acreditante.

6.2. Imunidades parlamentares

Existem duas modalidades de imunidade parlamentar:

(i) material, também chamada de penal ou absoluta (CF, art. 53, *caput*);

(ii) processual ou formal.

A **imunidade processual** subdivide-se em:

(ii.1) garantia contra a instauração de processo (CF, art. 53, §§ 3º, 4º e 5º); (ii.2) direito de não ser preso, salvo em caso de flagrante por crime inafiançável (CF, art. 53, § 2º); (ii.3) direito ao foro privilegiado (competência originária do STF para processar deputados e senadores – CF, art. 53, § 1º); (ii.4) imunidade para servir como testemunha (CF, art. 53, § 6º).

6.3. Imunidade material

Os deputados e senadores são invioláveis, civil e penalmente, em quaisquer manifestações proferidas no exercício ou desempenho de suas funções. Essa inviolabilidade abrange qualquer forma de manifestação, escrita ou falada, exigindo-se apenas que ocorra no exercício da função, dentro ou fora da Casa respectiva. Mais do que a liberdade de expressão do parlamentar, objetiva-se tutelar o livre exercício da atividade legislativa, bem como a independência e harmonia entre os Poderes. A imunidade, além de penal, é também civil, o que significa que o parlamentar não pode ser processado por perdas e danos materiais e morais em virtude de opiniões, palavras e votos no exercício de suas funções.

É necessário, contudo, que exista nexo funcional entre a manifestação reputada ofensiva e o exercício do mandato, pois a garantia somente se impõe quando imprescindível para o livre desempenho da função legislativa, não podendo ser convertida em licença para ofender pessoas desarrazoadamente. "A imunidade material dos parlamentares não é absoluta, não estando por ela acobertadas as palavras proferidas fora do exercício do mandato, ou que não guardam estreita relação com a atividade político-legislativa do seu detentor" (STJ, AgRg no HC 565.119/BA, Rel. Min. Jorge Mussi, 5ª Turma, *DJe* 25-8-2020).

O suplente não tem direito a imunidade, pois não está no exercício de suas funções.

> **Nosso entendimento:** quanto à natureza jurídica do instituto, entendemos que a imunidade material exclui a própria tipicidade, na medida em que a Constituição não pode dizer ao parlamentar que exerça livremente seu mandato, expressando suas opiniões e votos, e, ao mesmo tempo, considerar tais manifestações fatos definidos como crime.

A tipicidade pressupõe lesão ao bem jurídico, e, por conseguinte, só alcança comportamentos desviados, anormais, inadequados, contrastantes com o padrão social e jurídico vigente. O risco criado pela manifestação funcional do parlamentar é permitido e não pode ser enquadrado em nenhum modelo descritivo incriminador. A sociedade, sopesando as vantagens e ônus de conferir aos representantes populares do Legislativo liberdade de manifestação para que exerçam com independência suas funções, entendeu tal garantia como necessária para a preservação do Estado Democrático de Direito. Assim, seria contraditório considerar a manifestação essencial para a coletividade e ao mesmo tempo defini-la em lei como crime. O fato, portanto, à luz da teoria da imputação objetiva, é atípico e não se enquadra em nenhum modelo incriminador penal. Por essa razão, sendo o fato atípico, não há possibilidade de coautoria, nem participação, pois não existe nenhuma infração da qual se possa ser coautor ou partícipe. Nesse ponto, irreparável a observação de Luiz Flávio Gomes, no sentido de que "a Súmula 245 do STF ('*A imunidade parlamentar não se estende ao corréu sem essa prerrogativa*'), nesse contexto, só é válida, como se percebe, em relação à imunidade (processual) parlamentar. Não tem nenhuma pertinência no que concerne à inviolabilidade penal parlamentar"[24].

A imunidade é irrenunciável, mas não alcança o parlamentar que se licencia para ocupar outro cargo na Administração Pública. Neste caso, embora não perca o mandato, perderá as imunidades parlamentares. Aliás, "Foi cancelada, de outro lado, a Súmula 4 do STF, que dizia: '*Não perde a imunidade parlamentar o congressista nomeado Ministro de Estado*'"[25].

6.4. Imunidade processual

A redação do art. 53, § 3º, dispõe que: "Recebida a denúncia contra o Senador ou Deputado, por crime ocorrido após a diplomação, o Supremo Tribunal Federal dará ciência à Casa respectiva, que, por iniciativa de partido político nela representado e pelo voto da maioria de seus membros, poderá, até a decisão final, sustar o andamento da ação".

O § 4º do art. 53, por sua vez, estipula: "O pedido de sustação será apreciado pela Casa respectiva no prazo improrrogável de quarenta e cinco dias do seu recebimento pela Mesa Diretora".

O § 5º do mesmo dispositivo prevê que "a sustação do processo suspende a prescrição, enquanto durar o mandato". Foi, portanto, criada mais uma causa suspensiva da prescrição. Encerrado o mandato, a prescrição volta a correr pelo tempo que faltava.

O controle legislativo é posterior e não existe a possibilidade de licença prévia.

Quanto aos Prefeitos, não há que falar em imunidade processual nem penal, tendo direito somente ao foro por prerrogativa de função perante os Tribunais de Justiça.

"Terminada a investigação criminal, em caso de ação pública, abre-se vista ao Procurador-Geral da República, que tem quinze dias para se manifestar. Em se tratando de preso, cinco dias. Cuidando-se de ação privada, aguarda-se a manifestação do interessado (RISTF, arts. 201 e ss.). Em caso de pedido de arquivamento do feito pelo Procurador-Geral da República, só resta ao STF determinar esse arquivamento porque, por força do princípio da iniciativa das partes, *ne procedat iudex ex officio*: RT 672, p. 384. O tribunal competente, doravante, para receber a denúncia ou a queixa, como já se salientou, não precisa pedir licença à Casa legislativa respectiva. Necessita, isso sim, antes do recebimento, respeitar o procedimento previsto na Lei 8.038/90, que prevê defesa preliminar".

"Recebida a denúncia, em se tratando de crime cometido antes da diplomação, o processo terá seu curso normal perante o juiz natural (STF, Tribunal de Justiça etc.), e não existe a possibilidade de sua sustação pelo Parlamento. Por isso mesmo é que o STF

---
24. *Criminologia*, cit., p. 31-38.
25. *Criminologia*, cit. p. 31-38.

não tem sequer a obrigação de comunicá-lo sobre a existência da ação em curso. Em se tratando de crime ocorrido *após a diplomação*, ao contrário, incide a disciplina jurídica da imunidade processual (leia-se: da suspensão parlamentar do processo). Impõe-se, nesse caso, que o Supremo Tribunal Federal dê ciência à Casa respectiva que poderá sustar o andamento da ação. De qualquer modo, essa possibilidade não alcança o coautor ou partícipe do delito. A Súmula 245 do STF é esclarecedora: '*A imunidade parlamentar não se estende ao corréu sem essa prerrogativa*'"[26].

6.5. Imunidade prisional

De acordo com o que dispõe o art. 53, § 2º, da Constituição, "desde a expedição do diploma, os membros do Congresso Nacional não poderão ser presos, salvo em flagrante de crime inafiançável. Nesse caso, os autos serão remetidos dentro de vinte e quatro horas à Casa respectiva, para que, pelo voto da maioria de seus membros, resolva sobre a prisão".

A Casa tomará sua deliberação por votação aberta, e não mais secreta. A imunidade vale a partir da expedição do diploma pela Justiça Eleitoral, e não alcança a prisão após a condenação transitada em julgado.

6.6. Do foro especial por prerrogativa de função

De acordo com o art. 53, § 1º, da Constituição Federal, "Os Deputados e Senadores, desde a expedição do diploma, serão submetidos a julgamento perante o Supremo Tribunal Federal" (CF, art. 102, I, *b*). "Se na data de diplomação havia inquérito ou ação penal em curso, imediatamente tudo deve ser encaminhado ao STF. Em se tratando de infração anterior à diplomação terá andamento normal no STF e não existe a possibilidade de suspensão do processo. Todos os atos praticados pelo juízo de origem são válidos (*tempus regit actum*).

Nesse sentido, encerrada a função parlamentar, cessa automaticamente o foro especial por prerrogativa de função. No julgamento da questão de ordem na APn 937, por maioria de votos, o Plenário do STF decidiu que após o encerramento da instrução criminal, não cabe mais alteração do juízo competente, bem como que o foro por prerrogativa de função conferido aos deputados federais e senadores se aplica apenas a crimes cometidos no exercício do cargo e em razão das funções a ele relacionadas.

Além disso, a Súmula 451 do STF dispõe que a competência especial por prerrogativa de função não se estende ao crime cometido após a cessação definitiva do exercício funcional. Por fim, destaca-se que o foro especial por prerrogativa de função restringe-se, exclusivamente, às causas penais, não alcançando as de natureza civil ou para julgamento de atos de improbidade administrativa.

Conferir mais comentários no item 15.8.

---

26. Ibidem.

6.7. Prerrogativa de foro de outras autoridades

Também denominada competência originária *ratione personae*. Consiste na atribuição de competência a certos órgãos superiores da jurisdição para processar e julgar originariamente determinadas pessoas, ocupantes de cargos e funções públicas de especial relevo na estrutura federativa.

O presidente e o vice-presidente da República, após autorização da Câmara dos Deputados, pelo voto de dois terços de seus membros (CF, art. 51, I), poderão ser processados perante o STF, nos crimes comuns (CF, art. 102, I, *b*), e no Senado, pelos crimes de responsabilidade (CF, art. 52, I).

Cabe, ainda, ao Senado Federal processar e julgar originariamente os Ministros do STF, os membros do Conselho Nacional de Justiça e do Conselho Nacional do Ministério Público, o Procurador-Geral da República e o Advogado-Geral da União nos crimes de responsabilidade.

Compete ao STF julgar originariamente o procurador-geral da República, por crimes comuns, e, nos crimes comuns e de responsabilidade, os membros dos Tribunais Superiores, do Tribunal de Contas da União, os chefes de missão diplomática de caráter permanente e os ministros de Estado, exceto os praticados em conexão com o presidente da República (CF, art. 102, I, *b* e *c*).

Ao STJ incumbe o julgamento dos governadores, mediante prévia licença da respectiva Assembleia Legislativa, nos crimes comuns, e, nos crimes comuns e de responsabilidade, dos desembargadores, membros de Tribunais Federais, dos Tribunais Regionais Eleitorais e do Trabalho e os membros do Ministério Público da União que oficiem perante tribunais (CF, art. 105, I, *a*).

Aos Tribunais Regionais Federais compete o julgamento dos juízes federais da área da respectiva circunscrição, por crimes comuns e de responsabilidade, e dos membros do Ministério Público Federal (CF, art. 108, I, *a*).

Aos Tribunais de Justiça compete o julgamento dos prefeitos, dos juízes e dos membros do Ministério Público local.

As imunidades concedidas aos deputados estaduais só podem ser arguidas perante as autoridades judiciárias locais, não podendo ser invocadas em face do Poder Judiciário Federal.

A competência por prerrogativa de função concedida pela Constituição Federal prevalece sobre a competência do Júri, quanto aos crimes dolosos contra a vida, em razão da especialidade da norma dos arts. 102, 105 e 108 supracitados, em relação à do art. 5º, XXXVIII, da Constituição Federal. Contudo, quando a imunidade for concedida por qualquer outra norma, federal ou estadual, ela não prevalecerá sobre a competência do Júri. Nesse sentido é o teor da Súmula 721 do STF: "A competência constitucional do Tribunal do Júri prevalece sobre o foro por prerrogativa de função estabelecido exclusivamente pela Constituição estadual".

6.8. Imunidade para servir como testemunha

O agente diplomático não é obrigado a prestar depoimento como testemunha; só é obrigado a depor sobre fatos relacionados com o exercício de suas funções.

Os deputados e senadores não são obrigados a testemunhar sobre informações recebidas ou prestadas em razão do exercício do mandato, nem sobre as pessoas que lhes confiaram ou deles receberam informações (CF, art. 53, § 6º). Os presidentes do Senado e da Câmara poderão, inclusive, optar pelo depoimento escrito (CPP, art. 221, § 1º).

Por derradeiro, o advogado tem o direito de "recusar-se a depor como testemunha em processo no qual funcionou ou deva funcionar, ou sobre fato relacionado com pessoa de quem seja ou foi advogado, mesmo quando autorizado ou solicitado pelo constituinte, bem como sobre fato que constitua sigilo profissional" (EOAB, art. 7º, XIX).

6.9. Imunidades parlamentares e estado de sítio

As imunidades de deputados e senadores subsistirão durante o estado de sítio, só podendo ser suspensas mediante o voto de dois terços dos membros da Casa respectiva, nos casos de atos praticados fora do recinto do Congresso que sejam incompatíveis com a execução da medida (CF, art. 53, § 8º).

6.10. Imunidade penal temporária do presidente da República

Instituída pelo art. 86, § 4º, da CF, impede, durante a vigência do mandato presidencial, a instauração de processo-crime contra o chefe do Executivo. É necessário, no entanto, que os fatos imputados sejam estranhos ao exercício da função, uma vez que, em se tratando de atos *propter officium*, não estará impedida a persecução penal.

Jurisprudência

- DESMEMBRAMENTO. FORO POR PRERROGATIVA DE FUNÇÃO. "O pedido de desmembramento do feito em relação aos denunciados sem foro por prerrogativa de função deve ser rejeitado, pois, no presente caso, além da evidente conexão, tem-se o agravante de que a denúncia envolve a formação de uma organização criminosa que praticava a negociação sistemática de decisões judiciais e administrativas no âmbito do TJBA, com a participação de Desembargadores e Juízes, revelando a necessidade, ao menos por ora, de manutenção do *simultaneus processos*" (STJ, APn 940/DF, Rel. Min. Og Fernandes, Corte Especial, DJe 13-5-2020).
- FORO POR PRERROGATIVA DE FUNÇÃO. "O foro especial por prerrogativa de função, de que cuida o art. 53, § 1º, da CF (Deputados Federais e Senadores), contempla os delitos praticados no cargo e em razão dele. 2. Parlamentar Federal não reeleito e conduta desvinculada do exercício da função. 3 Situações concretas que não se amoldam às hipóteses de competência definidas pelo Supremo Tribunal Federal. 4. Pedido de trancamento de ação penal que não se amolda ao feitio constitucional. 5. Ofensa ao princípio do Promotor Natural. 6. Ausência de comprovação de atuação casuística.

7. Competência declinada para o Tribunal Regional Eleitoral do Estado do Amazonas para redistribuição para um dos juízos eleitorais de Manaus/AM. Embargos de declaração contra decisão monocrática recebidos como agravo regimental, à que se nega provimento" (STF, Inq 4.418 ED, Rel. Rosa Weber, 1ª Turma, *DJe* 18-6-2020).

- COMPETÊNCIA PARA JULGAR AÇÕES CONTRA CNJ E CNMP. "Nos termos do art. 102, I, 'r', da Constituição Federal, é competência exclusiva do STF processar e julgar, originariamente, todas as ações ajuizadas contra decisões do Conselho CNJ e do CNMP proferidas no exercício de suas competências constitucionais, respectivamente, previstas nos arts. 103-B, § 4º, e 130-A, § 2º, da CF/88" (STF, Plenário, ADI 4412/DF, Rel. Min. Gilmar Mendes, j. 18-11-2020).

Questões

1. O que são imunidades processuais?
2. No que consiste a imunidade diplomática?
3. O que é foro especial por prerrogativa de função?

7. INTERPRETAÇÃO DA LEI PROCESSUAL PENAL

7.1. Conceito

Interpretação é a atividade que consiste em extrair da norma seu exato alcance e real significado. Deve buscar a vontade da lei, não importando a vontade de quem a fez (LINDB, art. 5º).

7.2. Espécies

(i) **Quanto ao sujeito que a elabora:**

(i.1) **Autêntica ou legislativa:** feita pelo próprio órgão encarregado da elaboração do texto. Pode ser contextual (feita pelo próprio texto interpretado) ou posterior (quando feita após a entrada em vigor da lei).

> → ATENÇÃO: a norma interpretativa tem efeito *ex tunc*, uma vez que apenas esclarece o sentido da lei.

(i.2) **Doutrinária ou científica:** feita pelos estudiosos e cultores do direito

> → ATENÇÃO: as exposições de motivos constituem forma de interpretação doutrinária, e não autêntica, uma vez que não são leis.

(i.3) **Judicial:** feita pelos órgãos jurisdicionais.

(ii) **Quanto aos meios empregados:**

(ii.1) **Gramatical, literal ou sintática:** leva-se em conta o sentido literal das palavras.

(ii.2) Lógica ou teleológica: busca-se a vontade da lei, atendendo-se aos seus fins e à sua posição dentro do ordenamento jurídico.

(iii) Quanto ao resultado:

(iii.1) Declarativa: há perfeita correspondência entre a palavra da lei e a sua vontade.

(iii.2) Restritiva: quando a letra escrita da lei foi além da sua vontade (a lei disse mais do que queria) e, por isso, a interpretação vai restringir o seu significado.

(iii.3) Extensiva: a letra escrita da lei ficou aquém de sua vontade (a lei disse menos do que queria) e, por isso, a interpretação vai ampliar o seu significado.

Interpretação progressiva, adaptativa ou evolutiva é aquela que, ao longo do tempo, adapta-se às mudanças político-sociais e às necessidades do presente.

7.3. Interpretação da norma processual

A lei processual admite interpretação extensiva. Por não conter dispositivos versando sobre o direito de punir, segue-se que a forma rigorosa de interpretar o direito penal não se aplica ao processo penal. A este aplicam-se as regras comuns de hermenêutica (LINDB, art. 4º). O preceito, todavia, não é absoluto, pois, tratando-se de exceções a regras gerais, de dispositivos restritivos da liberdade pessoal, e que afetem direito substancial do acusado, v.g., prisão em flagrante e prisão preventiva, o texto deverá ser rigorosamente interpretado, em seu sentido estrito. O mesmo quando se tratar de regras de natureza mista (penal e processual penal).

7.4. Formas de procedimento interpretativo

(i) Equidade: correspondência ética e jurídica da circunscrição – norma ao caso concreto.

(ii) Doutrina: estudos, investigações e reflexões teóricas dos cultores do direito.

(iii) Jurisprudência: repetição constante de decisões no mesmo sentido em casos semelhantes.

Questões

1. O que devemos entender por interpretar uma lei?
2. Quais as espécies de interpretação legal?
3. Existe diferença na interpretação da norma penal e da norma processual penal?

8. ANALOGIA

8.1. Conceito

É a atividade consistente em aplicar a uma hipótese não regulada por lei disposição relativa a um caso *semelhante*.

8.2. Fundamento

Ubi eadem ratio, ibi eadem jus (onde há a mesma razão, aplica-se o mesmo direito). Para que a conclusão oriunda da aplicação analógica seja válida, para podermos atribuir ao caso não regulamentado as mesmas consequências jurídicas atribuídas ao caso regulamentado semelhante, é necessário que a semelhança existente entre ambos seja não uma qualquer semelhança, mas uma *semelhança relevante*: a identidade na razão pela qual o legislador atribuiu ao caso regulamentado aquelas e não outras consequências. Podemos dizer que, em direito, tal semelhança relevante toma o nome de *ratio legis*.

8.3. Natureza jurídica

Não é interpretação, mas forma de autointegração da lei; forma de supressão de lacunas.

8.4. Distinção

Na *analogia* inexiste norma reguladora do caso concreto, devendo ser aplicada a norma que trata de hipótese semelhante. Há, para o caso não regulado, a *criação* de uma nova norma jurídica.

Na *interpretação extensiva* existe norma reguladora do caso concreto, mas esta não menciona expressamente sua eficácia. É, portanto, a própria norma do fato que a ele se aplica. Há apenas o alargamento do alcance da regra dada; faz-se a redefinição de um conceito, ampliando-o.

Na *interpretação analógica*, a norma, após uma enumeração casuística, traz uma formulação genérica que deve ser interpretada de acordo com os casos anteriormente elencados. A norma regula o caso de modo expresso, embora genericamente (*v.g.*, CP, art. 121, § 2º, III e IV).

→ **ATENÇÃO:** não confundir *interpretação analógica* com *aplicação analógica*. Aquela é forma de interpretação; esta, de autointegração, e exprime o emprego da analogia.

8.5. Espécies

(i) *In bonam partem*: em benefício do agente;

(ii) *In malam partem*: em prejuízo do agente.

8.6. Norma processual

Admite o emprego da analogia. A lei processual penal admite, também, o suplemento dos princípios gerais do direito, postulados éticos de determinado povo, extraídos do ordenamento jurídico em geral. São fontes suplementares da lei processual.

Jurisprudência

- PRESCRIÇÃO DA FALTA GRAVE. "A jurisprudência desta Corte, entende que o prazo prescricional para apuração de falta grave é de 3 anos, nos termos do art. 109, VI, do Código Penal, aplicado por analogia, devendo assim ser mantida. 2. (...) as alterações introduzidas no ordenamento jurídico, no § 7º do art. 112 da Lei de Execução Penal ('O bom comportamento é readquirido após 1 (um) ano da ocorrência do fato, ou antes, após o cumprimento do requisito temporal exigível para a obtenção do direito') se referem à reabilitação da falta grave, e não ao prazo prescricional para a sua apuração" (STJ, AgRg no HC 730.493/MG, Rel. Min. Sebastião Reis Júnior, 6ª Turma, *DJe* 30-6-2022).

- ANALOGIA. COVID-19. "Inexiste flagrante constrangimento ilegal que autorize a concessão da ordem de ofício, uma vez que a decisão atacada tem respaldo no Regimento Interno do Tribunal *a quo* e no art. 185 do Código de Processo Penal, aplicável por analogia, que admite a realização do julgamento na modalidade virtual por meio de recurso tecnológico de transmissão de sons e imagens. Vale destacar, ainda, que em função da pandemia de Covid-19 estavam suspensos por prazo indeterminado os julgamentos presenciais e sem previsão de quando iriam voltar a acontecer" (STJ, AgRg no HC 632.418/RJ, Rel. Min. Joel Ilan Paciornik, 5ª Turma, *DJe* 10-8-2021).

Questões

1. Qual o conceito de analogia?
2. Qual é a diferença entre analogia e interpretação analógica?
3. A norma processual admite o emprego de analogia?

9. FONTES DO DIREITO PROCESSUAL PENAL

9.1. Conceito

Fonte é o local de onde provém o direito.

9.2. Espécies

(i) Material ou de produção: são aquelas que criam o direito;

(ii) Formal ou de cognição: são aquelas que revelam o direito.

9.3. Fonte de produção

É o Estado. Compete privativamente à União legislar sobre direito processual (CF, art. 22, I). Lei complementar federal pode autorizar os Estados a legislarem em processo penal, sobre questões específicas de interesse local (cf. art. 22, parágrafo único, da CF). A União, os Estados e o Distrito Federal possuem competência concorrente para legislar sobre criação, funcionamento e processo do juizado de pequenas causas (arts. 24, X, e 98, I, da CF) e sobre direito penitenciário (art. 24, I, e §§ 1º e 2º, da CF). Sobre procedimento em matéria processual, a competência para legislar é concorrente entre a União, os Estados e o Distrito Federal, conforme o inciso XI do art. 24 da Constituição Federal.

9.4. Fonte formal

(i) **Imediata:** a lei;

(ii) **Mediata:** costumes e princípios gerais.

9.5. Costume

Conjunto de normas de comportamento a que as pessoas obedecem de maneira uniforme e constante, pela convicção de sua obrigatoriedade jurídica. Distingue-se do hábito porque neste não há a convicção da obrigatoriedade jurídica.

O costume pode ser:

(i) *contra legem* (inaplicabilidade da norma pelo seu desuso);

(ii) *secundum legem* (sedimenta formas de aplicação da lei);

(iii) *praeter legem* (preenche lacunas da lei).

O costume nunca revoga uma lei, em face do que dispõe o art. 2º, § 1º, da Lei de Introdução às Normas do Direito Brasileiro.

9.6. Princípios gerais do direito

Postulados gerais que se fundam em premissas éticas extraídas do material legislativo. São axiomas fundamentais ou generalíssimos, que conferem fisionomia, unidade e validade a todo um sistema jurídico.

9.7. Lei processual

Pode ser suplementada pelos costumes e princípios gerais do direito (LINDB, art. 4º).

Questões

1. O que é fonte do direito?
2. Quais as espécies de fonte para o Direito?
3. O costume é fonte para o Direito? Ele tem força para revogar uma lei?

10. INQUÉRITO POLICIAL

10.1. Conceito

É o conjunto de diligências realizadas pela polícia judiciária para a apuração de uma infração penal e de sua autoria, a fim de que o titular da ação penal tenha condições de ingressar em juízo dispondo de elementos informativos (CPP, art. 4º). Trata-se de procedimento persecutório de caráter administrativo instaurado pela autoridade policial. Tem como destinatários imediatos o Ministério Público, titular exclusivo da ação penal pública (CF, art. 129, I), e o ofendido, titular da ação penal privada (CPP, art. 30); como destinatário mediato tem o juiz, que se utilizará dos elementos de informação nele constantes, para o recebimento da peça inicial e para a formação do seu convencimento quanto à necessidade de decretação de medidas cautelares.

10.2. Polícia judiciária

Conforme Julio Fabbrini Mirabete[27], "a Polícia é uma instituição de direito público destinada a manter a paz pública e a segurança individual".

Divide-se da seguinte forma:

(i) quanto ao lugar de atividade: terrestre, marítima ou aérea;

(ii) quanto à exteriorização: ostensiva e secreta;

(iii) quanto à organização: leiga e de carreira;

(iv) quanto ao objeto:

— **administrativa (ou de segurança):** caráter preventivo; objetiva impedir a prática de atos lesivos a bens individuais e coletivos; atua com grande discricionariedade, independentemente de autorização judicial;

— **judiciária:** função auxiliar à justiça (daí a designação); atua quando os atos que a polícia administrativa pretendia impedir não foram evitados. Possui a finalidade de apurar as infrações penais e suas respectivas autorias, a fim de fornecer ao titular da ação penal elementos para propô-la. Cabe a ela a consecução do primeiro momento da atividade repressiva do Estado. Atribuída no âmbito estadual às polícias civis, dirigidas por delegados de polícia de carreira, sem prejuízo de outras autoridades (CF, art. 144, § 4º); na esfera federal, as atividades de polícia judiciária cabem, com exclusividade, à polícia federal (CF, art. 144, § 1º, IV).

10.3. Competência e atribuição

De acordo com a atual redação do art. 4º do CPP, a "polícia judiciária será exercida pelas autoridades policiais no território de suas respectivas circunscrições e terá como finalidade a apuração das infrações penais e da sua autoria". Sobre essa redação, deve-se realizar a ressalva de que o uso do termo *competência* não é exato; melhor se constasse o termo *atribuição*. De qualquer forma, o termo *competência* deve ser tomado em seu sentido vulgar, como poder conferido a alguém para conhecer de determinados assuntos, não se confundindo com competência jurisdicional, que é a medida concreta do Poder Jurisdicional.

---

27. *Código de Processo Penal interpretado*, 2. ed., Atlas, 1994, p. 35.

Salvo algumas exceções, a atribuição para presidir o inquérito policial é outorgada aos delegados de polícia de carreira (CF, art. 144, §§ 1º e 4º), conforme as normas de organização policial dos Estados. Essa atribuição pode ser fixada quer pelo lugar da consumação da infração (*ratione loci*), quer pela natureza desta (*ratione materiae*). No interior, a autoridade policial não poderá praticar qualquer ato fora dos limites da sua circunscrição, devendo, se assim necessitar, solicitar, por precatória, ou por rogatória, conforme o caso, a cooperação da autoridade local com atribuições para tanto. Na Capital, também dividida em circunscrições, como se fosse um pequeno Estado, a regra não é a mesma, haja vista que, "no Distrito Federal e nas comarcas em que houver mais de uma circunscrição policial, a autoridade com exercício em uma delas poderá, nos inquéritos a que esteja procedendo, *ordenar diligências em circunscrição de outra, independentemente de precatórias ou requisições*, e bem assim providenciará, até que compareça a autoridade competente, sobre qualquer fato que ocorra em sua presença, noutra circunscrição" (CPP, art. 22) (grifamos).

A atribuição para a lavratura do auto de prisão em flagrante é da autoridade do lugar em que se efetivou a prisão (CPP, arts. 290 e 308), devendo os atos subsequentes ser praticados pela autoridade do local em que o crime se consumou.

→ **ATENÇÃO:** não obstante as disposições sobre a competência das autoridades policiais, tem-se entendido que a falta de atribuição destas não invalida os seus atos, ainda que se trate de prisão em flagrante, pois, não exercendo a Polícia atividade jurisdicional, não se submete ela à competência jurisdicional *ratione loci*.

Anote-se que o art. 5º, LIII, da Constituição Federal não se aplica às autoridades policiais, porquanto não processam e nada sentenciam. Com efeito, referido dispositivo, ao estatuir que "ninguém será processado nem sentenciado senão pela autoridade competente", estabeleceu, ao mesmo tempo, dois princípios: o de que ninguém será processado senão pelo promotor de justiça previamente indicado de acordo com regras legais e objetivas (princípio do "promotor natural"), sendo vedada a designação especial de acusador, da mesma forma que seria odiosa a indicação singular de magistrado para julgar alguém; e o de que todos têm o direito de ser julgados pelo magistrado investido segundo critérios legais objetivos (princípio do "juiz natural"). A norma constitucional, contudo, não prevê, em momento algum, o direito de o suspeito ser investigado pelo delegado previamente indicado, até porque, sendo o inquérito um procedimento inquisitivo, não haveria que se falar em devido processo legal. À vista disso, não se pode falar em princípio do "delegado natural", muito menos em nulidade dos atos investigatórios realizados fora da circunscrição da autoridade policial. Ademais, é pacífico na doutrina e na jurisprudência que o inquérito policial é mera peça de informação, cujos vícios não contaminam a ação penal. Por essas razões, não há qualquer nulidade em o inquérito policial ser presidido por autoridade policial incompetente, nem possibilidade de relaxamento da prisão em flagrante por esse motivo.

Jurisprudência

- COMPETÊNCIA. "Embora a competência para julgamento dos crimes em apuração seja da Justiça Estadual, não se verifica a apontada ilegalidade na instauração do inquérito policial pela Polícia Federal, uma vez que, no início da investigação, as informações eram da prática de crime interestadual e que envolviam delitos de lavagem de dinheiro e contra a ordem tributária. De acordo com o entendimento desta Corte Superior, ainda que os elementos de convicção tenham sido colhidos por autoridade policial desprovida de atribuição, tal vício não tem o condão de macular as provas nele obtidas" (STJ, AgRg no REsp 1.919.330/RS, Rel. Min. Ribeiro Dantas, 5ª Turma, *DJe* 22-6-2021).

10.4. Finalidade

A finalidade do inquérito policial é a apuração de fato que configure infração penal e a respectiva autoria para servir de base à ação penal ou às providências cautelares.

10.5. Inquéritos extrapoliciais

O art. 4º, parágrafo único, do CPP deixa claro que o inquérito realizado pela polícia judiciária não é a única forma de investigação criminal. Há outras, como, por exemplo, o inquérito realizado pelas autoridades militares para a apuração de infrações de competência da justiça militar (IPM); as investigações efetuadas pelas Comissões Parlamentares de Inquérito (CPI), as quais terão poderes de investigação próprios das autoridades judiciais, além de outros previstos nos regimentos das respectivas Casas, e serão criadas pela Câmara dos Deputados e pelo Senado Federal, em conjunto ou separadamente, mediante requerimento de 1/3 de seus membros, para a apuração de fato determinado, com duração limitada no tempo (CF, art. 58, § 3º); o PIC – Procedimento Investigatório Criminal, sumário e desburocratizado, de natureza administrativa, instaurado e presidido pelo membro do Ministério Público com atribuição criminal, com a finalidade de apurar a ocorrência de infrações penais de iniciativa pública[28], decorrente dos poderes implícitos concedidos pela CF/88 ao MP; o inquérito em caso de infração penal cometida na sede ou dependência do STF (RISTF, art. 43); o inquérito instaurado pela Câmara dos Deputados ou Senado Federal, em caso de crime cometido nas suas dependências, hipótese em que, de acordo com o que dispuser o respectivo regimento interno, caberão à Casa a prisão em flagrante e a realização do inquérito (Súmula 397 do STF); a lavratura de auto de prisão em flagrante presidida pela autoridade judiciária, quando o crime for praticado na sua presença ou contra ela (CPP, art. 307).

Quando surgirem indícios da prática de infração penal por parte de membro da Magistratura ou do Ministério Público no curso das investigações, os autos do inquérito deverão ser remetidos, imediatamente, no primeiro caso, ao tribunal ou órgão especial competente para o julgamento e, no segundo, ao Procurador-Geral de Justiça, a quem caberá dar prosseguimento aos feitos (Lei Complementar n. 35/79 – LOMN, art. 33,

---

[28]. CNMP: Resolução n. 181/2017. Dispõe sobre instauração e tramitação do procedimento investigatório criminal a cargo do Ministério Público.

parágrafo único, e Lei n. 8.625/93 — LONMP, art. 41, parágrafo único). Se o suspeito for membro integrante do Ministério Público da União, os autos do inquérito deverão ser enviados ao Procurador-Geral da República (art. 18, parágrafo único, da LC n. 75/93).

Atualmente, sobre os inquéritos policiais e a investigação de certos sujeitos, deve-se destacar o que determina art. 14-A do CPP, nos seguintes termos:

"Nos casos em que os servidores vinculados às instituições dispostas no art. 144 da Constituição Federal figurarem como investigados em inquéritos policiais, inquéritos policiais militares e demais procedimentos extrajudiciais, cujo objeto for a investigação de fatos relacionados ao uso da força letal praticados no exercício profissional, de forma consumada ou tentada, incluindo as situações dispostas no art. 23 do CP, o indiciado poderá constituir defensor.

§ 1º Para os casos previstos no *caput* deste artigo, o investigado deverá ser citado da instauração do procedimento investigatório, podendo constituir defensor no prazo de até 48 (quarenta e oito) horas a contar do recebimento da citação.

§ 2º Esgotado o prazo disposto no § 1º deste artigo com ausência de nomeação de defensor pelo investigado, a autoridade responsável pela investigação deverá intimar a instituição a que estava vinculado o investigado à época da ocorrência dos fatos, para que essa, no prazo de 48 (quarenta e oito) horas, indique defensor para representação do investigado.

(...)

§ 6º As disposições constantes deste artigo se aplicam aos servidores militares vinculados às instituições dispostas no art. 142 da Constituição Federal, desde que os fatos investigados digam respeito a missões para a Garantia da Lei e da Ordem".

Finalmente, no tocante ao inquérito judicial presidido por juiz de direito visando à apuração de infrações falimentares, tal possibilidade não mais subsiste em nosso ordenamento jurídico. Com efeito, com o advento da atual Lei de Falências (Lei n. 11.10/2005), o juiz, em qualquer fase processual, surgindo indícios da prática de crime falimentar, cientificará o Ministério Público (art. 187, § 2º).

Jurisprudência

- COMPETÊNCIA DO MINISTÉRIO PÚBLICO PARA INVESTIGAR. "O STF, após reconhecer a repercussão geral da matéria, entendeu que o Ministério Público dispõe de competência para promover investigações por autoridade própria" (RE 593.727-RG/Tema 184 STF, ARE 1.320.462 AgR, Rel. Min. Roberto Barroso, 1ª Turma, *DJe* 5-7-2021).
- LIMITES PARA A UTILIZAÇÃO, POR PARTE DO MP, DE PEÇA SIGILOSA OBTIDA EM PROCEDIMENTO EM CURSO NO STF PARA ABERTURA DE PROCEDIMENTO INVESTIGATÓRIO CRIMINAL EM 1ª INSTÂNCIA: "É ilegal a utilização, por parte do Ministério Público, de peça sigilosa obtida em procedimento em curso no STF para abertura de procedimento investigatório criminal autônomo com objetivo de apuração dos mesmos fatos já investigados naquela Corte" (STJ, RHC 149.836/RS, Rel. Min. Jesuíno Rissato (Desembargador convocado do TJDFT), Rel. p/ acórdão Min. João Otávio de Noronha, 5ª Turma, j. 15-2-2022).

10.6. Características

10.6.1. Procedimento escrito

Tendo em vista as finalidades do inquérito (item 10.4), não se concebe a existência de uma investigação verbal. Por isso, todas as peças do inquérito policial serão, num só processo, reduzidas a escrito ou datilografadas e, neste caso, rubricadas pela autoridade (CPP, art. 9º).

10.6.2. Sigiloso

A autoridade assegurará no inquérito o sigilo necessário à elucidação do fato ou exigido pelo interesse da sociedade (CPP, art. 20). O direito genérico de obter informações dos órgãos públicos, assegurado no art. 5º, XXXIII, da Constituição Federal, pode sofrer limitações por imperativos ditados pela segurança da sociedade e do Estado, como salienta o próprio texto normativo. O sigilo não se estende ao representante do Ministério Público, nem à autoridade judiciária. No caso do advogado[29], pode consultar os autos de inquérito, mas, caso seja decretado judicialmente o sigilo na investigação, não poderá acompanhar a realização de atos procedimentais, bem como poderá ter vista dos processos judiciais ou administrativos de qualquer natureza, em cartório ou na repartição competente, ou retirá-los pelos prazos legais; e retirar autos de processos findos, mesmo sem procuração, pelo prazo de dez dias (Lei n. 8.906/94, art. 7º, XIII a XV — Estatuto da OAB)[30].

Sobre o tema, a Súmula Vinculante 14, determina que: "É direito do defensor, no interesse do representado, ter acesso amplo aos elementos de prova que, já documentados em procedimento investigatório realizado por órgão com competência de polícia judiciária, digam respeito ao exercício do direito de defesa". Trata-se de publicidade que não se afigura plena e restrita, uma vez que, embora tenha vigência em inquérito sigiloso, se admite, apenas, a consulta a elementos já colhidos, não se permitindo o acesso às demais diligências em trâmite.

Não é demais afirmar, ainda, que o sigilo no inquérito policial deverá ser observado como forma de garantia da intimidade do investigado, resguardando-se, assim, seu estado de inocência. Tal garantia acarretou a redação do parágrafo único do art. 20 do CPP: "Nos atestados de antecedentes que lhe forem solicitados, a autoridade policial não poderá mencionar quaisquer anotações referentes a instauração de inquérito contra os requerentes".

---

29. Mencione-se, também, que a lei de abuso de autoridade, Lei n. 13.869/19, em seu art. 32 dispõe que será considerado crime de abuso de autoridade negar ao interessado ou a seu advogado o acesso aos autos de investigação preliminar, termo circunstanciado, inquérito policial ou qualquer outro procedimento investigatório, exceto nos casos em que o sigilo seja imprescindível ao andamento das diligências.
30. EOAB — Lei n. 8.906/94, com redação incluída pela Lei n. 14.365, de 2022.

10.6.3. Oficialidade

O inquérito policial é uma atividade investigatória feita por órgãos oficiais, não podendo ficar a cargo do particular, ainda que a titularidade da ação penal seja atribuída ao ofendido.

10.6.4. Oficiosidade

Corolário do princípio da legalidade (ou obrigatoriedade) da ação penal pública. Significa que a atividade das autoridades policiais independe de qualquer espécie de provocação, sendo a instauração do inquérito obrigatória diante da notícia de uma infração penal (CPP, art. 5º, I), ressalvados os casos de ação penal pública condicionada e de ação penal privada (CPP, art. 5º, §§ 4º e 5º).

10.6.5. Autoritariedade

Exigência expressa do Texto Constitucional (CF, art. 144, § 4º); o inquérito é presidido por uma autoridade pública, no caso, a autoridade policial (delegado de polícia de carreira).

10.6.6. Indisponibilidade

É indisponível. Após sua instauração não pode ser arquivado pela autoridade policial (CPP, art. 17). Sobre isso, falaremos mais quando tratarmos do arquivamento do inquérito policial.

10.6.7. Inquisitivo

Caracteriza-se como inquisitivo o procedimento em que as atividades persecutórias se concentram nas mãos de uma única autoridade, a qual, por isso, prescinde, para a sua atuação, da provocação de quem quer que seja, podendo e devendo agir de ofício, empreendendo, com discricionariedade, as atividades necessárias ao esclarecimento do crime e da sua autoria. É característica oriunda dos princípios da obrigatoriedade e da oficialidade da ação penal. É secreto e escrito, e não se aplicam os princípios do contraditório e da ampla defesa, pois, se não há acusação, não se fala em defesa[31]. Evidenciam a natureza inquisitiva do procedimento o art. 107 do CPP, proibindo arguição de suspeição das autoridades policiais, e o art. 14, que permite à autoridade policial indeferir qualquer diligência requerida pelo ofendido ou indiciado (exceto o exame de corpo de delito, à vista do disposto no art. 184). O único inquérito que admite o contraditório é o instaurado pela polícia federal, a pedido do Ministro da Justiça, visando à expulsão de estrangeiro, regulado pela Lei n. 13.445/2017 (Lei de Migração), em seu art. 54 e seguintes. O contraditório, aliás, neste caso, é obrigatório.

---

31. *Vide* decisão do STF, decidiu não haver obrigatoriedade de intimação do advogado para participar da oitiva de testemunhas no Inquérito por se tratar de procedimento inquisitorial e que não deve se prestar, por si só, à condenação (Pet 7612/DF, Rel. Min. Edson Fachin, j. 12-3-2019).

Jurisprudência

- MEDIDAS CAUTELARES NO INQUÉRITO. "A suspensão imediata do direito de dirigir e a apreensão do documento de habilitação previstas no art. 218, III, do Código de Trânsito Brasileiro, serão aplicadas pela autoridade competente, em caso de cometimento de infração classificada como gravíssima, de maneira conforme ao procedimento previsto no art. 281 e seguintes do mesmo diploma legal, asseguradas as garantias constitucionais inerentes ao devido processo legal. 2. Trata-se de providências administrativas de natureza acautelatória que objetivam assegurar a eficiência da fiscalização de trânsito em casos de flagrante de prática de ato classificado como de gravíssimo risco para a segurança pública. 3. Ação direta julgada improcedente" (STF, ADI 3.951, Rel. Min. Marco Aurélio, Rel. p/ acórdão Min. Edson Fachin, Tribunal Pleno, *DJe* 8-7-2020).

- LEGALIDADE. BUSCA E APREENSÃO. "Atende o figurino legal decisão judicial que, ante fundadas razões, reveladas mediante investigação policial, implica diligência voltada a busca e apreensão — art. 240 do Código de Processo Penal. BUSCA E APREENSÃO — POLÍCIA MILITAR — ATUAÇÃO. Ante o disposto no art. 144 da Constituição Federal, a circunstância de haver atuado a polícia militar não implica ilegalidade de busca e apreensão. DEPOIMENTO — INQUÉRITO — JUÍZO — RATIFICAÇÃO — NULIDADE — AUSÊNCIA. A leitura e posterior ratificação, em Juízo, de depoimentos prestados durante o inquérito não constituem nulidade, uma vez oportunizada, na audiência, a formulação de perguntas pelo defensor" (STF, RHC 161.146, Rel. Min. Marco Aurélio, 1ª Turma, *DJe* 13-4-2021).

- LEGALIDADE BUSCA E APREENSÃO DE BENS EM INTERIOR DE VEÍCULO PELA PRF: "A busca e apreensão de bens em interior de veículo é legal e inerente ao dever de fiscalização regular da Polícia Rodoviária Federal, em se tratando do flagrante de transporte de vultosa quantia em dinheiro e não tendo o investigado logrado justificar o motivo de tal conduta (...) Dessa forma, em se tratando do flagrante de transporte de vultosa quantia em dinheiro e não tendo o investigado logrado justificar o motivo de tal conduta, não há que se falar em ausência de justa causa para as investigações" (STJ, RHC 142.250/RS, Rel. Min. Sebastião Reis Júnior, 6ª Turma, j. 28-9-2021).

10.7. Valor probatório

O inquérito policial tem conteúdo informativo, tendo por finalidade fornecer ao Ministério Público ou ao ofendido, conforme a natureza da infração, os elementos necessários para a propositura da ação penal. No entanto, tem valor probatório, embora relativo, haja vista que os elementos de informação não são colhidos sob a égide do contraditório e da ampla defesa, nem tampouco na presença do juiz de direito.

Assim, a confissão extrajudicial, por exemplo, terá validade como elemento de convicção do juiz apenas se confirmada por outros elementos colhidos durante a instrução processual. Esse entendimento acabou por se tornar letra expressa do art. 155 do CPP, o qual dispõe que: "O juiz formará sua convicção pela livre apreciação da prova produzida em contraditório judicial, não podendo fundamentar sua decisão exclusivamente nos elementos informativos colhidos na investigação, ressalvadas as provas cautelares, não repetíveis e antecipadas". Assim, o referido dispositivo impõe evidente limitação ao princípio do livre convencimento do juiz, que deve ser exercido segundo os parâmetros descritos pelo CPP.

Jurisprudência

- CONDENAÇÃO POR PROVAS EXCLUSIVAMENTE DO INQUÉRITO. "Nos termos do art. 155 do Código de Processo Penal, não se mostra admissível que a condenação do réu seja fundada exclusivamente em elementos de informação colhidos durante o inquérito e não submetidos ao crivo do contraditório e da ampla defesa, ressalvadas as provas cautelares e não repetíveis. *In casu*, verifica-se que a condenação se baseou em elementos de informação colhidos no curso do inquérito, consistente em prova testemunhal, que foi devidamente reproduzida em juízo, não havendo se falar em nulidade da sentença" (STJ, AgRg no AREsp 1.773.536/AM, Rel. Min. Ribeiro Dantas, 5ª Turma, *DJe* 17-8-2021).
- LEGALIDADE DA PRONÚNCIA – JÚRI: "as qualificadoras foram baseadas apenas no depoimento prestado no inquérito policial por uma testemunha que ouviu dizer. Diante disso, o STJ decidiu cassar a sentença e submeter o réu a novo júri. Isso porque: As qualificadoras de homicídio fundadas exclusivamente em depoimento indireto (*Hearsay Testimony*), violam o art. 155 do CPP, que deve ser aplicado aos veredictos condenatórios do Tribunal do Júri" (STJ, REsp 1.916.733/MG, Rel. Min. Ribeiro Dantas, 5ª Turma, j. 23-11-2021).

10.8. Vícios

Não sendo o inquérito policial ato de manifestação do Poder Jurisdicional, mas mero procedimento informativo destinado à formação da *opinio delicti* do titular da ação penal, os vícios por acaso existentes nessa fase não acarretam nulidades processuais, isto é, não atingem a fase seguinte da persecução penal: a da ação penal. A irregularidade poderá, entretanto, gerar a invalidade e a ineficácia do ato inquinado, *v.g.*, do auto de prisão em flagrante como peça coercitiva; do reconhecimento pessoal, da busca e apreensão etc.

Jurisprudência

- INQUÉRITO POLICIAL. NULIDADES: "A jurisprudência desta Corte é assente no sentido de que "eventuais máculas na fase extrajudicial não têm o condão de contaminar a ação penal, dada a natureza meramente informativa do inquérito policial" (STJ, AgRg no RHC 145.950/SP, Rel. Min. Reynaldo Soares da Fonseca, 5ª Turma, *DJe* 7-5-2021).
- VÍCIOS DO INQUÉRITO. "(...) Eventuais vícios existentes no inquérito policial, peça meramente informativa, não contaminam a ação penal. Precedentes. IV – Para acolher a tese defensiva – alegada nulidade dos depoimentos prestados por duas testemunhas profissionais de saúde, por suposta violação ao sigilo profissional previsto no art. 207 do CPP –, seria indispensável o reexame do todo conjunto fático-probatório que levou as instâncias inferiores a concluírem que os depoimentos impugnados 'não apresentam impedimento algum ao terem sido produzidos, uma vez que todos os relatos trazidos

pelas profissionais constam, de igual modo, nos prontuários médicos confeccionados' e que 'os fatos reportados à autoridade policial por (...) e (...) expõem minimamente a intimidade e vida privada da paciente, visto que se destinam, notadamente, a esclarecer as circunstâncias em que foram aferidos, dentro do hospital, os indícios de uma suposta prática delituosa', fato esse inviável para a via estreita do *habeas corpus*, que não admite dilação probatória. Precedentes. V – Não demonstrado nos autos que a denúncia e a sentença que pronunciou o paciente tenham sido fundamentadas exclusivamente com base nas provas impugnadas (depoimentos prestados por duas testemunhas e relatório de investigação), remanesce incólume a decisão recorrida. VI – O reconhecimento de nulidade exige demonstração do prejuízo, não sendo suficiente a mera presunção, nos termos do art. 563 do Código de Processo Penal. Precedentes. VII – Agravo regimental a que se nega provimento" (STF, HC 171.384 AgR, Rel. Min. Nunes Marques, 2ª Turma, *DJe* 24-5-2021).

10.9. Juizados especiais (Lei n. 9.099/95)

A atual Carta Magna autorizou sua criação pelos Estados (art. 98, I). De acordo com o disposto nos arts. 69 e 77, § 1º, da Lei n. 9.099/95, o inquérito policial é substituído por um simples boletim de ocorrência circunstanciado, lavrado pela autoridade policial (delegado de polícia), chamado de "termo circunstanciado", no qual constará uma narração sucinta dos fatos, bem como a indicação da vítima, do autor do fato e das testemunhas, em número máximo de três, seguindo em anexo um boletim médico ou prova equivalente, quando necessário para comprovar a materialidade delitiva (dispensa-se o laudo de exame de corpo de delito).

Lavrado o termo, este será imediatamente encaminhado ao Juizado de Pequenas Causas Criminais, com competência para julgamento das infrações de menor potencial ofensivo (contravenções penais e crimes apenados com no máximo dois anos, ainda que previsto procedimento especial – art. 61 da Lei n. 9.099/95). Não haverá cognição coercitiva (prisão em flagrante) quando o autor do fato assumir o compromisso de comparecer ao Juizado, ficando proibida a lavratura do auto de prisão em flagrante, independentemente do pagamento de fiança (Lei n. 9.099/95, art. 69, parágrafo único).

Jurisprudência

- É CONSTITUCIONAL NORMA ESTADUAL QUE PREVÊ A POSSIBILIDADE DA LAVRATURA DE TERMOS CIRCUNSTANCIADOS PELA POLÍCIA MILITAR E PELO CORPO DE BOMBEIROS MILITAR. "O termo circunstanciado é o instrumento legal que se limita a constatar a ocorrência de crimes de menor potencial ofensivo, motivo pelo qual não configura atividade investigativa e, por via de consequência, não se revela como função privativa de polícia judiciária" (STF, Plenário, ADI 5.637/MG, Rel. Min. Edson Fachin, j. 11-3-2022).

10.10. Dispensabilidade

O inquérito policial não é fase obrigatória da persecução penal, podendo ser dispensado caso o Ministério Público ou o ofendido já disponha de suficientes elementos para a propositura da ação penal (CPP, arts. 12, 27, 39, § 5º, e 46, § 1º).

> → **ATENÇÃO:** o titular da ação penal pode renunciar ao inquérito policial, mas não pode eximir-se de demonstrar a verossimilhança da acusação, ou seja, a justa causa da imputação, sob pena de ver rejeitada a peça inicial. Não se concebe que a acusação careça de um mínimo de elementos de convicção.

Jurisprudência

- DISPENSABILIDADE DO INQUÉRITO. "Havendo outros meios que forneçam subsídios à acusação, o inquérito policial torna-se peça dispensável, já que o seu propósito é fornecer elementos indiciários que sirvam de suporte à denúncia ou queixa. Neste caso, aliás, não se pode sequer falar em ausência de inquérito policial, já que este se somou ao inquérito administrativo instaurado pela autarquia na qual os fatos teriam ocorrido. 3. Recurso ordinário improvido" (STJ, RHC 114.616/SP, Rel. Min. Reynaldo Soares da Fonseca, 5ª Turma, *DJe* 27-9-2019).

10.11. Incomunicabilidade

Destina-se a impedir que a comunicação do preso com terceiros venha a prejudicar a apuração dos fatos, podendo ser imposta quando o interesse da sociedade ou a conveniência da investigação o exigir. O art. 21 do CPP prevê que a incomunicabilidade do preso não excederá de três dias e será decretada por despacho fundamentado do juiz, a requerimento da autoridade policial ou do órgão do Ministério Público, respeitadas as prerrogativas do advogado. Para muitos doutrinadores, a incomunicabilidade do preso foi proibida pela atual ordem constitucional, que a vedou durante o estado de defesa (CF, art. 136, § 3º, IV). Ora, se não se admite a incomunicabilidade durante um estado de exceção, o que não dizer da imposta em virtude de mero inquérito policial. Também o art. 5º, LXII e LXIII, do mesmo texto teria revogado o dispositivo infraconstitucional, já que a incomunicabilidade tornaria as garantias ali consagradas inócuas. Em sentido contrário, Damásio E. de Jesus e Vicente Greco Filho.

> → **ATENÇÃO:** vale ressaltar que a incomunicabilidade, de qualquer forma, não se estende jamais ao advogado (Estatuto da OAB, art. 7º, III).

10.12. *Notitia criminis*

Dá-se o nome de *notitia criminis* (notícia do crime) ao conhecimento espontâneo ou provocado, por parte da autoridade policial, de um fato aparentemente criminoso. É com base nesse conhecimento que a autoridade dá início às investigações.

(i) *Notitia criminis* de cognição direta ou imediata: também chamada de *notitia criminis* espontânea ou inqualificada, ocorre quando a autoridade policial toma conhecimento direto do fato infringente da norma por meio de suas atividades rotineiras, de jornais, da investigação feita pela própria polícia judiciária, por comunicação feita pela polícia preventiva ostensiva, pela descoberta ocasional do corpo do delito, por meio de denúncia anônima etc. A delação apócrifa (anônima) é também chamada de notícia inqualificada, recebendo, portanto, a mesma designação do gênero ao qual pertence.

(ii) *Notitia criminis* de cognição indireta ou mediata: também chamada de *notitia criminis* provocada ou qualificada, ocorre quando a autoridade policial toma conhecimento por meio de algum ato jurídico de comunicação formal do delito, como, por exemplo, a *delatio criminis* — delação (CPP, art. 5º, II, e §§ 1º, 3º e 5º), a requisição da autoridade judiciária, do Ministério Público (CPP, art. 5º, II) ou do Ministro da Justiça (CP, arts. 7º, § 3º, b, e 141, I, c/c o parágrafo único do art. 145), e a representação do ofendido (CPP, art. 5º, § 4º).

(iii) *Notitia criminis* de cognição coercitiva: ocorre no caso de prisão em flagrante, em que a notícia do crime se dá com a apresentação do autor (cf. CPP, art. 302 e incisos). É modo de instauração comum a qualquer espécie de infração, seja de ação pública condicionada ou incondicionada, seja de ação penal reservada à iniciativa privada. Por isso, houve por bem o legislador tratar dessa espécie de cognição em dispositivo legal autônomo (CPP, art. 8º). Tratando-se de crime de ação pública condicionada, ou de iniciativa privada, o auto de prisão em flagrante somente poderá ser lavrado se forem observados os requisitos dos §§ 4º e 5º do art. 5º do CPP.

10.13. Início do inquérito policial

10.13.1. Crime de ação penal pública incondicionada (CPP, art. 5º, I e II, §§ 1º, 2º e 3º)

(i) De ofício: a autoridade tem a obrigação de instaurar o inquérito policial, independente de provocação, sempre que tomar conhecimento imediato e direto do fato, por meio de delação verbal ou por escrito feito por qualquer do povo (*delatio criminis* simples), notícia anônima (*notitia criminis* inqualificada), por meio de sua atividade rotineira (cognição imediata), ou no caso de prisão em flagrante. O ato de instauração, que é a portaria, deverá conter o esclarecimento das circunstâncias conhecidas, *v.g.*, local, dia, hora, autor, vítima, testemunhas etc., e a capitulação legal da infração. Anote-se que a autoridade policial não poderá instaurar o inquérito se não houver justa causa (p. ex., o fato não configurar, nem em tese, ilícito penal; quando estiver extinta a punibilidade ou quando não houver sinais de existência do fato). Se o fizer, o ato será impugnável pela via do *habeas corpus* (CPP, art. 648 e incisos). Por óbvio, o desconhecimento da autoria ou a possibilidade de o sujeito ter agido sob a proteção de alguma excludente de ilicitude (CP, art. 23) não impede a instauração do inquérito.

(ii) Por requisição da autoridade judiciária ou do Ministério Público: diz o art. 40 do CPP: "Quando, em autos ou papéis de que conhecerem, os juízes ou tribunais verificarem a existência de crime de ação pública, remeterão ao Ministério Público as cópias e os documentos necessários ao oferecimento da denúncia". Todavia, se não estiverem presentes os elementos indispensáveis ao oferecimento da denúncia, a autoridade judiciária poderá requisitar a instauração de inquérito policial para a elucidação dos acontecimentos. O mesmo quanto ao Ministério Público, quando conhecer diretamente de autos ou papéis que evidenciem a prática de ilícito penal (CF, art. 129, VIII; CPP, art. 5º, II). Para alguns, como, por exemplo, Geraldo Batista de Siqueira, a requisição, na atual ordem constitucional, tornou-se privativa do Ministério Público, por força do art. 129, I, da Constituição Federal. A autoridade policial não pode se recusar a instaurar o inquérito, pois a requisição tem natureza de determinação, de ordem, muito embora inexista subordinação hierárquica.

— *Delatio criminis*: é a comunicação de um crime feita pela vítima ou qualquer do povo. A doutrina distingue entre a delação simples, consistente no mero aviso da ocorrência de um crime, sem qualquer solicitação (é uma simples comunicação), e a delação postulatória, em que se dá notícia do fato e se pede a instauração da persecução penal (o caso mais comum de delação postulatória é a representação do ofendido, na ação penal pública condicionada). O requerimento do ofendido ou de seu representante legal deverá conter, sempre que possível: a narração do fato com todas as circunstâncias; a individualização do suspeito ou a indicação de seus sinais característicos; a exposição dos motivos da suspeição; a indicação de testemunhas e outros meios de prova (CPP, art. 5º, II, e § 1º e alíneas). Caso a autoridade policial indefira a instauração de inquérito, caberá recurso ao Secretário de Estado dos Negócios da Segurança Pública ou ao Delegado-Geral de Polícia (CPP, art. 5º, § 2º). Se o indeferimento se der no âmbito da Polícia Federal, caberá recurso para a Superintendência desse órgão. Nos casos de ação penal pública condicionada, o requerimento assume a forma de autorização para o início da persecução penal, e recebe o nome de representação (cf. tópico 10.13.2). Na ação penal exclusivamente privada, o inquérito não pode ser iniciado sem a solicitação de quem tenha qualidade para intentá-la, de acordo com o que dispõe o art. 5º, § 5º, do CPP (cf. tópico 10.13.3). Além do ofendido, qualquer do povo, ao tomar conhecimento da prática de alguma infração penal em que caiba ação pública incondicionada, poderá comunicá-la, verbalmente ou por escrito, à autoridade policial, e esta, verificando a procedência das informações, mandará instaurar o inquérito (CPP, art. 5º, § 3º). A delação anônima (*notitia criminis* inqualificada) não deve ser repelida de plano, sendo incorreto considerá-la sempre inválida; contudo, requer cautela redobrada por parte da autoridade policial, a qual deverá, antes de tudo, investigar a verossimilhança das informações.

Em regra, trata-se de mera faculdade conferida ao cidadão de colaborar com a atividade repressiva do Estado. Todavia, há algumas pessoas que, em razão do seu cargo ou da sua função, estão obrigadas a noticiar às autoridades a ocorrência de crimes de que tenham notícia no desempenho de suas atividades: LCP, art. 66, I e II; Lei n. 6.538/78, art. 45; Lei n. 11.101/2005 (Lei de Falências e de Recuperação de Empresas), art. 186 c/c o inciso III do *caput* do art. 22.

10.13.2. Crime de ação penal pública condicionada (CPP, art. 5º, § 4º)

(i) Mediante representação do ofendido ou de seu representante legal: de acordo com o art. 5º, § 4º, do CPP, se o crime for de ação pública, mas condicionada à representação do ofendido ou do seu representante legal (CPP, art. 24), o inquérito não poderá ser instaurado senão com o oferecimento desta. É a manifestação do princípio da oportunidade, que informa a ação penal pública condicionada até o momento do oferecimento da denúncia (CPP, art. 25). A autoridade judiciária e o Ministério Público só poderão requisitar a instauração do inquérito se fizerem encaminhar, junto com o ofício requisitório, a representação.

Trata a representação de simples manifestação de vontade da vítima, ou de quem legalmente a representa no sentido de autorizar a persecução penal. Conforme determinado pelo Código Civil, temos as seguintes situações sobre a representação: quando menor de 18 anos, só o representante legal pode ofertar a representação; se maior de 18, só o ofendido poderá fazê-lo, uma vez que plenamente capaz; se, apesar de maior de 18, for deficiente mental, caberá ao representante legal autorizar o início da persecução penal. A representação poderá ser apresentada à autoridade policial, à autoridade judiciária ou ao representante do Ministério Público. Após o oferecimento da denúncia, a representação se torna irretratável.

Nas ações penais públicas condicionadas à representação da ofendida de que trata a Lei Maria da Penha, em conformidade com o art. 16, só será admitida a renúncia à representação perante o juiz, em audiência especialmente designada com tal finalidade, antes do recebimento da denúncia e ouvido o Ministério Público. Contudo, o STJ já decidiu que a "realização da audiência prevista no art. 16 da Lei n. 11.340/2006 somente se faz necessária se a vítima houver manifestado, de alguma forma, em momento anterior ao recebimento da denúncia, ânimo de desistir da representação" (STJ, AgRg no REsp 1.946.824/SP, Rel. Min. Joel Ilan Paciornik, 5ª Turma, j. 14-6-2022).

(ii) Mediante requisição do ministro da justiça: no caso de crime cometido por estrangeiro contra brasileiro, fora do Brasil; no caso de crimes contra a honra, pouco importando se cometidos publicamente ou não, contra chefe de governo estrangeiro; no caso de crime contra a honra em que o ofendido for o presidente da República; em algumas hipóteses previstas no CPM etc. A requisição deve ser encaminhada ao chefe do Ministério Público, o qual poderá, desde logo, oferecer a denúncia ou requisitar diligências à polícia.

10.13.3. Crime de ação penal privada (CPP, art. 5º, § 5º)

Conforme o disposto no art. 5º, § 5º, do CPP, tratando-se de crime de iniciativa privada, a instauração do inquérito policial pela autoridade pública depende de requerimento escrito ou verbal, reduzido a termo neste último caso, do ofendido ou de seu representante legal, isto é, da pessoa que detenha a titularidade da respectiva ação penal (CPP, arts. 30 e 31). Nem sequer o Ministério Público ou a autoridade judiciária poderão requisitar a instauração da investigação.

Encerrado o inquérito policial, os autos serão remetidos ao juízo competente, onde aguardarão a iniciativa do ofendido ou de seu representante legal (CPP, art. 19). O inquérito policial deve ser instaurado em um prazo que permita a sua conclusão e o oferecimento da queixa antes do prazo decadencial do art. 38 do CPP. Se a autoridade policial indeferir o requerimento, nada impede que o ofendido, por analogia ao § 2º do art. 5º do CPP, recorra ao Secretário da Segurança Pública.

10.14. Peças inaugurais do inquérito policial

(i) **Portaria:** quando instaurado *ex officio* (ação penal pública incondicionada);

(ii) **Auto de prisão em flagrante** (qualquer espécie de infração penal), exceto infrações de menor potencial ofensivo (art. 61 da Lei n. 9.099/95);

(iii) **Requerimento do ofendido ou de seu representante** (ação penal privada e ação penal pública incondicionada. Quando se tratar de ação penal pública condicionada à representação, o inquérito não começará por requerimento do ofendido, pois tal requerimento será recebido como representação);

(iv) **Requisição do Ministério Público ou da autoridade judiciária** (ação penal pública condicionada — quando acompanhada da representação — e incondicionada);

(v) **Representação do ofendido ou de seu representante legal, ou requisição do ministro da justiça** (ação penal pública condicionada).

Jurisprudência

- INÍCIO DAS INVESTIGAÇÕES. "Consoante entendimento deste Superior Tribunal e do Supremo Tribunal Federal, a denúncia anônima pode ser usada para dar início a diligências com o intuito de averiguar os fatos nela noticiados para, posteriormente, dar lastro à persecução penal. Vale dizer, a autoridade policial, ao receber uma denúncia anônima, deve antes realizar diligências preliminares para averiguar se os fatos narrados nessa denúncia são materialmente verdadeiros, para, só então, iniciar as investigações, conforme ocorreu no caso" (STJ, RHC 110.780/RJ, Rel. Min. Ribeiro Dantas, 5ª Turma, j. 17-12-2019, *DJe* 19-12-2019).
- DENÚNCIA ANÔNIMA: "A denúncia anônima acerca da ocorrência de tráfico de drogas acompanhada das diligências para a constatação da veracidade das informações prévias podem caracterizar as fundadas razões para o ingresso dos policiais na residência do investigado" (STJ, AgRg nos EDcl no RHC 143.066/RJ, Rel. Min. Joel Ilan Paciornik, 5ª Turma, j. 19-4-2022).

10.15. Providências

Embora o inquérito policial seja um procedimento de difícil ritualização, porquanto não tenha uma ordem prefixada para a prática dos atos, o art. 6º do CPP indica algumas providências que, de regra, deverão ser tomadas pela autoridade policial para a elucidação do crime e da sua autoria.

De início, se possível e conveniente, a autoridade policial deveria dirigir-se ao local, providenciando para que se não alterassem o estado e conservação das coisas, enquanto necessário. Com a redação do art. 6º, I, do CPP, a autoridade policial *deverá dirigir-se sempre ao local do crime* — e não somente "quando possível" — e *preservará o estado e conservação das coisas "até a chegada dos peritos"* — e não apenas "enquanto necessário". A regra tem correspondência no art. 169 do CPP, que prescreve: "Para o efeito de exame do local onde houver sido praticada a infração, a autoridade providenciará imediatamente para que não se altere o estado das coisas até a chegada dos peritos, que poderão instruir seus laudos com fotografias, desenhos ou esquemas elucidativos. Parágrafo único: Os peritos registrarão, no laudo, as alterações do estado das coisas e discutirão, no relatório, as consequências dessas alterações na dinâmica dos fatos".

Nos termos do art. 6º, X, do CPP, a autoridade policial também deverá colher informações sobre a existência de filhos, respectivas idades e se possuem alguma deficiência e o nome e o contato de eventual responsável pelos cuidados dos filhos, indicado pela pessoa presa, tendo como objetivo a tutela específica de dependentes que serão efetivamente atingidos pela prisão de seu representante legal.

Em casos de acidentes de trânsito, temos a exceção à regra: a autoridade ou o agente policial que primeiro tomar conhecimento do fato poderá autorizar, independentemente de exame do local, a imediata remoção das pessoas que tenham sofrido lesão, bem como dos veículos envolvidos, se estiverem na via pública prejudicando o tráfego (Lei n. 5.970/73, art. 1º).

Deve também a autoridade policial apreender os instrumentos e todos os objetos que tiverem relação com o fato, "após liberados pelos peritos criminais", conforme art. 6º, II, do CPP, fazendo-os acompanhar os autos do inquérito (CPP, art. 11), e colher todas as provas que servirem para o esclarecimento do fato e suas circunstâncias. Os instrumentos empregados na prática da infração serão periciados, a fim de se lhes verificar a natureza e a eficiência (CPP, art. 175). Perder-se-ão em favor da União, respeitado o direito do lesado ou do terceiro de boa-fé, os instrumentos do crime, desde que consistam em coisas cujo fabrico, alienação, uso, porte ou detenção constitua fato ilícito (CP, art. 91, II, *a*). Após, serão inutilizados ou recolhidos a museu criminal, se houver interesse na sua conservação (CPP, art. 124). Todo esse procedimento deve seguir rigorosamente a cadeia de custódia da prova, conforme é determinado pelos arts. 158-A e 158-B do CPP.

A **busca e a apreensão**, de que fala o art. 6º, II, do CPP, *poderão ser efetuadas*:

(i) no local do crime;

(ii) em domicílio;

(iii) na própria pessoa.

A **busca domiciliar**, por força do art. 5º, XI, da Constituição Federal, só poderá ser feita se observados os seguintes pressupostos:

(i) No período noturno: (i) com assentimento do morador; (ii) em flagrante delito; (iii) no caso de desastre; (iv) para prestar socorro;

(ii) Durante o dia: (i) nos casos acima; (ii) por ordem judicial. Assim, não se verificando qualquer das hipóteses em que a Constituição permite a busca domiciliar durante a noite, esta será sempre precedida de mandado judicial, salvo se a autoridade judiciária (e somente esta) acompanhar a diligência. O CP, no art. 150, define como crime a invasão de domicílio fora dos permissivos legais.

A **busca pessoal** independerá de mandado, no caso de prisão ou havendo fundada suspeita de que a pessoa esteja na posse de arma proibida ou de instrumentos que guardem relação com o crime, ou quando efetuada por ocasião da busca domiciliar (CPP, art. 244). As buscas podem ser realizadas até em domingos e feriados (CPP, art. 797), atentando-se, no caso de ser feita em domicílio, para as restrições acima mencionadas. A busca e a apreensão estão disciplinadas nos arts. 240 a 250 do CPP.

O STJ decidiu que "a habitação em prédio abandonado de escola municipal pode caracterizar o conceito de domicílio em que incide a proteção disposta no art. 5º, inciso XI da Constituição Federal" (AgRg no HC 712.529/SE, Rel. Min. Ribeiro Dantas, 5ª Turma, por unanimidade, publicado em 4-11-2022).

> → **ATENÇÃO:** de acordo com o STJ, o arremesso pelo suspeito de sacola com drogas no telhado de uma casa vizinha, ao fugir da abordagem policial, autoriza o ingresso na residência, pois esse cenário aponta a existência de flagrante delito no local (STJ, AREsp 2.305.724, Rel. Min. Reynaldo Soares da Fonseca, 5ª Turma, *DJe* 26-9-2023).

No tocante à **busca realizada em escritório de advocacia**, de acordo com o inciso II do art. 7º do Estatuto da OAB: "São direitos do advogado: a inviolabilidade de seu escritório ou local de trabalho, bem como de seus instrumentos de trabalho, de sua correspondência escrita, eletrônica, telefônica e telemática, desde que relativas ao exercício da advocacia". E, segundo o art. 7º, § 6º: "Presentes indícios de autoria e materialidade da prática de crime por parte de advogado, a autoridade judiciária competente poderá decretar a quebra da inviolabilidade de que trata o inciso II do *caput* deste artigo, em decisão motivada, expedindo mandado de busca e apreensão, específico e pormenorizado, a ser cumprido na presença de representante da OAB, sendo, em qualquer hipótese, vedada a utilização dos documentos, das mídias e dos objetos pertencentes a clientes do advogado averiguado, bem como dos demais instrumentos de trabalho que contenham informações sobre clientes". Finalmente, consoante o art. 7º, § 7º, do referido diploma legal: "A ressalva constante do § 6º deste artigo não se estende a clientes do advogado averiguado que estejam sendo formalmente investigados como seus partícipes ou coautores pela prática do mesmo crime que deu causa à quebra da inviolabilidade".

O ofendido e as testemunhas podem ser conduzidos coercitivamente sempre que deixarem, sem justificativa, de atender a intimações da autoridade policial (CPP, arts. 201, § 1º, e 218). Quanto ao ofendido, o ordenamento autoriza, sua busca e apreensão (CPP, art. 240, § 1º, *g*). De acordo com o art. 219 do CPP, aplicável por analogia à primeira fase da persecução, a testemunha faltosa poderá responder, ainda, por crime de desobediência.

Na hipótese de o ofendido, ou de a testemunha, vir a ser um membro do Ministério Público ou da Magistratura, a autoridade deverá, quando da oitiva, observar o disposto nos arts. 40, I, da Lei n. 8.625/93, e 33, I, da Lei Complementar n. 35/79, segundo os quais os membros dessas instituições gozam da prerrogativa de ser ouvidos, em qualquer processo ou inquérito, em dia, hora e local previamente ajustados com a autoridade competente.

Poderão ser realizadas acareações (CPP, arts. 229 e 230) e reconhecimento de pessoas e coisas (CPP, arts. 226 a 228). No que toca ao reconhecimento, deve-se atentar para as formalidades previstas no art. 226 do CPP: antes do reconhecimento, a pessoa que tiver de fazê-lo deverá fornecer a descrição física daquela que deva ser reconhecida; a pessoa a ser reconhecida deve ser colocada ao lado de outras com características semelhantes[32]; do reconhecimento lavrar-se-á auto pormenorizado, subscrito pela autoridade policial, pela pessoa que reconheceu e por duas testemunhas instrumentárias. Caso haja receio de intimidação, a autoridade policial providenciará para que o reconhecido não veja quem o está reconhecendo, mas, em juízo, o reconhecimento terá de ser feito frente a frente com o acusado (art. 226, parágrafo único). O reconhecimento fotográfico tem valor probatório, embora relativo[33]. A acareação é o confrontamento de depoimentos divergentes prestados, e pode ser feita entre acusados, entre acusado e testemunha, entre testemunhas, entre acusado ou testemunha e o ofendido, e entre ofendidos. Admite-se a acareação por meio de carta precatória (CPP, art. 230).

Deverá ser determinada a realização do exame de corpo de delito, sempre que a infração tiver deixado vestígios, ou de quaisquer outras perícias que se mostrarem necessárias à elucidação do ocorrido (cf. arts. 158 a 184 do CPP). Sobre isso falaremos mais adiante, quando tratarmos de prova pericial.

A reprodução simulada dos fatos (reconstituição do crime) poderá ser feita, contanto que não atente contra a moralidade ou a ordem pública (CPP, art. 7º). O indiciado poderá ser forçado a comparecer (CPP, art. 260), mas não a participar da reconstituição, prerrogativa que lhe é garantida pelo direito ao silêncio e seu corolário, o princípio de que ninguém está obrigado a fornecer prova contra si (CF, art. 5º, LXIII). Qualquer ato destinado a compeli-lo a integrar a reprodução simulada do crime configura atentado ao privilégio da não incriminação e possibilita a invalidação total dessa prova, por meio de *habeas corpus*.

No caso de violência doméstica ou familiar contra a mulher, o delegado de polícia deverá adotar algumas providências específicas. A Lei n. 11.340/2006, dispõe que, ao instaurar o inquérito, a autoridade policial deverá tomar, dentre outras, as seguintes providências: garantir a proteção policial e comunicar o fato ao Ministério Público e ao juiz competente; encaminhar a vítima para hospital ou posto de saúde, quando necessário; fornecer transporte e garantir sua retirada do lar e colher todas as provas necessárias ao esclarecimento dos fatos. Deverá também, ouvido o Ministério Público, requerer ao juiz a imposição de medidas restritivas, tais como afastamento do agressor do lar e de contato com a ofendida, suspensão da guarda e, quando for o caso, a prisão preventiva do suspeito (cf. arts. 22 e 23). A autoridade policial deverá também anexar ao pedido de concessão de medidas protetivas de urgência o boletim de ocorrência e cópia de todos os documentos disponíveis em posse da ofendida (cf. art. 12, § 2º). Serão admitidos como meios de prova os laudos ou prontuários médicos fornecidos por hospitais e postos de

---

[32]. A 6ª Turma do STJ entendeu, no julgamento do HC 598.886, em 27-10-2020, que não pode haver condenação baseada exclusivamente em reconhecimento por foto, em razão da não observância das formalidades legais para o reconhecimento.

[33]. José Frederico Marques, *Elementos de direito processual penal*, cit., v. 2, p. 334.

saúde (cf. art. 12, § 3º). De acordo com a Súmula 542, a ação penal relativa ao crime de lesão corporal resultante de violência doméstica contra a mulher é pública incondicionada, sendo desnecessária autorização da vítima para a instauração do inquérito policial e oferecimento da ação penal. A mulher em situação de violência doméstica e familiar tem direito a atendimento policial e pericial especializado, ininterrupto e prestado preferencialmente por servidores do sexo feminino, previamente capacitados para tanto (cf. arts. 10-A, 12-A e 12-B da Lei n. 11.340/2006).

Na hipótese de envolvimento de organizações criminosas, é também possível a infiltração de agentes virtuais pela internet, conforme art. 10-A da Lei n. 12.850/2013.

10.16. Indiciamento

É a imputação a alguém, no inquérito policial, da prática do ilícito penal, sempre que houver razoáveis indícios de autoria. De acordo com Sérgio M. de Moraes Pitombo[34], o indiciamento "contém uma *proposição*, no sentido de guardar função declarativa de autoria provável. Suscetível, é certo, de avaliar-se, depois, como verdadeiramente, ou logicamente falsa. Consiste, pois, em rascunho de eventual acusação; do mesmo modo que as denúncias e queixas, também se manifestam quais esboços da sentença penal". Em linguagem coloquial, o indiciamento ocorre quando o inquérito aponta o dedo para o suspeito e o declara provável autor da infração penal, de maneira que, a partir deste momento, todas as provas serão produzidas na sua direção, com vistas ao oferecimento da ação penal por parte do Ministério Público.

É, portanto, a alteração da condição de mero suspeito para a de provável autor do fato delituoso. Com o indiciamento, todas as investigações passam a se concentrar sobre a pessoa do indiciado.

Deverão ser observados, no interrogatório policial, os mesmos preceitos norteadores do interrogatório a ser realizado em juízo (CPP, arts. 185 a 196), anotando-se que o indiciado não estará obrigado a responder às perguntas que lhe forem feitas[35], pois tem o direito constitucional de permanecer calado (CF, art. 5º, LXIII), sem que dessa opção se possa extrair qualquer presunção que o desfavoreça.

A autoridade policial não está obrigada a providenciar para o indiciado advogado legalmente habilitado com o fim de acompanhar o seu interrogatório, pois o que a Constituição Federal quis, em seu art. 5º, LXIII, foi simplesmente abrir a possibilidade para que ele, querendo, entre em contato com seu advogado. Do mesmo modo, o delegado de polícia não é obrigado a intimar o defensor técnico para assistir ao ato, inexistindo qualquer vício no interrogatório realizado sem a sua presença. Na hipótese de prisão em flagrante, é garantida a assistência de defensor habilitado, pois a autoridade policial está obrigada, no prazo de 24 horas após a prisão, a encaminhar cópia integral do auto de prisão em flagrante

---

34. *Inquérito policial*: novas tendências, Cejup, 1987, p. 38.
35. Sobre interrogatório em que não foi informado ao indiciado sobre seu direito de permanecer calado, violando, portanto, o princípio da não autoincriminação, *vide* Rcl 33.711/SP). Rel. Min. Gilmar Mendes, j. 11-6-2019). No caso citado, foi declarada a nulidade do interrogatório e das provas que dela se derivaram.

para a Defensoria Pública, se o autuado não tiver advogado (art. 306, § 1º, 2ª parte). Em homenagem ao princípio do contraditório e da ampla defesa, a Lei procurou proteger aqueles que, por ausência de recursos financeiros, não têm condições de arcar com os honorários de um advogado que lhes possibilite imediata assistência jurídica.

O termo de interrogatório deverá ser assinado pela autoridade policial, pelo escrivão, pelo interrogado e por duas testemunhas que tenham presenciado a leitura (CPP, art. 6º, V) (note-se que elas não precisarão estar presentes ao interrogatório, mas só à leitura). Se o interrogado não quiser, não puder ou não souber assinar, tal circunstância deverá ser consignada no termo (CPP, art. 195).

Se o suspeito da prática da infração penal for um membro do Ministério Público, a autoridade policial não poderá indiciá-lo. Deverá, sob pena de responsabilidade, encaminhar imediatamente os autos do inquérito ao Procurador-Geral de Justiça, a quem caberá prosseguir nas investigações (Lei n. 8.625/93, art. 41, II e parágrafo único). Se o suspeito for membro integrante do Ministério Público da União, os autos do inquérito deverão ser enviados ao Procurador-Geral da República (art. 18, parágrafo único, da LC n. 75/93).

A autoridade policial deve proceder à identificação do indiciado pelo processo datiloscópico, salvo se ele já tiver sido civilmente identificado (CF, art. 5º, LVIII). A Constituição Federal, em seu art. 5º, LVIII, assim dispôs: "O civilmente identificado não será submetido à identificação criminal, *salvo nas hipóteses previstas em lei*". Excepcionalmente, e apenas nas hipóteses previstas em lei, proceder-se-á à identificação criminal do civilmente identificado. Tais hipóteses estão previstas no art. 3º da Lei n. 12.037/2009, devendo se proceder à identificação criminal do civilmente identificado quando: (i) o documento apresentar rasura ou tiver indício de falsificação; (ii) o documento apresentado for insuficiente para identificar cabalmente o indiciado; (iii) o indiciado portar documentos de identidade distintos, com informações conflitantes entre si; (iv) a identificação criminal for essencial às investigações policiais, segundo despacho da autoridade judiciária competente, que decidirá de ofício ou mediante representação da autoridade policial, do Ministério Público ou da defesa; (v) constar de registros policiais o uso de outros nomes ou diferentes qualificações; (vi) o estado de conservação ou a distância temporal ou da localidade da expedição do documento apresentado impossibilite a completa identificação dos caracteres essenciais.

Prevê ainda a lei, que a identificação criminal poderá incluir a coleta de material biológico para a obtenção do perfil genético (cf. art. 5º, parágrafo único). Nessa hipótese, os dados relacionados à coleta do perfil genético deverão ser armazenados em banco de dados de perfis genéticos, gerenciado por unidade oficial de perícia criminal. Tais informações terão caráter sigiloso, respondendo civil, penal e administrativamente aquele que permitir ou promover sua utilização para fins diversos dos previstos nessa Lei ou em decisão judicial.

Recusando-se à identificação, nas hipóteses legais, o indiciado será conduzido coercitivamente à presença da autoridade (CPP, art. 260), podendo, ainda, responder por crime de desobediência.

Finalmente, dentre as providências a serem tomadas pela autoridade policial quando do indiciamento, deverá, ainda, ser juntada aos autos a sua folha de antecedentes, averiguada a sua vida pregressa e, se a autoridade julgar conveniente, procedida a identificação mediante tomada fotográfica, pois, como já assinalado, a identificação criminal compreende a datiloscópica (impressões digitais) e a fotográfica (art. 5º da Lei n. 12.037/2009). As providências do inciso IX do art. 6º do CPP assumem especial relevância no momento da prolação da sentença, pois fornecem ao magistrado os elementos necessários à individualização da pena (CF, art. 5º, XLVI; CP, art. 59).

Jurisprudência

- INQUÉRITO CIIVL E DISPENSA DE AUTORIZAÇÃO. "A jurisprudência desta Suprema Corte é no sentido da possibilidade de o Ministério Público oferecer denúncia com base em elementos de informação colhidos em inquéritos civis públicos, que são, como é notório, conduzidos pela própria instituição. (...) O ato de instauração de inquérito ou procedimento investigatório contra Prefeitos Municipais independe de autorização do Tribunal competente para processar e julgar o detentor da prerrogativa de foro. 8. Agravo regimental conhecido e não provido" (STF, HC 177.992 AgR, Rel. Min. Rosa Weber, 1ª Turma, *DJe* 27-8-2021).

- INSTAURAÇÃO DO INQUÉRITO. "Tratando-se de crime de ação penal pública, possuem legitimidade para requerer a instauração de inquérito somente o Ministério Público, a autoridade policial ou o ofendido. 2. Como qualquer cidadão, o agravante pode apresentar notícia referente a crime de ação penal pública diretamente ao Ministério Público ou à autoridade policial, mas não tem o direito de exigir seu processamento pelo Supremo Tribunal Federal (STF), que, nos termos do art. 230-B de seu Regimento Interno, *não processará comunicação de crime*" (STF, Pet 9.255 AgR, Rel. Min. Roberto Barroso, 1ª Turma, *DJe* 5-3-2021).

- AUTORIZAÇÃO DE DESEMBARGADOR PARA INSTAURAÇÃO DE INQUÉRITO: "É constitucional a norma de Regimento Interno de Tribunal de Justiça que condiciona a instauração de inquérito à autorização do desembargador-relator nos feitos de competência originária daquele órgão. *Em interpretação sistemática da Constituição, a mesma razão jurídica apontada para justificar a necessidade de supervisão judicial dos atos investigatórios de autoridades com prerrogativa de foro no STF aplica-se às autoridades com prerrogativa de foro em outros Tribunais*" (STF, Plenário, ADI 7.083/AP, Rel. Min. Cármen Lúcia, Red. do acórdão Min. Dias Toffoli, j. 13-5-2022).

- TEORIA DO JUÍZO APARENTE: "É pacífica a aplicabilidade da teoria do juízo aparente para ratificar medidas cautelares no curso do inquérito policial quando autorizadas por juízo aparentemente competente. As provas colhidas ou autorizadas por juízo aparentemente competente à época da autorização ou produção podem ser ratificadas *a posteriori*, mesmo que venha aquele a ser considerado incompetente, ante a aplicação no processo investigativo da teoria do juízo aparente" (STJ, AgRg no RHC 156.413/GO, Rel. Min. Ribeiro Dantas, 5ª Turma, j. 5-4-2022).

10.17. Encerramento

Concluídas as investigações, a autoridade policial deve fazer minucioso relatório do que tiver sido apurado no inquérito policial (CPP, art. 10, § 1º), sem, contudo, expender opiniões, julgamentos ou qualquer juízo de valor, devendo, ainda, indicar as testemunhas que não foram ouvidas (art. 10, § 2º), bem como as diligências não realizadas. Deverá, ainda, a autoridade justificar, em despacho fundamentado, as razões que a levaram à classificação legal do fato, mencionando, concretamente, as circunstâncias, sem prejuízo de posterior alteração pelo Ministério Público, o qual não estará, evidentemente, adstrito a essa classificação. Encerrado o inquérito e feito o relatório, os autos serão remetidos ao juiz competente, acompanhados dos instrumentos do crime dos objetos que interessarem à prova (CPP, art. 11), oficiando a autoridade, ao Instituto de Identificação e Estatística, mencionando o juízo a que tiverem sido distribuídos e os dados relativos à infração e ao indiciado (CPP, art. 23). Do juízo, os autos devem ser remetidos ao órgão do Ministério Público, para que este adote as medidas cabíveis.

Convém mencionar que, de acordo com o art. 52 da Lei de Drogas, findo o prazo para a conclusão do inquérito policial, a autoridade de polícia judiciária, remetendo os autos do inquérito ao juízo: "I – relatará sumariamente as circunstâncias do fato, justificando as razões que a levaram à classificação do delito, indicando a quantidade e natureza da substância ou do produto apreendido, o local e as condições em que se desenvolveu a ação criminosa, as circunstâncias da prisão, a conduta, a qualificação e os antecedentes do agente; ou II – requererá sua devolução para a realização de diligências necessárias. Parágrafo único. A remessa dos autos far-se-á sem prejuízo de diligências complementares: I – necessárias ou úteis à plena elucidação do fato, cujo resultado deverá ser encaminhado ao juízo competente até 3 (três) dias antes da audiência de instrução e julgamento; II – necessárias ou úteis à indicação dos bens, direitos e valores de que seja titular o agente, ou que figurem em seu nome, cujo resultado deverá ser encaminhado ao juízo competente até 3 (três) dias antes da audiência de instrução e julgamento". Contudo, de acordo com o art. 48, § 1º, da referida lei, "o agente de qualquer das condutas previstas no art. 28 desta Lei, salvo se houver concurso com os crimes nos arts. 33 a 37 desta Lei, será processado e julgado na forma dos arts. 60 e seguintes da Lei n. 9.099/95, que dispõe sobre os Juizados Especiais Criminais". Nesse caso, não há que falar na instauração de inquérito policial, devendo ser lavrado termo circunstanciado pela autoridade policial.

10.18. Prazo

Quando o indiciado estiver em liberdade, a autoridade policial deverá concluir as investigações no prazo de trinta dias, contados a partir do recebimento da *notitia criminis* (CPP, art. 10, *caput*). Nessa hipótese, isto é, quando o sujeito estiver solto, o § 3º do referido artigo permite a prorrogação do prazo pelo juiz sempre que o inquérito não estiver concluído dentro do prazo legal, desde que o caso seja de difícil elucidação. Não obstante a omissão do Código de Processo Penal, o juiz, antes de fazê-lo, deverá ouvir o titular da ação penal, o qual poderá, se concluir pela presença de suficientes elementos de convicção, exercer desde logo o direito de ação, ou, então, propor novas providências. Findo o inquérito, pode também o Ministério Público devolver os autos para novas diligências, que entender imprescindíveis (CPP, art. 16); a regra deve ser aplicada por analogia, ao ofendido, sempre que se tratar de ação de sua iniciativa.

Caso o juiz entenda que as diligências complementares são desnecessárias, não pode indeferir a volta dos autos à polícia, pois estaria incorrendo em *error in procedendo*, e ficaria sujeito ao recurso de correição parcial. O procedimento correto, neste caso, é o previsto no art. 28 do CPP, aplicável por analogia à espécie: o juiz deve remeter os autos ao procurador-geral de justiça, para que este insista na diligência, nomeie, desde logo, um outro promotor para oferecer a denúncia ou oferecer acordo de não persecução penal. Obviamente, esta regra não poderá estender-se ao titular da ação privada. Aliás, não há qualquer motivo para que o juiz indefira o pedido de retorno dos autos à Delegacia de origem para novas diligências, quando a solicitação for feita pelo ofendido. Tratando-se de ação penal pública, o juiz exerce, nesse caso (art. 16), uma função anormal: a de fiscal do princípio da obrigatoriedade da ação penal, o qual, como já vimos, não informa a ação de iniciativa privada.

Se o indiciado estiver preso, o prazo para a conclusão do inquérito é de dez dias, contados a partir do dia seguinte à data da efetivação da prisão, dada a sua natureza processual (cf. abaixo o momento em que se considera efetivada a prisão). Tal prazo, em regra, é improrrogável, todavia não configura constrangimento ilegal a demora razoável na conclusão do procedimento investigatório, tendo em vista a necessidade de diligências imprescindíveis ou em razão do grande número de indiciados. No caso de ser decretada a prisão temporária (Leis n. 7.960/90 e 8.072/90, art. 2º, § 4º), o tempo de prisão será acrescido ao prazo de encerramento do inquérito, de modo que, além do período de prisão temporária, a autoridade policial ainda terá mais dez dias, a partir da decretação da prisão preventiva para concluir as investigações. Encerrado o prazo da prisão temporária, sem decretação da preventiva, segue o prazo normal para a conclusão do inquérito com indiciado solto (trinta dias). Terminado o inquérito policial, eventual devolução para diligências complementares (CPP, art. 16) não provocará o relaxamento da prisão, se a denúncia for oferecida dentro do prazo de cinco dias, contados da data em que o órgão do Ministério Público receber os autos do inquérito policial (CPP, art. 46, *caput*). Ultrapassado o prazo sem justificativa plausível, o constrangimento à liberdade do indiciado passa a ser ilegal, e poderá ser coibido pela via do *habeas corpus*, com base no art. 648, II, do CPP.

O prazo de dez dias para conclusão do inquérito policial no caso de indiciado preso é contado a partir da conversão do flagrante em prisão preventiva, nos termos do art. 310, II, do CPP. Isso porque toda prisão em flagrante deverá ser comunicada ao juiz no prazo máximo de vinte e quatro horas para a realização da audiência de custódia, presentes o juiz, o acusado, seu advogado ou membro da Defensoria Pública e o representante do Ministério Público, com a finalidade de: (i) relaxamento do flagrante, quando ilegal; (ii) concessão da liberdade provisória com ou sem fiança; (iii) conversão do flagrante em preventiva, quando presentes os seus requisitos (CPP, arts. 282, 312 e 313).

Além disso, não há prisão provisória decorrente exclusivamente do fato de alguém ter sido preso em flagrante. Sem urgência e necessidade, não existe segregação cautelar. Ou é caso de prisão temporária, ou o flagrante é convertido em prisão preventiva, por estar presente um dos seus requisitos, ou não existe prisão antes de a condenação transitar em julgado. A prisão em flagrante passou, assim, a ser uma mera detenção cautelar provisória por prazo sumário (vinte e quatro horas para o envio do auto de prisão em flagrante acrescido do prazo não especificado em lei para o juiz decidir), até que o juiz decida se o indiciado deve ou não responder preso à persecução penal. Desprovida do *periculum libertatis* (cf. CPP, art. 312), a prisão em flagrante não será nada após o prazo de vinte e quatro horas, não podendo, portanto, ser considerada prisão provisória. Por outro lado, é perfeitamente possível haver indícios para a decretação da prisão preventiva, mas não para o oferecimento da denúncia, já que existe uma progressividade na valoração do arcabouço probatório, de acordo com as diferentes fases da persecução penal (prisão em flagrante, conversão em preventiva, denúncia, pronúncia), de modo que, à medida que o processo avança em direção à sentença, maiores são as exigências de indícios veementes, até se chegar ao momento máximo da sentença, em que, finalmente, se exige prova plena sob o influxo do *in dubio pro reo*.

O Ministério Público pode requisitar diretamente à autoridade policial as diligências faltantes, tal como lhe facultam os arts. 13, II, e 47 do CPP, o art. 26, IV, da Lei n. 8.625/93 (Lei Orgânica Nacional do Ministério Público – LONMP) e o art. 129, VIII, da Constituição da República.

Na hipótese de o juiz verificar a presença inequívoca de causa de exclusão da ilicitude (legítima defesa, estado de necessidade etc.), poderá conceder liberdade provisória ao autuado em flagrante (CPP, art. 310, § 1º).

Sendo o agente reincidente ou membro de organização criminosa, ou ainda estando na posse de arma de fogo restrito, deverá ser negada a liberdade provisória, com ou sem medidas cautelares (CPP, art. 310, § 2º). Tal vedação não é absoluta, pois a lei não pode impedir o juiz de avaliar cada situação de acordo com as peculiaridades do caso concreto, além do que qualquer prisão antes do trânsito em julgado da sentença condenatória deve estar fundamentada na sua necessidade instrumental para garantia do processo, sendo inadmissível prisão cautelar obrigatória, isto é, sem a demonstração do *periculum libertatis*. A gravidade abstrata da infração penal não dispensa comprovação de sua autoria, nem pode autorizar a prisão automática e obrigatória do imputado.

"A autoridade que der causa, sem motivação idônea, à não realização da audiência de custódia no prazo estabelecido no *caput* deste artigo, responderá administrativa, civil e penalmente pela omissão (CPP, art. 310, § 3º).

Transcorridas 24 (vinte e quatro) horas após o decurso do prazo estabelecido no *caput* deste artigo, a não realização de audiência de custódia, sem motivação idônea, ensejará também a ilegalidade da prisão, a ser relaxada pela autoridade competente, sem prejuízo da possibilidade de imediata decretação de prisão preventiva (CPP, art. 310, § 4º).

Tratando-se de inquérito instaurado a requerimento do ofendido para a apuração de crime de ação privada (CPP, art. 5º, § 5º), uma vez concluídas as investigações, os autos serão remetidos ao juízo competente, onde aguardarão o impulso de quem de direito (CPP, art. 19). Não há disposição legal sobre a necessidade de intimação do ofendido. Assim, é conveniente que ele acompanhe o desenrolar das investigações, para não perder o prazo estabelecido no art. 38 do CPP.

10.19. Prazos especiais

A regra geral do art. 10 do CPP é excepcionada em algumas leis específicas, que, tendo em vista a natureza da infração, fixam prazos especiais para a conclusão do inquérito policial:

(i) **Lei n. 1.521/51:** o prazo, estando o indiciado preso ou não, é de dez dias (art. 10, § 1º). São os casos de crimes contra a economia popular.

(ii) **Lei n. 11.343/2006:** de acordo com o art. 51, *caput*, da Lei de Drogas: "o inquérito policial será concluído no prazo de 30 (trinta) dias, se o indiciado estiver preso, e de 90 (noventa) dias, quando solto". Conforme o parágrafo único, "os prazos a que se refere este artigo podem ser duplicados pelo juiz, ouvido o Ministério Público, mediante pedido justificado da autoridade de polícia judiciária". Ressalve-se que, tratando-se de conduta prevista no art. 28, não se imporá prisão.

(iii) **Lei n. 5.010/66:** o prazo, estando o indiciado preso, é de quinze dias, admitindo-se a prorrogação por mais quinze dias, a pedido, devidamente fundamentado, da autoridade policial e deferido pelo juiz (art. 66). Estando solto, o prazo será de trinta dias.

10.20. Contagem do prazo

A regra é a do art. 798, § 1º, do CPP, já que se trata de prazo processual. Assim, despreza-se, na contagem, o dia inicial (termo *a quo*), incluindo-se o dia final (termo *ad quem*). Não se aplica a regra segundo a qual a contagem do prazo cujo termo *a quo* cai na sexta inicia-se somente no primeiro dia útil, porquanto na polícia judiciária há expediente aos sábados, domingos e feriados, em tempo integral, graças aos plantões e rodízios[36]. O prazo para o encerramento do inquérito policial não pode ser contado de acordo com a regra do art. 10 do CP, pois não tem natureza penal, já que o seu decurso em nada afetará o direito de punir do Estado. Tal prazo só traz consequências para o processo, afinal a prisão provisória não se impõe como satisfação do *jus puniendi*, mas por conveniência processual. Integra o direito penal somente aquilo que cria, extingue, aumenta ou diminui a pretensão punitiva estatal. Em contrapartida, será considerado prazo processual aquele que acarretar alterações somente para o processo, sem repercussão quanto ao direito material. No caso da prisão provisória, a restrição à liberdade não se dá em virtude de um aumento da pretensão punitiva, mas de mera conveniência ou necessidade para o processo, daí aplicarem-se as regras do art. 798, § 1º, do CPP.

Jurisprudência

- EXCESSO DE PRAZO. "Embora o prazo de 30 (trinta) dias para o término do inquérito com indiciado solto (art.10 – CPP) seja impróprio, sem consequências processuais (imediatas) se inobservado, isso não equivale a que a investigação se prolongue por tempo indeterminado, por anos a fio, mesmo porque, de toda forma, consta da folha corrida do investigado, produzindo consequências morais negativas. A duração da

---

[36]. Julio Fabbrini Mirabete, *Código de Processo Penal interpretado*, cit., p. 50.

investigação, sem deixar de estar atenta ao interesse público, deve pautar-se pelo princípio da razoabilidade" (STJ, HC 624.619/CE, Rel. Min. Olindo Menezes, 6ª Turma, *DJe* 20-8-2021).

10.21. Arquivamento – Inovações da Lei n. 13.964/2019

De acordo com a nova redação do art. 28 do CPP, determinada pelo Pacote Anticrime, caberia ao Ministério Público determinar diretamente o arquivamento do inquérito policial ou peças de informação, e não mais requerê-lo ao juiz, na forma do sistema anterior vigente. Em seguida ao arquivamento, o órgão do Ministério Público o comunicará à vítima, ao investigado e à autoridade policial e encaminhará os autos para a instância de revisão ministerial para fins de homologação, na forma da lei. Não concordando com o arquivamento, a vítima ou seu representante legal poderá, em 30 (trinta) dias do recebimento da comunicação, comunicar a matéria à revisão da instância competente do órgão ministerial, conforme dispuser a respectiva lei orgânica. Nas ações penais relativas a crimes praticados em detrimento da União, Estados e Municípios, a revisão do arquivamento do inquérito policial poderá ser provocada pela chefia do órgão a quem couber a sua representação judicial.

Apesar da mudança operada pela nova lei, o STF decidiu que continua valendo o sistema anterior[37], ficando sem efeito a inovação legal. Desse modo, o Ministério Público, exatamente como já estava previsto anteriormente, continuará requerendo ao arquivamento ao juiz, o qual, não concordando, remeterá o pedido ao procurador-geral de justiça ou, no caso do MPF, à câmara de coordenação e revisão. Depois de requerido o arquivamento pelo órgão ministerial e determinado pelo juiz da instrução, poderá a vítima ou seu representante legal, no prazo de 30 dias da comunicação desse arquivamento, submeter a matéria à instância revisora do Ministério Público, conforme dispuser a respectiva lei orgânica.

A autoridade policial não pode arquivar o inquérito policial (CPP, art. 17), pois tal decisão envolve, necessariamente, a valoração pelo órgão do Ministério Público das provas colhidas na investigação policial.

Arquivado o inquérito por falta de provas, a autoridade policial poderá, enquanto não se extinguir a punibilidade pela prescrição (CP, arts. 109 e 107, IV), proceder a novas pesquisas, desde que surjam outras provas, isto é, novas provas, que alterem o "panorama probatório dentro do qual foi concebido e acolhido o pedido de arquivamento do inquérito"[38] (Súmula 524 do STF).

Nos casos de ação penal privada, informada pelo princípio da oportunidade, não há necessidade de o ofendido solicitar o arquivamento do inquérito; se, porventura, entender que não há elementos para dar início ao processo, basta deixar que o prazo decadencial

---
37. STF, ADI 6.298, Rel. Min. Luiz Fux, j. 24-8-2023.
38. Julio Fabbrini Mirabete, *Processo penal*, 1991, p. 58.

do art. 38 do CPP flua sem o oferecimento da queixa-crime. Caso o ofendido formule tal pedido, este será considerado renúncia tácita, e causará a extinção da punibilidade do agente (CP, art. 107, V).

10.22. Investigações criminais presididas diretamente pelo representante do Ministério Público

O atual Código de Processo Penal francês, em seu art. 12, estabelece que "a polícia judiciária é encarregada de constatar as infrações penais, juntar as provas e buscar seus autores, e que cabe ao Ministério Público o cuidado de dirigir essa tarefa, devendo a polícia agir sob suas instruções". Assim também na Itália (CPP, art. 327), Espanha (Lei Orgânica n. 2/86, art. 31.1), Portugal (Decretos-lei n. 35.042/45 e 39.351/53), Alemanha (CPP, art. 161) e México (CPP, art. 3º), apenas para citar alguns casos[39]. No Brasil, a Lei Federal n. 8.625/93 (dos Ministérios Públicos estaduais), em seu art. 26, prevê a possibilidade de o *Parquet* requisitar informações, exames periciais e documentos, promover inspeções e diligências investigatórias e notificar pessoas para prestar depoimentos, podendo determinar a sua condução coercitiva. A Lei Complementar Federal n. 75/93 (do MP da União), em seu art. 8º, assegura expressamente o poder de realizar diretamente diligências investigatórias. A despeito de amplos debates realizados pela doutrina e jurisprudência sobre o tema nas últimas décadas, num julgamento paradigmático o STF decidiu, que: "o Ministério Público dispõe de competência para promover, por autoridade própria, e por prazo razoável, investigações de natureza penal, desde que respeitados os direitos e garantias que assistem a qualquer indiciado ou a qualquer pessoa sob investigação do Estado, observadas, sempre, por seus agentes, as hipóteses de reserva constitucional de jurisdição e, também, as prerrogativas profissionais de que se acham investidos, em nosso País, os Advogados, sem prejuízo da possibilidade — sempre presente no Estado democrático de Direito — do permanente controle jurisdicional dos atos, necessariamente documentados (Súmula Vinculante 14), praticados pelos membros dessa instituição".

Nos termos do julgado indicado, partilhamos do posicionamento favorável à investigação pelo *Parquet*, pelos seguintes motivos adicionais. O art. 1º da CF consagrou o perfil político-constitucional do Estado brasileiro como o de um Estado Democrático de Direito, no qual há um compromisso normativo com a igualdade social, material, real e não apenas formal, como no positivismo que dominou todo o século XIX. Dentre os objetivos fundamentais da Carta Magna está o da eliminação das desigualdades sociais, erradicação da pobreza e da marginalização (CF, art. 3º, III). No art. 37, *caput*, o Texto Magno garante a todos o direito a uma administração pública proba, assegurando os princípios da eficiência, legalidade, impessoalidade, moralidade, publicidade, dentre outros, dado que o rol não é taxativo. Esse mesmo artigo, em seu § 4º, determina o rigoroso combate à improbidade administrativa, a qual, não raro, vem acompanhada de crimes contra o patrimônio público. Dentro desse cenário, o Ministério Público surge como "instituição permanente, essencial

---
[39]. Ian Grosner, *Ministério Público e investigação criminal*, pesquisa de pós-graduação, Brasília, julho de 1999, p. 14-21.

à função jurisdicional do Estado, incumbindo-lhe a defesa da ordem jurídica, do regime democrático e dos interesses sociais e individuais indisponíveis" (CF, art. 127).

O caráter permanente e a natureza de suas funções levam à conclusão de que se trata de um dos pilares do Estado Democrático de Direito, em cuja atuação independente repousam as esperanças de uma sociedade justa e igualitária. Desse modo, toda e qualquer interpretação relacionada ao exercício da atividade ministerial deve ter como premissa a necessidade de que tal instituição possa cumprir seu papel da maneira mais abrangente possível. A partir daí, pontualmente, podem ser lembrados alguns dispositivos constitucionais e legais. O art. 129, I, da CF confere-lhe a tarefa de promover privativamente a ação penal pública, à qual se destina a prova produzida no curso da investigação. Ora, quem pode o mais, que é oferecer a própria acusação formal em juízo, decerto que pode o menos, que é obter os dados indiciários que subsidiem tal propositura. Ademais, esse mesmo art. 129, em seu inciso VI, atribui-lhe o poder constitucional de expedir notificações nos procedimentos administrativos de sua competência, bem como o de requisitar (determinar) informações e documentos para instruí-los, na forma da lei. Tal procedimento administrativo, pela natureza das requisições e notificações, tem cunho indiscutivelmente investigatório e é presidido pelo Ministério Público. Decerto que não se está falando, aqui, de investigação civil, pois essa já é mencionada autonomamente no inciso III do mesmo art. 129, quando fala da instauração do inquérito civil público. Trata o inciso VI da investigação criminal. Continuando nesse mesmo art. 129, seu inciso VIII permite ao MP requisitar diligências investigatórias e, autonomamente, a instauração de inquérito policial. O inciso VII autoriza o controle externo da atividade policial e, finalmente, o IX deixa claro que as atribuições elencadas no art. 129 da Carta Magna são meramente exemplificativas, não esgotando o extenso rol de atribuições da instituição ministerial.

Ademais, analisando o CPP, mesmo considerando que sua elaboração data de um período autoritário, o qual, nem de longe, se assemelha aos tempos atuais, observamos nos arts. 12; 27; 39, § 5º; e 46, § 1º, que o inquérito policial não é indispensável à propositura da ação penal, podendo ser substituído por outros elementos de prova. Assim, se a ação penal pode estar lastreada em outras provas, por que não naquelas colhidas pelo próprio Ministério Público, com base em seu poder constitucional de requisição e notificação para a tomada de depoimentos? O art. 47 do CPP é ainda mais enfático, ao permitir a requisição direta de documentos complementares ao inquérito policial ou peças de informação, bem como quaisquer outros elementos de convicção. O Estatuto da Pessoa Idosa, Lei n. 10.741/2003[40], em seu art. 74, IV, b, confere ao MP o poder de requisitar informações, exames, perícias e documentos de autoridades municipais, estaduais e federais, da administração direta e indireta, bem como promover inspeções e diligências investigatórias. Encontra-se aí mais um explícito argumento nesse sentido. Além disso, a atividade investigatória jamais foi exclusiva da polícia, tanto que, em nosso ordenamento, temos também exercendo tal função: (i) a ABIN (Agência Brasileira de Inteligência); (ii) a CVM (Comissão de Valores Mobiliários); (iii) o Ministério da Justiça, por meio do COAF (Conselho

---

[40]. A Lei n. 14.423/2022 alterou a Lei n. 10.741, de 1º de outubro de 2003, para substituir, em toda a Lei, as expressões "idoso" e "idosos" pelas expressões "pessoa idosa" e "pessoas idosas", respectivamente.

de Controle de Atividades Financeiras); (iv) as Corregedorias da Câmara e do Senado Federal; (v) os Tribunais de Contas da União, dos Estados e dos Municípios, onde houver; (vi) a Receita Federal; (vii) o STF, o STJ, os Tribunais Federais e os Tribunais de Justiça dos Estados. Por que razão excluir justamente o Ministério Público desse rol? Finalmente, no que toca ao argumento de que o art. 144, § 1º, IV, da CF conferiu com exclusividade as funções de polícia judiciária da União à polícia federal, convém esclarecer que tal não significa excluir o Ministério Público das atividades de investigação, pois a expressão "com exclusividade" destina-se apenas a delimitar o âmbito de atribuições das polícias estaduais, as quais não poderão exercitar a atividade de polícia judiciária na esfera federal. Isso porque o Ministério Público não poderia mesmo atuar como polícia judiciária, de maneira que a exclusividade se refere para afastar da presidência de inquéritos policiais que investiguem crimes de competência da Justiça Federal as polícias civis estaduais. Tanto é verdade que esse mesmo art. 144, agora em seu § 4º, ao tratar dessas polícias, conferiu-lhes o exercício da atividade de polícia judiciária, ressalvada a competência da União... Em outras palavras, as expressões "com exclusividade" (CF, art. 144, § 1º, IV), relacionada à polícia federal, e "ressalvada a competência da União" (CF, art. 144, § 4º) destinam-se a destacar o campo de atuação de cada polícia, na presidência de seus respectivos inquéritos. Nada tem que ver com as atribuições investigatórias do Ministério Público em seus procedimentos, distintos dos inquéritos federais e estaduais. Assim, nada autoriza, em nosso entender, o posicionamento restritivo da atuação do MP em defesa "da ordem jurídica, do regime democrático e dos interesses sociais e individuais indisponíveis" (CF, art. 127).

Jurisprudência

- INVESTIGAÇÃO PELO MP. O STF, após reconhecer a repercussão geral da matéria, entendeu que "o Ministério Público dispõe de competência para promover investigações por autoridade própria (RE 593.727-RG/Tema 184)" (STF, ARE 1.320.462 AgR, Rel. Min. Roberto Barroso, 1ª Turma, *DJe* 5-7-2021).
- "O Ministério Público dispõe de atribuição concorrente para promover, por autoridade própria, e por prazo razoável, investigações de natureza penal, desde que respeitados os direitos e garantias que assistem a qualquer indiciado ou a qualquer pessoa sob investigação do Estado. Devem ser observadas sempre, por seus agentes, as hipóteses de reserva constitucional de jurisdição e, também, as prerrogativas profissionais da advocacia, sem prejuízo da possibilidade do permanente controle jurisdicional dos atos, necessariamente documentados (Súmula Vinculante 14), praticados pelos membros dessa Instituição (Tema 184 RG). A realização de investigações criminais pelo Ministério Público tem por exigência: (i) comunicação imediata ao juiz competente sobre a instauração e o encerramento de procedimento investigatório, com o devido registro e distribuição; (ii) observância dos mesmos prazos e regramentos previstos para conclusão de inquéritos policiais; (iii) necessidade de autorização judicial para eventuais prorrogações de prazo, sendo vedadas renovações desproporcionais ou imotivadas; (iv) distribuição por dependência ao Juízo que primeiro conhecer de PIC ou inquérito policial a fim de buscar evitar, tanto quanto possível, a duplicidade de investigações; (v) aplicação do

artigo 18 do Código de Processo Penal ao PIC (Procedimento Investigatório Criminal) instaurado pelo Ministério Público. Deve ser assegurado o cumprimento da determinação contida nos itens 18 e 189 da Sentença no Caso Honorato e Outros *versus* Brasil, de 27 de novembro de 2023, da Corte Interamericana de Direitos Humanos — CIDH, no sentido de reconhecer que o Estado deve garantir ao Ministério Público, para o fim de exercer a função de controle externo da polícia, recursos econômicos e humanos necessários para investigar as mortes de civis cometidas por policiais civis ou militares. A instauração de procedimento investigatório pelo Ministério Público deverá ser motivada sempre que houver suspeita de envolvimento de agentes dos órgãos de segurança pública na prática de infrações penais ou sempre que mortes ou ferimentos graves ocorram em virtude da utilização de armas de fogo por esses mesmos agentes. Havendo representação ao Ministério Público, a não instauração do procedimento investigatório deverá ser sempre motivada. Nas investigações de natureza penal, o Ministério Público pode requisitar a realização de perícias técnicas, cujos peritos deverão gozar de plena autonomia funcional, técnica e científica na realização dos laudos" (*Informativo 1.135* — ADI 2.943/DF, ADI 3.309/DF e ADI 3.318/MG, j. 2-5-2024).

10.23. Investigação do crime de tráfico de pessoas

O crime de tráfico de pessoas está tipificado no art. 149-A do CP, que tutela a liberdade do ser humano e criminaliza em uma mesma figura normativa qualquer conduta tendente a agenciar, aliciar, recrutar, transportar, transferir, comprar, alojar ou acolher pessoa, mediante grave ameaça, violência, coação, fraude ou abuso, com a finalidade de remover-lhe órgãos, tecidos ou partes do corpo; submetê-la a trabalho em condições análogas à de escravo; submetê-la a qualquer tipo de servidão; adoção ilegal; ou exploração sexual.

Além do tratamento penal, também o CPP dispõe sobre a investigação e repressão ao crime de tráfico de pessoas. Inclusive, são aplicadas de forma subsidiária as disposições processuais da Lei das Organizações Criminosas — Lei n. 12.850/2013 (art. 9º da Lei n. 13.344/2016). Além disso, o enfrentamento ao tráfico de pessoas atende aos princípios mencionados no art. 2º da Lei n. 13.344/2016. Há também diretrizes a serem seguidas, segundo o art. 3º da referida lei, para a proteção da dignidade humana das vítimas de tráfico de pessoas.

A tutela da liberdade das pessoas vítimas de tráfico, nos termos do art. 149-A do CP, deve ser trabalhada no âmbito da prevenção e da repressão.

Sob o ponto de vista preventivo, o cuidado do Estado deve se dar por meio: (i) da implementação de medidas intersetoriais e integradas nas áreas da saúde, educação, trabalho, segurança pública, justiça, turismo, assistência social, desenvolvimento rural, esportes, comunicação, cultura e direitos humanos; (ii) de campanhas socioeducativas e de conscientização, considerando as diferentes realidades e linguagens; (iii) do incentivo à mobilização e à participação da sociedade civil; e (iv) do incentivo a projetos de prevenção ao tráfico de pessoas.

Quanto à repressão, cabe ao Estado trabalhar com a cooperação entre órgãos do sistema de justiça e segurança, nacionais e estrangeiros. Será necessário, também, integrar políticas e ações de repressão aos crimes correlatos e de responsabilização dos seus autores, inclusive por meio da formação de equipes conjuntas de investigação. O legislador, especificamente, destacou a importância de preservar a intimidade e a identidade das vítimas do tráfico de pessoas, além do cuidado necessário em prevenir a revitimização no atendimento e nos procedimentos investigatórios e judiciais.

Sobre o tema, é importante destacar dois dispositivos do CPP. O primeiro deles é o art. 13-A, que trata da possibilidade de requisição, feita pela autoridade policial ou membro do Ministério Público, a quaisquer órgãos do poder público ou a empresas da iniciativa privada, de dados e informações cadastrais da vítima ou de suspeitos. Existe limitação material para essa requisição, já que o legislador deixou bem especificados os crimes que a admitirão: nos crimes previstos nos arts. 148, 149 e 149-A, no § 3º do art. 158, no art. 159 do CP e no art. 239 da Lei n. 8.069/90 (Estatuto da Criança e do Adolescente).

Tal requisição, que será atendida no prazo de 24 horas, conterá: (i) o nome da autoridade requisitante; (ii) o número do inquérito policial; e (iii) a identificação da unidade de polícia judiciária responsável pela investigação.

Em algumas situações, o mero acesso a dados e informações cadastrais da vítima ou de suspeitos pode não ser suficiente para atingir bons resultados na fase de investigação. Assim, incluiu-se no ordenamento jurídico processual o art. 13-B do CPP.

Este último dispositivo afirma que, se necessário à prevenção e à repressão dos crimes relacionados ao tráfico de pessoas, o membro do Ministério Público ou o delegado de polícia poderão requisitar, mediante autorização judicial, às empresas prestadoras de serviço de telecomunicações e/ou telemática que disponibilizem imediatamente os meios técnicos adequados — como sinais, informações e outros — que permitam a localização da vítima ou dos suspeitos do delito em curso.

Sinal, para efeitos legais, significa o posicionamento da estação de cobertura, setorização e intensidade de radiofrequência. Trata-se da utilização da tecnologia para localizar o suspeito em tempo real. Dependerá, como regra, de autorização judicial. Haverá, também, necessidade de autorização judicial específica para prazos superiores a 30 dias, renováveis uma única vez.

A lei traz perigosa autorização de requisição direta da autoridade competente, sem autorização judicial, quando esta ficar silente no prazo de 12 horas. Nesse caso, as empresas prestadoras de serviço de telecomunicações e/ou telemática estarão obrigadas a atender à requisição policial ou ministerial, mesmo sem ordem judicial, devendo o magistrado ser comunicado imediatamente da situação.

Quando houver autorização judicial para o acompanhamento do sinal de localização de suspeito, o inquérito policial deverá ser instaurado no prazo máximo de 72 horas, contado do registro da respectiva ocorrência policial.

Questões

1. Por que é correto afirmar que o inquérito policial é inquisitório?
2. Como se dá o procedimento do arquivamento do inquérito policial?
3. Quais são os prazos ordinários e especiais para a conclusão do inquérito policial?

11. AÇÃO PENAL

11.1. Conceito

É o direito de pedir ao Estado-Juiz a aplicação do direito penal objetivo a um caso concreto. É também o direito público subjetivo do Estado-Administração, único titular do poder-dever de punir, de pleitear ao Estado-Juiz a aplicação do direito penal objetivo, com a consequente satisfação da pretensão punitiva.

11.2. Características

A ação penal é:

(i) um direito autônomo, que não se confunde com o direito material que se pretende tutelar;

(ii) um direito abstrato, que independe do resultado final do processo;

(iii) um direito subjetivo, pois o titular pode exigir do Estado-Juiz a prestação jurisdicional;

(iv) um direito público, pois a atividade jurisdicional que se pretende provocar é de natureza pública.

11.3. Espécies de ação penal no direito brasileiro

A par da tradicional classificação das ações em geral, levando-se em conta a natureza do provimento jurisdicional invocado (de conhecimento, cautelar e de execução), no processo penal é corrente a divisão subjetiva das ações, isto é, em função da qualidade do sujeito que detém a sua titularidade.

Segundo esse critério, as ações penais serão públicas ou privadas, conforme sejam promovidas pelo Ministério Público ou pela vítima e seu representante legal, respectivamente. É o que diz o art. 100, *caput*, do CP: "A ação penal é pública, salvo quando a lei, expressamente, a declara privativa do ofendido".

Dentro dos casos de ação penal pública (exclusiva do Ministério Público), ainda há outra subdivisão, em ação penal pública incondicionada e condicionada. No primeiro caso, o Ministério Público promoverá a ação independentemente da vontade ou interferência de quem quer que seja, bastando, para tanto, que concorram as condições da ação e os pressupostos processuais. No segundo, a sua atividade fica condicionada também à manifestação de vontade do ofendido ou do seu representante legal. É a letra do art. 100, § 1º, do CP: "A ação pública é promovida pelo Ministério Público, dependendo, quando a lei o exige, de representação do ofendido ou de requisição do Ministro da Justiça". Semelhante ao art. 24 do CPP.

Essa divisão atende a razões de exclusiva política criminal. Há crimes que ofendem sobremaneira a estrutura social e, por conseguinte, o interesse geral. Por isso, são puníveis mediante *ação pública incondicionada*. Outros que, afetando imediatamente a esfera íntima do particular e apenas mediatamente o interesse geral, continuam de iniciativa pública (do Ministério Público), mas condicionada à vontade do ofendido, em respeito à sua intimidade, ou do ministro da justiça, conforme for. São as hipóteses de *ação penal pública condicionada*. Há outros que, por sua vez, atingem imediata e profundamente o interesse do sujeito passivo da infração. Na maioria desses casos, pela própria natureza do crime, a instrução probatória fica, quase que por inteiro, na dependência do concurso do ofendido. Em face disso, o Estado lhe confere o próprio direito de ação, conquanto mantenha para si o direito de punir, a fim de evitar que a intimidade, devassada pela infração, venha a sê-lo novamente (e muitas vezes com maior intensidade, dada a amplitude do debate judicial) pelo processo. São os casos de *ação penal privada*.

A ação penal pública é a regra geral, sendo a privada, a exceção (CP, art. 100, *caput*). Dentro dessa regra generalíssima, há outra exceção, que é dada pelos casos de ação pública condicionada, que também estão expressamente previstos em lei (CP, art. 100, § 1º; CPP, art. 24). Assim, não havendo expressa disposição legal sobre a forma de se proceder, a ação será pública (incondicionada); se houver, a ação será pública condicionada, ou, então, privada, conforme o caso.

11.4. As condições da ação penal

São requisitos que subordinam o exercício do direito de ação. Para exigência, no caso concreto, da prestação jurisdicional, faz-se necessário, antes de tudo, o preenchimento das condições da ação. Ao lado das tradicionais condições que vinculam a ação civil, também aplicáveis ao processo penal (possibilidade jurídica do pedido, interesse de agir e legitimidade para agir), a doutrina atribui a este algumas condições específicas, ditas *condições específicas de procedibilidade*. São elas: "(a) representação do ofendido e requisição do Ministro da Justiça; (b) entrada do agente no território nacional; (c) autorização do Legislativo para a instauração de processo contra Presidente e Governadores, por crimes comuns; e (d) trânsito em julgado da sentença que, por motivo de erro ou impedimento, anule o casamento, no crime de induzimento a erro essencial ou ocultamento do impedimento"[41].

11.4.1. Possibilidade jurídica do pedido

Se no processo civil o conceito de possibilidade jurídica é negativo, isto é, ele será juridicamente admissível desde que, analisado em tese, o ordenamento não o vede, no processo penal seu conceito é aferido positivamente: a providência pedida ao Poder Judiciário só será viável se o ordenamento, em abstrato, expressamente a admitir. Nesse passo, a denúncia deverá ser rejeitada quando o fato narrado evidentemente não constituir crime. Essa hipótese poderá, após oferecida a defesa dos arts. 396 e 396-A do CPP, dar causa à absolvição sumária do agente (CPP, art. 397, III).

---

41. Grinover, Scarance e Magalhães, *As nulidades no processo penal*, cit., p. 59.

A fim de não se confundir a análise dessa condição da ação com a do mérito, a apreciação da possibilidade jurídica do pedido deve ser feita sobre a causa de pedir (*causa petendi*) considerada em tese, desvinculada de qualquer prova porventura existente. Analisa-se o fato *tal como narrado na peça inicial*, sem se perquirir se essa é ou não a verdadeira realidade, a fim de se concluir se o ordenamento penal material comina-lhe, em abstrato, uma sanção. Deixa-se para o mérito a análise dos *fatos provados*; aprecia-se a *causa petendi* à luz, agora, das provas colhidas na instrução; é a aferição dos fatos em concreto, como realmente ocorreram, não como simplesmente narrados. Nesse momento, o juiz deverá dizer na sentença se o pedido é concretamente fundado ou não no direito material, ou seja, se é procedente ou improcedente.

11.4.2. Interesse de agir

Desdobra-se no trinômio **(i) necessidade** e **(ii) utilidade** do uso das vias jurisdicionais para a defesa do interesse material pretendido, e **(iii) adequação** à causa, do procedimento e do provimento, de forma a possibilitar a atuação da vontade concreta da lei segundo os parâmetros do devido processo legal.

A *necessidade* é inerente ao processo penal, tendo em vista a impossibilidade de se impor pena sem o devido processo legal. Por conseguinte, não será recebida a denúncia, quando já estiver extinta a punibilidade do acusado, já que, nesse caso, a perda do direito material de punir resultou na desnecessidade de utilização das vias processuais. Essa hipótese poderá, após oferecida a defesa dos arts. 396 e 396-A do CPP, dar causa à absolvição sumária do agente (CPP, art. 397, IV).

A *utilidade* traduz-se na eficácia da atividade jurisdicional para satisfazer o interesse do autor. Se, de plano, for possível perceber a inutilidade da persecução penal aos fins a que se presta, dir-se-á que inexiste interesse de agir. É o caso, e. g., de se oferecer denúncia quando, pela análise da pena possível de ser imposta ao final, se eventualmente comprovada a culpabilidade do réu, já se pode antever a ocorrência da prescrição retroativa. Nesse caso, toda a atividade jurisdicional será inútil; falta, portanto, interesse de agir. Esse entendimento, todavia, não é absolutamente pacífico, quer na doutrina, quer na jurisprudência.

Por fim, a *adequação* reside no processo penal condenatório e no pedido de aplicação de sanção penal.

11.4.3. Legitimação para agir

É, na clássica lição de Alfredo Buzaid, a pertinência subjetiva da ação. Cuida-se, aqui, da legitimidade *ad causam*, que é a legitimação para ocupar tanto o polo ativo da relação jurídica processual, o que é feito pelo Ministério Público, na ação penal pública, e pelo ofendido, na ação penal privada (CPP, arts. 24, 29 e 30), quanto o polo passivo, pelo provável autor do fato, e da legitimidade *ad processum*, que é a capacidade para estar no polo ativo, em nome próprio, e na defesa de interesse próprio (CPP, arts. 33 e 34).

Partes legítimas, ativa e passiva, são os titulares dos interesses materiais em conflito; em outras palavras, os titulares da relação jurídica material levada ao processo. No processo penal, os interesses em conflito são: o direito de punir, conteúdo da pretensão punitiva e o direito de liberdade. O titular do primeiro é o Estado, que é, por isso, o verdadeiro legitimado, exercendo-o por intermédio do Ministério Público. Não é por outro motivo que se diz que o ofendido, na titularidade da ação privada, é senão um substituto processual (legitimação extraordinária), visto que só possui o direito de acusar (*ius accusationis*), exercendo-o em nome próprio, mas no interesse alheio, isto é, do Estado. Legitimados passivos são os suspeitos da prática da infração, contra os quais o Estado movimenta a persecução acusatória visando a imposição de alguma pena.

As condições da ação devem ser analisadas pelo juiz quando do recebimento da queixa ou da denúncia, de ofício. Faltando qualquer uma delas, o magistrado deverá rejeitar a peça inicial, nos termos do art. 395, II, do CPP, declarando o autor *carecedor de ação*. Se não o fizer nesse momento, nada impede, aliás, impõe-se, que ele o faça a qualquer instante, em qualquer instância, decretando, se for o caso, a nulidade absoluta do processo (CPP, art. 564, II).

Nos procedimentos ordinário e sumário, oferecida a denúncia ou queixa, o juiz: (i) analisará se não é caso de rejeição liminar (deverá avaliar todos os requisitos do art. 395); (ii) se não for caso de rejeição liminar, recebê-la-á e ordenará a citação do acusado para responder à acusação, por escrito, no prazo de dez dias (CPP, art. 396-A). Após o cumprimento do disposto no art. 396-A, e parágrafos, deste Código, o juiz deverá absolver sumariamente o acusado quando verificar: "I — a existência manifesta de causa excludente da ilicitude do fato; II — a existência manifesta de causa excludente da culpabilidade do agente, salvo inimputabilidade; III — que o fato narrado evidentemente não constitui crime; ou IV — extinta a punibilidade do agente" (CPP, art. 397).

Importante destacar novamente a possibilidade do acordo de não persecução penal expressamente previsto no art. 28-A, segundo o qual o *Parquet* poderá firmar acordos para não proceder ao ajuizamento da ação em face dos infratores que cometem crimes sem violência ou grave ameaça, desde que ostente a condição da primariedade e que o crime não possua pena inferior a quatro anos.

11.5. Ação penal pública incondicionada: titularidade e princípios

11.5.1. Titularidade

Adotando declaradamente o sistema acusatório de persecução penal, cuja principal característica é a nítida separação das funções de acusar, julgar e defender, colocando-se, assim, em franca oposição à concepção que informou as legislações processuais anteriores, a atual Constituição da República atribui ao Ministério Público, com exclusividade, a propositura da ação penal pública, seja ela incondicionada ou condicionada (CF, art. 129, I). A propósito, também os arts. 25, III, da Lei n. 8.625/93 (LONMP) e 103, VI, da Lei Complementar n. 734/93 (LOEMP).

A Constituição prevê, todavia, no art. 5º, LIX, uma única exceção: caso o Ministério Público não ofereça denúncia no prazo legal, é admitida *ação penal privada subsidiária*, proposta pelo ofendido ou seu representante legal. A ressalva está prevista, também, nos arts. 29 do CPP e 100, § 3º, do CP. O art. 598 do CPP admite, ainda, o recurso supletivo do ofendido, quando o Ministério Público não o fizer. Da mesma forma, o art. 584, § 1º, do CPP admite o recurso supletivo na hipótese do art. 581, VIII (sentença que decreta a prescrição ou julga, por outro modo, extinta a punibilidade). Mencione-se que não cabe mais, no procedimento do júri, o recurso em sentido estrito contra a sentença de impronúncia (CPP, arts. 581, IV, e 584, § 1º), mas apelação (CPP, art. 416).

11.5.2. Princípio da obrigatoriedade

Identificada a hipótese de atuação, não pode o Ministério Público recusar-se a dar início à ação penal. Há, quanto à propositura desta, dois sistemas diametralmente opostos: o da legalidade (ou obrigatoriedade), segundo o qual o titular da ação está obrigado a propô-la sempre que presentes os requisitos necessários, e o da oportunidade, que confere a quem cabe promovê-la certa parcela de liberdade para apreciar a oportunidade e a conveniência de fazê-lo.

No Brasil, quanto à ação penal pública, vigora o princípio da legalidade, ou obrigatoriedade, impondo ao órgão do Ministério Público, dada a natureza indisponível do objeto da relação jurídica material, a sua propositura, sempre que a hipótese preencher os requisitos mínimos exigidos. Não cabe a ele adotar critérios de política ou de utilidade social.

O art. 28 do CPP, ao exigir que o Ministério Público exponha as razões do seu convencimento sempre que ordenado o arquivamento dos autos do inquérito policial, confirma a opção pelo critério da legalidade, que é implícita no sistema nacional. Em um primeiro momento, o controle do princípio é feito pelo juiz, o qual exerce, neste caso, uma função anormal, e, em um segundo, pelo procurador-geral de justiça.

Devendo denunciar e deixando de fazê-lo, o promotor poderá estar cometendo crime de prevaricação.

Atualmente, o princípio sofreu inegável mitigação com a regra do art. 98, I, da Constituição da República, que possibilita a transação penal entre Ministério Público e autor do fato, nas infrações penais de menor potencial ofensivo (crimes apenados com, no máximo, dois anos de pena privativa de liberdade e contravenções penais — cf. art. 2º, parágrafo único, da Lei n. 10.259/2001 e art. 61 da Lei n. 9.099/95). A possibilidade de transação (proposta de aplicação de pena não privativa de liberdade) está regulamentada pelo art. 76 da Lei n. 9.099/95, substituindo, nestas infrações penais, o princípio da obrigatoriedade pelo da discricionariedade regrada (o Ministério Público passa a ter liberdade para dispor da ação penal, embora esta liberdade não seja absoluta, mas limitada às hipóteses legais).

Outra exceção ao princípio da obrigatoriedade reside no acordo de não persecução penal do art. 28-A do CPP, conforme o próximo tópico.

Preenchidos os requisitos legais (confissão formal e circunstanciada, não ser caso de arquivamento do inquérito policial, crime cometido sem violência ou grave ameaça à pessoa e pena mínima prevista inferior a 4 anos) e aceitando o indiciado as condições propostas no acordo, poderá o Ministério Público deixar de oferecer a denúncia. Cumprido o acordo, a punibilidade do agente será extinta, sem registro em seus antecedentes criminais.

11.5.2.1. Acordo de Não Persecução Penal – ANPP

O princípio da obrigatoriedade, com o advento do Acordo de Não Persecução Penal – ANPP, previsto no 28-A do CPP, sofreu nova forma de mitigação, com a possibilidade de negociação processual entre o MP e o investigado.

11.5.2.1.1. Breve histórico

O processo penal, assim como os demais ramos do Direito, tende a seguir os anseios sociais e evoluir junto à política criminal do ordenamento jurídico em que está inserido. Isso já ocorria em sistemas de todo o mundo, como EUA, França e Alemanha.

A Assembleia Geral das Nações Unidas, por meio das "Regras de Tóquio"[42], já havia alertado o cenário mundial da necessidade de implementação de medidas alternativas ao processo penal, muitas delas antes mesmo de iniciada a ação penal.

Nosso ordenamento ainda carece de um instrumento pré-processual de tutela mais efetiva, nos crimes que merecem o tratamento da justiça negociada/consensual.

O Acordo de Não Persecução Penal – ANPP seguiu essa orientação internacional baseada na justiça consensual, resultando em verdadeiro instrumento de política criminal, com potencial de romper com o modelo processual rígido e demandista, seguido há séculos pelos agentes do Processo Penal brasileiro.

O ANPP, inicialmente contemplado na Resolução n. 181/2017 do Conselho Nacional do Ministério Público – CNMP, sofreu duras críticas e grande resistência por parte da comunidade jurídica. As divergências cessaram com o advento do Pacote Anticrime – Lei n. 13.964/2019, o qual trouxe a normatização expressa do acordo, com o art. 28-A integrando o Código de Processo Penal.

11.5.2.1.2. Conceito

O ANPP é um acordo entre as partes, um negócio jurídico processual, consistente em um ajuste obrigacional celebrado entre o Ministério Público e o investigado, sempre assistido por seu advogado ou Defensor Público, com o objetivo de evitar o oferecimento da denúncia

---

42. **Regras de Tóquio – Resolução n. 45/110**: "5.1 Sempre que adequado e compatível com o sistema jurídico, a polícia, o Ministério Público ou outros serviços encarregados da justiça criminal podem retirar os procedimentos contra o infrator se considerarem que não é necessário recorrer a um processo judicial com vistas à proteção da sociedade, à prevenção do crime ou à promoção do respeito pela lei ou pelos direitos das vítimas. Para a decisão sobre a adequação da retirada ou determinação dos procedimentos deve-se desenvolver um conjunto de critérios estabelecidos dentro de cada sistema legal. Para infrações menores, o promotor pode impor medidas não privativas de liberdade, se apropriado".

e o consequente início da ação penal. Trata-se de um instrumento de política criminal, no qual o órgão de acusação, ao avaliar a necessidade e suficiência da medida para fins de prevenção e repressão do crime, decidirá por sua celebração. No acordo, o investigado se compromete a cumprir as condições previstas, ao passo que o MP deixa de processá-lo criminalmente. Não há imposição de qualquer espécie de pena, e, uma vez cumprido o pactuado, ocorrerá a extinção da punibilidade sem nem sequer ter havido processo.

11.5.2.1.3. Finalidade

O ANPP foi criado para evitar o desgaste resultante da demora na resposta penal, bem como o custo social e econômico daí derivado. Objetiva a imediata imposição de pena, mediante a confissão do investigado. O legislador selecionou infrações de média lesividade para autorizar a incidência da jurisdição não conflitiva, criando um espaço de consenso entre acusação e investigado. Trata-se, portanto, de um instituto de despenalização, no qual o órgão da acusação, **submetido a rígidos critérios legais**, avalia a necessidade de sua celebração[43].

11.5.2.1.4. Natureza jurídica

De acordo com o entendimento de ambas as Turmas do STF, "O ANPP não constitui direito público subjetivo do acusado"[44], uma vez que a lei exige a verificação no caso concreto da necessidade e da suficiência da medida para a reprovação e prevenção do crime. Isso não significa que o Ministério Público esteja autorizado a excluir de antemão determinados crimes da incidência do benefício, pois, neste caso estaria legislando e inserindo óbices ao ANPP não previstos no art. 28-A do CPP. Preenchidos os requisitos legais, deverá ser verificado caso a caso, isto é, na hipótese concreta, se o sujeito é merecedor do benefício. A discricionariedade deve ser empregada na análise das peculiaridades de cada caso concreto e está sujeita ao controle jurisdicional, nos termos do art. 5º, XXXV, da CF (princípio da indeclinabilidade da prestação jurisdicional). Os parâmetros abstratos de gravidade para o ANPP já estão fixados pelo CPP e basicamente se arrimam em um tripé: ausência de violência, pena mínima leve e confissão do infrator. Se a lei não excluiu determinada infração penal do alcance do instituto, não pode o MP fazê-lo. Somente será possível negar o acordo se, após analisadas as especificidades do caso concreto, chegar-se à conclusão de que a medida não seria suficiente para reprimir a conduta delituosa. Não se pode, por exemplo, negar de antemão o ANPP para delitos de opinião, ainda que com conteúdo discriminatório, enquanto o benefício é oferecido ao homicídio culposo, que possui maior intensidade de ofensa ao bem jurídico. A esse respeito, chama a atenção importante julgado do Superior Tribunal de Justiça: "O não oferecimento tempestivo do ANPP desacompanhado de motivação idônea constitui nulidade absoluta"[45]. Desse modo,

---

43. Fernando Capez, *Curso de Processo Penal*, 31. ed., São Paulo, Saraiva, 2024, p. 89.
44. STF, Embargos de Declaração no 234.145/MG, Rel. Min. Cristiano Zanin, 1ª Turma, j. 26-2-2024, v. u.; STF, Ag. Reg. no HC 241.715/PR, Rel. Min. Edson Fachin, 2ª Turma, j. 1º-7-2024, v. u.
45. STJ, AgRg no HC 762.049/PR, Rel. Min. Laurita Vaz, 6ª Turma, *DJe* 17-3-2023 (*Informativo 769 – STJ*).

a recusa antecipada em negociar com determinadas infrações penais que atendam aos requisitos do art. 28-A do CPP configura nulidade.

11.5.2.1.5. Requisitos, condições, vedações e procedimentos

De acordo com o 28-A, o *Parquet* poderá firmar acordos para não proceder ao ajuizamento da ação, desde que preenchidos certos requisitos e obedecidas determinadas condições.

Os **requisitos** para o ANPP são: (a) não ser caso de arquivamento; (b) confissão formal e circunstanciada pelo agente; (c) crime cometido sem violência contra a pessoa ou sem grave ameaça; (d) pena mínima cominada inferior a 4 anos; (e) que o MP considere necessário e suficiente para reprovação e prevenção do crime; (f) o investigado se submeter às condições impostas pelo acordo. Atenção: para aferição da pena mínima cominada ao delito a que se refere o *caput* deste artigo, serão consideradas as causas de aumento e diminuição aplicáveis ao caso concreto.

As **condições** impostas podem ser: (a) reparação do dano ou restituição da coisa à vítima, salvo impossibilidade de fazê-lo; (b) o sujeito renunciar voluntariamente a bens e direitos indicados pelo Ministério Público como instrumentos, produto ou proveito do crime; (c) prestação de serviços à comunidade ou a entidades públicas por período correspondente à pena mínima cominada ao delito diminuída de um a dois terços, em local a ser indicado pelo juízo da execução, na forma do art. 46 do CP; (d) pagamento de prestação pecuniária a ser estipulada nos termos do art. 45 do CP, a entidade pública ou de interesse social, a ser indicada pelo juízo da execução, que tenha, preferencialmente, como função proteger bens jurídicos iguais ou semelhantes aos aparentemente lesados pelo delito; (e) cumprimento, por prazo determinado, de outra condição indicada pelo Ministério Público, desde que proporcional e compatível com a infração penal imputada.

Não será admitido o ANPP nas seguintes hipóteses: (a) quando cabível transação penal de competência dos Juizados Especiais Criminais, nos termos da lei; (b) se o investigado for reincidente ou se houver elementos probatórios que indiquem conduta criminal habitual, reiterada ou profissional, exceto se insignificantes as infrações penais pretéritas; (c) ter sido o agente beneficiado nos 5 (cinco) anos anteriores ao cometimento da infração, em acordo de não persecução penal, transação penal ou suspensão condicional do processo; (d) nos crimes praticados no âmbito de violência doméstica ou familiar, ou praticados contra a mulher por razões da condição de sexo feminino, em favor do agressor.

Requisito formal: o acordo de não persecução penal será formalizado por escrito e será firmado pelo membro do Ministério Público, pelo investigado e por seu advogado ou defensor público (art. 28-A, § 3º). O juiz não participará das tratativas do acordo.

Voluntariedade como requisito subjetivo: é imprescindível que o investigado manifeste sua vontade livre e consciente de aderir ao acordo, devendo ser ouvido pelo juiz, na presença de seu defensor.

Homologação do acordo: além da audiência, na qual o juiz verificará a voluntariedade do investigado na presença do seu defensor, deverá também ser observada a sua legalidade, isto é, se atende às exigências legais. Se o magistrado constatar inadequação, insuficiência ou abusividade nas disposições acordadas, mediante a concordância do investigado e defensor, remeterá os autos ao Ministério Público para que seja reformulada a proposição da não persecução penal.

Execução do acordo: homologado judicialmente o acordo de não persecução penal, o juiz devolverá os autos ao Ministério Público para que inicie sua execução perante o juízo de execução penal. No caso de recusa da homologação, o magistrado devolverá os autos ao Ministério público para oferecimento da denúncia, ou, ainda, para análise da necessidade de complementação das investigações. A vítima tomará ciência da homologação do acordo de não persecução penal e de seu descumprimento, por meio de intimação.

Descumprimento das condições firmadas no acordo: neste caso, o *Parquet* deverá comunicar o feito ao juízo, com intuito de rescindir a tratativa e prosseguir ao oferecimento da denúncia[46]. Uma das principais consequências do descumprimento do acordo é justificar eventual não oferecimento do benefício da suspensão condicional do processo.

Cumprimento do acordo: após seu integral cumprimento, o juízo da execução decretará a extinção da punibilidade (art. 28-A, § 13). Cumprido o acordo, não constarão de certidão de antecedentes criminais.

Recusa do MP em propor o acordo de não persecução penal: nesta hipótese, o investigado poderá requerer a remessa dos autos ao órgão superior, na forma do art. 28 do CPP.

11.5.2.1.6. Violência culposa

Tem se admitido o ANPP na hipótese de homicídio culposo, sob o argumento de que a lei se referiu apenas à violência dolosa contra a pessoa e à grave ameaça.

11.5.2.1.7. Questão polêmica: aplicação do ANPP no tempo

Posição do STF: é cabível o ANPP na hipótese de fatos cometidos antes da vigência da Lei n. 13.964/2019, salvo se já tiver se operado o trânsito em julgado, não importando que o réu ainda não tenha confessado a infração penal. Ao órgão acusatório cabe manifestar-se motivadamente sobre a viabilidade de proposta, conforme os requisitos previstos na legislação, passível de controle, nos termos do art. 28-A, § 14, do CPP.

Jurisprudência

- MP NÃO PODE SER COMPELIDO PELO JUDICIÁRIO A OFERECER ANPP: "Não cabe ao Poder Judiciário, que não detém atribuição para participar de negociações na seara investigatória, impor ao MP a celebração de acordos. Não se tratando de hipótese de manifesta inadmissibilidade do ANPP, a defesa pode requerer o reexame de sua

---

46. **Conselho Nacional de Procuradores-Gerais CNPG/GNCCRIM:** "Caberá ao juízo competente para a homologação rescindir o acordo de não persecução penal, a requerimento do Ministério Público, por eventual descumprimento das condições pactuadas, e decretar a extinção da punibilidade em razão do cumprimento integral do acordo de não persecução penal".

negativa, nos termos do art. 28-A, § 14, do CPP, não sendo legítimo, em regra, que o Judiciário controle o ato de recusa, quanto ao mérito, a fim de impedir a remessa ao órgão superior no MP. Isso porque a redação do art. 28-A, § 14, do CPP determina a iniciativa da defesa para requerer a sua aplicação" (STF, HC 194.677/SP, Rel. Min. Gilmar Mendes, 2ª Turma, j. 11-5-2021).

- ANPP NÃO É DIREITO SUBJETIVO DO INVESTIGADO/INDICIADO: O STJ entende que não há ilegalidade na recusa do oferecimento de proposta de acordo de não persecução penal quando o representante do Ministério Público, de forma fundamentada, constata a ausência dos requisitos subjetivos legais necessários à elaboração do acordo, de modo que este não atenderia aos critérios de necessidade e suficiência em face do caso concreto. "A possibilidade de oferecimento do acordo de não persecução penal é conferida exclusivamente ao Ministério Público, não constituindo direito subjetivo do investigado. Cuidando-se de faculdade do *Parquet*, a partir da ponderação da discricionariedade da propositura do acordo, mitigada pela devida observância do cumprimento dos requisitos legais, não cabe ao Poder Judiciário determinar ao Ministério Público que oferte o acordo de não persecução penal" (STJ, RHC 161.251/PR, Rel. Min. Ribeiro Dantas, 5ª Turma, j. 10-5-2022).

- REMESSA DOS AUTOS AO ÓRGÃO SUPERIOR DO MP NÃO POSSUI EFEITO SUSPENSIVO (ART. 28-A, § 14): "No caso de recusa de oferecimento do acordo de não persecução penal pelo representante do Ministério Público, o recurso dirigido às instâncias administrativas contra o parecer da instância superior do Ministério Público não detém efeito suspensivo capaz de sustar o andamento de ação penal" (STJ, AgRg no RHC 179.107/SP, Rel. Min. Reynaldo Soares da Fonseca, 5ª Turma, j. 5-6-2023).

- TRÁFICO PRIVILEGIADO E POSSIBILIDADE DE ANPP: É cabível ANPP em caso de tráfico de drogas (art. 33 da Lei n. 11.343/2006), se for reconhecida a aplicação da minorante do tráfico privilegiado (§ 4º do art. 33), aí, sim, caberá, em tese, o oferecimento de ANPP, porque a pena mínima ficará abaixo de 4 anos. Decisão judicial posterior à denúncia reconhece que o agente era traficante privilegiado, merecendo o enquadramento no § 4º do art. 33 da LD, o que permitiria o ANPP. O Ministério Público deverá ser intimado para possibilitar a proposta do ANPP. O réu terá, em tese, direito ao ANPP, porque o excesso de acusação (*overcharging*) não deve prejudicar o acusado (STJ, HC 822.947/GO, Rel. Min. Ribeiro Dantas, 5ª Turma, j. 27-6-2023).

- RECEBIMENTO DA DENÚNCIA, SENTENÇA OU TRÂNSITO EM JULGADO NÃO EXCLUEM A POSSIBILIDADE DE OFERECIMENTO DO ANPP: "(...) O art. 28-A do Código de Processo Penal, acrescido pela Lei 13.964/2019, é norma de conteúdo processual-penal ou híbrido, porque consiste em medida despenalizadora, que atinge a própria pretensão punitiva estatal. Conforme explicita a lei, o cumprimento integral do acordo importa extinção da punibilidade, sem caracterizar maus antecedentes ou reincidência. 4. Essa inovação legislativa, por ser norma penal de caráter mais favorável ao réu, nos termos do art. 5º, inciso XL, da Constituição Federal, deve ser aplicada de forma retroativa a atingir tanto investigações criminais quanto ações penais em curso até o trânsito em julgado. Precedentes do STF. 5. A incidência do art. 5º, inciso XL, da Constituição Federal, como norma constitucional de eficácia plena e aplicabilidade imediata, não está condicionada à atuação do legislador ordinário (...)" (STF, HC 217.275, Rel. Min. Edson Fachin, 2ª Turma, publicação em 27-3-2023).

→ **ATENÇÃO:** por unanimidade, a 1ª Turma do STF entendeu que é possível realizar acordo de não persecução penal — ANPP, desde que solicitado antes de o juiz decretar a sentença. Esse posicionamento vale para casos em que a ação penal tenha sido iniciada antes da vigência da Lei n. 13.964/2019, e em que a defesa tenha requerido o acordo na primeira oportunidade após essa data (STF, HC 233.147/SP, Rel. Min. Alexandre de Moraes, 1ª Turma, j. 7-11-2023).

→ Tese de julgamento: "1. A continuidade delitiva não impede a celebração do acordo de não persecução penal, conforme o art. 28-A, § 2º, II, do CPP. 2. O ANPP pode ser aplicado retroativamente em processos penais em andamento, desde que presentes os requisitos legais e antes do trânsito em julgado" (STJ, AREsp 2.406.856/SP, Rel Min. Ribeiro Dantas, j. 8-10-2024).

→ Compete ao Juízo da Execução Penal a escolha da instituição beneficiária dos valores da prestação pecuniária ajustada no acordo de não persecução penal (AREsp 2.419.790/MG, Rel. Min. Ribeiro Dantas, 5ª Turma, por unanimidade, j. 6-2-2024, *DJe* 15-2-2024).

11.5.3. Princípio da indisponibilidade

Oferecida a ação penal, o Ministério Público dela não pode desistir (CPP, art. 42). Esse princípio nada mais é que a manifestação do princípio anterior no desenvolvimento do processo penal. Seria, de fato, completamente inútil prescrever a obrigatoriedade da ação penal pública se o órgão do Ministério Público pudesse, posteriormente, desistir da ação penal, ou mesmo transigir sobre o seu objeto. A proibição é expressa no art. 42 do CPP, chegando a atingir, inclusive, a matéria recursal, pois "o Ministério Público não poderá desistir do recurso que haja interposto" (CPP, art. 576).

Tal princípio não vigora no caso das infrações regidas pela Lei n. 9.099/95, cujo art. 89 concede ao Ministério Público a possibilidade de, preenchidos os requisitos legais, propor ao acusado, após o oferecimento da denúncia, a *suspensão condicional do processo*, por um prazo de dois a quatro anos, cuja fluência acarretará a extinção da punibilidade do agente (art. 89, § 5º). É, sem dúvida, um ato de disposição da ação penal.

11.5.4. Princípio da oficialidade

Os órgãos encarregados da persecução penal são oficiais, isto é, públicos. Sendo o controle da criminalidade uma das funções mais típicas do Estado, assevera-se, como o faz Manzini, que a função penal é de índole eminentemente pública. O Estado é o titular exclusivo do direito de punir, que só se efetiva mediante o devido processo legal, o qual tem seu início com a propositura da ação penal. Segue-se que, em regra, cabe aos órgãos do próprio Estado a tarefa persecutória. Entre nós, atribui-se a investigação prévia à autoridade policial (polícia civil ou polícia federal, CF, art. 144, incisos e parágrafos) ou àquelas autoridades administrativas a quem a lei cometa a mesma função, qual seja, a de polícia judiciária (CPP, art. 4º e parágrafo único), ao passo que a ação penal pública fica a cargo exclusivo do Ministério Público (CF, art. 129, I). Exceção para os casos de ação privada subsidiária, de titularidade do ofendido ou do seu representante legal.

11.5.5. Princípio da autoritariedade

Corolário do princípio da oficialidade. São autoridades públicas os encarregados da persecução penal *extra* e *in judicio* (respectivamente, autoridade policial e membro do Ministério Público).

11.5.6. Princípio da oficiosidade

Os encarregados da persecução penal devem agir de ofício, independentemente de provocação, salvo nas hipóteses em que a ação penal pública for condicionada à representação ou à requisição do ministro da justiça (CP, art. 100, § 1º; CPP, art. 24).

11.5.7. Princípio da indivisibilidade

Também aplicável à ação penal privada (CPP, art. 48). A ação penal pública deve abranger todos aqueles que cometeram a infração. A regra é desdobramento do princípio da legalidade: se o Ministério Público está obrigado a propor a ação penal pública, é óbvio que não poderá escolher, dentre os indiciados, quais serão processados, pois isso implicaria necessariamente a adoção do princípio da oportunidade em relação ao "perdoado".

Para alguns doutrinadores, porém, aplica-se à ação pública o *princípio da divisibilidade*, e não o da indivisibilidade, já que o Ministério Público pode processar apenas um dos ofensores, optando por coletar maiores evidências para processar posteriormente os demais[47]. Nesse sentido também já se manifestou o STJ: "O fato de o Ministério Público deixar de oferecer denúncia contra quem não reconheceu a existência de indícios de autoria na prática do delito não ofende o princípio da indivisibilidade da ação penal, pois o princípio do art. 48 do CPP não compreende a ação penal pública, que, não obstante, é inderrogável" (*RSTJ*, 23/145). A adoção do princípio da divisibilidade para a ação penal pública é a posição amplamente majoritária na jurisprudência, permitindo-se ao Ministério Público excluir algum dos coautores ou partícipes da denúncia, desde que mediante prévia justificação (STJ, HC 496.536/MG 2019/0063036-1, Rel. Min. Ribeiro Dantas, 5ª Turma, *DJe* 12-9-2019).

11.5.8. Princípio da intranscendência

A ação penal só pode ser proposta contra a pessoa a quem se imputa a prática do delito. Salienta-se esse princípio em virtude do fato de que há sistemas em que a satisfação do dano *ex delicto* faz parte da pena, devendo, por isso, ser pleiteada pelo órgão da acusação em face do responsável civil. A ação engloba, assim, além do provável sujeito ativo da infração, também o responsável pela indenização. Não é o sistema adotado no Brasil, como se vê. Entre nós vigora a intranscendência da ação penal, seja pública ou privada.

---

[47]. Julio Fabbrini Mirabete, *Processo penal*, cit., p. 114.

11.5.9. Princípio da suficiência da ação penal

O assunto está inserido dentro do tema "prejudicialidade". Questão prejudicial é aquela que "pré-judica", isto é, aquela que "prejulga" a ação. É toda questão cujo deslinde implica um prejulgamento do mérito. A prejudicialidade será obrigatória quando a questão prejudicial estiver relacionada ao estado de pessoas (vivo, morto, parente ou não, casado ou não). Nessa hipótese, o juiz será obrigado a suspender o processo criminal até que a polêmica seja solucionada no juízo cível. Por exemplo: crime contra o patrimônio sem violência ou grave ameaça cometido por ascendente contra descendente ou vice-versa. O parentesco terá relevância *in casu*, pois o autor ficará isento de pena, diante da escusa absolutória prevista no art. 181, II, do CP. Como a controvérsia séria e fundada versa sobre estado de pessoas, consistente no parentesco entre autor e vítima, "o curso da ação penal ficará suspenso até que no juízo cível seja a controvérsia dirimida por sentença passada em julgado" (CPP, art. 92). A prejudicialidade será facultativa quando a questão não estiver ligada ao estado de pessoas. Nesse caso, o juiz criminal não estará obrigado, mas apenas "poderá" suspender o processo, aguardando a solução no âmbito cível. Por exemplo: antes de saber se houve o furto, é necessário decidir se a coisa subtraída pertence ou não ao agente, já que não existe furto de coisa própria. O domínio da *res furtiva* é questão prejudicial ao furto, mas não ligada ao estado de pessoas. Assim, se houver uma ação civil em andamento para discutir a propriedade do bem, o juízo penal não precisará aguardar a solução da demanda na esfera extrapenal, nos termos do art. 93 do CPP. É aí que se fala em princípio da suficiência da ação penal. A ação penal é suficiente para resolver a questão prejudicial não ligada ao estado de pessoas, sendo desnecessário aguardar a solução no âmbito cível.

11.6. Ação penal pública condicionada

11.6.1. Conceito

É aquela cujo exercício se subordina a uma condição. Essa condição tanto pode ser a manifestação de vontade do ofendido ou de seu representante legal (representação) como também a requisição do Ministro da Justiça[48].

→ **ATENÇÃO:** mesmo nesses casos a ação penal continua sendo pública, exclusiva do Ministério Público, cuja atividade fica apenas subordinada a uma daquelas condições (CPP, art. 24; CP, art. 100, § 1º).

Por ser exceção à regra de que todo crime se processa mediante ação pública incondicionada, os casos sujeitos à representação ou requisição encontram-se explícitos em lei.

11.6.2. Ação penal pública condicionada à representação

O Ministério Público, titular dessa ação, só pode a ela dar início se a vítima ou seu representante legal o autorizarem, por meio de uma manifestação de vontade. Nesse caso, o crime afeta tão profundamente a esfera íntima do indivíduo, que a lei, a despeito da sua

---
[48]. Fernando da Costa Tourinho Filho, *Processo penal*, cit., v. 1, p. 298.

gravidade, respeita a vontade daquele, evitando, assim, que o *strepitus judicii* (escândalo do processo) se torne um mal maior para o ofendido do que a impunidade dos responsáveis. Mais ainda: sem a permissão da vítima, nem sequer poderá ser instaurado inquérito policial (CPP, art. 5º, § 4º). Todavia, uma vez iniciada a ação penal, o Ministério Público a assume incondicionalmente, a qual passa a ser informada pelo princípio da indisponibilidade do objeto do processo, sendo irrelevante qualquer tentativa de retratação.

11.6.3. Crimes cuja ação depende de representação da vítima ou de seu representante legal

Crime de lesão corporal leve (CP, art. 129, *caput*, c/c o art. 88 da Lei n. 9.099/95, exceto para os casos de violência contra a mulher — Lei n. 11.340/2006); crime de lesão corporal culposa (CP, art. 129, § 6º, c/c art. 88 da Lei n. 9.099/95; sobre o delito de lesão corporal culposa no trânsito, *vide* art. 291, § 1º, do CTB); perigo de contágio venéreo (CP, art. 130, § 2º); crime contra a honra de funcionário público, em razão de suas funções (art. 141, II, c/c o art. 145, parágrafo único); ameaça (art. 147, parágrafo único); violação de correspondência (art. 151, § 4º), correspondência comercial (art. 152, parágrafo único); furto de coisa comum (art. 156, § 1º); o estelionato (art. 171, § 5º, CP); tomar refeição em restaurante, alojar-se em hotel ou utilizar-se de transporte sem ter recursos para o pagamento (art. 176, parágrafo único). Nos crimes contra a honra de funcionário cometido *propter officium* a ação penal também é pública condicionada à representação, de acordo com o Código Penal (art. 145, parágrafo único), sendo incabível a persecução privada. Entretanto, o STF editou a Súmula 714, na qual firmou entendimento no sentido de que "É concorrente a legitimidade do ofendido, mediante queixa, e do Ministério Público, condicionada à representação do ofendido, para a ação penal por crime contra a honra de servidor público em razão do exercício de suas funções". Sobre a ação penal nos crimes contra a dignidade sexual, *vide* item 11.6.12.

→ **ATENÇÃO:** no caso da representação no crime de estelionato (CP, art. 171), o STF, considerando a natureza híbrida (penal e processual penal) do instituto da representação, firmou entendimento no qual a regra da representação (salvo exceções previstas no CP) deve retroagir a todos os casos de estelionato em andamento quando de sua promulgação (Lei n. 13.964/2019), tendo a vítima um prazo de 30 dias para manifestar-se sob pena de decadência e não importando a fase em que o procedimento se encontre" (STF, AgRg no HC 208.817, Plenário, Rel. Min. Cármen Lúcia, j. 13-4-2023).

11.6.4. Natureza jurídica da representação

A representação é a manifestação de vontade do ofendido ou do seu representante legal no sentido de autorizar o desencadeamento da persecução penal em juízo. Trata-se de condição objetiva de procedibilidade. Sem a representação do ofendido ou, quando for o caso, sem a requisição do ministro da justiça, não se pode dar início à persecução penal. É condição específica da ação penal pública. São requisitos especiais, exigidos por lei ao lado daqueles gerais a todas as ações, para que se possa exigir legitimamente, na espécie, a prestação jurisdicional. É um obstáculo ao legítimo exercício da ação penal, cuja remoção fica ao exclusivo critério do ofendido, ou de quem legalmente o represente, ou, ainda, do ministro da justiça.

Apesar da sua natureza eminentemente processual (condição especial da ação), aplicam-se a ela as regras de direito material intertemporal, haja vista sua influência sobre o direito de punir do Estado, de natureza inegavelmente substancial, já que o não exercício do direito de representação no prazo legal acarreta a extinção da punibilidade do agente pela decadência (CP, art. 107, IV).

11.6.5. Titular do direito de representação

Se o ofendido contar menos de 18 anos ou for mentalmente enfermo, o direito de representação cabe exclusivamente a quem tenha qualidade para representá-lo. Ao completar 18 anos, o ofendido adquire plena capacidade para ofertar a representação, deixando de existir a figura do representante legal, a não ser que, embora maior, seja doente mental. Cessa com isso a legitimidade do representante legal a partir de zero hora do dia em que o menor completa 18 anos e, portanto, deixa de ser menor. Se o ofendido ainda não atingiu a maioridade, somente seu representante pode formular a representação; se, embora maior, for doente mental, *idem*; se maior de 18 anos, só o ofendido pode exercer o direito de representação.

Pode também ser exercido por procurador com poderes especiais (CPP, art. 39, *caput*). No caso de morte do ofendido ou quando declarado ausente por decisão judicial, o direito de representação passará ao cônjuge, ascendente, descendente ou irmão (CPP, art. 24, § 1º). Sustenta-se que essa enumeração é taxativa, não podendo ser ampliada[49]. Assinala-se, por isso, que o curador do ausente, nomeado no juízo cível por ocasião da declaração judicial da ausência, não pode representar, já que o § 1º do art. 24 do CPP, que não o contemplou, é norma especial em relação ao *caput* do mesmo artigo, bem como à lei civil[50]. No tocante aos companheiros reunidos pelo laço da união estável, tem-se que a Constituição Federal, em seu art. 226, § 3º, reconhece expressamente a união estável entre homem e mulher como entidade familiar. Assim, no conceito de cônjuge, devem ser incluídos os companheiros. Não se trata aqui de interpretação extensiva da norma penal, ou seja, de analogia *in malam partem*, mas, sim, de mera declaração do seu conteúdo de acordo com o preceito constitucional.

Comparecendo mais de um sucessor do direito de representação, aplica-se, por analogia, o disposto no art. 36 do CPP, que regula o problema nos casos de concorrência no exercício do direito de queixa.

Se o ofendido for incapaz (por razões de idade ou de enfermidade mental) e não possuir representante legal, o juiz, de ofício ou a requerimento do Ministério Público, nomeará um curador especial para analisar a conveniência de oferecer a representação. Note-se que ele não está obrigado a representar. O mesmo procedimento deverá ser adotado se os interesses do representante colidirem com os do ofendido incapaz (CPP, art. 33).

---

49. Julio Fabbrini Mirabete, *Processo penal*, cit., p. 116.
50. Tourinho Filho, *Processo penal*, cit., v. 1, p. 315, e Mirabete, *Processo penal*, cit., p. 116.

As pessoas jurídicas também poderão representar, desde que o façam por intermédio da pessoa indicada no respectivo contrato ou estatuto social, ou, no silêncio destes, pelos seus diretores ou sócios-gerentes (CPP, art. 37).

11.6.6. Prazo

"Salvo disposição em contrário, o ofendido, ou seu representante legal, decairá no direito de queixa ou de representação, se não o exercer dentro do prazo de 6 (seis) meses, contado do dia em que vier a saber quem é o autor do crime, ou, no caso do art. 29, do dia em que se esgotar o prazo para o oferecimento da denúncia" (CPP, art. 38). No mesmo sentido, o art. 103 do CP.

Trata-se, como se vê, de prazo decadencial, que não se suspende nem se prorroga, e cuja fluência, iniciada a partir do conhecimento da autoria da infração, é causa extintiva da punibilidade do agente (CP, art. 107, IV).

Cuidando-se de menor de dezoito anos ou, se maior, de possuidor de doença mental, o prazo não fluirá para ele enquanto não cessar a incapacidade (decorrente da idade ou da enfermidade), porquanto não se pode falar em decadência de um direito que não se pode exercer. O prazo flui, todavia, para o representante legal, desde que ele saiba quem é o autor do ilícito penal.

O Código Civil de 2002 confere ao maior de 18 anos plena capacidade para a prática de qualquer ato jurídico, civil ou não, sem a assistência de curador ou representante legal, fazendo desaparecer este último para aqueles que atingirem tal idade. Com efeito, não tem mais nenhum sentido falar em representante legal para quem é plenamente capaz de exercer seus direitos sem assistência. Estão, portanto, tacitamente revogados os arts. 34 e 50, parágrafo único, do CPP. Se o ofendido for menor de 18, só o representante legal poderá exercer o direito de queixa ou de representação; se, embora maior de 18, for doente mental, *idem*; quando maior de 18 anos, só o ofendido poderá ofertar a queixa ou a representação, pouco importando se é ou não menor de 21 anos.

Como o direito de representação está intimamente ligado ao direito de punir, porquanto o seu não exercício gera a extinção da punibilidade pela decadência, o prazo para o seu exercício é de direito material, computando-se o dia do começo e excluindo-se o do final, além de ser fatal e improrrogável (CP, art. 10).

No caso de morte ou ausência judicialmente declarada do ofendido, o prazo, caso a decadência ainda não tenha se operado, começa a correr da data em que o cônjuge, ascendente, descendente ou irmão tomarem conhecimento da autoria (CPP, art. 38, parágrafo único). Ainda, não podemos olvidar que estão incluídos nesse rol legal os companheiros reunidos pelo laço da união estável, em face do disposto no art. 226, § 3º, da Constituição Federal.

11.6.7. Forma

A representação não tem forma especial. O Código de Processo Penal, todavia, estabelece alguns preceitos a seu respeito (art. 39, *caput* e §§ 1º e 2º), mas a falta de um ou de outro não será, em geral, bastante para invalidá-la. Óbvio que a ausência de narração do fato a tornará inócua.

O STF e outros tribunais, por sua vez, já decidiram pela desnecessidade de formalismo na representação, admitindo como tal simples manifestações de vontade da vítima, desde que evidenciadoras da intenção de que seja processado o suspeito, devendo conter, ainda, todas as informações que possam servir ao esclarecimento do fato e da autoria (CPP, art. 39, § 2º). Desse modo, a representação prescinde de rigor formal, bastando a demonstração inequívoca do interesse do ofendido ou de seu representante legal.

Dessa forma, não se exige a existência de uma peça formal, denominada "representação", bastando que dos autos se possa inferir, com clareza, aquele desígnio do ofendido. Assim, servem como representação as declarações prestadas à polícia pelo ofendido, identificando o autor da infração penal, o boletim de ocorrência etc.

No caso de vítima menor, a jurisprudência corretamente tem procurado atenuar o formalismo da lei civil, que somente considera representantes legais os pais, tutores ou curadores (CC, arts. 1.634, 1.740 e 1.781). Atualmente, para fins de oferecimento da representação, admite-se qualquer pessoa que detenha a guarda de fato do ofendido ou de quem ela dependa economicamente, pouco importando tratar-se de parente afastado, amigo da família ou até mesmo um vizinho. O excessivo rigor formal poderia levar à impunidade do infrator, com prejuízos para a apuração da verdade real.

Feita a representação contra apenas um suspeito, esta se estenderá aos demais, autorizando o Ministério Público a propor a ação em face de todos, em atenção ao princípio da indivisibilidade da ação penal, consectário do princípio da obrigatoriedade. É o que se chama de *eficácia objetiva da representação*.

11.6.8. Destinatário

Pode ser dirigida ao juiz, ao representante do Ministério Público ou à autoridade policial (cf. art. 39, *caput*, do CPP):

(i) Ao juiz: se houver elementos suficientes para instruir a denúncia, o juiz deverá remetê-la diretamente ao Ministério Público, para o seu oferecimento. Não havendo tais elementos, deverá o magistrado encaminhá-la à autoridade policial, com a requisição de instauração de inquérito. Se oral ou por escrito, mas sem assinatura autenticada, o juiz deverá reduzi-la a termo.

(ii) Ao Ministério Público: se o ofendido ou quem de direito fizer a representação por escrito e com firma reconhecida, oferecendo com ela todos os elementos indispensáveis à propositura da ação penal, o órgão do Ministério Público, dispensando o inquérito, deverá oferecer denúncia no prazo de quinze dias, contado da data em que conhecer a vontade do representante. Do contrário, deverá requisitar à autoridade policial a instauração de inquérito, fazendo a representação acompanhar a requisição, ou, então, deverá pedir o arquivamento das peças de informação. Se oral ou por escrito, mas sem firma reconhecida, deverá reduzi-la a termo, observando-se tudo o que se disse quanto à existência de elementos para a propositura da ação.

(iii) **À autoridade policial:** se por escrito e com firma reconhecida, a autoridade deverá instaurar o inquérito policial (CPP, art. 5º, § 4º) ou, sendo incompetente, deverá remetê-la à autoridade que tiver atribuição para fazê-lo (CPP, art. 39, § 3º). Se feita oralmente ou por escrito, mas sem firma reconhecida, a representação deverá ser reduzida a termo.

11.6.9. Irretratabilidade

A representação é irretratável após o oferecimento da denúncia (CPP, art. 25; CP, art. 102). A retratação só pode ser feita antes de oferecida a denúncia, pela mesma pessoa que representou. A revogação da representação após esse ato processual não gerará qualquer efeito. Essa retratação, como é óbvio, não se confunde com a do art. 107, VI, do CP, feita pelo próprio agente do crime, a fim de alcançar a extinção da punibilidade.

Com relação aos crimes de violência doméstica contra a mulher, a retratação deve ser feita perante o juiz, em audiência especial para esta finalidade, e pode ocorrer até o recebimento da denúncia, segundo o art. 16 da Lei n. 11.340/2006. A retratação da retratação, ou seja, o desejo do ofendido de não mais renunciar à representação, não pode ser admitida. No momento em que se opera a retratação, verifica-se a abdicação da vontade de ver instaurado o inquérito policial ou oferecida a denúncia, com a consequente extinção da punibilidade do infrator. Uma vez extinta, esta nunca mais renascerá, pois o Estado já terá perdido definitivamente o direito de punir o autor do fato. Como bem lembra Tourinho Filho, admitir o contrário "é entregar ao ofendido arma poderosa para fins de vingança ou outros inconfessáveis"[51]. A jurisprudência, no entanto, a nosso ver de forma equivocada, tem admitido este inconveniente procedimento.

→ **ATENÇÃO:** o STJ já decidiu "a audiência prevista no art. 16 da Lei n. 11.340/2006 tem por objetivo confirmar a retratação, não a representação, e não pode ser designada de ofício pelo juiz. Sua realização somente é necessária caso haja manifestação do desejo da vítima de se retratar trazida aos autos antes do recebimento da denúncia" (REsp 1.977.547/MG, Rel. Min. Reynaldo Soares da Fonseca, 3ª Seção, por unanimidade, j. 8-3-2023 — Tema 1.167).

11.6.10. Não vinculação

A representação não obriga o Ministério Público a oferecer a denúncia, devendo este analisar se é ou não caso de propor a ação penal, podendo concluir pela sua instauração, pelo arquivamento do inquérito, ou pelo retorno dos autos à polícia, para novas diligências. Não está, da mesma forma, vinculado à definição jurídica do fato constante da representação.

---

51. Fernando da Costa Tourinho Filho, *Processo penal*, 1997, cit., v. 1, p. 342.

11.6.11. Ação penal pública condicionada à requisição do Ministro da Justiça

Neste caso, a ação é pública, porque promovida pelo Ministério Público, mas, para que possa promovê-la, é preciso que haja requisição do ministro da justiça, sem o que é impossível a instauração do processo (cf. art. 24 do CPP). A requisição é um ato político, porque "há certos crimes em que a conveniência da persecução penal está subordinada a essa conveniência política"[52].

(i) Hipóteses de requisição: são raras as hipóteses em que a lei subordina a persecução penal ao ato político da requisição: crime cometido por estrangeiro contra brasileiro, fora do Brasil (CP, art. 7º, § 3º, b); crimes contra a honra cometidos contra chefe de governo estrangeiro (CP, art. 141, I, c/c o parágrafo único do art. 145); crimes contra a honra praticados contra o presidente da República (CP, art. 141, I, c/c o art. 145, parágrafo único).

(ii) Prazo para o oferecimento da requisição: o Código de Processo Penal é omisso a respeito. Entende-se, assim, que o ministro da justiça poderá oferecê-la a qualquer tempo, enquanto não estiver extinta a punibilidade do agente.

(iii) Retratação da requisição: não deve ser admitida. A requisição é irretratável porque a lei não contempla expressamente esta hipótese, como no caso da representação. Ademais, "um ato administrativo, como é a requisição, partindo do governo por meio do Ministro da Justiça, há de ser, necessariamente, um ato que se reveste de seriedade. Dispondo de larga margem de tempo para encaminhá-la ao Ministério Público, decerto terá a oportunidade para julgar das suas vantagens ou desvantagens, da sua conveniência ou inconveniência. A revogação ou retratação demonstraria que a prematura requisição foi fruto de uma irreflexão, de uma leviana afoiteza, o que não se concebe, não só porque o ato proveio do governo, como também pelo dilatado espaço de tempo de que dispôs para expedi-lo"[53]. Em sentido contrário, Jorge Alberto Romeiro[54].

(iv) Vinculação da requisição: não obriga o Ministério Público a oferecer a denúncia[55]. Sendo o Ministério Público o titular exclusivo da ação penal pública (CF, art. 129, I), seja ela condicionada ou incondicionada, só a ele cabe a valoração dos elementos de informação e a consequente formação da *opinio delicti*. A requisição não passa de autorização política para este desempenhar suas funções.

(v) Eficácia objetiva da requisição: aplica-se tudo quanto se disse em relação à eficácia objetiva da representação.

(vi) Conteúdo da requisição: o CPP silenciou a respeito. Deve, entretanto, conter a qualidade da vítima, a qualificação, se possível, do autor da infração penal e a exposição do fato.

(vii) Destinatário da requisição: é o Ministério Público.

---

52. Tourinho Filho, *Processo penal*, cit., p. 357.
53. Tourinho Filho, *Processo penal*, cit., 1997, v. 1, p. 361-2.
54. Jorge Alberto Romeiro, *Da ação penal*, 1978, p. 125.
55. Tourinho Filho, *Processo penal*, cit., v. 1, p. 340.

11.6.12. Ação penal nos crimes contra a dignidade sexual

Nos termos do art. 225 do CP, nos crimes definidos nos Capítulos I e II do título dos crimes contra a dignidade sexual, procede-se mediante ação penal pública incondicionada. Assim, para todos os crimes considerados contra a liberdade sexual ou para crimes sexuais contra vulnerável, a ação penal será sempre pública incondicionada.

Jurisprudência

- COMPETÊNCIA PARA JULGAMENTO DE ESTUPRO DE VULNERÁVEL NO ÂMBITO DOMÉSTICO-FAMILIAR: "A idade da vítima é irrelevante para afastar a competência da vara especializada em violência doméstica e familiar contra a mulher e as normas protetivas da Lei Maria da Penha" (STJ, RHC 121.813/RJ, Rel. Min. Rogerio Schietti Cruz, 6ª Turma, j. 20-10-2020).

11.6.13. Ação penal nos crimes de violência doméstica e familiar contra a mulher – Lei n. 11.340/2006

A Lei n. 11.340/2006, ao ampliar a proteção da mulher vítima de violência doméstica e familiar, vedou incidência da Lei dos Juizados Especiais Criminais em tais situações. Note-se que, a partir do advento da citada lei, o crime de lesão corporal dolosa leve qualificado pela violência doméstica, previsto no § 9º do art. 129 do CP, deixou de ser considerado infração de menor potencial ofensivo, em face da majoração do limite máximo da pena, o qual passou a ser de três anos.

Desse modo, o Ministério Público pode oferecer a ação penal, sem precisar da representação da vítima. No mesmo sentido, já se orientava a Súmula 542 do STJ: "A ação penal relativa ao crime de lesão corporal resultante de violência doméstica contra a mulher é pública incondicionada".

Jurisprudência

- AÇÃO PENAL E VIOLÊNCIA DOMÉSTICA. "A ação penal relativa ao crime de lesão corporal resultante de violência doméstica contra a mulher é pública incondicionada" (STJ, AgRg no HC 459.677/RS, Rel. Min. Ribeiro Dantas, 5ª Turma, DJe 10-3-2020).

11.7. Ação penal privada: conceito, fundamento e princípios

11.7.1. Conceito

É aquela em que o Estado, titular exclusivo do direito de punir, transfere a legitimidade para a propositura da ação penal à vítima ou a seu representante legal. A distinção básica que se faz entre ação penal privada e ação penal pública reside na legitimidade ativa. Nesta, a tem o órgão do Ministério Público, com exclusividade (CF, art. 129, I); naquela, o ofendido ou quem por ele de direito. Mesmo na ação privada, o Estado continua sendo o único titular do direito de punir e, portanto, da pretensão punitiva. Apenas por razões de política criminal é que ele outorga ao particular o direito de ação. Trata-se, portanto, de legitimação extraordinária, ou substituição processual, pois o ofendido, ao exercer a queixa, defende um interesse alheio (do Estado na repressão dos delitos) em nome próprio.

11.7.2. Fundamento

Evitar que o *strepitus judicii* (escândalo do processo) provoque no ofendido um mal maior do que a impunidade do criminoso, decorrente da não propositura da ação penal.

11.7.3. Titular

O ofendido ou seu representante legal (CP, art. 100, § 2º; CPP, art. 30). Na técnica do Código, o autor denomina-se *querelante* e o réu, *querelado*. Se o ofendido for menor de 18 anos, ou mentalmente enfermo, ou retardado mental, e não tiver representante legal, ou seus interesses colidirem com os deste último, o direito de queixa poderá ser exercido por curador especial, nomeado para o ato (art. 33 do CPP). A partir dos 18 anos, a queixa somente poderá ser exercida pelo ofendido, pois, de acordo com o art. 5º, I, Código Civil, com essa idade se adquire plena capacidade para o exercício de qualquer direito, inclusive a prática de atos processuais, sem interferência de curador ou representante legal. Dessa maneira, tem-se a seguinte sistemática: (i) se menor de 18, só o representante legal pode oferecer a queixa; (ii) se maior de 18, mas doente mental, *idem*; (iii) quando maior de 18, só o ofendido poderá fazer uso do direito de oferecer a queixa-crime.

Convém observar que, para o menor de 18, não se inicia o prazo decadencial a partir do conhecimento da autoria, mas da data em que completar a maioridade, pois não tem sentido começar a fluir prazo para o exercício de um direito que ainda não pode ser exercido. Haverá, nessa hipótese, dois prazos decadenciais: um para o ofendido, a partir dos 18 anos, e outro para o representante legal, a contar do conhecimento da autoria, nos termos da Súmula 594 do STF. Completando 18 anos, cessa imediatamente o direito de o representante legal ofertar a queixa, ainda que não decorrido seu prazo decadencial.

No caso de morte do ofendido, ou de declaração de ausência, o direito de queixa, ou de dar prosseguimento à acusação, passa a seu cônjuge, ascendente, descendente ou irmão (CPP, art. 31). A doutrina, seguida pela jurisprudência, tem considerado o rol como taxativo e preferencial, de modo que não pode ser ampliado (como, p. ex., para incluir o curador do ausente). No tocante aos companheiros reunidos pelo laço da união estável, tem-se que a CF, em seu art. 226, § 3º, reconhece expressamente a união estável entre o homem e a mulher como entidade familiar. Assim, no conceito de cônjuge, devem ser incluídos os companheiros. Não se trata aqui de interpretação extensiva da norma penal, ou seja, de analogia *in malam partem*, mas, sim, de mera declaração do seu conteúdo, de acordo com o preceito constitucional. Exercida a queixa pela primeira das pessoas constantes do rol do art. 32, as demais se acham impedidas de fazê-lo, só podendo assumir a ação no caso de abandono pelo querelante, desde que o façam no prazo de sessenta dias, observada a preferência do art. 36 do CPP, sob pena de perempção (CPP, art. 60, II).

As fundações, associações e sociedades legalmente constituídas podem promover a ação penal privada, devendo, entretanto, ser representadas por seus diretores, ou pessoas indicadas em seus estatutos (CPP, art. 37). O Ministério Público não tem legitimidade para a propositura dessa ação penal, pois o Estado a outorgou extraordinariamente à vítima, atento ao fato de que, em determinados crimes, o *strepitus judicii* (escândalo do processo) pode ser muito mais prejudicial ao seu interesse do que a própria impunidade do culpado.

11.7.4. Princípio da oportunidade ou conveniência

O ofendido tem a faculdade de propor ou não a ação de acordo com a sua conveniência, ao contrário da ação penal pública, informada que é pelo princípio da legalidade, segundo o qual não é dado ao seu titular, quando da sua propositura, ponderar qualquer critério de oportunidade e conveniência. Diante disto, se a autoridade policial se deparar com uma situação de flagrante delito de ação privada, ela só poderá prender o agente se houver expressa autorização do particular (CPP, art. 5º, § 5º).

11.7.5. Princípio da disponibilidade

Na ação privada, a decisão de prosseguir ou não até o final é do ofendido. É uma decorrência do princípio da oportunidade. O particular é o exclusivo titular dessa ação, porque o Estado assim o desejou, e, por isso, é-lhe dada a prerrogativa de exercê-la ou não, conforme suas conveniências. Mesmo o fazendo, ainda lhe é possível dispor do conteúdo do processo (a relação jurídica material) até o trânsito em julgado da sentença condenatória, por meio do perdão ou da perempção (CPP, arts. 51 e 60, respectivamente).

11.7.6. Princípio da indivisibilidade

Previsto no art. 48 do CPP. O ofendido pode escolher entre propor ou não a ação. Não pode, porém, optar dentre os ofensores qual irá processar. Ou processa todos, ou não processa nenhum. O Ministério Público não pode aditar a queixa para nela incluir os outros ofensores, porque estaria invadindo a legitimação do ofendido. Em sentido contrário, entendendo que o aditamento é possível, com base no art. 46, § 2º, do CPP: Tourinho Filho, *Processo penal*, cit., v. 1, p. 383. No caso, a queixa deve ser rejeitada em face da ocorrência da renúncia tácita no tocante aos não incluídos, pois esta causa extintiva da punibilidade se comunica aos querelados (CPP, art. 49). Convém notar que, na hipótese de não ser conhecida a identidade do coautor ou partícipe do crime de ação penal privada, não será possível, evidentemente, a sua inclusão na queixa. Nesse caso, não se trata de renúncia tácita, com a consequente extinção da punibilidade de todos os demandados, porque a omissão não decorreu da vontade do querelante. Tão logo se obtenham os dados identificadores necessários, o ofendido deverá promover o aditamento ou, então, conforme a fase do processo, apresentar outra queixa contra o indigitado, sob pena de, agora sim, incorrer em renúncia tácita extensiva a todos.

11.7.7. Princípio da intranscendência

Significa que a ação penal só pode ser proposta em face do autor e do partícipe da infração penal, não podendo se estender a quaisquer outras pessoas. Decorrência lógica do princípio consagrado no art. 5º, XLV, da Constituição Federal.

11.8. Ação penal privada: espécies

11.8.1. Exclusivamente privada, ou propriamente dita

Pode ser proposta pelo ofendido, se maior de 18 anos e capaz; por seu representante legal, se o ofendido for menor de 18 anos; ou, no caso de morte do ofendido ou declaração de ausência, pelo seu cônjuge, ascendente, descendente ou irmão (CPP, art. 31).

11.8.2. Ação privada personalíssima

Sua titularidade é atribuída única e exclusivamente ao ofendido, sendo o seu exercício vedado até mesmo ao seu representante legal, inexistindo, ainda, sucessão por morte ou ausência. Assim, falecendo o ofendido, nada há que se fazer a não ser aguardar a extinção da punibilidade do agente. É, como se vê, um direito personalíssimo e intransmissível. Inaplicáveis, portanto, os arts. 31 e 34 do CPP. Há entre nós apenas um caso dessa espécie de ação penal: crime de induzimento a erro essencial ou ocultação de impedimento, previsto no CP, no capítulo "Dos Crimes contra o Casamento", art. 236, parágrafo único.

No caso de ofendido incapaz, seja em virtude da pouca idade (menor de 18 anos), seja em razão de enfermidade mental, a queixa não poderá ser exercida, haja vista a incapacidade processual do ofendido (incapacidade de estar em juízo) e a impossibilidade de o direito ser manejado por representante legal ou por curador especial nomeado pelo juiz. Resta ao ofendido apenas aguardar a cessação da sua incapacidade. Anote-se que a decadência não corre contra ele simplesmente porque está impedido de exercer o direito de que é titular.

11.8.3. Subsidiária da pública

Proposta nos crimes de ação pública, condicionada ou incondicionada, quando o Ministério Público deixar de fazê-lo no prazo legal. É a única exceção, prevista na própria Constituição Federal, à regra da titularidade exclusiva do Ministério Público sobre a ação penal pública (CF, arts. 5º, LIX, e 129, I).

Só tem lugar no caso de inércia do Ministério Público, jamais na hipótese de arquivamento, conforme entendimento atualmente pacífico do STF e STJ. A Constituição Federal diz que "será admitida ação privada nos crimes de ação pública, se esta não for intentada no prazo legal" (art. 5º, LIX), e o Código de Processo Penal repete essa fórmula, com alguns acréscimos. Daí se depreende o cabimento da ação privada subsidiária somente quando houver inércia do órgão ministerial, e não quando este agir, requerendo sejam os autos de inquérito policial arquivados, porque não identificada a hipótese legal de atuação. Deve-se aplicar o disposto na Súmula 524 do STF, segundo a qual: "Arquivado o inquérito policial, por despacho do juiz, a requerimento do promotor de justiça, não pode a ação penal ser iniciada sem novas provas". Assim, uma vez arquivado o inquérito, somente novas provas poderão reavivá-lo, não sendo possível ao ofendido, por meio da ação subsidiária, pretender dar seguimento à persecução penal.

11.8.4. Ação penal secundária

É aquela em que a lei estabelece um titular ou uma modalidade de ação penal para determinado crime, mas, mediante o surgimento de circunstâncias especiais, prevê, secundariamente, uma outra ação para aquela mesma infração. Por exemplo: o crime de injúria (art. 140 do CP) é de ação penal privada, mas pode se tornar de ação penal pública condicionada caso envolva injúria racial (art. 145, parágrafo único, do CP).

11.9. Crimes de ação penal privada no Código Penal

(i) Calúnia, difamação e injúria (arts. 138, 139 e 140, *caput*), salvo as restrições do art. 145;

(ii) Alteração de limites, usurpação de águas e esbulho possessório, quando não houver violência e a propriedade for privada (art. 161, § 1º, I e II);

(iii) Dano, mesmo quando cometido por motivo egoístico ou com prejuízo considerável para a vítima (art. 163, *caput*, parágrafo único, IV);

(iv) Introdução ou abandono de animais em propriedade alheia (art. 164 c/c o art. 167);

(v) Fraude à execução (art. 179 e parágrafo único);

(vi) Violação de direito autoral, usurpação de nome ou pseudônimo alheio, salvo quando praticados em prejuízo de entidades de direito (arts. 184 a 186);

(vii) Induzimento a erro essencial e ocultação de impedimento para fins matrimoniais (art. 236 e seu parágrafo); e

(viii) Exercício arbitrário das próprias razões, desde que praticado sem violência (art. 345, parágrafo único).

11.10. Prazo da ação penal privada

O ofendido ou seu representante legal poderão exercer o direito de queixa dentro do prazo de seis meses, contado do dia em que vierem a saber quem foi o autor do crime (CPP, art. 38). O próprio art. 38 deixa entrever a possibilidade de haver exceções à regra, as quais de fato existem: (i) no crime de induzimento a erro essencial e ocultação de impedimento: seis meses, contados a partir do trânsito em julgado da sentença que, por motivo de erro ou impedimento, anule o casamento (CP, art. 236, parágrafo único); (ii) nos crimes de ação privada contra a propriedade imaterial que deixar vestígios, sempre que for requerida a prova pericial: trinta dias, contados da homologação do laudo pericial (CPP, art. 529, *caput*, o qual, por ser regra especial, prevalece sobre a norma geral do art. 38 do mesmo Código). Nesta última hipótese, embora o prazo decadencial seja de trinta dias a contar da homologação do laudo, não poderá também ser excedido o de seis meses do conhecimento da autoria, caso contrário o termo inicial ficaria sempre sob o controle exclusivo do ofendido, o qual decidiria quando requerer a busca e apreensão dos objetos que constituem o corpo do delito. Assim, dentro do prazo decadencial de seis meses, o interessado deverá requerer a busca e apreensão, obter a sua homologação e, trinta dias após, oferecer a queixa. Se perder esse prazo de trinta dias, poderá requerer novas diligências, daí advindo novo prazo de trinta dias para o exercício do direito de queixa, desde que não ultrapassado o limite decadencial de seis meses.

Questão interessante consiste em saber se os trinta dias se contam da decisão homologatória do laudo ou da intimação dessa sentença. Sempre que se fala genericamente em prazo de "trinta dias a contar da homologação", fica a dúvida: está-se querendo dizer trinta dias a contar da intimação ou a frase deve ser interpretada "ao pé da letra"? No processo penal moderno não podem existir prazos automáticos, não se admitindo se inicie um lapso temporal sem que a parte interessada tenha inequívoca ciência. Admitir o contrário implicaria afrontar o princípio do contraditório. Por essa razão, o trintídio somente principia a partir da intimação do ato de homologação da perícia.

O prazo é decadencial, conforme a regra do art. 10 do CP, computando-se o dia do começo e excluindo-se o dia final. Do mesmo modo, não se prorroga em face de domingo, feriado e férias, sendo inaplicável o art. 798, § 3º, do CPP. Assim, se o termo final do prazo cair em sábado, domingo ou feriado, o ofendido, ou quem deseje, por ele, propor a ação, deverá procurar um juiz que se encontre em plantão e submeter-lhe a queixa-crime. Nunca poderá aguardar o primeiro dia útil, como faria se o prazo fosse prescricional.

Ao completar 18 anos, salvo se doente mental, somente o ofendido poderá exercer o direito de queixa ou de representação. Como informado, para o processo penal, portanto, só existe o absolutamente incapaz, menor de 18 anos, e o capaz, maior de 18.

No caso de ofendido menor de 18 anos, o prazo da decadência só começa a ser contado no dia em que ele completar esta idade, e não no dia em que ele tomou conhecimento da autoria. No caso de morte ou ausência do ofendido, o prazo decadencial de seis meses começará a correr a partir da data em que qualquer dos sucessores elencados no art. 31 do CPP tomar conhecimento da autoria (CPP, art. 38, parágrafo único), exceto se, quando a vítima morreu, já tinha se operado a decadência. O prazo decadencial é interrompido no momento do *oferecimento da queixa*, pouco importando a data de seu recebimento.

Tratando-se de ação penal privada subsidiária, o prazo será de seis meses a contar do encerramento do prazo para o Ministério Público oferecer a denúncia (CPP, art. 29).

Na hipótese de crime continuado, o prazo incidirá isoladamente sobre cada crime, iniciando-se a partir do conhecimento da respectiva autoria (despreza-se a continuidade delitiva para esse fim). No crime permanente, o prazo começa a partir do primeiro instante em que a vítima tomou conhecimento da autoria, e não a partir do momento em que cessou a permanência (não se aplica, portanto, a regra do prazo prescricional). Finalmente, nos crimes habituais, inicia-se a contagem do prazo a partir do último ato.

Lembre-se de que o pedido de instauração de inquérito (CPP, art. 5º, § 5º) não interrompe o prazo decadencial. Assim, o ofendido deverá ser cauteloso e requerer o início das investigações em um prazo tal que possibilite a sua conclusão e o oferecimento da queixa no prazo legal. O Código usa a palavra "queixa" em seu sentido técnico, como ato processual que dá início à ação penal.

11.11. Distinção entre prazo penal e prazo processual

Todo prazo cujo decurso levar à extinção do direito de punir será considerado penal. Assim, por exemplo: o prazo decadencial de seis meses, a contar do conhecimento da autoria pelo ofendido ou seu representante legal, para o oferecimento da queixa ou da representação: embora se trate de prazo para a realização de um ato processual, seu fluxo levará à extinção da punibilidade, pois sem a queixa ou a representação torna-se impossível a instauração do processo e, por conseguinte, a satisfação da pretensão punitiva pelo Estado. Como não é possível dar início à persecução penal, jamais será imposta qualquer sanção ao infrator, de maneira que, de forma indireta, a decadência acarreta a extinção da punibilidade, já que a inviabiliza. Só pode, portanto, ter natureza penal. Outro exemplo é o prazo de trinta dias para o querelante dar andamento à ação exclusivamente privada ou à personalíssima, sob pena de extinção da punibilidade pela perempção (CPP, art. 60, I): embora o instituto, aparentemente, tenha relação com o processo, como sua consequência afeta o *jus puniendi*, tal prazo também será contado de acordo com a regra do art. 10 do CP. É ainda a hipótese do prazo de sessenta dias para que o cônjuge, ascendente, descendente ou irmão sucedam o querelante morto na ação penal exclusivamente privada, sob pena de perempção (CPP, art. 60, II). Em contrapartida, na hipótese do prazo decadencial de seis meses para que o ofendido ou seu representante legal proponham a ação penal privada subsidiária da pública, o qual começa a correr a partir do término do prazo para o Ministério Público oferecer a denúncia (CF, art. 5º, LIX, e CPP, art. 29), tem ele natureza processual e será contado de acordo com a regra do art. 798, § 1º, do CPP, excluindo-se o dia do começo (tem início a partir do primeiro dia útil subsequente — Súmula 310 do STF), computando-se o do final e prorrogando-se quando terminar em domingo ou feriado. Isto porque o decurso do prazo decadencial não acarreta a extinção da punibilidade, já que o MP poderá, a qualquer tempo antes da prescrição, oferecer a denúncia.

Jurisprudência

- INÉRCIA MINISTERIAL. "Sendo o crime de natureza pública incondicionada, o particular só tem legitimidade para oferecer queixa-crime e interpor recurso caso o Ministério Público, titular da ação penal, se mantenha inerte, o que não restou comprovado nos autos" (TJ-MG Rec. em Sentido Estrito 10362180030714001/MG, Rel. Júlio Cezar Guttierrez, *DJe* 29-1-2020).

Questões

1. Qual o conceito do princípio da obrigatoriedade da ação penal pública?
2. Enumere os crimes de ação penal privada presentes no Código Penal.
3. Qual é a distinção entre prazo penal e prazo processual?

12. DENÚNCIA E QUEIXA

12.1. Conceito

Peça acusatória iniciadora da ação penal, consistente em uma exposição por escrito de fatos que constituem, em tese, ilícito penal, com a manifestação expressa da vontade de que se aplique a lei penal a quem é presumivelmente seu autor e a indicação das provas em que se alicerça a pretensão punitiva. A denúncia é a peça acusatória inaugural da ação penal pública (condicionada ou incondicionada) (CPP, art. 24); a queixa, peça acusatória inicial da ação penal privada.

12.2. Requisitos: art. 41 do CPP

(i) Descrição do fato em todas as suas circunstâncias: a descrição deve ser precisa, não se admitindo a imputação vaga e imprecisa, que impossibilite ou dificulte o exercício da defesa. O autor deve incluir na peça inicial todas as circunstâncias que cercaram o fato, sejam elas elementares ou acidentais, que possam, de alguma forma, influir na apreciação do crime e na fixação e individualização da pena. Se a deficiência na narrativa não impedir a compreensão da acusação, a denúncia deve ser recebida. A omissão de alguma circunstância acidental (não constitutiva do tipo penal) não invalida a queixa ou a denúncia, podendo ser suprida até a sentença (CPP, art. 569).

Na hipótese de concurso de agentes, a denúncia deve especificar a conduta de cada um. Assim, no caso de coautoria e participação, deverá ser descrita, individualmente, a conduta de cada um dos coautores e partícipes. Todavia, essa providência nem sempre é possível, o que tem levado os tribunais a admitir a narração genérica da conduta dos coautores e dos partícipes, devendo o autor apenas deixar bem clara a existência das elementares do concurso de agentes (CP, art. 29).

No caso dos crimes de autoria coletiva, o STJ vem entendendo que, quando a acusação não tem elementos para especificar a conduta de cada coautor e partícipe, a fim de não inviabilizar a persecução penal, é possível fazer uma narração genérica do fato, sem descrever a conduta de cada um, uma vez que a inaugural poderá ser emendada até a sentença condenatória.

Na mesma linha, o STF já decidiu que, desde que permitam o exercício do direito de defesa, as eventuais omissões da denúncia, quanto aos requisitos do art. 41 do CPP, não implicam necessariamente a sua inépcia, certo que podem ser supridas a todo tempo, antes da sentença final (CPP, art. 569). Assim, nos crimes de autoria coletiva, a jurisprudência da Corte não tem exigido a descrição pormenorizada da conduta de cada acusado. Convém frisar, no entanto, que a peça acusatória não pode, a pretexto de ser genérica, omitir os mais elementares requisitos que demonstrem estar presentes as indispensáveis condições para a *causa petendi*. A atenuação do rigorismo do art. 41 do CP não implica admitir-se denúncia que nem de longe demonstre a ação ou omissão praticada pelos agentes, o nexo de causalidade com o resultado danoso ou qualquer elemento indiciário de culpabilidade. Nesse sentido, já decidiu o STF, ao tratar dos delitos societários quando determinou que descrever genericamente a conduta do tipo ofende o princípio da ampla defesa e do contraditório. Premente se faz a individualização da conduta, bem como o apontamento do nexo de causalidade entre os dois elementos.

Discute-se na doutrina a possibilidade de ser oferecida denúncia alternativa, que é aquela que atribui ao réu mais de uma conduta penalmente relevante de forma alternada, de modo que, se uma delas não ficar comprovada, o réu poderá ser condenado subsidiariamente pela outra. Por exemplo: o agente, indiciado por roubo, nega esse crime, mas confessa ter adquirido a *res*, sabendo de sua origem ilícita. Nesse caso, a denúncia alternativa descreve o roubo, afirmando que, na hipótese de o mesmo não ficar provado, o indiciado deverá ser condenado por receptação dolosa, a qual vem narrada na petição de modo subsidiário, ficando como uma segunda opção para o juiz. Desse modo, o acolhimento de uma imputação implicará a rejeição da outra e vice-versa, abrindo-se um rol de alternativas para o magistrado, com a observação de que a coisa julgada se estenderá sobre todos os delitos imputados alternativamente, sendo impossível novo processo pelo delito no qual operou-se a absolvição.

Há duas posições a respeito: (i) Para Grinover, Scarance e Magalhães[56], a denúncia alternativa não pode ser aceita, pois torna a acusação incerta, dificultando muito, e às vezes até inviabilizando, o exercício da defesa. Nesse mesmo sentido posicionam-se a Súmula 1 das Mesas de Processo Penal da USP e a jurisprudência mais recente. (ii) Em sentido contrário, Afrânio Silva Jardim[57].

Nosso entendimento: correta a primeira posição, pois para que se realize a ampla defesa não se concebe uma pluralidade de acusações alternativas, impossibilitando o réu de saber do que está sendo acusado.

(ii) Qualificação do acusado ou fornecimento de dados que possibilitem sua identificação: qualificar é apontar o conjunto de qualidades pelas quais se possa identificar o denunciado, distinguindo-o das demais pessoas. A qualificação é prescindível, desde que seja possível obter-se a identidade física do acusado, por traços característicos ou outros dados. Veja, a propósito, o disposto no CPP, art. 259.

(iii) Classificação jurídica do fato: a correta classificação do fato imputado não é requisito essencial da denúncia, pois não vincula o juiz, que poderá dar àquele definição jurídica diversa. O juiz só está adstrito aos fatos narrados na peça acusatória (CPP, arts. 383 e 384). O autor deverá indicar o dispositivo legal em que se subsome o fato imputado, não bastando a simples menção ao *nomen iuris* da infração. O demandado defende-se dos fatos a ele imputados, não da sua tipificação legal. Por isso, a classificação jurídica da conduta pode ser alterada até a sentença, quer por aditamento da peça inicial (CPP, art. 569), quer por ato do juiz (CPP, art. 383) ou do Ministério Público (CPP, art. 384). Se, em consequência de definição jurídica diversa, houver possibilidade de proposta de suspensão condicional do processo (art. 89 da Lei n. 9.099/95), o juiz procederá de acordo com o disposto nessa lei (CPP, art. 383, § 1º). A Lei traz, portanto, de forma expressa, a orientação sedimentada na Súmula 337 do STJ: "É cabível a suspensão condicional do processo na desclassificação do crime e na procedência parcial da pretensão punitiva". "Tratando-se de infração da competência de outro juízo, a este serão encaminhados os autos" (CPP, art. 383, § 2º).

Dessa forma, o juiz não deve rejeitar a peça inicial por entender errada a classificação do crime. Igualmente, ele não poderá receber a denúncia ou a queixa dando aos fatos nova capitulação, pois o poder de classificá-los, neste momento processual, é dos

---

56. *As nulidades no processo penal*, cit., 2. ed., p. 79.
57. *Ação penal pública* — princípio da obrigatoriedade, p. 108.

respectivos titulares. Tal providência deverá ser adotada por ocasião dos já citados no CPP, arts. 383 e 384, que tratam, respectivamente, da *emendatio* e da *mutatio libelli*.

(iv) Rol de testemunhas (se houver): o Código deixa claro que o arrolamento de testemunhas é facultativo. Todavia, o momento adequado para arrolar testemunhas, consoante o disposto no art. 41, é o da propositura da ação, não podendo a omissão ser suprida depois, por ter incidido o fenômeno da preclusão. Em regra, as provas devem ser propostas com a peça acusatória, ou, então, ao final da audiência de instrução, quando as partes "poderão requerer diligências cuja necessidade se origine de circunstâncias ou fatos apurados na instrução" (CPP, art. 402).

(v) Pedido de condenação: não precisa ser expresso, bastando que esteja implícito na peça.

(vi) O endereçamento da petição: o endereçamento equivocado não impede o recebimento da denúncia, tratando-se de mera irregularidade sanável com a remessa ou recebimento dos autos pelo juízo competente.

(vii) O nome, o cargo e a posição funcional do denunciante.

(viii) A assinatura: a falta de assinatura não invalida a peça, se não houver dúvidas quanto à sua autenticidade.

Enfim, nada obsta, ao contrário, tudo recomenda, que se apliquem à hipótese os requisitos do CPC, art. 319, por força do art. 3º do CPP.

Além dos requisitos acima elencados, comuns à queixa e à denúncia, aquela apresenta, ainda, pressupostos específicos, que deverão ser observados pelo querelante:

(i) O ofendido poderá exercer a queixa pessoalmente, desde que possua capacidade postulatória. Caso contrário, deverá fazê-lo por meio de procurador, dotado de poderes especiais, ou seja, que extrapolam os poderes gerais para o foro (estes, outorgados através da cláusula *ad judicia*). Da procuração deverão constar expressamente os poderes especiais do procurador, o nome do *querelado* e a menção ao fato criminoso que a ele se imputará (CPP, art. 44). As irregularidades que porventura ocorrerem na procuração considerar-se-ão sanadas se o querelante também assinar a queixa. A finalidade de a procuração outorgada pelo querelante conter o nome do querelado e a descrição do fato criminoso é a de fixar eventual responsabilidade por denunciação caluniosa no exercício do direito de queixa. A assinatura do querelante na queixa, em conjunto com seu advogado, isentará o procurador de responsabilidade por eventual imputação abusiva, não sendo, nessa hipótese, necessária procuração.

(ii) Se dependerem de diligências que devam ser requeridas em juízo, serão dispensadas as exigências quanto ao nome do querelado e à menção ao fato criminoso (CPP, art. 44, parte final).

→ **ATENÇÃO:** tratando-se de simples erro periférico, sem qualquer relevância, o juiz deverá receber, desde logo, a denúncia, até porque a incorreção, a par de não comprometer o esclarecimento da verdade, é passível de ser corrigida até a prolação da sentença, nos termos do art. 569 do CPP.

Jurisprudência

- REQUISITOS DA DENÚNCIA. "Toda denúncia necessita preencher os requisitos do art. 41 do CPP, devendo conter a exposição do fato criminoso, com todas as suas circunstâncias, a qualificação do acusado ou esclarecimentos pelos quais se possa identificá-lo, a classificação do crime e, quando necessário, o rol das testemunhas. 2. Não obstante o Ministério Público tenha descrito o fato criminoso, deixou de mencionar como os denunciados teriam concorrido para a prática delitiva, abstendo-se de trazer a descrição clara e precisa da conduta criminosa imputada a cada qual, não havendo elementos mínimos que permitam concluir quais foram os atos individualmente praticados (...)" (STJ, RHC 141.139/BA, Rel. Min. Olindo Menezes (Desembargador convocado do TRF 1ª Região), 6ª Turma, DJe 21-5-2021).

12.3. Omissões

Podem ser supridas até a sentença (CPP, art. 569). O artigo em tela confere ao Ministério Público, além da prerrogativa de retificar dados acidentais da denúncia, o direito de aditá-la a qualquer momento, até a sentença, para incluir no processo novos acusados, ou para imputar aos existentes novos delitos. Em qualquer caso, providências deverão ser tomadas para assegurar a observância de todas as garantias do devido processo legal, tais como nova citação, reabertura da instrução, quando esta já estiver concluída, ou mesmo abertura de vista à parte para manifestar-se a respeito de algum documento que se tenha juntado.

As falhas e as omissões da queixa no tocante a formalidades secundárias também poderão ser sanadas a qualquer tempo, até a sentença. Há, todavia, entendimentos contrários, segundo os quais tais irregularidades só podem ser retificadas enquanto não fluir o prazo decadencial.

Quanto a eventual inépcia da denúncia, tal vício deverá ser arguido até a sentença condenatória, sob pena de preclusão.

12.4. Prazo para a denúncia (CPP, art. 46)

Em regra, quinze dias, se o indiciado estiver solto, e cinco dias, se estiver preso. O excesso de prazo não invalida a denúncia, só provocando o relaxamento da prisão, no caso de indiciado preso, bem como a imposição de sanção administrativa ao promotor desidioso, autorizando, ainda, o exercício da ação privada subsidiária, por parte do ofendido, ou por quem o represente. Será de dez dias, no caso de crime eleitoral, dois dias para crime contra a economia popular e dez dias para crime previsto na Lei de Drogas (cf. art. 54 da Lei n. 11.343/2006). Ressalve-se que esse prazo para oferecimento da denúncia não se aplica à infração prevista no art. 28 da lei, pois, nessa hipótese, o agente será processado e julgado na forma dos arts. 60 e seguintes da Lei n. 9.099/95, que dispõem sobre os Juizados Especiais Criminais, salvo se houver concurso com os crimes nos arts. 33 a 37 (cf. art. 48, § 1º). Quando o Ministério Público dispensar o inquérito, o prazo para o oferecimento da denúncia contar-se-á do recebimento das peças de informação ou da representação que contiver os elementos indispensáveis à propositura da ação penal.

12.5. Prazo para a queixa (CPP, art. 38)

Seis meses, contados do dia em que o ofendido vier a saber quem é o autor do crime. Trata-se de prazo de direito material (decadencial), computando-se o dia do começo, excluindo-se o dia do final, e não se admite prorrogação. No caso de ação privada subsidiária, o prazo será de seis meses, a contar do esgotamento do prazo para o oferecimento da denúncia (CPP, art. 38 c/c o art. 29). Para os sucessores, em caso de morte ou de ausência do ofendido, o prazo é o mesmo, conforme o art. 38, parágrafo único, do CPP.

12.6. Aditamento da queixa

O Ministério Público pode aditar a queixa para nela incluir circunstâncias que possam influir na caracterização do crime e na sua classificação, ou ainda na fixação da pena (dia, hora, local, meios, modos, motivos, dados pessoais do querelado etc.) (CPP, art. 45). Não poderá, entretanto, aditar a queixa para imputar aos querelados novos crimes, ou para nela incluir outros ofensores, além dos já existentes, pois desse modo estaria invadindo a legitimidade do ofendido, que optou por não processar os demais. Nesse caso, opera-se a renúncia tácita do direito de queixa, com a extinção da punibilidade dos que não foram processados (CP, art. 107, V, primeira parte), que se estende a todos os querelados, por força do princípio da indivisibilidade da ação penal (não quis processar um, não pode processar ninguém) (CPP, art. 49), desde que a exclusão de um ou de alguns dos ofensores tenha sido feita injustificadamente.

Na hipótese de não ser conhecida a identidade do coautor ou partícipe do crime de ação penal privada, não será possível, evidentemente, a sua inclusão na queixa. Nesse caso não se trata de renúncia tácita, com a consequente extinção da punibilidade de todos os demandados, porque a omissão não decorreu da vontade do querelante. Tão logo se obtenham os dados identificadores necessários, o ofendido deverá promover o aditamento ou, então, conforme a fase do processo, apresentar outra queixa contra o indigitado, sob pena de, agora sim, incorrer em renúncia tácita extensiva a todos. Omitindo-se, se o processo estiver em andamento, o juiz ou tribunal imediatamente julgará extinta a punibilidade dos querelados, nos termos do art. 107, V, primeira parte, do CP (CPP, art. 61, *caput*); se já tiver havido condenação transitada em julgado, os prejudicados poderão ingressar com revisão criminal, nos termos do art. 621, III, parte final, do CPP, porque se a lei admite a rescisão parcial do julgado ante circunstância que autorize a diminuição da pena, por óbvio também admitirá a sua extinção, quando tal circunstância beneficiar o condenado de forma mais ampla, admitindo-se interpretação extensiva em matéria processual (CPP, art. 3º). Seria clara afronta ao princípio da indivisibilidade perpetuar-se a punição de alguns querelados, ficando outros excluídos por omissão voluntária do titular do direito de ação.

O prazo para aditamento da queixa pelo Ministério Público é de três dias, a contar do recebimento dos autos pelo órgão ministerial. Aditando ou não a queixa, o MP deverá intervir em todos os termos do processo, sob pena de nulidade (CPP, arts. 46, § 2º, e 564, III, d, segunda parte).

Tratando-se de ação penal privada subsidiária da pública, o Ministério Público poderá, além de aditar a queixa, repudiá-la, oferecendo denúncia substitutiva (CPP, art. 29).

12.7. Rejeição da denúncia ou queixa: art. 395 do CPP

A denúncia ou queixa deverá ser rejeitada quando: "I – for manifestamente inepta; II – faltar pressuposto processual ou condição para o exercício da ação penal; ou III – faltar justa causa para o exercício da ação penal" (CPP, art. 395).

12.7.1. Inépcia da denúncia ou queixa

A inépcia da denúncia ou queixa caracteriza-se pela ausência do preenchimento dos requisitos da inicial (CPP, art. 41), quais sejam: a exposição do fato criminoso, com todas as suas circunstâncias, a qualificação do acusado ou esclarecimentos pelos quais se possa identificá-lo, a classificação do crime e, quando necessário, o rol das testemunhas. Além desses requisitos, outros são apontados pela doutrina. Diante disso, é possível afirmar a inexistência de distinção entre as hipóteses de não recebimento da denúncia ou queixa pela falta dos requisitos constantes da inicial (inépcia) e os casos de rejeição da peça inicial pela ausência das condições da ação.

12.7.2. Ausência de pressuposto processual

Sobre pressupostos processuais, *vide* comentários constantes do item respectivo no Capítulo 3.

12.7.3. Ausência de condição para o exercício da ação penal

São requisitos que subordinam o exercício do direito de ação: (i) possibilidade jurídica do pedido; (ii) interesse de agir; (iii) legitimidade para agir. Ao lado dessas condições tradicionais, há outras específicas ao processo penal, ditas condições específicas de procedibilidade.

(i) Possibilidade jurídica do pedido: não havendo possibilidade jurídica do pedido, a denúncia ou queixa deverão ser rejeitadas. É a hipótese, por exemplo, em que o fato narrado evidentemente não constitui crime. Caso configure fato típico e ilícito, a denúncia deverá ser recebida, pois, nessa fase, há mero juízo de prelibação. O juiz não deve efetuar um exame aprofundado de prova, deixando para enfrentar a questão por ocasião da sentença. A existência ou não de crime passará a constituir o próprio mérito da demanda, e a decisão fará, por conseguinte, coisa julgada material.

Entretanto, caso o fato narrado evidentemente não constitua crime, isto é, à primeira vista já se nota que se trata de fato atípico ou acobertado por excludente de ilicitude, sendo desnecessário aguardar-se a dilação probatória, a denúncia não poderá ser recebida, pois haverá autêntica *impossibilidade jurídica do pedido*. Nesse caso, falta uma condição da ação; o pedido não passa sequer pelo juízo sumário da prelibação. A regra é manifestação específica do princípio da reserva legal, positivado no art. 5º, XXXIX, da CF e no art. 1º do CP.

(ii) Interesse de agir: também haverá a rejeição da denúncia ou queixa quando faltar interesse de agir. Assim, o autor não terá qualquer razão para recorrer à tutela jurisdicional de um direito que já pereceu. É a hipótese em que, por exemplo, já estiver extinta a punibilidade pela prescrição ou outra causa. Nas situações em que for evidente a existência de circunstância autorizadora do perdão judicial, como em um homicídio culposo provocado por imprudência, no qual a vítima era filho do denunciado, o juiz deve, de plano, rejeitar a denúncia, com base no disposto no art. 395, II, do CPP. É que, de acordo com entendimento pacífico do STJ, a sentença que concede o perdão é declaratória da extinção da punibilidade (Súmula 18). Ora, se a sentença é declaratória, a punibilidade já estava extinta desde a consumação do crime, sendo apenas reconhecida por ocasião do pronunciamento jurisdicional. Assim, nada justifica fique o autor sujeito ao vexame e dissabores inerentes ao processo criminal, quando este já se encontra irremediavelmente "marcado para morrer". Ademais, sendo o perdão judicial causa extintiva da punibilidade (CP, art. 107, IX), e dispondo o CPP que "em qualquer fase do processo, o juiz, se reconhecer extinta a punibilidade, deverá declará-lo de ofício" (art. 61, *caput*), infere-se que o art. 395, II, do estatuto adjetivo penal permite a prolação dessa interlocutória mista terminativa, devendo a expressão "fase do processo" ser interpretada no sentido de "fase da persecução penal".

(iii) Legitimidade para agir: o Ministério Público, como órgão estatal incumbido de promover a persecução penal em juízo, detém a legitimação ordinária para a propositura da ação penal pública, enquanto o ofendido é o legitimado extraordinário para a ação penal privada, atuando como verdadeiro substituto processual (a verdadeira parte legítima é o Estado).

> **Nosso entendimento:** caso o MP ofereça queixa, em ação privada, ou o ofendido denuncie alguém, na ação pública, a peça acusatória não será recebida, em face da impertinência subjetiva da ação. Entendemos que se trata de ilegitimidade ativa, pois a passiva (se o denunciado ou querelado foi ou não o verdadeiro autor) é questão de mérito.

Ainda na análise da **legitimidade ativa na ação privada**, há que se atentar para as diversas espécies desse tipo de ação: **(i) na ação privada exclusiva, ou propriamente dita:** legitimados serão o ofendido, o seu representante legal, conforme o caso, ou os sucessores daquele, em caso de morte ou ausência; **(ii) na ação privada subsidiária:** as mesmas pessoas, desde que haja inércia do órgão ministerial; **(iii) na ação privada personalíssima:** só pode ser promovida pelo ofendido e por ninguém mais.

Haverá também ilegitimidade quando um menor de 18 anos ingressar com a queixa, em uma ação privada. Nesse caso, opera-se a chamada ilegitimidade *ad processum* (incapacidade processual, isto é, para estar em juízo).

(iv) Condição de procedibilidade exigida por lei: São as *condições específicas de procedibilidade*, ao lado das tradicionais condições exigidas pela lei, sem as quais haverá a rejeição da denúncia ou queixa. São elas: a representação do ofendido ou a requisição do ministro da justiça, nos crimes de ação penal pública condicionada; a entrada do agente em território nacional, nos crimes tratados nas letras *a* e *b* do inciso II e no § 3º do art. 7º do CP; o trânsito em julgado da sentença que, por motivo de erro ou impedimento, anule o casamento; a autorização da Câmara dos Deputados para instauração de processo por crime comum ou de responsabilidade do presidente da República; o exame pericial de que trata o art. 525 do CPP etc.

Por fim, entende-se que se a rejeição da denúncia ou queixa ocorrer pela manifesta ilegitimidade da parte ou pela ausência de condição de procedibilidade, nada impedirá que seja proposta nova ação, desde que preenchidos os requisitos legais.

12.7.4. Ausência de justa causa para o exercício da ação penal

Consiste na ausência de qualquer elemento indiciário da existência do crime ou de sua autoria. É a justa causa, que a doutrina tem enquadrado como interesse de agir, significando que, para ser recebida, a inicial deve vir acompanhada de um suporte probatório que demonstre a idoneidade, a verossimilhança da acusação.

12.8. Fundamentação no recebimento

Para nós, o recebimento da denúncia ou queixa implica escolha judicial entre a aceitação e a recusa da acusação, tendo, por essa razão, conteúdo decisório, a merecer adequada fundamentação. É certo que o juiz deverá limitar-se a analisar a existência ou não de indícios suficientes do fato e sua autoria, sem incursionar pelo mérito, informado pelo princípio *in dubio pro societate*, mas não nos parece consentâneo com a atual ordem constitucional (art. 93, IX) dispensar toda e qualquer motivação. A jurisprudência, no entanto, tem entendido que a decisão que recebe a denúncia ou queixa não tem carga decisória e, portanto, não precisa ser fundamentada, até porque isso implicaria uma antecipação indevida do exame do mérito. Os principais fundamentos para a dispensa de motivação são: ausência de carga decisória e evitar indevida incursão antecipada no mérito. Interessante notar, porém, que o STJ tem considerado que o despacho de recebimento da denúncia ou queixa, proferido por juiz absolutamente incompetente, é ineficaz para interromper a prescrição, nos termos do art. 567, primeira parte, do CPP, uma vez que, sendo um ato decisório, só poderia gerar o efeito interruptivo, se proferido por autoridade com jurisdição para o caso. Por outro lado, em vista do princípio da convalidação, o recebimento da denúncia por parte de juízo territorialmente incompetente (incompetência relativa) tem o condão de interromper o prazo prescricional.

12.9. Recurso

Da decisão que *recebe* não cabe, em regra, qualquer recurso (pode ser impetrado *habeas corpus*, que não é recurso, mas ação de impugnação). Em crimes da competência originária dos tribunais superiores, no entanto, cabe agravo (Lei n. 8.038/90, art. 39).

Da decisão que *rejeita*, em geral, cabe recurso em sentido estrito (cf. art. 581, I, do CPP). De acordo com a Súmula 709 do STF, "Salvo quando nula a decisão de primeiro grau, o acórdão que provê o recurso contra a rejeição da denúncia vale, desde logo, pelo recebimento dela".

12.10. Absolvição sumária

Nos procedimentos ordinário e sumário, oferecida a denúncia ou queixa, o juiz: (i) analisará se não é caso de rejeição liminar (deverá avaliar todos os requisitos do art. 395); (ii) se não for caso de rejeição liminar, recebê-la-á e ordenará a citação do acusado para responder à acusação, por escrito, no prazo de dez dias (CPP, art. 396-A). Após o cumprimento do disposto no art. 396-A, e parágrafos, deste Código, o juiz deverá absolver sumariamente o acusado quando verificar: "I – a existência manifesta de causa excludente da ilicitude do fato; II – a existência manifesta de causa excludente da culpabilidade do agente, salvo inimputabilidade; III – que o fato narrado evidentemente não constitui crime; ou IV – extinta a punibilidade do agente" (CPP, art. 397).

Algumas hipóteses do art. 397 poderão, após oferecida a defesa dos arts. 396 e 396-A do CPP, dar causa à absolvição sumária do agente (CPP, art. 397, IV). São elas: (i) existência manifesta de causa excludente da ilicitude do fato; (ii) atipicidade do fato; (iii) presença de causa extintiva da punibilidade. Desse modo, se não houver inicialmente a rejeição liminar da peça inicial pela presença de uma dessas situações, o acusado poderá ainda lograr a absolvição sumária.

Ressalve-se que a sentença que declara extinta a punibilidade não adentra no mérito da ação, pois não reconhece a inocência ou culpabilidade do agente, daí por que não se pode considerá-la uma decisão absolutória. Além do que, "em qualquer fase do processo, o juiz, se reconhecer extinta a punibilidade, deverá declará-lo de ofício" (art. 61, *caput*).

12.11. Rejeição posterior da denúncia recebida

Não é possível, pois o juiz estaria concedendo ordem de *habeas corpus* sobre si mesmo, o que não se admite. Além disso, o processo é uma marcha para a frente, operando-se a preclusão lógica da matéria, com o recebimento da exordial. Caso o juiz rejeite a denúncia após tê-la recebido, essa decisão será nula.

Jurisprudência

- RECEBIMENTO POR JUÍZO INCOMPETENTE. "Conforme a jurisprudência desta Corte, o recebimento da denúncia, quando emanado de autoridade incompetente, é ato absolutamente nulo. Tendo havido o deslocamento da competência da Justiça Militar para a Justiça comum, deve ser considerado como marco interruptivo da prescrição o recebimento da denúncia pelo Juízo competente. O ato emanado de autoridade incompetente, absolutamente nulo, não produz efeito como marco interruptivo da prescrição. 2. Hipótese em que não se configura a prescrição em relação ao delito de homicídio tentado (...)" (STJ, AgRg no RHC 138.064/SP, Rel. Min. Olindo Menezes (Desembargador convocado do TRF 1ª Região), 6ª Turma, *DJe* 9-8-2021).

- SUPERVENIÊNCIA DA SENTENÇA. "(...) Conforme já esclarecido na decisão agravada, não foi demonstrada qualquer flagrante ilegalidade, em especial, porque a jurisprudência deste eg. Tribunal Superior firmou-se no sentido de que 'a superveniência de sentença condenatória torna prejudicado o pedido que buscava o trancamento da ação penal sob a alegação de falta de justa causa e inépcia da denúncia, haja vista a insubsistência do exame de cognição sumária, relativo ao recebimento da denúncia, em face da posterior sentença de cognição" (AgRg no HC 650.134/SP, Rel. Min. Felix Fischer, 5ª Turma, *DJe* 27-4-2021).

Questões

1. Qual a diferença entre denúncia e queixa-crime?
2. Quais são os requisitos que permitem o titular da ação penal pública denunciar uma pessoa?
3. É possível a rejeição posterior de denúncia recebida pelo próprio magistrado?

13. AÇÃO CIVIL *EX DELICTO*

De acordo com o disposto no art. 186 do Código Civil brasileiro, "aquele que, por ação ou omissão voluntária, negligência ou imprudência, violar direito e causar dano a outrem, ainda que exclusivamente moral, comete ato ilícito". O art. 927 do mesmo Estatuto, por sua vez, completa: "Aquele que, por ato ilícito (arts. 186 e 187), causar dano a outrem, fica obrigado a repará-lo". Daí se pode afirmar que, conquanto independentes as responsabilidades civil e criminal (CC, art. 935), quando do ilícito penal resultarem prejuízos de ordem material ou moral para a vítima, seus herdeiros ou dependentes ou para terceiros, estará caracterizado o dever de indenizar. Por essa razão, o CP prevê, em seu art. 91, I, como efeito genérico e automático (não depende de referência expressa na sentença) de toda e qualquer condenação criminal, tornar certa a obrigação de reparar o dano. Na mesma linha dispõe o CPP, art. 63, o qual assegura à vítima, ao seu representante legal ou aos seus herdeiros o direito de executar no cível a sentença penal condenatória transitada em julgado. Assim, se a instância penal reconheceu a existência de um ato ilícito, não há mais necessidade, tampouco interesse jurídico, de rediscutir essa questão na esfera civil. Se o fato constitui infração penal, por óbvio caracteriza ilícito civil, dado que este último configura grau menor de violação da ordem jurídica. Só restará saber se houve dano e qual o seu valor.

Vê-se, portanto, que a condenação penal imutável faz coisa julgada também no cível, para efeito de reparação do dano *ex delicto*, impedindo que o autor do fato renove nessa instância a discussão do que foi decidido no crime. Por ser efeito genérico da condenação, tal circunstância não precisa ser expressamente declarada na sentença penal, ao contrário dos efeitos específicos do art. 92 do CP.

A sentença penal condenatória transitada em julgado funciona como título executivo judicial no juízo cível (CPP, art. 63), possibilitando ao ofendido obter a reparação do prejuízo sem a necessidade de propor ação civil de conhecimento. Se for proposta a ação de conhecimento, no lugar da execução, o juiz deverá julgar o feito extinto sem julgamento de mérito, diante da falta de interesse de agir, pois, se já existe título executivo, não há nenhuma necessidade de rediscutir o mérito.

A lei autoriza o juiz fixar, na sentença condenatória, independentemente do pedido das partes, um valor mínimo para reparação dos danos causados pela infração, considerando os prejuízos sofridos pelo ofendido (CPP, art. 387, IV), e o art. 63, parágrafo único, permite a execução desse valor sem prejuízo da liquidação para a apuração do dano efetivamente sofrido. Com isso, pode-se afirmar que ela se tornou em parte líquida, o que possibilitou a sua execução no juízo cível, com a dispensa da liquidação para o arbitramento do valor do débito. Conforme a própria ressalva da Lei, isso, contudo, não impede que a vítima pretenda valor superior ao fixado na sentença. Nesse caso, deverá valer-se da liquidação para apuração do dano efetivamente sofrido.

Caso o réu não concorde com o valor arbitrado na sentença, deverá questioná-lo no recurso de apelação. A impugnação parcial da sentença, nesse caso, não impedirá a execução da pena. Importante notar que haverá questionamentos acerca da possibilidade de o Ministério Público impugnar a sentença no tocante à indenização fixada, sendo cabível sustentar que somente poderá fazê-lo quando legitimado a propor ação civil *ex delicto* (CPP, art. 68).

No caso de absolvição imprópria, que é aquela decisão que reconhece a prática do ilícito penal, mas impõe medida de segurança, em face da inimputabilidade do agente, não se forma o título executivo, pois a lei só fala em condenação transitada em julgado (CPP, art. 63: "*Transitada em julgado a sentença condenatória*, poderão promover-lhe a execução, no juízo cível, para o efeito da reparação do dano, o ofendido, seu representante legal ou seus herdeiros"). Na hipótese de a pena privativa de liberdade ser substituída pela pena restritiva de prestação pecuniária, não é necessária a prévia liquidação, uma vez que tal pena já implica a fixação do valor devido à vítima ou a seus dependentes, entre 1 e 360 salários mínimos, e tal quantia deve ser deduzida da futura indenização *ex delicto* (CP, art. 45, § 1º).

O CP, em diversas passagens, incentiva a reparação do dano, que constitui desde atenuante genérica, passando por requisito para a obtenção de determinados benefícios, até causa de extinção da punibilidade.

Consoante disposição expressa no CC, art. 927, "aquele que, por ato ilícito (arts. 186 e 187), causar dano a outrem, fica obrigado a repará-lo". Na mesma esteira, o art. 186 do Estatuto Civil dispõe: "Aquele que, por ação ou omissão voluntária, negligência ou imprudência, violar direito e causar dano a outrem, ainda que exclusivamente moral, comete ato ilícito". Da conjugação de ambos os dispositivos, conclui-se que não basta o cometimento do ilícito penal para que daí resulte o dever de indenizar. É imprescindível que fique demonstrado e comprovado o efetivo dano, patrimonial ou moral (extrapatrimonial). A mera violação ao direito de outrem, por si só, sem a comprovação do prejuízo, não cria o dever de indenizar. Quanto ao dano moral, sua possibilidade de reparação se encontra prevista em nível constitucional (CF, art. 5º, V e X), e pode ser objeto de liquidação, desde que se demonstre, na ação de liquidação, a violação à honra, à intimidade, à vida privada, à imagem e ao decoro da vítima, humilhando-a ou infligindo-lhe profundo sofrimento psicológico. Importante notar a ressalva do art. 186 do Código Civil, quando permite a reparação do dano, *ainda que exclusivamente moral*.

A responsabilidade civil independe da penal, de maneira que é possível o desenvolvimento paralelo e independente de uma ação penal e uma ação civil sobre o mesmo fato (CPP, art. 64, *caput*). Assim, se o ofendido ou seus herdeiros desejarem, não necessitarão aguardar o término da ação penal, podendo ingressar, desde logo, com a ação civil reparatória (processo de conhecimento). Entretanto, torna-se prejudicado o julgamento da ação civil com o trânsito em julgado da ação penal condenatória, tendo em vista o caráter de definitividade desta em relação àquela.

Na hipótese de a ação penal e a ação civil correrem paralelamente, o juiz, para evitar decisões contraditórias, poderá suspender o curso desta, até o julgamento definitivo daquela. Trata-se de faculdade do julgador, mas que, em hipótese alguma, pode exceder o prazo de um ano (CPP, art. 64, parágrafo único).

Faz coisa julgada no juízo cível a sentença penal que reconhecer ter sido o ato praticado em estado de necessidade, em legítima defesa, em estrito cumprimento de dever legal ou no exercício regular de direito (cf. art. 65 do CPP). Esses atos são penal e civilmente lícitos (respectivamente, arts. 23 do CP e 188, I, primeira parte, e II, CC).

Há duas exceções a essa regra: (i) no estado de necessidade agressivo, onde o agente sacrifica bem de terceiro inocente, este pode acioná-lo civilmente, restando ao causador do dano a ação regressiva contra quem provocou a situação de perigo (cf. arts. 929 e 930, *caput*, do CC); (ii) na hipótese de legítima defesa, onde, por erro na execução, vem a ser atingido terceiro inocente, este terá direito à indenização contra quem o atingiu, ainda que este último estivesse em situação de legítima defesa, restando-lhe apenas a ação regressiva contra seu agressor (cf. parágrafo único do art. 930 do CC).

Se o condenado no juízo penal for incapaz (p. ex., um doente mental semi-imputável, que sofreu condenação criminal, com redução de pena), somente responderá com seus bens pessoais se os seus responsáveis (p. ex., o curador sob cuja autoridade o incapaz se encontrava ao tempo do crime) não tiverem obrigação de fazê-lo ou não dispuserem de meios suficientes (CC, art. 928, *caput*). Sua responsabilidade civil é subsidiária, portanto, e, mesmo nesse caso, o valor não poderá privá-lo, ou aos seus dependentes, do necessário à subsistência. Cumpre ainda ressaltar que, se o responsável civil não participou da relação jurídica processual penal, o título executivo não se forma contra ele, pois, nessa hipótese, haveria ofensa ao princípio do devido processo legal. É o caso do patrão, que não pode sofrer execução apenas porque seu preposto sofreu condenação penal definitiva. Mesmo em se tratando de herdeiros, os quais não respondem além das forças da herança (*ultra vires hereditaris*), não se pode simplesmente liquidar o valor devido e executá-lo. Deverá ser proposta ação de conhecimento.

Também fará coisa julgada no cível a absolvição fundada nas seguintes hipóteses: (i) estar provada a inexistência do fato (art. 386, I); (ii) estar provado que o réu não concorreu para a infração penal (art. 386, IV); (iii) existirem circunstâncias que excluam o crime. Note-se que será possível o juiz absolver o réu quando presentes circunstâncias que excluam o crime, *ou quando haja fundada dúvida sobre sua existência*. No entanto, somente a primeira hipótese fará coisa julgada no cível, isto é, a certeza da existência da causa excludente da ilicitude.

De outro lado, não impedem a propositura da ação civil reparatória o despacho de arquivamento do inquérito policial ou das peças de informação, a decisão que julgar extinta a punibilidade, nem a sentença absolutória que decidir que o fato imputado não constitui crime (CPP, art. 67). Também não impede o aforamento da mencionada ação a sentença que absolver o réu com fundamento nas seguintes fórmulas, ambas do Código de Processo Penal (CPP, art. 386): (i) não haver prova da existência do fato (art. 386, II); (ii) não existir prova de ter o réu concorrido para a infração penal (art. 386, V); (iii) existirem circunstâncias que isentem o réu de pena (art. 386, VI); (iv) não existir prova suficiente para condenação (art. 386, VII).

A legitimação para a ação civil reparatória, seja a execução do título executivo penal, seja a *actio civilis ex delicto*, pertence ao ofendido, ao seu representante legal, ou aos herdeiros daquele. Contudo, se o titular do direito à reparação for pobre (CPP, art. 32, §§ 1º e 2º), a ação poderá, a seu requerimento, ser oferecida pelo Ministério Público (CPP, art. 68), somente nos locais em que não houver Defensoria Pública instituída, visto que a ela incumbe prioritariamente essa espécie de demanda, conforme decidido pelo STF.

A execução fundada em sentença penal condenatória processar-se-á perante o juízo cível competente. No juízo cível, embora a ação se funde em direito pessoal, o foro territorialmente competente não é o do domicílio do réu. O autor, nesse caso, tem o privilégio de escolher um dos foros especiais, previstos no art. 53, V, do CPC, que assim dispõe: "É competente o foro de domicílio do autor ou do local do fato, para a ação de reparação de dano sofrido em razão de delito ou acidente de veículos, inclusive aeronaves". O autor pode, portanto, fazer uso do privilégio de escolher o foro de seu domicílio ou o foro do local em que ocorreu a infração penal.

O dispositivo, na verdade, coloca três opções de foro à disposição da vítima de delito ou de dano sofrido em acidente de veículos: o de seu domicílio, o do local do fato e, regra geral, o do domicílio do réu. A eleição de qualquer um dos dois primeiros foros é privilégio renunciável em favor da regra geral do domicílio do réu[58].

Finalmente, dispõe o Código Civil, em seu art. 200, que o prazo prescricional para a *actio civilis ex delicto* não começa a correr enquanto não transitar em julgado a sentença penal condenatória. De acordo com o que dispõe o art. 206, § 3º, V, tal prazo será de três anos apenas e não começa a correr enquanto o titular do direito de ação não completa 16 anos e se torna, pelo menos, relativamente incapaz.

> → **ATENÇÃO**: segundo o STJ, "para fixação de indenização mínima por danos morais, nos termos do art. 387, IV, do CPP, não se exige instrução probatória acerca do dano psíquico ou do grau de sofrimento da vítima, bastando que conste pedido expresso na inicial acusatória, garantia suficiente ao exercício do contraditório e da ampla defesa" (STJ, AgRg no REsp 1.984.337/MS, Rel. Min. Sebastião Reis Júnior, 6ª Turma, j. 6-3-2023 e AgRg no REsp 2.029.732/MS, Rel. Min. Joel Ilan Paciornik, 5ª Turma, j. 22-8-2023).

---

58. Celso Agrícola Barbi, *Comentários ao Código de Processo Civil*, Forense, v. 1, t. II, 1977, p. 459; Pontes de Miranda, *Comentários ao Código de Processo Civil*, 2. ed., Forense, t. II, p. 361-3; e Hélio Tornaghi, *Comentários ao Código de Processo Civil*, RT, 1974, v. 1, p. 340/341, apud Amaro Alves de Almeida Neto, em *Ação reparatória "ex delicto"*, publicado pela Associação Paulista do Ministério Público, p. 21.

Questões

1. Conceitue ação civil *ex delicto*.
2. O valor fixado para fins de indenização decorrente da prática de ilícito penal pode ser ampliado na esfera cível?
3. A sentença penal faz coisa julgada no juízo cível?

14. SUJEITOS PROCESSUAIS

Sendo o processo o instrumento de realização do direito material através da atividade jurisdicional quando as partes não querem ou encontram-se impedidas de fazê-lo de modo espontâneo, o processo pressupõe ao menos a existência de três sujeitos: ordinariamente as partes da relação material (digo ordinariamente porque no lugar delas pode estar o legitimado extraordinário) e o juiz, que, substituindo-as, aplica à vida o direito substancial.

Fala-se, assim, em partes parciais — demandante e demandado — e parte imparcial — o juiz. Demandante é aquele que deduz em juízo uma pretensão, ao passo que demandado é aquele em face de quem a pretensão é deduzida.

Os sujeitos processuais subdividem-se em principais e acessórios (ou colaterais). Por principais entendem-se aqueles cuja ausência torna impossível a existência ou a complementação da relação jurídica processual; acessórios, por exclusão, são aqueles que, não sendo indispensáveis à existência da relação processual, nela intervêm de alguma forma.

Os principais são o juiz, o autor (que pode ser o Ministério Público ou o ofendido) e o acusado. Os acessórios ou colaterais são o assistente, os auxiliares da justiça e os terceiros, interessados ou não, que atuam no processo.

Dada a heterogeneidade das funções atribuídas ao Ministério Público, nem sempre ele será sujeito processual principal. Clara é a classificação de Cintra, Grinover e Dinamarco[59], cujo critério é o da finalidade: assume no processo a tutela do direito objetivo ou a defesa de uma pessoa. Em defesa de uma pessoa, estará o Ministério Público sempre que se encontrar ligado a um interesse substancial, podendo atuar como parte principal (autor ou substituto processual, e. g., titular da ação penal pública e proponente da ação civil *ex delicto* quando for pobre o ofendido, respectivamente) ou como parte secundária (assistente — art. 45 do CPP). Velando pela integridade do direito objetivo, atuará como *custos legis*, isto é, como fiscal da lei, sem se vincular aos interesses materiais contidos no processo (e. g., *habeas corpus*, mandado de segurança, direito de família, usucapião etc.).

14.1. Juiz penal

A rigor, sujeito processual não é o juiz, mas o Estado-Juiz, em nome do qual aquele atua. Como sujeito imparcial, cuja razão de estar no processo reside na realização pacífica do direito

---
[59]. *Teoria geral do processo*, cit., p. 253-4.

material penal, que, como se sabe, não pode ser voluntariamente aplicado pelas partes, o juiz coloca-se *super et inter partes*, isto é, substituindo a vontade destas e dizendo, no caso concreto, qual o direito substancial aplicável. Assim, sua maior virtude é a imparcialidade. "A qualidade de terceiro estranho ao conflito em causa é essencial à condição de juiz"[60].

O juiz, de acordo com o disposto no art. 251 do CPP, tem uma dupla função dentro da relação jurídica processual.

Vedadas que estão, em matéria penal, a autotutela e a autocomposição (digo em matéria penal porque no cível admite-se, em enorme número de casos, a autocomposição), exceção feita em casos restritos como a transação penal e os acordos de não persecução penal, o Estado assume o dever inafastável de prestar jurisdição, sempre que presentes determinadas condições, sendo defeso ao juiz, diante de um caso complexo ou incômodo, eximir-se de sentenciar (CF, art. 5º, XXXV).

Para desempenhar esse poder de interferir na esfera jurídica das pessoas, independentemente da voluntária submissão destas à decisão, a ordem jurídica confere ao juiz diversos poderes, exercidos no processo ou por ocasião dele, que nada mais são do que instrumentos para a efetiva realização da atividade jurisdicional. Podem ser:

(i) Poderes de polícia ou administrativos: exercidos por ocasião do processo, consistentes em praticar atos mantenedores da ordem e do decoro no transcorrer do processo. Para esse fim, poderá requisitar a força policial. É o que ocorre, por exemplo, nas hipóteses do art. 794 do CPP, que confere ao juiz poder de polícia para manter a ordem na audiência ou sessão; do art. 792, § 1º, que permite ao juiz limitar a publicidade de atos processuais, para evitar escândalo ou inconveniente grave; e do art. 497, o qual dispõe sobre as atribuições do juiz presidente do Tribunal do Júri, dentre as quais, a de regular a polícia das sessões e prender os desobedientes (inciso I); requisitar o auxílio da força pública, que ficará sob sua exclusiva autoridade (inciso II); dirigir os debates, intervindo em caso de abuso, excesso de linguagem ou mediante requerimento de uma das partes (inciso III); mandar retirar da sala o acusado que dificultar a realização do julgamento, o qual prosseguirá sem a sua presença (inciso VI); interromper a sessão por tempo razoável, para proferir sentença e para repouso ou refeição dos jurados (inciso VIII).

(ii) Poderes jurisdicionais exercidos no processo e que se subdividem em:

— **poderes-meios**, dentro dos quais se encontram os *ordinatórios*, consistentes em conduzir a sequência dos atos processuais até a sentença, sem a ocorrência de vícios que inquinem de nulidade o processo (designação de audiências, determinação do encerramento da instrução criminal, citação por edital do réu não localizado), assegurando às partes igualdade de tratamento, velando pela rápida e eficaz solução do litígio e prevenindo ou reprimindo qualquer ato contrário à dignidade da justiça;

---

60. Cintra, Grinover e Dinamarco, *Teoria geral do processo*, cit., p. 249.

— **poderes-fins**, compreendendo os de *decisão* e os de *execução* (decretação de prisão provisória, concessão de liberdade provisória, arbitramento e concessão de fiança, extinção da punibilidade do agente, absolvição ou condenação).

O juiz penal exerce, ainda, funções anômalas, tais como fiscalizar o princípio da obrigatoriedade da ação penal (CPP, art. 28), requisitar a instauração de inquérito (CPP, art. 5º, II), bem como arquivá-lo, receber a *notitia criminis* (CPP, art. 39) e levá-la ao Ministério Público (CPP, art. 40) etc.

> → **ATENÇÃO:** em 1º grau de jurisdição, os juízos são, em regra, monocráticos. Uma exceção é representada, por exemplo, pelo Tribunal do Júri (órgão colegiado de 1º grau). Já em 2º grau de jurisdição, os órgãos julgadores são sempre colegiados e em número ímpar.

14.2. Prerrogativas e vedações

A fim de assegurar a imparcialidade do órgão judicante, atributo essencial à jurisdição, a ordem constitucional confere à magistratura as seguintes garantias:

(i) ingresso na carreira mediante concurso público de provas e títulos, exigindo-se do bacharel em direito, no mínimo, três anos de atividade jurídica e obedecendo-se, nas nomeações, à ordem de classificação (CF, art. 93, I);

(ii) promoção para entrância superior, alternadamente, por antiguidade e merecimento (CF, art. 93, II);

(iii) vitaliciedade (CF, art. 95, I): adquirida após dois anos de exercício do cargo, significa que a perda deste só lhe pode ser imposta por sentença judicial, proferida em ação própria, transitada em julgado (anote-se que vitaliciedade não se confunde com perpetuidade, o que se evidencia pelo fato de que o agente será compulsoriamente aposentado aos 70 anos de idade);

(iv) inamovibilidade (CF, art. 95, II): confere ao magistrado estabilidade no cargo do qual é titular, só podendo ser compulsoriamente removido por razões de interesse público, na forma do art. 93, VIII, da Constituição da República, segundo o qual o ato de remoção, disponibilidade e aposentadoria, por interesse público, fundar-se-á em decisão por voto da maioria absoluta do respectivo tribunal ou do Conselho Nacional de Justiça, assegurada ampla defesa. Assim, duas modificações foram operadas: (i) reduziu-se o *quorum* de votação: a decisão fundar-se-á em decisão por maioria absoluta e não mais dois terços do respectivo tribunal; (ii) quanto aos legitimados para decidir sobre a remoção, confere-se essa atribuição também ao Conselho Nacional de Justiça. Convém notar que incumbe a este órgão realizar o controle da atuação administrativa e financeira do Poder Judiciário e do cumprimento dos deveres funcionais dos juízes, dentre outras atribuições (art. 103-B);

(v) irredutibilidade de vencimentos (CF, art. 95, III): a responsabilidade pelo pagamento de tributos não infirma o princípio.

Com o intuito de garantir a imparcialidade do órgão julgador, ainda que de forma negativa, a Constituição impõe certas vedações à pessoa física que o representa. Estão prescritas no art. 95, parágrafo único e incisos. Assim, ao juiz será vedado: "receber, a qualquer título ou pretexto, auxílios ou contribuições de pessoas físicas, entidades públicas ou privadas, ressalvadas as exceções previstas em lei" (cf. inciso IV), bem como "exercer a advocacia no juízo ou tribunal do qual se afastou, antes de decorridos três anos do afastamento do cargo por aposentadoria ou exoneração" (inciso V).

14.3. Ministério Público

O Ministério Público é instituição permanente, essencial à função jurisdicional do Estado, incumbindo-lhe a defesa da ordem jurídica, do regime democrático e dos interesses sociais e individuais indisponíveis (CF, art. 127, *caput*). Na esfera penal, o Ministério Público é a instituição de caráter público que representa o Estado-Administração, expondo ao Estado-Juiz a pretensão punitiva.

A Constituição Federal atribui-lhe, no art. 129, I, com exclusividade, a função de propor a ação penal pública, seja ela condicionada ou incondicionada, excetuando a regra apenas no art. 5º, LIX, ao conferir ao ofendido a titularidade da ação penal privada subsidiária da pública, em caso de desídia do órgão ministerial. A Lei Maior atribui ao Ministério Público, ainda, a função de exercer o controle externo da atividade policial (art. 129, VII), requisitar diligências investigatórias e a instauração de inquérito policial (art. 129, VIII).

O Ministério Público poderá praticar todos os atos que se mostrarem necessários ao desempenho da função que a lei lhe atribui, como, por exemplo, impetrar mandado de segurança, inclusive contra ato judicial.

Muito se discutiu a respeito da natureza da função do Ministério Público no processo penal, quando parte principal. Quatro posições foram sustentadas: (i) Ministério Público como sendo um quarto poder, não se encaixando na clássica divisão tripartite dos poderes estatais; (ii) Ministério Público como pertencente ao Poder Judiciário; (iii) Ministério Público como parte instrumental, isto é, sob o ângulo estrutural (garantias, vedações e finalidades), equipara-se à magistratura, ao passo que, pela ótica processual, sua atividade assemelha-se à das partes privadas; (iv) Ministério Público como parte comum.

Predominou, ao menos no sistema jurídico brasileiro, a posição assinalada na letra "iii". Impossível é negar ao Ministério Público a natureza de parte no processo penal, eis que exerce atividade postulatória, probatória e qualquer outra destinada a fazer valer a pretensão estatal em juízo. Todavia, há que se reconhecer que o mesmo não é uma parte qualquer, porquanto age animado não por interesses privados, mas por interesses públicos, coincidentes com os escopos da atividade jurisdicional (atuação do direito material, pacificação social e asseguramento da autoridade do ordenamento jurídico). Por isso se diz, com propriedade, que o Ministério Público exerce acusação pública, não mera acusação de parte. Daí algumas peculiaridades que lhe são inerentes, como a possibilidade de impetrar *habeas corpus*, recorrer em favor do réu, encontrarem-se os seus membros sujeitos à disciplina das suspeições e impedimentos dos juízes e intérpretes etc.

14.4. Prerrogativas e vedações

Para garantir a imparcialidade na atuação do Ministério Público, a ordem constitucional confere, tanto a ele como um todo quanto aos seus membros em particular, algumas garantias:

(i) ao Ministério Público como um todo:

— estruturação em carreira;

— relativa autonomia administrativa e orçamentária (art. 127, §§ 2º e 3º);

— limitações à liberdade do chefe do Executivo para nomeação e destituição do procurador-geral (art. 128, §§ 1º a 4º);

— vedação de promotores *ad hoc* (art. 129, § 2º);

(ii) aos seus membros, em particular:

— ingresso na carreira mediante concurso público de provas e títulos, exigindo-se do bacharel em direito, no mínimo, três anos de atividade jurídica e observando-se, nas nomeações, a ordem de classificação;

— vitaliciedade (art. 128, § 5º, I, *a*);

— inamovibilidade: confere ao membro do Ministério Público estabilidade no cargo do qual é titular, só podendo ser compulsoriamente removido por razões de interesse público, na forma do art. 128, § 5º, I, *b*, da Constituição da República. De acordo com a modificação legal, o membro do Ministério Público poderá ser removido por interesse público, mediante decisão do órgão colegiado competente, pelo voto da maioria absoluta de seus membros, assegurada ampla defesa. Assim, o *quorum* de votação foi reduzido de dois terços para "maioria absoluta";

— irredutibilidade de subsídio, fixado na forma do art. 39, § 4º, da CF e ressalvado o disposto nos arts. 37, X e XI, 150, II, 153, III e 153, § 2º, I.

Ainda com o mesmo fim, a Constituição Federal veda ao membro do Ministério Público a representação judicial e a consultoria jurídica de entidades públicas (CF, art. 129, IX), prescrevendo-lhe, ainda, os impedimentos constantes do art. 128, § 5º, II. Assim, ao membro do Ministério Público será vedado: "receber, a qualquer título ou pretexto, auxílios ou contribuições de pessoas físicas, entidades públicas ou privadas, ressalvadas as exceções previstas em lei" (cf. alínea *f*). Também se aplica aos membros do Ministério Público o disposto no art. 95, parágrafo único, V (cf. § 6º), o qual impede o exercício da advocacia no juízo ou tribunal do qual se afastou, antes de decorridos três anos do afastamento do cargo por aposentadoria ou exoneração.

14.5. Princípios – art. 127, § 1º, da Constituição Federal

14.5.1. Unidade e indivisibilidade

Pelo princípio da unidade, entende-se o membro do Ministério Público como parte de um todo único e indivisível. Em decorrência, apregoa-se a indivisibilidade da instituição, o que permite aos promotores e procuradores se fazerem substituir no curso do processo, haja vista que o membro funciona no processo não em nome próprio, mas no da instituição.

→ **ATENÇÃO:** grande parte da doutrina e da jurisprudência entende que, tendo os membros do Ministério Público cargos específicos, estariam proibidas as simples e discricionárias designações feitas pelo procurador-geral de justiça. Isso em função do princípio do *promotor natural*.

14.5.2. Independência

O órgão do Ministério Público, no exercício das suas funções, é independente, não se sujeitando à ordem ou ao entendimento de quem quer que seja, inclusive do procurador-geral, como se percebe claramente do disposto no art. 28 do CPP. Depreende-se daí que caso um representante do Ministério Público venha a substituir outro em determinado processo não estará, jamais, vinculado ao entendimento desse colega, podendo dele discordar amplamente.

Com muito mais razão, o membro do Ministério Público não se encontra subordinado quer ao Poder Judiciário, quer ao Executivo, dos quais possui total independência. O princípio não exclui, entretanto, a subordinação administrativa do órgão à autoridade que lhe for, dentro da instituição, hierarquicamente superior, sujeitando-se a fiscalizações, correições, punições etc.

Por fim, convém mencionar que ao Conselho Nacional do Ministério Público, compete o controle da atuação administrativa e financeira do Ministério Público e do cumprimento dos deveres funcionais de seus membros (art. 130-A).

14.5.3. Autonomia funcional e administrativa (art. 127, § 2º, da CF/88)

A primeira expressa a capacidade da instituição de autogovernar-se, emitindo regulamentos internos, organizando serviços, criando novos cargos etc. A segunda confere-lhe capacidade para resolver questões internas de ordem administrativa, como, por exemplo, a concessão de férias, nomeações, designações, aposentadoria etc.

→ **ATENÇÃO:** em primeira instância atuam os promotores de justiça e os promotores substitutos. Em segunda instância, os procuradores de justiça. O chefe da Instituição é o procurador-geral de justiça.

14.6. Querelante

Em regra, a acusação é afeta, com exclusividade, ao órgão do Ministério Público. Excepcionalmente ela será do ofendido, desde que haja desídia daquele (CF, art. 5º, LIX; CPP, art. 29) ou que a norma penal assim o determine, como nos casos de ação penal privada (CP, art. 100).

Ofendido é o sujeito passivo da *infração penal*. Dele (*legitimatio ad processum, legitimatio ad causam*, morte e ausência, preferência dos sucessores, denominação etc.) tratamos nos itens referentes à ação penal privada.

14.7. Acusado

É aquele em face de quem se deduz a pretensão punitiva; é o sujeito passivo.

Para ser sujeito passivo é necessário que a pessoa a quem se imputa a prática de um crime preencha alguns requisitos, como capacidade para ser parte, que toda pessoa adquire pelo simples fato de ser sujeito de direitos e obrigações (excluem-se, portanto, os animais e os mortos), capacidade processual, ou capacidade para estar em juízo em nome próprio (*legitimatio ad processum*), que no processo penal advém com a idade de 18 anos. Até mesmo o deficiente mental (CP, art. 26) a possui, pois a ele poderá ser imposta, ao final do processo, medida de segurança (CP, art. 97; CPP, art. 386, parágrafo único, III). Não podem ser acusadas, ainda, as pessoas que gozam de imunidade parlamentar ou diplomática. Por último, impõe a ordem jurídica que o acusado possua legitimidade passiva *ad causam*, isto é, que exista coincidência entre a pessoa apontada na peça inicial como o autor do fato e o suspeito da prática do crime, indicado no inquérito ou nas peças de informação. Ilegitimidade passiva teremos, portanto, se, na denúncia ou na queixa, o autor imputa o fato à testemunha.

Tecnicamente, só pode haver acusado após a formal elaboração da acusação, momento que coincide com o oferecimento da denúncia ou da queixa-crime. Antes disso não há que se falar em réu, imputado ou acusado. Desaparece essa qualidade quer com o trânsito em julgado da sentença penal absolutória, quer com o da condenatória, sendo que, nesse último caso, o acusado passa a condenado.

Sempre se discutiu, na doutrina e na jurisprudência, a possibilidade de a pessoa jurídica vir a ser sujeito ativo de infração penal e, consequentemente, sujeito passivo na ação penal. Concluiu-se, ao menos no direito nacional, pela sua impossibilidade, afirmando os mais renomados penalistas que a intolerância da assertiva reside na ausência, por parte da pessoa jurídica, do elemento subjetivo indispensável à caracterização do fato típico (dolo ou culpa) e da culpabilidade (juízo de reprovação social da conduta). Não obstante, a CF/88 assinalou com tal possibilidade nos casos de crime contra a ordem econômica e financeira e contra a economia popular (art. 173, § 5º), bem como nas condutas e atividades lesivas ao meio ambiente (art. 225, § 3º), condicionando-a, todavia, à promulgação de lei ordinária tipificando condutas e especificando penas compatíveis com a natureza das pessoas jurídicas. No caso de crimes previstos na Lei dos Crimes Ambientais, há jurisprudência consolidada no sentido de ser admissível a responsabilidade penal da pessoa jurídica, inclusive com a seguinte consideração: "A jurisprudência desta Corte consolidou o entendimento segundo o qual é possível a responsabilização penal da pessoa jurídica por crimes ambientais independentemente da responsabilização concomitante da pessoa física que a represente" (STJ, AgRg no REsp 1.988.504/RN, Rel. Min. Ribeiro Dantas, 5ª Turma, *DJe* 20-6-2022).

14.8. Identificação

É a individualização do acusado perante as demais pessoas, ditada pela necessidade em se certificar que aquela submetida ao processo é a mesma à qual se imputam os fatos.

Não é por outro motivo que o art. 41 do CPP exige que da denúncia ou da queixa conste a qualificação do acusado ou os esclarecimentos pelos quais se possa identificá-lo.

São dados individualizantes da pessoa: o nome, o prenome, o estado civil, a profissão, a filiação, o apelido, a residência e a idade. Não sendo possível identificar o acusado por esses elementos, o Código de Processo Penal permite ao Ministério Público e ao querelante fazerem--no por meio de outras características, desde que idôneas a apartá-lo dos seus pares.

Eventual erro quanto à identificação nominal, desde que certa a identidade física do acusado, isto é, desde que não haja dúvida de que a pessoa submetida ao processo é aquela à qual se atribui o ilícito, não impede a propositura nem o desenvolvimento da ação penal (CPP, art. 259, primeira parte). A correção da irregularidade pode ser feita por simples termo nos autos, a qualquer tempo, inclusive após o trânsito em julgado da sentença condenatória, sem que disso resulte qualquer nulidade (CPP, art. 259, segunda parte). Havendo erro quanto à identidade física da pessoa, o processo será nulo *ab initio*.

14.9. Presença, direito ao silêncio e revelia

"Aos litigantes, em processo judicial ou administrativo, e aos acusados em geral são assegurados o contraditório e a ampla defesa, com os meios e recursos a ela inerentes" (CF, art. 5º, LV).

"Ninguém será privado da liberdade ou de seus bens sem o devido processo legal" (CF, art. 5º, LIV).

Como será visto em seguida, ao tratarmos do defensor, a ampla defesa de que fala o Texto Constitucional desdobra-se em dois aspectos: a defesa técnica, exercida por profissional habilitado (indispensável – CPP, art. 261), e a autodefesa, desempenhada pela própria parte (dispensável a critério do acusado), e que se manifesta no interrogatório, no direito de audiência com o juiz (audiência de custódia e comparecimento em juízo), na possibilidade de interpor, por si, recurso etc.

Salienta-se, portanto, que, conquanto necessária, a presença do réu em juízo não é indispensável, ficando a critério deste comparecer ou não, conforme entender mais conveniente. Aliás, a própria ausência pode ser tida, pelo acusado, como a forma de defesa mais adequada à situação concreta. É indispensável, todavia, sob pena de nulidade absoluta, que ele seja validamente citado ou então intimado a comparecer em juízo, deixando-se a sua discricionariedade a análise da conveniência de fazê-lo ou não, pois essa é a própria essência da autodefesa.

O julgamento não será adiado pelo não comparecimento do acusado solto, do assistente ou do advogado do querelante, que tiver sido regularmente intimado (art. 457, § 1º) e, no caso da não condução do acusado preso, admite-se o adiamento do julgamento, autorizando-se, no entanto, o pedido de dispensa de comparecimento subscrito por ele e seu defensor (art. 457, § 2º). Com isso, admite-se o julgamento sem a presença do acusado preso, propiciando a ele, juntamente com o seu defensor, a discricionariedade na análise da conveniência ou não de comparecer a esse ato.

Há outros atos que reclamam a presença do acusado. Em todos esses, a ausência do sujeito passivo da ação penal não autoriza o juiz a mandar conduzi-lo coercitivamente a sua presença. Esse é o entendimento atual do STF, publicado após julgamento das ADPFs 395 e 444, para o qual a letra do art. 260 do CPP é inconstitucional, por implicar à violação à liberdade de locomoção e à violação do princípio da presunção de inocência.

Importantíssimo salientar que não é dado ao juiz, no caso de ausência injustificada do réu validamente cientificado, decretar-lhe a prisão preventiva, em vez de mandá-lo conduzir a sua presença, visto que o encarceramento provisório possui pressupostos próprios, de natureza cautelar.

Em juízo, como forma de manifestação da autodefesa, o réu pode optar por calar-se, tal como lhe faculta o art. 5º, LXIII, da Constituição Federal, sem que do exercício dessa prerrogativa fundamental se possa extrair qualquer presunção em seu desfavor. Não foram recepcionados, como se vê, os arts. 186, 191 e 198 do CPP. Na redação do art. 186: "Depois de devidamente qualificado e cientificado do inteiro teor da acusação, o acusado será informado pelo juiz, antes de iniciar o interrogatório, do seu direito de permanecer calado e de não responder perguntas que lhe foram formuladas. Parágrafo único. O silêncio, que não importará em confissão, não poderá ser interpretado em prejuízo da defesa". Sobre isso, falaremos mais por ocasião do interrogatório.

Se regularmente citado ou validamente intimado a comparecer em juízo, o réu deixar de fazê-lo sem motivo, o processo seguirá à sua revelia, tornando-se desnecessário proceder a sua posterior intimação para qualquer ato do processo, salvo da sentença. O mesmo efeito verificar-se-á na hipótese de o réu, depois de citado, mudar de residência ou dela ausentar-se por mais de oito dias, sem comunicar à autoridade processante o lugar onde possa ser encontrado. O subsequente comparecimento do acusado enseja a revogação da revelia. Tendo em vista os princípios acima aduzidos (direito ao silêncio, devido processo legal), conjugados com o da presunção de inocência, fácil é notar que a revelia no processo penal não possui os mesmos efeitos do processo civil, porquanto não importa confissão ficta.

Anote-se, contudo, que em caso de citação por edital e posterior desatendimento do chamamento a juízo, sem constituição de defensor, o processo e o prazo prescricional da pretensão punitiva serão suspensos, podendo o juiz determinar a produção antecipada de provas urgentes, bem como decretar prisão preventiva, desde que presentes, neste último caso, os requisitos do art. 312 do CPP (cf. CPP, art. 366, o qual voltaremos oportunamente a comentar).

Finalmente, convém ressalvar que, no caso em que o réu se oculta para não ser citado, o oficial de justiça certificará a ocorrência e procederá à citação com hora certa, na forma estabelecida nos arts. 251 a 254, do CPC, não havendo mais que se falar em citação por edital, com os efeitos do art. 366 (cf. CPP, art. 362). No caso, completada a citação com hora certa, se o acusado não comparecer, ser-lhe-á nomeado defensor dativo, devendo o processo tramitar sem a sua presença (CPP, art. 362, parágrafo único), conforme será mais adiante analisado.

14.10. Outras garantias fundamentais

A Constituição Federal, pródiga em garantias à liberdade e à dignidade do ser humano, enumera no art. 5º, em favor do sujeito passivo da persecução, diversos direitos fundamentais:

(i) direito ao respeito à integridade física e moral (inciso XLIX);

(ii) às presidiárias serão asseguradas condições para que possam permanecer com seus filhos durante o período de amamentação (inciso L);

(iii) direito ao devido processo legal (inciso LIV);

(iv) direito ao contraditório e à ampla defesa, o que implica a necessidade de ser citado e intimado para todos os atos do processo, desde que não lhe seja decretada a revelia, bem como a imperatividade de ser assistido por defensor, dativo ou constituído, pois no processo penal a contrariedade, ao contrário do processo civil, há que ser real e efetiva (CF, art. 5º, LV);

(v) são inadmissíveis, no processo, as provas obtidas por meios ilícitos (inciso LVI);

(vi) direito a ser presumido inocente e de ser tratado como tal, até sentença condenatória transitada em julgado, a qual deve resultar de uma atividade processual pautada pelos ditames do devido processo legal (inciso LVII);

(vii) não ser submetido à identificação criminal quando identificado civilmente (inciso LVIII);

(viii) direito de não ser preso senão em flagrante ou por ordem escrita e fundamentada da autoridade judiciária competente, ressalvados os casos de transgressão militar ou de crimes propriamente militares, definidos em lei (inciso LXI);

(ix) direito de ter sua prisão comunicada imediatamente à autoridade judiciária competente, a sua família ou à pessoa por ele indicada, bem como o de ser assistido por um advogado (incisos LXII e LXIII);

(x) direito ao silêncio (inciso LXIII);

(xi) direito de conhecer a identidade dos responsáveis por sua prisão e por seu interrogatório policial (inciso LXIV);

(xii) direito ao relaxamento imediato da prisão ilegal, por autoridade judiciária (inciso LXV);

(xiii) ninguém será mantido na prisão quando a lei admitir liberdade provisória, com ou sem fiança (inciso LXVI);

(xiv) direito à assistência judiciária gratuita, desde que impossibilitado de prover às despesas do processo sem privar a si ou a sua família dos recursos indispensáveis à sobrevivência, na melhor esteira da ampliação do acesso à justiça (inciso LXXIV);

(xv) direito à indenização por erro judiciário ou pelo tempo que ficar preso além do fixado em sentença (inciso LXXV).

Seguindo a tradição dos textos constitucionais precedentes, a atual Carta esforça-se em fazer uma mera enumeração exemplificativa dos direitos fundamentais do indivíduo, não excluindo outros decorrentes do regime e dos princípios por ela adotados ou dos tratados internacionais em que o Brasil seja parte (art. 5º, § 2º).

14.11. Defensor

Contrário ao que ocorre no processo civil, no qual o contraditório se designa pelo binômio "ciência necessária, participação possível", no processo penal, em razão da natureza pública e em geral indisponível dos interesses materiais colocados à base do processo, o contraditório há que ser real e efetivo. Fala-se, portanto, em ciência e participação igualmente necessárias.

Como dito, a ampla defesa divide-se, no processo penal, em duas ordens: autodefesa e defesa técnica. Para Tourinho Filho[61], defesas *genérica* e *específica*, respectivamente. A primeira é facultativa e de exclusiva titularidade do réu, a qual, por sua vez, subdivide-se em dois aspectos: direito de audiência e direito de presença. Por direito de audiência entenda-se a possibilidade conferida ao acusado de influir pessoalmente no convencimento do juiz (e. g., interrogatório), ao passo que o direito de presença confere ao imputado a oportunidade de estar presente aos atos do processo, assegurando a sua imediação com o juiz e com as provas[62].

A defesa que a lei torna indispensável é a técnica, desempenhada por pessoa legalmente habilitada (advogado), posto que o contraditório nunca será efetivo se não houver equilíbrio entre os ofícios da defesa e da acusação. Não é por outro motivo que a CF/88, no art. 133, considera indispensável à administração da justiça o advogado, dispositivo legal que é seguido de perto pelo art. 2º da Lei n. 8.906/94 (Estatuto da Ordem dos Advogados do Brasil — OAB).

Perfeitamente recepcionados pela ordem constitucional, portanto, os arts. 261 a 263 do CPP.

A autodefesa do acusado, dispensável, configura apenas um ônus, cuja inobservância poderá lhe acarretar, além da perda da possibilidade de exercer pessoalmente o contraditório, também a revelia. Entretanto, é bom que se esclareça, a renunciabilidade da autodefesa não implica a sua dispensabilidade pelo magistrado; tolhida por este, haverá nulidade absoluta, já que somente o réu (seu titular exclusivo) pode dela dispor, conforme critérios pessoais de conveniência e oportunidade.

Tão importante e indisponível é a defesa técnica que pode ser exercida ainda que contra a vontade do representado, ou mesmo na sua ausência. Assim, se o acusado não constituir defensor, o juiz deverá, por injunção legal, nomear-lhe um, ressalvando-lhe a possibilidade de, a qualquer momento, constituir outro de sua inteira confiança (CF, art. 5º, LXIII; CPP, art. 263). Da mesma forma, não apresentada a defesa de que trata o art. 396 do CPP, ou se o acusado, citado, não constituir defensor, o juiz nomeará defensor para oferecê-la (CPP, art. 396-A, § 2º).

---

61. *Processo penal*, cit., v. 2, p. 407-8.
62. Ada Pellegrini Grinover, *Novas tendências do direito processual*, 2. ed., Forense Universitária, 1990, p. 10.

Possuindo habilitação técnica, o réu poderá defender a si e, também, os demais corréus.

O Código fala em defensor, procurador e curador. Assim, entende-se por defensor o patrono dativo do réu, isto é, nomeado pelo juiz, reservando-se para o advogado constituído a designação de procurador. No tocante à nomeação de curador para o acusado menor de idade (art. 262), tal figura tornou-se inócua com o advento do Código Civil de 2002, pois o indivíduo maior de 18 e menor de 21 anos tornou-se plenamente capaz nos termos da lei civil, prescindindo da assistência do curador. Referido dispositivo legal foi, portanto, revogado.

O defensor não poderá abandonar o processo sem justo motivo, previamente comunicado ao juiz, sob pena de responder por infração disciplinar perante o órgão correicional competente (CPP, art. 265, *caput*) — redação alterada pela Lei 14.752/23. A audiência poderá ser adiada se, por motivo justificado, o defensor não puder comparecer (CPP, art. 265, § 1º). "Incumbe ao defensor provar o impedimento até a abertura da audiência. Não o fazendo, o juiz não determinará o adiamento de ato algum do processo, devendo nomear defensor substituto, ainda que provisoriamente ou só para o efeito do ato" (CPP, art. 265, § 2º). Em caso de abandono do processo pelo defensor, o acusado será intimado para constituir novo defensor, se assim o quiser, e, na hipótese de não ser localizado, deverá ser nomeado defensor público ou advogado dativo para a sua defesa (CPP, art. 265, § 3º) — parágrafo acrescentado pela Lei 14.752/2023.

É o defensor o representante do acusado, haja vista que age em nome e no interesse deste. Entretanto, se no processo civil o defensor encontra-se plenamente vinculado à vontade daquele que lhe confia seus interesses, no processo penal, em razão da sua acentuada natureza pública, o defensor exerce representação *sui generis*, autônoma à vontade do acusado, já que pode atuar mesmo contra a vontade dele.

Isso porque o advogado atua além do interesse particular do réu; também no interesse social, que reside na justa atuação da jurisdição, que será obtida à medida que o provimento judicial constitua a síntese da atividade dialética das partes processuais.

As prerrogativas do defensor, nesta ótica, não teriam origem no mandato outorgado pelo réu ou na nomeação efetuada pelo juiz, mas na própria legislação processual penal (quer constitucional, quer infraconstitucional), que considera inafastável a defesa técnica.

Daí a afirmação de que a defesa é o exercício privado de função pública[63].

Vale ressaltar que, se o advogado dativo comunicar com antecedência ao juízo que renunciou ao patrocínio e apresentar justo motivo, ele não deverá ser multado por abandono da causa, mesmo que o convênio firmado entre a Defensoria e a OAB exija sua presença até o final. Nesse sentido, o STJ decidiu que "os termos do convênio firmado entre Defensoria e Ordem dos Advogados não repercutem na responsabilidade processual do advogado, que se satisfaz com a comunicação tempestiva da renúncia ao múnus público, fundamentada em justo motivo" (STJ, RMS 69.837/SP, Rel. Min. Sebastião Reis Júnior, 6ª Turma, j. 6-6-2023).

---

63. Tourinho Filho, *Processo penal*, cit., v. 2, p. 415-20.

14.12. Defensor constituído

O defensor será constituído quando nomeado pelo réu através de procuração. Alguns tribunais têm decidido que não será conhecido pedido formulado por advogado que não ostente o instrumento de procuração outorgado pelo réu, salvo, é claro, se se tratar de defensor dativo, isto é, nomeado pelo *juiz*.

A leitura desavisada do art. 564, III, *c*, do Código de Processo Penal pode levar à conclusão de que é inútil a constituição de defensor por réu ausente, devendo ser-lhe nomeado, independentemente disso, um defensor dativo. Todavia, é desdobramento do princípio constitucional da ampla defesa a possibilidade conferida ao acusado de constituir advogado de sua completa confiança, antes de ser assistido por defensor dativo. A essa vontade está vinculado o juiz. Tem-se entendido, assim, que é inadmissível a nomeação de defensor ao acusado revel que possua um constituído.

O Código de Processo Penal, no art. 266, prescreve que, se a constituição do defensor se der por ocasião do interrogatório, será dispensável a outorga do instrumento de procuração, devendo o procurador ser intimado para todos os atos subsequentes do processo.

14.13. Defensor dativo

Se o réu não possuir defensor constituído (procurador), o juiz nomear-lhe-á um, que se chamará dativo. Esta é a injunção do art. 263 do Código.

O defensor nomeado tem o dever de aceitar a função, só podendo recusá-la por motivo justificado, sob pena de infração disciplinar (Lei n. 8.906/94, art. 34, XII – OAB). Semelhante disposição é a do art. 264 do Código de Processo Penal. O art. 265, *caput*, do mesmo diploma determina que o defensor não poderá abandonar o processo sem justo motivo, previamente comunicado ao juiz, sob pena de responder por infração disciplinar perante o órgão correicional competente. (CPP, art. 265, *caput*) O art. 15 da Lei n. 1.060/50, que estabelece normas para a concessão de assistência judiciária aos necessitados, por sua vez, enumera algumas circunstâncias em que se pode considerar existente o justo motivo.

A nomeação de defensor (dativo) independe da situação econômica do acusado, pois tem como pressuposto, apenas, a não constituição de procurador. Se o réu tiver como pagar, ser-lhe-ão cobrados honorários advocatícios, arbitrados pelo juiz (CPP, art. 263, parágrafo único).

A qualquer momento o acusado poderá, dispensando o defensor dativo, constituir procurador de sua confiança, como expressão do princípio da ampla defesa. Entende-se, também, que o réu pode solicitar ao juiz que lhe nomeie outro defensor dativo, desde que o atual venha se portando de modo desidioso ou incompetente.

Na hipótese de pluralidade de réus, o juiz deve nomear um defensor para cada um, a fim de evitar, na hipótese de colidência das teses de defesa, a ocorrência de prejuízo de um ou mais acusados, o que ensejaria, conforme a doutrina, nulidade absoluta. Esta não haverá, entretanto, se o advogado comum for constituído, visto que, como se disse, o direito conferido ao réu de escolher e constituir procurador de sua confiança, por ser desdobramento do princípio constitucional da ampla defesa, vincula o juiz, que não pode restringi-lo. Cabe ao acusado que se sentir prejudicado constituir outro, ou, então, pedir ao magistrado que lhe nomeie um.

Há, no Brasil, a previsão constitucional da Defensoria Pública, como "instituição essencial à função jurisdicional do Estado, incumbindo-lhe a orientação jurídica e a defesa, em todos os graus, dos necessitados, na forma do art. 5º, LXXIV" (CF, art. 134). Diante disso, haveria a distinção entre defensor público e defensor dativo, sendo aquele reservado aos necessitados, ao passo que este estaria incumbido da defesa dos que, podendo, não constituíram procurador.

O § 1º do art. 134 da CF transfere à legislação infraconstitucional a tarefa de criar e regulamentar a Defensoria Pública. O art. 134, § 4º, previu a autonomia funcional e administrativa e a iniciativa de proposta orçamentária das Defensorias Públicas. Mencione-se, ainda, que a LEP dispõe sobre a assistência jurídica dentro dos presídios, além de atribuir competências à Defensoria Pública.

Finalmente, conforme o art. 267 do Código de Processo Penal, estão impedidos de funcionar como defensores os parentes do juiz.

→ **ATENÇÃO:** defensor *ad hoc* é aquele nomeado pelo juiz para a realização de determinados atos em face da ausência do defensor constituído (procurador).

14.14. Curador

Atualmente não se exige nomeação de curador ao réu maior de 18 anos e menor de 21 anos, nem se pode falar em nulidade pelo descumprimento dessa exigência no caso indicado, conforme já esclarecido anteriormente. Curador, defensor e procurador são apenas variações terminológicas de pessoas que exercem a mesma função: a defesa técnica em processo penal, e que se alteram conforme varia a situação do acusado, o que implica a necessidade de o curador, na fase processual, ser pessoa legalmente habilitada a postular em juízo.

Assim, entende-se que ao acusado menor, já defendido por procurador ou defensor nomeado, não se dá curador, por ser desnecessário que duas pessoas exerçam a mesma função.

14.15. Assistente

Como salientado, as partes, nos processos em geral, podem ser principais ou acessórias, conforme seja necessária ou não a sua participação na relação processual, como condição de validade desta. Pode-se falar, dessa forma, em partes necessárias (à constituição válida do processo) e em partes contingentes (às quais a lei permite a participação, embora o processo possa constituir-se independentemente de sua intervenção).

No processo penal, como parte desnecessária, i.e., contingente, só há o assistente da acusação.

Já se discorreu, ao se tratar do tema da ação penal, que, conforme o bem jurídico ofendido pela infração, e em razão da extensão e intensidade dessa lesão, a lei processual penal confere ao ofendido, ou ao seu representante legal, ou então aos seus sucessores, o direito de acusar, na qualidade de substituto processual do Estado, representado pelo MP, outorgando-lhe a legitimidade ativa da ação penal (CPP, art. 30; CP, art. 100, *caput*).

Também nos casos de ação penal pública, quando desidioso o representante do MP, o ofendido, ou o seu representante legal, poderá intentar ação penal privada subsidiária da pública (CF, art. 5º, LIX; CPP, art. 29; CP, art. 100, § 3º). Em um ou em outro caso, o ofendido ou quem o represente será parte necessária.

14.16. Ministério Público e ação penal privada

Prescreve o Código de Processo Penal que, nos casos de ação penal de iniciativa privada, deverá o MP intervir em todos os atos do processo, na qualidade de fiscal da indivisibilidade da ação penal e, posteriormente, na de fiscal da lei, tenha ou não aditado a queixa (CPP, arts. 45 e 48).

Certo que a leitura desavisada do confuso art. 45 do CPP deixa entrever que o Ministério Público só poderá intervir na ação de iniciativa privada se aditar a queixa. Entretanto, não é o que ocorre: ao Ministério Público, em qualquer caso de ação privada (exclusiva ou personalíssima), cabe ingerir na condição de *custos legis*, sob pena de nulidade. Sua participação se dá, com vistas à tutela do direito objetivo, sem vinculação a qualquer interesse substancial.

Se o órgão do Ministério Público, ao tomar conhecimento dos elementos de informação que instruem a queixa, notar a existência, ao menos em tese, de crime que se processe mediante ação pública, deverá, satisfeitos todos os requisitos (e. g., colheita da representação da vítima), oferecer denúncia, quando então passará a litisconsorte ativo.

Não proposta a ação pública no prazo de lei (CPP, art. 46), nem requerido o promotor o arquivamento do feito (CPP, art. 28), e também não tendo solicitado novas diligências (CPP, art. 47) ou acordo de não persecução penal (CPP, art. 28-A), poderá o ofendido, ou quem o represente, ou, ainda, seu sucessor, no prazo do art. 38 do Código de Processo Penal, oferecer queixa-crime subsidiária (CPP, art. 29). Nesta hipótese, é dever do órgão ministerial, sob pena de nulidade (CPP, art. 564, III, *d*), intervir no feito como assistente, fornecendo elementos de prova, interpondo recursos etc., assumindo-o como parte principal em caso de negligência do querelante, que será afastado do processo. Nada impede que, nesse caso (que é, em verdade, de ação pública), o ofendido afastado requeira sua ingerência como assistente da acusação (CPP, art. 268).

Não se pode confundir, entretanto, a assistência do Ministério Público na ação penal privada subsidiária com a assistência do processo civil, pois nesta o assistente fica vinculado ao convencimento da parte principal, não podendo assumir o feito em caso de desistência, transação ou reconhecimento da procedência do pedido, casos em que cessa a intervenção do assistente. Pode-se afirmar, portanto, que o Ministério Público, ao intervir na ação penal privada subsidiária, o faz como assistente *sui generis*; atua como parte subsidiária, pronta a assumir o processo como parte principal nas hipóteses previstas no art. 29 do CPP.

Lembre-se que, tratando-se de ação penal de exclusiva iniciativa privada, deixando o querelante de prosseguir no feito, ou de interpor recurso, *não poderá* o Ministério Público suprir-lhe a falta, pois de outra forma estaria violando um dos princípios conformadores dessa espécie de ação: o princípio da disponibilidade.

Excluídos esses casos, a lei processual penal concede à vítima, ou quem a represente, a possibilidade de participar do processo na qualidade de parte contingente, como assistente da acusação (CPP, art. 268).

Controverte-se, na doutrina e na jurisprudência, quanto à possibilidade da administração pública, quando sujeito passivo da infração, habilitar-se como assistente. Tourinho Filho[64] e Mirabete[65] entendem impossível, pois "se o órgão do Ministério Público atua em nome do poder público, seria uma superafetação a ingerência da Administração Pública na ação penal pública"[66].

O art. 2º, § 1º, do Decreto-Lei n. 201/67 (que dispõe sobre a responsabilidade dos prefeitos e vereadores) trata da intervenção na ação penal, como assistente da acusação, das administrações públicas federal, estaduais ou municipais, nos crimes de responsabilidade cometidos por prefeitos, desde que possuam interesse na apuração da sua responsabilidade. No mesmo sentido, o art. 26, parágrafo único, da Lei n. 7.492/86 (que define os crimes contra o sistema financeiro), cuja letra ora se transcreve: "A ação penal, nos crimes previstos nesta Lei, será promovida pelo Ministério Público Federal, perante a Justiça Federal. Parágrafo único. Sem prejuízo do disposto no art. 268 do Código de Processo Penal, (...) será admitida a assistência da Comissão de Valores Mobiliários – CVM, quando o crime tiver sido praticado no âmbito de atividade sujeita à disciplina e à fiscalização dessa Autarquia, e do Banco Central do Brasil quando, fora daquela hipótese, houver sido cometido na órbita de atividade sujeita à sua disciplina e fiscalização".

O art. 268 do Código de Processo Penal menciona expressamente as pessoas que poderão ser admitidas como assistente da acusação. São elas: o ofendido, o seu representante legal, quando ele não possuir capacidade para estar em juízo em nome próprio (*legitimatio ad processum*), ou, no caso de morte ou de ausência daquele, declarada judicialmente, o cônjuge, o ascendente, o descendente ou o irmão.

Salientam a doutrina e a jurisprudência a taxatividade do rol do art. 31 (que define os sucessores para efeito de ação penal), de modo que sua interpretação deve ser restritiva, não se admitindo quem não é vítima ou quem não está compreendido entre os parentes ali elencados. Contudo, conforme já havíamos sustentado anteriormente, no tocante aos companheiros reunidos pelo laço da união estável, devem eles ser incluídos no conceito de cônjuge, tendo em vista que a CF/88, em seu art. 226, § 3º, reconhece a união estável entre duas pessoas como entidade familiar.

Alguns julgados têm admitido, na ação penal pública, a assistência conjunta, como, por exemplo, de viúva e filha da vítima, concomitantemente. Esta, todavia, não é a melhor

---

64. *Processo penal*, cit., p. 442.
65. *Processo penal*, cit., p. 343.
66. Tourinho Filho, *Processo penal*, cit., p. 4.

exegese, pois o art. 36 do Código de Processo Penal, aplicado por analogia, é expresso ao afirmar que o comparecimento de um dos sucessores exclui a habilitação dos demais, os quais só poderão intervir em caso de desistência ou abandono do primeiro.

Sendo o assistente o próprio ofendido, seu representante legal ou qualquer das pessoas arroladas no art. 31 do Código de Processo Penal, sua atuação funda-se na parcialidade, pelo que a ele não se aplicam os dispositivos legais concernentes aos impedimentos e suspeição dos juízes, membros do MP, peritos etc.

Pode ocorrer em alguns casos, como, por exemplo, nos de lesões corporais recíprocas, ou de culpa (*stricto sensu*) concorrente, que a vítima seja, concomitantemente, réu no mesmo processo que seu agressor. Nesse caso, o art. 270 do Código de Processo Penal veda a sua participação na qualidade de assistente.

Entretanto, condenado um e absolvido o outro, o primeiro (condenado) poderá apelar (se não o fizer o Ministério Público), ou arrazoar o apelo ministerial contra o segundo (absolvido), a fim de lograr decisão igualmente condenatória, que neutralize a reparação dos danos, pois no cível, como se sabe, culpas (*lato sensu*) concorrentes se compensam. Todavia, é indispensável, para que isso se torne possível, que aquela condenação transite em julgado quer para a acusação, quer para a defesa, pois só assim o primeiro deixará de ser corréu no processo, escapando à vedação do mencionado art. 270 do Código de Processo Penal.

Nosso entendimento: se a situação for inversa, isto é, se o que foi absolvido, com trânsito em julgado para ele e para a acusação, resolver recorrer da decisão que condenou o outro réu, ou arrazoar o recurso interposto pelo Ministério Público, entendemos, considerando que o assistente visa, no processo penal, à obtenção de título executório no cível, que ele carece de interesse para intervir, posto que resta assegurada a sua pretensão patrimonial.

→ **ATENÇÃO:** não confundir assistente com advogado do assistente. Assistente é qualquer das pessoas do art. 268 do Código de Processo Penal que, não possuindo capacidade postulatória, necessita constituir advogado para representá-la em juízo, outorgando-lhe os poderes especiais de que trata o art. 44 do mesmo Código.

14.17. Funções do assistente: natureza jurídica

Extremamente controvertida é a natureza jurídica do assistente da acusação. A questão, longe de ser meramente acadêmica, assume enorme importância prática, pois, conforme se adote uma ou outra posição, diversas serão as hipóteses em que se admitirá a sua habilitação, bem como mais ou menos amplos serão os seus poderes processuais.

No processo penal brasileiro é pacífico o entendimento de que o assistente é parte secundária, adesiva, eventual e desnecessária ao processo.

A controvérsia surge quando se aborda o tema da teleologia, ou da finalidade da sua participação na relação processual. Duas correntes se contrapõem:

(i) O ofendido ingressa no processo a fim de, verdadeiramente, assistir ao Ministério Público, reforçando a acusação e garantindo, apenas a título secundário, seu eventual interesse na reparação do dano. De acordo com essa corrente, esposada, dentre outros, por José Frederico Marques, Júlio Fabbrini Mirabete e Marcelo Fortes Barbosa, a admissão da vítima como assistente da acusação resta condicionada apenas à verificação de ser o requerente sujeito passivo da infração, o seu representante legal ou o seu sucessor, sendo absolutamente irrelevante a espécie da infração imputada, bem como suas consequências patrimoniais (*v.g.*, contravenções, crimes contra a incolumidade pública etc.). Quanto aos poderes, a ele é dado propor meios de prova, inquirir testemunhas, participar dos debates orais, arrazoar quaisquer recursos interpostos pelo Ministério Público, bem como interpor recurso de apelação em quaisquer hipóteses, inclusive para agravar a pena, desde que não o tenha feito o acusador principal. No tocante ao recurso em sentido estrito, poderá interpô-lo nos casos do art. 584, § 1º, com a ressalva de que não cabe mais, no procedimento do júri, esse recurso contra a sentença de impronúncia (CPP, arts. 581, IV, e 584, § 1º), mas apelação (CPP, art. 416).

(ii) Ao habilitar-se como assistente, o ofendido não o faz com o fim de auxiliar a acusação, mas de defender um seu interesse na reparação do dano causado pelo ilícito (*ex delicto*). Para tanto, a vítima assiste ao Ministério Público no processo penal, mas apenas enquanto meio útil de lograr a satisfação do seu interesse civil, haja vista que, segundo o CP, art. 91, I, constitui efeito genérico da condenação penal tornar certa a obrigação de indenizar o dano, fazendo coisa julgada no juízo cível (CC, art. 935; CPP, art. 63).

Apoiam-se os seus adeptos, ao advogar a respectiva concepção, nas hipóteses em que, expressamente, o art. 271 do CPP autoriza o assistente a se utilizar do recurso em sentido estrito (CPP, art. 584, § 1º), pois tem-se que, nessas situações, restará desatendido o interesse civil do assistente: (i) quando houver impronúncia; (ii) quando a sentença decretar a prescrição ou julgar, de outro modo, extinta a punibilidade.

Dessa forma, muito embora a sentença que decrete a prescrição ou julgue, de outro modo, extinta a punibilidade, não possua o condão de obstar a propositura da ação civil *ex delicto*, é inegável que, por meio do trânsito em julgado da sentença penal condenatória, o interesse do ofendido será atendido de forma mais eficiente, dada a influência da jurisdição penal sobre a civil (CP, art. 91, I; CPP, art. 63; CC, art. 935). A vítima, além de propor diretamente, no cível, ação de execução (precedida, é claro, da liquidação da sentença), evita os riscos de ver sua pretensão desacolhida por um juiz civil.

Advertem os autores que em nenhuma outra hipótese do art. 581 do CPP a formação da coisa julgada no cível estará prejudicada. Não se concede ao assistente a possibilidade de recorrer da decisão que rejeita a denúncia (CPP, art. 581, I) por um motivo simples: sua habilitação só pode ser deferida após o recebimento da inicial.

Nessa concepção, adotada também por Florêncio de Abreu, Joaquim Canuto Mendes de Almeida, Fernando da Costa Tourinho Filho e outros, bem como pelos direitos italiano e francês, estabelece-se como regra que a vítima não se habilitará como assistente se não sofrer danos, e, uma vez admitida, só poderá praticar os atos necessários à tutela da sua pretensão patrimonial, ainda que para isso tenha de suprir eventuais deficiências do órgão da acusação. Sobre esses poderes, falar-se-á adiante.

Arguta a lição de Tourinho Filho[67]: "Insta acentuar que, quando se afirma que o assistente não auxilia o Ministério Público, quer-se dizer com isto que o assistente não tem por função ajudá-lo a desincumbir-se da tarefa que lhe é imposta por lei. É claro que, quando o assistente produz provas, faz suas alegações, está, evidentemente, auxiliando o Ministério Público, mas, assim agindo, está ele velando pela sorte do seu direito à satisfação do dano".

Só há assistência da acusação em ação penal pública, condicionada ou incondicionada, pois em ação penal de iniciativa privada o ofendido funciona como parte principal.

Tendo em vista que os ilícitos contravencionais se processam por meio de ação penal pública (LCP, art. 17), não há, em princípio, vedação legal à admissão da vítima como assistente. Entretanto, dificilmente haverá, nesses casos, ofendido determinado, e, mesmo se houver, não é provável a ocorrência do dano, de modo que em raríssimas exceções haverá, em processo por contravenção, habilitação de ofendido nos termos do art. 268 do Código de Processo Penal.

14.18. Admissão

Conjugando-se o disposto nos arts. 268 e 269 do CPP, chega-se à conclusão de que a vítima pode intervir como assistente a qualquer momento, *no curso do processo* (que, para a maioria da doutrina, inicia-se com o recebimento da denúncia), enquanto não transitada em julgado a decisão judicial. Assim, não há falar-se em assistência na fase preliminar de investigações, ou mesmo antes do recebimento da peça da acusação. Dessa maneira, é descabida a previsão do art. 311 que autoriza, em *qualquer fase da investigação policial* ou do processo penal, a prisão preventiva decretada pelo juiz, a requerimento, dentre outros, do *assistente*.

→ **ATENÇÃO:** conforme atual redação do art. 311 do CPP, que retira a possibilidade de o juiz decretar de ofício a prisão preventiva, o magistrado poderá decretar a prisão apenas mediante provocação (requerimento) do Ministério Público, do querelante ou do assistente, ou, ainda, por representação da autoridade policial.

No Tribunal do Júri, para funcionar em plenário, o ofendido deve requerer a habilitação até cinco dias antes da data da sessão na qual pretenda atuar (CPP, art. 430). Em segunda instância, o pedido deve ser dirigido ao relator da causa, o qual terá competência para decidi-lo.

---

67. *Processo penal*, cit., v. 2, p. 447.

Antes de decidir sobre o requerimento de intervenção, o juiz deverá ouvir o Ministério Público (CPP, art. 272), devendo a manifestação deste restringir-se a aspectos de legalidade, sendo-lhe defeso analisar a oportunidade e a conveniência da habilitação. Vigorando em nosso sistema, quanto à formação do convencimento do juiz, o princípio da persuasão racional, por óbvio a manifestação do órgão ministerial não vincula o magistrado. Já se decidiu que a inobservância do citado artigo não invalida a admissão do assistente.

Prescreve o CPP, art. 273, que da decisão que admitir ou denegar a intervenção não caberá recurso, devendo, entretanto, constar dos autos o pedido e a decisão, que, como se sabe, deverá ser fundamentada (CF, art. 93, IX). Não sendo decisão definitiva, tampouco decisão com força de definitiva, incabível é o recurso de apelação (CPP, art. 593, I e II); o mesmo se diga em relação ao recurso em sentido estrito, admissível apenas nas hipóteses taxativamente previstas em lei (CPP, art. 581 e incisos). A Lei do Mandado de Segurança (Lei n. 12.016/2009) prevê, em seu art. 5º, II, que "não se concederá mandado de segurança quando se tratar: de decisão judicial da qual caiba recurso com efeito suspensivo". Da que excluir o ofendido já habilitado caberá correição parcial.

Desnecessária é a oitiva do defensor do acusado.

Deferida a habilitação, o assistente receberá a causa no estado em que se achar, i.e., não se repetirá qualquer ato, devendo ser intimado de todos os termos subsequentes do processo. Todavia, sua desídia, caracterizada pela falta injustificada a qualquer termo processual, desobrigará o juízo de intimá-lo novamente (CPP, art. 271, § 2º). Não encontrado o assistente ou o seu advogado, a intimação deverá ser feita por edital, pelo prazo de dez dias, nos termos do art. 391 do CPP.

14.19. Atividades do assistente

Tendo em vista a parte final do art. 269 do Código de Processo Penal "receberá a causa no estado em que se achar", a amplitude do leque de atividades do assistente está condicionada à fase processual em que ocorrer sua intervenção.

De qualquer forma, o art. 271 do Código de Processo Penal define os seus poderes processuais, consistentes em:

(i) Propor meios de prova: perícias, acareações, buscas e apreensões etc., proposição que deve, antes de ser decidida pelo juiz, ser objeto de manifestação do Ministério Público (CPP, art. 271, § 1º). Mencione-se que o art. 402 dispõe no sentido de que, "produzidas as provas, ao final da audiência, o MP, o querelante e o assistente e, a seguir, o acusado poderão requerer diligências cuja necessidade se origine de circunstâncias ou fatos apurados na instrução".

Tourinho Filho[68] entende que, se o momento processual adequado para a acusação arrolar testemunhas é o do art. 41, i.e., do oferecimento da denúncia, e o ofendido só pode intervir na causa após o seu recebimento (quando se daria o início da ação penal), não se

---

68. *Processo penal*, cit., p. 454 e s.

inclui entre os poderes do assistente indicar novas testemunhas para serem ouvidas. Pondera, todavia, que se o juiz deferir o pedido eventualmente formulado, não haverá nulidade. Poderá o magistrado, caso entenda necessário, ouvir a testemunha como sendo sua (CPP, art. 209), conforme já decidiu o STJ (*vide* a seguir).

Para Fabbrini Mirabete[69], ao contrário, nada impede que "o Juiz, por ocasião do recebimento da denúncia, possa, concomitantemente, admitir a assistência e deferir a inquirição de testemunhas arroladas pelo assistente", ressaltando que o número de testemunhas (somadas as arroladas na denúncia) deve ficar dentro do limite legal.

Nosso entendimento: concordamos com a primeira posição, pois o assistente é admitido no processo somente após o oferecimento do rol de testemunhas. Poderá, no entanto, sugerir ao juiz que ouça algumas pessoas como informantes do juízo, nos termos do art. 209, *caput*, do CPP.

(ii) **Reperguntar às testemunhas**, sempre depois do Ministério Público (CPP, art. 271).

(iii) **Participar de debates orais e aditar articulados:** as provas, no procedimento ordinário, serão produzidas numa audiência única (CPP, art. 400), momento em que serão oferecidas as alegações finais orais. Ao assistente do MP, após a manifestação deste, serão concedidos dez minutos, prorrogando-se por igual período o tempo de manifestação da defesa (CPP, art. 403, § 2º). Em duas situações, no entanto, as alegações finais serão oferecidas por escrito: (i) "O juiz poderá, considerada a complexidade do caso ou o número de acusados, conceder às partes o prazo de cinco dias sucessivamente para a apresentação de memoriais. Nesse caso, terá o prazo de dez dias para proferir a sentença" (CPP, art. 403, § 3º). (ii) Caso na audiência sejam ordenadas diligências, de ofício ou a requerimento da parte, aquela será concluída sem as alegações finais (CPP, art. 404, *caput*). "Realizada, em seguida, a diligência determinada, as partes apresentarão, no prazo sucessivo de 5 (cinco) dias, suas alegações finais, por memorial, e, no prazo de 10 (dias), o juiz proferirá a sentença" (CPP, art. 404, parágrafo único).

No júri, fase do *judicium accusationis*, as alegações serão orais, conforme disposição expressa do § 4º do art. 411. Dessa forma, ao assistente do MP, após a manifestação deste, serão concedidos dez minutos, prorrogando-se por igual período o tempo de manifestação da defesa (CPP, art. 411, § 6º). A lei não autoriza o oferecimento de alegações finais escritas pelas partes, isto é, de articulados, afastando, por conseguinte, a possibilidade de o assistente da acusação aditá-los. Tal situação gerará polêmica, pois haverá casos em que, por força da complexidade da causa, serão necessárias a cisão da audiência e, por conseguinte, a substituição das alegações finais orais por memoriais, tal como ocorre no procedimento ordinário.

(iv) **Arrazoar os recursos interpostos pelo Ministério Público:**

— **em apelação:** o prazo para o assistente arrazoar os recursos de apelação interpostos pelo MP é de três dias, conforme a letra do art. 600, § 1º, do CPP;

---
[69]. *Processo penal*, cit., p. 347.

– **em recurso em sentido estrito:** diante do silêncio do legislador, deve ser o mesmo prazo conferido ao MP, qual seja, de dois dias (CPP, art. 588).

O Código é omisso a respeito da possibilidade de o assistente contra-arrazoar os recursos defensivos. Como é óbvio, trata-se de um lapso do legislador, até porque estariam incluídas na designação genérica *articulados*.

(v) **Arrazoar os recursos por ele interpostos:** prescreve o CPP, art. 271, que o assistente só poderá recorrer nos casos previstos nos seus arts. 584, § 1º (impronúncia e extinção da punibilidade), e 598 (apelação supletiva). É preciso, no entanto, ressalvar que não cabe mais o recurso em sentido estrito contra sentença de impronúncia, mas apelação (CPP, art. 416). Contudo, temos que essas não são as únicas hipóteses em que se deverá admitir recurso do interveniente. Conquanto a lei não mencione expressamente, deflui da própria finalidade da função do assistente que o ofendido poderá interpor todos os recursos necessários a tornar eficazes as prerrogativas do art. 271, como, por exemplo, a hipótese do art. 581, XV, do Código. Se este for denegado, ou a ele for negado seguimento, poderá fazer uso da carta testemunhável (CPP, art. 639). Diga-se o mesmo quanto aos embargos de declaração.

Pelo mesmo motivo, poderá interpor recursos especial e extraordinário, conforme a Súmula 210 do STF, sempre visando, como já se expôs, à tutela do seu interesse na reparação do dano civil.

→ **ATENÇÃO:** não tem o assistente legitimidade para aditar a denúncia oferecida pelo MP, titular exclusivo da ação penal pública (CF, art. 129, I), não lhe sendo permitido modificar, ampliar ou corrigir a acusação, mormente por ser taxativa a enumeração de suas atividades, feita pelo art. 271 do CPP.

Como já visto, o art. 311 autoriza, em *qualquer fase da investigação policial* ou do processo penal, mediante provocação, a prisão preventiva decretada pelo juiz, em qualquer fase da investigação policial ou do processo penal, a requerimento, dentre outros, do *assistente*.

No que respeita ao recurso de apelação supletivo (CPP, art. 598), cabível em caso de omissão do MP, as hipóteses de sua admissão variam conforme o entendimento quanto à função do assistente no processo penal. Para Mirabete, o ofendido interveniente poderá recorrer, desde que supletivamente, de todas as decisões desfavoráveis à acusação, inclusive visando a agravar a pena imposta ao condenado. Para Tourinho Filho, só a leitura isolada do art. 598 do CPP poderia levar à errônea conclusão de que ao assistente é facultado interpor recurso de apelação supletivo em qualquer hipótese, mesmo quando já garantido seu interesse civil, pois considerando-se a sistemática do Código (arts. 63, 271 e 584, § 1º), que confere ao ofendido a faculdade de se habilitar no processo penal como assistente apenas para garantir seu interesse na satisfação do dano *ex delicto*, é certo que o mesmo só terá interesse em recorrer quando se tratar de sentença absolutória, posto que, nesse caso, seu interesse patrimonial estará ameaçado, ou, até mesmo, fulminado, conforme o fundamento da absolvição. Lembre-se que, em algumas hipóteses, e. g., art. 386, I, o Código impede a propositura de ação civil *ex delicto* para a cobrança do dano (CPP, arts. 65 a 67).

Assim, condenatória a decisão, estará resguardado o seu interesse pecuniário; terá o processo penal, para ele, atingido a sua finalidade, pelo que lhe fica vedado recorrer, *v.g.*, para aumentar a pena, ou para alterar a qualificação legal do fato, vez que do provimento do recurso nenhuma utilidade lhe advirá.

Na jurisprudência, no entanto, existem alguns posicionamentos admitindo a interposição de recurso pelo assistente, quando silente o Ministério Público, com o fim de agravar a situação do réu. Nesse sentido, "a legitimidade do assistente de acusação ocorre não apenas supletivamente, nas hipóteses de inércia do órgão ministerial, tendo lugar até mesmo nos casos em que o Ministério Público, titular da ação penal, posiciona-se contrariamente à tese acusatória, requerendo a absolvição do réu (STJ, AgRg nos EDcl no AREsp 1.565.652/RJ, Rel. Min. Nefi Cordeiro, 6ª Turma, *DJe* 23-6-2020).

O juiz, na sentença condenatória, independentemente do pedido das partes, pode fixar um valor mínimo para reparação dos danos causados pela infração, considerando os prejuízos sofridos pelo ofendido (CPP, art. 387, IV), e o art. 63, parágrafo único, permite a execução desse valor sem prejuízo da liquidação para a apuração do dano efetivamente sofrido. Com isso, ainda que a sentença seja condenatória, haverá quem sustente a legitimidade do assistente de acusação para recorrer supletivamente, visando à majoração do valor mínimo fixado na sentença, garantindo-se, assim, o seu interesse na satisfação do dano *ex delicto*.

14.20. Prazo para interpor recurso

Quanto aos prazos para a interposição dos recursos em sentido estrito (CPP, art. 584, § 1º, com a ressalva de que contra a sentença de impronúncia cabe recurso de apelação) e de apelação (CPP, art. 598), surgem duas questões: (i) quanto à determinação do prazo; e (ii) quanto à identificação do seu termo inicial (*dies a quo*).

Trataremos, inicialmente, da primeira delas.

Há que se distinguir, em primeiro lugar, as partes principais (acusados e acusador) e a parte secundária (assistente da acusação). Para aquelas, em sede de recurso em sentido estrito o prazo é de cinco dias, conforme expressa disposição do art. 586 do Código de Processo Penal. Para o assistente, manda o art. 584, § 1º, aplicar à espécie o art. 598 do mesmo Código, o qual, no parágrafo único, define o prazo recursal de quinze dias. O mesmo ocorre quanto à apelação: cinco dias para as partes principais (CPP, art. 593, *caput*), aplicando-se ao assistente o art. 598, parágrafo único, do Código de Processo Penal, que dispõe o prazo de quinze dias.

Entretanto, é pacífico, quer na doutrina, quer na jurisprudência, que o prazo de quinze dias do mencionado parágrafo único somente se justifica para o ofendido, ou para quaisquer das pessoas do art. 31 do Código de Processo Penal que *não* se tenham habilitado como assistente. Se o fizeram, o prazo será o mesmo das partes principais, qual seja, de cinco dias, tanto para o recurso em sentido estrito quanto para o recurso de apelação.

Tal posição justifica-se pelo princípio da isonomia processual, pois aquele que não interveio no processo não pode ser qualificado como parte e, por conseguinte, não será cientificado dos termos do processo. Necessita, assim, de prazo dilargado, suficiente para conhecer da decisão, constituir procurador, estudar o caso e interpor o recurso.

Habilitado o ofendido, seu representante legal, ou um dos mencionados no citado art. 31, não há conferir-lhe tratamento privilegiado em relação às partes principais, daí se impor que os prazos serão os dos arts. 586 e 593, ambos do Código de Processo Penal.

Tratemos, pois, da segunda hipótese: o *dies a quo* do prazo recursal.

Reza o parágrafo único do art. 598 do Código de Processo Penal: "O prazo (...) correrá do dia em que terminar o do Ministério Público". No mesmo sentido, a Súmula 448 do STF.

As assertivas devem ser tomadas com as necessárias ressalvas: ao contrário do que pode parecer, sempre haverá necessidade de intimação da decisão, em respeito aos ditames do princípio constitucional do devido processo legal (CF, art. 5º, LIV), pois condição essencial à garantia do contraditório é a possibilidade, conferida a quem deva intervir no processo, de conhecer inequivocamente do termo inicial dos prazos em geral, bem como de utilizá-los em sua integralidade.

Assim, apenas se o assistente for intimado antes do término do prazo do Ministério Público é que terão aplicabilidade o parágrafo único do citado artigo e a mencionada súmula do STF. Do contrário, o prazo terá início com a necessária intimação.

Jurisprudência

- LEGITIMIDADE RECURSAL DO ASSISTENTE DA ACUSAÇÃO. "Em caso de omissão do Ministério Público, a legitimidade do assistente da acusação para recorrer, inclusive extraordinariamente, é ampla, salvo contra decisão concessiva de *habeas corpus* (Súmulas 208 e 210 do STF). 2. Portanto, o assistente de acusação possui legitimidade para recorrer da decisão do Tribunal de Justiça que, revertendo a sentença condenatória, anula a ação penal desde o início (...)" (STF, RE 979.659 AgR-segundo, Rel. Marco Aurélio, Rel. p/ acórdão Roberto Barroso, 1ª Turma, *DJe* 4-8-2021).

- "Segundo o art. 271 do CPP, como auxiliar do Ministério Público, o assistente de acusação tem o direito de produzir provas, inclusive de arrolar testemunhas, pois, caso contrário, não teria como exercer o seu papel na ação penal pública (...)" (STJ, AgRg no AREsp 1.849.946/AM, Rel. Min. Reynaldo Soares da Fonseca, 5ª Turma, *DJe* 1º-6-2021).

Questões

1. Quem são os sujeitos do processo penal?
2. O Ministério Público pode pedir a absolvição do acusado?
3. Quais são as funções do assistente de acusação?

15. COMPETÊNCIA

15.1. Conceito de jurisdição

Para Manzini, "jurisdição é a função soberana, que tem por escopo estabelecer, por provocação de quem tem o dever ou o interesse respectivo, se, no caso concreto, é aplicável uma determinada norma jurídica; função garantida, mediante a reserva do seu exercício, exclusivamente aos órgãos do Estado, instituídos com as garantias da independência e da imparcialidade (juízes) e da observância de determinadas formas (processo, coação indireta)"[70].

Na lição de Eduardo Espínola Filho, "a jurisdição envolve dois elementos constitutivos: o órgão, isto é, o juiz, que exerce o direito-dever, ou poder de solucionar o conflito de interesses, aplicando a vontade do Direito ao caso concreto; e a função, isto é, a solução da espécie de fato, com a decisão do conflito"[71].

Em resumo: jurisdição é a função estatal exercida com exclusividade pelo Poder Judiciário, consistente na aplicação de normas da ordem jurídica a um caso concreto, com a consequente solução do litígio. É o poder de julgar um caso concreto, de acordo com o ordenamento jurídico, por meio do processo.

15.2. Origem etimológica da palavra "jurisdição"

Provém do latim *juris* (direito) e *dictio* (dizer), que significa: função de dizer o direito.

15.3. Princípios da jurisdição

(i) Princípio do juiz natural: ninguém será processado nem sentenciado senão pela autoridade competente, que é aquela cujo poder jurisdicional vem fixado em regras predeterminadas (CF, art. 5º, LIII); do mesmo modo, não haverá juízo ou tribunal de exceção (CF, art. 5º, XXXVII).

(ii) Princípio da investidura: a jurisdição só pode ser exercida por quem tenha sido regularmente investido no cargo de juiz e esteja no exercício de suas funções.

(iii) Princípio do devido processo legal: ninguém será privado da liberdade ou de seus bens sem o devido processo legal (CF, art. 5º, LIV).

(iv) Princípio da indeclinabilidade da prestação jurisdicional: nenhum juiz pode subtrair-se do exercício da função jurisdicional, nem "a lei excluirá da apreciação do Poder Judiciário, lesão ou ameaça a direito" (CF, art. 5º, XXXV).

(v) Princípio da indelegabilidade: nenhum juiz pode delegar sua jurisdição a outro órgão, pois estaria, por via indireta, violando a garantia do juiz natural.

(vi) Princípio da improrrogabilidade: um juiz não pode invadir a competência de outro, mesmo que haja concordância das partes. Excepcionalmente, admite-se a prorrogação da competência.

---

70. *Trattato di diritto processuale penale italiano secondo il nuovo Codice*, 1931, v. 2, p. 19.
71. *Código de Processo Penal anotado*, 5. ed., Ed. Rio, v. 2, p. 51.

(vii) Princípio da inevitabilidade ou irrecusabilidade: as partes não podem recusar o juiz, salvo nos casos de suspeição, impedimento e incompetência.

(viii) Princípio da correlação ou da relatividade: a sentença deve corresponder ao pedido. Não pode haver julgamento *extra* ou *ultra petita*.

(ix) Princípio da titularidade ou da inércia: *ne procedat judex ex officio*. O órgão jurisdicional não pode dar início à ação, ficando subordinado, portanto, à iniciativa das partes.

15.4. Características da jurisdição

(i) Substitutividade: o órgão jurisdicional declara o direito ao caso concreto, substituindo-se à vontade das partes.

(ii) Definitividade: ao se encerrar o processo, a manifestação do juiz torna-se imutável.

15.5. Competência

Como poder soberano do Estado, a jurisdição é una. Dentre as várias funções estatais, encontra-se a de aplicar o direito ao caso concreto para a solução de litígios.

É evidente, porém, que um juiz apenas não tem condições físicas e materiais de julgar todas as causas, diante do que a lei distribui a jurisdição por vários órgãos do Poder Judiciário. Dessa forma, cada órgão jurisdicional somente poderá aplicar o direito dentro dos limites que lhe foram conferidos nessa distribuição.

A competência é, assim, a medida e o limite da jurisdição, dentro dos quais o órgão judicial poderá dizer o direito.

15.6. Conceito de competência

Para Lucchini, a competência vem a ser a medida da jurisdição, distribuída entre os vários magistrados, que compõem organicamente o Poder Judiciário do Estado[72].

Segundo Altavilla, é o poder que o juiz tem de exercer a jurisdição sobre determinado conflito de interesses, surgido entre o Estado e o indivíduo, pela execução de um crime ou contravenção penal[73].

Para Eduardo Espínola Filho, "a competência vem a ser a porção de capacidade jurisdicional que a organização judiciária atribui a cada órgão jurisdicional, a cada juiz"[74].

Em poucas palavras, competência é a delimitação do poder jurisdicional (fixa os limites dentro dos quais o juiz pode prestar jurisdição). Aponta quais os casos que podem ser julgados pelo órgão do Poder Judiciário. É, portanto, uma verdadeira medida da extensão do poder de julgar.

---

72. *Elementi di procedura penale*, 3. ed., 1908, p. 209.
73. *Manuale di procedura penale*, 1935, p. 87.
74. *Código de Processo Penal anotado*, cit., v. 2, p. 51.

15.7. Espécies de competência

A doutrina tradicionalmente distribui a competência considerando três aspectos diferentes:

(i) *ratione materiae*: estabelecida em razão da natureza do crime praticado;

(ii) *ratione personae*: de acordo com a qualidade das pessoas incriminadas;

(iii) *ratione loci*: de acordo com o local em que foi praticado ou consumou-se o crime, ou o local da residência do seu autor.

Essa classificação coincide com a do CPP, o qual, em seu art. 69 e incisos, dispõe que a competência se determina: (i) incisos I e II: pelo lugar da infração ou pelo domicílio do réu (*ratione loci*); (ii) inciso III: pela natureza da infração (*ratione materiae*); (iii) inciso VII: pela prerrogativa de função (*ratione personae*).

15.8. Como saber qual o juízo competente?

Em primeiro lugar, cumpre determinar qual o juízo competente em razão da matéria, isto é, em razão da natureza da infração penal.

Para a fixação dessa competência *ratione materiae* importa verificar se o julgamento compete à jurisdição comum ou especial (subdividida em eleitoral, militar e política).

A Constituição Federal estabelece as seguintes **jurisdições especializadas**:

(i) Justiça Eleitoral: para o julgamento de infrações penais dessa natureza (arts. 118 a 121).

(ii) Justiça Militar: para processar e julgar os crimes militares definidos em lei (art. 124), conforme art. 9º, § 2º, do CPM (*vide* item 15.17).

(iii) Competência política do Senado Federal (atividade jurisdicional atípica): para processar e julgar o presidente e o vice-presidente da República nos crimes de responsabilidade, bem como os Ministros de Estado e os Comandantes da Marinha, do Exército e da Aeronáutica nos crimes da mesma natureza conexos com aqueles (art. 52, I); os Ministros do STF, *os membros do CNJ e do CNMP*, o Procurador-Geral da República e o Advogado-Geral da União nos crimes de responsabilidade (art. 52, II). A composição do CNJ e do CNMP consta, respectivamente, dos arts. 103-B e 130-A da CF. Dentre os membros do CNJ, citem-se como exemplos um juiz estadual indicado pelo STF para integrar o Conselho; um membro do MP estadual, escolhido pelo Procurador--Geral da República dentre os nomes indicados pelo órgão competente de cada instituição estadual; ou dois cidadãos, de notável saber jurídico e reputação ilibada, indicados um pela Câmara dos Deputados e outro pelo Senado Federal; ou dois advogados, indicados pelo Conselho Federal da Ordem dos Advogados do Brasil.

Ao lado dessas jurisdições especiais (típicas ou não), a Constituição prevê a **jurisdição comum estadual ou federal**:

(i) à Justiça Federal (art. 109, IV) compete processar e julgar os crimes políticos e as infrações penais praticadas em detrimento de bens, serviços ou interesse da União ou de suas entidades autárquicas ou empresas públicas, excluídas as contravenções penais de qualquer natureza (que sempre serão da competência da justiça estadual, nos exatos termos da Súmula 38 do STJ: "compete à Justiça Estadual Comum, na vigência da Constituição de 1988, o processo por contravenção penal, ainda que praticada em detrimento de bens, serviços ou interesses da União ou de suas entidades");

(ii) à Justiça Comum estadual compete tudo o que não for de competência das jurisdições especiais e federal (competência residual).

Finalmente, no que diz respeito aos **crimes dolosos contra a vida**, e outros a que o legislador infraconstitucional posteriormente vier a fazer expressa referência, a competência para o julgamento será do **(i) tribunal do Júri, (ii) da jurisdição comum estadual** ou **(iii) federal**, dependendo do caso (art. 5º, XXXVIII, d).

Fixada a competência em razão da matéria, cumpre verificar o grau do órgão jurisdicional competente, ou seja, se o órgão incumbido do julgamento é juiz, tribunal ou tribunal superior.

Essa delimitação de competência é feita pela Constituição Federal, de acordo com a prerrogativa de função, que é a chamada competência *ratione personae*.

De fato, confere-se a algumas pessoas, devido à relevância da função exercida, o direito de serem julgadas em foro privilegiado. Não há que se falar em ofensa ao princípio da isonomia, já que não se estabelece a preferência em razão da pessoa, mas da função.

Alguns doutrinadores fazem distinção entre as expressões "foro privilegiado" (privilégio para determinadas pessoas) e "foro por prerrogativa de função" (foro especial fixado como garantia inerente ao exercício de uma função), entendendo que somente este último não viola o princípio da isonomia: "Não se deve confundir foro pela prerrogativa de função com foro privilegiado. Aquele é homenagem à função...; a competência por prerrogativa de função não sugere foro privilegiado. O que a Constituição vedava e veda (implicitamente) é o foro para conde, barão ou duque, para Jafé, Café ou Mafé (...)"[75].

Na verdade, o foro por prerrogativa visa preservar a independência do agente político, no exercício de sua função, e garantir o princípio da hierarquia, não podendo ser tratado como se fosse um simples privilégio estabelecido em razão da pessoa.

A competência ***ratione personae*** está assim distribuída:

(i) STF (art. 102, I, b e c): compete processar e julgar originariamente, nas infrações penais comuns, seus próprios ministros, o presidente da República, o vice, os membros do Congresso Nacional e o procurador-geral da República (art. 102, b); nas infrações penais comuns e nos crimes de responsabilidade, os Ministros de Estado e os Comandantes da Marinha, do Exército e da Aeronáutica (salvo se o crime de responsabilidade for conexo ao do presidente ou vice, caso em que a competência será do Senado Federal — art. 102, c), os membros dos Tribunais Superiores, os do Tribunal de Contas da União e os chefes de missão diplomática de caráter permanente.

→ **ATENÇÃO:** o STF já firmou o entendimento de que a expressão "infrações penais comuns" do art. 102, I, b e c, abrange todas as modalidades de infrações penais, inclusive os crimes eleitorais e as contravenções penais.

---

75. Tourinho Filho, *Processo penal*, cit., v. 2, p. 122-3.

(ii) STJ (art. 105, I, a): compete processar e julgar originariamente, nos crimes comuns, os governadores dos Estados e do Distrito Federal; nos crimes comuns e nos de responsabilidade, os desembargadores dos Tribunais de Justiça dos Estados e do Distrito Federal, os membros dos Tribunais de Contas dos Estados e do Distrito Federal, os membros dos Tribunais Regionais Federais, Tribunais Regionais Eleitorais e do Trabalho, os membros dos Conselhos ou Tribunais de Contas dos Municípios e os membros do Ministério Público da União que oficiem perante tribunais.

(iii) Tribunais Regionais Federais (art. 108, I, a): compete processar e julgar originariamente os juízes federais, da justiça militar e do trabalho, da sua área de jurisdição, nos crimes comuns e de responsabilidade, e os membros do Ministério Público da União, ressalvada a competência da justiça eleitoral.

(iv) Tribunal de Justiça de São Paulo (art. 74, I e II, da CE): compete processar e julgar originariamente, nas infrações penais comuns, o vice-governador, os secretários de Estado, os deputados estaduais, o procurador-geral de justiça, o procurador-geral do Estado, o defensor público geral e os prefeitos municipais (CF, art. 29, X); nas infrações penais comuns e de responsabilidade, os juízes dos Tribunais de justiça militar, os juízes de Direito e os juízes auditores da justiça militar, os membros do Ministério Público, o delegado-geral de polícia e o comandante-geral da polícia militar.

Desse modo, no que diz respeito às **autoridades com foro por prerrogativa de função**, apresenta-se o seguinte quadro:

(i) Presidente da República: nos crimes de responsabilidade, será julgado pelo Senado Federal (CF, art. 52, I). São considerados crimes de responsabilidade todos os atos atentatórios à Constituição Federal, especialmente os praticados contra a existência da União, o livre exercício do Poder Legislativo, Judiciário e Ministério Público, o exercício dos direitos políticos, individuais e sociais, a segurança interna do país, a probidade na administração, a lei orçamentária e o cumprimento das leis e decisões judiciais (CF, art. 85, I a VII – rol meramente exemplificativo). Estas infrações estão reguladas pela Lei n. 1.079/50. Esse processo de *impeachment* divide-se em duas fases: juízo de admissibilidade e julgamento. A primeira etapa tem início perante a Câmara dos Deputados, mediante acusação de qualquer cidadão no gozo de seus direitos políticos, que somente será admitida por dois terços dos votos, em uma única sessão. Remetidos os autos ao Senado, caso este venha a instaurar o processo, o presidente ficará automaticamente suspenso de suas funções (CF, art. 86, § 1º, II), pelo prazo máximo de cento e oitenta dias, tempo em que o processo já deverá estar encerrado (CF, art. 86, § 2º). O presidente do STF assumirá a presidência dos trabalhos, submetendo a denúncia à votação, exigindo-se dois terços dos votos para a condenação, sem prejuízo das demais sanções cabíveis. A pena consiste na perda do cargo, mais inabilitação para o exercício da função pública por oito anos (CF, art. 52, parágrafo único). A renúncia apresentada antes da sessão de julgamento não paralisa o processo, uma vez que a sanção não se limita à perda do mandato.

Nos crimes comuns, o processo também se desenvolve em duas fases. Admitida a acusação pela Câmara dos Deputados, por dois terços dos votos, o presidente será julgado pelo STF (CF, art. 102, I, *b*). Se for crime de ação penal pública, caberá ao procurador-geral da República oferecer a denúncia; sendo de iniciativa privada, o inquérito aguardará a provocação do ofendido. Recebida a denúncia ou queixa, o presidente ficará suspenso de suas funções (CF, art. 86, § 1º, I), pelo prazo máximo de 180 (cento e oitenta) dias, tempo em que o processo já deverá estar encerrado (CF, art. 86, § 2º). Enquanto não sobrevier decisão condenatória, o presidente não estará sujeito à prisão (CF, art. 86, § 3º).

(ii) Deputados federais e senadores: nos crimes comuns, a competência é do STF (CF, art. 102, I, b), independentemente de qualquer licença prévia da Casa respectiva (CF, art. 53, §§ 1º e 3º). Nas hipóteses de o parlamentar infringir qualquer das violações previstas no art. 54, I e II, da CF, de praticar procedimento incompatível com o decoro parlamentar ou de sofrer condenação criminal transitada em julgado, o processo de cassação seguirá perante a Câmara ou Senado, conforme o caso, podendo ser decretada a perda do mandato mediante voto secreto da maioria absoluta correspondente (CF, art. 55, § 2º). Se o parlamentar faltar à terça parte das sessões ordinárias, salvo por licença ou missão especial autorizada, perder ou tiver suspensos seus direitos políticos, a perda do mandato será simplesmente declarada pela Mesa da Casa respectiva, assegurada ampla defesa (CF, art. 55, § 3º).

(iii) Governador do Estado: nos crimes de responsabilidade, o Governador será submetido a julgamento pelo Tribunal Especial previsto na Lei n. 1.079/50. Assim, compete à União (e não ao Estado, ao Distrito Federal ou ao Município) legislar sobre processo (art. 22, I, da CF) e, de acordo com a Lei Federal n. 1.079/50, o Tribunal Especial deve ser composto por cinco Deputados Estaduais (eleitos entre os seus pares) e cinco Desembargadores (sorteados pelo Presidente do Tribunal de Justiça). O Tribunal Especial é comandado pelo Presidente do Tribunal de Justiça, que somente votará se houver empate (voto de Minerva). O Governador ficará suspenso de suas funções após o recebimento da denúncia ou queixa-crime pelo STJ (crime comum) ou após a autorização do processo pela Assembleia Legislativa (infração político-administrativa)[76]. A Constituição Federal prevê a imunidade prisional e a cláusula de irresponsabilidade relativa ao Presidente da República. "Enquanto vigente o mandato, o Presidente da República não pode ser responsabilizado por atos estranhos ao exercício de sua função (fatos praticados antes ou durante o mandato). Trata-se da cláusula de irresponsabilidade relativa, que não protege o Presidente quanto aos ilícitos praticados no exercício da função ou em razão dela, assim como não exclui sua responsabilização civil, administrativa ou tributária. Extinto ou perdido o mandato, o Presidente da República poderá ser criminalmente processado pelo fato criminoso estranho ao exercício da função, ainda que praticado antes ou durante a investidura"[77].

Com relação ao Governador de Estado, destaca-se que o STF decidiu, na ADI 1.021-2, que as imunidades formais do Presidente não lhe são extensíveis por norma de Constituição Estadual. De forma semelhante já havia decidido o STJ, no sentido de negar o foro

---

[76]. Chimenti et al., *Curso de direito constitucional*, 2005, p. 286-287.
[77]. Chimenti et al., 2005b, p. 286.

por prerrogativa de função a delegado, pois não haveria essa previsão na Constituição da República. No caso de crime eleitoral praticado por governador, decidiu o STF que a competência é do STJ e não do TSE.

(iv) Prefeitos municipais: o julgamento cabe ao tribunal de justiça do respectivo Estado, independentemente de prévio pronunciamento da Câmara dos Vereadores (CF, art. 29, X), quando se tratar de crimes comuns, assim considerados aqueles tipificados no art. 1º do Decreto-Lei n. 201/67. Devido à falta de um maior detalhamento, já que a Constituição Federal se limitou a dizer "julgamento do Prefeito perante o Tribunal de Justiça", sem especificar quais os crimes a serem submetidos a esse órgão, tem-se entendido que, na hipótese de crime praticado contra bens, serviços ou interesse da União, competente será o Tribunal Regional Federal e não o TJ. Pela mesma razão, tratando-se de crime eleitoral, a competência será do Tribunal Regional Eleitoral. Esse entendimento, atualmente, encontra-se na Súmula 702 do STF, cujo teor é o seguinte: "A competência do Tribunal de Justiça para julgar Prefeitos restringe-se aos crimes de competência da Justiça comum estadual; nos demais casos, a competência originária caberá ao respectivo tribunal de segundo grau". No caso de crime contra a Administração Pública praticado em detrimento da União, como, por exemplo, na apropriação por prefeito municipal de verba federal sujeita a prestação de contas perante o TCU, a competência também será do Tribunal Regional Federal. Aliás, nesse sentido o STJ editou a Súmula 208, segundo a qual: "Compete à Justiça Federal processar e julgar prefeito municipal por desvio de verba sujeita a prestação de contas perante órgão federal". Em outras palavras, se a Corte de Contas Federal detém competência para fiscalizar a verba cedida ao Município, é porque ainda persiste o interesse da União, do que deriva estarem os atos do prefeito sujeitos ao controle jurisdicional do Tribunal Regional Federal. Convém ressaltar, no entanto, que se a verba federal transferida ao Município já estiver incorporada ao patrimônio municipal, a competência para julgar o prefeito será do Tribunal de Justiça local, não havendo que se falar, nesse caso, de interesse da União. Nesse sentido, a Súmula 209 do STJ, que dispõe: "Compete à Justiça Estadual processar e julgar prefeito por desvio de verba transferida e incorporada ao patrimônio municipal". Interessante também lembrar que o crime praticado pelo chefe do Poder Executivo municipal, durante o seu mandato, em violação ao art. 1º do Decreto-Lei n. 201/67, e já consumado, obviamente não desaparece com o término do mandato, devendo ser processado. É o teor da Súmula 164 do STJ: "O prefeito municipal, após a extinção do mandato, continua sujeito por crime previsto no art. 1º do Decreto-Lei n. 201/67" (a questão sobre a manutenção do foro privilegiado, após o encerramento da gestão do alcaide, será analisada logo adiante), bem como da Súmula 703 do STF: "A extinção do mandato do Prefeito não impede a instauração de processo pela prática dos crimes previstos no art. 1º do Decreto-Lei n. 201/67". Na hipótese de crime doloso contra a vida, deve ser aplicada a Súmula 721 do STF, segundo a qual a competência do Tribunal do Júri para os crimes dolosos contra a vida não prevalece sobre a prerrogativa de foro estabelecida diretamente pela Constituição Federal. Como a competência especial do Tribunal de Justiça para o julgamento de Prefeito está prevista diretamente pela Constituição Federal (CF, art. 29, X), ela prevalecerá sobre a do júri popular. Deste modo, o Prefeito deverá ser julgado perante o Tribunal de Justiça local mesmo nos crimes dolosos contra a vida. No caso de infrações político-administrativas, que são as tipificadas no art. 4º do Decreto-Lei n. 201/67, a competência para julgamento é da Câmara Municipal. Cumpre anotar também que os crimes previstos no art. 1º do Decreto-Lei n. 201/67 configuram crimes funcionais, sujeitos a processo e julgamento pelo Poder Judiciário, independentemente de autorização do órgão legislativo municipal. Desse modo, nesse caso não existe impedimento legal para a instauração ou prosseguimento da ação penal após a extinção do mandato de prefeito. Já no caso do art. 4º do Decreto-Lei n. 201/67, que elenca as infrações político-administrativas julgadas pela Câmara Municipal, a cessação do exercício do cargo de prefeito impede a instauração ou o prosseguimento do processo político-disciplinar, regulado no art. 5º do referido decreto-lei, em face da perda do objeto. Quando a CF dispõe ser competência originária do TJ, não está se referindo ao Pleno, sendo admissível o julgamento por Câmara, Turma ou outro órgão fracionário do Tribunal.

(v) **Vice-presidente, ministros do STF e procurador-geral da República:** crimes comuns são da competência do STF e crimes de responsabilidade, do Senado Federal.

(vi) **Ministros de Estado:** crimes comuns e de responsabilidade são de competência do STF. Crimes de responsabilidade praticados em conexão com os do presidente submetem-se ao Senado Federal.

(vii) **Desembargadores:** são julgados originariamente pelo STJ (art. 105, I, *a*).

(viii) **Membros do Ministério Público e juízes estaduais:** são julgados *sempre* pelo tribunal de justiça de seu Estado, não importando a natureza do crime (se federal ou doloso contra a vida) ou o local de sua prática (em outra unidade da federação), ressalvados apenas os crimes eleitorais, caso em que o julgamento caberá ao Tribunal Regional Eleitoral (CF, art. 96, III).

(ix) **Deputados estaduais:** a Constituição do Estado-Membro pode estabelecer foro por prerrogativa de função perante o Tribunal de Justiça local para o julgamento dos crimes de competência da Justiça Comum cometidos pelo deputado dentro dos limites territoriais do Estado. Este Tribunal não poderá, porém, julgar os parlamentares estaduais por crimes praticados contra bens, serviços ou interesse da União, pelos crimes eleitorais e os comuns cometidos em outro Estado, os quais serão julgados pelos respectivos tribunais (federal, eleitoral ou estadual dotado de competência material). Se o agente vier a ser diplomado deputado estadual no curso do processo, haverá imediata cessação da competência local e seu deslocamento para o respectivo Tribunal de Justiça, mantendo-se íntegros todos os atos processuais até então praticados, sob pena de derrogação do princípio do *tempus regit actum*, uma vez que o juiz era competente à época.

Pode ocorrer que a competência originária *ratione personae* esteja em conflito com a competência em razão da matéria. Por exemplo, uma autoridade que desfruta de foro privilegiado perante um tribunal (*ratione personae*) pratica um crime doloso contra a vida (competência material). Nesse caso, como se resolve o aparente conflito entre o foro especial e o Tribunal do Júri?

Depende.

Quando a própria Constituição Federal estabelecer o foro por prerrogativa de função, esta competência é que deverá prevalecer. Assim, se, por exemplo, um deputado federal (CF, art. 102, I, *b*) ou um promotor de justiça (CF, art. 96, III) cometerem crime doloso contra a vida, o julgamento ficará, respectivamente, a cargo do STF ou do Tribunal de Justiça local, porque a competência originária desses tribunais, em ambos os casos, está prevista na Constituição Federal. A competência do Júri, embora prevista na Lei Maior, não poderia sobrepujar-se à competência originária estabelecida pelo mesmo texto. É o que ocorre, por exemplo, com um deputado federal, um juiz estadual, um juiz federal ou um promotor de justiça que cometerem homicídio doloso. Como a CF/88 estabelece diretamente o foro especial, este se imporá sobre a competência do Tribunal do Júri.

Quando, no entanto, o foro especial for estabelecido por Constituição Estadual, por lei processual ou de organização judiciária, o autor do crime doloso contra a vida deverá ser julgado pelo Tribunal do Júri, cuja competência é estabelecida na Constituição Federal, e por esta razão não pode ser limitada por norma de grau inferior. É o caso de um deputado estadual que venha a cometer homicídio doloso. Como o foro privilegiado não consta da Carta Federal, mas de Constituição local, não poderá prevalecer sobre a competência do júri popular, a qual tem amparo direto no Texto Federal (CF, art. 5º, XXXVIII, *d*). Nesse sentido, a Súmula 721 do STF: "A competência constitucional do Tribunal do Júri prevalece sobre o foro por prerrogativa de função estabelecido exclusivamente pela Constituição estadual". Senão vejamos:

(i) se a competência especial por prerrogativa de função estiver estabelecida na Constituição Federal, prevalecerá sobre a competência constitucional do Júri, em razão da matéria;

(ii) se o foro especial estiver previsto em lei ordinária ou lei de organização judiciária, prevalecerá a competência constitucional do Júri;

(iii) se o foro especial estiver previsto em Constituição estadual, prevalecerá a competência constitucional do Júri.

Diante do exposto, o **foro por prerrogativa de função** assim se apresenta:

- Presidente da República – crime comum – STF;
- Presidente da República – crime de responsabilidade – Senado Federal;
- Vice-Presidente – crime comum – STF;
- Vice-Presidente – crime de responsabilidade – Senado Federal;
- Deputados federais e senadores – crime comum – STF;
- Deputados federais e senadores – crime de responsabilidade – Casa correspondente;
- Ministros do STF – crime comum – STF;
- Ministros do STF – crime de responsabilidade – Senado Federal;
- Procurador-Geral da República – crime comum – STF;
- Procurador-Geral da República – crime de responsabilidade – Senado Federal;

- Ministro de Estado – crime comum e de responsabilidade – STF;
- Ministro de Estado – crime de responsabilidade conexo com o de Presidente da República – Senado Federal;
- Ministros de Tribunais Superiores (STJ, TSE, STM e TST) e diplomatas – crime comum e de responsabilidade – STF;
- Governador de Estado – crime comum ou eleitoral – STJ;
- Governador de Estado – crime de responsabilidade – depende da Constituição Estadual;
- Desembargadores – crime comum e de responsabilidade – STJ;
- Procurador-Geral de Justiça – crime comum – TJ;
- Procurador-Geral de Justiça – crime de responsabilidade – Poder Legislativo Estadual;
- Membros do Ministério Público e juízes estaduais – crime comum, de responsabilidade e doloso contra a vida – TJ;
- Membros do Ministério Público e juízes estaduais – crime eleitoral – TRE;
- Membros do Ministério Público e juízes federais – crime comum, de responsabilidade e doloso contra a vida – TRF;
- Membros do Ministério Público e juízes federais – crime eleitoral – TRE;
- Deputados estaduais – crime comum – TJ;
- Deputados estaduais – crime doloso contra a vida – Tribunal do Júri;
- Deputados estaduais – crime de responsabilidade – Poder Legislativo Estadual;
- Prefeitos municipais – crime comum e doloso contra a vida – TJ;
- Prefeitos municipais – crime federal – TRF;
- Prefeitos municipais – crime eleitoral – TRE;
- Prefeitos municipais – crime de responsabilidade – Poder Legislativo Municipal.

Considerações importantes a respeito da competência *ratione personae*:

(i) Seja qual for o local em que o promotor de justiça ou o juiz de direito cometam o crime, o órgão competente para processá-los e julgá-los será sempre o Tribunal de Justiça do Estado, onde estejam exercendo a função, ainda que se trate de crime de competência da Justiça Federal, uma vez que a competência dos Tribunais de Justiça neste caso foi fixada diretamente pela Constituição Federal, ressalvada apenas a competência da Justiça Eleitoral.

(ii) O foro por prerrogativa de função estabelecido nas Constituições estaduais e leis de organização judiciária somente é válido perante as autoridades judiciárias locais, não podendo ser invocado no caso de cometimento de crimes eleitorais ou contra bens, interesses e serviços da União. Assim, por exemplo, no caso de deputado estadual, como seu foro privilegiado não é previsto na Constituição Federal, em vez de ser julgado pelo Tribunal de Justiça, sê-lo-á, no primeiro caso, pelo Tribunal Regional Eleitoral, e, no segundo, pelo Tribunal Regional Federal.

(iii) Compete ao Tribunal de Justiça julgar os prefeitos municipais, tão somente no que diz respeito aos crimes comuns, sujeitos à competência da justiça local, ficando reservada à Câmara Municipal a competência para processá-los e julgá-los pelos crimes de responsabilidade e pelas infrações político-administrativas.

(iv) A competência especial por prerrogativa de função não se estende ao crime cometido após a cessação definitiva do exercício funcional (Súmula 451 do STF).

(v) A prerrogativa de foro se limita aos crimes cometidos no exercício do cargo e em razão dele, e cessa após o término do exercício do cargo, a menos que já tenha se encerrado a instrução processual, com a publicação do despacho de intimação para apresentação das alegações finais (STF, ARE 1.322.140 AgR, Rel. Alexandre de Moraes, 1ª Turma, *DJe* 1º-7-2021).

(vi) Não existe prerrogativa de foro na hipótese de prática de ato improbidade administrativa (STF, ADI 2.797), a qual deverá ser processada e julgada perante o juízo de primeiro grau, independentemente do cargo ou função da autoridade processada.

(vii) A ação penal poderá ser proposta mesmo após a cessação do mandato, no caso de crimes cometidos durante o seu exercício, pois a condenação criminal não visa apenas à decretação de perda do cargo, mas também a imposição de pena privativa de liberdade, inabilitação para o exercício da função pública e a reparação do dano causado.

(viii) Na hipótese de o crime ser praticado por dois ou mais agentes em concurso, em que um deles tiver foro privilegiado, todos os coautores e partícipes deverão ser, **em regra**, julgados perante esse juízo especial, reunindo-se os processos pela conexão ou continência, a menos que o órgão jurisdicional mais graduado determine a sua cisão. Nesse sentido, a Súmula 704 do STF: "não viola as garantias do juiz natural, da ampla defesa e do devido processo legal a atração por continência ou conexão do processo do corréu ao foro por prerrogativa de função de um dos denunciados". Assim, quando somente um dos réus gozar de foro por prerrogativa de função, haverá a atração ao mesmo de todos os demais processos. Na hipótese de um dos agentes ter seu foro especial fixado diretamente pela CF e o outro, exclusivamente, pela Constituição estadual, os processos também deverão ser reunidos. Assim, se um deputado federal praticar crime em concurso com um deputado estadual, ambos serão julgados perante o STF, já que, segundo a mencionada Súmula 704, tal atração não viola as garantias do juiz natural, da ampla defesa e do devido processo legal. É que a competência estabelecida pela CF exerce força atrativa sobre qualquer outra fixada em escala normativa diversa (Constituições estaduais e leis). A questão complica-se um pouco quando ambos os agentes tiverem o foro especial fixado diretamente pela CF. É o caso, por exemplo, de um senador que comete um crime em concurso com um juiz federal. O primeiro é da competência do STF, enquanto o segundo, do TRF da sua região. Fica a questão: ambos serão julgados perante o Supremo, ou os processos se cindirão, indo um para o STF e o outro para o TRF? A dúvida se justifica na medida em que foi a própria Constituição Federal quem determinou qual seria o juiz natural de cada um dos acusados. O entendimento sumular do STF não faz distinção, afirmando que em qualquer caso os processos deverão ser reunidos. Não será possível alegar ofensa à ampla defesa ante eventual supressão de instância, nem violação à regra do juiz natural, uma vez que a referida súmula, enfaticamente, proclama: "não viola as garantias do juiz natural, da ampla defesa e do devido processo legal a atração...". No exemplo citado, ambos, senador e juiz federal, deverão ser julgados perante o STF. Essa posição jurisprudencial, aparentemente firmada de modo irreversível, pode ser criticada pelo fato de que uma regra meramente processual, como é a da conexão e da continência, não deveria ter o condão de afastar o juiz natural fixado pela própria CF. Cumpre ressaltar mais uma vez que o Tribunal hierarquicamente superior pode determinar a cisão dos processos de acordo com as peculiaridades do caso concreto, tratando-se, portanto, a reunião de todos os processos pela conexão de uma regra que comporta exceções.

(ix) Na hipótese de crime doloso contra a vida, a Súmula 721 do STF dispõe que: "a competência constitucional do Tribunal do Júri prevalece sobre o foro por prerrogativa de função estabelecido exclusivamente pela Constituição estadual". Isso significa que a competência do Tribunal do Júri para o julgamento dos crimes dolosos contra a vida, estabelecida pela CF, em seu art. 5º, XXXVIII, d, prevalecerá sobre qualquer outra não prevista pela própria CF. Se foi a CF quem fixou a competência especial e soberana do Júri popular, somente ela tem autoridade para excepcioná-la. Assim, se um deputado federal cometer crime doloso contra a vida, o seu julgamento não se desenvolverá perante o Júri, mas sim perante o STF. Se, no entanto, for um deputado estadual o autor de um homicídio doloso, como a competência especial do Tribunal de Justiça local foi determinada pela Constituição estadual, ela não poderá prevalecer sobre a do Júri. Sim, porque não é dado às Constituições dos Estados-membros criar exceções aos juízos naturais fixados pela CF.

(x) De acordo com o STJ, "havendo continuidade entre os mandatos, não exercidos de maneira ininterrupta, cessa o foro por prerrogativa de função referente a atos praticados durante o primeiro mandato" (STJ, AgRg no RHC 182.049/DF, Rel. Min. Messod Azulay Neto, 5ª Turma, *DJe* 16-8-2023).

E quanto aos coautores e partícipes?

Aplicando-se a regra contida na Súmula 704 do STF, todos deverão ser julgados perante o juízo especial, afastando-se a competência do Júri, pois "não viola as garantias do juiz natural, da ampla defesa e do devido processo legal, a atração por continência ou conexão do processo do corréu ao foro por prerrogativa de função de um dos denunciados". É também passível de críticas tal entendimento sumular, uma vez que a competência do Júri foi estabelecida constitucionalmente e não deveria ser afastada em razão de uma regra meramente processual, qual seja, a da reunião dos processos pela conexão ou continência. Assim, se um deputado estadual for, isoladamente, autor de crime doloso contra a vida, competente será o Tribunal do Júri, pois seu foro especial não foi estabelecido pela CF/88, mas somente pela Constituição local. Entretanto, se o crime foi praticado em concurso com um deputado federal, nesse caso a reunião dos processos se dará perante o STF, competente para julgar o parlamentar federal e, agora, em razão da reunião dos processos, também competente para o julgamento de deputado estadual.

(xi) Nos processos por crime contra a honra, em que caiba a exceção da verdade, se esta for oposta e o querelante gozar de privilégio de foro, o foro especial é o competente para apreciar a *exceptio veritatis*.

Verificada a competência *ratione materiae* e *personae*, cabe, agora, fixar a competência em razão do lugar, porque é necessário saber qual o juízo eleitoral, militar, federal ou estadual dotado de competência em razão do territorial.

Para tanto, cabe trazer à colação o ensinamento de Eduardo Espínola Filho[78]. A competência de foro é estabelecida de modo geral, *ratione loci*, em atenção ao **(i) lugar onde ocorreu o delito:** "A competência será, de regra, determinada pelo lugar em que se consumar a infração penal, ou, no caso de tentativa, pelo lugar em que for praticado o último ato de execução" (CPP, art. 70). **(ii) Essa competência é firmada subsidiariamente pelo domicílio ou residência do réu, quando desconhecido o lugar da infração:** "não sendo conhecido o lugar da infração, a competência regular-se-á pelo domicílio ou residência do réu" (CPP, art. 72, *caput*). "Nos casos de exclusiva ação privada, o querelante poderá preferir o foro de domicílio ou da residência do réu, ainda quando conhecido o lugar da infração" (CPP, art. 73).

Estabelecida a competência de foro, pelo lugar da infração ou pelo domicílio do réu, é por distribuição entre os juízes da jurisdição que se fixa a competência concreta daquele perante o qual se movimentará a ação penal (CPP, art. 75). Não se procede à distribuição, quando:

(i) em razão da matéria, pela natureza do crime, se for crime de competência do júri popular, o processo não poderá ser distribuído normalmente entre os juízes do local, pois o julgamento fica afeto a um órgão jurisdicional especial (cf. CPP, art. 74, § 1º);

(ii) em razão da conexão ou continência, as infrações devem ser apuradas em processo já afeto à autoridade judiciária prevalente (CPP, arts. 76 a 78);

(iii) em razão da prevenção, deva a ação penal ser submetida à apreciação de autoridade judiciária, que já tenha, de algum modo, tomado conhecimento do caso (CPP, art. 83).

Se incerta a jurisdição em que o delito foi cometido, por ter ocorrido em limites divisionais, ou não houver segura fixação dos limites do território jurisdicional, e quando o crime, continuado ou permanente, houver sido praticado em mais de uma jurisdição, a competência será estabelecida pela prevenção, entre os juízes, normalmente competentes, das respectivas jurisdições (CPP, arts. 70, § 3º, e 71).

Quando desconhecido o lugar onde ocorreu a infração, e o réu tiver mais de uma residência, a competência, entre os juízes das respectivas jurisdições, se estabelecerá por prevenção. Assim, "se o réu tiver mais de uma residência, a competência firmar-se-á pela prevenção" (CPP, art. 72, § 1º).

No caso de, além de desconhecido o lugar da infração, não se conhecer a residência do réu, que não é encontrado, a competência se determinará pela prevenção de qualquer juiz, que seja o primeiro a tomar conhecimento do fato: "se o réu não tiver residência certa ou for ignorado o seu paradeiro, será competente o juiz que primeiro tomar conhecimento do fato" (CPP, art. 72, § 2º).

Por fim, destaca-se a redação do art. 70, § 4º, do CPP, segundo a qual, a competência para julgamento do estelionato praticado mediante emissão de cheque sem fundos, frustração de pagamento ou transferência de valores, será fixada pelo local do domicílio da vítima ou havendo mais de uma, pela prevenção.

---
[78]. *Código de Processo Penal brasileiro anotado*, cit., v. 2, p. 70.

Jurisprudência

- **COMPETÊNCIA PARA JULGAR O CRIME DE ESTELIONATO, APLICA-SE IMEDIATAMENTE AOS INQUÉRITOS POLICIAIS QUE ESTAVAM EM CURSO QUANDO ENTROU EM VIGOR A LEI N. 14.155/2021:** "Nos crimes de estelionato, quando praticados mediante depósito, por emissão de cheques sem suficiente provisão de fundos em poder do sacado ou com o pagamento frustrado ou por meio da transferência de valores, a competência será definida pelo local do domicílio da vítima, em razão da superveniência de Lei n. 14.155/2021, ainda que os fatos tenham sido anteriores à nova lei. Veja o § 4º do art. 70 que foi inserido no CPP pela Lei n. 14.155/2021: Art. 70. (...) § 4º Nos crimes previstos no art. 171 do CP), quando praticados mediante depósito, mediante emissão de cheques sem suficiente provisão de fundos em poder do sacado ou com o pagamento frustrado ou mediante transferência de valores, a competência será definida pelo local do domicílio da vítima, e, em caso de pluralidade de vítimas, a competência firmar-se-á pela prevenção" (STJ, 3ª Seção, CC 180.832/RJ, Rel. Min. Laurita Vaz, j. 25-8-2021).

- **COMPETÊNCIA PARA JULGAR AS AÇÕES PROPOSTAS CONTRA O CNJ E CNMP:** "Nos termos do art. 102, I, 'r', da Constituição Federal, é competência exclusiva do STF processar e julgar, originariamente, todas as ações ajuizadas contra decisões do Conselho CNJ e do CNMP proferidas no exercício de suas competências constitucionais, respectivamente, previstas nos arts. 103-B, § 4º, e 130-A, § 2º, da CF/88" (STF, Plenário, Pet 4770 AgR/DF, Rel. Min. Roberto Barroso, j. 18-11-2020; STF, Plenário, Rcl 33459 AgR/PE, Red. p/ acórdão Min. Gilmar Mendes, j. 18-11-2020).

15.9. Outros critérios para saber qual o juiz competente

Os autores Grinover, Scarance e Magalhães[79] apontam o caminho para se detectar qual o juiz competente. Devem ser formuladas as seguintes indagações:

Qual a jurisdição competente? Justiça comum ou justiça especial?

Qual o órgão jurisdicional hierarquicamente competente? O acusado tem foro privilegiado por prerrogativa de função?

Qual o foro territorialmente competente? Competência *ratione loci* (lugar da infração ou domicílio do réu?).

Qual o juízo competente? Qual a vara competente, de acordo com a natureza da infração penal? Vara comum ou vara do Júri? É a chamada competência de juízo.

Qual o juiz competente? (competência interna).

Qual o órgão competente para julgar o recurso?

Desse modo, em primeiro lugar, deve-se procurar saber se o crime deve ser julgado pela jurisdição comum ou especializada; depois, se o agente goza ou não da garantia de foro privilegiado; em seguida, qual o juízo dotado de competência territorial; por último,

---

[79]. *As nulidades no processo penal*, cit., p. 40.

dentro do juízo territorialmente competente, indaga-se qual o juiz competente, de acordo com a natureza da infração penal e com o critério interno de distribuição.

15.10. Diferença entre competência material e competência funcional

A **competência material** é a delimitação de competência ditada por três aspectos:

(i) *ratione materiae* **(CPP, art. 69, III):** em razão da relação de direito, isto é, em razão da natureza da infração penal; por exemplo, o Júri popular tem competência para julgar os crimes dolosos contra a vida (CF, art. 5º, XXXVIII) e a justiça eleitoral, para o julgamento dos crimes e contravenções eleitorais;

(ii) *ratione personae* **(CPP, art. 69, VII):** em razão da qualidade da pessoa do réu, como nos casos de foro especial por prerrogativa de função;

(iii) *ratione loci* **(CPP, art. 69, I e II):** em razão do território, levando-se em conta o lugar da infração ou da residência ou domicílio do réu.

→ **ATENÇÃO:** nesse critério de classificação, competência material é um termo mais amplo do que competência *ratione materiae*.

A **competência funcional** é ditada por outros três aspectos:

(i) fase do processo: pode haver juiz do processo, juiz da execução, juiz do sumário de culpa do Júri etc.;

(ii) objeto do juízo: no Júri, ao juiz presidente incumbe resolver as questões de direito suscitadas no curso do julgamento (art. 497, X), proferindo sentença condenatória ou absolutória (art. 492) e fixando a pena, enquanto aos jurados compete responder aos quesitos que lhes são formulados (arts. 482 a 491);

(iii) grau de jurisdição (**competência funcional vertical**): a competência pode ser originária (como no foro por prerrogativa de função) ou em razão do recurso (princípio do duplo grau de jurisdição).

15.11. Competência absoluta e relativa

Nos casos de competência *ratione materiae* e *personae* e competência funcional, cumpre observar que é o interesse público que dita a distribuição de competência. Assim, por exemplo, no caso da jurisdição comum e especial, dos juízes superiores e inferiores (competência originária e competência recursal) e segundo a natureza da infração penal, a competência é fixada muito mais por imposição de ordem pública do que no interesse de uma das partes. Trata-se, aí, de competência absoluta, que não pode ser prorrogada nem modificada pelas partes, sob pena de implicar nulidade absoluta.

No caso de competência de foro (territorial), porém, o legislador pensa preponderantemente no interesse de uma das partes. Costuma-se falar, nesses casos, em competência relativa, prorrogável, capaz de gerar, no máximo, se comprovado prejuízo, nulidade relativa.

A prorrogação de competência consiste na possibilidade de substituição da competência de um juízo por outro, sem gerar vício processual. Como já se disse, a competência inderrogável é chamada de absoluta. Ao contrário, quando a lei possibilitar às partes que se submetam a juiz originariamente incompetente, a competência é tida como relativa.

A competência territorial é relativa e se prorroga quando não alegada na primeira oportunidade, operando-se a preclusão. Nesse sentido, STF: "a nulidade decorrente da inobservância das regras de competência territorial é relativa, restando sanada se não alegada em momento oportuno" (STJ, AgRg no REsp 1.793.377/PR, Rel. Min. Felix Fischer, 5ª Turma, DJe 7-6-2021).

15.12. Prorrogação de competência necessária e voluntária

A *necessária* ocorre nas hipóteses de conexão e continência (arts. 76 e 77).

A *voluntária* ocorre nos casos de competência territorial, quando não alegada no momento processual oportuno (art. 108), ou no caso de ação penal exclusivamente privada, onde o querelante pode optar pelo foro do domicílio do réu, em vez do foro do local da infração (art. 73).

15.13. Delegação de competência

É a transferência da competência de um juízo para outro, sempre que os atos processuais não puderem ou não tiverem de se realizar no foro originalmente competente.

Podem ser das seguintes espécies:

(i) delegação externa: quando os atos são praticados em juízos diferentes, como no caso das cartas precatórias citatórias (art. 353) e instrutórias (oitiva de testemunhas, art. 222; acareação, arts. 229 e 230; colheita de material para perícia, art. 174, IV etc.), e das cartas de ordem, dos tribunais para juízes;

(ii) delegação interna: quando a delegação é feita dentro de um mesmo juízo, como no caso de juízes substitutos e juízes auxiliares.

> → **ATENÇÃO:** desaforamento é o deslocamento do julgamento pelo Tribunal do Júri para outra comarca, se presente uma das situações previstas nos arts. 427 e 428 do Código de Processo Penal.

> → **ATENÇÃO:** os juízes estaduais têm competência para cumprir cartas precatórias expedidas por juiz federal, tendo em vista a finalidade de realizar os atos processuais de forma mais simples e rápida e menos onerosa para as partes, considerando que não cabe ao juízo deprecado proferir decisões de mérito, mas tão somente realizar atos citatórios e probatórios.

> → **ATENÇÃO:** no processo de competência originária dos tribunais, o relator poderá delegar a realização do interrogatório ou de outro ato da instrução, nos termos do art. 9º, § 1º, da Lei n. 8.038/90, mas não poderá delegar a competência para atos decisórios.

15.14. Competência *ratione materiae* na Constituição Federal

(i) Jurisdições especiais: justiça do trabalho (arts. 111 a 116), justiça eleitoral (arts. 118 a 121), justiça militar (arts. 122 a 124) e a chamada jurisdição política, no caso de crimes de responsabilidade praticados por certas autoridades (julgamento pelo Poder Legislativo).

→ **ATENÇÃO:** a proibição da existência de tribunais de exceção não abrange a justiça especializada, na medida em que esta representa divisão da atividade jurisdicional do Estado. Este é o entendimento de Celso Bastos e Ives Gandra[80].

(ii) Jurisdição comum ou ordinária: justiça dos Estados (arts. 125 e 126), Justiça Federal (arts. 106 a 110).

15.15. Competência pelo lugar da infração: teoria adotada e regras especiais

Existem três teorias a respeito do lugar do crime:

(i) teoria da atividade: lugar do crime é o da ação ou omissão, sendo irrelevante o lugar da produção do resultado;

(ii) teoria do resultado: lugar do crime é o lugar em que foi produzido o resultado, sendo irrelevante o local da conduta;

(iii) teoria da ubiquidade: lugar do crime é tanto o da conduta quanto o do resultado.

Teoria adotada:

No caso de um crime ser praticado em território nacional e o resultado ser produzido no estrangeiro (crimes a distância ou de espaço máximo), aplica-se a teoria da ubiquidade, prevista no art. 6º do CP; o foro competente será tanto o do lugar da ação ou omissão quanto o do local em que se produziu ou deveria se produzir o resultado. Assim, o foro competente será o do lugar em que foi praticado o último ato de execução no Brasil (art. 70, § 1º), ou o local estrangeiro onde se produziu o resultado. Por exemplo: o agente escreve uma carta injuriosa em São Paulo e a remete para a vítima, que lê a correspondência ofensiva à sua honra em Buenos Aires. O foro competente será tanto São Paulo quanto Buenos Aires.

No caso de a conduta e o resultado ocorrerem dentro do território nacional, mas em locais diferentes (delito plurilocal) aplica-se a teoria do resultado, prevista no art. 70 do Código de Processo Penal: a competência será determinada pelo lugar em que se consumar a infração, ou, no caso de tentativa, pelo lugar em que for praticado o último ato de execução. Por exemplo: o agente esfaqueia a vítima em Marília e esta vem a morrer em São Paulo. O foro competente é São Paulo.

---

80. *Comentários à Constituição do Brasil*, Saraiva, p. 204-5.

No caso dos crimes de menor potencial ofensivo, sujeitos ao procedimento da Lei n. 9.099/95, adotou-se a teoria da atividade. Esta é a redação do art. 63 da Lei: "A competência do Juizado será determinada pelo lugar em que foi praticada a infração penal".

→ **ATENÇÃO:** crimes praticados no exterior – art. 88 do CPP.

→ **ATENÇÃO:** crimes cometidos a bordo de embarcações ou aeronaves – último ou primeiro porto ou aeroporto.

Regras especiais:

(i) Quando incerto o limite entre duas comarcas, se a infração for praticada na divisa, a competência será firmada pela prevenção (art. 70, § 3º).

(ii) No caso de crime continuado ou permanente, praticado em território de duas ou mais jurisdições, a competência será também firmada pela prevenção (art. 71).

(iii) No caso de alteração do território da comarca, por força de lei, após a instauração da ação penal, o STJ tem mantido a competência original.

(iv) As Súmulas 521 do STF e 244 do STJ foram superadas pela nova redação do art. 70, § 4º, do CPP, para a qual "quando praticados mediante depósito, mediante emissão de cheques sem suficiente provisão de fundos em poder do sacado ou com o pagamento frustrado ou mediante transferência de valores, a competência será definida pelo local do domicílio da vítima, e, em caso de pluralidade de vítimas, a competência firmar-se-á pela prevenção".

(v) No homicídio, quando a morte é produzida em local diverso daquele em que foi realizada a conduta, a jurisprudência costuma mitigar a regra do art. 70 do CPP para entender que o foro competente é o da ação ou omissão, e não o do resultado. Esta posição é majoritária na jurisprudência, e tem por fundamento a maior facilidade que as partes têm de produzir provas no local em que ocorreu a conduta (a chamada teoria do esboço do resultado). Contudo, ela é contrária à letra expressa da lei, que dispõe ser competente o foro do local do resultado (cf. art. 70 do CPP – teoria do resultado).

(vi) No crime de falso testemunho praticado por precatória, a jurisprudência tem entendido como competente o juízo deprecado, uma vez que foi nele que ocorreu o depoimento fraudulento.

(vii) No uso de documento falso, a competência firmada em razão da entidade ou órgão ao qual foi apresentado, segundo a Súmula 546 do STJ.

15.16. Competência pelo domicílio ou residência do réu

(i) Não sendo conhecido o lugar da infração, a competência será firmada pelo domicílio do réu (CPP, art. 72, *caput*);

(ii) Se o réu tiver mais de um domicílio, a competência será firmada pela prevenção (CPP, art. 72, § 1º);

(iii) Se o réu não tiver residência certa ou for ignorado o seu paradeiro, será competente o juiz que primeiro tomar conhecimento do fato (CPP, art. 72, § 2º);

(iv) No caso de ação penal exclusivamente privada, o querelante poderá preferir o foro do domicílio ou residência do réu, em vez do foro do local do crime, ainda que este seja conhecido (CPP, art. 73);

(v) Domicílio é o lugar onde a pessoa se estabelece com ânimo definitivo, onde exerce suas ocupações habituais (CC, arts. 70 e 71);

(vi) No caso de a pessoa ter vários domicílios, qualquer um será considerado como tal (CC, art. 71).

15.17. Competência pela natureza da infração

(i) Competem ao Júri os julgamentos dos crimes dolosos contra a vida (CF, art. 5º, XXXVIII, *d*), mas o latrocínio, por ser crime contra o patrimônio, é da competência do juízo singular (Súmula 603 do STF), o mesmo ocorrendo com o crime de extorsão qualificada pelo resultado morte. Competem ao Júri Federal, presidido por juiz federal, os crimes de competência da justiça federal e que devam ser julgados pelo tribunal popular, tais como: homicídio praticado a bordo de embarcação privada, de procedência estrangeira, em porto nacional, e contrabando em conexão com homicídio.

(ii) Competência da Justiça Militar:

Compete à Justiça Militar o processo e julgamento dos crimes definidos como militares pelo art. 9º do CPM e também pela legislação extravagante, alcançando, portanto, crimes como a tortura e associação criminosa praticadas por militares.

No caso de crimes dolosos contra a vida praticados por militares estaduais contra civis, a competência será do júri popular, nos termos do art. 125, § 4º, da CF e art. 9º, § 1º, do CPM ("Os crimes de que trata este artigo, quando dolosos contra a vida e cometidos por militares contra civil, serão da competência do Tribunal do Júri").

No mesmo sentido, o art. 82, § 2º, do Código de Processo Penal Militar: "Nos crimes dolosos contra a vida, praticados contra civil, a Justiça Militar encaminhará os autos do inquérito policial-militar à justiça comum".

→ **ATENÇÃO:** o termo "militares" empregado pelo dispositivo legal refere-se aos militares estaduais, ou seja, policiais e bombeiros militares.

Na hipótese de militares das Forças Armadas, a competência para julgamento de crimes dolosos contra a vida praticados contra civis não será do Tribunal do Júri, mas da Justiça Militar da União (CPM, art. 9º, § 2º), não se aplicando a regra destinada aos militares estaduais.

Para tanto, será necessário que o militar das Forças Armadas pratique o crime doloso contra a vida no cumprimento de atribuições que lhe forem estabelecidas pelo Presidente da República ou Ministro da Defesa; defendendo instalação militar ou durante o cumprimento de missão militar; ou ainda durante operações em missão de paz ou manutenção da ordem constitucional

Não compete à Justiça Militar, mas à comum, o crime de lesões corporais contra civil e também os delitos resultantes de acidente de trânsito envolvendo viatura militar, salvo se autor e vítima forem policiais militares e atividade (Súmula 6 do STJ).

(iii) Compete à Justiça Militar processar e julgar policial de corporação estadual, ainda que o delito tenha sido praticado em outra unidade federativa (Súmula 78 do STJ).

(iv) Compete também à Justiça Comum processar e julgar civil acusado de prática de crime contra instituições militares estaduais (Súmula 53 do STJ). Também compete à Justiça Comum o julgamento de crime cometido por guarda civil metropolitano.

(v) Compete à Justiça Federal processar e julgar os crimes cometidos contra bens, serviços ou interesse da União ou de suas entidades autárquicas ou empresas públicas (CF, art. 109, IV).

(vi) A competência para julgamento de crimes contra a fauna, em regra, passa a ser da Justiça Comum, salvo se a infração atingir bens e interesses da União (CF, art. 109, IV), como, por exemplo, pesca ilegal no mar territorial brasileiro.

(vii) Compete à Justiça Federal processar e julgar os crimes praticados contra funcionário público federal, quando relacionados com o exercício da função (Súmula 147 do STJ). Do mesmo modo, a ela compete o julgamento de crime cometido por funcionário público federal, no exercício de suas funções. Tratando-se de crime doloso contra a vida, incumbirá ao juiz federal presidi-lo.

(viii) Compete à Justiça Comum estadual processar e julgar crime em que indígena figura como autor ou vítima (Súmula 140 do STJ). Em se tratando de crime de genocídio, como se colocam em disputa os direitos indígenas como um todo, a competência passa para a Justiça Federal, nos termos do art. 109, XI, da CF.

(ix) Compete à Justiça Comum estadual processar e julgar crime praticado contra sociedade de economia mista (Súmula 42 do STJ).

(x) Compete à Justiça Comum julgar crime praticado contra agência do Banco do Brasil.

(xi) Compete à Justiça Comum estadual processar e julgar o crime de falsa anotação de carteira de trabalho e Previdência Social, atribuído a empresa privada (Súmula 62 do STJ).

(xii) Compete ao juízo do local da obtenção da vantagem ilícita processar e julgar crime de estelionato cometido mediante falsificação de cheque (Súmula 48 do STJ).

(xiii) Compete à Justiça Comum estadual, na vigência da Constituição de 1988, o processo por contravenção penal, ainda que praticada em detrimento de bens, serviços ou interesse da União ou de suas entidades (Súmula 38 do STJ — inteligência do art. 109, IV, da CF).

(xiv) Compete à Justiça Federal processar e julgar crime de falsificação de título de eleitor. Também lhe compete processar e julgar crime de falsificação de carteira da OAB, por afetar interesse de autarquia federal.

(xv) Compete à Justiça Federal processar e julgar os crimes praticados contra a Empresa Brasileira de Correios e Telégrafos.

(xvi) Crime contra a organização do trabalho: depende. Se ofender a organização do trabalho como um todo, a competência será da Justiça Federal; se ofender o direito individual do trabalho, a competência será da Justiça comum estadual.

(xvii) Emissão de cheque sem fundos contra a Caixa Econômica Federal: competência da Justiça Comum.

(xviii) Contrabando e descaminho: competência da Justiça Federal. Considera-se competente o juízo federal do local onde foram apreendidos os objetos introduzidos ilegalmente no País, uma vez que se trata de delito permanente (nesse sentido: Súmula 151 do STJ).

(xix) Crime cometido a bordo de navio: compete à Justiça Federal de primeiro grau processar e julgar os crimes comuns praticados, em tese, no interior de navio de grande cabotagem, autorizado e apto a realizar viagens internacionais.

(xx) Crime cometido em área de fronteira: compete à Justiça Comum estadual, porque não existe ofensa a bem, serviço ou interesse da União.

(xxi) Compete à Justiça Comum estadual processar e julgar o crime de falsificação e uso de documento falso relativo a estabelecimento particular de ensino (Súmula 104 do STJ).

(xxii) Compete à Justiça Federal o processo e julgamento unificado dos crimes conexos de competência federal e estadual, não se aplicando a regra do art. 78, II, *a*, do CPP (Súmula 122 do STJ).

(xxiii) Compete à Justiça Federal o processo-crime contra bens tombados pelo Instituto do Patrimônio Histórico e Artístico Nacional, pouco importando tenha ou não havido o registro imobiliário.

(xxiv) Competem à Justiça Federal o processo e o julgamento dos crimes previstos nos arts. 33 a 37 da Lei de Drogas, se caracterizado ilícito transnacional. Os crimes praticados nos Municípios que não sejam sede de vara federal serão processados e julgados na vara federal da circunscrição respectiva (cf. art. 70 da lei).

(xxv) Compete à Justiça Federal o julgamento do crime de pedofilia praticado pela *internet*, tendo em vista a amplitude global do acesso ao *site*, no qual as imagens ilícitas são divulgadas, do que decorre o caráter internacional da infração. O delito em questão está tipificado na Lei n. 11.829/2008 e originou-se da Convenção sobre os Direitos da Criança, da Assembleia da ONU de 25-5-2000, ratificada pelo Decreto 5.007/2004 (STF, RE 628.624/RJ, 2ª Turma, Rel. Min. Fachin, *DJU* 11-9-2020).

(xxvi) Compete à Justiça Estadual o crime praticado pela internet, quando ausente o caráter de transnacionalidade: "A jurisprudência desta Corte Superior é no sentido de que, embora se trate de crime praticado por meio da rede mundial de computadores, necessária se faz a existência de indícios mínimos de extraterritorialidade para que seja determinada a competência da Justiça Federal. A mera utilização da internet não basta, por si só, para caracterizar a transnacionalidade do delito. 3. *In casu*, não há, pelo menos neste momento processual, a presença de qualquer indício de transnacionalidade dos delitos apto a justificar a competência da Justiça Federal. 4. Agravo regimental não provido (STJ, CC 164.450/DF, Rel. Min. Nefi Cordeiro, 3ª Seção, *DJe* 22-8-2019).

(xxvii) Compete ao Tribunal do Júri Federal julgar causa na qual há demonstração de interesse federal específico em relação ao crime doloso contra a vida, ou quando há conexão deste com crime federal (STJ, CC 194.981/SP, Rel. Min. Laurita Vaz, 3ª Seção, j. 24-5-2023).

(xxviii) A inserção de dados falsos em sistema de dados federais não fixa, por si só, a competência da Justiça Federal, a qual somente é atraída quando houver ofensa direta a bens, serviços ou interesses da União ou órgão federal (STJ, AgRg no CC 193.250/GO, Rel. Min. Antonio Saldanha Palheiro, 3ª Seção, j. 24-5-2023).

15.17.1. Federalização das causas relativas a direitos humanos. Do incidente de deslocamento de competência

O inciso V-A do art. 109 da CF determina aos juízes federais a competência para julgar "as causas relativas a direitos humanos a que se refere o § 5º deste artigo". O § 5º, por sua vez, prevê que, "nas hipóteses de grave violação de direitos humanos, o Procurador-Geral da República, com a finalidade de assegurar o cumprimento de obrigações decorrentes de tratados internacionais de direitos humanos dos quais o Brasil seja parte, poderá suscitar, perante o STJ, em qualquer fase do inquérito ou processo, incidente de deslocamento de competência para a Justiça Federal". Diante da crescente universalização dos direitos humanos, o legislador, com o intuito de ampliar a sua proteção, concebeu a federalização dos crimes contra a humanidade, isto é, considerou a Justiça Federal como órgão competente para julgar as causas envolvendo direitos humanos. Assim, a CF/88 prevê o chamado *"incidente de deslocamento de competência"*, por intermédio do qual o Procurador-Geral da República, verificando que, perante juízo distinto (Justiça Estadual), tramita inquérito ou processo, que tenha por objeto grave violação a direitos humanos, poderá, com a finalidade de assegurar o cumprimento de obrigações decorrentes de tratados internacionais de direitos humanos dos quais o Brasil seja parte, suscitar o mencionado incidente perante o STJ, a fim de que o processo ou inquérito seja remetido para a Justiça Federal, órgão competente para o seu processamento. Segundo o dispositivo, o incidente poderá ser suscitado em qualquer fase do inquérito ou do processo.

15.17.2. Do Tribunal Penal Internacional. Competência para julgar genocídio, crimes de guerra, contra a humanidade e de agressão

O § 4º do art. 5º da Carta Magna prevê a jurisdição do Tribunal Penal Internacional, cujo teor é o seguinte: "O Brasil se submete à jurisdição de Tribunal Penal Internacional a cuja criação tenha manifestado adesão". Referido tribunal foi criado pelo Estatuto de Roma em 17-7-1998, o qual foi subscrito pelo Brasil. Trata-se de instituição permanente, com jurisdição para julgar genocídio, crimes de guerra, contra a humanidade e de agressão, e cuja sede se encontra em Haia, na Holanda. Os crimes de competência desse Tribunal são imprescritíveis, dado que atentam contra a humanidade como um todo. O tratado foi aprovado pelo Decreto Legislativo n. 112/2002, antes, portanto, de sua entrada em vigor, que ocorreu em 1º-7-2002. O Tribunal Penal Internacional somente exerce sua jurisdição sobre os Estados que tomaram parte de sua criação, ficando excluídos os países que não aderiram a ele, como, por exemplo, os Estados Unidos. A jurisdição internacional é residual e somente se instaura depois de esgotada a via procedimental interna do país vinculado. Sua criação observou os princípios da anterioridade e da irretroatividade da lei penal, pois sua competência não retroagirá para alcançar crimes cometidos antes de sua entrada em vigor (art. 11 do Estatuto de Roma). A decisão do Tribunal Internacional faz coisa julgada, não podendo ser revista pela jurisdição interna do Estado participante. O contrário também ocorrerá, salvo se ficar demonstrada fraude ou favorecimento do acusado no julgamento. Convém notar que a jurisdição do Tribunal Penal Internacional é complementar, conforme consta de seu preâmbulo, de forma que, conforme ensinamento de Valerio de Oliveira Mazzuoli, "sua jurisdição, obviamente, incidirá apenas em casos raros, quando as medidas internas dos países se mostrarem insuficientes ou omissas no que respeita ao processo e julgamento dos acusados, bem como quando desrespeitarem as legislações penal e processual internas"[81].

Finalmente, no tocante às imunidades e aos procedimentos especiais decorrentes da qualidade oficial da pessoa (parlamentares, presidente da República, diplomatas etc.), não constituirão obstáculo para que o Tribunal exerça a sua jurisdição sobre a pessoa, conforme o disposto no art. 27 do Estatuto.

15.18. Competência por distribuição

Havendo mais de um juiz competente no foro do processo, a competência será determinada pelo critério da distribuição. Nesse caso, existem dois ou mais juízes igualmente competentes, por qualquer dos critérios, para o julgamento da causa. A distribuição de inquérito policial e a decretação de prisão preventiva, a concessão de fiança ou a determinação de qualquer diligência (p. ex.: busca e apreensão), antes mesmo da distribuição do inquérito, tornam o juízo competente para a futura ação penal.

15.19. Competência por conexão

Conexão é o vínculo, o liame, o nexo que se estabelece entre dois ou mais fatos, que os torna entrelaçados por algum motivo, sugerindo a sua reunião no mesmo processo, a fim de que sejam julgados pelo mesmo juiz, diante do mesmo compêndio probatório e com isso se evitem decisões contraditórias. São efeitos da conexão: a reunião de ações penais em um mesmo processo e a prorrogação de competência.

15.19.1. Espécies de conexão

(i) **Intersubjetiva**, que se subdivide em:

— **Conexão intersubjetiva por simultaneidade (CPP, art. 76, I, primeira parte):** quando duas ou mais infrações são praticadas, ao mesmo tempo, por várias pessoas

---
[81]. *O direito internacional e o direito brasileiro*: homenagem a José Francisco Rezek, org. Wagner Menezes, Rio Grande do Sul, Unijuí, 2004, p. 235.

reunidas, sem que exista liame subjetivo entre elas, ou seja, sem que estejam atuando em concurso de agentes. É o caso da autoria colateral. Por exemplo: ao final de um jogo entre Corinthians e Portuguesa, após o árbitro ter apitado um pênalti contra o Corinthians, seus torcedores, impulsivamente, sem ajuste prévio e de inopino, começam a destruir todo o estádio do Pacaembu. O ideal é que o mesmo juiz julgue todos os infratores.

— **Conexão intersubjetiva concursal ou por concurso (CPP, art. 76, I, segunda parte):** quando duas ou mais infrações são praticadas por várias pessoas em concurso, embora diversos o tempo e o lugar. Nesse caso, os agentes estão unidos pela identidade de propósitos, resultando os crimes de um acerto de vontades visando ao mesmo fim. Ao contrário da primeira hipótese, não há reunião ocasional, mas um vínculo subjetivo unindo todos os agentes. É o caso, por exemplo, das grandes quadrilhas de sequestradores, em que um executa o sequestro, outro vigia o local, um terceiro planeja a ação, outro negocia o resgate e assim por diante. Todos devem ser julgados pelo mesmo juiz.

— **Conexão intersubjetiva por reciprocidade (CPP, art. 76, I, parte final):** quando duas ou mais infrações são praticadas por várias pessoas, umas contra as outras. É o caso das lesões corporais recíprocas, em que dois grupos rivais bem identificados se agridem. Os fatos são conexos e devem ser reunidos em um mesmo processo.

(ii) Conexão objetiva, lógica ou material: quando uma infração é praticada para facilitar a execução de outra (conexão objetiva teleológica) ou para ocultar, garantir vantagem ou impunidade a outra (conexão objetiva consequencial). No primeiro caso, tomemos como exemplo o traficante que mata policial para garantir a venda de entorpecentes a seus clientes. Outro exemplo é o do agente que falsifica cartão de crédito e com ele pratica inúmeros estelionatos (não há absorção porque o crime-meio não se exauriu no crime-fim, já que o documento falsificado continuou sendo usado após o primeiro golpe). Na hipótese da conexão consequencial, o sujeito, após matar a esposa, incinera o cadáver, ocultando as cinzas, ou mata a empregada, testemunha ocular do homicídio (garantindo sua impunidade).

(iii) Instrumental ou probatória: quando a prova de uma infração influir na outra. A questão, aqui, é de exclusiva conveniência da apuração da verdade real.

15.20. Competência por continência

Na continência não é possível a cisão em processos diferentes, porque uma causa está contida na outra.

Hipóteses de continência:

(i) Quando duas ou mais pessoas forem acusadas pela mesma infração (CPP, art. 77, I): nesse caso, existe um único crime (e não vários), cometido por dois ou mais agentes em concurso, isto é, em coautoria ou em participação, nos termos do art. 29, *caput*, do CP. Aqui o vínculo se estabelece entre os agentes e não entre as infrações. É o caso da rixa (crime plurissubjetivo de condutas contrapostas), em que se torna conveniente o *simultaneus processus* entre todos os acusados. Há um só crime praticado, necessariamente, por três ou mais agentes em concurso.

(ii) No caso de concurso formal (CP, art. 70), *aberratio ictus* (CP, art. 73) e *aberratio delicti* (CP, art. 74): aqui, existe pluralidade de infrações, mas unidade de conduta. No concurso formal, o sujeito pratica uma única conduta, dando causa a dois ou mais resultados. Por exemplo: motorista imprudente, dirigindo perigosamente (única conduta), perde o controle e atropela nove pedestres, matando-os (nove homicídios culposos). Na *aberratio ictus*, o sujeito erra na execução e atinge pessoa diversa da pretendida ou, ainda, atinge quem pretendia e, além dele, terceiro inocente. Na *aberratio delicti*, o sujeito quer praticar um crime, mas, por erro na execução, realiza outro, ou, ainda, realiza o crime pretendido e o não querido. Exemplo: irritado com o preço elevado de um terno, o sujeito joga uma pedra na vitrine, para produzir um dano na loja; quebra o vidro e, por erro, fere a vendedora (dano e lesão corporal culposa). Em todos esses casos, as causas são continentes e devem ser julgadas pelo mesmo juiz.

15.21. Foro prevalente

Ocorrendo a reunião dos processos pela conexão ou continência, poderá haver prorrogação de competência em relação a um dos crimes, gerando a dúvida: qual o juízo que fará prevalecer a sua competência sobre a do outro? O art. 78 do Código de Processo Penal dispõe a respeito.

(i) No concurso entre a competência material do Júri e a de outro órgão da jurisdição comum prevalecerá a do Júri.

(ii) No concurso entre infrações penais de competência da jurisdição comum, não havendo crime da competência do Júri, prevalecerá a do juízo competente para o julgamento da infração mais grave. Há uma corrente doutrinária sustentando, com arrimo no princípio constitucional da ampla defesa (art. 5º, LV), que deve prevalecer a competência do juízo a quem couber a infração penal com o procedimento mais amplo, seja ou não a mais grave[82]. Embora a lei não seja expressa nesse sentido, parece esta última posição estar mais de acordo com os princípios constitucionais do processo.

(iii) No concurso entre infrações penais de igual gravidade (ou de idêntico procedimento, na opinião de Greco Filho), todas da competência da jurisdição comum, e não havendo nenhuma de competência do Júri, prevalecerá a competência do juízo do lugar onde tiver sido cometido o maior número de infrações.

(iv) Não havendo diferença entre jurisdição competente, gravidade e número de infrações, a competência será determinada pela prevenção.

(v) No concurso entre a jurisdição comum e a especial, em que ambas estejam fixadas por lei, prevalecerá a especial, de modo que os processos deverão ser reunidos por força da conexão e julgados todos perante o juízo dotado de jurisdição especial. Entretanto, quando a competência comum tiver sido estabelecida diretamente pela CF, não haverá reunião de processos, devendo cada qual seguir perante o seu correspondente juízo. Assim, por exemplo, na hipótese de um crime de homicídio doloso ser praticado em

---
[82]. Vicente Greco Filho, *Tóxicos*, 5. ed., Saraiva, p. 164.

conexão com um delito eleitoral, a justiça eleitoral será competente para julgar apenas a infração eleitoral, enquanto o Júri popular continuará competente para processar e julgar o homicídio. É que leis infraconstitucionais, como os dispositivos do CPP, que preveem o deslocamento da competência e consequente reunião de processos pela conexão ou continência, não podem se sobrepor às regras constitucionais de fixação de competência, como, por exemplo, as do Tribunal do Júri e as dos Tribunais de Justiça, para processar e julgar membros do MP. Outra questão é a da hipótese de conflito entre a competência constitucional do Júri e a do foro por prerrogativa de função fixado constitucionalmente (Tribunais Superiores e Tribunais de Justiça): nesse caso, a competência originária do respectivo tribunal prevalecerá sobre a do júri, por ser especial em relação a esta última. Assim, promotor de justiça acusado de homicídio doloso será julgado perante o Tribunal de Justiça do respectivo Estado, e não pelo Júri popular. Se, no entanto, a competência especial tiver sido estabelecida pela Constituição estadual, prevalecerá a competência do Júri, nos termos da Súmula 721 do STF.

(vi) No concurso entre jurisdição comum estadual e jurisdição comum federal prevalece a da justiça federal, embora não haja diferença de hierarquia entre ambas, nem se possa falar que a justiça federal é especial em relação à estadual.

(vii) Na hipótese de crime cometido por juiz de direito em concurso com outros agentes que não gozam de foro privilegiado, ao Tribunal de Justiça com competência para julgar o magistrado, nos termos do art. 98, III, da CF, incumbirá julgar os demais acusados, tendo em vista os princípios da conexão e da continência e em razão da jurisdição de maior graduação, ante o disposto no art. 78, III, do Código de Processo Penal. Tal entendimento está consubstanciado na Súmula 704 do STF, segundo a qual: "Não viola as garantias do juiz natural, da ampla defesa e do devido processo legal a atração por continência ou conexão do processo do corréu ao foro por prerrogativa de função de um dos denunciados".

→ **ATENÇÃO:** art. 82 do Código de Processo Penal: Se, não obstante a conexão ou continência, forem instaurados processos diferentes, a autoridade de jurisdição prevalente deverá avocar os processos que corram perante os outros juízes, salvo se já estiverem com sentença definitiva. Neste caso, a unidade dos processos só se dará, ulteriormente, para o efeito de soma ou de unificação das penas.

15.22. Separação de processos

(i) Concurso entre jurisdição comum e militar: o civil é julgado pela Justiça Comum e o militar, pela Justiça Castrense (nesse sentido, Súmula 90 do STJ: "Compete à Justiça Estadual Militar processar e julgar o policial militar pela prática do crime militar, e à Comum pela prática do crime comum simultâneo àquele").

(ii) Concurso entre crime de competência da jurisdição comum e ato infracional da competência do juízo da infância: a separação dos processos é evidente, em face da inimputabilidade do menor de 18 anos (CP, art. 27), submetido apenas ao Estatuto da Criança e do Adolescente (Lei n. 8.069/90).

(iii) No caso de corréus, sobrevindo doença mental a um deles, separam-se os processos, ficando suspenso o do enfermo.

(iv) A separação de processos é facultativa no caso de infrações praticadas em circunstâncias de tempo ou de lugar diferentes ou em razão do elevado número de réus, ou por qualquer outro motivo considerado relevante pelo juiz.

(v) No caso de conexão ou continência, o juiz, mesmo após absolver o réu do crime, em razão do qual se operou a reunião dos demais no mesmo processo, continuará competente para julgar as outras infrações, por força da regra da *perpetuatio jurisdictionis*.

(vi) No Júri, se houver desclassificação da infração para outra, de competência do juiz singular, ao presidente do Tribunal do Júri caberá proferir sentença em seguida, aplicando--se, quando o delito resultante da atual tipificação for considerado pela lei como infração penal de menor potencial ofensivo, o disposto nos arts. 69 e seguintes da Lei n. 9.099/95 (CPP, art. 492, § 1º). A competência para o julgamento da infração passa, portanto, para o juiz-presidente, que terá de proferir a decisão naquela mesma sessão. Caso haja crimes conexos não dolosos contra a vida, a desclassificação também desloca para o juiz-presidente a competência para seu julgamento, diante da letra expressa do art. 492, § 2º, do CPP.

(vii) Entretanto, caso os jurados absolvam o réu da imputação pelo crime doloso contra a vida, continuarão competentes para o julgamento dos crimes conexos, pois, se absolveram, é porque se consideram competentes para analisar o mérito (STJ, HC 293.895/RS, Rel. Min. Ribeiro Dantas, 5ª Turma, *DJe* 29-10-2019).

15.23. Competência por prevenção

Prevenção significa prevenir, antecipar.

Verificar-se-á a competência por prevenção toda vez que houver dois ou mais juízes igualmente competentes, em todos os critérios, para o julgamento da causa. Neste caso, a prevenção surge como uma solução para determinar qual o juízo competente.

Trata-se de uma prefixação da competência, que ocorre quando o juiz toma conhecimento da prática de uma infração penal antes de qualquer outro igualmente competente, sendo necessário que determine alguma medida ou pratique algum ato no processo ou inquérito.

Exemplos de prevenção: decretação da prisão preventiva, concessão da fiança, pedido de explicações em juízo, diligência de busca e apreensão no processo dos crimes contra a propriedade imaterial, distribuição de inquérito policial para concessão ou denegação de pedido de liberdade provisória etc.

Casos em que não ocorre a prevenção: pedido de *habeas corpus*, remessa de cópia de auto de prisão em flagrante, decisão do tribunal que anula processo etc.

A nulidade decorrente da não observância da regra da prevenção é relativa, considerando-se sanada, quando não alegada no momento oportuno, uma vez que não se vislumbra, aqui, ofensa direta a princípio constitucional do processo. Esse entendimento, inclusive, é objeto da Súmula 706 do STF: "É relativa a nulidade decorrente da inobservância da competência penal por prevenção".

15.24. *Perpetuatio jurisdictionis*

Segundo dispõe o art. 81 do Código de Processo Penal, "verificada a reunião dos processos por conexão ou continência, ainda que no processo da sua competência própria venha o juiz ou tribunal a proferir sentença absolutória ou que desclassifique a infração para outra que não se inclua na sua competência, continuará competente em relação aos demais processos". Assim, havendo conexão ou continência, e tendo ocorrido a união de processos, o juiz prevalente, ainda que absolva o réu ou desclassifique a infração que lhe determinou a *vis attractiva*, continuará competente para o julgamento dos demais ilícitos. Tal regra, conforme já acentuado, não se aplica à desclassificação operada pelo Júri popular. Com efeito, se os jurados, ao votarem os quesitos, desclassificam a infração para crime não doloso contra a vida (CPP, art. 483, § 4º), a competência para o julgamento dos delitos conexos não permanece com os mesmos, passando ao juiz-presidente. Não há que se falar em aplicação da regra do art. 81 do Código de Processo Penal, a qual só se refere ao juízo monocrático. O Júri, que tem procedimento escalonado, rege-se por dispositivos próprios e especiais, devendo ser aplicado à hipótese o art. 492, § 2º, do CPP, segundo o qual: "Em caso de desclassificação, o crime conexo que não seja doloso contra a vida será julgado pelo juiz presidente do Tribunal do Júri, aplicando-se, no que couber, o disposto no § 1º deste artigo". O parágrafo único do art. 81 do Código de Processo Penal, que dispõe: "reconhecida inicialmente ao júri a competência por conexão ou continência, o juiz, se vier a desclassificar a infração ou impronunciar ou absolver o acusado, de maneira que exclua a competência do júri, remeterá o processo ao juiz competente", refere-se ao juiz singular que, na fase dos arts. 414 e seguintes do Código de Processo Penal, impronuncia, desclassifica ou absolve sumariamente o acusado. Quando o Júri absolver o acusado da imputação por crime doloso contra a vida, continuará competente para a apreciação dos conexos, pois só pode proferir absolvição quem se julga competente para analisar o fato. Outra situação interessante é a da criação de nova Vara, quando o processo já se encontra em andamento no juízo existente, o qual era, até então, competente. Nesse caso, a não ser que o juízo anterior se torne absolutamente incompetente em razão da matéria ou prerrogativa de função, a competência não se desloca, perpetuando-se a competência inicialmente fixada. A determinação da competência ocorre no momento em que a ação é proposta, sendo irrelevantes posteriores modificações do estado de fato ou de direito, salvo quando suprimirem o órgão judiciário ou alterarem a competência em razão da matéria (se o crime fosse de competência da justiça comum e passasse à justiça federal, hipótese bem diferente da acima mencionada, haveria o deslocamento de juízo).

Jurisprudência

- INCOMPETÊNCIA E MOMENTO DE ALEGAÇÃO. "(...) A incompetência relativa, como é o caso da competência territorial, se não arguida no momento oportuno, prorroga a competência do juízo. Entretanto, no caso em análise, o acórdão impugnado praticou flagrante ilegalidade ao afirmar que teria havido preclusão consumativa, porquanto o defensor da querelada apresentou a exceção de incompetência territorial concomitantemente à defesa prévia, ou seja, no prazo da defesa como determina o art. 108 do CPP" (HC 591.218/SC, Rel. Min. Joel Ilan Paciornik, 5ª Turma, *DJe* 12-2-2021).

- CONEXÃO E NECESSIDADE DE LIAME CIRCUNSTANCIAL: "A alteração da competência originária só se justifica quando devidamente demonstrada a possibilidade de se alcançar os benefícios visados pelo instituto da conexão, sendo certo que não basta, para a verificação da regra modificadora da competência, o simples juízo de conveniência da reunião de processos sobre crimes distintos" (STJ, CC 185.511/SP, Rel. Min. Antonio Saldanha Palheiro, 3ª Seção, j. 26-4-2023).

Questões

1. O que é jurisdição?
2. Quais as diferenças entre competência material e competência funcional?
3. O que vem a ser *perpetuatio jurisdictionis*?

16. PRISÃO

16.1. Introdução

16.1.1. Finalidade das regras da prisão provisória

O sistema jurídico brasileiro tem como escopo evitar o encarceramento provisório do indiciado ou acusado quando não houver necessidade da prisão. Para tanto, o Título IX do CPP conta com a seguinte rubrica: *"Da prisão, das medidas cautelares e da liberdade provisória"*. As referidas disposições foram ampliadas com a Lei n. 13.964/2019, conforme será explicado adiante.

16.1.2. Prisão provisória: imprescindibilidade

Nos termos do art. 282, incisos I e II e § 6º do CPP, a decretação da prisão provisória exige mais do que a mera necessidade. Exige a imprescindibilidade da medida para a garantia do processo. A custódia cautelar tornou-se medida excepcional. Mesmo verificada sua urgência e necessidade, só será imposta se não houver nenhuma outra alternativa menos drástica capaz de tutelar a eficácia da persecução penal.

16.1.3. Hipóteses de prisão provisória: ser preso e permanecer preso

Antes do trânsito em julgado da condenação, o sujeito só poderá *ser* preso em três situações: flagrante delito, prisão preventiva e prisão temporária. No entanto, só poderá *permanecer* nessa condição em duas delas: prisão temporária e preventiva.

A prisão em flagrante perdeu seu caráter de prisão provisória. Ninguém mais responde a um processo criminal por estar preso em flagrante. Em outras palavras, o sujeito é preso em razão do estado de flagrância, mas não permanece nessa condição por mais muito tempo. Lavrado o auto, a autoridade policial deverá remetê-lo ao juiz competente no prazo máximo de vinte e quatro horas a partir da prisão. O juiz, então, não se limitará mais a analisar a regularidade formal do flagrante, devendo justificar se é caso de convertê-lo em preventiva. Não havendo fundamento para a prisão preventiva, o agente deverá ser solto e responder ao processo em liberdade. Dessa maneira, logo após as primeiras vinte e quatro horas da prisão, o juiz já terá que fundamentar se é caso de prisão preventiva, justificando sua imprescindibilidade. Com o advento do Pacote Anticrime também se tornou necessária a provocação do juiz para a decretação da prisão preventiva (não se pode mais decretar de ofício). Quanto à conversão da prisão em flagrante em preventiva, o STF também vem se posicionando no sentido de que ela não pode ser feita de ofício (HC 193.366, Rel. Min. Marco Aurélio, 1ª Turma, *DJe* 17-6-2021).

16.1.4. Caráter excepcional da prisão preventiva: restrição de hipóteses para seu cabimento e natureza subsidiária como providência cautelar

As hipóteses legais de prisão preventiva, contempladas no art. 313 do CPP, são restritas de modo a tornar mais difícil sua imposição. É o caso do inciso I do referido artigo, o qual somente a admite para crimes dolosos punidos com pena máxima superior a quatro anos. Imaginemos a hipótese de um sujeito preso em flagrante pelo crime de sequestro, na qual haja indícios de ameaças à vítima, pondo em risco a produção da prova. O juiz constata a necessidade de decretar a prisão preventiva, mas não pode, tendo em vista que a pena máxima para o sequestro não é superior a quatro anos.

Mesmo nas situações em que a lei a admite e ainda que demonstrada sua imprescindibilidade, a prisão preventiva tornou-se excepcional, pois somente será determinada quando não for cabível a sua substituição por outra medida cautelar (CPP, art. 282, § 6º), dentre as previstas no art. 319 do CPP, e o não cabimento da substituição por outra medida cautelar deverá ser justificado de forma fundamentada nos elementos presentes no caso concreto, de forma individualizada (art. 315, § 2º, do CPP). Sendo possível alternativa menos invasiva, a prisão torna-se desnecessária e inadequada, carecendo de justa causa.

É importante ressaltar que todas as modalidades de prisão cautelar exigem que os elementos que as fundamentam sejam contemporâneos à decisão que determina a prisão. Por conseguinte, a decretação de prisão cautelar e, especialmente, prisão preventiva, por fato antigo, e, portanto, não contemporâneo, resulta em uma ilegal antecipação dos efeitos mais gravosos da sentença condenatória no âmbito criminal, qual seja, o cumprimento de pena restritiva de liberdade em regime prisional fechado, contrariando o mandamento do CPP, art. 312, § 2º[83].

16.1.5. Revisão obrigatória de todos os casos de prisão provisória

Todas as prisões provisórias decretadas deverão ser revistas a cada 90 dias. Não se trata de uma libertação automática dos presos, mas condicionada à análise individual, criteriosa e fundamentada dos requisitos legais em cada caso. Muito embora as medidas cautelares tenham tornado a prisão preventiva de difícil aplicação, haverá casos em que

---

83. *Vide* a discussão em: Fernando Capez, A contemporaneidade dos fatos e a prisão cautelar. *Revista Consultor Jurídico*, 2 set. 2021. Disponível em: https://www.conjur.com.br/2021-set-02/controversias-juridicas-contemporaneidade-fatos-prisao-cautelar. Acesso em: 11 out. 2021.

elas serão insuficientes para garantir o processo ou proteger a sociedade, sendo necessária a segregação cautelar para resguardo da investigação policial e da instrução criminal.

16.1.6. Modificações operadas no instituto da fiança

As hipóteses de concessão de fiança pelo delegado de polícia abrangem crimes com penas de até quatro anos, incluídas aí a receptação e o furto nas suas formas simples, a tentativa de estelionato e o porte ilegal de arma de calibre permitido.

16.2. Conceito

É a privação da liberdade de locomoção em virtude de flagrante delito ou determinada por ordem escrita e fundamentada da autoridade judiciária competente, em decorrência de sentença condenatória transitada em julgado ou, no curso da investigação ou do processo, em virtude de prisão temporária ou prisão preventiva (CPP, art. 283, *caput*).

Além das hipóteses de flagrante delito e ordem escrita e fundamentada do juiz, consubstanciada em um documento denominado mandado (CF, art. 5º, LXI), a Constituição Federal permite a constrição da liberdade nos seguintes casos: (i) crime militar próprio, assim definido em lei, ou infração disciplinar militar (CF, art. 5º, LXI); (ii) em período de exceção, ou seja, durante o estado de sítio (CF, art. 139, II). Além disso, "a recaptura do réu evadido não depende de prévia ordem judicial e poderá ser efetuada por qualquer pessoa" (CPP, art. 684). Neste último caso, pressupõe-se que o sujeito esteja regularmente preso (por flagrante ou ordem escrita de juiz) e fuja. Evidentemente, o guarda penitenciário, vendo o prisioneiro em desabalada carreira, não vai, antes, solicitar uma ordem escrita para a recaptura.

16.3. Espécies de prisão

(i) **Prisão-pena ou prisão penal:** é aquela imposta em virtude de sentença condenatória transitada em julgado, ou seja, trata-se da privação da liberdade determinada com a finalidade de executar decisão judicial, após o devido processo legal, na qual se determinou o cumprimento de pena privativa de liberdade. Não tem finalidade acautelatória, nem natureza processual. Trata-se de medida penal destinada à satisfação da pretensão executória do Estado.

(ii) **Prisão sem pena ou prisão processual:** trata-se de prisão de natureza puramente processual, imposta com finalidade cautelar, destinada a assegurar o bom desempenho da investigação criminal, do processo penal ou da futura execução da pena, ou ainda a impedir que, solto, o sujeito continue praticando delitos. É imposta apenas para garantir que o processo atinja seus fins. Seu caráter é auxiliar e sua razão de ser é viabilizar a correta e eficaz persecução penal. Nada tem que ver com a gravidade da acusação por si só, tampouco com o clamor popular, mas com a satisfação de necessidades acautelatórias da investigação criminal e respectivo processo. Depende do preenchimento dos pressupostos do *periculum libertatis* e do *fumus comissi delicti*. Há casos em que não se pode aguardar o término do processo para, somente então, privar o agente de sua liberdade, pois existe o perigo de que tal demora permita que ele, solto, continue a praticar crimes, atrapalhe a produção de provas ou desapareça, impossibilitando a futura execução. Compreende três hipóteses: prisão em flagrante, prisão preventiva e prisão temporária (Lei n. 7.960/89) (CPP, art. 283, *caput*). Não existe mais prisão cautelar obrigatória, estando esta condicionada à análise dos pressupostos e requisitos da prisão preventiva. Desse modo, não existem mais: a prisão decorrente da pronúncia, nem a prisão em virtude de sentença condenatória recorrível[84]. A prisão processual só terá cabimento quando fundamentadamente demonstrados os requisitos de urgência autorizadores da custódia cautelar (CPP, art. 312, *caput*) e, quando não for cabível a sua substituição por outra medida cautelar (CPP, art. 282, § 6º).

(iii) **Prisão civil:** no tocante à prisão civil do depositário infiel, destaca-se que ela foi vedada pelo Pacto de San José da Costa Rica, sendo que sua admissão pelo art. 5º, LXVII, se tornou inaplicável, não havendo mais base legal para a prisão civil do depositário infiel, sendo admitida apenas na hipótese de dívida alimentar. No mesmo sentido, foram editadas a Súmula 419 do STJ: "Descabe a prisão civil do depositário infiel" e a Súmula Vinculante 25 do STF: "É ilícita a prisão civil de depositário infiel, qualquer que seja a modalidade do depósito".

(iv) **Prisão administrativa:** é aquela decretada por autoridade administrativa para compelir o devedor ao cumprimento de uma obrigação. Esta modalidade de prisão foi abolida pela CF/88.

(v) **Prisão disciplinar:** permitida pela Constituição para o caso de transgressões militares e crimes militares (CF, art. 5º, LXI).

(vi) **Prisão para averiguação:** é a privação momentânea da liberdade, fora das hipóteses de flagrante e sem ordem escrita do juiz competente, com a finalidade de investigação. Não é permitida em nosso ordenamento jurídico.

16.4. Mandado de prisão

É o instrumento escrito que corporifica a ordem judicial de prisão. Art. 285, *caput*, do Código de Processo Penal: "A autoridade que ordenar a prisão fará expedir o respectivo mandado".

Requisitos do mandado de prisão:

(i) deve ser lavrado pelo escrivão e assinado pela autoridade competente;

(ii) deve designar a pessoa que tiver de ser presa, por seu nome, alcunha ou sinais característicos;

(iii) deve conter a infração penal que motivou a prisão (a CF exige que a ordem seja fundamentada – art. 5º, LXI);

---

[84]. O STF entendeu em novembro de 2019, nas ADCs n. 43/DF, 44/DF e 54/DF, por maioria, assentar a constitucionalidade do art. 283 do Código de Processo Penal, não se podendo executar provisoriamente a pena antes do trânsito em julgado.

(iv) deve indicar qual o agente encarregado de seu cumprimento (oficial de justiça ou agente da polícia judiciária).

Cumprimento do mandado:

(i) a prisão poderá ser efetuada a qualquer dia e a qualquer hora, inclusive domingos e feriados, e mesmo durante a noite, respeitada apenas a inviolabilidade do domicílio (CPP, art. 283, § 2º);

(ii) o executor entregará ao preso, logo depois da prisão, cópia do mandado, a fim de que ele tome conhecimento do motivo pelo qual está sendo preso;

(iii) o preso será informado de seus direitos, entre os quais o de permanecer calado, sendo-lhe assegurada a assistência da família e de advogado (CF, art. 5º, LXIII);

(iv) o preso tem direito à identificação dos responsáveis por sua prisão ou por seu interrogatório extrajudicial (CF, art. 5º, LXIV);

(v) a prisão, excepcionalmente, pode ser efetuada sem a apresentação do mandado, desde que o preso seja imediatamente apresentado ao juiz que determinou sua expedição;

(vi) não é permitida a prisão de eleitor, desde 5 dias antes até 48 horas depois da eleição, salvo flagrante delito ou em virtude de sentença penal condenatória (art. 236, *caput*, do Código Eleitoral). Não se cumpre, portanto, mandado de prisão preventiva. Nesse sentido já decidiu o STJ pela legitimidade da prisão enquadrada em uma das hipóteses permissivas de segregação cautelar, mesmo durante a constância de período eleitoral.

16.5. Prisão em domicílio

A Constituição Federal dispõe que "a casa é asilo inviolável do indivíduo, ninguém nela podendo penetrar sem consentimento do morador, salvo em caso de flagrante delito ou desastre, ou para prestar socorro, ou, durante o dia, por determinação judicial" (CF, art. 5º, XI). Com isso, temos duas situações distintas — a violação do domicílio à noite e durante o dia:

(i) durante a noite, somente se pode penetrar no domicílio alheio em quatro hipóteses: com o consentimento do morador, em caso de flagrante delito, desastre ou para prestar socorro;

(ii) durante o dia, cinco são as hipóteses: consentimento do morador, flagrante delito, desastre, para prestar socorro ou mediante mandado judicial de prisão ou de busca e apreensão.

Havendo mandado de prisão, a captura, no interior do domicílio, somente pode ser efetuada durante o dia (do romper da aurora ao pôr do sol), dispensando-se, nesse caso, o consentimento do morador.

Ao anoitecer, o mandado já não poderá ser cumprido, salvo se o morador consentir, pois à noite não se realiza nenhuma diligência no interior do domicílio, nem mesmo com autorização judicial. Deve-se aguardar até o amanhecer e, então, arrombar a porta e cumprir o mandado. A violação do domicílio à noite, para cumprir o mandado, sujeita o violador a crime de abuso de autoridade (Lei n. 13.869/2019, art. 22).

16.6. Prisão em perseguição

Nesta hipótese, contanto que a perseguição não seja interrompida, o executor poderá efetuar a prisão onde quer que alcance o capturando, desde que dentro do território nacional (CPP, art. 290, primeira parte).

Se não estiver em perseguição, a captura poderá ser requisitada, à vista de mandado judicial, por qualquer meio de comunicação, tomadas pela autoridade, a quem se fizer a requisição, as precauções necessárias para averiguar a autenticidade desta (CPP, art. 299).

16.7. Prisão fora do território do juiz

Quando o acusado estiver no território nacional, em lugar estranho ao da jurisdição do juiz processante, será deprecada a sua prisão, devendo constar da precatória o inteiro teor do mandado (CPP, art. 289, *caput*).

Havendo urgência, o juiz poderá requisitar a prisão por qualquer meio de comunicação, do qual deverá constar o motivo da prisão, bem como o valor da fiança se arbitrada (art. 289, § 1º, do CPP). A autoridade a quem se fizer a requisição tomará as precauções necessárias para averiguar a autenticidade da comunicação (art. 289, § 2º, do CPP). O juiz processante deverá providenciar a remoção do preso no prazo máximo de 30 (trinta) dias, contados da efetivação da medida (CPP, art. 289, § 3º).

O art. 289-A, *caput* e § 1º, trata do registro do mandado de prisão em banco de dados mantido pelo CNJ, de forma que qualquer agente policial poderá efetuar a prisão determinada no mandado registrado no CNJ, ainda que fora da competência territorial do juiz que o expediu. Os §§ 2º e 3º, por sua vez, disciplinam a hipótese de cumprimento de mandado não registrado no aludido órgão e as providências a serem adotadas pelo agente policial.

16.8. Custódia

Ninguém será recolhido à prisão sem que seja exibido o mandado ao respectivo diretor ou carcereiro, a quem deve ser entregue cópia assinada pelo executor ou apresentada a guia pela autoridade competente. A custódia, sem a observância dessas formalidades, constitui crime de abuso de autoridade (Lei n. 13.869/2019, arts. 12, parágrafo único, I, II e III, e 19). No caso de custódia em penitenciária, há necessidade de expedição de guia de recolhimento, nos termos dos arts. 105 e 106 da LEP. As pessoas presas provisoriamente ficarão separadas das que já estiverem definitivamente condenadas, nos termos da LEP (art. 300, *caput*, do CPP).

16.9. Uso de algemas

Algema é uma palavra originária do idioma arábico, *aljamaa*, que significa pulseira.

A discussão acerca do emprego de algemas é bastante calorosa, por envolver a colisão de interesses fundamentais para a sociedade, o que dificulta a chegada a um consenso sobre o tema.

De um lado, o operador do direito depara-se com o comando constitucional que determina ser a segurança pública dever do Estado, direito e responsabilidade de todos, sendo exercida para a preservação da ordem pública e da incolumidade das pessoas e do patrimônio por meio dos órgãos policiais (CF, art. 144); de outro lado, do texto constitucional emanam princípios de enorme magnitude para a estrutura democrática, tais como o da dignidade humana e presunção de inocência, os quais não podem ser sobrepujados quando o Estado exerce a atividade policial.

Quando a Constituição da República preceitua ser dever do Estado a segurança pública, a este devem ser assegurados os meios que garantam tal mister, estando, portanto, os órgãos policiais legitimados a empregar os instrumentos necessários para tanto, como a arma de fogo e o uso de algemas, por exemplo.

O emprego de algemas, portanto, representa importante instrumento na atuação prática policial, uma vez que possui tríplice função: proteger a autoridade contra a reação do preso; garantir a ordem pública ao obstacularizar a fuga do preso; e até mesmo tutelar a integridade física do próprio preso, a qual poderia ser colocada em risco com a sua posterior captura pelos policiais em caso de fuga.

Muito embora essa tríplice função garanta a segurança pública e individual, tal instrumento deve ser utilizado com reservas, pois, se desviado de sua finalidade, pode constituir drástica medida, com caráter punitivo, vexatório, ou seja, nefasto meio de execração pública, configurando grave atentado ao princípio constitucional da dignidade humana.

Nisso reside o ponto nevrálgico da questão: A utilização de algemas constitui um consectário natural de toda e qualquer prisão? Caso não, em que situações a autoridade pública estaria autorizada a empregá-las? Haveria legislação regulando a matéria?

Passa-se, assim, à análise da legislação pátria.

A CF, em seu art. 5º, III (2ª parte), assegura que ninguém será submetido a tratamento degradante e, em seu inciso X, protege o direito à intimidade, à imagem e à honra. A Carta Magna também consagra, como princípio fundamental reitor, o respeito à dignidade humana (CF, art. 1º, III). As regras mínimas da ONU para tratamento de prisioneiros, na parte que versa sobre instrumentos de coação, estabelecem que o emprego de algema jamais poderá dar-se como medida de punição (n. 33). Trata-se de uma recomendação de caráter não cogente, mas que serve como base de interpretação.

A LEP, em seu art. 199, reza que o emprego de algema seja regulamentado por decreto federal. Passados quase 30 anos desde a edição da referida Lei, que ocorreu no ano de 1984, anterior, portanto, à promulgação do próprio Texto Constitucional de 1988, nada aconteceu. Assim, as regras para sua utilização passaram a ser inferidas a partir dos institutos em vigor.

O CPP, em seu art. 284, embora não mencione a palavra "algema", dispõe que "não será permitido o uso de força, salvo a indispensável no caso de resistência ou de tentativa de fuga do preso", sinalizando com as hipóteses em que aquela poderá ser usada. Dessa maneira, só, excepcionalmente, quando realmente necessário o uso de força, é que a algema poderá ser utilizada, seja para impedir fuga, seja para conter os atos de violência perpetrados pela pessoa que está sendo presa. No mesmo sentido, o art. 292 do CPP, que, ao tratar da prisão em flagrante, permite o emprego dos meios necessários, em caso de resistência. Nesse contexto, vale lembrar da redação do parágrafo único do art. 292 do CPP, dispondo acerca da vedação do uso de algemas em mulheres grávidas durante os atos médicos hospitalares preparatórios para a realização do parto e durante o trabalho de parto, bem como em mulheres durante o período de puerpério imediato. O § 3º do art. 474, por sua vez, preceitua no sentido de que: "Não se permitirá o uso de algemas no acusado durante o período em que permanecer no plenário do júri, salvo se absolutamente necessário à ordem dos trabalhos, à segurança das testemunhas ou à garantia da integridade física dos presentes". Da mesma forma, o art. 234, § 1º, do Código de Processo Penal Militar prevê que "o emprego de algemas deve ser evitado, desde que não haja perigo de fuga ou agressão da parte do preso". Finalmente, o art. 10 da Lei n. 9.537/97 prega que: "O Comandante, no exercício de suas funções e para garantia da segurança das pessoas, da embarcação e da carga transportada, pode: (...) III — ordenar a detenção de pessoa em camarote ou alojamento, se necessário com algemas, quando imprescindível para a manutenção da integridade física de terceiros, da embarcação ou da carga". Por derradeiro, em todos esses dispositivos legais tem-se presente um elemento comum: a utilização desse instrumento como medida extrema, portanto, excepcional, somente podendo se dar nas seguintes hipóteses: (i) impedir ou prevenir a fuga, desde que haja fundada suspeita ou receio; (ii) evitar agressão do preso contra os próprios policiais, terceiros ou contra si mesmo.

Sucede, no entanto, que, em algumas situações, tem-se lançado mão das algemas de forma abusiva, com nítida intenção de execrar publicamente o preso, de constranger, de expô-lo vexatoriamente, ferindo gravemente os princípios da dignidade humana, da proporcionalidade e da presunção de inocência. Desse modo, por conta desses exageros, aquilo que sempre representou um legítimo instrumento para a preservação da ordem e segurança pública tornou-se objeto de profundo questionamento pela sociedade.

O STF, nesse contexto, editou a Súmula Vinculante 11, segundo a qual: "Só é lícito o uso de algemas em caso de resistência e de fundado receio de fuga ou de perigo à integridade física própria ou alheia, por parte do preso ou de terceiros, justificada a excepcionalidade por escrito, sob pena de responsabilidade disciplinar civil e penal do agente ou das autoridades e de nulidade da prisão ou do ato processual a que se refere, sem prejuízo da responsabilidade civil do Estado".

Vale, primeiro, deixar consignado que a mencionada Súmula longe está de resolver os problemas relacionados aos critérios para o uso de algemas, na medida em que a sua primeira parte constitui mero reflexo dos dispositivos já existentes em nossa legislação, deixando apenas claro que o emprego desse instrumento não é um consectário natural obrigatório que integra o procedimento de toda e qualquer prisão, configurando, na verdade, um artefato acessório a ser utilizado quando justificado.

Diante disso, muito embora a edição da Súmula vise garantir a excepcionalidade da utilização de algemas, na prática, dificilmente, lograr-se-á a segurança jurídica almejada, pois as situações nelas descritas conferem uma certa margem de discricionariedade à autoridade policial, a fim de que esta avalie nas condições concretas a necessidade do seu emprego. Basta verificar que se admite o seu uso na hipótese de receio de fuga ou de perigo para a integridade física. Ora, a expressão "fundado receio" contém certa subjetividade, e não há como subtrair do policial essa avaliação acerca da conveniência ou oportunidade do ato. Tampouco é possível mediante lei ou súmula vinculante exaurir numa fórmula jurídica rígida e fechada todas as hipóteses em que é admissível o emprego de algemas.

Para aqueles que propugnam a proscrição desse juízo discricionário, pela insegurança jurídica causada, só há duas soluções: a vedação absoluta do uso de algemas ou a sua permissão integral em toda e qualquer hipótese como consectário natural da prisão. Já para aqueles que buscam uma situação intermediária, não há como renunciar à discricionariedade do policial ou autoridade judiciária.

Pode-se afirmar, então, que a Súmula Vinculante 11 consiste em exigir da autoridade policial ou judiciária a justificativa escrita dos motivos para o emprego de algemas, como forma de controlar essa discricionariedade. Além disso, prevê a nulidade da prisão ou ato processual realizado em discordância com os seus termos. Aí residem os problemas, pois, nesse contexto, inúmeras questões surgirão: o uso injustificado de algemas ensejará o relaxamento da prisão em flagrante? No caso da prisão preventiva, o abuso no uso de algemas poderá invalidá-la, provocando a soltura do preso? Na hipótese de o uso ser regular, a ausência de motivação ou a motivação insuficiente acarretarão a nulidade da prisão?

Dessa forma, em vez de trazer uma solução, a edição da Súmula criou mais problemas para o operador do direito e o policial, pois será fatalmente uma causa geradora de nulidade de inúmeras prisões.

Conclui-se que a citada Súmula, na tentativa de corrigir os abusos ocorridos no emprego de algemas, acabou, no calor dos fatos, exagerando e, por conseguinte, provocando novos problemas.

De qualquer forma, de acordo com a Súmula, os policiais deverão fazer uma justificativa por escrito sobre os motivos da utilização da algema. Obviamente que, na dúvida do seu emprego ou não, impõe-se a incidência do brocardo *in dubio pro societate*, militando em favor do policial e da sociedade. Nessas hipóteses, não há outra fórmula a não ser o bom senso e a razoabilidade. Mencione-se, ainda, que a justificativa, nas hipóteses de prisão em flagrante, fatalmente, realizar-se-á após o ato prisional.

Por ora, vale afirmar que, consoante os termos da Súmula Vinculante 11, algema não é um consectário natural, obrigatório e permanente de toda e qualquer prisão, tendo como requisito a excepcionalidade, tal como deflui da própria legislação pátria. O juízo discricionário do agente público, ao analisar, no caso concreto, o fundado receio de fuga ou de perigo à integridade física própria ou alheia, por parte do preso ou de terceiros, deverá estar sob o crivo de um outro não mais importante vetor: o da razoabilidade, que nada mais é do que a aplicação pura e simples do que convenientemente chamamos de "bom senso".

16.10. Prisão especial

Determinadas pessoas, em razão da função que desempenham ou de uma condição especial que ostentam, têm direito à prisão provisória em quartéis ou em cela especial. Têm direito à prisão especial: os ministros de Estado, os governadores e seus secretários, os prefeitos e seus secretários, os membros do Poder Legislativo de qualquer das esferas federativas, os chefes de polícia, os cidadãos inscritos no Livro de Mérito, os oficiais, os magistrados e membros do Ministério Público, os ministros de confissão religiosa, os ministros do Tribunal de Contas, os delegados de polícia, os policiais militares, os oficiais da Marinha Mercante Nacional, os dirigentes e administradores sindicais, os servidores públicos, os pilotos de aeronaves mercantes nacionais, os funcionários da polícia civil, os portadores de diploma universitário, os professores de ensino do 1º e 2º graus e os juízes de paz. Foi abolida a prisão especial, em caso de crime comum, até o julgamento definitivo, em favor daquele que exerça a função de jurado (*vide* redação determinada ao art. 439 do CPP).

O STJ já decidiu que, na ausência de acomodações adequadas em presídio especial, o titular do benefício poderá ficar preso em estabelecimento militar.

Convém salientar que a prisão especial somente pode ser concedida durante o processo ou inquérito policial, de maneira que após a condenação transitada em julgado cessa o benefício, devendo o sujeito ser recolhido a estabelecimento comum. Os únicos privilégios do preso especial são: (i) recolhimento em estabelecimento distinto do comum ou em cela distinta dentro do mesmo estabelecimento; e (ii) não ser transportado junto com o comum. Além disso, não haverá nenhuma diferença (art. 295, §§ 1º a 5º, do CPP).

O presidente da República, durante o seu mandato, não está sujeito a nenhum tipo de prisão provisória, já que a Constituição Federal exige sentença condenatória (art. 86, § 3º).

O preso que, ao tempo do fato, era funcionário da administração penitenciária tem direito a ficar em dependência separada dos demais (Lei n. 7.210/84, art. 84, § 2º); no entanto, esse direito, ao contrário da prisão especial, perdura mesmo após o trânsito em julgado, ou seja, até o fim da execução da pena.

Dispõe o Código de Processo Penal Militar que "as pessoas sujeitas a prisão provisória deverão ficar separadas das que estiverem definitivamente condenadas" (art. 239) e que "a prisão de praças especiais e a de graduados atenderá aos respectivos graus de hierarquia" (art. 242, parágrafo único).

No tocante ao advogado, a previsão da prisão especial está contida no art. 7º, V, da Lei n. 8.906/94, tendo sido considerada inconstitucional pelo STF a expressão "assim reconhecida pela OAB", no que diz respeito às instalações e comodidades condignas da sala de Estado Maior, em que deve ser recolhido preso o advogado, antes de sentença transitada em julgado.

→ **ATENÇÃO:** a Segunda Seção do STJ, por unanimidade, entendeu "que a prerrogativa da sala de estado-maior não pode incidir na prisão civil do advogado que for devedor de alimentos, mas deve ser garantido a ele um local apropriado, devidamente segregado dos presos comuns, nos termos do artigo 528, parágrafo 4º, do Código de Processo Civil" (STJ, processo sob segredo de justiça, Rel. Min. Luís Felipe Salomão, 2ª Seção, j. 11-2022).

16.11. Prisão provisória domiciliar

A respeito da prisão preventiva domiciliar (CPP, arts. 317 e 318), *vide* comentários constantes do item 16.13.10.

16.12. Prisão em flagrante

O termo *flagrante* provém do latim *flagrare*, que significa queimar, arder. É o crime que ainda queima, isto é, que está sendo cometido ou acabou de sê-lo. Na conhecida lição de Hélio Tornaghi, "flagrante é, portanto, o que está a queimar, e em sentido figurado, o que está a acontecer"[85].

É, portanto, medida restritiva da liberdade, de natureza cautelar e processual, consistente na prisão, independente de ordem escrita do juiz competente, de quem é surpreendido cometendo, ou logo após ter cometido, um crime ou uma contravenção. Para José Frederico Marques, "flagrante delito é o crime cuja prática é surpreendida por alguém no próprio instante em que o delinquente executa a ação penal ilícita"[86].

Para Júlio Fabbrini Mirabete, "*flagrante* é o ilícito patente, irrecusável, insofismável, que permite a prisão do seu autor, sem mandado, por ser considerado a 'certeza visual do crime'"[87].

16.12.1. Espécies de flagrante

(i) Flagrante próprio (também chamado de propriamente dito, real ou verdadeiro): é aquele em que o agente é surpreendido cometendo uma infração penal ou quando acaba de cometê-la (CPP, art. 302, I e II). Nesta última hipótese, devemos interpretar a expressão "acaba de cometê-la" de forma restritiva, no sentido de uma absoluta imediatidade, ou seja, o agente deve ser encontrado imediatamente após o cometimento da infração penal (sem qualquer intervalo de tempo).

(ii) Flagrante impróprio (também chamado de irreal ou quase flagrante): ocorre quando o agente é perseguido, logo após cometer o ilícito, em situação que faça presumir ser o autor da infração (CPP, art. 302, III). No caso do flagrante impróprio, a expressão "logo após" não tem o mesmo rigor do inciso precedente ("acaba de cometê-la"). Admite um intervalo de tempo maior entre a prática do delito, a apuração dos fatos e o início da perseguição. Assim, "logo após" compreende todo o espaço de tempo necessário para a polícia chegar ao local, colher as provas elucidadoras da ocorrência do delito e dar início à perseguição do autor. Não tem qualquer fundamento a regra popular de que é de vinte e quatro horas o prazo entre a hora do crime e a prisão em flagrante, pois, no caso do flagrante impróprio, a perseguição pode levar até dias, desde que ininterrupta.

---

85. *Curso de processo penal*, 7. ed., Saraiva, 1990, v. 2, p. 48.
86. *Elementos de direito processual penal*, cit., v. 4, p. 64.
87. *Código de Processo Penal interpretado*, cit., 5. ed., 1997, p. 383.

(iii) Flagrante presumido (ficto ou assimilado): o agente é preso, logo depois de cometer a infração, com instrumentos, armas, objetos ou papéis que façam presumir ser ele o autor da infração (CPP, art. 302, IV). Não é necessário que haja perseguição, bastando que a pessoa seja encontrada logo depois da prática do ilícito em situação suspeita. Essa espécie de flagrante usa a expressão "logo depois", ao invés de "logo após" (somente empregada no flagrante impróprio). Embora ambas as expressões tenham o mesmo significado, a doutrina tem entendido que o "logo depois", do flagrante presumido, comporta um lapso temporal maior do que o "logo após", do flagrante impróprio. Nesse sentido, Magalhães Noronha: "Embora as expressões dos incisos III e IV sejam sinônimas, cremos que a situação de fato admite um elastério maior ao juiz na apreciação do último, pois não se trata de fuga e perseguição, mas de crime e encontro, sendo a conexão temporal daquelas muito mais estreita ou íntima"[88].

Temos assim que a expressão "acaba de cometê-la", empregada no flagrante próprio, significa imediatamente após o cometimento do crime; "logo após", no flagrante impróprio, compreende um lapso temporal maior; e, finalmente, o "logo depois", do flagrante presumido, engloba um espaço de tempo maior ainda.

(iv) Flagrante compulsório ou obrigatório: chama-se compulsório porque o agente é obrigado a efetuar a prisão em flagrante, não tendo discricionariedade sobre a conveniência ou não de efetivá-la. Ocorre em qualquer das hipóteses previstas no art. 302 (flagrante próprio, impróprio e presumido), e diz respeito à autoridade policial e seus agentes, que têm o dever de efetuar a prisão em flagrante. Está previsto no art. 301, segunda parte, do Código de Processo Penal: "(...) as autoridades policiais e seus agentes deverão prender quem quer que seja encontrado em flagrante delito".

(v) Flagrante facultativo: consiste na faculdade de efetuar ou não o flagrante, de acordo com critérios de conveniência e oportunidade. Abrange todas as espécies de flagrante, previstas no art. 302, e se refere às pessoas comuns do povo. Está previsto no art. 301, primeira parte, do Código de Processo Penal: "Qualquer do povo poderá... prender quem quer que seja encontrado em flagrante delito".

(vi) Flagrante preparado ou provocado (também chamado de delito de ensaio, delito de experiência ou delito putativo por obra do agente provocador): na definição de Damásio de Jesus, "ocorre crime putativo por obra do agente provocador quando alguém de forma insidiosa provoca o agente à prática de um crime, ao mesmo tempo em que toma providências para que o mesmo não se consume"[89]. Trata-se de modalidade de crime impossível, pois, embora o meio empregado e o objeto material sejam idôneos, há um conjunto de circunstâncias previamente preparadas que eliminam totalmente a possibilidade da produção do resultado. Assim, podemos dizer que existe flagrante preparado ou provocado quando o agente, policial ou terceiro, conhecido como provocador, induz o autor à prática do crime, viciando a sua vontade, e, logo em seguida, o prende em flagrante. Neste caso, em face da ausência de vontade livre e espontânea do infrator e da ocorrência

---

88. *Curso de direito processual penal*, 19. ed., Saraiva, 1981, p. 160.
89. *Direito penal*, 13. ed., Saraiva, 1988, v. 1, p. 176.

de crime impossível, a conduta é considerada atípica. Esta é a posição pacífica do STF, consubstanciada na Súmula 145: "Não há crime, quando a preparação do flagrante pela polícia torna impossível a sua consumação".

(vii) Flagrante esperado: nesse caso, a atividade do policial ou do terceiro consiste em simples aguardo do momento do cometimento do crime, sem qualquer atitude de induzimento ou instigação. Considerando que nenhuma situação foi artificialmente criada, não há que se falar em fato atípico ou crime impossível. O agente comete crime e, portanto, poderá ser efetuada a prisão em flagrante. Esta é a posição do STJ: "Não há flagrante preparado quando a ação policial aguarda o momento da prática delituosa, valendo-se de investigação anterior, para efetivar a prisão, sem utilização de agente provocador" (STJ, AgRg no AREsp 1.637.754/SP, Rel. Min. Nefi Cordeiro, 6ª Turma, *DJe* 25-5-2020).

(viii) Flagrante prorrogado ou retardado: está previsto no art. 8º da Lei n. 12.850/2013, chamada de Lei do Crime Organizado, e "consiste em retardar a interdição policial do que se supõe ação praticada por organizações criminosas ou a ela vinculada, desde que mantida sob observação e acompanhamento para que a medida legal se concretize no momento mais eficaz do ponto de vista da formação de provas e fornecimento de informações". Neste caso, portanto, o agente policial detém discricionariedade para deixar de efetuar a prisão em flagrante no momento em que presencia a prática da infração penal, podendo aguardar um momento mais importante do ponto de vista da investigação criminal ou da colheita de prova. Como lembra Luiz Flávio Gomes, somente é possível esta espécie de flagrante diante da ocorrência de crime organizado, ou seja, somente "em ação praticada por organizações criminosas ou a elas vinculada. Dito de outra maneira: exclusivamente no crime organizado é possível tal estratégia interventiva. Fora da organização criminosa é impossível tal medida"[90]. Difere do esperado, pois, neste, o agente é obrigado a efetuar a prisão em flagrante no primeiro momento em que ocorrer o delito, não podendo escolher um momento posterior que considerar mais adequado, enquanto no prorrogado, o agente policial tem a discricionariedade quanto ao momento da prisão. Convém mencionar que, com o advento da Lei n. 11.343/2006, é também possível o flagrante prorrogado ou retardado em relação aos crimes previstos na Lei de Drogas, em qualquer fase da persecução penal, mediante autorização judicial e ouvido o Ministério Público (art. 53 da lei). Assim, é possível "a não atuação policial sobre os portadores de drogas, seus precursores químicos ou outros produtos utilizados em sua produção, que não se encontrem no território brasileiro, com a finalidade de identificar e responsabilizar maior número de integrantes de operações de tráfico e distribuição, sem prejuízo da ação penal cabível" (art. 53, II). A autorização será concedida "desde que sejam conhecidos o itinerário provável e a identificação dos agentes do delito ou de colaboradores" (cf. art. 53, parágrafo único).

(ix) Flagrante forjado (também chamado de fabricado, maquinado ou urdido): nesta espécie, os policiais ou particulares criam provas de um crime inexistente, colocando, por exemplo, no interior de um veículo substância entorpecente. Neste caso,

---

90. *Crime organizado*, Revista dos Tribunais, p. 94.

além de, obviamente, não existir crime, responderá o policial ou terceiro por crime de abuso de autoridade.

16.12.2. Flagrante nas várias espécies de crimes

(i) Crime permanente: enquanto não cessar a permanência, o agente encontra-se em situação de flagrante delito (art. 303). Por exemplo: no crime de sequestro, enquanto a vítima permanecer em poder dos sequestradores, o momento consumativo se protrai no tempo e, a todo instante, será possível efetivar o flagrante.

(ii) Crime habitual: em tese, não cabe prisão em flagrante, pois o crime só se aperfeiçoa com a reiteração da conduta, o que não é possível verificar em um ato ou momento isolado. Assim, no instante em que um dos atos componentes da cadeia da habitualidade estiver sendo praticado, não se saberá ao certo se aquele ato era de preparação, execução ou consumação. Daí a impossibilidade do flagrante. Em sentido contrário, Mirabete: "(...) não é incabível a prisão em flagrante em crime habitual se o agente é surpreendido na prática do ato e se recolhe, no ato, provas cabais da habitualidade"[91]. Para esta segunda posição, se a polícia já tiver uma prova anterior da habitualidade, a prisão em flagrante poderá ser efetuada diante da prática de qualquer novo ato.

(iii) Crime de ação penal privada: nada impede a prisão em flagrante, uma vez que o art. 301 não distingue entre crime de ação pública e privada, referindo-se genericamente a todos os sujeitos que se encontrarem em flagrante delito. No entanto, capturado o autor da infração, deverá o ofendido autorizar a lavratura do auto ou ratificá-la dentro do prazo da entrega da nota de culpa, sob pena de relaxamento. Além dessa autorização ou ratificação, deverá oferecer a queixa-crime dentro do prazo de cinco dias, após a conclusão do inquérito policial (deverá estar concluído em dez dias, a partir da lavratura do auto).

(iv) Crime continuado: existem várias ações independentes, sobre as quais incide, isoladamente, a possibilidade de se efetuar a prisão em flagrante.

16.12.3. Sujeitos do flagrante

(i) Sujeito ativo: é a pessoa que efetua a prisão. Segundo o Código de Processo Penal, "qualquer do povo poderá e as autoridades policiais e seus agentes deverão prender quem quer que seja encontrado em flagrante delito" (art. 301). Na primeira hipótese, surge um caso especial de exercício de função pública pelo particular, excepcionando a regra de que o Estado somente pode praticar atos de coerção à liberdade, por meio de seus órgãos. Denomina-se flagrante facultativo, porque o particular não está obrigado a efetuar a prisão. No segundo caso, o flagrante é compulsório, estando a autoridade policial e seus agentes obrigados a agir.

(ii) Sujeito passivo: é o indivíduo detido em situação de flagrância. Pode ser qualquer pessoa. Não podem ser sujeitos passivos de prisão em flagrante: os menores de 18 anos, que são inimputáveis (CF, art. 228; CP, art. 27); os diplomatas estrangeiros, em decorrência de tratados e convenções internacionais; o presidente da República (CF, art.

---

91. *Código de Processo Penal interpretado*, cit., p. 357.

86, § 3º); o agente que socorre vítima de acidente de trânsito (Código de Trânsito Brasileiro — Lei n. 9.503/97, art. 301); todo aquele que se apresentar à autoridade, após o cometimento do delito, independentemente do folclórico prazo de vinte e quatro horas, uma vez que não existe flagrante por apresentação. Todavia, nada impede que, por ocasião da apresentação espontânea do agente, lhe seja decretada a prisão preventiva, desde que presentes os seus requisitos próprios, ou imposta, pelo juiz, outra medida cautelar alternativa à prisão (CPP, art. 282, § 6º).

Podem ser autuados em flagrante, mas apenas nos crimes inafiançáveis: os membros do Congresso Nacional (CF, art. 53, § 2º), os deputados estaduais (CF, art. 27, § 1º), os magistrados (art. 33, II, da LOMN) e os membros do Ministério Público (art. 40, III, da LONMP). Por força do Estatuto da OAB, também "o advogado somente poderá ser preso em flagrante, por motivo de exercício da profissão, em caso de crime inafiançável" (Lei n. 8.906/94, art. 7º, § 3º). No julgamento da ADI 1.127 pelo STF, confirmou-se a necessidade da presença de representante da OAB no ato da lavratura da prisão em flagrante do advogado, conforme art. 7º, IV, da Lei n. 8.906/94.

Finalmente, nos crimes de competência dos Juizados Especiais Criminais, ao autor do fato que, após a lavratura do termo circunstanciado, for imediatamente encaminhado ao Juizado ou assumir o compromisso de a ele comparecer, não se imporá prisão em flagrante, nem se exigirá fiança (Lei dos Juizados Especiais Criminais, art. 69, parágrafo único). Ressalve-se que, em se tratando de conduta prevista no art. 28 da Lei de Drogas (Lei n. 11.343/2006), jamais se imporá prisão em flagrante, ainda que o agente se recuse a assumir o compromisso de comparecer à sede dos Juizados (*vide* art. 48, § 2º, da Lei de Drogas). No tocante aos crimes de trânsito de lesão corporal *culposa*, no entanto, quando presente uma das situações do § 1º do art. 291, deverá ser instaurado inquérito policial para a investigação da infração penal, não sendo mais cabível, portanto, o termo circunstanciado, autorizando-se, inclusive, a prisão em flagrante (CTB, art. 291, § 2º).

Autoridade competente, em regra, é a autoridade policial da circunscrição onde foi efetuada a prisão, e não a do local do crime. Não havendo autoridade no local onde foi efetuada a prisão, o capturado será logo apresentado à do lugar mais próximo (CPP, art. 308). Assim, se, por exemplo, a prisão em flagrante ocorrer na circunscrição de Itaim Paulista, embora o crime tenha sido cometido em Guaianazes (caso em que houve perseguição), a autoridade competente para a lavratura do auto será a do local da prisão — Itaim Paulista —, devendo, em seguida, ser remetida a peça para a autoridade policial de Guaianazes, onde tramitará o inquérito policial e, posteriormente, a ação penal. No entanto, deve-se frisar que o fato de o auto ser lavrado em local diverso daquele em que ocorreu a prisão não acarreta qualquer nulidade.

Se a infração penal for prevista no CPM, a autoridade competente para lavrar o auto de prisão em flagrante será o oficial militar, presidente do inquérito policial militar, designado para esta função. O militar preso em flagrante será recolhido a quartel da instituição a que pertencer (CPP, art. 300, parágrafo único). Na hipótese de homicídio doloso cometido contra civil, o flagrante será lavrado pelo delegado de polícia. No caso de ser cometido um crime nas dependências da Câmara dos Deputados ou do Senado Federal, a autoridade competente para a lavratura do flagrante e a presidência do inquérito será a da respectiva

Mesa ou a autoridade parlamentar previamente indicada de acordo com o que dispuser o regimento interno (Súmula 397 do STF). Instaurada a comissão parlamentar de inquérito, nos termos do art. 58, § 3º, da CF, esta terá poderes de investigação próprios das autoridades judiciais e poderá também presidir lavratura de auto de prisão em flagrante.

Quando o fato for praticado em presença da autoridade, ou contra esta, no exercício de suas funções, ela mesma poderá presidir a lavratura do auto, do qual constarão: a narração do fato, a voz de prisão, as declarações que fizer o preso e os depoimentos das testemunhas, sendo tudo assinado pela autoridade, pelo preso e pelas testemunhas, e remetido imediatamente ao juiz competente, se não o for a autoridade que houver presidido o auto (CPP, art. 307). É imprescindível que o delegado de polícia ou o juiz de direito, ou, ainda, a autoridade administrativa competente estejam no exercício de suas funções.

Quanto ao prazo para lavratura do auto, a autoridade deverá, em até vinte e quatro horas após a realização da prisão (CPP, art. 306, §§ 1º e 2º): (i) apresentar a pessoa presa à autoridade judicial competente e encaminhar o auto de prisão em flagrante; (ii) se for o caso, encaminhar cópia integral para a Defensoria Pública; (iii) entregar a nota de culpa ao preso, de onde se infere seja este o prazo máximo para a conclusão do auto. A nota de culpa é a peça inicial do auto de prisão em flagrante e tem por finalidade comunicar ao preso o motivo de sua prisão, bem como a identidade do responsável por essa prisão. Sua falta caracteriza omissão de ato essencial e provoca a nulidade e o relaxamento da prisão; (iv) encaminhar o preso para a audiência de custódia, para que o juiz decida, de plano, a respeito da legalidade ou necessidade da prisão, nos termos do art. 310 do CPP.

16.12.4. Auto de prisão em flagrante

São as seguintes as etapas do auto de prisão em flagrante:

(i) Antes da lavratura do auto, a autoridade policial deve entrevistar as partes (condutor, testemunhas e conduzido) e, em seguida, de acordo com sua discricionária convicção, ratificar ou não a voz de prisão do condutor.

(ii) Não se trata, no caso, de relaxamento da prisão em flagrante, uma vez que, sem a ratificação, o sujeito se encontra apenas detido, aguardando a formalização por meio da ordem de prisão em flagrante determinada pela autoridade policial.

(iii) O auto somente não será lavrado se o fato for manifestamente atípico, insignificante ou se estiver presente, com clarividência, uma das hipóteses de causa de exclusão da antijuridicidade, devendo-se atentar que, nessa fase, vigora o princípio do *in dubio pro societate*, não podendo o delegado de polícia embrenhar-se em questões doutrinárias de alta indagação, sob pena de antecipar indevidamente a fase judicial de apreciação de provas; permanecendo a dúvida ou diante de fatos aparentemente criminosos, deverá ser formalizada a prisão em flagrante.

(iv) Nos termos do art. 306, *caput*, do CPP, a autoridade policial deve comunicar *imediatamente* o lugar onde a pessoa se encontra presa ao juiz competente, ao Ministério Público e à sua família ou alguém indicado (CF, art. 5º, LXIII, 2ª parte). A comunicação imediata da prisão também deve ser feita ao MP. O advérbio de tempo *imediatamente* quer dizer *logo em seguida, ato contínuo, no primeiro instante após a voz de prisão*. Em tese, isso deveria ser feito antes mesmo de se iniciar a lavratura do auto, por qualquer meio disponível no momento, desde que eficaz (telefone, fax, mensagem eletrônica etc.). Na prática, porém, tal comunicação acabará sendo feita somente ao final do prazo de conclusão do auto, que é de vinte e quatro horas. Não foi esse, no entanto, o intuito da lei, devendo o Poder Judiciário e o MP estruturarem sistema de plantão à noite e aos feriados (cf. comentário abaixo).

(v) Durante a elaboração do flagrante, será tomado o depoimento do condutor (agente público ou particular), que é a pessoa que conduziu o preso até a autoridade. Em seguida, a autoridade colherá, desde logo, sua assinatura, entregando a este cópia do termo e recibo de entrega do preso (CPP, art. 304, *caput*). O condutor não precisa aguardar a oitiva das testemunhas, o interrogatório do acusado e a consequente lavratura do auto de prisão para lançar a sua assinatura e ser liberado. Trata-se da aplicação do princípio constitucional da eficiência, previsto no art. 37, *caput*, da CF, visando à maior celeridade. O condutor, normalmente um policial militar que se viu obrigado a deixar, provisoriamente, sua atividade de policiamento preventivo ostensivo, para apresentar o preso ao delegado de polícia, poderá ser dispensado logo após ser ouvido. Assim, a autoridade policial, após colher sua oitiva, estará autorizada a entregar-lhe cópia do termo, bem como o recibo de entrega do preso, liberando-o do compromisso burocrático de aguardar a finalização do, em regra, demorado procedimento.

(vi) Não deve ser admitida, em hipótese alguma, a transferência do preso pelo condutor a terceiro, que não tomou parte na detenção, sendo vedada a chamada prisão por delegação. Somente o condutor, qualquer que seja, policial ou não, pode fazer a apresentação. Evidentemente, se o policial atendeu à ocorrência e ajudou a efetuar a prisão, pode ele assumir a condição de condutor.

(vii) Após a oitiva e dispensa do condutor, com fornecimento do recibo de entrega do preso, serão ouvidas as testemunhas, presenciais ou não, que acompanharam a condução, no número mínimo de duas, admitindo-se, porém, que o condutor funcione como primeira testemunha, o que significa a necessidade de ser ouvido, além dele, somente mais uma. No caso de crime de ação privada ou pública condicionada à representação do ofendido, deve ser procedida, quando possível, a oitiva da vítima. Após cada depoimento, serão colhidas as suas respectivas assinaturas. A testemunha lançará sua assinatura logo em seguida ao seu depoimento, em termo próprio, devendo ser imediatamente liberada.

(viii) Na falta de testemunhas presenciais da infração, deverão assinar o termo com o condutor pelo menos duas pessoas que tenham testemunhado a apresentação do preso à autoridade (as chamadas testemunhas de apresentação, instrumentais ou indiretas, cujo depoimento serve apenas para confirmar a apresentação do preso para a formalização do auto).

(ix) As partes, condutor e testemunhas, serão inquiridas separadamente, em termos próprios e separados uns dos outros, reunindo-se tudo, ao final, no momento de formação do auto de prisão em flagrante. Assim, cada uma dessas partes poderá ser dispensada tão logo encerre sua oitiva.

(x) A autoridade policial deverá zelar para que fique assegurada a incomunicabilidade entre as testemunhas, de sorte que uma não ouça o depoimento da outra, assim como não deverá ser permitido qualquer contato entre condutor ou testemunha que já tenha falado e aquelas que aguardam inquirição, preservando-se, desse modo, o correto esclarecimento dos fatos.

(xi) Em seguida à oitiva das testemunhas, proceder-se-á ao interrogatório do acusado sobre a imputação que lhe é feita (CPP, art. 304), devendo alertá-lo sobre o seu direito constitucional de permanecer calado (CF, art. 5º, LXIII). O acusado será interrogado em termo próprio, antes da lavratura do auto de prisão.

(xii) Somente após a oitiva dos condutores, testemunhas, vítima e apresentado, o auto será lavrado pelo escrivão e por ele encerrado, devendo ser assinado pela autoridade e o conduzido, observando-se que condutor, testemunhas e, eventualmente, vítima já tiveram as suas assinaturas coletadas em termo próprio. Ao redigir o auto de prisão em flagrante, a autoridade policial cuidará de reunir as peças anteriormente produzidas.

(xiii) No caso de alguma testemunha ou o ofendido recusarem-se, não souberem ou não puderem assinar o termo, a autoridade pedirá a alguém que assine em seu lugar, depois de lido o depoimento na presença do depoente (CPP, art. 216).

(xiv) Se o acusado se recusar a assinar, não souber ou não puder fazê-lo, o auto será assinado por duas testemunhas (instrumentárias) que tenham ouvido a leitura, na presença do acusado (CPP, art. 304, § 3º).

(xv) Se o acusado possuir filhos, da lavratura do auto de prisão em flagrante deverá constar a informação de cada um dos filhos com as respectivas idades e se possuem alguma deficiência, nomes e o contato de eventual responsável pelos cuidados dos filhos, indicado pela pessoa presa (CPP, art. 304, § 4º);

(xvi) Encerrada a formalização do auto, a autoridade policial deverá, no prazo máximo de vinte e quatro horas, remetê-lo à autoridade judiciária para as providências previstas no art. 310 do CPP, entre elas, em primeiro lugar, a promoção da audiência de custódia com a presença do acusado, seu advogado constituído ou membro da Defensoria Pública e o membro do MP, posteriormente, o juiz deverá analisar e fundamentar: *o relaxamento da prisão, se ilegal; a conversão do flagrante em prisão preventiva; ou a concessão de liberdade provisória com ou sem fiança*. Importante ressaltar que a lei fala em dois momentos distintos. Em primeiro lugar, deve ser feita a comunicação da prisão ao juiz, ao Ministério Público e à família do preso ou pessoa por ele indicada. Esse primeiro momento encontra-se disciplinado em dispositivo próprio, que é o art. 306, *caput*, do CPP, o qual é explícito: "a prisão de qualquer pessoa e o local onde se encontre serão comunicados *imediatamente*...". Conforme visto acima, dada a voz de prisão, logo em seguida, sem intervalo de tempo, ato contínuo, deve ser feita a sua comunicação por qualquer meio disponível, desde que eficaz. Em momento ulterior, e em dispositivo diverso, que é o § 1º do referido art. 306, deverá ser enviado o auto de flagrante concluído. Na prática, contudo, a comunicação acabará sendo feita no mesmo instante em que for enviado o auto para as providências do art. 310 do CPP, ou seja, somente vinte e quatro horas após a voz de prisão ser proferida pela autoridade policial, o que contraria a vontade da lei. A prescrição legal visa propiciar ao preso a garantia de que o magistrado terá rápido acesso ao auto de prisão em flagrante, possibilitando, com isso, a imediata realização da audiência de custódia, e, eventualmente, o imediato relaxamento da prisão, se ilegal, tal como determina o art. 5º, LXV, da CF, impedindo, com isso, que o indivíduo seja mantido no cárcere indevidamente. A finalidade do dispositivo é a de, nitidamente, proteger a pessoa presa de eventuais abusos na atuação dos agentes públicos encarregados da função persecutória.

O desrespeito à formalidade de entrega do auto de prisão em flagrante, no prazo de até vinte e quatro horas da prisão, à autoridade competente, não provoca, por si só, o relaxamento da prisão, se estiverem preenchidos os requisitos formais e materiais, embora possa caracterizar crime de abuso de autoridade (Lei n. 13.869/2019, art. 12), e infração administrativa disciplinar.

— **Remessa dos autos à Defensoria Pública:** A lei previu que a autoridade policial estará, igualmente, obrigada, em até vinte e quatro horas após a realização da prisão, caso o autuado não informe o nome de seu advogado, a encaminhar cópia integral do auto de prisão em flagrante para a Defensoria Pública (art. 306, § 1º, 2ª parte), passando a garantia da assistência do advogado a ter plena aplicabilidade. Mencione-se que, caso o auto de prisão em flagrante não seja remetido à Defensoria Pública no prazo de vinte e quatro horas, não se imporá o relaxamento da prisão.

— **Entrega da nota de culpa ao preso:** No mesmo prazo de até vinte e quatro horas, será entregue ao preso, mediante recibo, a nota de culpa, assinada pela autoridade, com o motivo da prisão, o nome do condutor e o das testemunhas (CPP, art. 306, § 2º). Sua finalidade é comunicar ao preso o motivo da prisão, bem como a identidade de quem o prendeu (CF, art. 5º, LXIV), fornecendo-lhe um breve relato do fato criminoso de que é acusado.

— **Arbitramento de fiança:** Constatando a autoridade policial que se trata de crime afiançável, poderá conceder fiança (no valor de 1 a 100 salários mínimos), nos casos de infração cuja pena privativa de liberdade máxima não seja superior a quatro anos. Para pena máxima superior a quatro anos, só o juiz pode fixar (no valor de 10 a 200 salários mínimos). Recusando ou retardando a autoridade policial a concessão da fiança, o preso ou alguém por ele poderá prestá-la, mediante simples petição, perante o juiz competente, que decidirá em quarenta e oito horas (CPP, art. 335). Questão interessante é a do preso, cuja família só tem como prestar fiança, mediante emissão de cheque. É o caso de pessoa presa na madrugada, em momento em que o caixa eletrônico está fechado e não há como obter outro meio rápido para evitar a prisão em flagrante. A autoridade policial não está obrigada a aceitar esse tipo de garantia incerta, dado que não passível de aferição no momento em que é prestada. Excepcionalmente, porém, a autoridade policial tem discricionariedade para avaliar a situação e evitar o encarceramento, aceitando essa forma anômala de caução, mediante fundamentação circunstanciada da ocorrência, na qual se demonstre efetivamente a impossibilidade da prestação da fiança por outro meio. Diferente é o caso do preso sem condições econômicas de prestar a fiança. O delegado de polícia não poderá dispensá-lo com base no art. 350 do CPP, uma vez que somente o juiz pode avaliar a dispensa ou substituição da fiança por outra cautelar prevista no art. 319 do CPP. A lei é expressa nesse sentido (CPP, art. 350). Na hipótese de preso que estava em liberdade condicional, a autoridade policial deverá arbitrar a fiança, quando cabível, comunicando posteriormente o fato ao juízo da execução para eventual revogação do benefício. O valor correspondente à fiança deverá ser depositado em agência bancária, mediante guia própria e anotado no livro de fiança. Nos horários em que não houver movimento bancário, como à noite, domingos e feriados, o valor arbitrado pelo delegado ficará com o escrivão de polícia, o qual assumirá o encargo como depositário e os riscos daí decorrentes.

> → **ATENÇÃO**: o auto de prisão em flagrante é um ato administrativo, despido de conteúdo decisório, daí por que o fato de haver sido instaurada a ação penal perante magistrado incompetente não o invalida, nem torna insubsistente a prisão.

16.12.5. Relaxamento da prisão em flagrante pela própria autoridade policial

A autoridade policial, sendo autoridade administrativa, possui discricionariedade para decidir acerca da lavratura ou não do auto de prisão em flagrante. Sempre considerando que, nessa fase, vigora o princípio *in dubio pro societate*, e que qualquer juízo exculpatório se reveste de arrematada excepcionalidade, o delegado de polícia pode recusar-se a ratificar a voz de prisão emitida anteriormente pelo condutor, deixando de proceder à formalização do flagrante e, com isso, liberando imediatamente o apresentado.

> **Nosso entendimento:** não se trata aqui, a nosso ver, de relaxamento de prisão, uma vez que ela não chegou sequer a ser efetivada, tampouco formalizada. Melhor definir tal hipótese como recusa em iniciar a prisão, ante a ausência de requisitos indiciários mínimos da existência de tipicidade ou antijuridicidade.

Evidentemente, a autoridade policial não precisa prender em flagrante vítima de estupro ou roubo que, claramente em situação de legítima defesa, matou seu agressor. O juízo sumário de cunho administrativo pode ser efetuado, ainda que isso só possa ocorrer em situações absolutamente óbvias e claras de ausência de infração penal. Nunca é demais lembrar que a persecução penal nem sequer se iniciou, de modo a se evitar qualquer açodamento na exclusão da responsabilidade penal. A atuação do delegado de polícia nesse sentido é excepcional, apenas para evitar a prisão manifestamente desnecessária. Do mesmo modo, se, durante a lavratura do auto, surgirem elementos que desautorizem a prisão, a autoridade policial pode impedir a sua consumação, deixando de completar o procedimento para a prisão em flagrante.

> **Nosso entendimento:** em nenhuma dessas hipóteses pensamos haver relaxamento, pois o recolhimento ao cárcere nem chegou a se completar. O apresentado encontrava-se apenas detido, à espera de formalização de sua prisão. Como ele não chegou a ser preso em flagrante, não há prisão a ser relaxada. Haverá, no caso, mero juízo de valor negativo, o qual impede o ato de se aperfeiçoar.

Situação distinta é a do auto de prisão em flagrante que chegou a ser consumado, inclusive com a assinatura de todas as partes, mas, antes da comunicação imediata ao juiz, a autoridade policial toma conhecimento de um fato que tornaria a prisão abusiva. Nessa hipótese, poderá proceder ao relaxamento. Somente aí se pode falar em relaxar a prisão em flagrante, pois só nesse caso ela chegou a ser efetivada. É o caso de um crime de ação penal pública condicionada a representação, em que o ofendido se retrata após a lavratura do auto. A prisão tornou-se ilegal e, desde logo, pode ser relaxada pela própria autoridade policial, na medida em que sua comunicação ao juiz retardaria ainda mais a soltura de alguém que não mais deve permanecer preso.

16.12.6. Prisão em flagrante por apresentação espontânea

Não existe. A autoridade policial não poderá prender em flagrante a pessoa que se apresentar espontaneamente, de maneira que não se pode falar em flagrante por apresentação. Isso porque o art. 304, *caput*, do CPP dispõe que "*apresentado* o preso à autoridade competente...". Como se vê, a lei pressupõe que o sujeito seja apresentado pelo condutor, não empregando a expressão "apresentando-se". Deste modo, deixou de prever a possibilidade de prisão daquele que se apresenta à autoridade policial, não havendo óbice, porém, para que seja imposta a prisão preventiva ou temporária, quando for o caso.

16.12.7. Audiência de custódia

O direito de o preso em flagrante ser levado, pessoalmente, e sem demora, à presença da autoridade judicial competente para avaliar a legalidade ou necessidade de sua prisão, tem previsão legal em Tratados Internacionais já ratificados pelo Brasil (Pacto de San José da Costa Rica e Pacto de Direitos Civis e Políticos).

O art. 7º, 5, do Pacto de São Jose da Costa Rica ou a Convenção Americana sobre Direitos Humanos reza: "Toda pessoa presa, detida ou retida deve ser conduzida, sem demora, à presença de um juiz ou outra autoridade autorizada por lei a exercer funções judiciais e tem o direito de ser julgada em prazo razoável ou de ser posta em liberdade, sem prejuízo de que prossiga o processo. Sua liberdade pode ser condicionada a garantias que assegurem o seu comparecimento em juízo".

O art. 9º, 3, do Pacto Internacional sobre Direitos Civis e Políticos de Nova York: "Qualquer pessoa presa ou encarcerada em virtude de infração penal deverá ser conduzida, sem demora, à presença do juiz ou de outra autoridade habilitada por lei a exercer funções judiciais e terá o direito de ser julgada em prazo razoável ou de ser posta em liberdade. A prisão preventiva de pessoas que aguardam julgamento não deverá constituir a regra geral, mas a soltura poderá estar condicionada a garantias que assegurem o comparecimento da pessoa em questão à audiência, a todos os atos do processo e, se necessário for, para a execução da sentença".

Trata-se de audiência em que estarão presentes o juiz, o representante do Ministério Público, a defesa (advogado ou defensor) e o preso. Nela, o juiz pode adotar uma das decisões possíveis do art. 310, I a III, do CPP. Atualmente, destacamos que o art. 287 do CPP determina a imediata apresentação do preso ao juiz, para a realização de audiência de custódia, mesmo na hipótese de infração inafiançável. Assim, trata-se de ato processual totalmente incorporado a nosso sistema jurídico.

O STF determinou que todos os tribunais do país e todos os juízos a eles vinculados devem realizar, no prazo de 24 horas, audiência de custódia em **todas as modalidades de prisão**. A decisão unânime foi tomada no julgamento da Reclamação 29.303, julgada procedente na sessão virtual encerrada em 3-3-2023.

16.13. Prisão preventiva

16.13.1. Conceito

Prisão processual de natureza cautelar decretada pelo juiz em qualquer fase da investigação policial ou do processo criminal, antes do trânsito em julgado da sentença, sempre que estiverem preenchidos os requisitos legais e ocorrerem os motivos autorizadores.

16.13.2. Natureza

A prisão preventiva é modalidade de prisão provisória, ao lado do flagrante (ver comentário acima) e da prisão temporária. Possui natureza cautelar e tem por objetivo garantir a eficácia do futuro provimento jurisdicional, cuja natural demora pode comprometer sua efetividade, tornando-o inútil. Trata-se de medida excepcional, imposta somente em último caso (CPP, art. 282, § 6º). Nesse sentido: "Importante salientar que, com o advento da Lei n. 12.403/2011, a **prisão** cautelar passou a ser, mais ainda, a mais **excepcional** das medidas, devendo ser aplicada somente quando comprovada a inequívoca necessidade, devendo-se sempre verificar se existem medidas **alternativas** à **prisão** adequadas ao caso concreto" (STJ, HC 732.686/GO, Rel. Min. Sebastião Reis Júnior, 6ª Turma, DJe 27-6-2022). Seus pressupostos são: necessidade, urgência e a insuficiência de qualquer outra medida coercitiva menos drástica, dentre as previstas no art. 319 do CPP.

16.13.3. Presunção da inocência e prisão cautelar

Consoante a Súmula 9 do STJ, a prisão provisória não ofende o princípio constitucional do estado de inocência (CF, art. 5º, LVII), mesmo porque a própria Constituição admite a prisão provisória nos casos de flagrante (CF, art. 5º, LXI) e crimes inafiançáveis (CF, art. 5º, XLIII). Pode, assim, ser prevista e disciplinada pelo legislador infraconstitucional, sem ofensa à presunção de inocência.

Somente poderá, no entanto, ser decretada quando preenchidos os requisitos da tutela cautelar (*fumus comissi delicti* e *periculum libertatis*). Nesse sentido, dispõe o art. 312 do CPP que a prisão preventiva poderá ser decretada: (i) para garantia da ordem pública, da ordem econômica, por conveniência da instrução criminal ou para assegurar a aplicação da lei penal (*periculum libertatis*) + (ii) quando houver prova da existência do crime, indícios suficientes de autoria (*fumus comissi delicti*) e de perigo gerado pelo estado de liberdade do imputado. Não existe prisão preventiva obrigatória, pois, nesse caso, haveria uma execução antecipada da pena privativa de liberdade, violando o princípio do estado de inocência. Se o sujeito for preso sem necessidade de se acautelar o processo, tal prisão não será processual, mas verdadeira antecipação da execução da pena, sem formação de culpa e sem julgamento definitivo.

> → **ATENÇÃO:** atualmente, exige-se melhor embasamento e consistência à fundamentação para sustentar o encarceramento provisório do acusado. Nos termos do art. 312, § 2º, do CPP: "A decisão que decretar a prisão preventiva deve ser motivada e fundamentada em receio de perigo e existência concreta de fatos novos ou contemporâneos que justifiquem a aplicação da medida adotada".

A prisão preventiva somente será admissível dentro de nosso panorama constitucional, quando demonstrada a presença dos requisitos da tutela cautelar.

A medida é excepcional e, mesmo justificado o *periculum libertatis*, não será imposta, contanto que possível outra medida menos invasiva ao direito de liberdade, dentre as elencadas no rol do art. 319 do CPP.

16.13.4. Pressupostos para a prisão preventiva: *fumus comissi delicti*

O juiz somente poderá decretar a prisão preventiva se estiver demonstrada a probabilidade de que o réu tenha sido o autor de um fato típico e ilícito.

São pressupostos para a decretação:

(i) prova da existência do crime (prova da materialidade delitiva);

(ii) indícios suficientes da autoria;

(iii) perigo gerado pelo estado de liberdade do imputado.

Trata-se da conhecida expressão *fumus comissi delicti*, sendo imprescindível a demonstração da viabilidade da acusação. Não se admite a prisão preventiva quando improvável, à luz do *in dubio pro societate*, a existência do crime ou a autoria imputada ao agente.

Destaca-se, ainda, que o art. 312 do CPP elenca como pressuposto indispensável para a prisão preventiva o perigo gerado pelo estado de liberdade do imputado. A exigência da comprovação retirou o caráter de estado automático e presumido de perigo ou de risco para o processo, exigindo do magistrado uma fundamentação completa ao decretar a prisão preventiva.

16.13.5. Requisitos para a prisão preventiva: *periculum libertatis*

(i) Garantia da ordem pública: a prisão cautelar é decretada com a finalidade de impedir que o agente, solto, continue a delinquir, não se podendo aguardar o término do processo para, somente então, retirá-lo do convívio social. Nesse caso, a natural demora da persecução penal põe em risco a sociedade. É caso típico de *periculum libertatis*.

O clamor popular não autoriza, por si só, a custódia cautelar. Sem *periculum libertatis* não há prisão preventiva. O clamor popular nada mais é do que uma alteração emocional coletiva provocada pela repercussão de um crime. Sob tal pálio, muita injustiça pode ser feita, até linchamentos (físicos ou morais). Por essa razão, a gravidade da imputação, isto é, a brutalidade de um delito que provoca comoção no meio social, gerando sensação de impunidade e descrédito pela demora na prestação jurisdicional, não pode por si só justificar a prisão preventiva. Garantir a ordem pública significa impedir novos crimes durante o processo.

(ii) Conveniência da instrução criminal: visa a impedir que o agente perturbe ou impeça a produção de provas, ameaçando testemunhas, apagando vestígios do crime, destruindo documentos etc. Evidente aqui o *periculum libertatis*, pois não se chegará à verdade real se o réu permanecer solto até o final do processo. Embora a lei utilize o termo *conveniência*, na verdade, dada a natureza excepcional com que se reveste a prisão preventiva (CPP, art. 282, § 6º), deve-se interpretá-la como *necessidade*, e não mera conveniência.

(iii) Garantia de aplicação da lei penal: no caso de iminente fuga do agente do distrito da culpa, inviabilizando a futura execução da pena. Se o acusado ou indiciado não tem residência fixa, ocupação lícita, nada, enfim, que o radique no distrito da culpa, há um sério risco para a eficácia da futura decisão se ele permanecer solto até o final do processo, diante da sua provável evasão.

(iv) Garantia da ordem econômica: hipótese de prisão preventiva contida no art. 312 do CPP. Trata-se de uma repetição do requisito "garantia da ordem pública".

(v) Descumprimento da medida cautelar imposta: havendo o descumprimento de qualquer das medidas cautelares previstas no art. 319 do CPP, poderá o juiz: (i) substituí-la por outra medida; (ii) impor cumulativamente mais uma; (iii) e, em último caso, decretar a prisão preventiva (CPP, art. 312, parágrafo único). Trata-se aqui da prisão preventiva *substitutiva ou subsidiária*, a qual somente será decretada excepcionalmente, quando não cabível a substituição da medida cautelar descumprida por outra providência menos gravosa (CPP, art. 282, § 6º). Essa espécie de prisão preventiva difere da concedida autonomamente porque é aplicada depois de frustradas todas as tentativas de se garantir o processo, mediante meios menos traumáticos (sobre as modalidades de prisão preventiva, vide item 16.13.9). A recalcitrância do acusado ou indiciado em cumprir suas obrigações processuais acaba por tornar inevitável a medida extrema da prisão.

Vale destacar o que determina o art. 315 do CPP, que estabelece as diretrizes de como o juiz deverá elaborar sua fundamentação, nos seguintes termos:

"A decisão que decretar, substituir ou denegar a prisão preventiva será sempre motivada e fundamentada.

§ 1º Na motivação da decretação da prisão preventiva ou de qualquer outra cautelar, o juiz deverá indicar concretamente a existência de fatos novos ou contemporâneos que justifiquem a aplicação da medida adotada.

§ 2º Não se considera fundamentada qualquer decisão judicial, seja ela interlocutória, sentença ou acórdão, que:

I — se limitar à indicação, à reprodução ou à paráfrase de ato normativo, sem explicar sua relação com a causa ou a questão decidida;

II – empregar conceitos jurídicos indeterminados, sem explicar o motivo concreto de sua incidência no caso;

III – invocar motivos que se prestariam a justificar qualquer outra decisão;

IV – não enfrentar todos os argumentos deduzidos no processo capazes de, em tese, infirmar a conclusão adotada pelo julgador;

V – limitar-se a invocar precedente ou enunciado de súmula, sem identificar seus fundamentos determinantes nem demonstrar que o caso sob julgamento se ajusta àqueles fundamentos;

VI – deixar de seguir enunciado de súmula, jurisprudência ou precedente invocado pela parte, sem demonstrar a existência de distinção no caso em julgamento ou a superação do entendimento".

16.13.6. Da contemporaneidade da prisão preventiva

Uma vez presentes o *fumus comissi delicti* e o *periculum libertatis*, o julgador deverá verificar se o pedido de prisão cautelar, em específico a preventiva, encontra fundamento nas hipóteses do CPP, arts. 312 e 313, sendo vedada qualquer tipo de interpretação extensiva da norma penal para prejudicar o acusado.

Diz o CPP, art. 312, que "*a prisão preventiva poderá ser decretada como garantia da ordem pública, da ordem econômica, por conveniência da instrução criminal ou para assegurar a aplicação da lei penal, quando houver prova da existência do crime e indício suficiente de autoria e de perigo gerado pelo estado de liberdade do imputado*". Tirando as quatro hipóteses trazidas pelo texto legal, é inadmissível a constrição da liberdade do acusado.

Há de se dizer que é evidente a excepcionalidade das prisões cautelares, sendo dever do juiz verificar se existem medidas alternativas à prisão que melhor se adequem ao caso concreto, nos termos do art. 319 do CPP.

A reforma introduzida pela Lei n. 13.964/2019 foi responsável por trazer ao sistema duas condicionantes temporais autorizadoras da prisão cautelar, quais sejam: *fatos novos* e *fatos contemporâneos*. Dessa maneira, somente será legal a decretação de prisão cautelar que disser respeito a fato novo praticado após o cometimento do crime, tal como ocorre quando o acusado ameaça uma testemunha. Também só será legal a prisão cautelar quando o fato que ensejou a prisão e a decretação for contemporâneo.

Nas palavras de Guilherme de Souza Nucci: "*O ponto a ser evitado é alicerçar prisão cautelar em fato pretérito muito antigo, mesmo que se trate de prática de delito grave. Se uma infração penal é concretamente séria, o que se espera é a decretação cautelar de pronto; não há cabimento em se esperar vários meses, investigando o delito, com o suspeito solto para, depois, somente quando a denúncia for recebida, a prisão ser deferida*"[92].

Em verdade, o próprio fundamento do *periculum libertatis* não subsiste se o acusado tiver contra si mandado de prisão preventiva por fato ocorrido anos atrás. A razão

---

[92]. *Curso de direito processual penal*, 20ª ed., Forense, 2023, p. 709.

autorizadora da quebra do estado de inocência é a necessidade imediata de prisão do imputado por fato supostamente criminoso cometido nos dias presentes, trazendo perigo atual ou iminente ao corpo social.

Acerca da característica da contemporaneidade, chamada de atualidade por Guilherme Madeira Dezem, citamos: "*As medidas cautelares somente podem ser impostas caso haja a característica da atualidade. Vale dizer, a medida cautelar deve estar relacionada a um fato que seja contemporâneo à sua imposição*"[93].

De igual forma entendeu o STJ: "*a prisão preventiva é compatível com a presunção de não culpabilidade do acusado desde que não assuma natureza de antecipação da pena e não decorra, automaticamente, do caráter abstrato do crime ou do ato processual praticado (CPP, art. 312, § 2º). Além disso, a decisão judicial deve apoiar-se em motivos e fundamentos concretos, relativos a fatos novos ou contemporâneos, dos quais se possa extrair o perigo que a liberdade plena do investigado ou réu apresenta para os meios ou os fins do processo penal conforme dispõe o CPP, arts. 312 e 315*" (STJ, HC 633.110/MG, Rel. Min Rogério Schietti Cruz, *DJe* 19-3-2021).

Não restam dúvidas de que a decretação da prisão preventiva por fato antigo, e, portanto, não contemporâneo, resulta em uma ilegal antecipação dos efeitos mais gravosos da sentença condenatória no âmbito criminal, qual seja, o cumprimento de pena restritiva de liberdade em regime prisional fechado, contrariando o mandamento do CPP, art. 312, § 2º.

Dessa maneira, a ausência da contemporaneidade da ordem de prisão cautelar exclui a urgência para a supressão da liberdade individual, tornando-a desnecessária e ilegal. Nesses casos, em vez de proteger a sociedade, a ordem econômica, o processo ou a aplicação da pena, a prisão cautelar apresenta o único e exclusivo objetivo de antecipar o efeito mais gravoso de sentença penal condenatória em momento no qual ainda não se formou em definitivo o juízo de culpabilidade[94].

Jurisprudência

- "A contemporaneidade diz respeito aos motivos ensejadores da prisão preventiva e não ao momento da prática supostamente criminosa em si, ou seja, é desimportante que o fato ilícito tenha sido praticado há lapso temporal longínquo, sendo necessária, no entanto, a efetiva demonstração de que, mesmo com o transcurso de tal período, continuam presentes os requisitos (i) do risco à ordem pública ou (ii) à ordem econômica, (iii) da conveniência da instrução ou, ainda, (iv) da necessidade de assegurar a aplicação da lei penal" (STF, HC 206.116/PA AgR, Rel. Min. Rosa Weber, 1ª Turma, j. 11-10-2021).

---

93. *Curso de processo penal*, 7ª ed., Revista dos Tribunais, 2021, p. 868.
94. Fernando Capez, A contemporaneidade dos fatos e a prisão cautelar. *Revista Consultor Jurídico*, 2 set. 2021. Disponível em: https://www.conjur.com.br/2021-set-02/controversias-juridicas-contemporaneidade-fatos-prisao-cautelar. Acesso em: 3 out. 2023.

16.13.7. Hipóteses de cabimento da prisão preventiva

Nos termos do art. 313 do CPP, a prisão preventiva somente poderá ser decretada nas seguintes hipóteses:

(i) crimes dolosos punidos com pena privativa de liberdade máxima superior a 4 (quatro) anos: o critério não é mais pena de reclusão ou detenção, mas quantidade de pena cominada. Ficaram excluídas infrações graves, cuja sanção máxima prevista não excede a quatro anos, como o sequestro e cárcere privado na forma simples (CP, art. 148, *caput*); furto simples (CP, art. 155, *caput*) e satisfação de lascívia mediante presença de criança ou adolescente (CP, art. 218-A), dentre outras;

(ii) condenação por outro crime doloso, em sentença transitada em julgado, ressalvado o disposto no inciso I do *caput* do art. 64 do CP: mesmo que a pena máxima cominada seja igual ou inferior a quatro anos, caberá a prisão preventiva. Basta a condenação por outro crime doloso, com sentença transitada em julgado, e desde que não tenha ocorrido a prescrição da reincidência (mais de cinco anos entre a extinção da pena anterior e a prática do novo crime);

(iii) crime que envolva violência doméstica e familiar contra a mulher, criança, adolescente, pessoa idosa, enfermo ou pessoa com deficiência, para garantir a execução das medidas protetivas de urgência: a Lei n. 11.340/2006, Lei Maria da Penha, já previa a prisão preventiva nos casos de violência doméstica e familiar contra a mulher. O Código de Processo Penal, em sua redação, ampliou o cabimento para as hipóteses de vítima criança, adolescente, pessoa idosa, enfermo ou pessoa com deficiência;

(iv) quando houver dúvida sobre a identidade civil da pessoa; ou quando esta não fornecer elementos suficientes para esclarecê-la (art. 313, § 1º, CPP[95]): pouco importa a natureza do crime ou a quantidade da pena. A Lei de Identificação Criminal (Lei n. 12.037/2009) prevê as situações em que, embora apresentado o documento de identificação, a identificação criminal é autorizada e deve servir de parâmetro para configuração da presente hipótese. Feita a identificação, o sujeito deverá ser colocado imediatamente em liberdade.

As hipóteses previstas na Lei de Identificação Criminal, em seu art. 3º, e que deverão servir de parâmetro de avaliação para a decretação da prisão preventiva são as seguintes: (i) o documento apresentar rasura ou tiver indício de falsificação; (ii) o documento apresentado for insuficiente para identificar cabalmente o indiciado; (iii) o indiciado portar documentos de identificação distintos, com informações conflitantes entre si; (iv) constar de registros policiais o uso de outros nomes ou diferentes qualificações; (v) o estado de conservação ou a distância temporal ou da localidade da expedição do documento apresentado impossibilite a completa identificação dos caracteres essenciais. Atualmente, os arts. 5º, parágrafo único, 5º-A e 7º do diploma legal citado regulamentam a hipótese de colheita de material biológico para a obtenção do perfil genético (DNA).

---

[95]. Note alteração promovida pela Lei n. 13.964/2019, a Lei do Pacote Anticrime, que, em seu art. 3º, alterou o art. 313, parágrafo único, do CPP, transformando-o em § 1º, mas mantendo seu conteúdo na integralidade.

Por fim, destaca-se que o art. 313, § 2º, do CPP determina que "Não será admitida a decretação da prisão preventiva com a finalidade de antecipação de cumprimento de pena ou como decorrência imediata de investigação criminal ou da apresentação ou recebimento de denúncia".

16.13.8. Momento para a decretação da prisão preventiva

Em qualquer fase da investigação policial ou do processo penal o juiz poderá decretá-la, a requerimento do Ministério Público, do querelante ou do assistente, ou por representação da autoridade policial. Tal modalidade de prisão caberá tanto em ação penal pública quanto em ação penal privada.

16.13.9. Recurso contra a decisão que decretar a prisão preventiva

Não cabe recurso, podendo, no entanto, ser impetrado *habeas corpus*.

16.13.10. Modalidades de prisão preventiva: autônoma; transformada ou convertida; e substitutiva ou subsidiária

Conforme já indicado, na sistemática do CPP, ao receber o auto de prisão em flagrante, o juiz terá três opções, todas elas fundamentadas (CPP, art. 310 e incisos):

(i) relaxar a prisão se esta for ilegal, ou seja, se forem desobedecidas as formalidades exigidas pela lei para a lavratura do auto. Não se trata de concessão de liberdade provisória, mas de nulidade de um auto formalmente imperfeito. Relaxado o flagrante, nada impede que o juiz decrete a preventiva, tendo a autoridade policial ou o MP representado nesse sentido, desde que presente um dos motivos previstos no art. 312 do CPP, autorizadores da tutela cautelar, e desde que outra medida cautelar menos gravosa, dentre as elencadas no art. 319 do mesmo Código, seja insuficiente. Importante notar que, nessa hipótese, há necessidade de que a infração penal se encontre no rol do art. 313 do CPP. Estamos, aqui, diante da prisão preventiva genuína ou imposta autonomamente, que exige a somatória dos requisitos dos arts. 312 e 313 do CPP (cf. tópico a seguir: *Questão polêmica*);

(ii) converter a prisão em flagrante em preventiva, na hipótese em que não se tenha operado o seu relaxamento. A conversão se dará quando presentes os requisitos da preventiva (CPP, art. 312) e não forem suficientes outras medidas cautelares diversas da prisão (CPP, art. 319). Não se trata de decretação autônoma da prisão preventiva, mas apenas de uma conversão do flagrante em outra modalidade de prisão, razão pela qual bastam os requisitos do art. 312 do CPP, mesmo não presente uma das hipóteses do art. 313 do mesmo Código (cf., a seguir, *Questão polêmica*);

(iii) conceder liberdade provisória, com ou sem fiança: ausentes os requisitos que autorizam a decretação da prisão preventiva, o juiz deverá conceder liberdade provisória, impondo, se for o caso, as medidas cautelares previstas no art. 319 do CPP e observados os critérios constantes do art. 282. Note-se, ainda, que se ao delito não for cominada pena privativa de liberdade, ainda que alternativamente, será incabível medida cautelar

(CPP, art. 319), e, com maior razão, prisão preventiva. Seria uma grande contradição prender alguém preventivamente, para, ao final, impor uma pena restritiva de direitos ou pecuniária (cf. CPP, art. 283, § 1º).

> → **ATENÇÃO:** se o juiz verificar, pelo auto de prisão em flagrante, que o agente praticou o fato em legítima defesa, estado de necessidade, exercício regular de direito ou estrito cumprimento do dever legal, poderá, fundamentadamente, conceder ao acusado liberdade provisória, mediante termo de comparecimento a todos os atos processuais, sob pena de revogação (CPP, art. 310, § 1º). Sobre o tema, destaca-se que já entendeu o STF que o princípio *in dubio pro societate* não tem base constitucional e não pode ser invocado para fundamentar nenhuma decisão, nem mesmo a pronúncia ou a prisão cautelar. No caso, deve ser analisada a robustez do contexto probatório, sem que o juiz possa se socorrer do argumento de que, antes da sentença final, a dúvida deve militar em favor da sociedade.

— **Questão polêmica:** ao receber o auto de prisão em flagrante, o juiz verifica a existência dos requisitos autorizadores da prisão preventiva (CPP, art. 312, § 1º). Ocorre que, embora presentes tais requisitos, o crime não se encontra dentre as hipóteses permissivas dessa espécie de prisão (CPP, art. 313, §§ 1º e 2º). Com efeito, segundo a lei, só cabe prisão preventiva para crimes punidos com pena máxima superior a quatro anos (CPP, art. 313). Nos demais, mesmo que demonstrada a necessidade e urgência, a medida não poderá ser imposta, exceto se, por exemplo, o investigado ou acusado já tiver sido definitivamente condenado por outro crime doloso; ou se o delito envolver violência doméstica e familiar; ou houver dúvida sobre sua identidade civil (cf. CPP, art. 313, *caput* e parágrafo único).

Imaginemos a hipótese, por exemplo, de um sujeito preso em flagrante por praticar, na presença de uma criança de 9 anos, ato libidinoso a fim de satisfazer lascívia própria (CP, art. 218-A). Há indícios de ameaça à vítima e testemunhas, pondo em risco a produção da prova. O juiz constata a necessidade de decretar a prisão preventiva, mas não pode, tendo em vista que a pena máxima do crime não é superior a quatro anos. E agora? Mesmo fora do rol dos crimes que autorizam a prisão preventiva, o juiz poderá converter o flagrante em prisão preventiva, desde que existente um dos motivos previstos na lei: (i) necessidade de garantir a ordem pública ou econômica, conveniência da instrução criminal ou assegurar a aplicação da lei penal + (ii) insuficiência de qualquer outra medida cautelar para garantia do processo. É que a lei, ao tratar da conversão do flagrante em preventiva, não menciona que o delito deva ter pena máxima superior a quatro anos, nem se refere a qualquer outra exigência prevista no art. 313 do CPP. Conforme se denota da redação do art. 310, II, do Código de Processo Penal, para que a prisão em flagrante seja convertida em preventiva, é necessária a demonstração da presença dos requisitos ensejadores do *periculum libertatis* (CPP, art. 312), lembrando que se faz necessário, também, que o juiz fundamente amplamente o indício suficiente de perigo gerado pelo estado de liberdade do imputado, bem como a insuficiência de qualquer outra providência acautelatória prevista no art. 319.

Por força desse cenário, surgem três situações diversas:

(i) prisão preventiva decretada autonomamente, no curso da investigação policial ou do processo penal (CPP, art. 311). Essa é a prisão preventiva genuína, que exige tanto a presença de um dos requisitos da tutela cautelar de urgência, previstos no art. 312, § 1º, quanto a presença de uma das hipóteses do art. 313, sem o que o pedido se torna juridicamente impossível;

(ii) prisão preventiva decorrente da conversão do flagrante (CPP, art. 310, II). Trata-se da preventiva convertida, convolada ou transformada. Nesse caso, a lei só exige três requisitos: uma das situações de urgência previstas no art. 312 do CPP + a insuficiência de outra medida cautelar em substituição à prisão (CPP, art. 319) + o indício suficiente de perigo gerado pelo estado de liberdade do imputado (CCP, art. 312). O tratamento foi distinto, tendo em vista a diversidade das situações. Na preventiva convertida, há um agente preso em flagrante e o juiz estaria obrigado a soltá-lo, mesmo diante de uma situação de *periculum libertatis*, porque o crime imputado não se encontra dentre as hipóteses autorizadoras da prisão. Seria uma liberdade provisória obrigatória a quem provavelmente frustrará os fins do processo. Já na decretação autônoma da custódia cautelar preventiva, o réu ou indiciado se encontra solto, e o seu recolhimento ao cárcere deve se cercar de outras exigências. Não se cuida de soltar quem não pode ser solto, mas de recolher ao cárcere quem vinha respondendo solto ao processo ou inquérito. Daí a diversidade do tratamento legal;

(iii) prisão preventiva imposta em substituição à medida cautelar, que é a substitutiva ou subsidiária: trata-se daquela prevista no art. 282, § 4º, a qual será aplicada no caso de descumprimento de qualquer das medidas cautelares contempladas no art. 319 do CPP. Aqui, também, basta a presença dos requisitos constantes do art. 312 do Estatuto Processual e que nenhuma outra medida menos gravosa seja suficiente para assegurar os fins do processo criminal ou da investigação policial.

16.13.11. Prisão preventiva domiciliar

O art. 318 do CPP prevê seis hipóteses em que o juiz poderá substituir a prisão preventiva pela domiciliar:

(i) agente maior de 80 anos;

(ii) extremamente debilitado por motivo de doença grave;

(iii) imprescindível aos cuidados de pessoa menor de 6 (seis) anos ou com deficiência;

(iv) gestante;

(v) mulher com filho de até 12 (doze) anos de idade incompletos;

(vi) homem, caso seja o único responsável pelos cuidados do filho de até 12 (doze) anos de idade incompletos.

O parágrafo único do mencionado artigo exige prova idônea de qualquer dessas situações. Importante ressaltar que a terceira hipótese não se refere ao agente cuja presença seja imprescindível aos cuidados do próprio filho deficiente ou menor de 6 anos, mas aos cuidados de qualquer pessoa, abrindo bastante o leque de possibilidades e exigindo por parte do juiz cautela para coibir fraudes.

Não se deve confundir prisão domiciliar com o recolhimento domiciliar noturno previsto no art. 319, V, do CPP. Este último consiste em medida cautelar alternativa diversa da prisão preventiva e pode ser aplicado a qualquer pessoa, mesmo não enquadrada nas hipóteses do art. 318 do CPP. A prisão domiciliar, por sua vez, é prisão preventiva cumprida no domicílio do agente, ou seja, o juiz verificou que nenhuma das medidas cautelares previstas no art. 319 do Diploma Processual seria suficiente para garantir o juízo e decretou a medida excepcional da prisão preventiva. Entretanto, dadas as características peculiares e excepcionais do sujeito previstas nos quatro incisos do mencionado art. 318, a restrição da liberdade poderá ser cumprida no próprio domicílio do agente. Aqui não se trata de recolhimento somente durante o período noturno, mas em período integral, já que se cuida de prisão preventiva e não de medida cautelar alternativa. Deve-se observar que tal modalidade se encontra disciplinada no Capítulo IV do Título IX, ao passo que as cautelares previstas no art. 319 se encontram no Capítulo V do mesmo título.

A distinção é relevante porque no caso das medidas cautelares não cabe detração penal, ao passo que na prisão preventiva domiciliar ela é admissível, já que se trata de prisão provisória. Cumprida fora do estabelecimento carcerário, mas ainda prisão provisória, não se confundindo com as medidas cautelares, que são *diversas da prisão* (cf. redação do art. 319, *caput*, do CPP).

Destaque-se que atualmente os arts. 318-A e 318-B dispõem que a prisão preventiva imposta à mulher gestante ou que for mãe ou responsável por crianças ou pessoas com deficiência será substituída por prisão domiciliar, desde que: (i) não tenha cometido crime com violência ou grave ameaça a pessoa; (ii) não tenha cometido o crime contra seu filho ou dependente, e que referida substituição poderá ser efetuada sem prejuízo da aplicação concomitante das medidas alternativas previstas no art. 319 do Código.

Jurisprudência

- AFASTAMENTO DA PRISÃO DOMICILIAR PARA MULHER GESTANTE OU MÃE DE FILHO MENOR DE 12 ANOS: "O afastamento da prisão domiciliar para mulher gestante ou mãe de filho menor de 12 anos exige fundamentação idônea e casuística, independentemente de comprovação de indispensabilidade da sua presença para prestar cuidados ao filho, sob pena de infringência ao art. 318, inciso V, do CPP, inserido pelo Marco Legal da Primeira Infância (Lei nº 13.257/2016). No caso concreto, o juiz negou a prisão domiciliar à acusada porque o delito foi cometido em sua própria residência, com armazenamento de grande quantidade e variedade de drogas em ambiente onde habitava com os filhos, colocando-os em risco" (STJ, AgRg no HC 805.493/SC, Rel. Min. Antonio Saldanha Palheiro, 6ª Turma, j. 20-6-2023).

16.13.12. Prisão preventiva, medidas cautelares e detração penal

Nos termos do art. 42 do CP, só cabe detração penal na hipótese de prisão provisória. Assim, nos casos em que for decretada a prisão preventiva, esse tempo poderá ser descontado da futura pena privativa de liberdade pelo juízo da execução, no momento de se proceder ao cálculo de liquidação de penas. Mesmo quando a prisão preventiva for cumprida no domicílio do agente, será admissível a detração, já que se trata de prisão preventiva cumprida no domicílio do acusado, por se encontrar esse dentre as hipóteses excepcionais previstas no art. 318 do CPP (maior de 80 anos; extremamente debilitado em razão de doença grave; imprescindível aos cuidados de menor de 6 anos ou deficiente; gestante).

A questão que se coloca é: *Cabe detração penal nas medidas alternativas previstas no art. 319 do CPP, como se fossem modalidades de prisão provisória?* A resposta, a princípio, é não. O CP é claro: só cabe detração da prisão provisória (art. 42), não sendo possível nas providências acautelatórias de natureza diversa.

Convém notar que o *caput* do art. 319 do CPP é expresso ao dizer que tais providências são "medidas cautelares *diversas da prisão*". Ora, sendo diversas da prisão provisória, com ela não se confundem.

Do mesmo modo, o art. 321 do CPP é suficientemente claro: "*Ausentes os requisitos que autorizam a decretação da prisão preventiva...*", isto é, quando não for o caso de se decretar a prisão preventiva, "*... o juiz deverá conceder liberdade provisória, impondo, se for o caso, as medidas cautelares previstas no art. 319 deste Código*". A redação é clara ao indicar que as medidas cautelares alternativas não constituem espécie de prisão provisória, mas restrições que acompanham a liberdade provisória. Duas são as opções: prisão preventiva ou liberdade provisória (acompanhada ou não de medidas restritivas). Na primeira cabe detração, na segunda, não.

Uma das medidas previstas, por exemplo, é a fiança (CPP, art. 319, VIII). Não há como a liberdade provisória com fiança ser equiparada à prisão provisória.

Da mesma forma, a prisão preventiva em nada se parece com a liberdade provisória monitorada eletronicamente, ou acompanhada de alguma proibição (de sair da comarca, manter contato com pessoas determinadas, frequentar lugares ou exercer função pública ou atividade financeira) ou obrigação (de recolhimento domiciliar noturno ou comparecer ao juízo periodicamente). Estar solto provisoriamente não é o mesmo que estar preso provisoriamente.

Em um caso, embora pese a sofrível técnica legislativa empregada, não há como negar a detração. Estamos falando da internação provisória, prevista no art. 319, VII, do CPP.

A crítica que se faz consiste no fato de o legislador ter colocado, no mesmo dispositivo, liberdade provisória com fiança ou outra restrição, e liberdade provisória mediante internação provisória. Não há como estar em liberdade provisória internado em um hospital de custódia e tratamento psiquiátrico. A inserção da internação provisória como medida restritiva que acompanha a liberdade provisória (CPP, art. 321) constitui uma contradição em si mesma.

Daí por que, contornando essa falta de visão sistemática na elaboração do rol de medidas previstas no art. 319 do CPP, é forçoso reconhecer o direito à detração penal para o réu internado provisoriamente, uma vez que o art. 42 do CP é absolutamente claro ao admitir o benefício tanto para a prisão quanto para a internação provisória.

Assim, para efeito de contagem do prazo mínimo da medida de segurança, após o qual se realiza o exame de cessação da periculosidade (LEP, art. 175 e incisos), desconta-se o tempo em que o sujeito esteve submetido à internação provisória.

Nos demais casos, porém, não há que se falar em detração, pois está-se diante de hipótese diversa da prisão provisória, consistente na concessão de liberdade provisória com alguma restrição acautelatória.

16.13.13. Prazo para conclusão do inquérito policial no caso de indiciado preso

Consoante o disposto no art. 10 do CPP, "o inquérito deverá terminar no prazo de dez dias, se o indiciado tiver sido preso em flagrante ou estiver preso preventivamente, contado o prazo, nesta hipótese, a partir do dia em que se executar a ordem de prisão, ou no prazo de trinta dias, quando estiver solto, mediante fiança ou sem ela".

16.13.13.1. Termo inicial do prazo na hipótese de conversão do flagrante em preventiva

O prazo de dez dias para a conclusão do inquérito policial no caso de indiciado preso não se conta a partir da lavratura do auto de prisão em flagrante, mas da data de sua conversão em preventiva (CPP, art. 310, II).

De fato, não há mais prisão provisória decorrente exclusivamente do flagrante. Sem urgência e necessidade, não existe segregação cautelar. Ou o flagrante é convertido em prisão preventiva ou o agente responde solto ao processo. A prisão em flagrante trata-se de mera detenção cautelar provisória pelo prazo de vinte e quatro horas, até que o juiz decida se o indiciado deve ou não responder preso à persecução penal. Desprovida do *periculum libertatis* que a transforma em preventiva (cf. CPP, art. 312), a prisão em flagrante não será nada após o prazo de vinte e quatro horas, não podendo, portanto, ser considerada prisão provisória. A pessoa poderá *ser presa*, como diz o art. 283 do CPP, mas não poderá *permanecer* presa em flagrante durante a persecução penal.

Assim, somente haverá inquérito policial com indiciado preso, após a conversão da prisão em flagrante em preventiva, de maneira que, a partir daí é que deve iniciar-se a contagem dos dez dias para a conclusão das investigações, sob pena de relaxamento por excesso de prazo.

16.13.14. Conversão do flagrante em prisão preventiva, sem oferecimento da denúncia: possibilidade

A prisão preventiva somente poderá ser decretada quando houver prova da existência do crime e indícios suficientes de autoria (CPP, art. 312). Ora, se há prova do crime e indícios de autoria, qual a razão para não ser oferecida a denúncia? Como afirmar a existência de tais indícios para a decretação da prisão preventiva, se eles não são suficientes para lastrear o oferecimento da acusação formal?

Na verdade, está-se diante de uma autêntica gradação de prova indiciária sob o influxo do princípio *in dubio pro societate*. Os indícios para a conversão do flagrante em preventiva não são tão rigorosos quanto os exigidos para o oferecimento da denúncia, mesmo porque a prisão cautelar decretada no curso das investigações pode ser imposta inclusive para assegurar a sua eficácia e garantir novos acréscimos indiciários e indispensáveis à peça acusatória.

Do mesmo modo, tomando-se como exemplo os crimes dolosos contra a vida, os indícios necessários para a denúncia são menos aprofundados do que os da pronúncia, caso contrário, não haveria necessidade da instrução sumária da primeira fase do procedimento do júri. Há casos de denúncia recebida e réu impronunciado, o que revela que há uma diferente exigência quantitativa de prova indiciária para uma e outra fase. Tudo caminha dentro da marcha da persecução penal, em uma escala progressiva, até se chegar à exigência máxima do *in dubio pro reo* para a sentença definitiva de condenação.

Dessa forma, nada impede que o Ministério Público requeira a conversão do flagrante em preventiva, diante da urgência e necessidade da medida, bem como dos indícios de autoria, mas ainda não reúna todos os elementos para dar início, no prazo máximo de dez dias, sob pena de relaxamento daquela prisão, à persecução penal em juízo.

Diferente, porém, a hipótese de inquérito policial relatado. Aqui, se o Ministério Público deixar de oferecer a denúncia e requerer a devolução dos autos para diligências complementares, o juiz não poderá decretar a prisão preventiva, pois, se concluídas as investigações ainda restarem indícios insuficientes de autoria, tanto que a denúncia deixou de ser oferecida, não seria razoável admitir a possibilidade de prisão provisória do indiciado. Cumpre observar que o art. 10 do CPP é expresso ao dizer "...o inquérito deverá terminar no prazo de 10 dias...". Fica claro, portanto, que trata da prisão preventiva do indiciado antes do término das investigações e não após o inquérito policial ter sido encerrado e relatado. A partir daí, preventiva só mesmo quando acompanhada do oferecimento da denúncia.

16.13.15. Fundamentação

A decisão que decretar, substituir ou denegar a prisão preventiva será sempre motivada, diante do princípio constitucional da motivação das decisões judiciais. Não basta ao juiz simplesmente indicar as razões do Ministério Público. A despeito do art. 366 do CPP, inexiste o instituto da prisão preventiva obrigatória. Ante seu caráter excepcional, a prisão preventiva deverá sempre ser fundamentada e condicionada à comprovação do *fumus comissi delicti*, do *periculum libertatis* e do preenchimento de todos os seus requisitos.

16.13.16. Revogação

Na atual redação do CPP, o juiz poderá, *de ofício ou a pedido das partes*, revogar a prisão preventiva se, no correr *da investigação* ou do processo, verificar falta de motivo para que subsista (CPP, art. 316 — g.n.).

Ressaltamos, ainda, que "decretada a prisão preventiva, deverá o órgão emissor da decisão revisar a necessidade de sua manutenção a cada 90 (noventa) dias, mediante decisão fundamentada, de ofício, sob pena de tornar a prisão ilegal" (CPP, art. 316, parágrafo único).

Da decisão que indeferir ou revogar a prisão preventiva, cabe recurso em sentido estrito (CPP, art. 581, V).

16.13.17. Momentos processuais em que a prisão preventiva deverá ser necessariamente revista

Embora possa ser revogada a qualquer tempo, desde que cessados os motivos que a autorizaram, há momentos em que o juiz, obrigatoriamente, deverá se manifestar fundamentadamente sobre sua subsistência. É o caso da pronúncia e da sentença definitiva de mérito. Quer para sua manutenção, quer para sua revogação, deverá existir uma manifestação expressa do juiz a respeito da prisão provisória.

Jurisprudência

- De acordo com o STF, o descumprimento da regra do parágrafo único do art. 316 do CPP NÃO gera, para o preso, o direito de ser posto imediatamente em liberdade. Dessa maneira, "a inobservância do prazo nonagesimal do art. 316 do Código de Processo Penal não implica em automática revogação da prisão preventiva, devendo o juízo competente ser instado a reavaliar a legalidade e a atualidade de seus fundamentos" (STF, Plenário, SL 1.395 MC Ref/SP, Rel. Min. Luiz Fux, j. 14 e 15-10-2020).

16.14. Prisão temporária

(i) **Base legal:** Lei n. 7.960/1989.

(ii) **Conceito:** prisão cautelar de natureza processual destinada a possibilitar as investigações a respeito de crimes graves, durante o inquérito policial.

(iii) **Decretação:** só pode ser decretada pela autoridade judiciária.

(iv) **Fundamentos:** a prisão temporária pode ser decretada nas situações previstas pelo art. 1º da Lei n. 7.960/89. São elas: imprescindibilidade da medida para as investigações do inquérito policial; indiciado não tem residência fixa ou não fornece dados necessários ao esclarecimento de sua identidade; fundadas razões da autoria ou participação do indiciado em qualquer um dos seguintes crimes: homicídio doloso, sequestro ou cárcere privado (art. 148 do CP), roubo, extorsão, estupro, atentado violento ao pudor, rapto violento (art. 219 do CP, revogado pela Lei n. 11.106/2005), epidemia com resultado morte, envenenamento de água potável ou substância alimentícia e, por fim, crimes contra o sistema financeiro. Muito embora o estupro de pessoa vulnerável não esteja previsto no aludido rol legal, é considerado expressamente hediondo pela atual redação do art. 1º, VI, da Lei n. 8.072/90 de modo a sujeitar-se à disciplina do art. 2º, § 4º, que autoriza a prisão temporária.

Diverge Sérgio de Oliveira Médici, que aponta a existência de quatro posições a respeito da aplicação da prisão temporária[96]:

(i) para Tourinho Filho e Júlio Mirabete, é cabível a prisão temporária em qualquer das três situações previstas em lei (os requisitos são alternativos: ou um, ou outro);

(ii) Antonio Scarance Fernandes defende que a prisão temporária só pode ser decretada se estiverem presentes as três situações (os requisitos são cumulativos);

(iii) segundo Damásio E. de Jesus e Antonio Magalhães Gomes Filho, a prisão temporária só pode ser decretada naqueles crimes apontados pela lei. Nestes crimes, desde que concorra qualquer uma das duas primeiras situações, caberá a prisão temporária. Assim, se a medida for imprescindível para as investigações ou se o endereço ou identificação do indiciado forem incertos, caberá a prisão cautelar, mas desde que o crime seja um dos indicados por lei;

(iv) a prisão temporária pode ser decretada em qualquer das situações legais, desde que, com ela, concorram os motivos que autorizam a decretação da prisão preventiva (CPP, art. 312). É a posição de Vicente Greco Filho.

> **Nosso entendimento:** a prisão temporária somente pode ser decretada nos crimes em que a lei permite a custódia. No entanto, afrontaria o princípio constitucional do estado de inocência permitir a prisão provisória de alguém apenas por estar sendo suspeito pela prática de um delito grave. Inequivocamente, haveria mera antecipação da execução da pena. Desse modo, entendemos que, para a decretação da prisão temporária, o agente deve ser apontado como suspeito ou indiciado por um dos crimes constantes da enumeração legal, e, além disso, deve estar presente pelo menos um dos outros dois requisitos, evidenciadores do *periculum libertatis*. Sem a presença de um destes dois requisitos ou fora do rol taxativo da lei, não se admitirá a prisão provisória. Concordamos, portanto, com a terceira posição.

Nesse sentido, o STF, ao dar interpretação conforme a Constituição Federal ao art. 1º da Lei n. 7.960/89, fixou o entendimento de que a decretação de prisão temporária está autorizada quando forem cumpridos cinco requisitos, cumulativamente:

(i) for imprescindível para as investigações do inquérito policial, constatada a partir de elementos concretos, e não meras conjecturas, vedada a sua utilização como prisão para averiguações, em violação ao direito à não autoincriminação, ou quando fundada no mero fato de o representado não ter residência fixa;

(ii) houver fundadas razões de autoria ou participação do indiciado nos crimes descritos no art. 1º, III, da Lei n. 7.960/89, vedada a analogia ou a interpretação extensiva do rol previsto;

(iii) for justificada em fatos novos ou contemporâneos;

---
96. *Caderno de Doutrina e Jurisprudência*, Associação Paulista do Ministério Público, n. 29.

(iv) for adequada à gravidade concreta do crime, às circunstâncias do fato e às condições pessoais do indiciado;

(v) não for suficiente a imposição de medidas cautelares diversas, previstas nos arts. 319 e 320 do CPP[97].

(v) Prazo: o prazo é de cinco dias, prorrogáveis por igual período. Não se computa este prazo naquele que deve ser respeitado para a conclusão da instrução criminal.

(vi) Crimes hediondos: estão definidos na Lei n. 8.072/90. São eles: homicídio qualificado (todas as espécies); homicídio praticado em atividade típica de grupo de extermínio, ainda que cometido por um só agente; lesão corporal dolosa gravíssima ou seguida de morte, praticada contra determinadas vítimas; roubo, em modalidades específicas; extorsão qualificada por restrição da liberdade, lesão corporal ou morte; extorsão mediante sequestro, na forma simples e qualificada; estupro; estupro de vulnerável; epidemia com resultado morte; falsificação, corrupção, adulteração ou alteração de produto destinado a fins terapêuticos ou medicinais; favorecimento da prostituição ou de outra forma de exploração sexual de criança ou adolescente ou de vulnerável; furto qualificado pelo emprego de explosivo ou de artefato análogo que cause perigo comum. Além disso, o parágrafo único do art. 1º dessa lei também prevê como crimes hediondos: genocídio; posse ou porte ilegal de arma de fogo de uso proibido; comércio ilegal de armas de fogo; tráfico internacional de arma de fogo, acessório ou munição; organização criminosa, quando direcionado à prática de crime hediondo ou equiparado.

Além dos crimes definidos como hediondos, estão disciplinados pela Lei n. 8.072 o tráfico ilícito de entorpecentes e drogas afins, o terrorismo e a tortura (Lei n. 9.455/97 e art. 233 do ECA). Nos termos do art. 2º, § 4º, da Lei n. 8.072, para todos esses crimes o prazo de prisão temporária será de trinta dias, prorrogáveis por mais trinta, em caso de comprovada e extrema necessidade. Também não se computa neste o prazo para encerramento da instrução.

(vii) Procedimento:

— a prisão temporária pode ser decretada em face da representação da autoridade policial ou de requerimento do Ministério Público;

— não pode ser decretada de ofício pelo juiz;

— no caso de representação da autoridade policial, o juiz, antes de decidir, tem de ouvir o Ministério Público;

— o juiz tem o prazo de vinte e quatro horas, a partir do recebimento da representação ou requerimento, para decidir fundamentadamente sobre a prisão;

— o mandado de prisão deve ser expedido em duas vias, uma das quais deve ser entregue ao indiciado, servindo como nota de culpa;

— efetuada a prisão, a autoridade policial deve advertir o preso do direito constitucional de permanecer calado;

---

97. STF. *STF define critérios para decretação da prisão temporária*. Disponível em: https://portal.stf.jus.br/noticias/verNoticiaDetalhe.asp?idConteudo=481715&ori=1. Acesso em: 8 out. 2023.

— ao decretar a prisão, o juiz poderá (faculdade) determinar que o preso lhe seja apresentado, solicitar informações da autoridade policial ou submetê-lo a exame de corpo de delito;

— o mandado de prisão conterá necessariamente o período de duração da prisão temporária;

— o prazo de cinco (ou trinta) dias pode ser prorrogado uma vez em caso de comprovada e extrema necessidade;

— decorrido o prazo contido no mandado de prisão, a autoridade responsável pela custódia deverá, independentemente de nova ordem da autoridade judicial, pôr imediatamente o preso em liberdade, salvo se já tiver sido comunicada da prorrogação da prisão temporária ou da decretação da prisão preventiva, pois o atraso configura crime de abuso de autoridade (Lei n. 13.869/2019, art. 12, parágrafo único, IV);

— o preso temporário deve permanecer separado dos demais detentos;

— inclui-se o dia do cumprimento do mandado de prisão no cômputo do prazo de prisão temporária.

16.15. Medidas cautelares

16.15.1. Pressupostos constitucionais: necessidade e adequação

Nos termos do art. 282, I e II, do CPP, deverá ser observado o princípio da proporcionalidade para a decretação da prisão preventiva, sopesado por meio de dois requisitos: necessidade e adequação.

(i) Necessidade. Qualquer providência de natureza cautelar precisa estar sempre fundada no *periculum libertatis*. Não pode ser imposta exclusivamente com base na gravidade da acusação. Maior gravidade não pode significar menor exigência de provas. Sem a demonstração de sua necessidade para garantia do processo, a prisão será ilegal.

(ii) Adequação. A medida deve ser a mais idônea a produzir seus efeitos garantidores do processo. Se a mesma eficácia puder ser alcançada com menor gravame, o recolhimento à prisão será abusivo. O ônus decorrente dessa grave restrição à liberdade deve ser compensado pelos benefícios causados à prestação jurisdicional. Se o gravame for mais rigoroso do que o necessário, se exceder o que era suficiente para a garantia da persecução penal eficiente, haverá violação ao princípio da proporcionalidade.

Além disso, aqui vale o destaque às colocações feitas pelo doutrinador Rodrigo Capez em seu artigo "No processo penal não existe o poder geral de cautela"[98]. Para ele, no processo civil, em face da impossibilidade de o legislador antever todas as situações de risco, outorga-se expressamente ao juiz o poder de conceder a tutela de urgência que reputar mais apropriada ao caso concreto, ainda que não prevista em lei. Ao passo que, por ser o processo penal um instrumento limitador do poder punitivo estatal, exige-se a

---

98. Rodrigo Capez, *No processo penal não existe o poder geral de cautela*, 2017. Disponível em: https://www.conjur.com.br/2017-mar-06/rodrigo-capez-processo-penal-nao-existe-poder-geral-cautela. Acesso em: 3 out. 2023.

observância da legalidade estrita e da tipicidade processual para qualquer restrição ao direito de liberdade.

Para o autor, em sede de medidas cautelares pessoais, o exercício do poder jurisdicional está estritamente vinculado ao princípio da legalidade, e a ponderação dos supostos interesses em conflito não pode levar à quebra desse princípio.

A título de exemplo, no contexto do princípio da legalidade, Rodrigo Capez faz referência à questão da condução coercitiva de investigado para prestar depoimento em inquérito policial, objeto, no STF, da ADPF 395, de relatoria do Ministro Gilmar Mendes. Nas palavras do autor:

"Nos termos do art. 260 do Código de Processo Penal: se o acusado não atender a intimação para o interrogatório, reconhecimento ou qualquer outro ato que, sem ele, não possa ser realizado, a autoridade poderá mandar conduzi-lo à sua presença.

Analogamente, os arts. 201, § 1º, e 218 do Código de Processo Penal estabelecem que, se o ofendido ou a testemunha, regularmente intimados, deixarem de comparecer sem motivo justificado a ato designado para sua inquirição, o juiz poderá determinar sua condução coercitiva.

Como se observa, a *ratio* da condução coercitiva é a recalcitrância do imputado, do ofendido ou da testemunha em atender ao comando da autoridade.

Ocorre que, mesmo quando não configurada a prévia recalcitrância, tornou-se usual a determinação judicial de imediata condução coercitiva de investigado à repartição policial, a pretexto de momentâneo perigo à produção de provas, notadamente quando se cumprem simultaneamente outros mandados de prisão e de busca e apreensão. Invoca-se ainda, a necessidade de se evitar que os vários investigados combinem versões entre si.

Essa medida não tem justificação constitucional, haja vista que o imputado tem o direito de permanecer em silêncio. Qual a razão para conduzi-lo coercitivamente para prestar depoimento, se ele goza do privilégio contra a autoincriminação?

Não bastasse isso, excluída a hipótese de recalcitrância em atender ao chamamento de autoridade, não existe previsão legal para a condução coercitiva, ainda que fundada em suposto perigo para a investigação, sendo vedada, como já exposto, a invocação do poder geral de cautela.

Dessa feita, ausentes os requisitos da custódia cautelar, não se pode impor ao investigado a condução coercitiva, ao arrepio do art. 260 do Código de Processo Penal e do princípio da taxatividade, ao argumento de que se trataria de uma medida mais benéfica que a prisão temporária ou preventiva.

Mais uma vez, não há espaço para aplicações analógicas, ainda que a pretexto de favorecer o imputado.

Finalmente, o princípio da taxatividade (*numerus clausus*) não se resume às espécies de medidas cautelares legalmente previstas. O próprio rol de exigências cautelares também é taxativo, e não se permite ao juiz justificar a aplicação de uma medida cautelar típica com base em requisitos não previstos em lei"[99].

---

99. Rodrigo Capez, *No processo penal não existe o poder geral de cautela*, 2017. Disponível em: https://www.conjur.com.br/2017-mar-06/rodrigo-capez-processo-penal-nao-existe-poder-geral-cautela. Acesso em: 3 out. 2018.

16.15.2. Caráter subsidiário da preventiva: preponderância das medidas cautelares alternativas

Conforme já salientado, se houver uma providência cautelar menos gravosa que seja suficiente para atingir os fins garantidores do processo, a prisão será considerada sem justa causa, caracterizando constrangimento ilegal.

A prisão preventiva tornou-se, assim, medida de natureza subsidiária, a ser aplicada somente em último caso, quando não cabível sua substituição por outra medida prevista no art. 319 do CPP. Assim, o CPP oferece ao juiz um extenso rol de alternativas capazes de produzir o mesmo efeito garantidor, com a mesma eficácia.

A concessão de liberdade provisória, por sua vez, não é facultativa, mas obrigatória quando ausente o *periculum libertatis* (CPP, art. 312). Se não for caso de prisão preventiva, o juiz *deverá* conceder a liberdade provisória (cf. CPP, art. 321). A liberdade provisória pode vir ou não acompanhada da imposição de algum ônus. Neste ponto, há discricionariedade para a autoridade judiciária avaliar a sua necessidade. Por isso, a lei diz que o juiz imporá, *se for o caso*, as medidas cautelares previstas no art. 319 (cf. CPP, art. 321, segunda parte). Deste modo, a liberdade provisória será concedida obrigatoriamente, mas a fiança, assim como qualquer outra medida cautelar alternativa à prisão provisória, somente será imposta se necessária para garantir o processo. Pode haver casos em que a liberdade provisória seja concedida, sem nenhuma providência que a acompanhe, nem mesmo a fiança, porque não houve demonstração de sua necessidade. Toda medida restritiva precisa ser justificada *fundamentadamente*, sob pena de padecer de justa causa.

16.15.3. Rol de medidas cautelares

Estão previstas no art. 319, I a IX, do CPP:

(i) comparecimento periódico em juízo, no prazo e nas condições fixadas pelo juiz, para informar e justificar atividades (inciso I);

(ii) proibição de acesso ou frequência a determinados lugares quando, por circunstâncias relacionadas ao fato, deva o indiciado ou acusado permanecer distante desses locais para evitar o risco de novas infrações (inciso II);

(iii) proibição de manter contato com pessoa determinada quando, por circunstâncias relacionadas ao fato, deva o indiciado ou acusado dela permanecer distante (inciso III);

(iv) proibição de ausentar-se da Comarca quando a permanência seja conveniente ou necessária para a investigação ou instrução (inciso IV);

(v) recolhimento domiciliar no período noturno e nos dias de folga quando o investigado ou acusado tenha residência e trabalho fixos (inciso V);

(vi) suspensão do exercício de função pública ou de atividade de natureza econômica ou financeira quando houver justo receio de sua utilização para a prática de infrações penais (inciso VI);

(vii) internação provisória do acusado nas hipóteses de crimes praticados com violência ou grave ameaça, quando os peritos concluírem ser inimputável ou semi-imputável (CP, art. 26) e houver risco de reiteração (inciso VII);

(viii) fiança, nas infrações que a admitem, para assegurar o comparecimento a atos do processo, evitar a obstrução do seu andamento ou em caso de resistência injustificada à ordem judicial (inciso VIII);

(ix) monitoração eletrônica (inciso IX): quanto a esta medida cautelar, mencione-se que pode ser aplicada antes da sentença penal condenatória, isto é, no curso da investigação criminal, por representação da autoridade policial ou mediante requerimento do Ministério Público (art. 282, § 2º), não se restringindo mais às hipóteses prescritas na lei anterior.

16.15.4. Necessidade e adequação para as medidas cautelares alternativas

A necessidade da providência alternativa se apresenta nas seguintes hipóteses:

(i) para aplicação da lei penal: são situações em que há o risco de o indiciado ou acusado evadir-se do distrito da culpa, inviabilizando a futura execução da pena, por exemplo: ausência de residência fixa ou ocupação lícita, ou seja, quando não houver nada que o radique no distrito da culpa, havendo sério risco para a eficácia da futura sentença condenatória;

(ii) para garantir a investigação ou instrução criminal: a lei, ao contrário do art. 312 do CPP, corretamente substitui o termo *"conveniência da instrução criminal"* por *"necessidade"*. A medida cautelar aqui objetiva impedir que o agente perturbe ou impeça a produção de provas, ameaçando testemunhas, apagando vestígios do crime, destruindo documentos etc. Sem ela, não se chegará à verdade real, sendo evidente o *periculum libertatis*;

(iii) para evitar a prática de infrações penais: aqui a finalidade é impedir que o agente, solto, continue a praticar delitos. Assim, por exemplo, nos casos de crimes de violência doméstica ou familiar, pode ser imposta a medida obrigatória de proibir contato com os familiares ou pessoas ameaçadas, ou de impedir o sujeito de frequentar determinados lugares etc. Vale notar que a lei não emprega o termo "garantia da ordem pública", utilizada pelo art. 312 do CPP, mas uma expressão bem mais específica e clara (cf. CPP, art. 282, I, parte final).

A adequação se revela pela busca da medida mais idônea ao caso concreto, com o menor gravame possível ao indiciado ou acusado.

16.15.5. Ressalvas legais

De acordo com o § 1º do art. 282, "as medidas cautelares poderão ser aplicadas isolada ou cumulativamente". De qualquer forma, faz-se necessário ressalvar que a lei veda a incidência das sobreditas medidas à infração a que não for isolada, cumulativa ou alternativamente cominada pena privativa de liberdade (CPP, art. 283, § 1º).

16.15.6. Decretação das medidas cautelares

As medidas cautelares serão decretadas:

No curso da investigação criminal mediante: (i) representação da autoridade policial; (ii) requerimento do Ministério Público.

Durante o processo: (i) a requerimento de qualquer das partes.

Na atual redação do art. 282, § 2º, do CPP, foi suprimida a possibilidade de o juiz decretar de ofício medidas cautelares durante a investigação criminal e limitando o requerimento às partes ou, durante o curso da investigação, por representação da autoridade policial ou mediante requerimento do *Parquet*.

16.15.7. Contraditório

De acordo com art. 282, § 3º, do CPP, o juiz, ao receber o pedido de medida cautelar, determinará a intimação da parte contrária, para se manifestar no prazo de 5 (cinco) dias, acompanhada de cópia do requerimento e das peças necessárias, permanecendo os autos em juízo, e os casos de urgência ou de perigo deverão ser justificados e fundamentados em decisão que contenha elementos do caso concreto que justifiquem a imposição dessa medida excepcional.

16.15.8. Descumprimento das obrigações impostas: prisão preventiva é a *ultima ratio*

No caso de descumprimento de qualquer das obrigações impostas, o encarceramento é sempre a última opção. Assim, o juiz, mediante requerimento do Ministério Público, de seu assistente ou do querelante, poderá: (i) substituir a medida; (ii) impor outra em cumulação; ou (iii) em último caso, decretar a prisão preventiva, nos termos do parágrafo único do art. 312 do CPP (CPP, art. 282, § 4º).

Vale mencionar que a lei faculta a revogação da medida ou substituição quando verificar a falta de motivo para que subsista, bem como voltar a decretá-la, se sobrevierem razões que a justifiquem. Tal faculdade do juiz poderá ser exercida de ofício ou mediante pedido das partes (CPP, art. 282, § 5º).

Verifique-se que, mesmo em relação ao quebramento injustificado da fiança, este importará na perda de metade do seu valor, cabendo ao juiz decidir sobre a imposição de outras medidas cautelares ou, se for o caso, a decretação da prisão preventiva (CPP, art. 343), reputando-se o encarceramento provisório sempre o último recurso. Assim é que o art. 282, § 6º, do CPP, conforme já indicado, determina que a prisão preventiva *somente* será decretada quando não for cabível a substituição por outra medida cautelar, observado o art. 319 do CPP e desde que justificado de forma fundamentada nos elementos existentes no caso concreto e de forma individualizada.

16.15.9 Revogação da cautelar não implica prisão automática

A jurisprudência do STJ garante que, uma vez concedida a liberdade provisória mediante imposição de cautelares diversas da prisão, eventual segregação superveniente há de atentar ao comando do art. 312, § 2º, do Código de Processo Penal, que dispõe que "A decisão que decretar a prisão preventiva deve ser motivada e fundamentada em receio de perigo e existência concreta de fatos novos ou contemporâneos que justifiquem a aplicação da medida adotada".

Não há, vedação a tal tipo de decisão se houver violação das medidas cautelares. Há, isso sim, exigência de que se aponte, motivada e fundamentadamente, elementos que indiquem "receio de perigo e existência concreta de fatos novos ou contemporâneos que justifiquem a aplicação da medida adotada"[100].

16.16. Liberdade provisória

16.16.1. Conceito

Instituto processual que garante ao acusado o direito de aguardar em liberdade o transcorrer do processo até o trânsito em julgado, vinculado ou não a certas obrigações, podendo ser revogado a qualquer tempo, diante do descumprimento das condições impostas.

16.16.2. Espécies

(i) Obrigatória: trata-se de direito incondicional do acusado, não lhe podendo ser negado e não está sujeito a nenhuma condição. É o caso das infrações penais às quais não se comina pena privativa de liberdade e das infrações de menor potencial ofensivo (desde que a parte se comprometa a comparecer espontaneamente à sede do juizado, nos termos da Lei n. 9.099/95, art. 69, parágrafo único).

(ii) Permitida: ocorre nas hipóteses em que não couber prisão preventiva. Assim, ausentes os requisitos que autorizam a decretação da aludida prisão, o juiz deverá conceder liberdade provisória, impondo, se for o caso, as medidas cautelares previstas no art. 319 do CPP, observados os critérios constantes do art. 282 do mesmo Diploma (art. 321 do CPP).

(iii) Vedada: não existe. É inconstitucional qualquer lei que proíba o juiz de conceder a liberdade provisória, quando ausentes os motivos autorizadores da prisão preventiva, pouco importando a gravidade ou a natureza do crime imputado.

---

100. *Informativo 822*, de 27 de agosto de 2024, do STJ. Processo em segredo de justiça, Rel. Min. Daniela Teixeira, 5ª Turma, por unanimidade, j. 7-5-2024, *DJe* 10-5-2024. Tese firmada: "Concedida a liberdade provisória mediante imposição de cautelares diversas da prisão, é lícita a segregação superveniente, desde que observado o comando do art. 312, § 2º, do Código de Processo Penal".

16.16.3. Liberdade provisória sem a necessidade de recolhimento de fiança

Em algumas hipóteses não há necessidade de o agente prestar fiança para obter o benefício da liberdade provisória. São elas:

(i) Infrações penais às quais não se comine pena privativa de liberdade (CPP, art. 283, § 1º) e infrações de menor potencial ofensivo, quando a parte se comprometer a comparecer à sede do Juizado Especial Criminal (Lei n. 9.099/95, art. 69, parágrafo único).

(ii) No caso de o juiz verificar que, *evidentemente*, o agente praticou fato acobertado por causa de exclusão da ilicitude. A prova deve ser contundente, embora não necessite ser absoluta. Nesta fase, aplica-se o princípio *in dubio pro societate* e, havendo dúvida, não deve ser formado o juízo de convicção pela excludente em fase tão embrionária da persecução penal (CPP, art. 314). Dada a improbabilidade do decreto condenatório, não se imporá qualquer medida cautelar restritiva, mas tão somente termo de comparecimento a todos os atos do processo (CPP, art. 310, § 1º), ressalvada a hipótese de o agente vir posteriormente a frustrar de algum modo o andamento da ação penal, caso em que a autoridade judiciária poderá fazer valer o art. 319 do CPP, com base em seu poder geral de cautela.

16.16.4. Competência para a concessão

Só o juiz pode conceder a liberdade provisória sem fiança, mas sempre depois de ouvir o Ministério Público. Deve ser assinado termo de comparecimento por parte do acusado, que se compromete, assim, a se fazer presente em todos os atos do processo, sob pena de revogação.

Quando requerida a liberdade provisória, deve o juiz fundamentar o despacho, indicando a hipótese autorizada da prisão preventiva ocorrente na espécie para poder denegar o benefício. Caso contrário, haverá constrangimento ilegal à liberdade de locomoção, permitindo a concessão de *habeas corpus*.

16.16.5. Recurso

Da decisão que conceder liberdade provisória cabe recurso em sentido estrito (CPP, art. 581, V).

16.16.6. Liberdade provisória com fiança

16.16.6.1. A liberdade provisória como regra

A Constituição Federal estabeleceu o princípio de que ninguém será levado à prisão ou nela mantido quando a lei admitir a liberdade provisória com ou sem fiança (cf. art. 5º, LXVI).

16.16.6.2. Conceito de fiança criminal

Consiste na prestação de uma caução de natureza real destinada a garantir o cumprimento das obrigações processuais do réu ou indiciado. Não se admite a de natureza fidejussória, ou seja, mediante a apresentação de um fiador, devendo ser prestada por meio de dinheiro, joias ou qualquer objeto que tenha valor. O dinheiro ou objetos dados como fiança servirão ao pagamento das custas, da indenização do dano, da prestação pecuniária e da multa, se o réu for condenado (CPP, art. 336, *caput*).

16.16.6.3. Natureza cautelar

Sem necessidade e urgência, a fiança e nenhuma outra medida restritiva será imposta, devendo o juiz conceder a liberdade provisória sem a imposição de qualquer ônus.

A concessão da liberdade provisória será obrigatória quando ausentes os requisitos da prisão preventiva. Não se trata de faculdade do juiz, mas direito público subjetivo da pessoa, cuja inobservância torna a prisão provisória desprovida de justa causa. Quanto ao fato de essa liberdade provisória vir ou não acompanhada de fiança, tal depende da análise discricionária do juiz quanto à sua necessidade no caso concreto. Para tanto, deverá ser demonstrada fundamentadamente a sua necessidade cautelar.

Já a opção entre a liberdade provisória com ou sem fiança não é aleatória, mas condicionada à garantia dos atos processuais e de sua efetividade. Por isso, a lei diz que o juiz imporá, *se for o caso*, as medidas cautelares previstas no art. 319 (cf. CPP, art. 321, segunda parte). Desse modo, a liberdade provisória será concedida obrigatoriamente, mas a fiança, assim como qualquer outra medida cautelar alternativa à prisão provisória, somente será imposta, se necessária para garantir o processo. Pode haver casos em que a liberdade provisória seja concedida, sem nenhuma providência que a acompanhe, nem mesmo a fiança, porque não houve demonstração de sua necessidade. Toda medida restritiva precisa ser justificada *fundamentadamente*, sob pena de padecer de justa causa. Nas infrações inafiançáveis, a liberdade provisória só poderá ser acompanhada de outras providências cautelares previstas no art. 319 do CPP, nunca da fiança, diante da vedação legal.

16.16.6.4. Momento para concessão da fiança

Desde a prisão em flagrante (antes de lavrar o auto, quando a atribuição for da autoridade policial e vinte e quatro horas após a sua lavratura, quando for competência do juiz) até o trânsito em julgado da sentença condenatória.

16.16.6.5. Modalidades de fiança

São as seguintes:

(i) por depósito: consiste no depósito de dinheiro, pedras, objetos ou metais preciosos e títulos da dívida pública. No caso do pagamento em cheque, cabe à autoridade avaliar a conveniência de sua aceitação, justificando-a detalhadamente. Frise-se que esta hipótese é excepcional e somente admitida em situações extremas;

(ii) por hipoteca: desde que inscrita em primeiro lugar.

16.16.6.6. Arbitramento da fiança: critérios para a concessão

Levam-se em conta a natureza da infração, as condições pessoais de fortuna do agente, a sua vida pregressa e as circunstâncias indicativas de sua periculosidade (CPP, art. 326).

O valor da fiança será fixado pela autoridade que a conceder e poderá ser dispensada, reduzida em até dois terços ou aumentada em até mil vezes, se assim recomendar a situação econômica do agente (CPP, art. 325, § 1º).

16.16.6.7. Dispensa do pagamento em razão da situação econômica

Nos casos em que couber fiança, o juiz, verificando a situação econômica do preso, poderá conceder-lhe a liberdade provisória, sujeitando-o às obrigações constantes dos arts. 327 e 328 do Código e a outras medidas cautelares, se for o caso (CPP, art. 350, *caput*). A autoridade policial não poderá se valer desse dispositivo legal, mas apenas do art. 322 do CPP, conforme exposto adiante. Nessa situação, ainda que a infração tenha a pena igual ou inferior a quatro anos, o Delegado deverá representar ao magistrado para que este conceda a liberdade provisória, acompanhada das obrigações constantes dos arts. 327 e 328 do Código e a outras medidas cautelares, se for o caso. Na hipótese de descumprimento, sem justo motivo, das obrigações ou medidas impostas, incidirá a regra do art. 282, § 4º (CPP, art. 350, parágrafo único).

16.16.6.8. Reforço da fiança

Será exigido quando a fiança for tomada, por engano, em valor insuficiente, quando inovada a classificação do delito ou quando houver depreciação do valor dos bens hipotecados ou caucionados (CPP, art. 340).

16.16.6.9. Obrigações processuais decorrentes da fiança

O réu tem a obrigação de comparecer a todos os atos processuais para os quais for intimado, não mudar de residência sem prévia autorização judicial e não se ausentar por mais de oito dias de sua residência sem prévia autorização judicial (CPP, arts. 327 e 328).

16.16.6.10. Momento e competência para a sua concessão

Pode ser concedida em qualquer fase do inquérito ou do processo, até o trânsito em julgado.

De acordo com o art. 322 do CPP, a autoridade policial pode conceder fiança nos casos de infração cuja pena privativa de liberdade máxima não seja superior a quatro anos (no valor de 1 a 100 salários mínimos). A lei não faz mais referência à infração punida com detenção ou prisão simples. Nos demais casos, cabe ao juiz a concessão (no valor de 10 a 200 salários mínimos), dentro do prazo de quarenta e oito horas (CPP, art. 322, parágrafo único). Recusando ou retardando a autoridade policial a concessão da fiança, o preso, ou alguém por ele, poderá prestá-la, mediante simples petição, perante o juiz competente, que decidirá em quarenta e oito horas (CPP, art. 335).

16.16.6.11. Prática de mais de um crime passível de fiança

Se um indivíduo, preso em flagrante, cometer mais de um crime na mesma ocorrência, todos com penas iguais ou inferiores a quatro anos, o delegado deverá calcular a somatória das penas, a fim de verificar o limite do art. 322. Ultrapassado o limite legal, somente o juiz poderá conceder a fiança.

16.16.6.12. Delito afiançável e existência de motivo para decretação da prisão preventiva

A autoridade policial poderá negar fiança ao preso em flagrante por crime cuja pena seja igual ou inferior a quatro anos? Sim, quando vislumbrar a presença dos requisitos do art. 312 do CPP, consoante autorização expressa do art. 324, I, a qual também se dirige ao delegado de polícia. É que há casos em que, para resguardar, por exemplo, a ordem pública, recomenda-se a detenção provisória do agente, até que o juiz analise a conversão do flagrante em preventiva (*vide* item 16.13.9, "modalidades de prisão preventiva"). Por exemplo: pedófilo obriga criança a vê-lo se masturbando e, ao ser preso em flagrante, afirma ao delegado que poderá repetir o ato no dia seguinte. O delegado poderá deixar de conceder a fiança e manter o acusado preso até o juiz analisar a conversão do flagrante em preventiva.

16.16.6.13. Quebramento da fiança

Consoante o art. 341 do CPP, julgar-se-á quebrada a fiança quando o acusado:

(i) regularmente intimado para ato do processo, deixar de comparecer, sem motivo justo;

(ii) deliberadamente praticar ato de obstrução ao andamento do processo;

(iii) descumprir medida cautelar imposta cumulativamente com a fiança;

(iv) resistir injustificadamente a ordem judicial;

(v) praticar nova infração penal dolosa (*vide* também CPP, art. 328).

16.16.6.13.1. Efeitos do quebramento da fiança

Importará na perda de metade do valor da fiança, cabendo ao juiz decidir sobre a imposição de outras medidas cautelares e na proibição de se conceder nova fiança no mesmo processo (CPP, art. 324). Ainda, se for o caso, pode acarretar a decretação da prisão preventiva (CPP, art. 343), desde que requerida e presentes seus requisitos.

16.16.6.14. Perdimento da fiança

Ocorrerá quando o acusado, se condenado, não se apresentar para dar o início do cumprimento da pena definitivamente imposta (CPP, art. 344).

16.16.6.15. Cassação da fiança

A fiança que se reconheça não ser cabível na espécie será cassada em qualquer fase do processo (CPP, art. 338). Também será cassada quando reconhecida a existência de delito inafiançável, no caso de inovação na classificação do delito (CPP, art. 339).

16.16.6.16. Infrações inafiançáveis

Não será concedida fiança (CPP, arts. 323 e 324):

(i) aos que, no mesmo processo, tiverem quebrado fiança anteriormente concedida. São cinco as hipóteses de quebramento: (i) agente que, regularmente intimado para ato do processo, deixar de comparecer, sem justo motivo; (ii) deliberadamente praticar ato de obstrução ao andamento do processo; (iii) descumprir medida cautelar imposta cumulativamente com a fiança; (iv) resistir injustificadamente a ordem judicial; (v) praticar nova infração penal dolosa (CPP, art. 341);

(ii) aos que, no mesmo processo, tiverem infringido, sem motivo justo, qualquer das obrigações a que se referem os arts. 327 (comparecimento perante a autoridade todas as vezes que for intimado para atos do inquérito e da instrução criminal e para o julgamento) e 328 (não mudar de residência, sem prévia permissão da autoridade processante, ou ausentar-se por mais de 8 (oito) dias de sua residência, sem comunicar àquela autoridade o lugar onde será encontrado) do CPP;

(iii) nos crimes de racismo (CF, art. 5º, XLII, Leis n. 7.716/89 e 9.459/97);

(iv) nos hediondos, tráfico de drogas, tortura e terrorismo (CF, art. 5º, XLIII; Lei n. 8.072/90, art. 2º, II, com a redação determinada pela Lei n. 11.464/2007);

(v) nos crimes praticados por grupos armados, civis ou militares, contra a ordem constitucional e o Estado Democrático (CF, art. 5º, XLIV);

(vi) no caso de prisão civil e militar;

(vii) quando estiver presente qualquer dos motivos que autorizam a prisão preventiva (CPP, art. 312).

Em se tratando de infrações inafiançáveis, como crimes hediondos, racismo, tráfico de drogas etc., não havendo necessidade de prisão preventiva, nem de providências cautelares alternativas, também caberá liberdade provisória. Só que aqui não existe a possibilidade de o juiz optar pela fiança, já que esta é vedada para tais crimes. Em vez de gravame, ao que parece, estamos diante de um benefício: mesmo que o juiz queira impor uma fiança de 200 mil salários mínimos para um traficante, a lei o impedirá, pois se trata de crime inafiançável. Com efeito, essa estranha figura da liberdade provisória sem fiança torna mais vantajoso responder por um crime inafiançável, já que a liberdade provisória, quando cabível, jamais virá seguida da incômoda companhia da fiança.

Jurisprudência

- FUNDAMENTAÇÃO E PRISÃO PREVENTIVA. "A prisão preventiva, para ser legítima à luz da sistemática constitucional, exige que o Magistrado, sempre mediante fundamentos concretos extraídos de elementos constantes dos autos (arts. 5.º, incisos LXI, LXV e LXVI, e 93, inciso IX, da Constituição da República), demonstre a existência de prova da materialidade do crime e de indícios suficientes de autoria delitiva (*fumus comissi delicti*), bem como o preenchimento de ao menos um dos requisitos autorizativos previstos no art. 312 do Código de Processo Penal, no sentido de que o réu, solto, irá perturbar ou colocar em perigo (*periculum libertatis*) a ordem pública, a ordem econômica, a instrução criminal ou a aplicação da lei penal (...)" (STJ, AgRg no HC 682.400/PR, Rel. Min. Laurita Vaz, 6ª Turma, *DJe* 24-8-2021).

- SUPERAÇÃO DA SÚMULA 691/STF. "É cabível a superação da Súmula n. 691 do STF (aplicável ao STJ) — que impede o conhecimento, por este Tribunal Superior, de *habeas corpus* impetrado contra decisão denegatória de liminar por desembargador, antes de prévio pronunciamento do órgão colegiado de segundo grau — em casos de flagrante ilegalidade. 2. A prisão preventiva é compatível com a presunção de não culpabilidade do acusado desde que não assuma natureza de antecipação da pena e não decorra, automaticamente, do caráter abstrato do crime ou do ato processual praticado (art. 313, § 2º, CPP). Além disso, a decisão judicial deve apoiar-se em motivos e fundamentos concretos, relativos a fatos novos ou contemporâneos, dos quais se possa extrair o perigo que a liberdade plena do investigado ou réu representa para os meios ou os fins do processo penal (arts. 312 e 315 do CPP). A seu turno, a custódia preventiva somente se sustenta quando, presentes os requisitos constantes do art. 312 do CPP, se revelarem inadequadas ou insuficientes as medidas cautelares diversas da prisão. 3. Na espécie, o paciente foi preso preventivamente pela suposta prática de tráfico interestadual de drogas, ante a gravidade concreta da conduta, uma vez que foi apreendido com expressiva quantidade de maconha. Todavia, tais razões não se mostram suficientes, em juízo de proporcionalidade, para manter o acusado sob o rigor da medida extrema, notadamente se considerado que ele é primário e pessoa idosa (64 anos de idade), o crime a ele imputado não envolve violência ou grave ameaça, não há notícias de que o transporte da droga tenha sido realizado por meio de logística complexa (preparação de veículo, escolta, utilização de rádio comunicador, participação de vários agentes com tarefas diversas etc.) e não há sinais de que o réu integre organização criminosa ou, ainda, exerça a prática ilícita de forma habitual. 4. Ordem concedida para substituir a prisão preventiva pelas medidas do art. 319, I, IV e IX, do CPP" (STJ, HC 713.381/RN, Rel. Min. Rogerio Schietti Cruz, 6ª Turma, *DJe* 1º-4-2022).

- REAVALIAÇÃO NONAGESIMAL DA PRISÃO PREVENTIVA. "A inobservância da reavaliação prevista no parágrafo único do art. 316 do Código de Processo Penal (CPP), com a redação dada pela Lei n. 13.964/2019, após o prazo legal de 90 (dias), não implica a revogação automática da prisão preventiva, devendo o juízo competente ser instado a reavaliar a legalidade e a atualidade de seus fundamentos" (STF, SL 1395 MC-Ref, Rel. Luiz Fux (Presidente), Tribunal Pleno, *DJe* 4-2-2021).

Questões

1. Quais são os requisitos das medidas cautelares de natureza pessoal?
2. Continua sendo válida a prisão em flagrante durante a ação penal? Justifique.
3. Quais os novos patamares a serem recolhidos (mínimo e máximo) da medida cautelar da fiança? Quem pode arbitrá-los?

17. PROVA

17.1. Conceito e objetivo

Do latim *probatio*, é o conjunto de atos praticados pelas partes, pelo juiz (CPP, arts. 156, I e II, 209 e 234) e por terceiros (p. ex., peritos), destinados a levar ao magistrado a convicção acerca da existência ou inexistência de um fato, da falsidade ou veracidade de uma afirmação. Trata-se, portanto, de todo e qualquer meio de percepção empregado pelo homem com a finalidade de comprovar a verdade de uma alegação.

Por outro lado, no que toca à finalidade da prova, destina-se à formação da convicção do juiz acerca dos elementos essenciais para o deslinde da causa.

Sem dúvida alguma, o tema referente à prova é o mais importante de toda a ciência processual, já que as provas constituem os olhos do processo, o alicerce sobre o qual se ergue toda a dialética processual. Sem provas idôneas e válidas, de nada adianta desenvolverem-se aprofundados debates doutrinários e variadas vertentes jurisprudenciais sobre temas jurídicos, pois a discussão não terá objeto.

17.2. Objeto

Objeto da prova é toda circunstância, fato ou alegação referente ao litígio sobre os quais pesa incerteza, e que precisam ser demonstrados perante o juiz para o deslinde da causa. São, portanto, fatos capazes de influir na decisão do processo, na responsabilidade penal e na fixação da pena ou medida de segurança, necessitando, por essa razão, de adequada comprovação em juízo. Somente os fatos que revelem dúvida na sua configuração e que tenham alguma relevância para o julgamento da causa merecem ser alcançados pela atividade probatória, como corolário do princípio da economia processual.

17.2.1. Fatos que independem de prova

(i) Fatos axiomáticos ou intuitivos: aqueles que são evidentes. A evidência nada mais é do que um grau de certeza que se tem do conhecimento sobre algo. Nesses casos, se o fato é evidente, a convicção já está formada; logo, não carece de prova. Por exemplo, no caso de morte violenta, quando as lesões externas forem de tal monta que tornarem evidente a causa da morte, será dispensado o exame de corpo de delito interno (CPP, art. 162, parágrafo único). Exemplo: um ciclista é atropelado por uma jamanta e seu corpo é dividido em pedaços. Dispensa-se o exame cadavérico interno, pois a causa da morte é evidente.

(ii) Fatos notórios: aplica-se o princípio *notorium non eget probatione*, ou seja, o notório não necessita de prova. É o caso da *verdade sabida*: por exemplo, não precisamos provar que no dia 7 de setembro comemora-se a Independência, ou que a água molha e o fogo queima. Fatos notórios são aqueles cujo conhecimento faz parte da cultura de uma sociedade.

(iii) Presunções legais: porque são conclusões decorrentes da própria lei, ou, ainda, o conhecimento que decorre da ordem normal das coisas, podendo ser *absolutas* (*juris et de jure*) ou *relativas* (*juris tantum*). Por exemplo: a acusação não poderá provar que um menor de 18 anos tinha plena capacidade de entender o caráter criminoso do fato, pois a legislação presume sua incapacidade (inimputabilidade) de modo absoluto (*juris et de jure*), sem sequer admitir prova em contrário. Alguém que pratica um crime em estado de embriaguez completa, provocada por ingestão voluntária ou culposa de álcool ou substância entorpecente, não poderá provar que no momento da infração não sabia o que estava fazendo, pois a lei presume sua responsabilidade sem admitir prova em contrário (*actio libera in causa* — a sua ação foi livre na causa).

(iv) Fatos inúteis: princípio *frustra probatur quod probantum non relevat*. São os fatos, verdadeiros ou não, que não influenciam na solução da causa, na apuração dos fatos que são objeto do processo. Exemplo: a testemunha afirma que o crime se deu em momento próximo ao do jantar, e o juiz quer saber quais os pratos que foram servidos durante tal refeição. O mesmo ocorre com os fatos imorais, aqueles que, em razão de seu caráter criminoso, inescrupuloso, ofensivo à ordem pública e aos bons costumes, não podem beneficiar aquele que os pratica.

17.2.2. Fatos que dependem de prova

Todos os fatos restantes devem ser provados. Quanto à espécie de fato admitido ou aceito (também chamado fato *incontroverso*, porque admitido pelas partes), destaca-se que o magistrado estará vinculado aos elementos trazidos pelas partes e não poderá usurpar do *Parquet* o papel de produzir provas para a acusação, por não ser essa a função jurisdicional.

Para a produção das provas necessita-se que a prova seja:

(i) admissível (permitida pela lei ou costumes judiciários). É também conhecida como prova genética, como tal entendida toda a prova admitida pelo direito;

(ii) pertinente ou fundada (aquela que tenha relação com o processo, contrapondo-se à prova inútil);

(iii) concludente (visa esclarecer uma questão controvertida); e

(iv) possível de realização.

Logo, forçoso é concluir que, se o fato não se inclui entre aqueles que independem de prova, mas, por outro lado, o meio pretendido seja admissível, pertinente, concludente e possível, a prova não poderá ser denegada, sob pena de manifesta ilegalidade, corrigível via correição parcial, dado o *error in procedendo*.

17.2.3. Prova do direito

O direito, em regra, não carece de prova, na medida em que o magistrado é obrigado a conhecê-lo, segundo o brocardo jurídico *iure novit curia*, ou seja, o juiz conhece o direito.

Porém, toda vez que o direito invocado for estadual, municipal, alienígena ou o consuetudinário, caberá à parte alegante a prova dele.

→ **ATENÇÃO:** a previsão legal das provas (CPP, arts. 158 a 250) não é *exaustiva*, mas *exemplificativa*, uma vez que se admitem em nosso direito as chamadas *provas inominadas*, ou seja, aquelas não previstas expressamente na legislação.

17.3. Prova proibida

17.3.1. Conceito

O art. 5º, LVI, da CF dispõe que: "são inadmissíveis, no processo, as provas obtidas por meios ilícitos". Segundo o ensinamento de Uadi Lammêgo Bulos: "(...) provas obtidas por meios ilícitos são as contrárias aos requisitos de validade exigidos pelo ordenamento jurídico. Esses requisitos possuem a natureza formal e a material. A ilicitude formal ocorrerá quando a prova, no seu momento introdutório, for produzida à luz de um procedimento ilegítimo, mesmo se for lícita a sua origem. Já a ilicitude material delineia-se através da emissão de um ato antagônico ao direito e pelo qual se consegue um dado probatório, como nas hipóteses de invasão domiciliar, violação do sigilo epistolar, constrangimento físico, psíquico ou moral a fim de obter confissão ou depoimento de testemunha etc."[101]. Daí por que a expressão equivale ao termo "prova proibida, defesa ou vedada"[102], entendendo-se como tal toda aquela evidência que não pode ser admitida nem valorada no processo. Prova vedada ou proibida é, portanto, a produzida por meios ilícitos, em contrariedade a uma norma legal específica. Na atual redação do art. 157 do CPP, é determinado que: "São inadmissíveis, devendo ser desentranhadas do processo, as provas ilícitas, assim entendidas as obtidas em violação a normas constitucionais ou legais". O CPP distanciou-se da doutrina e jurisprudência que distinguiam as provas ilícitas das ilegítimas, concebendo como prova ilícita tanto aquela que viole disposições materiais como processuais. Dessa forma, são consideradas igualmente ilícitas as provas cuja produção cause violação a normas de natureza:

— **Processual:** neste caso, a prova não é obtida mediante a prática de um crime, mas afrontando o devido processo legal ou determinações procedimentais específicas. Como exemplo, destaca-se: o documento exibido em plenário do Júri, com desobediência ao disposto no art. 479, *caput* (CPP); o depoimento prestado com violação à regra proibitiva do art. 207 (CPP) (sigilo profissional) etc. Podemos ainda lembrar as provas relativas ao estado de pessoas produzidas em descompasso com a lei civil, por qualquer meio que não seja a respectiva certidão (CPP, art. 155, parágrafo único), ou a confissão feita em substituição ao exame de corpo de delito, quando a infração tiver deixado vestígios (CPP, art. 158). Nesse último caso, a título de exemplo, se houve uma lesão corporal consistente em uma fratura do antebraço, nem mesmo a radiografia, a ficha médica do paciente, o depoimento dos médicos e a confissão do acusado podem suprir a falta do exame de corpo de delito, devido à exigência processual expressa constante do art. 158 do CPP. As provas produzidas em substituição serão nulas por ofensa à norma processual e, portanto,

---
101. *Constituição Federal anotada*, 2. ed., São Paulo, Saraiva, 2001, p. 244.
102. Luiz Francisco Torquato Avolio, *Provas ilícitas*, São Paulo, Revista dos Tribunais, 1995, p. 38.

ilegítimas, não podendo ser levadas em conta pelo juiz (CPP, art. 564, III, *b*), o que acarreta a absolvição por falta de comprovação da materialidade delitiva.

— **Material.** Nesse caso, serão ilícitas todas as provas produzidas mediante a prática de crime ou contravenção, as que violem normas de Direito Civil, Comercial ou Administrativo, bem como aquelas que afrontem princípios constitucionais. Tais provas não serão admitidas no processo penal. Assim, uma confissão obtida com emprego de tortura (Lei n. 9.455/97), uma apreensão de documento realizada mediante violação de domicílio (CP, art. 150), a captação de uma conversa por meio do crime de interceptação telefônica clandestina (Lei n. 9.296/96, art. 10) e assim por diante.

Pode ocorrer, outrossim, que a prova não seja obtida por meio da realização de infração penal, mas considere-se ilícita por afronta a princípio constitucional, como é o caso da gravação de conversa telefônica que exponha o interlocutor a vexame insuportável, colidindo com o resguardo da imagem, da intimidade e da vida privada das pessoas (CF, art. 5º, X). Podem também ocorrer as duas coisas ao mesmo tempo: a prova ilícita caracterizar infração penal e ferir princípio da Constituição Federal. É a hipótese da violação do domicílio (art. 5º, XI), do sigilo das comunicações (art. 5º, XII), da proteção contra tortura e tratamento desumano ou degradante (art. 5º, III) e do respeito à integridade física e moral do preso (art. 5º, XLIX), dentre outros.

17.3.2. Provas ilícitas por derivação e a teoria dos "frutos da árvore envenenada" (*fruits of the poisonous tree*). Princípio da proporcionalidade

A doutrina e a jurisprudência, em regra, tendem também a repelir as chamadas provas ilícitas por derivação, que são aquelas em si mesmas lícitas, mas produzidas a partir de outra ilegalmente obtida. É o caso da confissão extorquida mediante tortura, que venha a fornecer informações corretas a respeito do lugar onde se encontra o produto do crime, propiciando a sua regular apreensão. Esta última prova, a despeito de ser regular, estaria contaminada pelo vício na origem. Outro exemplo seria o da interceptação telefônica clandestina — crime punido com pena de reclusão de dois a quatro anos, além de multa (art. 10 da Lei n. 9.296/96) — por intermédio da qual o órgão policial descobre uma testemunha do fato que, em depoimento regularmente prestado, incrimina o acusado. Haveria, igualmente, ilicitude por derivação. Nesse sentido, Luiz Francisco Torquato Avolio[103]. Tais provas não poderão ser aceitas, uma vez que contaminadas pelo vício de ilicitude em sua origem, que atinge todas as provas subsequentes. Serão ilícitas as demais provas que delas se originarem. Tal conclusão decorre do disposto no art. 573, § 1º, do CPP, segundo o qual "a nulidade de um ato, uma vez declarada, causará a dos atos que dele diretamente dependam ou sejam consequência".

Essa categoria de provas ilícitas foi reconhecida pela Suprema Corte norte-americana, com base na teoria dos "frutos da árvore envenenada" — *fruits of the poisonous tree* —, segundo a qual o vício da planta se transmite a todos os seus frutos. A partir de uma decisão paradigmática proferida no caso *Siverthorne Lumber Co. vs. United States*, em 1920,

---

[103]. *Provas ilícitas*, p. 67.

as cortes americanas passaram a não admitir qualquer prova, ainda que lícita em si mesma, oriunda de práticas ilegais.

No Brasil, Grinover, Scarance e Magalhães sustentam que a ilicitude da prova se transmite a tudo o que dela advier, sendo inadmissíveis as provas ilícitas por derivação, dentro do nosso sistema constitucional: "Na posição mais sensível às garantias da pessoa humana, e consequentemente mais intransigente com os princípios e normas constitucionais, a ilicitude da obtenção da prova transmite-se às provas derivadas, que são igualmente banidas do processo"[104].

Atualmente, a lei é expressa no sentido da inadmissibilidade. O CPP, em seu art. 157, § 1º, considera inadmissíveis as provas derivadas das ilícitas e determina o seu desentranhamento do processo (cf. comentários no Tópico 17.3.3).

A questão que se coloca é a de saber até que ponto as garantias constitucionais inerentes ao devido processo legal e à preservação da intimidade do acusado podem ser flexibilizadas, diante da ponderação dos valores contrastantes entre indivíduo e sociedade. Em outras palavras: como proceder diante de um eventual conflito entre as garantias constitucionais protetivas do cidadão, derivadas do devido processo legal, e o interesse da sociedade no combate à criminalidade?

> **Nosso entendimento:** não é razoável a postura inflexível de se desprezar, sempre, toda e qualquer prova ilícita. Em alguns casos, o interesse que se quer defender é muito mais relevante do que a intimidade que se deseja preservar. Assim, surgindo conflito entre princípios fundamentais da Constituição, torna-se necessária a comparação entre eles para verificar qual deva prevalecer. Dependendo da razoabilidade do caso concreto, o juiz poderá admitir uma prova ilícita ou sua derivação, para evitar um mal maior, como, por exemplo, a condenação injusta. Os interesses que se colocam em posição antagônica precisam ser cotejados, para escolha de qual deva ser sacrificado.

Nesse sentido, a lição do constitucionalista J. J. Gomes Canotilho: "De um modo geral, considera-se inexistir uma colisão de direitos fundamentais quando o exercício de um direito fundamental por parte do seu titular colide com o exercício do direito fundamental por parte de outro titular"[105]. Continua o autor: "(...) os direitos fundamentais não sujeitos a normas restritivas não podem converter-se em direitos com mais restrições do que os direitos restringidos pela Constituição ou com autorização dela (através de lei)"[106].

Em outras palavras, o direito à liberdade (no caso da defesa) e o direito à segurança, à proteção da vida, do patrimônio etc. (no caso da acusação) muitas vezes não podem ser restringidos pela prevalência do direito à intimidade (no caso das interceptações telefônicas e das gravações clandestinas) e pelo princípio da proibição das demais provas ilícitas.

---

104. *As nulidades no processo penal*, 3. ed., Malheiros, p. 116.
105. *Direito constitucional*, 6. ed., Coimbra, Livr. Almedina, 1993, p. 643.
106. *Direito constitucional*, cit., p. 656.

Entra aqui o princípio da proporcionalidade, segundo o qual não existe propriamente um conflito entre as garantias fundamentais. No caso de princípios constitucionais contrastantes, o sistema faz atuar um mecanismo de harmonização que submete o princípio de menor relevância ao de maior valor social.

Foi na Alemanha, no período do pós-guerra, que se desenvolveu a chamada teoria da proporcionalidade (*Verhaltnismassigkeitsprinzip*). De acordo com essa teoria, sempre em caráter excepcional e em casos extremamente graves, tem sido admitida a prova ilícita, baseando-se no princípio do equilíbrio entre os valores contrastantes (admitir uma prova ilícita para um caso de extrema necessidade significa quebrar um princípio geral para atender a uma finalidade excepcional justificável). Para essa teoria, a proibição das provas obtidas por meios ilícitos é um princípio relativo, que, excepcionalmente, pode ser violado sempre que estiver em jogo um interesse de maior relevância ou outro direito fundamental com ele contrastante. É preciso lembrar que não existe propriamente conflito entre princípios e garantias constitucionais, já que estes devem harmonizar-se de modo que, em caso de aparente contraste, o mais importante prevaleça. Um exemplo em que seria possível a aplicação desse princípio é o de uma pessoa acusada injustamente, que tenha na interceptação telefônica ilegal o único meio de demonstrar a sua inocência. No dilema entre não se admitir a prova ilícita e privar alguém de sua liberdade injustamente, por certo o sistema se harmonizaria no sentido de excepcionar a vedação da prova, para permitir a absolvição. Um outro caso seria o de uma organização criminosa que teve ilegalmente seu sigilo telefônico violado e descoberta toda a sua trama ilícita. O que seria mais benéfico para a sociedade: o desbaratamento do grupo ou a preservação do seu "direito à intimidade"? Conforme informa Avolio: "(...) a jurisprudência alemã admite exceções à proibição geral de admissibilidade (e de utilizabilidade) das provas formadas ou obtidas inconstitucionalmente, quando se tratar de realizar exigências superiores de caráter público ou privado, merecedoras de particular tutela. Chega-se, portanto, ao princípio da *Güterund Interessenabwägung* (ou seja, o princípio do balanceamento dos interesses e dos valores)"[107]. Nos Estados Unidos, tal princípio foi chamado de "razoabilidade", expressão equivalente à proporcionalidade do Direito alemão. Se uma prova ilícita ou ilegítima for necessária para evitar uma condenação injusta, certamente deverá ser aceita, flexibilizando-se a proibição dos incisos X e XII do art. 5º da CF. Nesse contexto, vale assinalar a lição de Luiz Carlos Branco, perfeitamente aplicável às provas penais: "No direito alemão, o princípio da proporcionalidade requer três qualidades para o ato administrativo: 1) adequação, ou seja, o meio empregado na atuação deve ser compatível com a sua finalidade; 2) exigibilidade, isto é, a conduta deve ser necessária, não havendo outro meio menos gravoso ou oneroso para atingir o fim público; 3) proporcionalidade em sentido estrito, em que as vantagens almejadas superem as desvantagens"[108].

Grinover, Scarance e Magalhães esclarecem que é praticamente unânime o entendimento que admite "a utilização no processo penal, da prova favorável ao acusado, ainda que colhida com infringência a direitos fundamentais seus ou de terceiros"[109]. No mesmo sentido,

---
107. *Provas ilícitas*, cit., p. 62.
108. *Equidade, proporcionalidade e razoabilidade*, São Paulo, RCS Editora, p. 136.
109. *As nulidades no processo penal*, cit., p. 116.

Torquato Avolio, ao lembrar que "a aplicação do princípio da proporcionalidade sob a ótica do direito de defesa, também garantido constitucionalmente, e de forma prioritária no processo penal, onde impera o princípio do *favor rei*, é de aceitação praticamente unânime pela doutrina e jurisprudência"[110]. De fato, a tendência da doutrina pátria é a de acolher essa teoria, para favorecer o acusado (a chamada prova ilícita *pro reo*), em face do princípio do *favor rei*, admitindo sejam utilizadas no processo penal as provas ilicitamente colhidas, desde que em benefício da defesa (Súmula 50 das Mesas de Processo Penal da USP).

A aceitação do princípio da proporcionalidade *pro reo* não apresenta maiores dificuldades, pois o princípio que veda as provas obtidas por meios ilícitos não pode ser usado como um escudo destinado a perpetuar condenações injustas. Entre aceitar uma prova vedada, apresentada como único meio de comprovar a inocência de um acusado, e permitir que alguém, sem nenhuma responsabilidade pelo ato imputado, seja privado injustamente de sua liberdade, a primeira opção é, sem dúvida, a mais consentânea com o Estado Democrático de Direito e a proteção da dignidade humana.

No que tange ao princípio da proporcionalidade *pro societate*, consistente na admissibilidade das provas ilícitas, quando demonstrada a prevalência do interesse público na persecução penal, a tendência atual da jurisprudência dos Tribunais Superiores é a da sua não adoção. De acordo com esse entendimento, a não admissão de mecanismos de flexibilização das garantias constitucionais tem o objetivo de preservar o núcleo irredutível de direitos individuais inerentes ao devido processo legal, mantendo a atuação do poder público dentro dos limites legais. As medidas excepcionais de constrição de direitos não podem, assim, ser transformadas em práticas comuns de investigação.

O STJ tem repelido tanto as provas obtidas por meios ilícitos, entendidas assim todas aquelas que ocorrem em desacordo com sua previsão legal e constitucional, quanto as que delas surgirem como consequências (as chamadas provas ilícitas por derivação). Nesse sentido: "Pela aplicação da teoria dos frutos da árvore envenenada, deve ser reconhecida a ilegalidade na apreensão das drogas desde a busca pessoal, pois é nula a prova derivada de conduta ilícita, já que evidente o nexo causal entre a ilícita busca pessoal e o ingresso em domicílio perpetrado pelos policiais militares" (STJ, HC 728.920/GO, Rel. Min. Olindo Menezes (Desembargador convocado do TRF 1ª Região), 6ª Turma, *DJe* 20-6-2022).

17.3.3. Provas ilícitas nos termos do art. 157 do CPP

Conforme já indicado, o art. 157 do CPP, disciplina a matéria relativa às provas ilícitas. Consoante o teor do mencionado dispositivo legal: "São inadmissíveis, devendo ser desentranhadas do processo, as provas ilícitas, assim entendidas as obtidas em violação a normas constitucionais ou legais. § 1º São também inadmissíveis as provas derivadas das ilícitas, salvo quando não evidenciado o nexo de causalidade entre umas e outras, ou quando as derivadas puderem ser obtidas por uma fonte independente das primeiras. § 2º Considera--se fonte independente aquela que por si só, seguindo os trâmites típicos e de praxe, próprios

---
110. *Provas ilícitas*, Revista dos Tribunais, p. 66.

da investigação ou instrução criminal, seria capaz de conduzir ao fato objeto da prova. § 3º Preclusa a decisão de desentranhamento da prova declarada inadmissível, esta será inutilizada por decisão judicial, facultado às partes acompanhar o incidente".

Em primeiro lugar, a lei, respeitando o comando constitucional, deixou bem clara a inadmissibilidade das provas ilícitas, não distinguindo as provas produzidas com violação das disposições materiais daquelas realizadas em contrariedade às disposições processuais, como já anteriormente analisado. Ressalve-se, no entanto, que essa vedação legal não será apta a afastar a incidência do princípio constitucional da proporcionalidade, admitindo-se a prova ilícita sempre que estiverem em jogo interesses de extrema magnitude para o cidadão, como a vida, a liberdade ou a segurança.

Em segundo lugar, o preceito legal dispôs acerca do desentranhamento e, uma vez preclusa essa decisão, da destruição dessa prova por decisão judicial, facultando às partes acompanhar esse incidente. Note-se que a jurisprudência já vinha determinando o desentranhamento dessa prova, tendo a 1ª Turma do STF admitido a impetração de *habeas corpus* para impugnar a inserção de provas ilícitas em procedimento penal e postular o seu desentranhamento: sempre que, da imputação, pudesse advir condenação à pena privativa de liberdade. A autorização para a destruição da prova ilícita, por sua vez, tem suscitado diversos questionamentos, pois poderá inviabilizar a propositura de uma futura revisão criminal, isto é, a utilização dessa prova a favor do acusado, a fim de buscar a sua inocência. É importante assinalar que a matéria relativa à prova ilícita tem cunho nitidamente constitucional e, muito embora a Carta Magna e o art. 157 do CPP vedem a produção dessa prova, isto não terá o condão de afastar princípios constitucionais como o da proporcionalidade, que autorizam a utilização da prova ilícita sempre que bens de maior magnitude, como a vida e a liberdade do indivíduo, estejam em jogo. Desse modo, constitui medida bastante temerária a inutilização dessa prova, pois ela poderá constituir elemento importante a embasar futura revisão criminal, constituindo, assim, prova para a defesa.

Em terceiro lugar, em face de sedimentado entendimento doutrinário e jurisprudencial, o art. 157 do CPP albergou a teoria dos frutos da árvore envenenada e trouxe limites a ela, inspirando-se na legislação norte-americana, de forma a se saber quando uma prova é ou não derivada da ilícita, isto é, a lei procurou trazer contornos para o estabelecimento do nexo causal entre uma prova e outra.

Vejamos os limites trazidos pela legislação:

(i) Limitação da fonte independente (*independent source limitation*): o § 1º do art. 157 prevê que são inadmissíveis as provas derivadas das ilícitas, "salvo quando não evidenciado o nexo de causalidade entre umas e outras, ou quando as derivadas puderem ser obtidas por uma fonte independente das primeiras". Trata-se de teoria que já foi adotada pelo STF, no qual se entendeu que se deve preservar a denúncia respaldada em prova autônoma, independente da prova ilícita impugnada por força da não observância de formalidade na execução de mandado de busca e apreensão. Portanto, a prova derivada será considerada fonte autônoma, independente da prova ilícita, "quando a conexão entre umas e outras for tênue, de modo a não se colocarem as primárias e secundárias numa relação de estrita causa e efeito"[111].

(ii) Limitação da descoberta inevitável (*inevitable discovery limitation*): afirma Scarance, lançando mão do ensinamento de Barbosa Moreira, que, na jurisprudência norte-americana, tem-se afastado a tese da ilicitude derivada ou por contaminação quando o órgão judicial se convence de que, fosse como fosse, se chegaria "inevitavelmente, nas circunstâncias, a obter a prova por meio legítimo"[112]. Nesse caso, a prova que deriva da prova ilícita originária seria inevitavelmente conseguida de qualquer outro modo. Segundo o § 2º do art. 157, "Considera-se fonte independente aquela que por si só, seguindo os trâmites típicos e de praxe, próprios da investigação ou instrução criminal, seria capaz de conduzir ao fato objeto da prova". O legislador considera, assim, fonte independente a descoberta inevitável, mas tal previsão legal é por demais ampla, havendo grave perigo de se esvaziar uma garantia constitucional, que é a vedação da utilização da prova ilícita.

Finalmente, cabe aqui um comentário acerca das limitações da fonte independente e da descoberta inevitável.

No primeiro caso, se não existe nexo de causalidade entre a nova evidência e a prova anteriormente produzida, isto significa que uma não derivou da outra. Se a causa geradora da prova for absolutamente independente em relação à anterior, é porque uma nada tinha a ver com a outra, sendo incabível falar-se em prova ilícita por derivação. Em outras palavras, se o fruto derivou de outra árvore distinta da envenenada, não há que se falar na teoria dos frutos da árvore envenenada. A regra da limitação da fonte independente é, portanto, supérflua, desnecessária. Basta aplicar a conhecida teoria da *conditio sine qua non* e o critério da eliminação hipotética: se ao excluir a prova anterior da cadeia causal a nova prova continuar existindo, é porque não foi causada por aquela, sendo incabível a alegação de ilicitude da prova por derivação. Se, ao contrário, a prova produzida estiver arrimada ou justificada na prova ilícita anterior, não se poderá alegar independência de fonte, ante o critério da eliminação hipotética (excluída a prova ilícita, desaparece a produção da prova dela derivada, revelando-se o nexo de interdependência entre ambas). No segundo caso, qual seja, o da descoberta inevitável, a prova, a despeito de sua ilicitude, considera-se válida sob o argumento de que acabaria sendo descoberta de qualquer modo. Aqui, é necessária muita cautela para não tornar sem efeito a cláusula de garantia da proibição das provas ilícitas. Inspirada em um precedente da Suprema Corte norte-americana, qual seja, o caso Nix × Williams, julgado em junho de 1984, a regra da *inevitable discovery limitation* não se presta a um infindável juízo de probabilidades, mas se baseia em situações bastante concretas e demonstráveis de modo evidente. No caso, investigava-se o desaparecimento de uma menina de 10 anos ocorrido em Des Moines, Estado do Iowa. O suspeito fora preso no mesmo Estado, na cidade de Davenport. Seu defensor foi avisado pela polícia de que ele seria levado para o local do desaparecimento, mas que não seria interrogado no caminho. Entretanto, durante o trajeto, houve uma

---

111. Grinover, Scarance e Magalhães, apud Antonio Scarance Fernandes, *Processo penal constitucional*, 5. ed., São Paulo, Revista dos Tribunais, 2007, p. 96-97.
112. Apud Antonio Scarance Fernandes, *Processo penal constitucional*, cit., p. 97, nota de rodapé n. 52.

conversa informal, na qual se deu a admissão do crime e a indicação do local em que o corpo tinha sido enterrado. Apesar de a confissão ter sido ilicitamente obtida (por violação da sexta emenda), a localização do corpo acabou sendo admitida como válida, não sendo considerada prova ilícita por derivação, já que seu encontro seria inevitável. Na hipótese, porém, não houve um juízo aleatório de possibilidades, mas, ao contrário, no local já havia 200 voluntários, além da polícia, com toda a área cercada, sendo o encontro do corpo do delito mera questão de tempo. Não foi a confissão informal que determinou o deslocamento de todo aquele contingente ao local. Eles já lá se encontravam e iriam obter a prova de um jeito ou de outro ("A systematic search of the area that was being conducted with the AID of 200 volunteers, and that had been iniciated before the respondent made the incriminating statements, was terminated when respondent guided police to the body" — Busca sistemática foi feita com a ajuda de 200 voluntários, e iniciou-se antes de os entrevistadores elaborarem as questões incriminadoras — traduzimos). Assim, a busca em toda a área já tinha se iniciado de modo efetivo, antes das informações colhidas junto ao incriminado, sendo que estas apenas aceleraram, mas não determinaram o encontro da prova. Convém notar que aqui também cabe a aplicação da regra da eliminação hipotética e da *conditio sine qua non*. Ainda que não houvesse a confissão, como a busca já tinha se iniciado e se encaminhava para o encontro, a prova seria inevitavelmente produzida. Não ocorreu, destarte, nexo causal, pois, eliminada a admissão tida como ilícita, ainda assim haveria o encontro do corpo. Bem diferente seria o caso de a busca ter se iniciado em virtude das informações. Aí, sim, a prova seria ilícita, pois evidente o nexo causal. Descoberta inevitável, portanto, é aquela em que todos os procedimentos válidos já estão iniciados e o encontro é mera questão de tempo, sendo a prova ilícita produzida paralelamente desnecessária. Ao contrário, se a prova autônoma nada havia produzido, quando teve início a prova ilícita, neste caso, não se aplica a regra de admissibilidade prevista na lei.

(iii) **Serendipidade ou encontro fortuito de provas**: ainda quanto a esse assunto, é importante destacar que há situações nas quais ocorre o encontro fortuito de uma prova relacionada a fato diverso daquele que está sendo investigado. Nessa situação ocorre o que é chamado de serendipidade ou crime achado e consiste, em essência, na obtenção casual de elemento probatório de um crime no curso da investigação de outro. Isso significa que, uma vez descoberta nova prova durante a diligência investigatória regularmente autorizada por ordem judicial, esta poderá ser aproveitada independentemente de existir ou não nexo de causalidade com o crime originalmente investigado, e mesmo que obtida após o atingimento da finalidade contida na ordem judicial. Esse posicionamento vem sendo aplicado pela doutrina e pela jurisprudência pátrias[113].

(iv) **É legítima a prova encontrada fortuitamente no lixo descartado na rua por pessoa apontada como integrante de grupo criminoso sob investigação e recolhido pela polícia sem autorização judicial, sem que isso configure pesca probatória (fishing expedition) ou violação da intimidade**: todo material, seja ele genético, seja

---

[113]. Na doutrina, *vide*: PACELLI, Eugenio. Curso de Processo Penal, 25ª edição. Atlas, 2021, p. 287. Nos tribunais, *vide*: STJ, HC 689.975/SP, Rel. Min. Rogerio Schietti Cruz, 6ª Turma, *DJe* 21-2-2022.

documental, uma vez descartado pelo investigado, sai de sua posse ou domínio e, portanto, deixa de existir qualquer expectativa de privacidade do investigado ou possibilidade de se invocar o direito a não colaborar com as investigações. No caso, a prova cuja legalidade é discutida foi colhida em via pública, mais especificamente na calçada do lado de fora de um dos escritórios utilizados pela organização criminosa que estava sendo investigada. O descarte dos sacos de lixo foi realizado por um investigado, não havendo se cogitar em expectativa de privacidade a respeito do material colhido, dispensando-se autorização judicial para apreensão e análise do seu conteúdo. Não se verifica na atuação policial a chamada pescaria probatória (*fishing expedition*), pois não se estava diante de uma investigação indiscriminada, sem objetivo certo ou declarado. O trabalho de campo já tinha se iniciado, com o mapeamento de estabelecimentos de fachada, identificação de integrantes e conhecimento do modo de agir do grupo. Também não parece ter sido invertida a lógica das garantias constitucionais, vasculhando-se a intimidade ou a vida privada dos investigados. A oportunidade apareceu, no momento da campana policial (toda documentada), com o descarte na rua de material que poderiam ser simples restos de comida, embalagens vazias e papéis sem valor, como anotações, que se mostraram relevantes e aptas a dar suporte ao que estava sendo apurado. Não houve sequer ingresso no imóvel cuja movimentação estava se observando. As provas obtidas estavam no lixo. Dessa forma, é legítima a prova encontrada no lixo descartado na rua por pessoa apontada como integrante de grupo criminoso sob investigação e recolhido pela polícia sem autorização judicial, sem que isso configure pesca probatória (*fishing expedition*) ou violação da intimidade[114].

17.3.4. Provas ilícitas e a inviolabilidade do sigilo das comunicações. Comunicação por carta e telegráfica

No que diz respeito à preservação do segredo nas comunicações, a CF, em seu art. 5º, XII, consagra a garantia da inviolabilidade do sigilo das comunicações: (i) por carta; (ii) telegráfica; (iii) de transmissão de dados; (iv) telefônica. Somente no último caso, ou seja, na hipótese do sigilo das comunicações telefônicas, o Texto Constitucional admitiu a quebra. Nos demais, aparentemente, o sigilo foi estabelecido de modo absoluto.

Correspondência por carta ou epistolar é a comunicação por meio de cartas ou qualquer outro instrumento de comunicação escrita. Telegráfica é a comunicação por telegrama. Apesar de a Constituição não ressalvar hipótese de restrição ao sigilo desse tipo de transmissão de mensagens, deve-se consignar que não existe garantia absoluta em nenhum ordenamento constitucional. Nesse sentido, a lição de J. J. Gomes Canotilho, para quem "considera-se inexistir uma colisão de direitos fundamentais, quando o exercício de um direito fundamental por parte do seu titular colide com o exercício do direito fundamental por parte de outro titular"[115]. "Em regra, o direito de confidenciar algo íntimo a outrem não deve ser alvo de interferência, exceto em hipóteses taxativas discriminadas na lei. De fato, não se justifica o sigilo absoluto em todos os casos. Ao invés, sua quebra

---

114. *Informativo 821*, de 20 de agosto de 2024, do STJ, processo em segredo de justiça, Rel. Min. Sebastião Reis Júnior, 6ª Turma, por unanimidade, j. 13-8-2024, *DJe* 15-8-2024.
115. *Direito constitucional*, 6. ed., Coimbra, Almedina, 1993, p. 643.

é necessária para evitar a tutela oblíqua de condutas ilícitas ou práticas *contra legem*. A doutrina constitucional moderna é cediça nesse sentido, porque as garantias fundamentais do homem não podem servir de apanágio à desordem, ao caos, à subversão da ordem pública"[116]. Realmente, nenhuma liberdade individual é absoluta. Comporta exceções para preservar o ditame da legalidade. Portanto, afigura-se possível, observados os requisitos constitucionais e legais, a interceptação das correspondências e das comunicações telegráficas e de dados, sempre que as liberdades públicas estiverem sendo utilizadas como instrumento de salvaguarda de práticas ilícitas.

17.3.5. Provas ilícitas e a inviolabilidade do sigilo das comunicações. Comunicações telefônicas

De acordo com o art. 5º, XII, da CF, o sigilo das comunicações telefônicas somente pode ser quebrado quando presentes três requisitos: (i) ordem judicial autorizadora; (ii) finalidade de colheita de evidências para instruir investigação criminal ou processo penal; e (iii) existência de lei prevendo as hipóteses em que a quebra será permitida. A lei que determina essas hipóteses e disciplina as interceptações telefônicas é a Lei n. 9.296/96. Com ela, o juiz pode autorizar a quebra do sigilo de ofício ou a requerimento do membro do Ministério Público ou autoridade policial, mas somente quando presentes os seguintes requisitos: (i) indícios razoáveis de autoria ou participação em infração penal; (ii) não houver outro meio de se produzir a mesma prova; e (iii) o fato for punido com pena de reclusão.

— **Comunicações telefônicas.** Dispõe o art. 1º da Lei que a interceptação será de comunicações telefônicas de qualquer natureza. "Comunicação telefônica é a transmissão, emissão, receptação e decodificação de sinais linguísticos, caracteres escritos, imagens, sons, símbolos de qualquer natureza veiculados pelo telefone estático ou móvel (celular)"[117]. Nas comunicações telefônicas incluem-se as transmissões de informações e dados constantes de computadores e telemáticos, desde que feitas por meio de cabos telefônicos (*e-mail*, por exemplo). No mesmo sentido assinala Luiz Flávio Gomes e Raúl Cervini: "comunicações telefônicas 'de qualquer natureza', destarte, significa qualquer tipo de comunicação telefônica permitida na atualidade em razão do desenvolvimento tecnológico. Pouco importa se isso se concretiza por meio de fio, radioeletricidade (como é o caso do celular), meios ópticos ou qualquer outro processo eletromagnético. Para efeito de interpretação da lei, o que interessa é a constatação do envolvimento da telefonia, com os recursos técnicos comunicativos que atualmente ela permite. Ora esses recursos técnicos são combinados com o computador (comunicação *modem by modem*, por exemplo, via internet ou via direta), ora não são. Tanto faz. De se observar que a interceptação do 'fluxo de comunicações em sistema de informática' está expressamente prevista no parágrafo único do art. 1º (v. comentários respectivos, *infra*)"[118].

---

[116]. Uadi Lammêgo Bulos, *Constituição Federal anotada*, cit., p. 115.
[117]. Uadi Lammêgo Bulos, *Constituição Federal anotada*, cit., p. 118.
[118]. *Interceptação telefônica*, São Paulo, Revista dos Tribunais, 1997, p. 112.

— **Comunicações em sistema de informática e telemática.** Reza o parágrafo único do art. 1º que o disposto na Lei se aplica à interceptação de fluxo de comunicações em sistema de informática e telemática. Telemática "é a ciência que estuda a comunicação associada à informática (...)"[119], ou, mais precisamente, "é a ciência que cuida da comunicação (transmissão, manipulação) de dados, sinais, imagens, escritos e informações por meio do uso combinado da informática (do computador) com as várias formas de telecomunicação. Sucintamente, telemática é telecomunicação (qualquer uma das suas variadas formas) mais informática"[120]. Assim, a Lei n. 9.296/96 estabeleceu os requisitos para a autorização da quebra do sigilo no seu art. 2º, mas estendeu essa possibilidade também à hipótese das transmissões de dados (art. 1º, parágrafo único), tornando-a de duvidosa constitucionalidade, já que a norma do art. 5º, XII, da CF só permitiu a violação do sigilo no caso das comunicações telefônicas (convém lembrar que o mencionado dispositivo apenas admitiu a violação do sigilo "no último caso...", que é justamente o caso das comunicações telefônicas). Conforme anota Damásio de Jesus: "Inclino-me pela constitucionalidade do referido parágrafo único. A Carta Magna, quando excepciona o princípio do sigilo na hipótese de 'comunicações telefônicas', não cometeria o descuido de permitir a interceptação somente no caso de conversação verbal por esse meio, isto é, quando usados dois aparelhos telefônicos, proibindo-a, quando pretendida com finalidade de investigação criminal e prova em processo penal, nas hipóteses mais modernas. A exceção, quando menciona 'comunicações telefônicas', estende-se a qualquer forma de comunicação que empregue a via telefônica como meio, ainda que haja transferência de 'dados'. É o caso do uso do modem. Se assim não fosse, bastaria, para burlar a permissão constitucional, 'digitar' e não 'falar'. (...) A circunstância de a CF expressamente só abrir exceção no caso da comunicação telefônica não significa que o legislador ordinário não possa permitir a interceptação na hipótese de transmissão de dados. Não há garantias constitucionais absolutas. Se assim não fosse, o CP não poderia admitir a prática de homicídio em legítima defesa (arts. 23, II, e 25), uma vez que a Carta Magna garante a 'inviolabilidade do direito à vida' sem ressalva (art. 5º, *caput*). Da mesma forma, embora o art. 5º, XII, disponha sobre o sigilo da correspondência sem abrir exceção, reconhece-se a legitimidade de o art. 41, parágrafo único, da LEP admitir a interceptação de carta de presidiário pela administração penitenciária, como foi decidido pelo STF. No mesmo sentido, Luiz Flávio Gomes e Raúl Cervini, os quais, ainda, admitem a interceptação por telemática independente do uso de telefonia[121]. Com efeito, se a transmissão dos dados se der por telefone, não haverá nenhuma inconstitucionalidade, uma vez que comunicação telefônica é gênero que comporta as seguintes espécies: transmissão telefônica da voz, de imagem, *de dados* e de sinais. Se os dados forem transmitidos por telefone, nada impede sejam interceptados. A comunicação telemática insere-se nesse contexto, pois é a transmissão de dados de informática por meio do telefone. Em sentido contrário, entendendo que o parágrafo único é inconstitucional, já que a Carta Magna somente autoriza a interceptação de comunicação telefônica, na qual não se insere a transmissão de dados, Vicente Greco Filho: "a garantia constitucional do

---

119. Uadi Lammêgo Bulos, *Constituição Federal anotada*, cit., p. 121.
120. Luiz Flávio Gomes e Raúl Cervini, *Interceptação telefônica*, cit., p. 165.
121. *Interceptação telefônica*, cit., p. 171-6.

sigilo é a regra e a interceptação a exceção, de forma que a interpretação deve ser restritiva quanto a esta (*exceptiora non sunt amplianda*)"[122]. Assim, para o autor, a Constituição autorizaria somente a interceptação de comunicações telefônicas e não a de dados, e muito menos as telegráficas. No mesmo sentido, Antonio Magalhães Gomes Filho, para quem "a Constituição, no art. 5º, XII, traz como regra a inviolabilidade da correspondência, das comunicações telegráficas, de dados e das comunicações telefônicas, só excepcionando no último caso, ou seja, em relação às comunicações telefônicas propriamente ditas. A comunicação de dados, que constitui objeto da telemática, ainda que feita por via telefônica, está clara e amplamente coberta pela proteção constitucional. Aliás, ainda que o texto pudesse ensejar alguma dúvida, vale lembrar, ainda uma vez, que as regras que limitam os direitos e garantias individuais só podem ser interpretadas restritivamente"[123].

— **Interceptação telefônica.** Indaga-se qual seria o alcance do termo interceptação. Interceptação provém de interceptar — intrometer, interromper, interferir, colocar-se entre duas pessoas, alcançando a conduta de terceiro que, estranho à conversa, se intromete e toma conhecimento do assunto tratado entre os interlocutores. Para fins de considerar a prova como ilícita, a doutrina tem classificado as interceptações telefônicas do seguinte modo:

(i) **interceptação telefônica em sentido estrito:** consiste na captação da conversa telefônica por um terceiro, sem o conhecimento dos interlocutores (é o chamado "grampeamento");

(ii) **escuta telefônica:** é a captação da conversa com o consentimento de apenas um dos interlocutores (a polícia costuma fazer escuta em casos de sequestro, em que a família da vítima geralmente consente nessa prática, obviamente sem o conhecimento do sequestrador do outro lado da linha). Para Vicente Greco Filho "a lei não disciplina a interceptação (realizada por terceiro), mas com o consentimento de um dos interlocutores"[124].

(iii) **interceptação ambiental:** é a captação da conversa entre presentes, efetuada por terceiro, dentro do ambiente em que se situam os interlocutores, sem o conhecimento por parte destes;

(iv) **escuta ambiental:** é a interceptação de conversa entre presentes, realizada por terceiro, com o conhecimento de um ou alguns;

(v) **gravação clandestina:** é a praticada pelo próprio interlocutor ao registrar sua conversa (telefônica ou não), sem o conhecimento da outra parte.

Tanto a interceptação *stricto sensu* quanto a escuta telefônica inserem-se na expressão "interceptação", prevista no art. 5º, XII, da CF; logo, submetem-se às exigências da Lei n. 9.296/96. Diferente é o caso em que o próprio interlocutor grava a conversa. Neste, não existe a figura do terceiro e, portanto, não se pode falar em interceptação. Convém notar que para Antonio Scarance Fernandes e Ada Pellegrini Grinover o procedimento da Lei n. 9.296/96 se aplica às três espécies: interceptação em sentido estrito, escuta telefônica e gravação clandestina, sob pena de a prova ser reputada ilícita. O STF, por sua vez, já

---
122. *Interceptação telefônica*, São Paulo, Saraiva, 1996, p. 12.
123. Antonio Magalhães Gomes Filho, *Direito à prova no processo penal*, São Paulo, Revista dos Tribunais, 1997, p. 126.
124. *Interceptação telefônica*, cit., p. 5-6.

aceitou como válida a gravação de conversa telefônica como prova. Segundo esse posicionamento, as gravações telefônicas, que consistem na captação da comunicação via fone feita por um dos comunicadores, sem o conhecimento do outro, estão fora da disciplina jurídica da Lei n. 9.296/96, bem como do alcance da proibição do art. 5º, XII, da Constituição, considerando-se, à vista disso, como provas lícitas, podendo ser produzidas sem necessidade de prévia autorização judicial.

No entanto, é preciso ressalvar que a gravação somente não será admitida, e será considerada ilícita, quando afrontar outra garantia, qual seja, a da inviolabilidade da intimidade (CF, art. 5º, X). Dessa forma, se, excepcionalmente, o conteúdo for muito acintoso, a prova poderá, eventualmente, ser considerada ilícita, por afronta a outra norma de índole constitucional, a da inviolabilidade da intimidade e da vida privada. A gravação não feriu a inviolabilidade da comunicação telefônica, mas seu conteúdo acintoso poderá torná-la ilícita, ante o suplício da humilhação imposto ao outro interlocutor, o qual terá sua intimidade e sua imagem protegidas. Contrariando esse entendimento, sustenta Damásio E. de Jesus[125] que, no plano da gravação clandestina (ilícita), em que um dos interlocutores sabe que a conversação está sendo registrada sem o conhecimento do outro, a prova obtida não tem sido válida, quer no Processo Civil, quer no Processo Penal. Esse autor cita Nelson Nery Junior[126]. Para Luiz Flávio Gomes, excepcionalmente, em face do princípio da proporcionalidade, será admitida a prova ilícita em benefício do acusado, para provar a sua inocência, jamais para incriminá-lo.

> **Nosso entendimento:** a gravação telefônica, em regra, será lícita, salvo quando flagrantemente atentatória à intimidade alheia. A interceptação em sentido estrito e a escuta telefônica, quando feitas fora das hipóteses legais ou sem autorização judicial, não devem ser admitidas, por afronta ao direito à privacidade. No entanto, excepcionalmente, mesmo quando colhidas ilegalmente, tais evidências poderão ser aceitas em atenção ao princípio da proporcionalidade.

Neste último caso, há duas posições: (i) o princípio da proporcionalidade deve ser aceito somente *pro reo*; (ii) deve ser aceito *pro reo* ou *pro societate*. No tocante à utilização de gravação clandestina, vale mencionar o acórdão do STJ: "A gravação de conversações através do telefone da vítima, com o seu conhecimento, nas quais restam evidentes extorsões cometidas pelos réus, exclui suposta ilicitude dessa prova (precedentes do Excelso Pretório)".

— **Interceptação e gravação ambiental.** A captação ambiental está disposta no art. 8º-A da Lei n. 9.296/96: "Para investigação ou instrução criminal, poderá ser autorizada pelo juiz, a requerimento da autoridade policial ou do Ministério Público, a captação ambiental de sinais eletromagnéticos, ópticos ou acústicos, quando: I — a prova não puder ser feita por outros meios disponíveis e igualmente eficazes; e II — houver elementos

---

125. Interceptação de comunicações telefônicas: notas à Lei n. 9.296/96, *RT*, 735:458.
126. *Princípios do processo civil na Constituição Federal*, 2. ed., São Paulo, Revista dos Tribunais, p. 143.

probatórios razoáveis de autoria e participação em infrações criminais cujas penas máximas sejam superiores a 4 (quatro) anos ou em infrações penais conexas". Por outro lado, foi criado um tipo penal de captação ambiental clandestina, previsto no art. 10-A[127] da Lei n. 9.296/96. Interceptação ambiental é a captação da conversa entre dois ou mais interlocutores, por um terceiro que esteja no mesmo local ou ambiente em que se desenvolve o colóquio. Escuta ambiental é essa mesma captação feita com o consentimento de um ou alguns interlocutores. A gravação é feita pelo próprio interlocutor. Se a conversa não era reservada, nem proibida a captação por meio de gravador, por exemplo, nenhum problema haverá para aquela prova. Em contrapartida, se a conversação ou palestra era reservada, sua gravação, interceptação ou escuta constituirá prova ilícita, por ofensa ao direito à intimidade (CF, art. 5º, X), devendo ser aceita ou não de acordo com a proporcionalidade dos valores que se colocarem em questão. No caso de investigação de crime praticado por organizações criminosas, desde que haja prévia, fundamentada e detalhada ordem escrita da autoridade judicial competente, toda e qualquer gravação e interceptação ambiental que estiver acobertada pela autorização constituirá prova válida, de acordo com a permissão legal contida na Lei n. 12.850/2013. Não existindo a prévia autorização judicial, a prova somente será admitida em hipóteses excepcionais, por adoção ao princípio da proporcionalidade *pro societate*. Assim, será aceita para fins de evitar uma condenação injusta ou para terminar com uma poderosa quadrilha de narcotráfico ou voltada à dilapidação dos cofres públicos. Para Vicente Greco Filho tais situações, a gravação e a interceptação ambiental, "são irregulamentáveis porque fora do âmbito do inciso XII do art. 5º da Constituição, e sua licitude, bem como a prova dela decorrente, dependerá do confronto do direito à intimidade (se existente) com a justa causa para a gravação ou a interceptação, como o estado de necessidade e a defesa do direito, nos moldes da disciplina da exibição da correspondência pelo destinatário (art. 153 do Código Penal e art. 233 do Código de Processo Penal)"[128]. Em suma, captação ambiental de conversa não sigilosa, seja mediante interceptação, escuta ou gravação, não constituirá prova ilícita, por inexistir ofensa à intimidade. Em se tratando de conversa sigilosa, havendo autorização judicial também estaremos diante de uma prova lícita. Finalmente, na hipótese de captação de conversa sigilosa sem autorização judicial, a prova, a princípio, será ilícita, mas nada impede seu aproveitamento, dependendo da proporcionalidade dos valores em contraste.

— **Sigilo de dados telefônicos.** Convém aqui analisar se a quebra do sigilo de dados telefônicos está também abrangida pela Lei de Interceptação Telefônica. Sabemos que as empresas que operam na área de comunicação telefônica possuem registros das comunicações realizadas, isto é, armazenam dados correspondentes ao dia em que a

---

127. Art. 10-A. Realizar captação ambiental de sinais eletromagnéticos, ópticos ou acústicos para investigação ou instrução criminal sem autorização judicial, quando esta for exigida:
    Pena — reclusão, de 2 (dois) a 4 (quatro) anos, e multa.
    § 1º Não há crime se a captação é realizada por um dos interlocutores.
    § 2º A pena será aplicada em dobro ao funcionário público que descumprir determinação de sigilo das investigações que envolvam a captação ambiental ou revelar o conteúdo das gravações enquanto mantido o sigilo judicial.
128. Vicente Greco Filho, *Interceptação telefônica*, cit., p. 5-6.

chamada foi feita, horário, número do telefone, duração da chamada etc., sendo certo que a quebra de seu sigilo não pode ser confundida com a interceptação das comunicações telefônicas.

> **Nosso entendimento:** a Lei em questão não se refere aos dados armazenados nas empresas telefônicas, somente cuidando da autorização para captação de conversas telefônicas em andamento. Os registros de ligações já efetuadas são documentos como outros quaisquer, os quais não necessitam de procedimento especial para serem requisitados pelo juiz.

Quanto à requisição por Comissões Parlamentares de Inquérito de dados já armazenados de comunicações telefônicas pretéritas, a possibilidade é indiscutível, seja porque a CF lhes conferiu poderes investigatórios próprios das autoridades judiciárias, seja porque não se trata de captação de conversa em andamento.

> **Nosso entendimento:** no que tange à requisição direta pelo Ministério Público, entendemos ser ela possível, com base no poder requisitório assegurado pelo art. 129, VI, da CF, uma vez que se trata de meros documentos que registram fatos já ocorridos, informando apenas o tempo de duração da conversa e as linhas envolvidas.

17.3.6. Inviolabilidade do sigilo das comunicações. Comunicações telefônicas. Interceptação. Requisitos legais constantes da Lei n. 9.296/96

Dispõe o art. 5º, XII, da CF: "é inviolável o sigilo da correspondência e das comunicações telegráficas, de dados e das comunicações telefônicas, salvo, no último caso, por ordem judicial, nas hipóteses e na forma que a lei estabelecer para fins de investigação criminal ou instrução processual penal". Pois bem. Tratando-se de norma constitucional de eficácia limitada, uma vez que dependia de interposta lei para gerar seus efeitos principais, foi editada uma lei regulamentadora, a fim de viabilizar a violação das comunicações telefônicas. Assim, como forma de dar aplicabilidade ao preceito constitucional, adveio a Lei n. 9.296/96, a qual traz em seu bojo normas de natureza processual e penal. No entanto, como as normas constitucionais de eficácia limitada geram alguns efeitos jurídicos negativos imediatos, na medida em que vinculam o legislador infraconstitucional aos seus comandos (efeito impeditivo de deliberação em sentido contrário ao da norma constitucional), temos que a Lei que disciplinou a interceptação telefônica ficou adstrita aos requisitos mínimos constantes da Constituição Federal, quais sejam: (i) exigência de autorização judicial; (ii) que a interceptação seja realizada para fins de investigação criminal ou instrução processual penal. Convém notar que a autorização judicial somente será dispensada em hipótese expressamente prevista no próprio texto constitucional, como na hipótese de estado de defesa (CF, art. 136, § 1º, I, c) e estado de sítio (CF, art. 139, III).

Convém, antes de mais nada, assinalar que o procedimento da interceptação telefônica é de natureza cautelar, cuja medida poderá ser preparatória, se realizada antes da propositura da ação penal, ou incidental, quando realizada durante a instrução processual penal.

Requisitos legais para a concessão da quebra do sigilo telefônico:

(i) Ordem do juiz competente para o julgamento da ação principal: trata-se de requisito constante do art. 1º da Lei. Somente o juiz competente para o julgamento da ação principal poderá determinar a quebra do sigilo telefônico, jamais o Promotor de Justiça ou o Delegado de Polícia poderão fazê-lo. Obviamente que se trata de juiz que exerça jurisdição penal, seja esta eleitoral, militar ou comum, já que a interceptação será realizada para prova em investigação criminal e em instrução processual penal. Assim, o juiz que determinar a quebra do sigilo será o competente para a ação principal. Na hipótese em que dois ou mais juízes forem igualmente competentes, aplicar-se-á a regra de prevenção prevista no art. 83 do CPP.

> **Nosso entendimento:** nenhuma nulidade ocorrerá se a autorização provier de juiz competente para acompanhar apenas o inquérito policial, pois o que a lei pretendeu dizer foi "juízo", e não juiz, com competência territorial e material para o julgamento da causa, de modo que tal juízo pode, em alguns casos ou Comarcas, ser composto por um juiz preparador de inquéritos e outro julgador da causa. Quem autorizará nesse caso será o juízo com competência para a persecução penal, entendendo-se esta como toda a fase desde o inquérito policial até o final do processo criminal.

Também a favor de que nenhuma nulidade ocorrerá, Vicente Greco Filho, para quem: "(...) a expressa menção na lei de vinculação de competência do juiz da autorização como o juiz da ação principal vai suscitar a alegação de nulidade de atos praticados pelo juiz especializado, mas cremos que vai prevalecer, no caso, o entendimento da autonomia da lei estadual de organização judiciária em estabelecer a competência dos juízos no âmbito de sua justiça"[129].

(ii) Indícios razoáveis de autoria ou participação em infração penal: consta do art. 2º, I, da Lei. Não se exige prova plena, sendo suficiente o juízo de probabilidade (*fumus comissi delicti*), sob o influxo do princípio *in dubio pro societate*. Havendo indicação provável de prática de crime, o juiz poderá autorizar. Não se exige a instauração formal de inquérito policial. Segundo Antonio Scarance Fernandes, "Para que o juiz possa avaliar a presença no caso concreto destas duas exigências, haverá necessidade de investigação iniciada ou processo instaurado (art. 3º, I), ficando, em princípio, excluída a possibilidade de interceptação para iniciar a investigação"[130].

(iii) Que a infração penal seja crime punido com reclusão: de acordo com o art. 2º, III, não será admitida a interceptação quando o fato investigado constituir infração penal punida, no máximo, com pena de detenção. Isto significa dizer que somente

---
129. *Interceptação telefônica*, cit., p. 28.
130. Antonio Scarance Fernandes, *Processo penal constitucional*, 2. ed., São Paulo, Revista dos Tribunais, 2000, p. 92.

será admissível a quebra do sigilo telefônico nas hipóteses de crimes apenados com reclusão. Contudo, conforme a doutrina, tal critério trouxe duas impropriedades: (i) deixou de lado crimes apenados com detenção, como a ameaça, comumente praticado via telefone, ou mesmo contravenções, como o jogo do bicho; (ii) ao elencar genericamente todas as infrações penais apenadas com reclusão como objeto da interceptação, alargou sobremaneira o rol dos delitos passíveis de serem investigados por quebra do sigilo telefônico, crimes estes, muitas vezes, destituídos de maior gravidade, o que torna discutível, no caso concreto, o sacrifício de um direito fundamental como o sigilo das comunicações telefônicas. Deve incidir, na hipótese, o princípio da proporcionalidade dos bens jurídicos envolvidos, não se podendo sacrificar o sigilo das comunicações em prol de um bem de menor valor. Questão interessante é a do crime de ameaça, punido com detenção, e tão comum por via telefônica. Não poderá ser concedida a autorização para a quebra do sigilo da comunicação. A solução é conceder a quebra para investigar não a ameaça, mas o crime mais grave que se ameaçou praticar, por exemplo, o homicídio, no caso da ameaça de morte.

(iv) **Que não exista outro meio de se produzir a prova:** para a concessão da medida cautelar é necessário demonstrar o *periculum*, isto é, o perigo de se perder a prova sem a interceptação[131]. A quebra do sigilo telefônico, por constituir medida excepcional, somente deverá ser utilizada quando a prova não puder ser obtida por outros meios. Por se tratar de medida que restringe um direito fundamental do cidadão, qual seja, o seu direito à intimidade e liberdade de comunicação, caberá ao juiz, no caso concreto, avaliar se há outras alternativas menos invasivas, menos lesivas ao indivíduo. Se houver outros meios processuais de obtenção da prova, estes deverão ser utilizados. Deve-se, portanto, demonstrar fundamentadamente a necessidade da medida. Convém notar que se existir outro meio, mas este for de extrema dificuldade de produção, na prática, a autorização poderá ser concedida.

(v) **Que tenha por finalidade instruir investigação policial ou processo criminal:** trata-se de requisito constante da Carta Magna e que foi reproduzido pela Lei n. 9.296/96 em seu art. 1º. Assim, não se admite a quebra do sigilo para instruir processo cível, por exemplo, ação de separação por adultério, em que é comum a ação de detetives particulares "grampeando" o telefone do cônjuge suspeito, já que a autorização só é possível em questão criminal. Da mesma forma, incabível a interceptação em sede de inquérito civil ou ação civil pública.

— **Eficácia objetiva da autorização.** Exige a primeira parte do art. 2º que deve ser descrita com clareza a situação objeto da investigação. Assim, impõe a Lei que o juiz, ao conceder a autorização, descreva de forma detalhada, circunstancial, o fato, objeto da interceptação telefônica.

---

131. Idem.

> **Nosso entendimento:** embora a questão suscite divergências na doutrina, entendemos que a ordem de quebra do sigilo vale não apenas para o crime objeto do pedido, mas também para quaisquer outros que vierem a ser desvendados no curso da comunicação, pois a autoridade não poderia adivinhar tudo o que está por vir. Se a interceptação foi autorizada judicialmente, ela é lícita e, como tal, captará licitamente toda a conversa. Não há nenhum problema. Há também interpretação restritiva, no sentido de que isso somente será possível se houver conexão entre os crimes.

Para Vicente Greco Filho, é possível, "desde que a infração pudesse ser ensejadora de interceptação, ou seja, não se encontre entre as proibições do art. 2º da Lei n. 9.296/96, e desde que seja fato relacionado com o primeiro, ensejando concurso de crimes, continência ou conexão. O que não se admite é a utilização da interceptação em face de fato de conhecimento fortuito e desvinculado do fato que originou a providência"[132]. Luiz Flávio Gomes, por sua vez, sustenta que "É válida a prova se se descobre 'fato delitivo conexo com o investigado', mas desde que de responsabilidade do mesmo sujeito passivo. Logo, se o fato não é conexo ou se versa sobre outra pessoa, não vale a prova. Cuida-se de prova nula. Mas isso não significa que a descoberta não tenha nenhum valor: vale como fonte de prova, é dizer, a partir dela pode-se desenvolver nova investigação. Vale, em suma, como uma *notitia criminis*. Nada impede a abertura de uma nova investigação, até mesmo nova interceptação, mas independente"[133]. Nos Tribunais Superiores tem-se admitido a validade da prova quando descoberto fato delitivo, ainda que não seja conexo ao investigado, e que seja punido com detenção. Com efeito, já decidiu o STJ: "Durante a interceptação telefônica deferida para investigar crimes punidos com reclusão, se forem encontrados fortuitamente elementos comprobatórios da prática de delitos apenados com detenção, é válido o uso das provas na ação penal referente a estes últimos, ainda que não haja conexão entre os fatos" (STJ, AgRg no AREsp 2.035.619/SP, Rel. Min. Ribeiro Dantas, 5ª Turma, *DJe* 29-4-2022).

Pode suceder que, quando da realização da interceptação, seja descoberta a participação de outros agentes na prática delitiva, por exemplo, descobre-se que o homicídio foi praticado por uma quadrilha. Assim, discute-se se a autorização judicial abrangeria a participação de qualquer outro interlocutor.

> **Nosso entendimento:** da mesma forma, a autorização de interceptação "abrange a participação de qualquer interlocutor no fato que está sendo apurado e não apenas aquele que justificou a providência. Caso contrário, a interceptação seria praticamente inútil. Pode ocorrer até que se verifique a inocência daquele que justificou a interceptação e o envolvimento de outros".

---

132. *Interceptação telefônica*, cit., p. 21-2.
133. Luiz Flávio Gomes e Raúl Cervini, *Interceptação telefônica*, cit., p. 193-4.

— **Prova emprestada.** É aquela produzida em determinado processo e a ele destinada, depois transportada, por translado, certidão ou qualquer outro meio autenticatório, para produzir efeito como prova em outro processo. Diante do princípio do contraditório, parte da doutrina sustenta que a prova emprestada não pode gerar efeito contra quem não tenha figurado como uma das partes no processo originário.

Tendo em vista que a gravação telefônica, uma vez transcrita, constitui meio de prova documental, discute-se se a prova obtida com a interceptação telefônica pode ser utilizada para instruir processo civil, administrativo etc. Sabemos que a interceptação telefônica somente pode ser autorizada para fins de investigação criminal ou instrução processual penal, constituindo, portanto, a quebra do sigilo telefônico uma exceção ao direito ao sigilo das comunicações. Sobre esse procedimento também sabemos que vigora o segredo de justiça, o qual foi assegurado pelo art. 1º da Lei. Assim, sustenta-se que, ao se admitir que a prova colhida com a medida cautelar seja utilizada em processo distinto, haveria burla às regras disciplinadoras da Lei de Interceptação Telefônica.

> **Nosso entendimento:** discordamos desse segmento da doutrina, pois admitimos a utilização da prova colhida no procedimento de interceptação telefônica em outro processo, desde que gere efeito contra quem tenha sido parte no processo originário.

Assim, a esposa que tenha sido vítima de tentativa de homicídio, crime este perpetrado pelo seu marido, poderá utilizar a prova obtida no procedimento de interceptação telefônica, para instruir ação de divórcio contra aquele (*vide* novamente o que indica o art. 226, § 6º, da Constituição da República).

Vejam que na hipótese a interceptação foi determinada com o fim de apurar a prática de uma tentativa de homicídio, consoante as disposições da Lei em estudo, não se podendo considerar a utilização posterior da prova em outro processo uma forma de burlar a Lei n. 9.296/96. Finalmente, vale aqui transcrevermos o entendimento de Antonio Scarance Fernandes, para quem "Pode-se admitir a prova produzida em outro processo criminal como prova emprestada, com a exigência de que se trate do mesmo acusado, para não haver ofensa ao princípio do contraditório e à ampla defesa. Mais discutível é o uso da prova emprestada em processo cível, pois a constituição não permite a interceptação para se obter prova fora do âmbito criminal. O transplante da prova representaria forma de se contornar a vedação constitucional quanto à interceptação para fins não criminais. Há, contudo, razoável entendimento no sentido de que a prova poderia ser aceita porque a intimidade, valor constitucionalmente protegido pela vedação das interceptações telefônicas, já teria sido violada de forma lícita. Não haveria razão, então, para se impedir a produção da prova, sob o argumento de que, por via oblíqua, seria desrespeitado o texto constitucional"[134]. Em sentido contrário: Vicente Greco Filho[135]; Luiz Flávio Gomes e Raúl

---
134. Antonio Scarance Fernandes, *Processo penal constitucional*, cit., p. 96-7.
135. *Interceptação telefônica*, cit., p. 24.

Cervini[136], para quem é vedada a utilização da prova colhida com a interceptação no processo de natureza civil.

No tocante ao procedimento administrativo disciplinar, o STF manifestou-se no sentido de que "é firme o entendimento desta Corte que, respeitado o contraditório e a ampla defesa, é admitida a utilização no processo administrativo de 'prova emprestada' devidamente autorizada na esfera criminal" (STF, RMS 34.397/DF, Rel. Min. Rosa Weber, DJe-091 3-5-2019).

— **Valor da prova.** Convém aqui mencionar que, embora a prova colhida com a interceptação telefônica seja considerada lícita, isso não impede que o juiz do processo principal a analise juntamente com os demais elementos probatórios colhidos para formar a sua convicção. Com efeito, o nosso direito processual penal acolhe o sistema do livre convencimento ou da persuasão racional. Assim, o juiz tem liberdade para formar a sua convicção, não estando preso a qualquer critério legal de prefixação de valores probatórios. No entanto, essa liberdade não é absoluta, sendo necessária a devida fundamentação. Consoante, bem assinala Vicente Greco Filho, "Quanto à valoração do conteúdo da prova, passar-se-á certamente pelo sistema da persuasão racional, o confronto com as demais provas e, inclusive, a confiabilidade de quem a colheu"[137]. A prova não só está sujeita a uma valoração de seu conteúdo pelo juiz, como também a uma apreciação quanto à sua idoneidade técnica, de forma que "não fica excluída a possibilidade de perícia para a identificação de vozes e para a verificação da própria integridade e autenticidade da fita. No tocante à perícia para confronto de voz em gravação de escuta telefônica, o STF já se manifestou no sentido de que o investigado, em face do privilégio contra a autoincriminação, garantia constitucional, o qual permite o exercício do direito ao silêncio, não está obrigado a fornecer os padrões vocais necessários a subsidiar prova pericial que entende lhe ser desfavorável.

17.3.7. Provas ilícitas e a quebra do sigilo bancário e fiscal

Podem decretar a quebra do sigilo bancário (a violação ilegal do sigilo bancário caracteriza crime punido com reclusão de um a quatro anos — art. 10 da LC n. 105/2001):

(i) O Poder Judiciário, desde que haja justa causa e o despacho seja fundamentado (art. 93, IX, da CF), sendo dispensável a prévia manifestação do titular do sigilo, quando demonstrado o *periculum in mora*.

(ii) As autoridades administrativas do Banco Central e agentes de fiscalização de quaisquer das esferas federativas, sem autorização do Poder Judiciário, mediante requisição direta ou inspeção de funcionários do Governo, quando houver procedimento administrativo em andamento ou fundada suspeita de lavagem de dinheiro, evasão de divisas para paraísos fiscais etc. (arts. 5º e 6º). O fundamento de constitucionalidade para esta disposição é o art. 145, § 1º, da CF, segundo o qual é facultado à administração

---
136. *Interceptação telefônica*, cit., p. 216.
137. *Interceptação telefônica*, cit., p. 26.

tributária, nos termos da lei, "identificar o patrimônio, os rendimentos e as atividades econômicas do contribuinte".

– **Quebra do sigilo diretamente pelo Ministério Público.** O STJ, ao examinar a questão, concluiu que o Ministério Público não pode determinar diretamente a quebra do sigilo bancário. Em julgado paradigmático, o STF, no entanto, por maioria de votos, proferiu decisão no sentido da constitucionalidade de dispositivo da Lei Orgânica do Ministério Público da União, que permite a quebra do sigilo bancário, sem necessidade de prévia autorização judicial, desde que a investigação tenha por finalidade a apuração de danos ao erário, sob o argumento de que, na hipótese, e somente nela, de a origem do dinheiro ser pública, a operação não poderá ser considerada sigilosa, a ponto de merecer a proteção da prévia autorização judicial (STF, MS 21.729/DF, Rel. Min. Marco Aurélio, j. 5-10-1995). Considerando que a Lei Orgânica Nacional dos Ministérios Públicos estaduais (Lei n. 8.625/93), em seu art. 80, autorizou a aplicação subsidiária da Lei Orgânica do Ministério Público da União aos Ministérios Públicos estaduais, pode-se concluir que o STF, ao permitir a quebra do sigilo bancário diretamente pelo Ministério Público Federal, conferiu também esse poder a qualquer outro Ministério Público, desde que a finalidade seja a de apurar danos ao erário. Tal entendimento vale tanto para o sigilo bancário quanto para o fiscal.

– **Quebra do sigilo diretamente pelas Comissões Parlamentares de Inquérito.** O art. 58, § 3º, da CF, no que se refere ao sigilo telefônico, bancário e fiscal, confere às CPIs os mesmos poderes investigatórios das autoridades judiciais. No tocante ao sigilo telefônico, *vide* comentários acima à Lei de Interceptação Telefônica. A CPI foi regulamentada pelas Leis n. 1.579/52 e pelos Regimentos Internos das Casas Legislativas.

Convém notar que a quebra do sigilo bancário e fiscal é medida excepcional. Se, por um lado, o sigilo não tem poder absoluto, principalmente quando confrontados o interesse púbico e o privado, por outro, sua violação não pode ser empregada abusivamente, para localizar, por exemplo, bens para serem penhorados, ainda que o exequente seja o Poder Público.

Finalmente, o art. 198 do Código Tributário Nacional proíbe a divulgação, para qualquer fim, por parte da Fazenda Pública ou de seus funcionários, de informação, obtida em razão do ofício, sobre a situação econômica ou financeira, negócios ou atividades do contribuinte. Ressalva-se: (i) requisição judicial no interesse da justiça; (ii) solicitações de autoridade administrativa no interesse da Administração Pública (art. 198, § 1º, I e II).

Sobre o tema, é importante ressaltar também que o STF firmou o entendimento, em Plenário, no sentido de que: "É constitucional o compartilhamento dos relatórios de inteligência financeira da UIF (Unidade de Inteligência Financeira) e da íntegra do procedimento fiscalizatório da Receita Federal do Brasil – em que se define o lançamento do tributo – com os órgãos de persecução penal para fins criminais sem prévia autorização judicial, devendo ser resguardado o sigilo das informações em procedimentos formalmente instaurados e sujeitos a posterior controle jurisdicional". Assim, dados bancários que estão em posse da Unidade de Inteligência Financeira do COAF podem ser compartilhados para fins de investigação criminal.

Jurisprudência

- **QUEBRA DE SIGILO DE DADOS INFORMÁTICOS ESTÁTICOS (REGISTROS DE GEOLOCALIZAÇÃO):** (...) "não é possível que se determine a quebra de sigilo de um universo indeterminado de pessoas quando os dados envolverem informações íntimas (como o acesso irrestrito a fotos e conteúdo de conversas), assim, será inválida a ordem se o juiz determinou que o Google fornecesse o acesso aos seguintes dados das pessoas estiveram no local: conteúdo dos e-mails do Gmail; conteúdo do Google Fotos e do Google Drive; listas de contatos; históricos de localização, incluindo os trajetos pesquisados; pesquisas feitas no Google; e listas de aplicativos baixados" (STJ, RMS 68.119/RJ, Rel. Min. Jesuíno Rissato (Desembargador convocado do TJDFT), 5ª Turma, j. 15-3-2022).

- **PROCESSO ELEITORAL: ILICITUDE DE PROVA OBTIDA POR MEIO DE GRAVAÇÃO AMBIENTAL REALIZADA SEM O CONHECIMENTO DE UM DOS INTERLOCUTORES E SEM AUTORIZAÇÃO JUDICIAL:** "(i) No processo eleitoral, é ilícita a prova colhida por meio de gravação ambiental clandestina, sem autorização judicial e com violação à privacidade e à intimidade dos interlocutores, ainda que realizada por um dos participantes, sem o conhecimento dos demais. (ii) A exceção à regra da ilicitude da gravação ambiental feita sem o conhecimento de um dos interlocutores e sem autorização judicial ocorre na hipótese de registro de fato ocorrido em local público desprovido de qualquer controle de acesso, pois, nesse caso, não há violação à intimidade ou quebra da expectativa de privacidade" (*Informativo* 1.134 – STF, Tema de Repercussão Geral n. 979 – Leading case: RE 1.040.515, Rel. Min. Dias Toffoli, j. 29-2-2024, *DJe* 24-6-2024).

- "O espólio possui legitimidade para contestar a validade de interceptações telefônicas em processo penal, mesmo após a extinção da punibilidade devido ao falecimento do acusado, especialmente quando tais provas impactam significativamente o patrimônio dos herdeiros em ações de improbidade administrativa que se baseiam em provas emprestadas da ação penal originária" (AREsp 2.384.044/SP, Rel. Min. Ribeiro Dantas, 5ª Turma, por unanimidade, j. 11-6-2024).

- "A falta de procedimentos para garantir a idoneidade e integridade dos dados extraídos de um celular apreendido resulta na quebra da cadeia de custódia e na inadmissibilidade da prova digital" (AgRg no 828.054/RN, Rel. Min. Joel Ilan Paciornik, 5ª Turma, por unanimidade, j. 23-4-2024, *DJe* 29-4-2024.

- "É possível a utilização de ações encobertas, controladas virtuais ou de agentes infiltrados no plano cibernético, inclusive via espelhamento do *Whatsapp Web*, desde que o uso da ação controlada na investigação criminal esteja amparada por autorização judicial" (AgRg no AREsp 2.318.334/MG, Rel. Min. Reynaldo Soares da Fonseca, 5ª Turma, por unanimidade, j. 16-4-2024, *DJe* 23-4-2024).

17.4. Classificação das provas

Inúmeras são as classificações da prova. Vejamos algumas delas:

Quanto ao objeto: o objeto da prova nada mais é do que o fato cuja existência carece ser demonstrada. Assim, a prova pode ser:

(i) direta: quando, por si, demonstra um fato, ou seja, refere-se diretamente ao fato probando;

(ii) indireta: quando alcança o fato principal por meio de um raciocínio lógico-dedutivo, levando-se em consideração outros fatos de natureza secundária, porém relacionados com o primeiro, como, por exemplo, no caso de um *álibi*.

Em razão de seu **efeito ou valor**, a prova pode ser:

(i) plena: trata-se de prova convincente ou necessária para a formação de um juízo de certeza no julgador, por exemplo, a exigida para a condenação; quando a prova não se mostrar inverossímil, prevalecerá o princípio do *in dubio pro reo*;

(ii) não plena ou indiciária: trata-se de prova que traz consigo um juízo de mera probabilidade, vigorando nas fases processuais em que não se exige um juízo de certeza, como na sentença de pronúncia, em que vigora o princípio do *in dubio pro societate*. Exemplo: prova para o decreto de prisão preventiva. Na legislação, aparece como "indícios veementes", "fundadas razões" etc.

Relativamente ao **sujeito ou causa,** pode ser:

(i) real: são as provas consistentes em uma coisa externa e distinta da pessoa, e que atestam dada afirmação (ex.: o lugar, o cadáver, a arma etc.);

(ii) pessoal: são aquelas que encontram a sua origem na pessoa humana, consistente em afirmações pessoais e conscientes, como as realizadas por declaração ou narração do que se sabe (o interrogatório, os depoimentos, as conclusões periciais).

Quanto à **forma ou aparência,** a prova é:

(i) testemunhal: resultante do depoimento prestado por sujeito estranho ao processo sobre fatos de seu conhecimento pertinentes ao litígio;

(ii) documental: produzida por meio de documentos;

(iii) material: obtida por meio químico, físico ou biológico (ex.: exames, vistorias, corpo de delito etc.).

17.5. Meios de prova

Em primeiro lugar, a título de esclarecimento, convém salientar que o meio de prova compreende tudo quanto possa servir, direta ou indiretamente, à demonstração da verdade que se busca no processo. Assim, temos: a prova documental, a pericial, a testemunhal etc.

Como é sabido, vigora no direito processual penal o princípio da verdade real, de tal sorte que se deve evitar limitação à prova, sob pena de se frustrar o interesse estatal na justa aplicação da lei. Tanto é verdade essa afirmação que a doutrina e a jurisprudência são unânimes em assentir que os meios de prova elencados no Código de Processo Penal são meramente exemplificativos, sendo perfeitamente possível a produção de outras provas, distintas daquelas ali enumeradas.

Ocorre, no entanto, que o princípio da liberdade probatória não é absoluto, sofre restrições. No CPP, vislumbram-se, dentre outras, as seguintes limitações ao princípio da liberdade dos meios de prova: o art. 155, parágrafo único, que manda observar as mesmas exigências e formalidades da lei civil para a prova quanto ao estado das pessoas (casamento, morte e parentesco são situações que somente se provam mediante as respectivas certidões); art. 158, que exige o exame de corpo de delito para as infrações que deixarem vestígios (não transeuntes), não admitindo seja suprido nem pela confissão do acusado; art. 479, *caput*, que veda, durante os debates em plenário, a leitura de documento ou a exibição de objeto que não tiver sido juntado aos autos com a antecedência mínima de três dias úteis, dando-se ciência à outra parte; e a inadmissibilidade das provas obtidas por meios ilícitos (CF, art. 5º, LVI).

De acordo com o art. 155, *caput*, "o juiz formará sua convicção pela livre apreciação da prova produzida em contraditório judicial, não podendo fundamentar sua decisão exclusivamente nos elementos informativos colhidos na investigação, ressalvadas as provas cautelares, não repetíveis e antecipadas". Assim, à exceção das provas não repetíveis e antecipadas (por exemplo, arts. 225 e 366 do CPP), não se autoriza a fundamentação da sentença com base exclusivamente nas provas do inquérito. Vale ressaltar novamente o art. 157 e parágrafos do CPP, em que consta expressamente a vedação da utilização de provas ilícitas, tal como preceitua o art. 5º, LVI, da CF, bem como aquelas derivadas das ilícitas, prevendo, inclusive, a sua destruição.

17.6. Ônus da prova

Registre-se, de início, que a prova não constitui uma obrigação processual e sim um ônus, ou seja, a posição jurídica cujo exercício conduz seu titular a uma condição mais favorável.

A principal diferença entre obrigação e ônus reside na obrigatoriedade. Enquanto na obrigação a parte tem o dever de praticar o ato, sob pena de violar a lei, no ônus o adimplemento é facultativo, de modo que o seu não cumprimento não significa atuação contrária ao direito. Neste último caso, contudo, embora não tendo afrontado o ordenamento legal, a parte arcará com o prejuízo decorrente de sua inação ou deixará de obter a vantagem que adviria de sua atuação.

A prova é induvidosamente um ônus processual, na medida em que as partes provam em seu benefício, visando dar ao juiz os meios próprios e idôneos para formar a sua convicção.

Ônus da prova é, pois, o encargo que têm os litigantes de provar, pelos meios admissíveis, a verdade dos fatos.

Questão interessante refere-se ao fato de a lei penal obrigar o acusado a se defender. Contudo, em que pese essa exigência, não tem o condão de desfigurar o ônus probatório, uma vez que os atos defensórios necessários, como a presença às audiências, alegações finais etc., não se confundem com a faculdade de produzir provas, até porque é perfeitamente possível que a inércia seja a melhor estratégia de defesa. No que tange às alegações finais, destaque-se que atualmente deve ser buscada a concentração dos atos processuais em audiência una, priorizando as alegações finais orais (CPP, arts. 403, *caput*, e 411, § 4º) e admitindo-se no procedimento comum, consoante o art. 403, § 3º, a apresentação de memoriais, considerada a complexidade do caso ou o número de acusados.

Portanto, cabe provar a quem tem interesse em afirmar. A quem apresenta uma pretensão cumpre provar os fatos constitutivos; a quem fornece a exceção cumpre provar os fatos extintivos ou as condições impeditivas ou modificativas.

A prova da alegação (*onus probandi*) incumbe a quem a fizer (CPP, art. 156, *caput*). Exemplo: cabe ao Ministério Público provar a existência do fato criminoso, da sua realização pelo acusado e também a prova dos elementos subjetivos do crime (dolo ou culpa); em contrapartida, cabe ao acusado provar as causas excludentes da antijuridicidade, da culpabilidade e da punibilidade, bem como circunstâncias atenuantes da pena ou concessão de benefícios legais. Caso o réu pretenda a absolvição com fulcro no art. 386, I, do Código de Processo Penal, incumbe-lhe ainda a prova da "inexistência do fato".

De se notar que a regra do art. 156, I e II, do CPP, diante da expressa adoção do sistema *acusatório*, e não inquisitivo, implica a admissão de que esse dispositivo não deve ser mais aplicado no âmbito processual penal, sendo vedado ao magistrado produzir provas de ofício. Igualmente, a previsão legal da possibilidade de produção de provas antecipadas de ofício é bastante discutível em face do processo penal acusatório, pois admite a figura de um juiz investigador e, portanto, de um processo inquisitivo.

17.6.1. Procedimento probatório

A atividade probatória importa em quatro momentos distintos.

(i) Proposição: refere-se ao momento ou ao instante do processo previsto para a produção da prova. Em regra, as provas devem ser propostas com a peça acusatória e com a defesa prevista nos arts. 396-A e 406, § 3º, do CPP. De acordo com a redação do art. 422 do CPP, ao receber os autos, o presidente do Tribunal do Júri determinará a intimação do órgão do Ministério Público ou do querelante, no caso de queixa, e do defensor para, no prazo de cinco dias, apresentarem rol de testemunhas que irão depor em plenário, até o máximo de cinco, oportunidade em que poderão juntar documentos e requerer diligência. A única prova passível de ser requerida pelas partes ou determinada de ofício pelo juiz, em qualquer fase do processo, até mesmo em grau de recurso, diz respeito ao incidente de insanidade mental do acusado.

(ii) Admissão: trata-se de ato processual específico e personalíssimo do juiz, que, ao examinar as provas propostas pelas partes e seu objeto, defere ou não a sua produção. Toda prova requerida pelas partes deve ser deferida, salvo quando protelatória ou impertinente. Cumpre consignar que sistemática processual penal prevê a audiência una no procedimento comum, de forma que, consoante os termos do art. 400, § 1º, do CPP, as provas serão produzidas numa só audiência, podendo o juiz indeferir as consideradas irrelevantes, impertinentes ou protelatórias.

(iii) **Produção:** é o conjunto de atos processuais que devem trazer a juízo os diferentes elementos de convicção oferecidos pelas partes.

(iv) **Valoração:** nada mais é do que o juízo valorativo exercido pelo magistrado em relação às provas produzidas, emprestando-lhes a importância devida, de acordo com a sua convicção. Esse momento coincide com o próprio desfecho do processo.

17.6.2. Prova emprestada

É aquela produzida em determinado processo e a ele destinada, depois transportada, por translado, certidão ou qualquer outro meio autenticatório, para produzir efeito como prova em outro processo.

A prova emprestada, embora originariamente possa ser testemunhal ou pericial, no momento em que é transportada para o novo processo, passa a constituir mera prova documental.

Diante do princípio do contraditório, parte da doutrina sustenta que a prova emprestada não pode gerar efeito contra quem não tenha figurado como uma das partes no processo originário.

Não se admite prova emprestada quando transplantada de inquérito policial, uma vez que é pressuposto básico que ela se tenha produzido originariamente perante as mesmas partes e sob o crivo do contraditório.

17.6.3. O álibi

Etimologicamente, significa "em outra parte", "em outro local". Representa toda alegação fática feita pelo acusado visando demonstrar a impossibilidade material de ter participado do crime. Por essa razão, é chamado pela doutrina de prova negativa, no sentido de que visa a negar, desconstituir as provas em que se funda a acusação. O ônus de comprovar a veracidade do álibi é de quem o alega, nos moldes do art. 158 do Código de Processo Penal.

17.7. Sistemas de apreciação

(i) **Sistema da prova legal, da certeza moral do legislador, da verdade legal, da verdade formal ou tarifado:** a lei impõe ao juiz o rigoroso acatamento a regras preestabelecidas, as quais atribuem, de antemão, o valor de cada prova, não deixando para o julgador qualquer margem de discricionariedade para emprestar-lhe maior ou menor importância. Não existe convicção pessoal do magistrado na valoração do contexto probatório, mas obediência estrita ao sistema de pesos e valores imposto pela lei. Desse sistema se origina o absurdo brocardo *testis unus, testis nullus*, pelo qual o depoimento de uma só testemunha, por mais detalhado e verossímil que seja, não tem qualquer valor. Somente vigora como exceção, em hipóteses como, por exemplo, as dos arts. 158 (quando a infração deixar vestígios, nem a confissão do acusado supre a falta do exame de corpo de delito, estando o juiz limitado à prova pericial) e 155, parágrafo único (estado de pessoas somente se prova mediante certidão, não se admitindo a prova testemunhal), do CPP.

(ii) Sistema da certeza moral do juiz ou da íntima convicção: é o extremo oposto do anterior. A lei concede ao juiz ilimitada liberdade para decidir como quiser, não fixando qualquer regra de valoração das provas. Sua convicção íntima, formada não importa por quais critérios, é o que basta, não havendo critérios balizadores para o julgamento. Esse sistema vigora entre nós, como exceção, nas decisões proferidas pelo júri popular, nas quais o jurado profere seu voto, sem necessidade de fundamentação.

(iii) Sistema da livre (e não íntima) convicção, da verdade real, do livre convencimento ou da persuasão racional: equilibra-se entre os dois extremos acima mencionados. O juiz tem liberdade para formar a sua convicção, não estando preso a qualquer critério legal de prefixação de valores probatórios. No entanto, essa liberdade não é absoluta, sendo necessária a devida fundamentação. O juiz, portanto, decide livremente de acordo com a sua consciência, devendo, contudo, explicitar motivadamente as razões de sua opção e obedecer a certos balizamentos legais, ainda que flexíveis. É o sistema adotado pelo nosso Código de Processo Penal, cujo art. 155, *caput*, dispõe: "O juiz formará sua convicção pela livre apreciação da prova produzida em contraditório judicial, não podendo fundamentar sua decisão exclusivamente nos elementos informativos colhidos na investigação, ressalvadas as provas cautelares, não repetíveis e antecipadas". Atende às exigências da busca da verdade real, rejeitando o formalismo exacerbado, e impede o absolutismo pleno do julgador, gerador do arbítrio, na medida em que exige motivação. Não basta ao magistrado embasar a sua decisão nos elementos probatórios carreados aos autos, devendo indicá-los especificamente. Além disso, somente a prova produzida em contraditório judicial poderá servir de fundamento para a sentença condenatória. Não pode, igualmente, o magistrado buscar como fundamento elementos estranhos aos autos (*quod neon est in actis non est in mundo*: o que não está nos autos não está no mundo). Trata-se, na realidade, do sistema que conduz ao princípio da sociabilidade do convencimento, pois a convicção do juiz em relação aos fatos e às provas não pode ser diferente da de qualquer pessoa que, desinteressadamente, examine e analise tais elementos. Vale dizer, o convencimento do juiz deve ser tal que produza o mesmo resultado na maior parte das pessoas que, porventura, examinem o conteúdo probatório.

17.8. Princípios gerais das provas

(i) Princípio da autorresponsabilidade das partes: as partes assumem as consequências de sua inatividade, erro ou atos intencionais.

(ii) Princípio da audiência contraditória: toda prova admite a contraprova, não sendo admissível a produção de uma delas sem o conhecimento da outra parte.

(iii) Princípio da aquisição ou comunhão da prova: isto é, no campo penal, não há prova pertencente a uma das partes; as provas produzidas servem a ambos os litigantes e ao interesse da justiça. As provas, na realidade, pertencem ao processo, até porque são destinadas à formação da convicção do órgão julgador.

(iv) Princípio da oralidade: deve haver a predominância da palavra falada (depoimentos, debates, alegações); os depoimentos são orais, não podendo haver a substituição por outros meios, como as declarações particulares. Como corolário desse princípio, decorrem outros dois subprincípios, quais sejam, o da imediatidade do juiz com as partes e com as provas e o da concentração. A redação do CPP prima pelo princípio da oralidade, conforme se verá mais adiante nos comentários aos procedimentos penais.

(v) Princípio da concentração: como consequência do princípio da oralidade, busca-se concentrar toda a produção da prova na audiência.

(vi) Princípio da publicidade: os atos judiciais (e, portanto, a produção de provas) são públicos, admitindo-se somente como exceção o segredo de justiça.

(vii) Princípio do livre convencimento motivado: as provas não são valoradas previamente pela legislação; logo, o julgador tem liberdade de apreciação, limitado apenas aos fatos e circunstâncias constantes nos autos.

17.9. A providência cautelar da busca e apreensão

A prova não é eterna: se for *pessoal* (CPP, art. 240, § 2º), a pessoa pode falecer ou tornar-se desconhecido seu paradeiro; se for *real*, o tempo poderá alterá-la ou destruí-la. Logo, a medida cautelar de busca e apreensão é destinada a evitar o desaparecimento das provas. A *busca* é, lógica e cronologicamente, anterior à apreensão. Pode ser realizada tanto na fase inquisitorial como no decorrer da ação penal, e até mesmo durante a execução da pena. A *apreensão* é uma consequência da busca quando esta tenha resultado positiva.

17.9.1. Natureza jurídica

Para a *lei*, é meio de prova, de natureza acautelatória e coercitiva; para a *doutrina*, é medida acautelatória, destinada a impedir o perecimento de coisas e pessoas.

17.9.2. Objeto

Vide art. 240 do CPP: prender criminosos, apreender armas, objetos etc. A enumeração é *taxativa*, visto ser medida de exceção aos direitos individuais. Conforme se depreende do art. 240, § 1º, *h*, o dispositivo é abrangente, permitindo-se a busca e apreensão de qualquer elemento de prova que possa interessar ao processo, observadas as limitações constitucionais. Ressalve-se, contudo, o disposto no art. 243, § 2º, do CPP, segundo o qual "não será permitida a apreensão de documento em poder do defensor do acusado, salvo quando constituir elemento do corpo de delito".

No tocante à apreensão de documentos, convém notar que documento é qualquer escrito que possa servir como meio de prova, quer tenha sido previamente elaborado com essa finalidade (instrumento), quer tenha sido feito originalmente com outro fim (papel). Compreende também: fotografias, fitas de vídeo e de áudio, gravuras, pinturas etc. No que se refere aos *dados*, conceituam-se estes como informações codificadas em computadores ou aparelhos eletrônicos modernos. Há uma discussão doutrinária acerca da possibilidade da interceptação de comunicação de dados. Tal discussão, contudo, não incide quando já encerrada a transmissão ou comunicação, ou seja, depois que a informação já constar dos computadores, hipótese em que será possível o acesso, mediante prévia autorização judicial. Cumpre observar que a apreensão de computador, com a finalidade de se obter acesso às informações nele constantes, constitui medida salutar no combate aos crimes cibernéticos, como a pedofilia e a propaganda racista, praticados por meio da rede mundial de computadores, assim como os delitos de sonegação fiscal e lavagem de dinheiro. Nesse sentido, já se manifestou o STF, considerando legal a busca e apreensão domiciliar, mediante mandado judicial, de microcomputador, sob o argumento de que não haveria violação ao art. 5º, XII, da Constituição, pois, no caso, não teria havido quebra de sigilo das comunicações de dados (interceptação das comunicações).

17.9.3. Busca em repartição pública

Há duas posições:

(i) admite-se: sempre que possível e indispensável tal diligência, incumbirá à autoridade policial ou judiciária requisitar o objeto da busca e apreensão, comunicando-se antecipadamente com o respectivo ministro ou secretário, ou até mesmo com o chefe de serviço;

(ii) não se admite: para os que se filiam a esta posição, vedada é a busca e apreensão a ser procedida pela autoridade policial ou judiciária, através de seus funcionários.

17.9.4. Busca domiciliar

É permitida "quando fundadas razões a autorizarem" (CPP, art. 240, § 1º). A expressão *domicílio* não tem, nem pode ter, o significado a ela atribuído pelo direito civil, não se limitando à residência do indivíduo, ou seja, o local onde o agente se estabelece com ânimo definitivo de moradia (art. 70), tampouco ao lugar que a pessoa elege para ser o centro de sua vida negocial. A interpretação deve ser a mais ampla e protetiva possível, consoante o disposto no § 4º do art. 150 do CP e o art. 246 do CPP. Domicílio, portanto, para fins de inviolabilidade, será qualquer compartimento habitado, aposento ocupado de habitação coletiva ou qualquer compartimento não aberto ao público, no qual se exerce profissão ou atividade (p. ex., a sala interna do juiz, distinta da sala de audiências, o escritório do advogado, o consultório médico ou dentário ou, simplesmente, atrás do balcão de um bar).

Manoel Gonçalves Ferreira Filho fornece-nos o critério discriminativo para a individualização do conceito de domicílio para a garantia constitucional: "É todo local, delimitado e separado, que alguém ocupa com direito exclusivo e próprio, a qualquer título. O ponto essencial da caracterização está na *exclusividade* em relação ao público em geral. Assim, é inviolável como domicílio tanto a moradia quanto o estabelecimento de trabalho, desde que este não esteja aberto a qualquer um do povo, como um bar ou restaurante".

Para a busca domiciliar exige-se *mandado* toda vez que a autoridade judiciária não a efetuar pessoalmente.

É o art. 5º, XI, da CF, como fundamento de validade de todo o ordenamento jurídico processual penal, que nos fornece as hipóteses em que a garantia da inviolabilidade do domicílio (garantia do indivíduo) cede passo ao interesse público na persecução penal, relativizando-se. Assim, o domicílio, em sua ampla acepção, poderá ser adentrado nos seguintes casos, que se alterarão conforme se trate do período diurno ou noturno:

(i) durante a noite: com consentimento do titular do direito; em caso de flagrante delito; em caso de desastre; para prestar socorro;

(ii) durante o dia: em todos os casos acima mencionados; por determinação *judicial*.

Jurisprudência

- "A confissão do réu, por si só, não autoriza a entrada dos policiais em seu domicílio, sendo necessário que a permissão conferida de forma livre e voluntária pelo morador seja registrada pela autoridade policial por escrito ou em áudio e vídeo" (STJ, AgRg no AREsp 2.223.319/MS, Rel. Min. Messod Azulay Neto, 5ª Turma, j. 9-5-2023).
- "A expedição de mandado de busca e apreensão de menor não autoriza o ingresso no domicílio e a realização de varredura no local" (STJ, AgRg no REsp 2.009.839/MG, Rel. Min. Antonio Saldanha Palheiro, 6ª Turma, j. 9-5-2023).
- "A mera sinalização do cão de faro, seguida de abordagem a suposto usuário saindo do local, desacompanhada de qualquer outra diligência investigativa ou outro elemento concreto indicando a necessidade de imediata ação policial, não justifica a dispensa do mandado judicial para o ingresso em domicílio" (STJ, AgRg no HC 729.836/MS, Rel. Min. Laurita Vaz, 6ª Turma, j. 27-4-2023).
- "A permissão para ingresso no domicílio, proferida em clima de estresse policial, não deve ser considerada espontânea, a menos que tenha sido por escrito e testemunhada, ou documentada em vídeo" (REsp 2.114.277/SP, Rel. Min. Jesuíno Rissato [Desembargador convocado do TJDFT], por unanimidade, 6ª Turma, j. 9-4-2024).

17.9.4.1. Restrição

Em homenagem ao sigilo profissional e ao direito de defesa não se pode apreender documento em poder do defensor do réu, a menos que constitua corpo de delito (CPP, art. 243, § 2º). A respeito da busca e apreensão de documentos (correspondência escrita, eletrônica e telemática), em escritório de advocacia, *vide* comentários à Lei n. 11.767/2008.

17.9.4.2. Horário

Seguimos a posição do Ministro do STF, José Celso de Mello Filho, segundo o qual a expressão "dia" deve ser compreendida entre a aurora e o crepúsculo.

17.9.4.3. Requisitos

Previstos no art. 243, observado o disposto nos arts. 245, 247 e 248, todos do Código de Processo Penal.

17.9.5. Busca pessoal

Será realizada quando "houver fundada suspeita de que alguém oculte consigo arma proibida" ou outros objetos. É realizada na pessoa (incluindo também bolsas, malas etc.) e em veículos que estejam em sua posse (automóveis, motocicletas etc.).

A busca em mulher deve ser feita por outra mulher, se tal providência não importar em retardamento das investigações ou da diligência.

Segundo vasta jurisprudência do STJ, são exemplos de hipóteses que **NÃO** autorizam a busca pessoal:

- denúncia anônima (HC 734.263);
- demonstrar nervosismo ao avistar viatura da polícia (HC 760.032);
- antecedente por tráfico (HC 774.140);
- estar em "ponto" de tráfico e ser conhecido no meio policial (AgRg no Ag em REsp 2.380.870);
- intuição do policial (HC 158.580).

Ainda, ao julgar o HC 208.204/SP[138], o STF firmou a seguinte tese: "A busca pessoal independente de mandado judicial deve estar fundada em elementos indiciários objetivos de que a pessoa esteja na posse de arma proibida ou de objetos ou papéis que constituam corpo de delito, não sendo lícita a realização da medida com base na raça, sexo, orientação sexual, cor da pele ou aparência física" (*Informativo 1.132*).

17.9.5.1. Requisitos

O mandado de busca pessoal deve conter os requisitos já mencionados (busca domiciliar). Poderá, como exceção, ser realizada a busca sem ordem escrita nas hipóteses do art. 244. Contudo, não se exigirá mandado quando vier a ser realizada pela própria autoridade.

17.9.5.2. Restrições

Deve ser realizada sempre que existir fundada suspeita, bem como de maneira que não seja vexatória para o atingido, sob pena de configurar crime de abuso de autoridade.

17.9.6. Da apreensão

A apreensão consiste na detenção física do bem material desejado e que possa servir como meio de prova para a demonstração da infração penal. O ato, por sua vez, se formaliza em um auto circunstanciado, o qual contém a descrição completa de todo o acontecido, devendo ser assinado pelos executores e testemunhas presenciais.

---

138. HC 208.240/SP, Rel. Min. Edson Fachin, j. 11-4-2024, Tribunal Pleno, *DJe* 28-6-2024.

17.10. Das perícias

17.10.1. Conceito

O termo "perícia", originário do latim *peritia* (habilidade especial), é um meio de prova que consiste em um exame elaborado por pessoa, em regra profissional, dotada de formação e conhecimentos técnicos específicos, acerca de fatos necessários ao deslinde da causa. Trata-se de um juízo de valoração científico, artístico, contábil, avaliatório ou técnico, exercido por especialista, com o propósito de prestar auxílio ao magistrado em questões fora de sua área de conhecimento profissional. Só pode recair sobre circunstâncias ou situações que tenham relevância para o processo, já que a prova não tem como objeto fatos inúteis. Tratando-se de uma prova pessoal, a perícia tem em considerável parcela de seu conteúdo certa dose de subjetividade, demandando uma apreciação pessoal que, em alguns casos, pode variar de perito para perito. Apesar de ser um trabalho opinativo, não vincula o juiz, que pode discordar das conclusões dos expertos, embora só possa fazê-lo de forma fundamentada (CPP, art. 182).

17.10.1.1. Natureza jurídica

A perícia está colocada em nossa legislação como um *meio de prova*, à qual se atribui um valor especial (está em uma posição intermediária entre a prova e a sentença). Representa um *plus* em relação à prova e um *minus* em relação à sentença. É também chamada de prova crítica.

17.10.1.2. Requisitos

Dispõe o art. 159, "o exame de corpo de delito e outras perícias serão realizadas por perito oficial, portador de diploma de curso superior. § 1º Na falta de perito oficial, o exame será realizado por 2 (duas) pessoas idôneas, portadoras de diploma de curso superior preferencialmente na área específica, dentre as que tiverem habilitação técnica relacionada com a natureza do exame. § 2º Os peritos não oficiais prestarão o compromisso de bem e fielmente desempenhar o encargo". Foi editada a Súmula 361 do STF, segundo a qual: "No processo penal, é nulo o exame realizado por um só perito, considerando-se impedido o que tiver funcionado, anteriormente, na diligência de apreensão". Essa súmula tem incidência apenas na hipótese de exame realizado por peritos não oficiais, pois, em se tratando de *perícia oficial*, bastará o exame de um só perito. Cuida-se de *nulidade relativa*, cuja impugnação há de ser feita em tempo oportuno, bem como demonstrado o efetivo prejuízo. Finalmente, cumpre consignar que, em se tratando de perícia complexa que abranja mais de uma área de conhecimento especializado, poder-se-á designar a atuação de mais de um perito oficial (§ 7º). Nessa hipótese, como se trata de faculdade conferida ao julgador, a realização do exame por um só perito oficial não enseja a nulidade da prova pericial.

Finalmente, note-se a exigência do compromisso do perito louvado, contrariamente ao disposto na legislação civil, a qual, em seu art. 466, do CPC, dispõe acerca de sua dispensa.

17.10.1.3. Determinação das perícias

Tanto a autoridade policial (CPP, art. 6º, VII) como o juiz podem determiná-las de ofício ou a requerimento das partes. No caso de omissões ou falhas no laudo, somente o juiz pode determinar a retificação e, mesmo assim, após ouvir as partes. Se houver divergências entre os peritos, a autoridade nomeará um terceiro, e, se este também divergir, poderá ser realizado novo exame. No caso de crime de lesões corporais, se o exame visar a demonstração da qualificadora do art. 129, § 1º, I, do CP, dever-se-á proceder a novo exame decorrido o prazo de 30 dias, contado da data do delito.

17.10.1.4. Espécies de perícias

(i) Perícia *percipiendi*: ocorre quando o perito se limita a apontar as percepções colhidas, apenas descrevendo de forma técnica o objeto examinado, sem proceder a uma análise valorativa ou conclusiva.

(ii) Perícia *deducendi*: verifica-se na situação em que o perito é chamado para interpretar ou apreciar cientificamente um fato.

(iii) Perícia intrínseca: assim será toda vez que tiver por objeto a materialidade da infração penal. Exemplo: necropsia.

(iv) Perícia extrínseca: quando tem por objeto elementos externos ao crime, que não compõem a sua materialidade, mas que servem como meio de prova. Por exemplo: exame dos móveis destruídos pelo agente, antes de matar a vítima.

(v) Perícia vinculatória: verifica-se nos casos em que o juiz fica adstrito à conclusão do perito, sem poder efetuar qualquer juízo de valor sobre aquilo que foi examinado.

(vi) Perícia liberatória: despoja o magistrado nesses casos de maior liberdade quanto à opinião exarada pelo perito, ou seja, poderá aceitar ou não a avaliação do perito. O juiz tem liberdade de aceitar ou não o laudo. É o sistema decorrente do *princípio do livre convencimento*, sendo o adotado pelo Código de Processo Penal (art. 182). A perícia somente poderá ser rejeitada pelo juiz nos casos provados de erro ou dolo.

(vii) Perícia oficial: é aquela elaborada por um técnico ou profissional integrante dos quadros funcionais do Estado. Em contraposição à perícia oficial, tem-se a perícia não oficial, que é aquela realizada por peritos particulares, toda vez que inexistirem no local peritos oficiais.

> → **ATENÇÃO:** os jurados, no procedimento do Tribunal do Júri, não estão vinculados ao laudo pericial, podendo, inclusive, recusá-lo. Porém, em sendo essa decisão manifestamente contrária à prova dos autos, cabível será o recurso de apelação pelo mérito, excetuando o princípio da soberania dos veredictos.

17.10.1.5. Do procedimento da perícia

(i) Iniciativa: será sempre da autoridade policial, em se tratando de inquérito policial, ou da autoridade judiciária, se a ação for instaurada. No caso de ser prova obrigatória, a autoridade deve agir de ofício e de imediato. O art. 159, § 3º, do CPP, faculta ao MP, ao assistente de acusação, ao ofendido, ao querelante e ao acusado a formulação de quesitos e indicação de assistente técnico.

O assistente técnico atuará a partir de sua admissão pelo juiz e somente após a conclusão dos exames e elaboração do laudo pelos peritos oficiais, sendo as partes intimadas dessa decisão (§ 4º). Os assistentes técnicos poderão apresentar pareceres em prazo a ser fixado pelo juiz ou ser inquiridos em audiência (§ 5º, II). Tratando-se de perícia complexa que abranja mais de uma área de conhecimento especializado, poder-se-á designar a atuação de mais de um perito oficial e a parte indicar mais de um assistente técnico (§ 7º). Dessa forma, à luz do disposto no art. 159 do Estatuto Processual Penal, consagrador do princípio da verdade real, a lei autoriza expressamente a indicação pelas partes de *experts* colaboradores para exercer juízo crítico e oferecer sugestões à perícia oficial, visando a esclarecer ou complementar o laudo oficial, nos termos do art. 181 do CPP.

(ii) Realização: regra importante quanto à realização da perícia diz respeito à formulação de quesitos (perguntas a serem respondidas pelos peritos). De acordo com a redação do art. 159, § 3º, "serão facultadas ao Ministério Público, ao assistente de acusação, ao ofendido, ao querelante e ao acusado a formulação de quesitos". Além disso, autorizou-se às partes, no curso do processo judicial, requerer a oitiva dos peritos para esclarecerem a prova ou para responderem a quesitos, desde que o mandado de intimação e os quesitos ou questões a serem esclarecidas sejam encaminhados com antecedência mínima de dez dias, podendo apresentar as respostas em laudo complementar (§ 5º, I).

(iii) Corporificação: a perícia corporifica-se, materializa-se, por uma peça técnica denominada laudo pericial, que pode ser definida como toda a peça escrita na qual os peritos lançam o resultado do exame efetivado, mencionando o que observaram e consignando suas conclusões.

17.10.1.6. Laudo pericial

Nada mais é do que o documento elaborado pelos peritos, o qual deve conter: descrição minuciosa do objeto examinado; respostas aos quesitos formulados; fotografias, desenhos etc., sempre que possível.

Por outro lado, o laudo pericial pode ainda ser complementado, quando se apresentar lacunoso, deficiente e obscuro, iniciativa que caberá à autoridade policial ou judiciária, dependendo da fase em que estiver a apuração.

17.10.2. Do exame de corpo de delito

17.10.2.1. Conceito

É o conjunto de vestígios materiais (elementos sensíveis) deixados pela infração penal, ou seja, representa a materialidade do crime. Os elementos sensíveis são os vestígios corpóreos perceptíveis por qualquer dos sentidos humanos.

17.10.2.2. Distinção entre corpo de delito e exame de corpo de delito

Existem infrações que não deixam vestígios (*delicta facti transeuntis*), como nos crimes contra a honra praticados oralmente, no desacato etc. Mas, por outro lado, existem as infrações que deixam vestígios materiais (*delicta facti permanentis*), como o homicídio, o estupro, a falsificação etc. Nesse caso, é necessária a realização de um exame de corpo de delito, ou seja, a comprovação dos vestígios materiais deixados. O exame de corpo de delito é um auto em que os peritos descrevem suas observações e se destina a comprovar a existência do delito (CP, art. 13, *caput*); o corpo de delito é o próprio crime em sua tipicidade.

17.10.2.3. Distinção entre exame de corpo de delito direto e indireto

(i) Direto: é feito sobre o próprio corpo de delito — o cadáver, a janela arrombada, a chave utilizada etc.

(ii) Indireto: advém de um raciocínio dedutivo sobre um fato narrado por testemunhas, sempre que impossível o exame direto.

17.10.2.4. Indispensabilidade do exame de corpo de delito

Conforme dispõe o art. 158 do Código de Processo Penal: "Quando a infração deixar vestígios, será indispensável o exame de corpo de delito, direto ou indireto, não podendo supri-lo a confissão do acusado". Nesse caso, faltante o exame, enseja-se a ocorrência de nulidade. Sendo possível o exame de corpo de delito direto, não pode supri-lo o indireto (feito, por exemplo, através de prova testemunhal).

O parágrafo único do art. 158 do CPP dispõe que se dará prioridade à realização do exame de corpo de delito quando se tratar de crime que envolva: *a)* violência doméstica e familiar contra mulher; *b)* violência contra criança, adolescente, pessoa idosa ou pessoa com deficiência.

Importante destacar, também, o acréscimo dos arts. 158-A a 158-F ao CPP, por meio dos quais foi implementado em nosso sistema jurídico o instituto da *cadeia de custódia*, consistente, nos termos da lei, no:

"Art. 158-A. Considera-se cadeia de custódia o conjunto de todos os procedimentos utilizados para manter e documentar a história cronológica do vestígio coletado em locais ou em vítimas de crimes, para rastrear sua posse e manuseio a partir de seu reconhecimento até o descarte.

§ 1º O início da cadeia de custódia dá-se com a preservação do local de crime ou com procedimentos policiais ou periciais nos quais seja detectada a existência de vestígio.

§ 2º O agente público que reconhecer um elemento como de potencial interesse para a produção da prova pericial fica responsável por sua preservação.

§ 3º Vestígio é todo objeto ou material bruto, visível ou latente, constatado ou recolhido, que se relaciona à infração penal".

O rastreamento dos vestígios é efetuado nos moldes do art. 158-B, nas seguintes etapas:

"I – reconhecimento: ato de distinguir um elemento como de potencial interesse para a produção da prova pericial;

II – isolamento: ato de evitar que se altere o estado das coisas, devendo isolar e preservar o ambiente imediato, mediato e relacionado aos vestígios e local de crime;

III – fixação: descrição detalhada do vestígio conforme se encontra no local de crime ou no corpo de delito, e a sua posição na área de exames, podendo ser ilustrada por fotografias, filmagens ou croqui, sendo indispensável a sua descrição no laudo pericial produzido pelo perito responsável pelo atendimento;

IV – coleta: ato de recolher o vestígio que será submetido à análise pericial, respeitando suas características e natureza;

V – acondicionamento: procedimento por meio do qual cada vestígio coletado é embalado de forma individualizada, de acordo com suas características físicas, químicas e biológicas, para posterior análise, com anotação da data, hora e nome de quem realizou a coleta e o acondicionamento;

VI – transporte: ato de transferir o vestígio de um local para o outro, utilizando as condições adequadas (embalagens, veículos, temperatura, entre outras), de modo a garantir a manutenção de suas características originais, bem como o controle de sua posse;

VII – recebimento: ato formal de transferência da posse do vestígio, que deve ser documentado com, no mínimo, informações referentes ao número de procedimento e unidade de polícia judiciária relacionada, local de origem, nome de quem transportou o vestígio, código de rastreamento, natureza do exame, tipo do vestígio, protocolo, assinatura e identificação de quem o recebeu;

VIII – processamento: exame pericial em si, manipulação do vestígio de acordo com a metodologia adequada às suas características biológicas, físicas e químicas, a fim de se obter o resultado desejado, que deverá ser formalizado em laudo produzido por perito;

IX – armazenamento: procedimento referente à guarda, em condições adequadas, do material a ser processado, guardado para realização de contraperícia, descartado ou transportado, com vinculação ao número do laudo correspondente;

X – descarte: procedimento referente à liberação do vestígio, respeitando a legislação vigente e, quando pertinente, mediante autorização judicial".

Será, preferencialmente, realizada por perito oficial, a coleta dos vestígios. E, ainda que seja necessária a realização de exames complementares, ele dará o encaminhamento necessário para a central de custódia (art. 158-C), levando-se em consideração que:

"§ 1º Todos os vestígios coletados no decurso do inquérito ou processo devem ser tratados como descrito nesta Lei, ficando órgão central de perícia oficial de natureza criminal responsável por detalhar a forma do seu cumprimento.

§ 2º É proibida a entrada em locais isolados bem como a remoção de quaisquer vestígios de locais de crime antes da liberação por parte do perito responsável, sendo tipificada como fraude processual a sua realização".

O art. 158-D determina que:

"O recipiente para acondicionamento do vestígio será determinado pela natureza do material.

§ 1º Todos os recipientes deverão ser selados com lacres, com numeração individualizada, de forma a garantir a inviolabilidade e a idoneidade do vestígio durante o transporte.

§ 2º O recipiente deverá individualizar o vestígio, preservar suas características, impedir contaminação e vazamento, ter grau de resistência adequado e espaço para registro de informações sobre seu conteúdo.

§ 3º O recipiente só poderá ser aberto pelo perito que vai proceder à análise e, motivadamente, por pessoa autorizada.

§ 4º Após cada rompimento de lacre, deve se fazer constar na ficha de acompanhamento de vestígio o nome e a matrícula do responsável, a data, o local, a finalidade, bem como as informações referentes ao novo lacre utilizado.

§ 5º O lacre rompido deverá ser acondicionado no interior do novo recipiente".

Impreterivelmente, todos os Institutos de Criminalística deverão ter uma central de custódia destinada à guarda e controle dos vestígios, e sua gestão deve ser vinculada diretamente ao órgão central de perícia oficial de natureza criminal (art. 158-E).

"§ 1º Toda central de custódia deve possuir os serviços de protocolo, com local para conferência, recepção, devolução de materiais e documentos, possibilitando a seleção, a classificação e a distribuição de materiais, devendo ser um espaço seguro e apresentar condições ambientais que não interfiram nas características do vestígio.

§ 2º Na central de custódia, a entrada e a saída de vestígio deverão ser protocoladas, consignando-se informações sobre a ocorrência no inquérito que a eles se relacionam.

§ 3º Todas as pessoas que tiverem acesso ao vestígio armazenado deverão ser identificadas e deverão ser registradas a data e a hora do acesso.

§ 4º Por ocasião da tramitação do vestígio armazenado, todas as ações deverão ser registradas, consignando-se a identificação do responsável pela tramitação, a destinação, a data e horário da ação".

Finalmente, após concretizada a perícia, o material utilizado deverá ser devolvido à central de custódia, local no qual deverá permanecer, como leciona o art. 158-F. Existindo problema na logística de armazenamento, o parágrafo único do artigo impõe que: "Caso a central de custódia não possua espaço ou condições de armazenar determinado material, deverá a autoridade policial ou judiciária determinar as condições de depósito do referido material em local diverso, mediante requerimento do diretor do órgão central de perícia oficial de natureza criminal".

Jurisprudência

- QUEBRA DA CADEIA DE CUSTÓDIA: "Em razão da falta de numeração individualizada do material objeto da perícia definitiva, que resulte na impossibilidade de se distinguir, com segurança, se a reconhecida inconsistência de parte da perícia, relativa a natureza entorpecente do material apreendido, referia-se às substâncias apreendidas por ocasião da busca pessoal ou das provas declaradas ilícitas por desrespeito à inviolabilidade domiciliar, acarreta a absolvição do acusado por falta de materialidade delitiva" (REsp 2.024.992/SP, Rel. Min. Teodoro Silva Santos, 6ª Turma, por unanimidade, j. 5-3-2024).
- QUEBRA DA CADEIA DE CUSTÓDIA (*BREAK IN THE CHAIN OF CUSTODY*)? "As irregularidades constantes da cadeia de custódia devem ser sopesadas pelo magistrado com todos os elementos produzidos na instrução, a fim de aferir se a prova é confiável" (STJ, HC 653.515/RJ, Rel. Min. Laurita Vaz, Rel. p/ acórdão Min. Rogerio Schietti Cruz, 6ª Turma, j. 23-11-2021).
- POSSIBILIDADE DE DISPENSA DO EXAME DE CORPO DE DELITO: "O exame de corpo de delito poderá, em determinadas situações, ser dispensado para a configuração de lesão corporal ocorrida em âmbito doméstico, na hipótese de subsistirem outras provas idôneas da materialidade do crime" (STJ, AgRg no AREsp 2.078.054/DF, Rel. Min. Messod Azulay Neto, 5ª Turma, j. 23-5-2023).

17.10.2.5. Impossibilidade do exame de corpo de delito direto em infração que deixa vestígio

Dispõe o art. 167 do Código de Processo Penal que: "Não sendo possível o exame de corpo de delito, por haverem desaparecido os vestígios, a prova testemunhal poderá suprir-lhe a falta". Duas interpretações são possíveis: (i) o juiz poderá considerar suprida a falta do exame de corpo de delito pela prova testemunhal, ou seja, pelos depoimentos prestados em audiência quando, desde logo, os vestígios desaparecerem; (ii) o art. 167 do Código de Processo Penal não determina que o juiz tome a prova testemunhal como substitutiva do exame de corpo de delito direto, mas que os peritos elaborem um laudo indireto, a partir das informações prestadas pelas testemunhas. Para esta última corrente, não se trata de prova testemunhal, mas de exame pericial indireto elaborado a partir de informes fornecidos pelas testemunhas.

Nosso entendimento: correta a primeira posição.

Quando a infração deixar vestígios, o art. 158 do Código de Processo Penal determina a realização do exame direto, caso estes vestígios constituam o próprio corpo do delito (ex.: um cadáver), ou o exame indireto, quando embora desaparecido o corpo do delito, ainda restarem vestígios periféricos (roupas com sangue da vítima, ao lado das cinzas do corpo incinerado). O art. 167 do Código de Processo Penal cuida de hipótese diversa, qual seja, a do desaparecimento de todos os vestígios, principais e periféricos. Neste caso, não tem sentido falar-se em perícia, podendo a prova testemunhal suprir-lhe a falta. Em reforço, o art. 564, III, *b*, do Código de Processo Penal, ao prever a nulidade ante a falta de exame de corpo de delito direto ou indireto, ressalva expressamente a hipótese do art. 167, dizendo que neste caso a ausência do exame direto ou indireto não gera nulidade.

→ **ATENÇÃO:** a lei prevê que a simples confissão do acusado não pode suprir a falta do exame de corpo de delito indireto (CPP, art. 158).

17.10.2.6. Espécies

(i) Necropsia ou autópsia: é o exame interno feito no cadáver a fim de constatar a causa da morte. Denomina-se *laudo necroscópico* ou *laudo cadavérico*.

(ii) Exumação: é o desenterramento, ao contrário da *inumação*, que é o sepultamento.

17.10.3. Perito

17.10.3.1. Conceito

É um auxiliar da justiça, devidamente compromissado, estranho às partes, portador de um conhecimento técnico altamente especializado e sem impedimentos ou incompatibilidades para atuar no processo. A sua nomeação é livre ao juiz, não se admitindo interferência das partes, nem mesmo na ação privada. No caso de perícia a ser realizada em outra comarca, por meio de carta precatória, a nomeação será feita pelo juízo deprecado, salvo no caso de ação privada, quando se admite, se houver acordo entre as partes, a nomeação pelo juiz deprecante.

17.10.3.2. Espécies

(i) Perito oficial: é aquele que presta o compromisso de bem e fielmente servir e exercer a função quando assume o cargo, ou seja, quando, após o regular concurso de provas e títulos, vem a ser nomeado e investido no cargo de perito. Daí a desnecessidade de esse perito prestar compromisso nos processos e investigações em que atua.

(ii) Perito louvado ou não oficial: trata-se daquele que não pertence aos quadros funcionais do Estado, e que, portanto, uma vez nomeado, deve prestar o aludido compromisso. A nomeação não pode ser recusada pelo perito, salvo motivo justificável (CPP, art. 277), pois, sendo auxiliar da justiça, assume ônus processual. Caso não compareça para realizar o exame, poderá ser conduzido coercitivamente (CPP, art. 278). Pode ainda cometer o crime de falsa perícia (CP, art. 342). A sua nomeação é feita pela autoridade policial na fase de inquérito e pelo juiz, no processo.

17.10.3.3. Impedimentos

A relevância da função pericial, base da decisão, exige uma confiabilidade total do juiz na pessoa do perito — repudia-se a indignidade.

O fato de alguém já ter manifestado sua opinião sobre o que constitui objeto da perícia ou então ter prestado depoimento no processo o torna incompatível para servir como louvado — repudia-se a incompatibilidade.

Os analfabetos e os menores de 21 anos de idade não podem atuar como peritos. Embora os últimos sejam considerados capazes, nos termos do Código Civil, não podem atuar como peritos. É que esse dispositivo não está vinculado à capacidade civil, mas tão somente a um requisito para o exercício de função pública, semelhante ao que a própria Constituição Federal estabelece em hipóteses como as do Prefeito Municipal, Ministro do STF ou do STJ, e assim por diante.

→ **ATENÇÃO:** segundo dispõe o art. 280 do Código de Processo Penal, é extensivo aos peritos, no que lhes for cabível, o disposto sobre suspeição dos juízes.

17.10.4. Perícia psiquiátrica

Trata-se daquela realizada a fim de se verificar a imputabilidade e a periculosidade.

17.10.5. Questões polêmicas

(i) A falta do exame de corpo de delito não impede a comprovação do estupro por outros meios de prova em direito admitidos.

(ii) A regra do art. 158 do CPP, tornando obrigatória a realização do exame de corpo de delito quando a infração deixar vestígios, excepciona o princípio da livre apreciação da prova pelo juiz (CPP, art. 155, *caput*), bem como o da verdade real. Trata-se de adoção excepcional do sistema da prova legal, não podendo a acusação fundamentar sua pretensão por nenhum outro meio de prova, seja pela confissão do acusado, robusta documentação ou depoimentos testemunhais idôneos, pois a lei se apega ao formalismo de exigir a prova pericial como único meio de comprovar a materialidade delitiva. Assim, quando possível a realização da perícia, a sua falta implica a nulidade de qualquer prova produzida em sua substituição (CPP, art. 564, III, *b*) e, por conseguinte, a absolvição do imputado com fundamento no art. 386, VII, do CPP. O art. 167 do CPP somente se aplica aos casos em que o exame direto já não era possível ao tempo do descobrimento do delito, em face do desaparecimento dos vestígios. Se havia possibilidade de realizar o exame de corpo de delito direto, a omissão da autoridade em determiná-lo não pode ser suprida por nenhuma outra prova, sob pena de afronta a determinação expressa da lei (CPP, art. 158). Nota-se, contudo, uma tendência da jurisprudência dos tribunais superiores a atenuar os rigores dessa regra, sob o argumento de que, não sendo ilícitas, as demais provas podem ser valoradas pelo juiz como admissíveis.

(iii) Na falta de perito oficial, o exame será realizado por duas pessoas idôneas, portadoras de diploma de curso superior preferencialmente na área específica, dentre as que tiverem habilitação técnica relacionada com a natureza do exame (CPP, art. 159, § 1º). Entretanto, a assinatura por apenas uma delas somente causará nulidade do laudo se comprovado o prejuízo e arguido o vício *opportuno tempore*, por se tratar de nulidade relativa.

(iv) No caso de exame complementar destinado a comprovar a classificação do delito no art. 129, § 1º, I, do CP, a lei determina seja feito logo que decorra o prazo de trinta dias, contado da data da lesão (CPP, art. 168, § 2º). No entanto, sua realização após o decurso desse prazo não invalidará a análise. A falta do exame poderá ser suprida por prova testemunhal (CPP, art. 168, § 3º).

17.11. Interrogatório

17.11.1. Conceito

É o ato judicial no qual o juiz ouve o acusado sobre a imputação contra ele formulada. É ato privativo do juiz e personalíssimo do acusado, possibilitando a este último o exercício da sua defesa, da sua autodefesa.

17.11.2. Natureza

O Código de Processo Penal, ao tratar do interrogatório do acusado no capítulo concernente à prova, fez clara opção por considerá-lo verdadeiro *meio de prova*, relegando a segundo plano sua natureza de meio de autodefesa do réu[139]. Entretanto, a doutrina mais avisada, seguida pela jurisprudência mais sensível aos novos postulados ideológicos informativos do processo penal, tem reconhecido o interrogatório como *meio de defesa*, i.e., como ato de concretização de um dos momentos do direito de ampla defesa, constitucionalmente assegurado, qual seja, o direito de autodefesa, na espécie direito de audiência. Desse modo, tem prevalecido a natureza mista do interrogatório, sendo aceito como *meio de prova e de defesa*.

Tratamos o ato processual do interrogatório entre os meios de prova apenas para seguir o *iter* do Código de Processo Penal, pois, como se verá, consideramo-lo também como meio de defesa do acusado.

Cabe, portanto, traçar algumas linhas a respeito das acepções do direito de defesa, acima aventadas.

No processo penal, a ampla defesa, como tratada no art. 5º, LV, da CF, pode, ou melhor, deve ser analisada sob dois diferentes aspectos, os quais, como se verá, recebem tratamento jurídico diferenciado. São eles: a defesa técnica e a autodefesa.

A primeira, exercida por profissional legalmente habilitado (advogado), é indispensável, em razão da necessidade de ser o contraditório, em processo penal, real e efetivo, como condição de segurança da igualdade dos litigantes e da imparcialidade do juiz.

Já a segunda, i.e., a autodefesa, é ato de exclusiva titularidade do acusado, sendo, por isso, perfeitamente renunciável. Essa qualidade, no entanto, não implica a sua

---

[139]. Francisco Campos, *Exposição de motivos do Código de Processo Penal*, item VII.

dispensabilidade pelo juiz; só o réu, legítimo titular do direito, é que pode dela dispor, sob pena de se cercear a ampla defesa, uma vez que restaria vedada a possibilidade, tão importante, de a defesa técnica munir-se de subsídios fornecidos pela autodefesa.

Como acima apontado, a defesa pessoal, ou autodefesa, subdivide-se em dois outros momentos, de singela importância: o direito de audiência e o direito de presença.

"O primeiro [direito de audiência] traduz-se na possibilidade de o acusado influir sobre a formação do convencimento do juiz mediante o interrogatório. O segundo [direito de presença] manifesta-se pela oportunidade de tomar ele posição, a todo momento, perante as alegações e as provas produzidas, pela imediação com o juiz, as razões e as provas"[140].

Ora, sendo o interrogatório o momento processual no qual, por excelência, o sujeito da defesa, i.e., o acusado, tem a possibilidade de materializar o seu direito de audiência, influenciando na formação da convicção do órgão jurisdicional através da narração dos fatos consoante a sua versão, torna-se evidente a natureza de meio de defesa do interrogatório.

É certo, entretanto, que ao contar a sua versão do ocorrido o réu poderá fornecer ao juízo elementos de instrução probatória, funcionando o ato, assim, como meio de instrução da causa. Todavia, essa não é a finalidade à qual se predispõe, constitucionalmente, o interrogatório, sendo a sua qualificação como meio de prova meramente eventual, insuficiente, portanto, para conferir-lhe a natureza vislumbrada pelo Código de Processo Penal.

Essa afirmação reveste-se de grande rigor quando se tem em conta que o réu, quando inquirido pelo juiz, pode permanecer calado, exercendo o seu direito ao silêncio, igualmente tutelado pelo Texto Constitucional (art. 5º, LXIII), sem que qualquer sanção lhe possa ser aplicada pela utilização dessa prerrogativa. Assim, o direito ao silêncio apresenta-se, na visão de Grinover, Scarance e Magalhães, como "(...) o selo que garante o enfoque do interrogatório como meio de defesa e que assegura a liberdade de consciência do acusado"[141].

Como decorrência de o interrogatório inserir-se como meio de autodefesa, decorre o princípio de que nenhuma autoridade pode obrigar o indiciado ou acusado a fornecer prova para caracterizar a sua própria culpa, não podendo ele, por exemplo, ser obrigado a fornecer à autoridade policial padrões gráficos do seu próprio punho para exames grafotécnicos ou respirar em bafômetro para aferir embriaguez ao volante. Se não pode ser obrigado a confessar, não pode ser compelido a incriminar-se.

Nosso entendimento: essa é, portanto, a posição que entendemos como a mais acertada, ou seja, o interrogatório do acusado é meio de defesa, pois consoante com opção acatada pelo Texto Constitucional.

---

140. Grinover, Scarance e Magalhães, *As nulidades no processo penal*, cit., p. 69.
141. *As nulidades no processo penal*, cit., p. 71.

Assim, o interrogatório conserva sua natureza de meio de defesa, tanto que ficou garantida expressamente a possibilidade de o acusado entrevistar-se previamente com seu advogado, a fim de estabelecer a melhor estratégia para sua autodefesa (CPP, art. 185, § 5º). Além disso, o art. 186, *caput*, do CPP, regulamentando o direito constitucional ao silêncio (CF, art. 5º, LXIII), obriga o juiz a informá-lo da prerrogativa de permanecer calado, bem como de não responder às perguntas que lhe forem formuladas. Esclarece também o parágrafo único do mencionado art. 186 do CPP que o silêncio não importará confissão, nem tampouco poderá ser interpretado em prejuízo da defesa. Ficou, portanto, reforçada a sua natureza jurídico-constitucional de autodefesa, pela qual o acusado apresenta a sua versão, fica em silêncio ou faz o que lhe for mais conveniente. Paralelamente, tal ato constitui também um meio de prova, na medida em que, ao seu final, as partes poderão perguntar. Deve-se, no entanto, ressaltar que tais indagações feitas por técnicos só podem ser em caráter complementar, ao final do ato, e não obrigam o juiz a formulá-las, podendo indeferi-las quando impertinentes ou irrelevantes (CPP, art. 188). Em suma, o interrogatório constitui meio de autodefesa, pois o acusado fala o que quiser e se quiser, e meio de prova, posto que submetido ao contraditório.

17.11.3. Disposições legais que reforçam o interrogatório como meio de defesa

No procedimento ordinário e sumário, é realizada a audiência única (CPP, arts. 400 e 531), em que se concentram todos os atos instrutórios (tomada de declarações do ofendido, inquirição das testemunhas arroladas pela acusação e pela defesa, nesta ordem, ressalvado o disposto no art. 222, *caput*, deste Código, esclarecimentos dos peritos, acareações, reconhecimento de pessoas), passando o interrogatório a ser realizado após todos esses atos da instrução probatória. (*Vide* também CPP, art. 411, o qual alterou o procedimento do júri.)

O posicionamento majoritário nos Tribunais Superiores é de que o interrogatório seja o último ato também nos procedimentos especiais (*vide* AP 1.027/DF, Rel. Min. Marco Aurélio, Red. p/ acórdão Min. Luís Roberto Barroso, 1ª Turma, j. 2-10-2018).

Importante notar que, em algumas situações, o interrogatório poderá constituir um ato processual isolado: (i) na hipótese em que o acusado, citado pessoalmente (CPP, art. 367) ou por hora certa (CPP, art. 362), torna-se revel. Nesse caso, poderá o juiz, uma vez comparecendo o acusado, proceder ao seu interrogatório (CPP, art. 185); (ii) na hipótese de o juiz realizar novo interrogatório de ofício ou a pedido fundamentado de qualquer das partes (CPP, art. 196). O art. 384, § 2º, prevê a possibilidade, no caso de *mutatio libelli*, de o juiz proceder a novo interrogatório. Da mesma forma, será possível um novo interrogatório após a audiência única, quando for concedido prazo para a apresentação de memoriais por força da complexidade do caso ou número de acusados (CPP, art. 403, § 3º) ou quando ordenada diligência considerada imprescindível (CPP, art. 404). Assim, em tais situações, é admissível um novo interrogatório; (iii) nos procedimentos especiais, por exemplo, o art. 7º da Lei n. 8.038/90 (processos de competência originária dos tribunais) prevê que, recebida a denúncia ou a queixa, o relator designará dia e hora para o interrogatório.

17.11.4. Características

(i) Ato processual personalíssimo: só o réu pode ser interrogado. Todavia, sendo público o ato, entende-se que qualquer pessoa pode assistir-lhe.

(ii) Ato privativo do juiz: somente o juiz poderá interrogar o acusado, sendo vedado ao defensor e ao Ministério Público interferirem no ato. O art. 188 do CPP, no entanto, possibilita-lhes a formulação de reperguntas ao final do interrogatório, pois nesse momento caberá ao juiz indagar das partes "se restou algum fato para ser esclarecido". Convém ressaltar que tais perguntas são feitas em caráter meramente complementar e não obrigam o juiz a repassá-las ao acusado, podendo indeferi-las quando considerá-las impertinentes ou irrelevantes. Diante disso, fica mantida a característica de ser o interrogatório um ato privativo do juiz, mesmo com a possibilidade de as partes sugerirem uma ou outra indagação ao seu final, dado ser esta uma atuação complementar e de caráter excepcional. O que não se admite é que o acusado seja tratado como testemunha, submetido a uma bateria de perguntas da acusação, capazes de comprometer sua autodefesa. O juiz deverá estar atento para não desnaturar o ato, impedindo que ganhe contornos de quase inquisitorialidade. Na hipótese de o processo ser de competência do Tribunal do Júri e, portanto, seguir o procedimento dos arts. 406 a 497 do CPP, o interrogatório, na fase da instrução em Plenário (CPP, arts. 473 a 475), terá um diferencial: o Ministério Público, o assistente, o querelante e o defensor, nessa ordem, poderão formular, diretamente, as perguntas ao acusado (CPP, art. 474, § 1º), ao contrário dos demais procedimentos, os quais exigem a intermediação do juiz. Desse modo, o interrogatório em plenário seguirá a sistemática geral do Código de Processo Penal, porém com esse diferencial.

A presença do defensor durante o interrogatório, do início ao fim, é obrigatória, sob pena de nulidade, nos termos do art. 185, *caput* e § 1º, do CPP. Ressalve-se que essa disposição legal somente continua a fazer sentido nas hipóteses em que o interrogatório constitui um ato isolado, pois quando realizado, no contexto da audiência única dos arts. 400, 411 e 531 do CPP, esse comando legal torna-se dispensável, na medida em que a presença de defensor não é reputada uma exigência apenas para efetivação do interrogatório em si, mas para a realização de toda a audiência em que se concentram todos os atos instrutórios.

Cumpre consignar que o *caput* do art. 185 não se refere à presença obrigatória do Ministério Público, o qual teria a mera prerrogativa de fazer-se ou não presente, a fim de formular perguntas complementares; porém, no caso da audiência única, o *parquet* obrigatoriamente deverá presenciar a realização de todos os atos processuais. No tocante ao interrogatório do réu preso, realizado em estabelecimento prisional, o § 1º do art. 185 prevê que será ele realizado, em sala própria, no estabelecimento em que estiver recolhido, desde que estejam garantidas a segurança do juiz, do membro do Ministério Público e dos auxiliares, bem como a presença do defensor e a publicidade do ato.

(iii) Ato oral: admitem-se, como exceção, as perguntas escritas ao surdo e as respostas igualmente escritas do mudo. Já em se tratando de réu estrangeiro, se o idioma não for o castelhano, deverá ser nomeado um intérprete. Se o réu for surdo-mudo e analfabeto, será nomeado intérprete que funcionará também como curador.

(iv) Ato não preclusivo: o interrogatório não preclui, podendo ser realizado a qualquer momento, dada a sua natureza de meio de defesa. Com efeito, o art. 196 do CPP dispõe que "a todo tempo o juiz poderá proceder a novo interrogatório de ofício ou a pedido fundamentado de qualquer das partes". Entretanto, vale ressaltar mais uma vez que o interrogatório, no procedimento ordinário, sumário e no júri (1ª fase do rito escalonado), deve ser realizado após toda a instrução probatória, na audiência concentrada dos arts. 400, 411 e 531 do CPP, não constituindo mais o primeiro ato instrutório e isolado. Com isso, indaga-se em que ocasião o juiz poderá proceder a novo interrogatório de ofício ou a pedido fundamentado de qualquer das partes. Uma das hipóteses está prevista no art. 384, § 2º, o qual prevê a possibilidade, no caso de *mutatio libelli*, de o juiz proceder a novo interrogatório. Da mesma forma, será autorizado um novo interrogatório após a audiência única, quando for concedido prazo para a apresentação de memoriais por força da complexidade do caso ou número de acusados (CPP, art. 403, § 3º) ou quando ordenada diligência considerada imprescindível (CPP, art. 404). Mencione-se, ainda, que poderá o juiz, uma vez comparecendo o acusado, proceder ao seu interrogatório (CPP, art. 185), nas hipóteses em que o acusado, citado pessoalmente (CPP, art. 367) ou por hora certa (CPP, art. 362), torna-se revel.

Não devemos nos esquecer de que o interrogatório concretiza o direito do réu a ser ouvido (direito à audiência), pressuposto básico da ampla defesa e assegurado no art. 8º, n. 1, da Convenção Americana sobre Direitos Humanos de 1969 (Pacto de San José da Costa Rica), compromisso do qual o Brasil é signatário.

17.11.5. Ausência de interrogatório no curso da ação

Há duas posições: (i) os que são pela *nulidade relativa* e (ii) os que defendem a *nulidade absoluta*. Prevalece a tese de que a ausência de interrogatório no curso da ação constitui nulidade absoluta, cujo prejuízo é presumido, uma vez que violado preceito de ordem constitucional, qual seja, o princípio da ampla defesa.

17.11.6. Princípio da identidade física do juiz

O princípio da identidade física do juiz está expresso no Código de Processo Penal (CPP, art. 399, § 2º), o qual preceitua que "o juiz que presidiu a instrução deverá proferir a sentença", constituindo verdadeiro corolário do princípio da oralidade, do qual decorrem outros dois subprincípios, quais sejam, o da imediatidade do juiz com as partes e com as provas e o da concentração. Desse modo, a previsão legal fatalmente suscitará dúvidas quanto à legalidade do interrogatório realizado via carta precatória, até porque atualmente os procedimentos ordinário e sumário contemplam audiência única (CPP, arts. 400 e 531), na qual se insere o interrogatório, "o acusado preso será requisitado para comparecer ao interrogatório, devendo o poder público providenciar sua apresentação" (CPP, art. 399, § 1º). O mencionado dispositivo legal não faz menção à requisição do réu preso para acompanhar a instrução probatória; contudo, como o interrogatório, no procedimento ordinário e sumário, é realizado após a instrução, obrigatoriamente o réu deverá ser requisitado não só para ser interrogado, mas para acompanhar toda audiência de instrução e julgamento. Isto porque a presença do réu da qual decorre o contato imediato com as provas produzidas em audiência se mostra de suma importância para o exercício do direito a autodefesa.

Se de um lado o Código prescreve o princípio da identidade física do juiz e a requisição do réu preso para o interrogatório, por outro lado, o art. 473, § 3º, do CPP prevê expressamente, no procedimento do júri, a utilização da carta precatória: "as partes e os jurados poderão requerer acareações, reconhecimento de pessoas e coisas e esclarecimento dos peritos, bem como a leitura de peças que se refiram, exclusivamente, às provas colhidas por carta precatória e às provas cautelares, antecipadas ou não repetíveis". Haveria, ainda, outros argumentos a favor do interrogatório realizado por carta precatória: deparamo-nos com o grande obstáculo, que é a extensão territorial de nosso país, a qual impossibilita o transporte de presos de uma comarca para outra. Além disso, incidiria, no caso, o princípio da celeridade processual, de magnitude constitucional, o qual prima pela eficiência do processo, não constituindo o princípio da identidade física do juiz um direito absoluto.

Interessante também lembrar que pode a realização do interrogatório, a teor da letra do § 1º do art. 9º da Lei n. 8.038/90, ser delegada a juiz ou membro de tribunal com competência territorial no local de cumprimento da carta de ordem, dispondo, em idêntico sentido, o Regimento Interno do STF — art. 239, § 1º — e, também, o Regimento Interno do STJ — art. 225, § 1º.

17.11.7. Interrogatório por videoconferência

Embora a regra continue a ser a realização do interrogatório do réu preso em sala própria, no estabelecimento em que estiver recolhido, na presença física do juiz (CPP, art. 185, § 1º), o art. 185, § 2º, do CPP autoriza, em situações excepcionais, que o magistrado, por decisão fundamentada, de ofício ou a requerimento das partes, realize a oitiva do réu preso pelo sistema de videoconferência, desde que para atender a uma das finalidades previstas: "I — prevenir risco à segurança pública, quando exista fundada suspeita de que o preso integre organização criminosa ou de que, por outra razão, possa fugir durante o deslocamento; II — viabilizar a participação do réu no referido ato processual, quando haja relevante dificuldade para seu comparecimento em juízo, por enfermidade ou outra circunstância pessoal; III — impedir a influência do réu no ânimo de testemunha ou da vítima, desde que não seja possível colher o depoimento destas por videoconferência, nos termos do art. 217 deste Código; IV — responder à gravíssima questão de ordem pública". São situações, portanto, excepcionais, devendo a motivação da decisão estar a elas vinculada. Note-se que exige a Lei indícios fundados de que possa vir a ocorrer a evasão do preso, não sendo qualquer risco de fuga apto a justificar o uso desse aparato, pois, do contrário, sempre será autorizado o interrogatório por videoconferência, já que o perigo de evasão é inerente ao ato de deslocamento do réu e essa não é a intenção da Lei.

Da decisão que determinar a realização do interrogatório por videoconferência, as partes serão intimadas com 10 (dez) dias de antecedência. Como o interrogatório é realizado sempre ao final da audiência única de instrução e julgamento (CPP, arts. 400, 411 e 531), em que se concentram todos os atos instrutórios (tomada de declarações do ofendido, inquirição das testemunhas arroladas pela acusação e pela defesa, nesta ordem, ressalvado o disposto no art. 222 do CPP, esclarecimentos dos peritos, acareações, reconhecimento de pessoas), o preso pode acompanhar, também por videoconferência, a realização dessa audiência única, imprimindo maior agilidade ao processo penal, em consonância com o princípio da celeridade processual, expressamente acolhido pelo Pacto de São José da Costa Rica (Convenção Americana sobre Direitos Humanos) e a própria Magna Carta, em seu art. 5º, LXXVIII.

Em qualquer caso, antes da realização do interrogatório, o juiz assegurará o direito de entrevista reservada do acusado com seu defensor. A sala reservada no estabelecimento prisional para a realização dos atos processuais a distância será fiscalizada pelos corregedores e pelo juiz de cada causa, como também pelo Ministério Público e pela Ordem dos Advogados do Brasil.

Será também assegurado o acesso a canais telefônicos reservados para comunicação entre o defensor que esteja no presídio e o advogado presente na sala de audiência do Fórum, e entre este e o preso.

Na hipótese de o interrogatório não ser realizado no estabelecimento carcerário na presença do juiz ou pelo sistema de videoconferência, será requisitada sua apresentação em juízo (CPP, art. 185, § 7º), tal como também preceitua o art. 399, § 1º.

A videoconferência não se aplica apenas no ato do interrogatório e pode abarcar todos os atos processuais que dependam da participação de pessoa que esteja presa, como acareação, reconhecimento de pessoas e coisas, e inquirição de testemunha ou tomada de declarações do ofendido (CPP, art. 185, § 8º). Em tais hipóteses, fica garantido o acompanhamento do ato processual pelo acusado e seu defensor.

Da mesma forma, de acordo com o § 3º do art. 222 do CPP, na hipótese em que a testemunha morar fora da jurisdição, a sua oitiva poderá ser por meio de videoconferência, permitida a presença do defensor e podendo ser realizada, inclusive, durante a audiência de instrução e julgamento. Em tais situações, portanto, a carta precatória poderá ser substituída pela inquirição por videoconferência. Cumpre consignar que o art. 217 do Código de Processo Penal também prevê a possibilidade da oitiva de testemunha por videoconferência: na hipótese de o juiz verificar que a presença do réu possa causar humilhação, temor ou sério constrangimento à testemunha ou ao ofendido, de modo que prejudique a verdade do depoimento.

Finalmente, o art. 222-A do CPP dispõe que as cartas rogatórias só serão expedidas se demonstrada previamente a sua imprescindibilidade, arcando a parte requerente com os custos de envio.

Dentre as teses contrárias à tecnologia de videoconferência em sede processual penal, afirma-se que o seu emprego reduziria a garantia da autodefesa, pois não proporcionaria ao acusado a serenidade e segurança necessárias para delatar seus comparsas; e de que não haveria a garantia de proteção do acusado contra toda forma de coação ou tortura física ou psicológica. Na realidade, percebe-se que a Lei procurou justamente resguardar os direitos e garantias constitucionais do acusado ao prever o direito à entrevista prévia e reservada com o seu defensor; a presença de um defensor no presídio e um advogado na sala da audiência do fórum, os quais poderão comunicar-se por intermédio de um canal telefônico reservado; da mesma forma, o preso poderá comunicar-se pelo canal com o advogado presente no fórum, na medida em que é possível que este faça reperguntas ao réu. Além do que, assegurou-se sala reservada no estabelecimento prisional para a realização do ato, a qual será fiscalizada pelo Ministério Público, Ordem dos Advogados do Brasil, pelos corregedores e pelo juiz da causa, de forma a garantir a lisura do procedimento, bem como a publicidade do ato.

Portanto, na essência, nada mudou, já que o réu poderá valer-se de todos os seus direitos constitucionalmente assegurados, afastando-se qualquer posicionamento contrário à videoconferência.

Estar perante o juiz, dadas as condições da realidade, pode, uma vez garantidos os direitos dos acusados, como o fez a Lei, significar ser interrogado pelo sistema de videoconferência, sem que isso implique o aniquilamento desses direitos. Além do que o avanço da tecnologia é tamanho que não haverá prejuízo aos presos, dada a qualidade do som e da imagem do sistema de videoconferência, trazendo ao juiz os mesmos subsídios que a presença física proporcionaria para a formação de sua convicção; e, o mais importante, as garantias individuais deles serão resguardadas por membros do Ministério Público, da Magistratura, pela Ordem dos Advogados do Brasil e demais pessoas envolvidas nessa operação, que deverão estar no mesmo ambiente do preso à época da realização da audiência judicial por videoconferência.

→ **ATENÇÃO:** na LEP, o inciso VII do art. 52, garante a presença do defensor nas audiências por videoconferência.

Aliado a isso, há inúmeros argumentos de política criminal que favorecem o interrogatório *on-line*, pois deve-se pontuar que constitui um avanço incomparável na prática forense, impedindo que milhões de reais mensais com despesas de transporte sejam gastos, além da necessidade de um contingente significativo de policiais militares para a realização da escolta. Sem falar no risco que sofrem os policiais e a população em geral com o perigo de fuga dos presos no trajeto até o fórum ou retorno ao presídio. Há mais um ponto positivo: a utilização da videoconferência imprimirá maior agilidade ao processo penal, em consonância com o princípio da celeridade processual, expressamente acolhido pelo Pacto de São José da Costa Rica (Convenção Americana sobre Direitos Humanos) e a própria Magna Carta, em seu art. 5º, LXXVIII.

Nesse contexto, a edição da Lei não importou em flexibilização dos direitos e garantias individuais, mas em mera adaptação de um ato processual a um novo procedimento, o qual atendeu aos novos postulados da sociedade e do Poder Judiciário. Por oportuno, vale registrar que a migração dos processos penais para o meio eletrônico e a realização das audiências por videoconferência tornaram-se ainda mais comuns no contexto atual, especialmente após a pandemia da COVID-19. Trata-se de um contexto que tende a se consolidar nas próximas décadas. Nesse sentido já decidiu o STJ: "Inexiste flagrante constrangimento ilegal que autorize a concessão da ordem de ofício, uma vez que a decisão atacada tem respaldo no Regimento Interno do Tribunal a quo e no art. 185 do Código de Processo Penal, aplicável por analogia, que admite a realização do julgamento na modalidade virtual por meio recurso tecnológico de transmissão de sons e imagens. Vale destacar, ainda, que em função da pandemia da Covid-19 estavam suspensos por prazo indeterminado os julgamentos presenciais e sem previsão de quando iriam voltar a acontecer" (STJ, AgRg no HC 632.418/RJ, Rel. Min. Joel Ilan Paciornik, 5ª Turma, DJe 10-8-2021).

Jurisprudência

- FALHAS NA VIDEOCONFERÊNCIA: "Na hipótese dos autos, a defesa não demonstrou o prejuízo concreto causado ao recorrente em decorrência da ocorrência de falhas na comunicação durante o interrogatório por videoconferência. A esse respeito, a jurisprudência do STJ se firmou no sentido de que, no campo da nulidade no processo penal, vigora o princípio *pas de nullité sans grief*, previsto no art. 563 do CPP, segundo o qual o reconhecimento de nulidade exige a comprovação de efetivo prejuízo" (STJ, AgRg no REsp 1.894.697/PE, Rel. Min. Reynaldo Soares da Fonseca, 5ª Turma, DJe 17-12-2020).

17.11.8. Silêncio e mentira do réu

A lei processual estabelece ao acusado a possibilidade de confessar, negar, silenciar ou mentir, conforme a redação do art. 186, poderá também mentir, uma vez que não presta compromisso, logo, não há sanção prevista para sua mentira. Assim, o juiz não pode mais advertir o réu de que o seu silêncio poderá ser interpretado em prejuízo de sua defesa. Aliás, foi a CF, em seu art. 5º, LXIII, quem consagrou o direito ao silêncio. Desse modo, deve o juiz informar ao acusado do seu direito de permanecer calado, sem que do exercício legítimo dessa prerrogativa constitucional possam advir restrições de ordem jurídica em desfavor dos interesses processuais do indiciado ou do acusado. Caso o magistrado venha a fazer a advertência vedada pelo Texto Constitucional, haverá nulidade do ato, embora relativa, ao teor da Súmula 523 do STF, já que ocorre mera deficiência do direito de defesa.

Claro que, como manifestação do direito de defesa, ao réu é dado silenciar-se apenas em relação ao interrogatório de mérito (art. 187, § 2º). A prerrogativa do direito ao silêncio não se aplica sobre a primeira parte do interrogatório (art. 187, § 1º), que cuida da identificação do réu, já que nesse momento não há espaço para qualquer atividade de cunho defensivo.

→ **ATENÇÃO:** a negativa do acusado em responder às perguntas de identificação caracteriza contravenção penal (LCP, art. 68).

17.11.9. Espécies de interrogatório

Existem interrogatórios que, tendo em vista as peculiaridades daquele a ser questionado, devem ser realizados de modo diverso. É o caso do:

(i) interrogatório do analfabeto com deficiência de se comunicar, no qual "intervirá no ato, como intérprete e sob compromisso, pessoa habilitada a entendê-lo" (CPP, art. 192, parágrafo único);

(ii) do estrangeiro desconhecedor da língua portuguesa, que será realizado com o auxílio de um intérprete (CPP, art. 193);

(iii) do mudo, do surdo e do surdo-mudo: ao surdo endereçam-se as perguntas por escrito e ele responde oralmente; ao mudo as perguntas são orais e ele responde por escrito; no caso de surdo-mudo as perguntas e respostas são escritas (CPP, art. 192, I a III).

17.11.10. Revel

Na hipótese de revelia (CPP, arts. 362 e 267), poderá o juiz, uma vez comparecendo o acusado, proceder ao seu interrogatório (CPP, art. 185).

Interessante notar que, nos casos de citação por edital, em que o processo fica suspenso, comparecendo o acusado, observar-se-á o disposto nos arts. 394 e seguintes do Código de Processo Penal (CPP, art. 363, §§ 1º e 4º), o que significa dizer que o interrogatório deverá ser realizado dentro da audiência concentrada dos arts. 400 e 531 no CPP.

17.11.11. O conteúdo do interrogatório

O Código de Processo Penal, em seu art. 187, divide o interrogatório em duas partes: (i) interrogatório de identificação (relativo à pessoa do acusado) e (ii) interrogatório de mérito (relativo aos fatos imputados ao acusado).

O interrogatório de identificação diz respeito à pessoa do acusado, buscando a sua identificação, bem como a individualização de sua personalidade. Nesse primeiro momento do ato, as perguntas têm por finalidade individualizar perfeitamente a pessoa do acusado, evitando possível confusão com algum homônimo, e garantir a coincidência de identidades entre a pessoa do denunciado e aquela que está sendo interrogada. Por essa razão, determina a lei seja o réu indagado sobre os seus dados familiares e sociais, seu endereço residencial, seus meios de vida ou profissão, bem como o lugar onde exerce a sua atividade. As perguntas objetivam também a individualização de sua personalidade, por meio de esclarecimentos acerca das oportunidades de vida que lhe foram ofertadas, seus antecedentes criminais, se já esteve preso ou foi processado alguma vez e, em caso afirmativo, qual o juiz do processo, se houve suspensão condicional ou condenação, qual a pena imposta, se a cumpriu (cf. redação do § 1º do art. 187). Nessa primeira parte, não se indaga acerca da acusação, mas de meros aspectos que cercam a vida do imputado. Assim, se não existe acusação, não há que se falar ainda em autodefesa, razão pela qual não vigora o direito constitucional ao silêncio.

Após a fase da identificação, deve o juiz, antes de proceder à oitiva sobre a imputação propriamente dita, cientificar o réu da acusação que lhe é dirigida, o que, em outras palavras, significa dar-lhe conta dos elementos probatórios até então coligidos, possibilitando-lhe, assim, o correto desempenho da sua autodefesa. Inicia-se, pois, o interrogatório de mérito, em que o magistrado deve, adaptando-se às peculiaridades do caso concreto, formular, entre outras, as perguntas consignadas nos incisos I a VIII do § 2º do art. 187 do CPP. A partir desse momento, inicia-se a autodefesa, podendo o acusado responder o que bem entender ou permanecer em silêncio, sem que isso possa ser levado em prejuízo de sua defesa. De acordo com o art. 187, § 2º, do CPP, ele será indagado sobre: "I — ser verdadeira a acusação que lhe é feita; II — não sendo verdadeira a acusação, se tem algum motivo particular a que atribuí-la, se conhece a pessoa ou pessoas a quem deva ser imputada a prática do crime, e quais sejam, e se com elas esteve antes da prática da infração ou depois dela; III – onde estava ao tempo em que foi cometida a infração e se teve notícia desta; IV – as provas já apuradas; V – se conhece as vítimas e testemunhas já inquiridas ou por inquirir, e desde quando, e se tem o que alegar contra elas; VI – se conhece o instrumento com que foi praticada a infração, ou qualquer objeto que com esta se relacione e tenha sido apreendido; VII – todos os demais fatos e pormenores que conduzam à elucidação dos antecedentes e circunstâncias da infração; VIII – se tem algo mais a alegar em sua defesa".

17.12. Confissão. Conceito. Fatores determinantes

É a aceitação pelo réu da acusação que lhe é dirigida em um processo penal. É a declaração voluntária, feita por um imputável, a respeito de fato pessoal e próprio, desfavorável e suscetível de renúncia.

Quanto aos fatores determinantes, destacam-se o remorso, a possibilidade de abrandar o castigo, a religião, a vaidade, a obtenção de certa vantagem, o altruísmo (representado pelo amor fraterno, paterno etc.), o medo físico, o prazer da recordação etc.

17.12.1. Espécies de confissão

(i) Simples: quando o confitente reconhece pura e simplesmente a prática criminosa, limitando-se a atribuir a si a prática da infração penal.

(ii) Qualificada: quando confirma o fato a ele atribuído, mas a ele opõe um fato impeditivo ou modificativo, procurando uma excludente de antijuridicidade, culpabilidade ou eximentes de pena (ex.: confessa ter emitido um cheque sem fundos, mas a "vítima" sabia que era para descontá-lo *a posteriori*).

(iii) Complexa: quando o confitente reconhece, de forma simples, várias imputações.

(iv) Judicial: é aquela prestada no próprio processo, perante juiz competente, mediante forma prevista e não atingida por nulidade. Quando se fala que a confissão judicial é aquela prestada no próprio processo, é porque se busca refutar de plano a confissão efetivada nos autos de outra ação, constituindo, nesses casos, mera prova emprestada. Pode ser efetivada no interrogatório ou por termo nos autos.

(v) Extrajudicial: designa aquelas produzidas no inquérito ou fora dos autos da ação penal, ou melhor, todas aquelas que não se incluem entre as judiciais. Quando um terceiro vem a depor num processo, e afirma ter ouvido o acusado confessar o fato, na verdade está prestando um testemunho, o que não implica confissão. Ao contrário do processo civil, o processo penal não conhece a confissão ficta.

(vi) Explícita: quando o confitente reconhece, espontânea e expressamente, ser o autor da infração.

(vii) Implícita: quando o pretenso autor da infração procura ressarcir o ofendido dos prejuízos causados pela infração.

17.12.2. Valor probante da confissão

Hoje não é mais a "rainha das provas", visto a própria exposição de motivos do Código aduzir que a *confissão* do acusado não constitui, obrigatoriamente, uma *prova plena* de sua culpabilidade. Havendo confissão judicial, esta só se pode presumir livremente feita, desde que não demonstrada a sua eventual falsidade mediante prova idônea, cujo ônus passa a ser do confitente, a qual já autoriza e serve como supedâneo para uma decisão condenatória. Porém, é por demais razoável que ao magistrado caberá apreciar a confissão efetivada em consonância com as demais provas produzidas, de sorte a buscar a formação de um juízo de certeza.

Cumpre consignar que o Código de Processo Penal limita o livre convencimento do juiz na apreciação das provas, ao vedar a fundamentação da decisão com base exclusiva nos elementos informativos colhidos na investigação, exigindo-se prova produzida em contraditório judicial, ressalvadas as provas cautelares, não repetíveis e antecipadas (cf. art. 155).

17.12.2.1. Jurisprudência sobre o valor da confissão

- "A confissão judicial, em princípio, é, obviamente, lícita. Todavia, para a condenação, apenas será considerada a confissão que encontre algum sustento nas demais provas, tudo à luz do art. 197 do CPP" (AREsp 2.123.334/MG, Rel. Min. Ribeiro Dantas, 3ª Seção, por unanimidade, j. 20-6-2024, *DJe* 2-7-2024).

- "A confissão extrajudicial somente será admissível no processo judicial se feita formalmente e de maneira documentada, dentro de um estabelecimento estatal público e oficial. Tais garantias não podem ser renunciadas pelo interrogado e, se alguma delas não for cumprida, a prova será inadmissível. A inadmissibilidade permanece mesmo que a acusação tente introduzir a confissão extrajudicial no processo por outros meios de prova, como, por exemplo, o testemunho do policial que a colheu" (AREsp 2.123.334/MG, Rel. Min. Ribeiro Dantas, 3ª Seção, por unanimidade, j. 20-6-2024, *DJe* 2-7-2024).

- "A confissão extrajudicial admissível pode servir apenas como meio de obtenção de provas, indicando à polícia ou ao Ministério Público possíveis fontes de provas na investigação, mas não pode embasar a sentença condenatória" (AREsp 2.123.334/MG, Rel. Min. Ribeiro Dantas, 3ª Seção, por unanimidade, j. 20-6-2024, *DJe* 2-7-2024).

17.12.3. Características da confissão (CPP, art. 200)

(i) Retratabilidade: o acusado pode retratar-se, ou seja, desdizer a confissão ofertada. A confissão não produzirá efeitos se a vontade do agente ao confessar estiver viciada a ponto de não poder produzir seus efeitos como ato jurídico.

→ **ATENÇÃO:** a simples negação do fato praticado não equivale à retratação, pois esta pressupõe o conhecimento de confissão anterior.

(ii) Divisibilidade ou cindibilidade: a confissão pode-se dar no todo ou em parte, com relação ao crime atribuído ao confitente. Se o acusado confessa haver praticado um homicídio, e, ao mesmo tempo, alega que o perpetrou em legítima defesa, é óbvio que, se outros elementos existentes nos autos realçarem a veracidade da palavra do confitente, no sentido de ter sido ele o autor do homicídio, o magistrado acolherá a confissão, por ser compatível com tais elementos.

Jurisprudência

- Súmula 630 do STJ: "A incidência da atenuante da confissão espontânea no crime de tráfico ilícito de entorpecentes exige o reconhecimento da traficância pelo acusado, não bastando a mera admissão da posse ou propriedade para uso próprio".

17.12.4. Confissão ficta

A confissão ficta ou presumida, contumaz no processo civil, não se verifica no âmbito do processo penal, por falta de amparo legal. Ainda que o acusado deixe o processo correr à sua revelia, tal fato não importa na presunção de veracidade acerca daquilo que foi alegado pela acusação.

A confissão, caso ocorra por ensejo do interrogatório, muda a sua natureza jurídica de ato de defesa para, exclusivamente, meio de prova.

17.13. Prova testemunhal ou testemunha

A palavra "*testemunhar*" origina-se do latim *testari*, que significa confirmar, mostrar.

17.13.1. Conceito

Em sentido lato, toda prova é uma testemunha, uma vez que atesta a existência do fato. Já em sentido estrito, testemunha é todo homem, estranho ao feito e equidistante das partes, chamado ao processo para falar sobre fatos perceptíveis a seus sentidos e relativos ao objeto do litígio. É a pessoa idônea, diferente das partes, capaz de depor, convocada pelo juiz, por iniciativa própria ou a pedido das partes, para depor em juízo sobre fatos sabidos e concernentes à causa.

17.13.2. Características da prova testemunhal

(i) Judicialidade: tecnicamente, só é prova testemunhal aquela produzida em juízo.

(ii) Oralidade: a prova testemunhal deve ser colhida por meio de uma narrativa verbal prestada em contato direto com o juiz e as partes e seus representantes. O depoimento será oral (CPP, art. 204), salvo o caso do mudo, do surdo e do surdo-mudo (cf. art. 192 c/c o art. 233, parágrafo único, do CPP).

A lei veda que a testemunha traga o depoimento por escrito porque falta a este espontaneidade necessária revelada em depoimento oral. Além disso, o depoimento por escrito não permitiria perguntas, violando-se o princípio do contraditório.

De acordo com o art. 405 do CPP, "§ 1º Sempre que possível, o registro dos depoimentos do investigado, indiciado, ofendido e testemunhas será feito pelos meios ou recursos de gravação magnética, estenotipia, digital ou técnica similar, inclusive audiovisual, destinada a obter maior fidelidade das informações. § 2º No caso de registro por meio audiovisual, será encaminhado às partes cópia do registro original, sem necessidade de transcrição" (*vide* também art. 475).

(iii) Objetividade: a testemunha deve depor sobre os fatos sem externar opiniões ou emitir juízos valorativos. A exceção é admitida quando a reprodução exigir necessariamente um juízo de valor.

Por exemplo: a testemunha afirma que o causador do acidente automobilístico dirigia em velocidade incompatível com o local, comportando-se de forma perigosa. Tal apreciação subjetiva é indestacável da narrativa, devendo, portanto, ser mantida pelo juiz. Outra exceção é a dos peritos, cujo depoimento, por sua natureza, tem caráter opinativo.

(iv) Retrospectividade: o testemunho dá-se sobre fatos passados. Testemunha depõe sobre o que assistiu, e não sobre o que acha que vai acontecer.

(v) Imediação: a testemunha deve dizer aquilo que captou imediatamente através dos sentidos.

(vi) Individualidade: cada testemunha presta o seu depoimento isolada da outra.

17.13.3. Características das testemunhas

A testemunha é pessoa desinteressada que narra fatos pertinentes do processo. São características das testemunhas:

(i) somente a pessoa humana pode servir como testemunha, já que testemunhar é narrar fatos conhecidos através dos sentidos;

(ii) pode ser testemunha somente a pessoa estranha ao processo e equidistante às partes, para não se tornar impedida ou suspeita;

(iii) a pessoa deve ter capacidade jurídica e mental para depor;

(iv) a pessoa deve ter sido convocada pelo juiz ou partes;

(v) a testemunha não emite opinião, mas apenas relata objetivamente fatos apreendidos pelos sentidos;

(vi) a testemunha só fala sobre fatos no processo, não se manifestando sobre ocorrências inúteis para a solução do litígio.

17.13.4. Dispensas e proibições

Como regra geral, as pessoas têm o *dever de testemunhar* (*vide* arts. 342 do CP e 206 do CPP). Se, intimada, a testemunha não comparece sem *justificável motivo*, o art. 218

autoriza a sua *condução coercitiva* por determinação do juiz, a par de sujeitar-se a um processo-crime por *desobediência*.

(i) Estão dispensados de depor: o cônjuge, o ascendente, o descendente ou o irmão, e os afins em linha reta do acusado. No conceito de cônjuge devem ser incluídos os companheiros reunidos pelo laço da união estável, em face do art. 226, § 3º, da CF, que reconhece a união estável entre homem e mulher e entre pessoas do mesmo gênero como entidade familiar. Como é dispensa, se o depoente quiser, poderá prestar o depoimento. Quando não for possível, por outro meio, obter-se a prova, a testemunha nesses casos estará obrigada a depor. Contudo, seja por vontade ou por dever, não se lhe dará compromisso. Denominam-se tais testemunhas (que não prestam compromisso) *declarantes*. Também não se defere o *compromisso* aos "doentes e deficientes mentais e aos menores de l4 anos" (CPP, art. 208). São considerados *informantes* do juízo.

(ii) São proibidas de depor, contudo, as pessoas apontadas no art. 207 do CPP: as pessoas que devam guardar sigilo em razão de função, ministério, ofício ou profissão. (i) *Função* é o exercício de atividade de natureza pública ou assemelhada (juiz, delegado, promotor, jurado, comissário de menores, escrivão de cartório, diretor escolar). (ii) *Ministério* é o encargo de natureza religiosa ou social (sacerdotes e assistentes sociais). (iii) *Ofício* é a atividade manual (marceneiro, costureiro etc.). (iv) *Profissão* é a atividade predominantemente intelectual (médicos, advogados e os profissionais liberais, de um modo geral). Quase todos os códigos de ética relativos a uma profissão impedem a revelação do sigilo profissional. O Cânone 1.550, § 2º, inciso II, do *Codex Iuris Canonici* considera o sacerdote como testemunha incapaz em relação ao que ficou sabendo em função de seu ministério. A parte final permite o depoimento se o interessado dispensar o sigilo (interessado aqui não é só quem passou a informação, ou acusado, mas também o órgão de classe ao qual pertence o profissional). Os deputados e senadores também não estão obrigados a testemunhar sobre informações recebidas ou prestadas em razão do exercício do mandato, nem sobre as pessoas que lhes confiaram ou delas receberam informações (art. 53, § 6º, da CF – em regra extensível aos deputados estaduais, se assim dispuser a Carta Estadual). Também não podem depor como testemunha o membro do Ministério Público e o juiz que oficiaram no inquérito policial ou na própria ação penal.

O advogado, mesmo com o consentimento do titular do segredo, está sempre impedido de depor a respeito do segredo profissional, pois o cliente não tem suficientes conhecimentos técnicos para avaliar as consequências gravosas que lhe podem advir da quebra do sigilo.

17.13.5. Testemunha suspeita. Conceito e distinções

Testemunha inidônea, defeituosa ou suspeita é aquela que, por motivos psíquicos ou morais, não pode ou não quer dizer a verdade.

Testemunha incapaz é aquela que, por condições pessoais e fundada na ordem pública, está proibida de depor, ao passo que a suspeita é a que, por vários motivos, tem a sua credibilidade afetada.

O Código de Processo Penal não contém um rol taxativo de causas de suspeição, tanto que o art. 214 diz que as testemunhas podem ser contraditadas, devendo o juiz indagar a causa, tomar o depoimento e, depois, valorá-lo.

17.13.6. Causas de suspeição

(i) Antecedentes criminais ou conduta antissocial, como meretrizes, vadios, ébrio, jogador contumaz;

(ii) Laços de amizade íntima, inimizade profunda ou relação de dependência, afetando a imparcialidade do depoente;

(iii) Suspeita de suborno;

(iv) Exageros ou defeitos encontrados nos depoimentos.

17.13.7. Contradita

É a forma processual adequada para arguir a suspeição ou inidoneidade da testemunha.

A contradita diz respeito à testemunha, à sua pessoa, e não à narrativa, ao depoimento, o que seria contestação e não contradita, hipótese não prevista em nossa legislação.

Feita a contradita, o juiz tem quatro opções: consultará a testemunha, se deseja ou não ser ouvida, na hipótese do art. 206 (dispensa); excluirá a testemunha, na hipótese do art. 207 (proibição); ouvirá sem compromisso, na hipótese do art. 208; e tomará o depoimento, valorando-o posteriormente.

17.13.8. Número de testemunhas

O número de testemunhas varia com o tipo de procedimento. Vejamos:

(i) procedimento ordinário: cada uma das partes pode arrolar no máximo até oito testemunhas (CPP, art. 401);

(ii) procedimento sumário: admite o máximo de cinco testemunhas (CPP, art. 532);

(iii) procedimento sumaríssimo (Lei n. 9.099/95): máximo de três testemunhas;

(iv) procedimento do Tribunal do Júri (plenário do Júri): o máximo de cinco (CPP, art. 422).

> → **ATENÇÃO:** não são computadas como testemunhas para integrar o máximo fixado em lei o ofendido, o informante e a testemunha referida (considerada testemunha do juízo) (CPP, art. 401, § 1º).

> → **ATENÇÃO:** a parte poderá desistir da inquirição de qualquer das testemunhas arroladas, ressalvado o disposto no art. 209 do CPP (CPP, art. 401, § 2º).

17.13.9. Classificação das testemunhas

(i) Numerárias: são as testemunhas arroladas pelas partes de acordo com o número máximo previsto em lei, e que são compromissadas.

(ii) Extranumerárias: ouvidas por iniciativa do juiz, também compromissadas, as quais foram arroladas além do número permitido em lei. O juiz não é obrigado a ouvi-las.

(iii) Informantes: não prestam compromisso e são também *extranumerárias*. Caso o informante preste o compromisso, haverá mera irregularidade.

(iv) Referidas: ouvidas pelo juiz (CPP, art. 209, § 1º), quando "referidas" por outras que já depuseram.

(v) Próprias: depõem sobre o *thema probandum*, ou seja, o fato objeto do litígio.

(vi) Impróprias: prestam depoimento sobre um ato do processo, como a instrumentária do interrogatório, do flagrante etc.

(vii) Diretas: são aquelas que falam sobre um fato que presenciaram, reproduzindo uma sensação obtida de ciência própria.

(viii) Indiretas: são aquelas que depõem sobre conhecimentos adquiridos por terceiros (são as testemunhas de "ouvir dizer").

(ix) De antecedentes: são aquelas que depõem a respeito das informações relevantes por ocasião da aplicação e dosagem da pena (CP, art. 59).

17.13.10. Deveres da testemunha

(i) Comparecer ao local determinado, no dia e hora designados: a violação a este dever importa em condução coercitiva, nos termos do art. 218 do CPP; além disso, o juiz poderá aplicar a multa de 1 a 10 salários mínimos, prevista no art. 458 c/c o art. 436, § 2º, do CPP. A previsão legal dessa multa encontrava-se no antigo art. 453 do CPP, daí o porquê de o art. 219 fazer a ele remissão. A testemunha faltosa também deverá ser responsabilizada por crime de desobediência, além do pagamento das custas da diligência por força de sua condução coercitiva (CPP, art. 219).

(ii) Identificar-se: a testemunha tem a obrigação de, ao início de seu depoimento, qualificar-se, indicando seu nome, idade, estado civil, residência, profissão, local onde exerce sua atividade e relação de parentesco com qualquer das partes.

(iii) Prestar o depoimento: o silêncio pode configurar uma das modalidades do crime de falso testemunho, previsto no art. 342 do CP.

(iv) Dizer a verdade, sob pena de falso testemunho; a testemunha deve relatar aquilo que de fato sabe ou tomou conhecimento.

17.13.11. Procedimento

(i) Na audiência de instrução e julgamento, serão tomadas as declarações da vítima, das testemunhas de acusação e de defesa, nessa ordem, ressalvado o disposto no art.

222 do CPP. Quando necessário, poderão ser realizadas acareações, reconhecimento de pessoas e coisas, interrogando-se, em seguida, o acusado (CPP, arts. 400, 411 e 531). Todos os atos instrutórios serão realizados em uma só audiência, salvo quando não for possível por motivo de força maior.

(ii) Identificada, a testemunha deverá prestar o compromisso de dizer a verdade e ser advertida das penas do falso testemunho. A não advertência constitui mera irregularidade e não vicia o ato, nem exime da responsabilidade por falso testemunho.

(iii) Antes de iniciar o depoimento, a testemunha poderá ser contraditada pela parte interessada, devendo decidir o juiz se será ouvida ou não.

(iv) As partes formularão as perguntas diretamente à testemunha, não admitindo o juiz aquelas que puderem induzir a resposta, não tiverem relação com a causa ou importarem na repetição de outra já respondida (CPP, art. 212, caput). Trata-se do sistema de inquirição direta, chamado de *cross-examination*, de inspiração norte-americana, conservando o juiz, no entanto, seu poder de fiscalização, podendo impedir as indagações contrárias à lei processual. Poderá o magistrado complementar a inquirição sobre pontos não esclarecidos (CPP, art. 212, parágrafo único). Vale apontar que recentemente há entendimento do STF no sentido de que o magistrado não pode inquirir detalhadamente a testemunha, sob pena de violação ao art. 212 do CPP[142]. A inobservância pelo juiz da prerrogativa das partes de inquirir diretamente as testemunhas, somente causará nulidade se comprovado o efeito prejuízo.

(v) No plenário do júri, de acordo com o art. 473 do CPP, o juiz-presidente, o Ministério Público, o assistente, o querelante e o defensor do acusado formularão suas perguntas diretamente às testemunhas e ao ofendido. De acordo com o § 2º desse artigo, os jurados também poderão formular perguntas, mas sempre por intermédio do juiz-presidente, dada sua falta de preparo técnico, mantendo-se, aqui, o sistema presidencialista.

(vi) Quando a testemunha não conhecer a língua nacional, será nomeado intérprete para traduzir as perguntas e respostas (CPP, art. 193).

(vii) Se for surdo, mudo ou surdo-mudo, procede-se na forma do art. 192 do CPP.

(viii) A recusa em prestar o depoimento caracteriza crime de desobediência.

→ **ATENÇÃO:** a testemunha não pode reiterar pura e simplesmente o depoimento prestado perante a autoridade policial, sob pena de afronta ao princípio do contraditório.

→ **ATENÇÃO:** Importante lembrar do art. 217, caput e parágrafo único, do CPP: "Se o juiz verificar que a presença do réu poderá causar humilhação, temor, ou sério constrangimento à testemunha ou ao ofendido, de modo que prejudique a verdade do depoimento, fará a inquirição por videoconferência e, somente na impossibilida-

---

142. RODAS, Sérgio. Juiz que questiona detalhadamente testemunha viola art. 212 do CPP, diz STF. *Revista Consultor Jurídico*, 8 set. 2021. Disponível em: https://www.conjur.com.br/2021-set-08/juiz-questiona-testemunha-viola-artigo-212-cpp-stf. Acesso em: out. 2021.

de dessa forma, determinará a retirada do réu, prosseguindo na inquirição, com a presença do seu defensor. A adoção de qualquer dessas medidas deverá constar do termo, assim como os motivos que a determinaram".

17.13.12. Termo

O depoimento será reduzido em um documento formal denominado "termo", o qual será assinado pela testemunha, juiz, partes e seus representantes (CPP, art. 216), devendo o magistrado ser fiel às expressões usadas pelo depoente, quando da narrativa (CPP, art. 215). Nas videoconferências, os depoimentos são gravados em mídia.

17.13.13. Sistema de exame judicial

Assim como sempre sucedeu no interrogatório realizado no Plenário do Júri, nos outros procedimentos as partes também devem formular as perguntas diretamente à testemunha, não admitindo o juiz aquelas que puderem induzir a resposta, não tiverem relação com a causa ou importarem na repetição de outra já respondida (CPP, art. 212, *caput*).

Como já visto, o juiz continua com duas atribuições: (i) terá o poder de fiscalização, podendo, de ofício ou a requerimento das partes, impedir que as indagações com aquelas características sejam respondidas pela testemunha; (ii) poderá complementar a inquirição sobre pontos não esclarecidos (CPP, art. 212, parágrafo único).

No entanto, desse poder fiscalizador pode decorrer o indeferimento de pergunta relevante ao deslinde de causa, e o remédio jurídico aplicável é o protesto em ata, para posterior arguição de nulidade, em sede de apelação.

17.13.14. Depoimento infantil

É perfeitamente admitido como prova. A Lei n. 13.431/2017 dispõe sobre a possibilidade de que crianças e adolescentes envolvidos em situação de violência prestem depoimento especial (como vítimas) e escuta especializada (como testemunhas), elencando os requisitos necessários para essa oitiva. Desfruta de valor probatório relativo, tendo em vista a imaturidade moral e psicológica, a imaginação etc.

É mero informante do juízo.

17.13.15. Testemunho de policiais

Há três posições:

(i) são suspeitos, porque participaram da investigação; logo, não tem validade alguma;

(ii) não é possível a afirmação de suspeita, pela mera condição funcional; ademais, os policiais, por serem agentes públicos, também gozam da presunção de legitimidade, atributo dos atos praticados pela Administração Pública;

(iii) o depoimento tem valor relativo, dado o interesse quanto à diligência que realizou.

Os policiais não estão impedidos de depor, pois não podem ser considerados testemunhas inidôneas ou suspeitas, pela mera condição funcional. Contudo, embora não suspeitos, têm eles todo o interesse em demonstrar a legitimidade do trabalho realizado, o que torna bem relativo o valor de suas palavras. Por mais honesto e correto que seja o policial, se participou da diligência, servindo de testemunha, no fundo estará sempre procurando legitimar a sua própria conduta, o que juridicamente não é admissível. Necessário, portanto, que seus depoimentos sejam corroborados por testemunhas estranhas aos quadros policiais. Assim, em regra, trata-se de uma prova a ser recebida com reservas, ressalvando-se sempre a liberdade de o juiz, dependendo do caso concreto, conferir-lhe valor de acordo com sua liberdade de convicção.

17.13.16. Incomunicabilidade

As testemunhas devem ser ouvidas de modo que umas não saibam nem ouçam os depoimentos das outras. O parágrafo único do art. 210 prevê que, antes do início da audiência e durante a sua realização, serão reservados espaços separados para a garantia da incomunicabilidade das testemunhas. Trata-se de previsão legal bastante distante da realidade, pois, dificilmente, poderá haver um controle efetivo que impeça esse contato, além do que, qual a garantia de que tais testemunhas não se comunicaram antes de sua entrada no recinto do fórum ou mesmo nos seus corredores? Desse modo, esse comando legal consiga dificilmente é cumprido, de forma que, constatado que as testemunhas não ficaram incomunicáveis, deverá haver mera irregularidade. Nesse sentido, já decidiu o STJ: "Conforme a jurisprudência desta Corte Superior, o reconhecimento de nulidade pela não observância da incomunicabilidade das testemunhas, nos termos do art. 210 do CPP, requer a indicação de efetivo prejuízo à defesa, com a demonstração de que essa circunstância tenha influenciado na cognição do julgador. 2. Não havendo a demonstração de que o contato das testemunhas, que foi inclusive presenciado pela Defensora Pública, tenha comprometido a cognição do julgador, causando prejuízo à defesa, não se evidencia a ocorrência de nulidade" (STJ, AgRg no AREsp 1.834.926/MG, Rel. Min. Olindo Menezes (Desembargador convocado), 6ª Turma, *DJe* 9-8-2021).

17.13.17. Falso testemunho (art. 342 do CP)

Se o juiz, ao prolatar a sentença final, reconhecer que alguma testemunha fez afirmação falsa, calou ou negou a verdade, determina o art. 211, *caput*, do CPP que seja encaminhada uma cópia do depoimento à polícia para instauração de inquérito. O reconhecimento da falsidade é, portanto, feito na *sentença* pelo magistrado. Se o depoimento falso for prestado em *plenário de julgamento*, o juiz, no caso de proferir a sentença em audiência, desde que reconheça a falsidade, poderá apresentar a testemunha à autoridade policial (CPP, art. 211, parágrafo único). O dispositivo refere-se aos procedimentos em que, após produzida a prova testemunhal, seja lavrada a sentença ao final da audiência. São eles: (i) procedimento sumário (CPP, arts. 531 e s.); (ii) procedimento originário dos tribunais: regulamentado atualmente pela Lei n. 8.038/90; (iii) procedimento do júri: o Conselho de Sentença, após a votação dos quesitos, poderá fazer apresentar imediatamente a testemunha à autoridade policial.

Cumpre consignar que inúmeros outros dispositivos legais preveem prolação da sentença ao final da audiência em que se deu a inquirição das testemunhas: (i) no procedimento ordinário, quando for possível proferir a sentença em audiência (CPP, art. 403); (ii) no procedimento sumaríssimo (Lei n. 9.099/95, art. 81); (iii) no procedimento especial da Lei de Drogas (Lei n. 11.343/2006, arts. 57 e 58).

No caso de o falso ser prestado no *plenário do Júri*, existem duas posições doutrinárias:

(i) a testemunha é apresentada à polícia para que seja indiciada em inquérito, não se tratando de prisão em flagrante[143];

(ii) a testemunha é apresentada e lavrado o auto de prisão em flagrante delito[144].

→ **ATENÇÃO:** a falta de advertência do juiz não impede a sua ocorrência.

17.13.18. Lugar do depoimento

A *regra geral* diz que o lugar do depoimento é o do foro da causa.

São abertas *exceções* no caso de pessoas impossibilitadas de comparecer para depor por enfermidade ou velhice (CPP, art. 220). Nesse caso, o juiz deve ouvi-las no lugar onde elas se encontram (hospital, residência etc.).

Outras exceções estão elencadas no art. 221 do CPP.

É o caso do presidente da República, vice-presidente, senadores, deputados federais etc., que serão inquiridos em local, dia e hora previamente ajustados entre eles e o juiz.

17.13.19. Precatórias

Quando a testemunha arrolada reside em lugar diverso do juízo, prevê a lei uma exceção ao princípio da indeclinabilidade da jurisdição. Ela será ouvida por *precatória*, pelo juiz do lugar de sua residência (CPP, art. 222). As partes devem ser intimadas da expedição da carta precatória (CPP, art. 222, *in fine*); faltante a *intimação* das partes, acarreta-se *nulidade processual*.

Não há dispositivo obrigando que as partes sejam intimadas pelo juízo deprecado, quanto à data e horário da realização da audiência. O que a lei exige é a intimação das partes da expedição de cartas precatórias para oitiva de testemunhas, não da data em que se realizarão as audiências no juízo deprecado.

A não requisição do réu preso constitui nulidade relativa, nos termos da Súmula 523 do STF, tendo em vista operar-se mera deficiência e não ausência absoluta de defesa, exigindo-se, portanto, arguição *oportuno tempore* e comprovação do efetivo prejuízo, por aplicação do disposto no art. 563 do CPP, que consagrou o princípio *pas de nullité sans grief*. Como bem lembra Orlando de Souza, "poderia faltar ao próprio réu interesse em

---
[143]. Adriano Marrey, *Júri*, 3. ed., Revista dos Tribunais, p. 166.
[144]. Julio Fabbrini Mirabete, *Processo penal*, cit., p. 284.

comparecer a uma simples inquirição de testemunha arrolada apenas para depor sobre seus antecedentes"[145]. O art. 367 do CPP veio a confirmar esse entendimento.

A precatória deve ser expedida com prazo para seu cumprimento no juízo deprecado, mas não suspenderá o andamento do processo. Ao ser cumprida a precatória, deve ela ser juntada aos autos, ainda que após a sentença. Nesse caso, como o depoimento somente foi juntado após a decisão, se ficar demonstrado o prejuízo, poderá ser declarada a nulidade da sentença. Não se trata de nulidade absoluta, devendo ser avaliada a relevância da prova, de acordo com seu conteúdo.

A audiência única prevista nos arts. 400, 411 e 531 do CPP, encontra exceção no disposto pelo art. 222, o qual se refere à inquirição por meio de carta precatória. Com isso, autoriza-se a inversão da ordem da oitiva das testemunhas por força da precatória expedida.

Vale mencionar que, de acordo com o art. 222, *caput* e § 3º, do CPP, quando se tratar de inquirição de testemunha via carta precatória, sua oitiva poderá ser realizada por meio de videoconferência ou outro recurso tecnológico de transmissão de sons e imagens em tempo real, permitida a presença do defensor e podendo ser realizada, inclusive, durante a audiência de instrução e julgamento. Por vezes, o ato deprecado será limitado apenas à intimação das testemunhas e ao envio de links para a audiência.

→ **ATENÇÃO:** o STJ firmou a tese na qual "interrogatório do réu é o último ato da instrução criminal. A inversão da ordem prevista no art. 400 do CPP tangencia somente à oitiva das testemunhas e não ao interrogatório. O eventual reconhecimento da nulidade se sujeita à preclusão, na forma do art. 571, I e II, do CPP, e à demonstração do prejuízo para o réu" (STJ, REsp 1.933.759/PR e REsp 1.946.472/PR, Rel. Min. Messod Azulay Neto, publicado em 25-9-2023).

No tocante às cartas rogatórias, por força do art. 222-A, *caput*, do CPP, "só serão expedidas se demonstrada previamente a sua imprescindibilidade, arcando a parte requerente com os custos de envio. E, consoante o seu parágrafo único, aplica-se às cartas rogatórias o disposto nos §§ 1º e 2º do art. 222 do CP.

17.13.20. Militares e funcionários

(i) Os *militares* devem ser *requisitados* ao correspondente superior hierárquico para que sejam ouvidos como testemunhas (CPP, art. 221, § 2º).

(ii) Os *funcionários públicos* não necessitam de requisição, equiparam-se a qualquer outra testemunha e sujeitam-se, inclusive, à condução coercitiva, no caso de ausência injustificada à audiência para a qual estavam intimados. Por cautela, contudo, da expedição do mandado de intimação, deve ser imediatamente comunicado ao chefe da repartição em que servir o funcionário (CPP, art. 221, § 3º).

---
[145]. *Manual das audiências*, Saraiva, 1986, p. 172.

17.13.21. Ofendido

É o sujeito passivo da infração. Na nossa legislação, ofendido não é testemunha. Contudo, embora não prestando o compromisso de dizer a verdade, pode falseá-la, sem praticar o crime de falso testemunho, respondendo, porém, por denunciação caluniosa se der causa a investigação policial ou processo judicial, imputando a alguém crime de que o sabe inocente.

Seu valor probatório é relativo, devendo ser aceito com reservas, salvo em crimes praticados às ocultas, como os contra a dignidade sexual e os de violência doméstica. Sobre o tema, vem decidindo o STJ: "A jurisprudência desta Corte Superior orienta que, em casos de violência doméstica, a palavra da vítima tem especial relevância, haja vista que em muitos casos ocorrem em situações de clandestinidade" (STJ, AgRg no AREsp 1.945.220/DF, Rel. Min. Olindo Menezes (Desembargador convocado do TRF 1ª Região), 6ª Turma, DJe 10-6-2022).

Situação semelhante ocorre nos crimes praticados por pessoas que a vítima não conhece e, portanto, não tem motivos para querer prejudicar, imputando-lhe falsamente a prática de um crime como, em regra, nos crimes contra o patrimônio, cometidos com violência ou grave ameaça contra a pessoa, nos quais há dificuldade em esclarecer a autoria. Nesta hipótese, deve prevalecer o reconhecimento pessoal, nos exatos termos previstos pelo art. 226 do CPP[146]. Se, intimado para prestar depoimento, o ofendido deixar de comparecer sem um motivo justo, ele poderá ser conduzido à presença da autoridade (CPP, art. 201, § 1º). Sua falta, porém, não importa em nulidade (posição do STF). De acordo com a redação do art. 473 do CPP, "Prestado o compromisso pelos jurados, será iniciada a instrução plenária quando o juiz presidente, o Ministério Público, o assistente, o querelante e o defensor do acusado tomarão, sucessiva e diretamente, as declarações do ofendido, se possível, e inquirirão as testemunhas arroladas pela acusação". Permite-se, expressamente, no procedimento do júri, a formulação de perguntas ao ofendido pelas partes. Similarmente ao que sucede com o procedimento de inquirição das testemunhas (CPP, art. 212), as perguntas poderão ser formuladas diretamente ao ofendido, sem a intermediação do juiz. Resta saber se tal modificação incidirá sobre o procedimento comum (CPP, art. 394, § 1º).

> **Nosso entendimento:** em homenagem ao princípio do contraditório, entendemos que não há como não sustentar a extensão dessa previsão legal aos crimes que seguem o procedimento comum, podendo as partes formular diretamente perguntas ao ofendido, tal como sucede no Plenário do Tribunal do Júri e na inquirição de testemunhas (CPP, art. 212).

A figura do ofendido recebe especial tratamento, sendo-lhe outorgadas algumas prerrogativas: (i) Será comunicado dos atos processuais relativos ao ingresso e à saída do

---

146. *Vide:* Fernando Capez, Valor probatório da vítima no processo penal. *Revista Consultor Jurídico*, 9 set. 2021. Disponível em: https://www.conjur.com.br/2021-set-09/controversias-juridicas-valor-probatorio-vitima-processo-penal. Acesso em: out. 2021.

acusado da prisão, à designação de data para audiência e à sentença e respectivos acórdãos que a mantenham ou modifiquem (CPP, art. 201, § 2º). As comunicações ao ofendido deverão ser feitas no endereço por ele indicado, admitindo-se, por opção do ofendido, o uso de meio eletrônico (CPP, art. 201, § 3º). (ii) Antes do início da audiência e durante a sua realização, será reservado espaço separado para o ofendido (CPP, art. 201, § 4º). (iii) Se o juiz entender necessário, poderá encaminhar o ofendido para atendimento multidisciplinar, especialmente nas áreas psicossocial, de assistência jurídica e de saúde, a expensas do ofensor ou do Estado (CPP, art. 201, § 5º). Obviamente que o ofensor somente poderá arcar com tais despesas após o trânsito em julgado da sentença condenatória, sob pena de ofensa ao princípio da presunção de inocência. (iv) O juiz tomará as providências necessárias à preservação da intimidade, vida privada, honra e imagem do ofendido, podendo, inclusive, determinar o segredo de justiça em relação aos dados, depoimentos e outras informações constantes dos autos a seu respeito para evitar sua exposição aos meios de comunicação (CPP, art. 201, § 6º). (v) Se o juiz verificar que a presença do réu poderá causar humilhação, temor, ou sério constrangimento à testemunha ou ao ofendido, de modo que prejudique a verdade do depoimento, fará a inquirição por videoconferência e, somente na impossibilidade dessa forma, determinará a retirada do réu, prosseguindo na inquirição, com a presença do seu defensor (CPP, art. 217). Vale mencionar que, no tocante ao réu preso, o art. 185 do CPP, disciplinando o interrogatório pelo sistema de videoconferência, autorizou a utilização desse aparato tecnológico para a realização de outros atos processuais que dependam da participação de pessoa que esteja presa, como acareação, reconhecimento de pessoas e coisas, e inquirição de testemunha ou tomada de declarações do ofendido, incidindo, no caso, o disposto nos §§ 2º, 3º, 4º e 5º, no que couber (cf. CPP, art. 185, § 8º).

Por fim, é importante destacar que as audiências de instrução e julgamento devem respeitar o que está determinado no art. 400-A do CPP (com disposição análoga no art. 474-A do CPP e no art. 81, § 1º, da Lei n. 9.099/95) segundo o qual: "Na audiência de instrução e julgamento, e, em especial, nas que apurem crimes contra a dignidade sexual, todas as partes e demais sujeitos processuais presentes no ato deverão zelar pela integridade física e psicológica da vítima, sob pena de responsabilização civil, penal e administrativa, cabendo ao juiz garantir o cumprimento do disposto neste artigo, vedadas: I — a manifestação sobre circunstâncias ou elementos alheios aos fatos objeto de apuração nos autos; II — a utilização de linguagem, de informações ou de material que ofendam a dignidade da vítima ou de testemunhas".

17.13.22. Questões polêmicas

(i) A prova testemunhal obtida por depoimento de agente policial não se desqualifica tão só pela sua condição profissional, na suposição de que tende a demonstrar a validade do trabalho realizado; é preciso evidenciar que ele tenha interesse particular na investigação.

(ii) A simples imputação feita por corréu não é suficiente para lastrear um decreto condenatório, devendo ser confrontada pelos demais elementos existentes nos autos.

(iii) Testemunha acobertada pelo sigilo profissional não pode recusar-se a comparecer em juízo, pois somente após atendida a intimação judicial a testemunha, na presença do juiz, esclarecerá a sua prerrogativa.

(iv) Nada impede que, na ação penal exclusivamente privada, o juiz determine, no interesse de esclarecer a verdade dos fatos, a oitiva de testemunhas não arroladas pelas partes, na qualidade de informantes do juízo, pois o fato de o Estado ter delegado a iniciativa da ação penal ao ofendido não lhe retirou a atribuição exclusiva de prestar jurisdição da maneira mais correta possível.

(v) Inconstitucionalidade da desqualificação da vítima em processos criminais de violência contra a mulher: é inconstitucional a prática de desqualificar a mulher vítima de violência durante a instrução e o julgamento de crimes contra a dignidade sexual e todos os crimes de violência contra a mulher, de maneira que se proíba eventual menção, inquirição ou fundamentação sobre a vida sexual pregressa ou o modo de vida da vítima em audiências e decisões judiciais (*Informativo* 1.138 – STF, ADPF 1.107/DF, Rel. Min. Cármen Lúcia, j. 23-5-2024).

Jurisprudência

- "É vedado ao juízo recusar a intimação judicial das testemunhas de defesa, nos termos do art. 396-A do CPP, por falta de justificação do pedido, substituindo a intimação por declarações escritas das testemunhas consideradas pelo juízo como meramente abonatórias, configurando violação do princípio da paridade de armas e do direito de ampla defesa" (REsp 2.098.923/PR, Rel. Min. Ribeiro Dantas, 5ª Turma, por unanimidade, j. 21-5-2024).

17.14. Reconhecimento de pessoas e coisas (arts. 226 a 228)

17.14.1. Definição e elementos

É o meio processual de prova, eminentemente formal, pelo qual alguém é chamado para verificar e confirmar a identidade de uma pessoa ou coisa que lhe é apresentada com outra que viu no passado.

Identificam-se na prática seis espécies de reconhecimento:

(i) imediato: quando não há por parte do reconhecedor qualquer necessidade de exame ou análise;

(ii) mediato: o reconhecedor sente a necessidade de um esforço evocativo para chegar ao resultado final;

(iii) analítico: as duas fases separam-se nitidamente – depois da reminiscência (recordação, aquilo que se conserva na memória), o reconhecedor começa a examinar detalhes para através de partes chegar ao resultado objetivado;

(iv) mediante recordação mental: há apenas uma impressão de reminiscência ("acho que conheço"), cujo resultado final, com a certeza e a localização, somente será obtido dias depois;

(v) direto: visual e auditivo;

(vi) indireto: através de fotografia, filme, vídeo, gravação sonora etc.

17.14.2. Natureza jurídica

É *meio de prova*, conforme referido no item VII da Exposição de Motivos do Código de Processo Penal.

17.14.3. Reconhecimento de pessoas

O procedimento para a realização do reconhecimento pessoal encontra-se previsto no art. 226 do CPP e sua inobservância causa nulidade pois constitui garantia mínima para o acusado ou suspeito. O reconhecimento pessoal falho é de alto risco e não serve para lastrear um decreto condenatório. O reconhecimento fotográfico não está previsto em lei e integra o rol das provas inominadas, podendo ser considerado pelo juiz com base no princípio da livre apreciação das provas. O STJ tem entendido que, tanto o reconhecimento pessoal feito em desacordo com as formalidades legais, quanto o reconhecimento por fotografias configuram prova insuficiente para a condenação, sendo imprescindível sua confirmação por outras provas (STJ, HC 598.886).

Com o fim de se evitar o arbítrio, a má-fé, a indução ou mesmo o engano daquele que vai efetuar o reconhecimento, o Código de Processo Penal exigiu as seguintes cautelas: (i) descrição prévia do suspeito; (ii) sua colocação ao lado de pessoas com características físicas assemelhadas; (iii) lavratura de um auto relatando todo o procedimento, o qual será subscrito pela autoridade, por quem reconheceu e, ainda, por duas testemunhas instrumentárias. O CPP procurou também resguardar a lisura e eficiência do ato, colocando a pessoa chamada para reconhecer a salvo de qualquer constrangimento, influência ou intimidação, ao permitir, no seu art. 226, III, que o reconhecimento seja feito sem que aquela seja vista pelo reconhecido. Por outro lado, atenta aos princípios do contraditório e da ampla defesa, e ciente da natureza acusatória do processo criminal brasileiro, pela qual o acusado tem o direito de conhecer todas as provas contra si produzidas, a lei proibiu aplicação do mencionado inciso III em juízo, quer em plenário de julgamento, quer na fase de instrução criminal (CPP, art. 226, parágrafo único). Assim, a vítima ou testemunha terá de efetuar o reconhecimento frente a frente com o acusado, o que pode afetar o alcance da verdade real. Na prática, principalmente em processos por crime de roubo, onde a palavra do ofendido tem valor preponderante, já que não conhece o réu nem tem interesse em prejudicá-lo, o inciso III do art. 226 do CPP tem sido largamente utilizado em audiência, sem que até hoje se tenha determinado a nulidade.

Jurisprudência

- "Ainda que o reconhecimento fotográfico esteja em desacordo com o procedimento previsto no art. 226 do CPP, deve ser mantida a condenação quando houver outras provas produzidas sob o crivo do contraditório e da ampla defesa, independentes e suficientes o bastante, para lastrear o decreto condenatório" (STJ, AgRg nos EDcl no HC 656.845/PR, Rel. Min. Rogerio Schietti Cruz, 6ª Turma, j. 4-10-2022).

No mesmo sentido decidiu o STF: "a desconformidade ao regime procedimental determinado no art. 226 do CPP deve acarretar a nulidade do ato e sua desconsideração para fins decisórios, justificando-se eventual condenação somente se houver elementos independentes para superar a presunção de inocência" (STF, RHC 206.846/SP, Rel. Min. Gilmar Mendes, 2ª Turma, j. 22-2-2022).

> **Nosso entendimento:** o STJ e o STF, conforme supramencionado, não têm sido tolerante com reconhecimentos pessoais em desacordo com o art. 226 do CPP ou com o reconhecimento fotográfico, salvo se confirmados por outros elementos de prova. Assim, o reconhecimento pessoal irregular ou o reconhecimento fotográfico, se não forem considerados ilícitos, devem ter seu valor mensurado em cada caso concreto e demonstrado fundamentadamente na sentença condenatória.

Reforça este entendimento o disposto no art. 217, *caput*, do CPP, o qual dispõe que: "Se o juiz verificar que a presença do réu poderá causar humilhação, temor, ou sério constrangimento à testemunha ou ao ofendido, de modo que prejudique a verdade do depoimento, fará a inquirição por videoconferência e, somente na impossibilidade dessa forma, determinará a retirada do réu, prosseguindo na inquirição, com a presença de seu defensor". Assim, autoriza-se a retirada do réu da sala de audiência, sempre que estiver incutindo fundado temor na testemunha ou vítima.

> **Nosso entendimento:** o procedimento previsto no art. 226 somente se aplica para a fase extrajudicial, sendo desnecessário ao juiz lavrar auto pormenorizado, subscrito por duas testemunhas, bastando constar o ocorrido do termo em audiência, tampouco colocar o acusado ao lado de pessoas parecidas.

Finalmente, cumpre consignar que, no que se refere ao réu preso, o art. 185 do CPP, autorizou a utilização de videoconferência para a realização de outros atos processuais que dependam da participação de pessoa que esteja presa, como acareação, reconhecimento de pessoas e coisas, e inquirição de testemunha ou tomada de declarações do ofendido, incidindo, no caso, o disposto nos §§ 2º, 3º, 4º e 5º, no que couber (cf. CPP, art. 185, § 8º).

Jurisprudência

- RECONHECIMENTO PESSOAL EXCLUSIVAMENTE POR MEIO FOTOGRÁFICO: "É inválido o reconhecimento pessoal realizado em desacordo com o modelo do art. 226 do CPP, o que implica a impossibilidade de seu uso para lastrear juízo de certeza da autoria do crime, mesmo que de forma suplementar. Estudos sobre a epistemologia jurídica e a psicologia do testemunho alertam que é contraindicado o *show-up* (conduta que consiste em exibir apenas a pessoa suspeita, ou sua fotografia, e solicitar que a vítima ou a testemunha reconheça se essa pessoa suspeita é, ou não, autora do crime), por incrementar o risco de falso reconhecimento" (STJ, HC 712.781/RJ, Rel. Min. Rogerio Schietti Cruz, 6ª Turma, j. 15-3-2022).

- "O reconhecimento de pessoas que obedecem às disposições legais não prepondera sobre quaisquer outros meios de prova (confissão, testemunha, perícia, acareação); ao contrário, deve ser valorado como os demais" (STJ, HC 769.783/RJ, Rel. Min. Laurita Vaz, 3ª Seção, j. 10-5-2023).
- "É nulo o reconhecimento fotográfico realizado através da apresentação informal de foto via aplicativo de mensagens" (HC 817.270/RJ, Rel. Min. Antonio Saldanha Palheiro, 6ª Turma, por unanimidade, j. 6-8-2024).

17.14.4. Reconhecimento de coisas

O reconhecimento de coisas é feito em armas, instrumentos e objetos do crime, ou em quaisquer outros objetos que, por alguma razão, relacionem-se com o delito. *Vide* arts. 226 e 227 do CPP.

17.15. Acareação. Pressupostos

Ato processual consistente na colocação face a face de duas ou mais pessoas que fizeram declarações substancialmente distintas acerca de um mesmo fato (pode ser entre testemunha e testemunha, acusado e acusado, testemunha e vítima etc.), destinando-se a ofertar ao juiz o convencimento sobre a verdade fática, reduzindo-se a termo o ato de acareação (art. 229, parágrafo único). A acareação poderá ser feita a requerimento de qualquer das partes ou *ex officio*, por determinação da autoridade judiciária ou da polícia.

São pressupostos da acareação:

(i) que as pessoas a serem acareadas já tenham sido previamente ouvidas (depoimento, declaração ou interrogatório);

(ii) que exista uma *vexata quaestio*, ou seja, um ponto divergente, controvertido entre referidas pessoas, a fim de justificar a execução do ato.

→ **ATENÇÃO:** há a possibilidade de a acareação ser procedida mediante precatória, nos termos do art. 230 do Código de Processo Penal.

Consigne-se novamente que, em relação ao réu preso, o art. 185 do CPP dispõe sobre o interrogatório por videoconferência, autorizando a utilização desse aparato tecnológico para a realização de outros atos processuais que dependam da participação de pessoa que esteja presa, como acareação, reconhecimento de pessoas e coisas, e inquirição de testemunha ou tomada de declarações do ofendido, incidindo, no caso, o disposto nos §§ 2º, 3º, 4º e 5º, no que couber (cf. CPP, art. 185, § 8º).

17.16. Documentos

17.16.1. Conceito legal

Consideram-se documentos "quaisquer escritos, instrumentos ou papéis, públicos ou particulares" (CPP, art. 232). Documento é a coisa que representa um fato, destinada a fixá-lo de modo permanente e idôneo, reproduzindo-o em juízo.

Instrumentos são os escritos confeccionados já com a finalidade de provar determinados fatos, enquanto papéis são os escritos não produzidos com o fim determinado de provar um fato, mas que, eventualmente, podem servir como prova.

Em sentido estrito, documento é o escrito que condensa graficamente o pensamento de alguém, podendo provar um fato ou a realização de algum ato de relevância jurídica. É a coisa ou papel sobre o qual o homem insere, mediante qualquer expressão gráfica, um pensamento.

Atualmente, lança-se mão de um conceito mais amplo, segundo o qual os documentos compreendem não só os escritos, mas também qualquer forma corporificada de expressão do sentimento ou pensamento humano, tais como a fotografia, a filmagem, a gravação, a pintura, o desenho, o *e-mail* etc.

17.16.2. Função do documento

Possui tríplice aspecto:

(i) dispositivo: quando necessário e indispensável para a existência do ato jurídico;

(ii) constitutivo: quando elemento essencial para a formação e validade do ato, considerado como integrante deste;

(iii) probatório: quando a sua função é de natureza processual.

17.16.3. Produção

A produção do documento pode ser:

(i) espontânea: com a exibição, juntada ou leitura pela parte;

(ii) provocada (ou coacta): que se faz na forma do art. 234.

17.16.4. Limitação da produção de prova documental

O juiz não pode admitir a juntada de cartas particulares, interceptadas ou obtidas por meios criminosos (CPP, art. 233, *caput*), nem de qualquer outra prova obtida por meio ilícito, nos termos do art. 5º, LVI, da CF. Nessa linha, o art. 157, §§ 1º a 3º, do CPP estabeleceu a inadmissibilidade das provas ilícitas e derivadas, salvo quando não evidenciado o nexo de causalidade entre umas e outras, ou quando as derivadas puderem ser obtidas por uma fonte independente das primeiras, prevendo, inclusive, o seu desentranhamento do processo e inutilização por decisão judicial, facultando às partes acompanhar o incidente.

Somente após aprofundada cognição, em especial quanto à licitude dos meios para a obtenção dos elementos de prova, cuja valoração adequada depende de todo o seu conjunto, é que será possível concluir pela eventual inutilização de provas ilícitas, mediante decisão judicial (STF, Plenário, ADPF 605 MC-Ref/DF, Rel. Min. Dias Toffoli, j. 13-6-2023).

17.16.5. Autor do documento

É a pessoa a quem se atribui a sua formação, isto é, o responsável pela sua paternidade. No sentido estrito, é o tabelião; no sentido amplo, também o interessado, ou interessados, na representação do fato, ou ato, a que o documento se destina.

Reputa-se autor do documento:

(i) aquele que o fez e assinou;

(ii) aquele para quem se elaborou o documento estando assinado;

(iii) aquele que manda que se elabore o documento, mas que pelo costume não se lhe impõe a assinatura para a validade (documentos domésticos).

Quanto ao autor, o documento pode ser:

(i) público: se formado por quem esteja no exercício de uma função pública que o autorize a tal (ex.: tabelião nos limites de sua competência);

(ii) privado: se formado por um particular, ou mesmo por um oficial público, mas que não aja nesta qualidade;

(iii) autógrafo: quando se dá a coincidência entre o autor do documento e o autor do fato documentado (ex.: escritos particulares);

(iv) heterógrafo: quando o autor do documento é terceiro em relação ao autor do fato documentado (ex.: documento público).

17.16.6. Meio de formação do documento

Os documentos apresentam-se materialmente sob certas maneiras ou por certos meios. Podem ser:

(i) escritos: são os documentos normais, particularmente regulados por lei (ex.: escritura);

(ii) gráficos: quando a ideia ou o fato são representados por sinais gráficos diversos da escrita (ex.: pinturas e desenhos);

(iii) diretos: quando o fato representado se transmite diretamente para a coisa representativa (ex.: fotografia);

(iv) indiretos: o fato representado se transmite para a coisa representativa não diretamente, mas por meio do sujeito (p. ex., o escrito, porque a pessoa humana serve como intermediária entre o fato e a sua inserção no documento).

17.16.7. Conteúdo do documento

Geralmente, o ato ou o fato são representados por meio de declarações:

(i) a declaração é um ato e o documento, uma coisa;

(ii) as declarações assumem uma dada forma. Ou o ato reclama uma determinada forma, preestabelecida por lei — o casamento —, sem a qual a declaração de vontade não tem eficácia jurídica, ou não reclama forma especial. Fala-se então em atos *formais*, ou *solenes*, e atos *não formais*. Os documentos *formais* têm eficácia como prova do ato. Os documentos *não formais*, por sua vez, em que a forma é livre para sua constituição, o ato que encerram pode ser provado pelos meios admissíveis em direito.

17.16.8. Autenticidade

É a certeza de que o documento provém do autor nele indicado. A autenticidade consiste, portanto, na coincidência entre o autor aparente e o real.

Dizem-se *autênticos* os documentos públicos. Como os documentos privados não têm a mesma eficácia dos públicos, sua autenticidade, quando reclamada ou se contestada, exigirá prova, que é admitida seja feita por todos os meios de direito. Provada a autenticidade, fala-se em documento *autenticado*.

→ **ATENÇÃO:** os documentos públicos possuem presunção *juris tantum* de autenticidade.

17.16.9. Classificação geral dos documentos

Quanto ao autor:

(i) públicos ou privados;

(ii) autógrafos e heterógrafos;

(iii) assinados ou não assinados, segundo sejam ou não subscritos ou assinados pelo seu autor;

(iv) autênticos, autenticados ou sem autenticidade: os primeiros, quando contêm a prova da coincidência entre o seu autor aparente e o seu autor real; os segundos, quando essa prova se dá fora dos próprios documentos; os últimos, quando essa prova não é feita.

Quanto ao meio, maneira ou material usado na sua formação:

(i) indiretos ou diretos;

(ii) escritos, gráficos, plásticos ou estampados.

Quanto ao seu conteúdo:

(i) narrativos: encerram declarações de ciência ou de verdade, que podem ser testemunhais ou confessórias;

(ii) constitutivos ou dispositivos: contêm declarações de vontade, constitutivas, modificativas ou extintivas.

Quanto a sua finalidade:

(i) pré-constituídos: formados com o objetivo de servir de prova do ato ou fato neles representados;

(ii) causais: formados sem a intenção de servir de prova.

Quanto a sua **forma**, em **relação à prova que produzem**:

(i) solenes: reclamam a forma prevista em lei;

(ii) não solenes: não reclamam a forma prevista em lei.

Quanto à forma:

(i) originais: são o próprio documento em que se representa o ato ou fato, e, em certas hipóteses, a primeira cópia do original;

(ii) cópias: são as reproduções, textuais ou não, dos documentos originais.

17.16.10. Documento e instrumento

(i) Documento, em sentido amplo: é qualquer coisa representativa de um ato ou fato, seja um escrito, uma fotografia, uma pintura, uma escultura, uma fita etc. Em sentido mais restrito, trata-se somente do escrito, no qual se insere uma expressão do pensamento, subdividindo-se em instrumento e documento *stricto sensu*.

(ii) Documento, em sentido estrito: é o escrito não elaborado previamente para servir como prova, mas que, eventualmente, pode ser utilizado com esta finalidade. É, portanto, uma evidência casual do fato (p. ex., uma carta).

(ii.1) Documento público: formado por oficial público no exercício de sua função. Ex.: mensagens do Presidente da República ao Congresso.

(ii.2) Documento particular: são os documentos formados por particulares, ou por quem age nesta qualidade. Ex.: notícia pela imprensa de um acontecimento.

(iii) Instrumento é o documento feito com o propósito de servir, no futuro, de prova do ato nele representado: é documento pré-constituído, com a eficácia de prova pré-constituída do ato. Sua formação reclama forma especial, que exige solenidades estabelecidas em lei.

(iii.1) Instrumento público: os formados por oficial público no exercício de suas funções. Ex.: instrumento público de mandato, escritura de compra e venda de imóvel etc.

(iii.2) Instrumento particular: os formados por particulares ou por quem age na qualidade de particular. Ex.: letra de câmbio.

→ **ATENÇÃO:** os instrumentos podem converter-se em simples documentos quando usados como prova casual de outro ato que não o nele representado.

17.16.11. Instrumento público. Classificação. Eficácia

Consiste no escrito, de forma especial, lavrado por oficial público competente, destinado a dar existência e representar um ato ou fato jurídico, servindo-lhe de prova. Classifica-se em três tipos:

(i) Administrativo: o que provém de autoridades, funcionários e empregados da administração pública, autenticando atos do poder público ou assento das repartições (ex.: títulos de nomeação e posse de funcionários).

(ii) Judicial: o que, provindo de órgãos jurisdicionais, refere-se a atos praticados em juízo. Divide-se em:

— os atos judiciais propriamente ditos — são os atos processados em juízo, praticados pelas partes, juiz, escrivão e funcionários do juízo (ex.: sentença, termos);

— as certidões dos escrivães e outros serventuários da justiça (certidões são cópias autênticas do original e que fazem a mesma prova).

(iii) Instrumento extrajudicial: aquele que reflete relações da vida privada e geralmente representa contratos e declarações de vontade. Exemplos:

— escrituras públicas: as lavradas pelos tabeliães ou escrivães de paz com funções de tabelião;

— os translados autênticos e certidões;

— as reproduções de documentos públicos, desde que autenticadas por oficial público ou conferidas em cartório, com os respectivos originais;

— os atos, notas ou assentamentos constantes dos registros públicos.

Do fato de o instrumento público ser formado por oficial público competente se diz autêntico. Faz prova suficiente não somente entre as partes, mas também em relação a terceiros, quanto à existência do ato ou fato jurídico e aos fatos certificados pelo oficial público.

A autenticidade conferida ao instrumento público faz emergir a presunção de que prova suficientemente o ato ou fato documentado, querido pelas partes e lavrado conforme sua vontade.

Assim, o oficial afirma fatos do seu conhecimento próprio ou de outros, pelo que viu ou ouviu. Com relação à declaração das partes, certifica ele apenas que as ouviu ou viu, e não que sejam verdadeiras.

O instrumento público faz prova:

(i) dos fatos ocorridos em presença do oficial público que o lavrou, até que se demonstre a sua falsidade;

(ii) da formação da declaração das partes, sendo certo que o oficial certifica o que ouviu das partes e não que estas lhe houvessem feito declarações verdadeiras; em suma, o instrumento prova afirmação das declarações das partes e não a sua eficácia;

(iii) do ato ou fato jurídico nele documentado, de tal modo, porém, que se admite prova em contrário nos casos de vícios de consentimento.

Certos atos exigem forma especial e substancial, como a escritura pública. Se feitos de outra forma são nulos.

17.16.12. Instrumento particular

Instrumento particular é todo o escrito que, emanado da parte, sem intervenção do oficial público, respeitada certa forma, destina-se a constituir, extinguir ou modificar um ato jurídico.

Contudo, existem certos instrumentos particulares que exigem certa forma especial.

Podem ser:

(i) escritos e assinados pela parte;

(ii) escritos por outrem e assinados pela parte;

(iii) escritos pela parte, mas por ela não assinados;

(iv) nem escritos nem assinados pelas partes.

17.16.13. Força probante dos documentos particulares assinados

Em princípio, as declarações assinadas pelas partes presumem-se verdadeiras com relação a estas. Já com relação ao signatário do documento, as declarações deste são havidas como verdadeiras, se o documento tiver o caráter de autêntico, ou seja, aquele que completou sua formação perante o tabelião.

As declarações que se presumem verdadeiras são as dispositivas e enunciativas diretas. As enunciativas indiretas, somente quando relativas à ciência de determinado fato, valem como simples declarações, e, como tais, são havidas como provadas. O fato declarado deve ser provado pelos meios regulares.

O instrumento particular, feito e assinado pelas partes, ou somente por elas assinado, sendo subscrito por duas testemunhas, faz prova das obrigações convencionais de qualquer valor. Essa eficácia é só com relação às partes, e não a terceiros, pois, nesse caso, carece de transcrito no registro público.

17.16.13.1. Da autenticidade dos documentos particulares e seus efeitos

Autenticidade é a certeza de que o documento provém do autor nele indicado. Trata-se de reconhecimento autêntico no qual o tabelião reconhece a firma do signatário, declarando que foi aposta em sua presença.

Desde que não haja dúvida quanto à autenticidade do documento, faz ele prova de que o autor fez as declarações que lhe são atribuídas, salvo quando o documento haja sido impugnado como tendo sido obtido por erro, dolo ou coação.

A admissão expressa ou tácita trata-se de documento autêntico, ou autenticado em juízo, induzindo à veracidade dele, que constitui uma unidade.

Eventual impugnação de documento, posteriormente ao reconhecimento, só será admitida quando ficar devidamente provado por aquele que alega que os fatos ali declarados não se verificaram.

17.16.13.2. Prova da data dos documentos particulares

A data dos documentos particulares que ali estiver declarada prevalecerá, em princípio, como certa e provada entre as partes. Se houver dúvidas, poderá ser provada por todos os meios de direito. Com relação a terceiros, a data será havida em face da prática de certos atos ou da ocorrência de certos fatos, que a tornam indubitável.

17.16.14. Força probante do telegrama, radiograma e outros meios de transmissão

Desde que o original ou despacho, entregue na estação expedidora, esteja assinado pelo remetente, o telegrama, o radiograma, ou qualquer outro meio de transmissão, é considerado documento particular assinado, e, portanto, possuidor de força probatória.

Fortalece-se esta presunção caso a firma do remetente, no original, tenha sido reconhecida pelo tabelião e essa circunstância conste do telegrama, e-mail etc. (presunção *iuris tantum* — admite prova em contrário).

17.16.15. Força probante das reproduções mecânicas

Ouvida a parte contra quem foi oferecida a reprodução mecânica, e ela impugnando a sua conformidade com o original, proceder-se-á a exame pericial, em confronto com o original.

As reproduções fotográficas, quando autenticadas pelo oficial público, valem como certidões do original.

Se desprovidas de autenticação pelo oficial público, constituem documentos comuns. Não impugnadas, terão eficácia probatória equivalente à do original.

17.16.16. Força probante dos documentos não assinados

Os registros domésticos — livros ou folhas soltas, nos quais uma pessoa escritura sucessivamente atos de sua administração doméstica, suas receitas e despesas, ou mesmo fixa lembranças de fatos ou quaisquer acontecimentos — fazem prova contra quem os escreveu.

As anotações à margem, ao pé ou no verso de documentos representativos de obrigações, sendo liberatórias do devedor, ainda quando não assinadas, fazem prova em benefício deste, esteja o documento em poder do devedor ou do credor. A nota escrita pelo credor em qualquer parte do documento representativo da obrigação, ainda que não assinada, faz prova em benefício do devedor.

Os livros, mesmo irregulares, fazem prova contra seu proprietário, originariamente ou por sucessão. Contudo, podem ser contrariados, desde que os lançamentos que ali constem tenham sido feitos por erro de fato ou dolo. A escrituração contábil é indivisível, pois os lançamentos deverão ser considerados em conjunto. Os livros devem atender às formalidades legais.

17.16.17. Originais e cópias

(i) Original é o documento em sua forma genuína, o escrito em que, de origem, se lançou o ato. Exemplo: a sentença lavrada no processo.

(ii) Cópia é a reprodução do documento original. É a coisa representativa do original.

São espécies de cópias:

(ii.1) translado: é a cópia textual e autêntica, feita por oficial público competente, do que está escrito no livro de notas; é a reprodução textual do instrumento público;

(ii.2) certidões: são cópias autênticas dos livros de notas ou outros, ou de atos judiciais, extraídas pelos tabeliães ou escrivães. São integrais, quando transcrevem todo o texto; parciais, quando repetem apenas uma parte; e, em breve relato, quando sintetizam o conteúdo do original.

Os *translados* e as *certidões*, porque extraídos por oficial público, são cópias autênticas, e fazem a mesma prova que os originais.

Também farão a mesma prova que os originais as *cópias de documentos públicos*, desde que autenticadas por oficial público ou conferidas em cartório.

Os *registros públicos* são cópias de documentos, ou instrumentos, lançados em livros de notas públicas, especialmente destinados para este fim.

Cópia de papel avulso, a pública-forma é extraída por oficial público. Tanto a pública-forma, o extrato e a cópia comum de documento, uma vez impugnados pela pessoa contra quem é produzida a prova, deverão ser conferidos em juízo com o original. Com relação à fotografia, a conferência será feita com o respectivo negativo.

17.16.18. Admissão de documento

Cabe ao juiz indagar acerca de um documento juntado:

(i) se o momento da proposição é tardio ou não; em caso afirmativo, recusará, salvo se houver razões que justifiquem o atraso;

(ii) em regra, cabe às partes oferecer os documentos, salvo:

— o juiz poderá ordenar, de ofício, que terceiro exiba documento que interesse à causa;

— referindo-se uma testemunha a documento, em seu poder, ou exibindo-o para confirmar seu depoimento, ao juiz é lícito tomar a referência ou a exibição como oferta do documento e determinar sua juntada aos autos;

— os peritos poderão trazer aos autos documentos que esclareçam os seus pareceres;

(iii) todo documento oferecido sem a finalidade de provar fatos e circunstâncias da causa deverá ser repelido;

(iv) impõe-se, no ato da admissão, a verificação das condições exteriores do documento (os escritos em língua estrangeira, para que tenham validade, devem vir acompanhados de tradução oficial, feita por tradutor juramentado);

(v) oferecido um documento, sobre ele deverá ouvir-se a parte adversária do proponente; esta deverá, no prazo legal, contestar ou não a veracidade do contexto do documento ou a autenticidade da assinatura — uma vez impugnado, cumpre ao juiz resolver o impasse.

17.16.19. Desentranhamento de documentos

Documento produzido, estando em curso o processo, não será extraído dos autos sem que a parte contrária consinta e o juiz determine. Havendo evidente interesse na permanência do documento nos autos, não será permitida a retirada. No entanto, finda a causa, e não havendo interesse na sua conservação, então autoriza-se o desentranhamento.

Uma vez feito, não poderão os autos ficar sem translado do documento, ou cópia autêntica, com a certidão do desentranhamento, acompanhado de recibo da parte a quem ele foi restituído.

Mencione-se que, na hipótese de provas ilícitas ou derivadas das ilícitas, o art. 157, §§ 1º a 3º, do CPP prevê o seu desentranhamento do processo e inutilização por decisão judicial, facultando às partes acompanhar o incidente.

17.16.20. Vícios dos documentos

(i) Extrínsecos: dizem respeito ao documento como coisa e consistem no desrespeito a formalidades exteriores impostas aos documentos.

(ii) Intrínsecos: dizem respeito à essência do documento ou à substância do ato ou fato nele representado.

É relevante ressaltar alguns aspectos relativos à falsidade.

Por falsidade entende-se a alteração da verdade, consciente ou inconscientemente praticada, em detrimento do direito alheio. Declarada judicialmente a falsidade, cessa a fé do documento, seja ele público ou particular. Pode ser:

(i) falsidade material: opera-se pela criação de documento falso, ou pela adulteração/alteração de documento existente, seja transformando-o materialmente, ou adicionando--lhe, suprimindo-lhe ou substituindo-lhe palavras ou cifras;

(ii) falsidade ideológica: diz respeito à substância do ato ou fato representado no documento.

Contestada a assinatura do documento particular, cessa a sua fé, enquanto não comprovada a sua veracidade. É o que se chama de *verificação de assinatura*.

Pressupõe a *assinatura em branco* a existência de uma convenção de preenchimento entre o subscritor e aquele que deverá, em momento sucessivo e adequado, preencher o papel ou os vazios do papel, com as declarações concertadas.

Porém, quando o documento for abusivamente assinado, e quanto a isso houver impugnação da parte interessada, então cessa a fé do documento.

→ **ATENÇÃO:** ônus da prova – quem arguir a falsidade deve provar; se se tratar de contestação de assinatura, incumbe à parte que produziu o documento.

17.16.21. Falsidade e incidente

Arguida a falsidade documental, o juiz ou relator determinará a autuação em apartado, com suspensão do processo principal e prazo de quarenta e oito horas para o oferecimento de resposta da parte contrária.

Logo em seguida, abre-se o prazo de três dias para as partes produzirem provas, após o que o juiz ordenará as diligências necessárias, normalmente perícia, e depois sentenciará sobre a falsidade arguida.

A falsidade pode ser levantada de ofício pelo juiz, porém depende de poderes especiais quando feita por procurador.

A sentença que encerra o incidente de falsidade desafia recurso em sentido estrito, na forma do art. 581, XVIII, do Código de Processo Penal.

17.17. Indícios e presunções

17.17.1. Definições

(i) Indício: é toda circunstância conhecida e provada, a partir da qual, mediante raciocínio lógico, pelo método indutivo, obtém-se a conclusão sobre um outro fato. A indução parte do particular e chega ao geral.

Assim, nos indícios, a partir de um fato conhecido, deflui-se a existência do que se pretende provar.

Indício é o sinal demonstrativo do crime: *signum demonstrativum delicti*.

(ii) Presunção: é um conhecimento fundado sobre a ordem normal das coisas, e que dura até prova em contrário (presunções relativas). As presunções legais ou absolutas não admitem prova em contrário.

17.17.2. Natureza jurídica

Os indícios e as presunções são provas, pois o legislador os colocou no Título VII (Das provas). Trata-se de provas *indiretas*, uma vez que obtidas através de raciocínio lógico.

17.17.3. Valor probante

A prova indiciária é tão válida como qualquer outra — tem tanto valor como as provas diretas —, como se vê na exposição de motivos, que afirma inexistir *hierarquia de provas*, isto porque, como referido, o Código de Processo Penal adotou o sistema da *livre convicção do juiz*, desde que tais indícios sejam sérios e fundados.

Ocorre, no entanto, que a prova indiciária somente se mostra capaz de embasar os atos decisórios do juiz quando ele estiver diante de uma fase processual que exige mero juízo de probabilidade.

Importante consignar a limitação do art. 155 do CPP, segundo a qual o juiz somente formará sua convicção pela livre apreciação da prova produzida em contraditório judicial, não podendo fundamentar sua decisão exclusivamente nos elementos informativos colhidos na investigação, ressalvadas as provas cautelares, não repetíveis e antecipadas.

17.18. Prova de fora da terra

É a que deve ser produzida em território sob jurisdição diversa da do juiz da causa. A prova que se achar em território fora da jurisdição competente para o julgamento da demanda deverá ser produzida no local em que se encontrar.

São condições de existência da prova de fora da terra:

(i) que o sujeito da prova se encontre em território fora da jurisdição do juiz da causa;

(ii) que a prova seja admissível e não possua caráter protelatório.

17.19. Prova antecipada

É aquela produzida antes do momento destinado à instrução processual. Pode ser feita: preventivamente, como simples medida assecuratória de um direito, objetivando preveni-lo de consequências futuras; cautelarmente, como providência preparatória, quando se demonstrar o perigo do desaparecimento da evidência, em face da demora natural do processo principal; e, finalmente, como medida cautelar incidental a uma ação já em andamento, mas que ainda não atingiu a fase instrutória.

17.20. Prova emprestada

É a prova transladada de um processo para outro, por meio de certidão extraída daquele. Embora atenda aos reclamos da economia processual, deve ser encarada com reserva pelo juiz, pois não foi produzida sob o crivo do contraditório do processo que a tomou por empréstimo.

Regras:

(i) a prova emprestada, de natureza oral, guarda a eficácia do processo em que foi colhida, na conformidade do poder de convencimento que trouxer consigo;

(ii) a eficácia e a aproveitabilidade da prova emprestada, de natureza oral, estão na razão inversa da possibilidade de sua reprodução;

(iii) a eficácia da prova emprestada, de natureza oral, equivale à da produzida mediante precatória.

A remissão à prova emprestada, segundo parte da doutrina, não pode gerar efeitos contra quem não tenha figurado como uma das partes no processo originário, em obediência ao princípio do contraditório.

17.21. Delação. Definição, natureza e valor

Consiste na afirmativa feita por um acusado, ao ser interrogado em juízo ou ouvido na polícia. Além de confessar a autoria de um fato criminoso, igualmente atribui a um terceiro a participação como seu comparsa. O delator, no caso, preenchidos os requisitos legais, é contemplado com o benefício da redução obrigatória de pena, conforme Leis n. 8.072/90 (Lei dos Crimes Hediondos), 12.850/2013 (Lei do Crime Organizado), 9.807/99 (Lei de Proteção a Testemunhas) e 11.343/2006 (Lei de Drogas).

A delação, a despeito de se encontrar disciplinada nos diversos diplomas mencionados, não foi regulamentada pelo nosso CPP. Desse modo, o único ato processual em que pode ser feita é o interrogatório judicial, sendo esta a sua única oportunidade de se manifestar a respeito dos fatos a ele imputados. Nada impede, contudo, que a delação seja feita após a fase do interrogatório, sempre que o réu resolver fazê-lo mais adiante. Isso porque, nos termos do art. 196 do CPP, o juiz pode, a qualquer momento, de ofício ou mediante pedido fundamentado de qualquer das partes, determinar a realização de novo interrogatório. Quanto ao seu valor probatório, nada impede seja a delação levada em conta para fundamentar a sentença condenatória, mesmo à míngua de outros elementos probatórios, tendo em vista que o CPP se lastreia no princípio da verdade real, pois seu art. 155 estatui que o juiz formará a sua convicção pela livre apreciação da prova.

Deve-se ressaltar, no entanto, que o juízo de certeza exigido para a prolação do decreto condenatório desaconselha que a delação vazia e carente de detalhamento possa autorizar, por si só, a procedência da imputação. Não é por outra razão que Adalberto José Q. T. de Camargo Aranha entende temerária a formação da convicção do magistrado calcada exclusivamente na delação: "(...) a chamada do corréu, como elemento único da prova acusatória, jamais poderia servir de base a uma condenação, simplesmente porque violaria o princípio constitucional do contraditório". Ensina ainda o mestre: "Diz o art. 153, § 16, da Constituição Federal de 1969, que 'a instrução criminal será contraditória'[147]. Ora, se ao atingido pela delação não é possível interferir no interrogatório do acusador, fazendo perguntas ou reperguntas que poderão levar à verdade ou ao desmascaramento, onde obedecido o princípio do contraditório? Se as partes, o acusado com o seu defensor, obrigatoriamente devem estar presentes nos depoimentos prestados pelo ofendido e pelas testemunhas, podendo perguntar e reperguntar, sob pena de nulidade por violar o princípio constitucional do contraditório, como dar valor pleno à delação, quando no interrogatório e na ouvida só o juiz ou a autoridade policial podem perguntar?" (atualmente o princípio está contido no art. 5º, LV, da CF).

Nesses casos, destaca-se que o art. 188 do CPP possibilita a formulação de reperguntas ao final do interrogatório; do mesmo modo, os arts. 473 a 475 do CPP autorizam, na fase da instrução em Plenário do Tribunal do Júri, que o Ministério Público, o assistente, o querelante e o defensor, nessa ordem, formulem, diretamente, as perguntas ao acusado (CPP, art. 474, § 1º), possibilitando-se, assim, o contraditório pelo corréu que for atingido pela delação.

Convém mencionar que o STF não tem admitido a condenação fundada exclusivamente em delação levada a efeito por corréu. Bem como, cumpre destacar que, a atividade do delator possui carga acusatória contra o delatado, casos estes sejam réus no mesmo processo, cabendo a este se manifestar posteriormente àquele em sede de alegações finais, inclusive

---

147. *Da prova no processo penal.* 7. ed. São Paulo: Saraiva, 2006.

sendo interrogado após a juntada do termo de colaboração premiada (STF, RHC 181870 AgR, Rel. Cármen Lúcia, Rel. p/ acórdão Gilmar Mendes, 2ª Turma, j. 21-3-2022).

Jurisprudência

- VALOR PROBATÓRIO DA DELAÇÃO. "As palavras do colaborador, embora sejam suficientes para o início da investigação preliminar, não constituem motivo idôneo autônomo para fundamentar o recebimento da peça acusatória. Ademais, os documentos produzidos unilateralmente pelo colaborador não têm o valor probatório de elementos de corroboração externos, visto que a colaboração premiada é apenas meio de obtenção de prova" (STJ, AgRg no RHC 124.867/PR, Rel. Min. Felix Fischer, 5ª Turma, *DJe* 4-9-2020).

17.22. *Fishing expedition*, pescaria probatória ou loteria probatória

De acordo com Alexandre Morais da Rosa, *fishing expedition* ou pesca probatória "é a procura especulativa, no ambiente físico ou digital, sem 'causa provável', alvo definido, finalidade tangível ou para além dos limites autorizados (desvio de finalidade), de elementos capazes de atribuir responsabilidade penal a alguém. É a prática relativamente comum de se aproveitar dos espaços de exercício de poder para subverter a lógica das garantias constitucionais, vasculhando-se a intimidade, a vida privada, enfim, violando-se direitos fundamentais, para além dos limites legais. O termo se refere à incerteza própria das expedições de pesca, em que não se sabe, antecipadamente, se haverá peixe, nem os espécimes que podem ser fisgados, muito menos a quantidade"[148].

A pescaria probatória ocorre nos casos em que se constata a falta de elementos mínimos probatórios que pudessem justificar o desencadeamento da persecução, operando-se verdadeiro desvio de finalidade.

Nosso ordenamento proíbe que se faça devassa na vida de uma pessoa, física ou jurídica, para ver depois se existe alguma desconformidade com a lei. O processo acusatório consiste na investigação de fatos e não de pessoas. Consoante adverte o Superior Tribunal de Justiça, "a prática do *fishing expedition* se caracteriza pela situação em que se elege uma pessoa como alvo de investigação genérica e realiza-se medidas de investigação contra essa pessoa para encontrar algum elemento de prova"[149].

No julgamento da Rcl 43.479/RJ, 2ª Turma, Rel. Min. Gilmar Mendes, j. 10-8-2021, *DJe* 3-11-2021, o Supremo Tribunal Federal observou que o *fishing expedition*, enquanto verdadeira loteria probatória, se refere à deflagração de medidas intrusivas quando não há causa provável suficiente para sua realização.

A pescaria probatória tem sido repelida com veemência pelo Poder Judiciário, que reconhece a ilicitude de todas as provas a partir dela obtidas, por desvio de finalidade

---

148. Alexandre Morais da Rosa, *Guia do Processo Penal Estratégico*: de acordo com a Teoria dos Jogos, Santa Catarina, Emais, 2021, p. 389-390.
149. AgR no RHC 170.813/RJ, 5ª Turma, Rel. Min. Daniela Teixeira, j. 7-5-2024.

(HC 663.055/MT, Rel. Min. Rogerio Schietti Cruz, 6ª Turma, j. 22-3-2022, *DJe* 31-3-2022).

No Superior Tribunal de Justiça, no julgamento do AgRg no RMS n. 62.562/MT, Relator para o acórdão o Ministro Reynaldo Soares da Fonseca, a 5ª Turma assentou que "(...) os indícios de autoria antecedem as medidas invasivas, não se admitindo em um Estado Democrático de Direito que primeiro sejam violadas as garantias constitucionais para só então, em um segundo momento, e eventualmente, se justificar a medida anterior, sob pena de se legitimar verdadeira *fishing expedition*, conhecida como pescaria probatória, ou seja, 'a procura especulativa, no ambiente físico ou digital, sem 'causa provável', alvo definido, finalidade tangível ou para além dos limites autorizados (desvio de finalidade), de elementos capazes de atribuir responsabilidade penal a alguém' (...)".

No mesmo sentido, *vide*: "Recurso em *habeas corpus*. Cumprimento de mandado de prisão preventiva. Realização de diligência de busca e apreensão. Ausência de prévia autorização Judicial. Desvio de Finalidade e *fishing expedition*. Ilicitude das provas obtidas. Teoria dos frutos da árvore envenenada. Trancamento do inquérito policial. Recurso em *habeas corpus* provido" (RHC 153.988/SP, Rel. Min. Rogerio Schietti Cruz, 6ª Turma, j. 11-4-2023, *DJe* 19-4-2023.

Questões

1. Indique os meios de prova que podem ser produzidos em audiência criminal.
2. É possível prova emprestada no processo penal? No que consiste?
3. Quais as consequências jurídicas da delação?

18. DAS QUESTÕES E PROCESSOS INCIDENTES

18.1. Compreensão do tema

Após tratar da ação e da competência, o Código de Processo Penal cuida das questões *incidentes*, ou seja, que podem *incidir*: circunstâncias acidentais, episódicas ou eventuais. Em sentido jurídico, as questões e os processos incidentes são soluções dadas pela lei processual para as variadas eventualidades que podem ocorrer no processo e que devem ser resolvidas pelo juiz antes da solução da causa principal.

(i) **Incidente:** aquilo que sobrevém, que é acessório.

(ii) **Questão:** é toda controvérsia ou discussão.

(iii) **Questão incidental:** é toda aquela controvérsia que sobrevém no curso do processo e que deve ser decidida pelo juiz antes da causa ou questão principal.

Espécies:

(i) questões prejudiciais — arts. 92 a 94;

(ii) exceções — arts. 95 a 111;

(iii) incompatibilidades e impedimentos — art. 112;

(iv) conflito de jurisdição — arts. 113 a 117;

(v) restituição de coisa apreendida – arts. 118 a 124-A;

(vi) medidas assecuratórias – arts. 125 a 144-A;

(vii) incidente de falsidade – arts. 145 a 148;

(viii) incidente de insanidade mental do acusado – arts. 149 a 154.

A primeira que o Código aponta é a *questão prejudicial*, que é um verdadeiro empecilho, um impedimento ao desenvolvimento normal e regular do processo.

18.1.1. Definição de prejudicialidade

Segundo Magalhães Noronha, "Podemos defini-la como sendo a questão jurídica, que se apresenta no curso da ação penal, versando elemento integrante do crime e cuja solução, escapando à competência do juiz criminal, provoca a suspensão daquela ação"[150].

→ **ATENÇÃO:** a questão prejudicial condiciona a solução da demanda, diante da dependência lógica existente entre ambas. Trata-se, portanto, de valoração jurídica ligada ao *meritum causae*, a qual, necessariamente, deverá ser enfrentada previamente pelo juiz, sinalizando a provável decisão da causa.

18.1.2. Elementos essenciais da prejudicialidade

Para a doutrina são quatro os elementos essenciais da prejudicialidade.

(i) Anterioridade lógica: a questão prejudicada depende, logicamente, da prejudicial; ela condiciona o julgamento do mérito da questão principal. Influi diretamente no mérito.

(ii) Necessariedade: esta dependência não é apenas lógica, mas também essencial. Trata-se de um antecedente necessário do mérito. Ex.: crime de bigamia. Se o réu alegar que o seu casamento anterior era nulo, esta questão é prejudicial, uma vez que condiciona a questão principal. Comprovando-se através de uma sentença transitada em julgado que o casamento anterior de fato era nulo, não haverá crime de bigamia.

(iii) Autonomia: a possibilidade de a questão prejudicial ser objeto de processo autônomo, distinto daquele em que figura a questão prejudicada[151].

(iv) Competência na apreciação: são julgadas pelo próprio juízo penal, geralmente, mas poderão ser julgadas excepcionalmente pelo juízo cível.

18.1.3. Classificação

Quanto ao mérito ou natureza da questão:

(i) homogênea (comum ou imperfeita): quando pertence ao mesmo ramo do direito da questão principal ou prejudicada; ex.: a exceção da verdade no crime de calúnia (CP, art. 138, § 3º), eis que as duas matérias pertencem ao direito penal;

---
150. *Curso de direito processual penal*, cit., p. 57.
151. Antonio Scarance Fernandes, *Prejudicialidade*, Revista dos Tribunais, p. 37-47.

(ii) heterogênea (perfeita ou jurisdicional): quando referente a ramos diversos do direito, não estando compreendida na mesma área jurisdicional; ex.: de direito civil e de direito penal (anulação de casamento e crime de bigamia);

(iii) total: consoante o grau de influência incidente sobre a questão prejudicada, isto é, se interferir sobre a existência do próprio delito;

(iv) parcial: quando diz respeito apenas a uma circunstância (atenuante, qualificadora, agravante etc.).

Quanto ao efeito:

(i) obrigatória ou necessária (prejudiciais em sentido estrito): acarreta necessariamente a suspensão do processo, bastando para tanto que o juiz a considere séria e fundada. O juiz criminal não tem competência para apreciá-la e, por essa razão, está obrigado a determinar a paralisação do procedimento, até que o juízo cível se manifeste. Incumbe-lhe tão somente dizer se a questão tem ou não relevância para o deslinde da causa. Em caso afirmativo, a suspensão é imperiosa. É o caso das controvérsias relativas ao estado civil das pessoas, cuja solução importará na atipicidade ou tipicidade do fato incriminado (CPP, art. 92). Exemplo: anulação do primeiro casamento no cível e crime de bigamia;

(ii) facultativa (prejudiciais em sentido amplo): quando o juiz tiver a faculdade de suspender ou não o processo, independentemente de reconhecer a questão como importante para a solução da lide. São as questões cíveis de natureza diversa das anteriores (CPP, art. 93). Exemplo: discussão sobre a propriedade do bem no juízo cível e processo por crime de furto.

Quanto ao juízo competente para resolver a questão prejudicial:

(i) questões prejudiciais não devolutivas: referem-se às questões homogêneas, e será sempre o juízo penal o competente; ex.: exceção da verdade no crime de calúnia;

(ii) questões prejudiciais devolutivas absolutas: referem-se às questões prejudiciais heterogêneas cuja solução deverá ser dada obrigatoriamente pelo juízo cível.

Requisitos:

(i) versar a questão sobre o estado civil das pessoas (casado, solteiro, vivo, morto, parente ou não);

(ii) constituir elementar ou circunstância do fato imputado;

(iii) que a controvérsia seja séria, fundada e relevante.

→ **ATENÇÃO:** a suspensão será por tempo indeterminado, até o trânsito em julgado da decisão cível; durante esse prazo, fica suspensa a prescrição (CP, art. 116); poderão ser produzidas as provas urgentes, durante o período de suspensão; o Ministério Público poderá intentar a ação cível, se as partes não o tiverem feito ou dar-lhe prosseguimento se estas desistirem do processo.

(iv) questões prejudiciais devolutivas relativas: a questão prejudicial poderá ou não ser julgada no juízo cível, a critério do juízo criminal.

Requisitos:

(i) não versar sobre o estado civil das pessoas;

(ii) que seja da competência do juízo cível;

(iii) seja de difícil solução;

(iv) não sofra restrições da lei civil quanto à sua prova;

(v) já existir ação cível em andamento, quando do momento da suspensão do processo criminal.

Observações:

(i) poderá o juiz remeter o julgamento, desde que a questão seja de difícil solução e não verse sobre direito cuja prova a lei limite; o fundamento reside no fato de que certos assuntos somente podem ser provados na forma prescrita em lei; no entanto, esta exigência não prospera no juízo penal de forma absoluta, por força do princípio da verdade real;

(ii) a suspensão é por prazo determinado, perfeitamente prorrogável, desde que a parte não tenha dado causa ao atraso; findo o prazo, o juiz retoma o processo e decide todas as questões relativas, inclusive a prejudicial;

(iii) sendo a ação penal pública, o Ministério Público poderá intervir na ação civil, porém, não terá legitimidade para propor a ação, uma vez que é pressuposto da suspensão do processo que ela já tenha sido instaurada.

18.1.4. Sistemas de solução

(i) Do predomínio da jurisdição penal (ou sistema de cognição incidental): quem conhece a ação deve também conhecer da exceção. Por tal sistema, o juiz penal seria o competente para resolver a prejudicial (atinente a matéria cível). *Crítica*: tal sistema não respeitaria a orientação de leis de organização judiciária em separar a competência cível e criminal.

(ii) Da separação jurisdicional absoluta (ou da prejudicialidade obrigatória): o juiz criminal deve se valer da decisão do juiz cível, especializado na matéria a ser decidida. *Crítica*: afronta o princípio do livre convencimento do juiz criminal.

(iii) Da prejudicialidade facultativa (ou da remessa facultativa ao juiz especializado).

(iv) Sistema eclético (ou misto): as soluções são dadas tanto pelo juiz penal como pelo juiz extrapenal. Na legislação brasileira, pelo art. 92 do CPP, suspende-se o processo criminal (ex.: nos delitos como de bigamia para averiguar anterior casamento, no registro de nascimento inexistente, no abandono material, respectivamente arts. 235, 241 e 244 do CP). A hipótese é de *prejudicialidade obrigatória* (regra não absoluta); contudo, no art. 93, trata-se de *prejudicialidade facultativa*.

18.1.5. Prejudicial e prescrição

Suspenso o curso da ação penal, ocorre uma causa impeditiva da prescrição da pretensão punitiva (CP, art. 116, I). A suspensão, por outro lado, não impede a inquirição de testemunhas e a realização de provas consideradas urgentes, como o exame pericial, a busca e apreensão etc.

18.1.6. Efeito

A decisão proferida no juízo cível que conclui pela inexistência de uma infração penal tem força *vinculante* para o juízo criminal.

18.1.7. Recurso contra despacho que suspende a ação

Do despacho que determinar a suspensão cabe recurso *em sentido estrito*, na forma do art. 581, XVI, do CPP. Da decisão que nega a suspensão do processo, não cabe recurso. Neste caso, a solução será levantar a questão em preliminar de apelação. Se a questão for devolutiva absoluta, o tribunal anula a sentença e ordena a remessa do julgamento da questão prejudicial ao cível. Se for devolutiva relativa, o tribunal não pode anular a sentença, mas absolve o réu.

- → **ATENÇÃO:** do despacho que indeferir pedido da parte pleiteando a suspensão do feito por questão prejudicial, cabe *correição parcial* porquanto alega-se tumulto na tramitação do feito.

- → **ATENÇÃO:** a suspensão da ação pode ser provocada pelo Ministério Público, pelo acusado ou decretada *ex officio* pelo juiz.

- → **ATENÇÃO:** no inquérito policial não há questão prejudicial, pois um dos pressupostos é a existência de ação penal.

- → **ATENÇÃO:** a decisão no cível faz coisa julgada no crime, no que diz respeito à questão prejudicial ali decidida.

- → **ATENÇÃO:** sentença condenatória transitada em julgado no crime e sentença no cível favorável ao réu, tratando-se de questão devolutiva relativa. Qual a solução? *Habeas corpus* ou revisão criminal.

18.1.8. Diferença entre questão prejudicial e questão preliminar

Assemelham-se, porque ambas devem ser julgadas antes da questão principal. Porém:

(i) quando o juiz acolhe a questão prejudicial, ele vai decidir o mérito; no entanto, quando acolhe a questão preliminar, não julga o mérito da causa;

(ii) a questão prejudicial é autônoma, enquanto a questão preliminar somente existe em relação à questão principal;

(iii) a questão preliminar sempre será decidida no juízo criminal, enquanto a questão prejudicial nem sempre, dependendo da sua natureza.

18.2. As exceções

18.2.1. Conceito

A *"exceção"* (do latim *exceptio*), em sentido amplo, compreende o direito público subjetivo do acusado em se defender, ora combatendo diretamente a pretensão do autor, ora deduzindo matéria que impede o conhecimento do mérito, ou ao menos enseja a prorrogação do curso do processo.

Já em sentido estrito, a exceção pode ser conceituada como o meio pelo qual o acusado busca a extinção do processo sem o conhecimento do mérito, ou tampouco um atraso no seu andamento.

18.2.2. Compreensão do tema

Todo réu de processo penal pode defender-se de duas distintas formas:

(i) diretamente: toda vez que o acusado se volta contra a imputação que lhe foi formulada, seja quando nega a ocorrência do fato (o fato não teria ocorrido), ou a autoria delitiva, ou diz faltar *tipicidade* (o fato não seria *crime*), ou opõe uma ausência de *antijuridicidade* (p. ex., legítima defesa), ou, ainda, quando se defende aduzindo ausência de *culpabilidade* (nega o dolo ou a culpa);

(ii) indiretamente: verifica-se nas hipóteses em que o denunciado ou querelado opõe à pretensão do autor um direito que pode extinguir, modificar ou impedir tal pretensão, ou simplesmente prorrogá-la, dilatá-la, protelá-la ou adiá-la. Neste caso, vale-se o acusado das denominadas *exceções*, em sentido estrito.

18.2.3. Espécies

As exceções podem ser:

(i) peremptórias (do latim *perimere*): são aquelas que, quando acolhidas, põem termo à causa, extinguindo o processo; dentre elas, destacam-se as exceções de *coisa julgada* e *litispendência*;

(ii) dilatórias: são aquelas que, quando acolhidas, acarretam única e exclusivamente a prorrogação no curso do processo, procrastinando-o, retardando-o ou transferindo o seu exercício: *suspeição* e *incompetência*.

18.2.4. Classificação tradicional

Dividem-se as exceções em três categorias:

(i) *ratione loci* **(em razão do lugar):** por exemplo, o crime do qual se acusa o réu foi cometido em outro país;

(ii) *ratione personae* **(em razão da pessoa):** como exemplo, temos a *suspeição* do magistrado, que é inimigo capital do acusado;

(iii) *ratione materiae* **(em razão da matéria):** os crimes previstos nos arts. 33 e 37 da Lei n. 11.343/2006, se caracterizado ilícito transnacional, são da competência da

Justiça Federal. Os delitos praticados nos Municípios que não sejam sede de vara federal são processados e julgados na vara federal da circunscrição respectiva (art. 70 da Lei).

→ **ATENÇÃO:** questiona-se sobre ser absolutamente nula a denúncia ofertada por promotor e recebida por juiz, ambos incompetentes *ratione materiae*. Não, pois podem ser ratificadas pelo juízo competente.

18.2.5. Suspeição

Destina-se a rejeitar o juiz, do qual a parte arguente alegue falta de imparcialidade ou quando existam outros motivos relevantes que ensejam suspeita de sua isenção em razão de interesses ou sentimentos pessoais (negócios, amor, ódio, cobiça etc.). Tal *exceção dilatória* vem prevista nos arts. 96 a 107 do CPP. Os *motivos* ensejadores de *suspeição* constam do art. 254 (amigo íntimo ou inimigo capital de qualquer das partes, se ele, seu cônjuge, ascendente ou descendente estiver respondendo processo por fato análogo etc.).

Observações quanto às causas de suspeição: por amizade íntima deve ser entendida aquela que uma pessoa nutre por outra, como se fosse um parente próximo, tornando-a capaz de suportar toda a sorte de sacrifícios pelo outro. Somente esse tipo de amizade pode ser classificada como causa de suspeição. No caso de relações de simples cortesia e apreço profissional por advogado, não autorizam presumir a quebra da imparcialidade que deve presidir os atos do magistrado. Inimigo capital é aquele que possuir tamanho grau de aversão, ao adversário, que pode ser traduzido em ódio, rancor ou qualquer outro sentimento apto a despertar desejo de vingança. A possível inimizade com o advogado da parte não induz suspeição, pois esta diz respeito à parte e não ao seu procurador. Outra causa geradora da suspeição é o fato de o juiz ou seu cônjuge, ascendente ou descendente, estar respondendo a processo-crime por fato análogo, desde que sobre o fato haja controvérsia, ou se ele, seu cônjuge ou parente (consanguíneo ou afim, até terceiro grau), sustentar demanda ou responder a processo que tenha de ser julgado por qualquer das partes. No conceito de cônjuge devem ser incluídos os companheiros homem e mulher, ou companheiros(as) do mesmo gênero, atendendo o preceito constitucional que equiparou a união estável ao casamento (CF, art. 226, §§ 3º e 4º), para fins de considerar existente a sociedade familiar.

Se o juiz tiver se aconselhado ou se for credor, devedor, tutor ou curador de qualquer das partes também será suspeito. Importa mencionar que o art. 156 faculta ao juiz de ofício ordenar, mesmo antes de iniciada a ação penal, a produção de provas consideradas urgentes e relevantes, bem como determinar, no curso da instrução, ou antes de proferir sentença, a realização de diligências para dirimir dúvidas sobre ponto relevante). São extensivas aos peritos, no que lhes forem aplicáveis, as regras de suspeição dos juízes (CPP, art. 280). No tocante aos membros do Ministério Público, de acordo com o teor da Súmula 234 do STJ: "A participação de membro do Ministério Público na fase investigatória criminal não acarreta o seu impedimento ou suspeição para o oferecimento da denúncia". Os membros do Ministério Público também estão sujeitos aos mesmos impedimentos e suspeições dos magistrados, e não funcionarão nos processos em que o juiz ou qualquer das partes forem seu cônjuge ou parente, consanguíneo ou afim, em linha reta ou colateral, até o terceiro grau (CPP, art.

258). O fato de o juiz haver atuado em primeira instância somente implica a impossibilidade de fazê-lo em segunda, quando haja formalizado nos autos ato decisório. Despacho de simples expediente não gera impedimento.

18.2.5.1. Processamento

Se o juiz não se der por suspeito *ex officio* (CPP, arts. 97 e 254, primeira parte), sem provocação, pode ele ser recusado pela parte via da referida exceção (CPP, arts. 98 e 254, *caput, in fine*). No primeiro caso (o juiz espontaneamente se dá por suspeito), ele fundamenta sua decisão e remete o processo ao seu substituto legal (CPP, art. 99). No segundo caso, se o juiz não declara a sua suspeição de ofício, qualquer das partes poderá fazê-lo, interpondo a já aludida exceção de suspeição.

Oportuno mencionar que, nos termos do art. 145 do CPC, aplicável analogicamente ao processo penal, os magistrados não precisam declarar as razões pelas quais se consideram suspeitos.

→ **ATENÇÃO:** a exceção de suspeição deve preceder as demais, salvo quando fundada em motivo superveniente (CPP, art. 96). Isto porque as demais exceções pressupõem um juiz isento.

→ **ATENÇÃO:** nos procedimentos ordinário e sumário, oferecida a denúncia ou queixa, o juiz: (i) analisará se não é caso de rejeição liminar (deverá avaliar todos os requisitos do art. 395: condição da ação, possibilidade jurídica do pedido etc.); (ii) se não for caso de rejeição liminar, recebê-la-á e ordenará a citação do acusado para responder à acusação, por escrito, no prazo de dez dias (CPP, art. 396). E, consoante o art. 396-A, na resposta, o acusado poderá: (i) arguir preliminares; (ii) alegar tudo o que interesse à sua defesa; (iii) oferecer documentos e justificações; (iv) especificar as provas pretendidas e arrolar testemunhas, qualificando-as e requerendo sua intimação quando necessário. Desse modo, dentre as matérias que poderão ser ventiladas, encontra-se, por exemplo, a alegação de suspeição do juiz, incompetência relativa, litispendência, coisa julgada etc. Cumpre notar que a exceção será processada nos termos dos arts. 95 a 112 do CPP. No caso do procedimento do júri, há também a previsão legal dessa defesa em seus arts. 406 e seguintes.

18.2.5.2. Requisitos da exceção

Deve ser interposta por petição assinada pela própria parte ou por procurador com poderes especiais. O defensor dativo não possui procuração, já que é nomeado pelo juiz para defender réus pobres e revéis. Assim, não poderia arguir a exceção de suspeição, salvo se a petição por ele elaborada for também assinada pelo réu.

A petição deve ser fundamentada e estar acompanhada de prova documental e do rol de testemunhas, caso necessário.

Aquele que alega a exceção é denominado *excipiente*. A exceção pode ser arguida pelas partes, pelo Ministério Público e pelo assistente de acusação, de acordo com a posição de Tourinho Filho, segundo o qual aquele tem interesse em ver a ação julgada por um juiz insuspeito. Mirabete, no entanto, insiste na impossibilidade de o assistente da acusação arguir tal exceção, vez que tal faculdade não consta do rol taxativo do art. 271 do CPP, o qual não admite interpretação extensiva. Aquele contra quem se argui a exceção denomina-se *excepto*.

18.2.5.3. Procedimento perante o juiz suspeito

Interposta a petição com a exceção junto ao próprio juiz do processo, este poderá adotar as seguintes posturas:

(i) reconhecer que é suspeito: neste caso, remeterá os autos do processo principal ao seu substituto legal; desta decisão não cabe qualquer recurso, nem mesmo o recurso em sentido estrito do art. 581, III, do CPP;

(ii) declarar que não é suspeito. Nesta hipótese tomará as seguintes providências: determinará a autuação da exceção em separado; apresentará a sua resposta por escrito em um prazo de três dias, anexando documentos e arrolando testemunhas, se necessário; remeterá os autos ao tribunal de justiça em vinte e quatro horas.

18.2.5.4. Procedimento perante o tribunal

Ao chegar no tribunal, a exceção será distribuída a um dos componentes da Câmara Especial (composta pelos quatro vice-presidentes e pelo decano) (órgão competente para a apreciação da suspeição), o qual atuará como relator. Este por sua vez poderá:

(i) rejeitar liminarmente a exceção, se entender absolutamente infundada a sua oposição;

(ii) mandar processar a exceção, tomando as seguintes cautelas: determinar a citação das partes no processo principal; designar data para ouvir as testemunhas arroladas; no julgamento, se julgar improcedente a exceção, os autos serão devolvidos ao juiz, e, caso fique evidenciada a má-fé do excipiente, o tribunal aplicar-lhe-á uma multa. Se julgar procedente a exceção, o processo será encaminhado ao substituto legal do juiz, e serão declarados nulos os atos processuais praticados até aquele momento. Se ficar evidenciado erro inescusável do juiz, o tribunal determinará que ele pague as custas referentes à exceção.

> → **ATENÇÃO:** como regra, a exceção não suspende o andamento do processo principal. Todavia, ressalva o art. 102 do CPP que haverá a suspensão toda vez que a parte contrária for ouvida e concordar com a exceção, requerendo, inclusive, o sobrestamento do feito.

> → **ATENÇÃO:** conforme dispõe o art. 256 do CPP: "A suspeição não poderá ser declarada nem reconhecida, quando a parte injuriar o juiz ou de propósito der motivo para criá-la".

18.2.5.5. Contra quem pode ser alegada a suspeição?

A suspeição pode ser alegada contra os juízes de qualquer instância (da 1ª instância ao Ministro do STF, *v.* art. 103 do CPP), também os membros do Ministério Público (CPP, art. 104) e outras pessoas que intervêm no processo: intérpretes, peritos, funcionários da justiça, serventuários (CPP, art. 105) e jurados.

A exceção contra o membro do Ministério Público é oposta ao juiz junto do qual o promotor atue. O juiz deve ouvir o promotor, colher as provas requeridas e julgar num prazo de três dias. Se julgar procedente, atuará no processo o substituto legal do promotor.

No que toca à exceção formulada em face de perito, intérprete e funcionários da justiça, ela processar-se-á perante o juiz com que atue o sujeito. O juiz deve decidir de plano à vista do que foi alegado, bem como dos documentos juntados. Julgada procedente, o juiz determina o afastamento do sujeito.

A *suspeição* do jurado é arguida oralmente, no momento indicado pelos arts. 468 e 470, isto é, imediatamente após a leitura que o juiz faz da correspondente cédula sorteada (no Júri as cédulas com os nomes dos jurados ficam em uma urna que, uma a uma, são sorteadas pelo magistrado).

18.2.5.6. Cabe exceção de suspeição contra autoridades policiais?

Não. Os delegados de polícia não ensejam suspeição em razão da natureza do inquérito por eles presidido (peça inquisitorial) como procedimento preparatório da ação penal. Contudo, o Código de Processo Penal impõe-lhes a obrigação de se declararem suspeitos, restando ainda à parte recorrer ao superior hierárquico da citada autoridade.

18.2.5.7. Efeitos da suspeição

Além de afastar o magistrado da presidência do processo, julgada procedente a suspeição, "ficam nulos os atos processuais do processo principal" (CPP, arts. 101, 1ª parte, e 564, I). Logo, retroage seu efeito para anular os atos processuais anteriormente praticados pelo juiz. Se a suspeição teve origem desde o início do processo, este deve ser totalmente anulado. Originando-se em motivo superveniente, então, só a partir daí é que se anula o processo.

18.2.5.8. Existe recurso contra reconhecimento espontâneo de suspeição?

Não, afirma a unanimidade dos nossos doutrinadores. Somente é passível de correição parcial, por tumultuar a tramitação do feito.

Jurisprudência

- SUSPEIÇÃO: "A hipótese excepcional do art. 256 do CPP somente pode ser reconhecida se o magistrado ou o Tribunal, atendendo a elevado ônus argumentativo, demonstrar de maneira inequívoca que o excipiente provocou dolosamente a suspeição. Não cabem, aqui, intuições, conjecturas ou palpites, sendo imprescindível a comprovação do artifício ilícito, devidamente fundamentada na decisão ou acórdão. Art. 256. A suspeição não poderá ser declarada nem reconhecida, quando a parte injuriar o juiz ou de propósito der motivo para criá-la" (STJ, 5ª Turma, AREsp 2.026.528-MG, Rel. Min. Ribeiro Dantas, j. 7-6-2022).

18.2.6. Incompetência de juízo. Procedimento

É a segunda *exceção* referida pelo art. 95 do CPP e fundamenta-se na ausência de *capacidade funcional* do juiz. Tal *exceção* — denominada *declinatoria fori* — é regulada pelos arts. 108 e 109, podendo ser oposta por escrito ou oralmente no prazo de defesa.

O pressuposto de sua propositura é que uma ação penal esteja em andamento, em foro incompetente, de acordo com as regras dos arts. 69 e s. do CPP.

Se o juiz se verifica incompetente, ele deve, de ofício, declarar sua incompetência e remeter o processo ao juízo correto. Ao contrário do que ocorre no processo civil, é possível que se decrete de ofício até mesmo a incompetência relativa (em sentido contrário: Súmula 33 do STJ). Dessa decisão cabe recurso em sentido estrito (CPP, art. 581, II).

Caso o juiz não reconheça de ofício a sua incompetência, poderá ser arguida a exceção respectiva.

A exceção pode ser oposta pelo réu, querelado e Ministério Público, quando este atue como fiscal da lei. Todavia, segundo a doutrina, não pode ser arguida pelo autor da ação.

Tratando-se de incompetência relativa (territorial), a exceção deve ser arguida no prazo da defesa inicial prevista nos arts. 396 e 396-A, e nos arts. 406 e seguintes, sob pena de preclusão e prorrogação da competência.

Porém, cuidando-se de incompetência absoluta, ela poderá ser arguida a qualquer tempo. Ex.: incompetência em razão da matéria.

O procedimento é o seguinte:

(i) deve ser oposta junto ao próprio juiz da causa;

(ii) pode ser arguida verbalmente (reduzida a termo) ou por escrito;

(iii) o juiz mandará autuar em apartado;

(iv) o Ministério Público deve ser ouvido a respeito da exceção, desde que não seja ele o proponente;

(v) o juiz então julga a exceção. Hipóteses:

— o juiz poderá julgar a exceção improcedente, hipótese em que continuará com o processo; desta decisão não cabe recurso específico, porém têm-se admitido a impetração de *habeas corpus* e a alegação do assunto em preliminar de futura e eventual apelação;

— o juiz julga procedente a exceção, hipótese em que se declara incompetente, remetendo os autos ao juiz que entender competente. Desta decisão cabe recurso em sentido estrito.

→ **ATENÇÃO:** se o juiz que recebe o processo entender que o juiz precedente é que era o competente, deverá suscitar o conflito de jurisdição.

→ **ATENÇÃO:** julgada procedente a exceção, ficam nulos os atos decisórios, mas os atos instrutórios podem ser ratificados no juízo que receber o processo (CPP, arts. 108, § 1º, e 567).

→ **ATENÇÃO:** não há suspensão do processo.

→ **ATENÇÃO:** a Súmula 33 do STJ já assentou que "a incompetência relativa não pode ser declarada de ofício", pacificando tal entendimento. Entendemos que tal vício poderia ser reconhecido *ex officio*, desde que antes de operada a preclusão.

→ **ATENÇÃO:** não alegada a tempo a exceção de incompetência *ratione loci*, ocorre a preclusão.

18.2.7. Litispendência

Há litispendência quando uma ação repete outra em curso. No processo penal isso se verifica sempre que a imputação atribuir ao acusado, mais de uma vez, em processos diferentes, a mesma conduta delituosa. Fundamenta-se no princípio de que ninguém pode ser julgado duas vezes pelo mesmo fato: princípio do *non bis in idem*. Nesse caso, prevê a lei a *exceção de litispendência*, evitando-se o trâmite em paralelo de dois processos idênticos.

18.2.7.1. Elementos que identificam a demanda, impedindo a litispendência

São elementos que identificam a demanda:

(i) o pedido (*petitum*): na ação penal é, em regra, a aplicação da sanção;

(ii) as partes (*personae*) em litígio;

(iii) a causa de pedir (*causa petendi*): é a razão do fato pela qual o autor postula a condenação, ou seja, o fato criminoso.

→ **ATENÇÃO:** faltante qualquer um dos elementos analisados entre dois processos, não existe identidade de demanda; logo, inexiste *litispendência*.

18.2.7.2. Recursos

Acolhendo-se a exceção da litispendência, cabe recurso em sentido estrito (CPP, art. 581, III). Se o juiz não acolher a exceção, inexiste um recurso específico, porém, como ninguém pode ser processado duas vezes pelo mesmo fato (*non bis in idem*), a litispendência significa um constrangimento ilegal sanável por meio do *habeas corpus*. Por outro lado, se a litispendência foi afirmada *ex officio* pelo juiz, o recurso possível é a apelação (CPP, art. 593, II).

Comentários:

(i) o rito é o mesmo da incompetência;

(ii) não há prazo para a interposição;

(iii) deve ser arguida no segundo processo; se houver instauração de novo inquérito policial, e não de outra ação, o remédio adequado será o *habeas corpus*;

(iv) não importa se no segundo processo foi dada qualificação jurídica diversa; se o fato é o mesmo, haverá litispendência;

(v) não importa também quem figura no polo ativo da ação penal; tratando-se do mesmo réu e do mesmo fato, é cabível a exceção;

(vi) não há suspensão do processo.

18.2.8. Ilegitimidade de parte

Tal *exceção* abrange não só a *titularidade* do direito de ação, como também a *capacidade* de exercício, isto é, a necessária para a prática dos atos processuais (posição majoritária na doutrina, *vide* item seguinte).

Assim, pode-se arguir a exceção quando a queixa é oferecida em caso de ação pública; quando a denúncia é oferecida em hipótese de ação privada; quando o querelante é incapaz, não podendo estar em juízo; quando o querelante não é o representante legal do ofendido; quando, na ação privada personalíssima, a queixa é oferecida pelo sucessor da vítima etc.

18.2.8.1. Ilegitimidade *ad processum* ou *ad causam*

Existem duas posições a respeito:

(i) Hélio Tornaghi entende que a *exceção* se refere apenas à legitimidade *ad processum* e não à legitimidade *ad causam*, afirmando que "as exceções de que fala o art. 95, sem qualquer sombra de dúvida, são pressupostos processuais"[152];

(ii) a *exceção* inclui a legitimidade *ad processum* (capacidade processual) e também a legitimidade *ad causam* (titularidade da ação): é o entendimento predominante (Magalhães Noronha, Tourinho Filho, Paulo Lúcio Nogueira, Mirabete e outros).

18.2.8.2. Efeitos do reconhecimento

Uma vez reconhecida a ilegitimidade *ad causam*, o processo é anulado *ab initio*. Reconhecida a ilegitimidade *ad processum*, a nulidade pode ser sanada a qualquer tempo, mediante ratificação dos atos processuais já praticados (CPP, art. 568).

18.2.8.3. Recursos

Reconhecida a exceção de ilegitimidade de parte, o recurso cabível para tal decisão é em sentido estrito (CPP, art. 581, III). Da decisão que a julgar improcedente inexiste um recurso específico. Pode-se arguir, todavia, o fato através de uma preliminar de apelação, ou impetrar *habeas corpus* para o reconhecimento de constrangimento ilegal decorrente da ilegitimidade da parte. Mesmo quando ocorre o reconhecimento da ilegitimidade da parte espontaneamente pelo juiz, também é cabível o recurso em sentido estrito, agora com fundamento no art. 581, I, do CPP, já que tal despacho equivale ao de não reconhecimento da denúncia ou queixa, embora proferido em ocasião posterior à fase própria.

---
152. *Curso de processo penal*, cit., p. 174.

18.2.8.4. Procedimento

Nos termos do art. 110 do Código de Processo Penal, a exceção de ilegitimidade de parte é processada como a de incompetência do juízo.

18.2.9. Coisa julgada

A *exceção de coisa julgada* (CPP, art. 95, V) funda-se também no princípio *non bis in idem*. Transitada em julgado uma decisão, impossível novo processo pelo mesmo fato. Nesse caso, argui-se a *exceptio rei judicatae*.

A coisa julgada nada mais é do que uma qualidade dos efeitos da decisão final, marcada pela imutabilidade e irrecorribilidade.

18.2.9.1. Distinção entre coisa julgada formal e coisa julgada material

A coisa julgada formal reflete a imutabilidade da sentença no processo em que foi proferida; tem efeito preclusivo, impedindo nova discussão sobre o fato no mesmo processo; na coisa julgada material existe a imutabilidade da sentença que se projeta fora do processo, obrigando o juiz de outro processo a acatar tal decisão, ou seja, veda-se a discussão dentro e fora do processo em que foi proferida a decisão.

→ **ATENÇÃO**: no nosso direito, a imutabilidade da sentença condenatória não é *absoluta*, pois cabente em várias hipóteses a *revisão criminal* (CPP, art. 621); também nos casos de anistia, indulto, unificação de penas etc.

18.2.9.2. História

A coisa julgada (*res in judicium deducta*) tinha, para os romanos, uma finalidade eminentemente prática. Visava proporcionar segurança às decisões tomadas, solucionando definitivamente o conflito de interesses e evitando sua perpetuação. Apesar de tratar-se de uma exigência básica da vida urbana, nem todas as decisões tinham essa característica de imutabilidade. As resoluções interlocutórias, por exemplo, não produziam o efeito da coisa julgada.

A ideia de coisa julgada romana foi se perdendo com o correr do tempo, convertendo-se na Idade Média em uma presunção de verdade *jure et de jure*, sob a influência do processo germânico antigo, que surge como meio de pacificação social, e no qual a sentença não exprimia a livre convicção do juiz, mas sim o resultado de experiências solenes, nas quais o povo vê a intervenção de entidades superiores e imparciais. Graças a tais influências, a coisa julgada, que no conceito romano tinha por fim exclusivamente garantir a segurança e o exercício dos direitos e o gozo dos bens, se transformou em uma aparência de verdade para todos os pronunciamentos do juiz, determinando a confusão entre coisa julgada e preclusão.

Em nosso Direito histórico a coisa julgada é considerada uma verdade, segundo resulta da regra 32 do Título XXXIV da Partida III; concretizando-se, porém, sua eficácia somente entre contendores e seus herdeiros, e sem que a decisão que tivesse sido proferida contra um tivesse efeito contra o outro.

18.2.9.3. Teorias

(i) Teoria do contrato ou quase contrato judicial

Para os autores que seguem esta corrente, as partes, ao submeterem-se voluntariamente ao resultado do litígio, sujeitam-se à decisão do juiz. Obrigam-se, em virtude de um contrato judicial, aperfeiçoado por meio da *litis contestatio*, em consequência dos que de antemão se submetem à sentença; e a autoridade da coisa julgada repousa sobre tal vínculo contratual.

(ii) Teoria de Pagenstecher

Para este autor o elemento constitutivo deve acompanhar todas as sentenças, e é um efeito que corresponde ao fim proposto pelas partes. As sentenças, segundo esta tese, mesmo as meramente declaratórias, devem ser sempre constitutivas de Direito; quer dizer, produzem uma mudança jurídica, criando ou modificando a relação jurídica, e ocasionam, portanto, uma consequência nova que não tinha existência anteriormente a esta decisão.

(iii) Teoria de Hellwig

Segundo o ponto de vista deste autor, o conteúdo de uma sentença não influi sobre as relações jurídicas substanciais, as quais, em caso de erro na declaração judicial, ficam como são. O único efeito que se produz com a sentença é de caráter processual, e em face dos órgãos jurisdicionais que tenham de observar o julgado, respeitando aquilo que foi objeto de uma resolução já assentada. Em outros termos, a autoridade da coisa julgada cria um Direito processual das partes para pretender dos órgãos jurisdicionais o respeito ao julgado e uma correspondente obrigação processual dos Tribunais de não julgar quando a função jurisdicional se desenvolveu plenamente. Além disso, a coisa julgada não tem influência sobre as relações jurídicas substanciais.

(iv) Teoria da vontade autoritária do Estado

Opinião dominante na Alemanha afirma que o fundamento da coisa julgada não está no elemento lógico da sentença, mas sim na vontade do juiz, considerado representante da autoridade do Estado. A sentença, segundo esta direção científica, não tem tanto valor por constituir um juízo lógico, um silogismo, no qual a premissa maior é a norma geral; a menor, o caso concreto e particular, e a conclusão, a aplicação de uma à outra. Este elemento lógico, no sentir dos que sustentam esta tendência, carece de importância ou, pelo menos, de importância decisiva, de vez que a motivação, se bem que perfeita, não basta para dar à decisão sua segurança imutável, que é precisamente o que constitui o aspecto que a caracteriza e o que verdadeiramente tem valor, sem que aquele elemento lógico tenha outro interesse que o de ser a formulação do ato de vontade.

(v) Teoria de Rocco

Como todo o direito subjetivo de obrigação, a ação encontra no cumprimento da obrigação sua natureza e fim. O direito de ação, como direito à prestação de uma atividade jurisdicional, deve, necessariamente, encontrar no cumprimento da prestação sua causa natural e fisiológica de extinção. Em nosso sistema positivo o cumprimento da prestação jurisdicional assinala-se pela autoridade da coisa julgada da sentença final de mérito, e, por isso, esta instituição, quando assinala o momento do cumprimento da prestação jurisdicional de conhecimento, é a extinção natural do direito de ação civil. A sentença que passa a possuir a autoridade de coisa julgada esgotou o direito de ação, extinguiu-o e, por isso, não é possível juridicamente fazê-lo valer de novo.

(vi) Teoria de Goldschmidt

Para Goldschmidt a coisa julgada é força judicial, a validez judicial de uma pretensão como fundada ou infundada, e é, sobretudo, uma forma de exteriorização de uma dupla ordenação jurídica. Este ponto de vista é certamente interessante. A força judicial é derivada de um procedimento do juiz. A validez da sentença repousa no poder do juiz, por absorção da situação concreta de fato à norma jurídica. A coisa julgada é metajurídica, porque a aplicação do direito pelos juízes se mantém fora da ordenação jurídica, o que não implica que a coisa julgada seja consequência do direito, já que este outorga à sentença a eficácia de que aquilo que o juiz reconhece como direito seja como tal considerado. Goldschmidt deduz esta consequência da teoria chamada da dupla ordenação jurídica, que foi reconhecida pelo próprio Kohler, quando afirmava: "Lei e Tribunal são duas criações da ciência, e, cada uma em sua esfera, regulam a vida jurídica". Existe uma ordenação jurídica formada pelo direito objetivo, e outra pela aplicação do direito pelo juiz tal como ele o compreende, o que não obsta a que esta norma, desenvolvida através da aplicação feita pelo juiz, se encontre na própria essência do direito, que tem de ser considerado sob um duplo ponto de vista: estático e dinâmico; o primeiro, direito material, e o segundo, direito processual.

18.2.9.4. Função

Visa à paz jurídica, obstando que os litígios se eternizem, envenenando as paixões e tornando instáveis as relações jurídicas.

18.2.9.5. Natureza jurídica

A coisa julgada não é efeito da decisão, mas qualidade atribuída a esses efeitos capaz de lhes conferir imutabilidade.

18.2.9.6. Cabimento da exceção de coisa julgada

Deve ser proposta quando verificar-se a identidade de demanda entre a ação proposta e uma outra já decidida por sentença transitada em julgado. Para que se acolha a exceção de coisa julgada, é necessário que a mesma coisa (*eadem res*) seja novamente pedida pelo mesmo autor contra o mesmo réu (*eadem personae*) e sob o mesmo fundamento jurídico do fato (*eadem causa petendi*).

Se for proposta uma segunda ação, esta não poderá ter seguimento, e, assim, abre--se a possibilidade para várias soluções:

(i) O juiz pode rejeitar a denúncia, caso reconheça a existência da coisa julgada. Desta decisão cabe recurso em sentido estrito.

(ii) Por outro lado, se o juiz percebe a existência de coisa julgada após o recebimento da denúncia, e em qualquer fase do processo, ele pode declará-la de ofício e extinguir o processo sem julgamento do mérito.

(iii) Se o juiz não declara de ofício a exceção de coisa julgada, o réu ou o Ministério Público poderão argui-la. Para que a exceção seja cabível, devem coexistir três requisitos:

— existência de uma decisão anterior com trânsito em julgado;

— propositura de uma segunda ação penal referente ao mesmo fato, pois se trata de uma questão incidental processual. Logo, necessário se faz que tenha ocorrido o recebimento da denúncia ou da queixa. Se for instaurado um segundo inquérito policial, ele pode ser trancado por *habeas corpus*. Não é possível neste caso a arguição da exceção, pois ainda não existe ação penal em andamento.

Em se tratando do mesmo fato, não se admite em qualquer hipótese a propositura de uma segunda ação, mesmo que seja dada uma nova definição jurídica ao fato ou que seja inserida alguma elementar.

No concurso formal, o agente com uma só ação provoca dois ou mais resultados. Pergunta-se: se no primeiro processo a denúncia referiu-se a apenas um dos resultados, e a decisão transitou em julgado, seria possível uma segunda ação com relação ao segundo resultado? Resposta: se a primeira sentença foi condenatória, sim, pois posteriormente será feita a unificação de penas no juízo das Execuções Criminais. Se foi absolutória, não, o fato originário é o mesmo, e poderia haver incompatibilidade com a segunda decisão;

— a segunda ação penal deve ser proposta contra o mesmo réu. Não importa quem seja o autor da segunda ação penal. O ofendido não pode propor ação penal privada subsidiária da pública, se já houve anteriormente sentença transitada em julgado em ação proposta pelo Ministério Público.

Havendo condenação de um dos autores do crime, nada obsta a que outro não incluído na primeira ação seja processado, exceto se houver alguma incompatibilidade no plano fático.

18.2.9.7. Rito

De acordo com o art. 110 do Código de Processo Penal, o rito é o mesmo da exceção de incompetência.

18.2.9.8. Fases

(i) Pode ser arguida verbalmente ou por escrito, em qualquer fase do processo e em qualquer instância.

(ii) O juiz deve ouvir a outra parte e o Ministério Público, caso este não tenha sido o autor da alegação.

(iii) A exceção deve ser autuada em separado.

(iv) Julgamento: se o juiz julga procedente, a ação principal será extinta, e desta decisão cabe recurso em sentido estrito. Se o juiz julga improcedente, a ação principal continua, e desta decisão não cabe nenhum recurso específico, mas o interessado poderá impetrar *habeas corpus*. O trânsito em julgado da segunda sentença pode ser quebrado via *habeas corpus* ou revisão criminal.

18.2.9.9. A coisa julgada no crime continuado e no concurso de agentes

No crime continuado os primeiros delitos já foram julgados. Nesse caso, processa-se normalmente o último crime e, após o trânsito em julgado, pode-se promover a unificação das penas.

No caso de *concurso de agentes* o STF decidiu que, absolvido o réu da acusação de *autor* de homicídio, nada impede que seja processado como *partícipe* do mesmo fato, inexistindo o impedimento da coisa julgada.

18.2.10. Impedimentos do Ministério Público e órgãos auxiliares

Aplicam-se aos membros do Ministério Público as mesmas prescrições relativas à suspeição e aos impedimentos dos juízes (art. 258). Existindo o *impedimento* ou a incompatibilidade, o órgão do Ministério Público deve espontaneamente afastar-se do processo, declinando nos autos o motivo. Os serventuários e funcionários judiciários e os peritos devem comunicar o fato ao juiz, enquanto o jurado deve fazê-lo quando do sorteio (CPP, art. 466).

Não se dando o afastamento *sponte propria*, pode a parte arguir a incompatibilidade ou impedimento, cujo processo é aquele estabelecido para a *suspeição* (art. 112, *in fine*).

18.2.11. Conflito de jurisdição

18.2.11.1. Conceito e espécies

Tem-se o denominado conflito de jurisdição toda vez que, em qualquer fase do processo, um ou mais juízes, contemporaneamente, tomam ou recusam tomar conhecimento do mesmo fato delituoso.

Daí temos:

(i) conflito positivo de jurisdição: quando dois ou mais juízes se julgam *competentes* para o conhecimento e julgamento do mesmo fato delituoso;

(ii) conflito negativo de jurisdição: quando dois ou mais juízes se julgam *incompetentes* para o conhecimento e julgamento do mesmo fato delituoso.

Verifica-se, ainda, o conflito de jurisdição toda vez que houver controvérsia sobre unidade de juízo, junção ou separação de processos.

Porém, não há que se falar no aludido conflito quando um dos processos já se encontra com sentença transitada em julgado (nesse sentido: Súmula 59 do STJ).

18.2.11.2. Conflito de atribuições

Trata-se do conflito que se estabelece entre o órgão do Poder Judiciário e o órgão de outros Poderes (Executivo e Legislativo), dirimido por aquele, ou entre órgão dos poderes não jurisdicionais, resolvidos, ao menos de início, sem a intervenção da autoridade judiciária.

Os conflitos de atribuições entre promotores de justiça devem ser resolvidos pelo procurador-geral de justiça. Meras manifestações divergentes entre o juiz e o promotor de justiça não ensejam falar em conflito de atribuições.

Na hipótese de conflito de atribuição entre membros do Ministério Público, a solução pode ser diversa a depender das peculiaridades do caso concreto, a saber: se o conflito se dá entre Promotores de Justiça do Ministério Público de um mesmo Estado, será resolvido pelo Procurador-Geral de Justiça; se o conflito se dá entre Procuradores da República, será resolvido pela Câmara de Coordenação e Revisão (órgão colegiado do MPF); se o conflito se dá entre integrantes de ramos diferentes do Ministério Público da União, será resolvido pelo Procurador-Geral da República; e, por fim, se o conflito se dá entre Promotores de Justiça de Estados diferentes ou entre um Promotor de Justiça e um Procurador da República, será resolvido via CNMP (STF, Pet 5.235 AgR-ED-ED, Rel. Alexandre de Moraes, 1ª Turma, publicado em 10-9-2021).

18.2.11.3. Processamento

Ao STJ competem os conflitos de competência entre quaisquer tribunais (ressalvada a regra do art. 102, I, *o*, da CF), entre tribunal e juiz a ele não vinculado, bem como entre juízes vinculados a tribunais diversos. É de sua competência, portanto, dirimir conflito de competência entre juiz de direito e auditor militar (CF, art. 105, I, *d*).

Ao STF competem os conflitos de competência entre o STJ e qualquer outro tribunal, entre Tribunais Superiores e qualquer outro tribunal ou entre Tribunais Superiores entre si (CF, art. 102, I, *o*).

Aos Tribunais Regionais Federais cabe solucionar os conflitos entre juízes federais a eles vinculados, bem como entre juiz federal e juiz estadual investido na jurisdição federal (Súmula 3 do STJ).

Na Justiça Militar, os conflitos devem ser suscitados perante o Superior Tribunal Militar (Código de Processo Penal Militar, art. 114).

Os conflitos entre Tribunais Regionais Eleitorais ou juízes eleitorais de Estados diferentes são julgados pelo Tribunal Superior Eleitoral (Código Eleitoral, art. 22, I, *d*). Se o conflito for entre juízes eleitorais do mesmo Estado, o competente é o Tribunal Regional Eleitoral (Código Eleitoral, art. 29, I, *b*).

18.2.11.4. Competência para julgar

A competência é estabelecida na Constituição Federal, nas Constituições dos Estados, nas leis processuais e de organização judiciária e nos regimentos internos dos tribunais.

18.2.12. Restituição de coisas apreendidas

Durante o inquérito policial, a autoridade policial, ao ensejo das investigações, pode determinar a apreensão dos *instrumenta sceleris* e dos objetos que tiverem relação com o fato criminoso (art. 6º, II).

A apreensão pode ocorrer quando forem encontrados instrumentos ou meios de prova utilizados na prática do fato criminoso que possam auxiliar no levantamento da autoria. Nesse caso, lavra-se um auto de apreensão e os instrumentos e demais objetos ficam sob custódia na polícia.

Outras vezes, a apreensão se dá mediante a realização de buscas pessoais e domiciliares procedidas pela própria autoridade ou por pessoas a ela subordinadas.

Busca é a diligência em que se procura alguma pessoa ou objeto de interesse ou relevância para o processo ou inquérito. Os objetos sobre os quais pode incidir a diligência de busca estão enumerados no art. 240, § 1º, *a, b, c, d, e, f, g* e *h*.

Uma vez encontrado o que se procura, procede-se à apreensão da pessoa ou coisa visada, de modo que os instrumentos e, enfim, todos os objetos que tiverem relação com o fato acompanharão os autos de inquérito tal como determina o art. 11 do CPP.

O art. 240, § 1º, *b, c, d, e, f* e *h*, cuida dos objetos sobre os quais pode incidir a diligência de busca e apreensão; portanto, estes objetos podem ser *apreendidos*. São eles: coisas achadas ou obtidas por meios criminosos, instrumentos de falsificação ou de contrafação e objetos falsificados ou contrafeitos; armas e munições, instrumentos utilizados na prática de crime ou destinados a fim delituoso; objetos destinados à prova da infração ou à defesa do réu; cartas, abertas ou não, destinadas ao acusado ou em seu poder, quando haja suspeita de que o conhecimento do conteúdo possa ser útil à elucidação do fato; qualquer elemento de convicção.

As coisas obtidas por meios criminosos a que se refere a alínea *b* do § 1º do art. 240 do CPP são os produtos diretos, ou imediatos, do crime.

Não podem ser apreendidos as coisas ou os valores que constituam proveito auferido pelo agente com a prática do fato criminoso, mediante sucessiva especificação (joias feitas com ouro roubado) ou conseguidos mediante alienação (dinheiro da venda do objeto furtado).

Também não podem ser apreendidos o bem ou o valor dado ao criminoso como pagamento ou recompensa pela prática do crime (*pretium sceleris*).

Os objetos que não são suscetíveis de apreensão podem, todavia, ser sequestrados (CPP, art. 132).

Não obstante a apreensão e o sequestro visarem à segurança do bem móvel, ambos se sujeitam a disciplinamentos diversos. Para o sequestro a autoridade policial representa ao juiz (CPP, art. 127), ao passo que, na apreensão, age de ofício.

18.2.12.1. Restituição: objetos restituíveis, oportunidade, procedimento

Em princípio, todos os objetos apreendidos podem ser restituídos, principalmente os produtos do crime.

Do art. 118 do Código de Processo Penal exsurge o princípio de que os objetos, antes do trânsito em julgado de sentença condenatória, não serão restituídos se interessarem ao processo.

Entretanto, mesmo após o trânsito em julgado de sentença condenatória, casos haverá em que não será permitida a restituição do objeto. Se as coisas apreendidas estiverem contidas no rol do art. 91, II, *a*, do CP (instrumento do crime, desde que consistam em coisas cujo fabrico, alienação, porte, uso ou detenção constitua fato ilícito), havendo trânsito em julgado de sentença condenatória, elas passarão para a União. Somente excepcionalmente o lesado ou terceiro de boa-fé poderá reclamá-las.

Da mesma forma se procede com relação aos produtos do crime, ou seja, caso o fabrico, uso, porte, alienação ou detenção do produto do crime constituam fato ilícito, após a condenação transitada em julgado, como efeito genérico desta, reverterão em favor da União, ressalvado o direito do lesado e do terceiro de boa-fé.

No caso de a sentença ser absolutória, os instrumentos ou produtos do crime cujo uso, porte, alienação, detenção ou fabrico constituam fato ilícito também reverterão em favor da União, respeitado o direito de terceiro de boa-fé e do lesado. No entanto, deverá o juiz declarar a perda, porquanto esta não se dá automaticamente. Aplica-se o art. 779 do Código de Processo Penal, que continua vigendo pelo fenômeno da repristinação.

18.2.12.2. Coisas restituíveis e não restituíveis. Instrumentos do crime

Como já visto, os instrumentos do crime a que se refere o art. 91, II, *a*, do CP, passam para o domínio da União automaticamente, como efeito da sentença condenatória transitada em julgado. Assim, os instrumentos do crime cujo porte, detenção, uso, fabrico, detenção ou alienação constituam fato ilícito não poderão ser restituídos, respeitando-se o direito de terceiro de boa-fé ou do lesado.

Da mesma forma ocorre quando houver arquivamento do inquérito, decisão que julga extinta a punibilidade, impronúncia ou absolvição. No entanto, o perdimento para a União deverá ser declarado pelo juiz, aplicando-se a hipótese, como já visto, do art. 779 do Código de Processo Penal. Então, nesses casos, também não poderão os instrumentos do crime ser restituídos, desde que constantes do rol do art. 91, II, *a*, do CP, respeitando-se, eventualmente, o direito de terceiros de boa-fé e do lesado.

Se os instrumentos do crime não se amoldarem à alínea *a* do inciso II do art. 91 do CP, ou seja, se não forem confiscáveis, poderão ser restituídos ao criminoso e ao lesado ou ao terceiro de boa-fé, pouco importando haja sentença condenatória transitada em julgado.

Na hipótese de se tratar de arquivamento, extinção da punibilidade, impronúncia ou absolvição, proceder-se-á da mesma maneira, até com maior razão. Dessa forma, também será restituído ao acusado, ao terceiro de boa-fé ou ao lesado o instrumento do crime.

18.2.12.3. Apreensão na hipótese do art. 19 da LCP

Em primeiro lugar, deve ficar registrado que o porte ilegal de arma de fogo é crime, nos termos dos arts. 14 e 16 da Lei n. 10.826/2003, e seu confisco sujeita-se à disposição contida no art. 25 do referido diploma legal: "As armas de fogo apreendidas, após a elaboração do laudo pericial e sua juntada aos autos, quando não mais interessarem à persecução penal serão encaminhadas pelo juiz competente ao Comando do Exército, no prazo de até 48 (quarenta e oito) horas, para destruição ou doação aos órgãos de segurança pública ou às Forças Armadas, na forma do regulamento desta Lei".

Quanto às armas brancas e de arremesso, na hipótese de prática do art. 19 da LCP, destaca-se que essa lei, em seu art. 1º, de fato permite que sejam aplicadas às contravenções as regras gerais do CP. No entanto, não se concebe a aplicação desse artigo na espécie. Isto porque a lei penal permite o confisco do instrumento do *crime*, ou seja, aquele empregado para sua prática. O art. 1º da LCP somente teria aplicação, na hipótese, se alguém fizesse uso de um instrumento cujo porte, detenção, fabrico, uso ou alienação constitua fato ilícito, para praticar uma *contravenção*.

O art. 1º da LCP refere-se às regras gerais do CP, ou seja, o princípio da reserva legal, aplicação da pena, os direitos dos presos, remição, detração, concurso material, formal, continuação delitiva, interrupção da prescrição, suspensão do prazo prescricional etc. Entretanto, nenhuma aplicação poderão ter, por exemplo, os arts. 91, II, *a*, e 92 (CP) por total incompatibilidade, porquanto o Código Penal fala em instrumento de crime, vale dizer, utilizado para a prática de um crime. Somente poderia aplicar-se analogicamente o art. 91, II, *a*, no caso de alguém utilizar-se de instrumento confiscável para a prática de uma contravenção.

18.2.12.4. Produtos diretos e indiretos do crime

Tratando-se de coisas cujo fabrico, uso, porte, detenção ou alienação constituam fato ilícito, obviamente a restituição é proibida, ressalvado o direito de terceiro de boa-fé e do lesado, dentro dos limites legais.

Quando se restitui instrumento de crime, produto direto ou indireto, é indispensável que o lesado ou o terceiro de boa-fé faça jus, em razão de sua função ou qualidade, ao porte, uso, fabrico, alienação ou detenção da coisa que normalmente é tida como ilícita. Assim, por exemplo, furto de substância entorpecente de um laboratório que possui autorização para seu fabrico e alienação.

Quando se trata de produto direto de crime (a coisa furtada ou roubada, por exemplo) e desde que seu uso, porte, fabrico ou detenção não constituam fato ilícito, nada impede sua restituição ao lesado ou terceiro de boa-fé.

Entretanto, se se cuidar de bem ou valor que constitua proveito auferido pelo agente com a prática de um ato criminoso, é impossível a sua restituição, porquanto não se trate de produto direto, mas, sim, de produto indireto do crime, ou seja, do dinheiro e não do rádio roubado, por exemplo. Nesse caso, o dinheiro foi auferido pela alienação do rádio roubado, de forma que não será possível a restituição por tratar-se de coisa diversa. Se o rádio é que foi roubado, como restituir o dinheiro (coisa diversa)?

Quanto ao terceiro de boa-fé, é possível a restituição. Por exemplo, bem poderá alguém, mediante fraude, obter de outrem R$ 5.000,00 e, com esse valor, adquirir um relógio e vendê-lo por preço justo a um terceiro, que será de boa-fé. Nesse caso, nada impede a restituição.

Apreendido o objeto, respeitar-se-á o direito de terceiro. Se este não o reclamar, aplicar-se-á o disposto no art. 133 do CPP.

Vale lembrar que os produtos indiretos de crime não são suscetíveis de ser apreendidos. Esses bens não sujeitos à busca e apreensão são objeto de sequestro, nos termos do art. 132 do CPP.

Os arts. 6º, II e III, e 240, § 1º, *b*, *c*, *d* e *e*, do CPP fazem referência a outros objetos, que não produtos ou instrumentos de crime, que podem ser apreendidos ou sequestrados. Quanto a estes, nenhuma novidade aplica-se à regra geral. Não se tratando de objetos confiscáveis, ficam guardados até sentença final (absolutória ou condenatória); contudo, se não mais interessarem ao processo, poderão ser restituídos até mesmo em fase de inquérito.

18.2.12.5. Restituição feita pela autoridade policial

Na fase de inquérito policial, a pessoa interessada poderá pedir à autoridade policial a devolução do objeto apreendido. A autoridade policial é quem decide a respeito da devolução ouvindo-se, por força do art. 120, § 3º, do CPP, o representante do Ministério Público. Caso o MP não seja ouvido, a autoridade policial deve alertar o requerente para não dispor da coisa até segunda ordem.

Decidida a devolução, dar-se-á por despacho nos autos, lavrando-se, então, um termo de restituição assinado pelo interessado ou representante legal e por duas testemunhas, como medida de cautela.

Poderá ser restituído pela autoridade policial se:

(i) tratar-se de objeto restituível e não houver nenhum interesse na sua retenção;

(ii) não houver dúvida quanto ao direito do reclamante;

(iii) a apreensão não tiver sido feita em poder de terceiro de boa-fé.

18.2.12.6. Restituição feita pelo juiz criminal

A restituição somente será possível em se tratando de coisa restituível, cuja retenção, pela Justiça, seja absolutamente desnecessária.

Na hipótese de dúvida quanto ao direito do reclamante, o requerimento deverá ser autuado à parte, formando-se um incidente. O juiz deverá, então, abrir vista ao reclamante para em 5 dias fazer prova de seu direito. Uma vez ouvido o MP, proferirá o juiz sua decisão. Caso o juiz penal entenda muito complexa a questão, determinará que o interessado ingresse com ação própria no juízo cível, de acordo com o § 4º do art. 120 do CPP, por não ser possível a solução dentro do processo incidental.

Na hipótese de objeto apreendido em poder de terceiro, forma-se o incidente, concedendo o juiz prazo de 5 dias ao reclamante, a fim de produzir prova, e igual será concedido, sucessivamente, ao terceiro de boa-fé para o mesmo fim. Esgotados os prazos de um e de outro, disporão eles de 2 dias para arrazoar. Este último prazo é comum. Apresentadas as razões e ouvido o Ministério Público, o juiz proferirá sua decisão. Entendendo o caso muito complexo, remeterá as partes ao juízo cível, consoante o § 4º do art. 120 do CPP.

18.2.12.7. Restituição de coisas facilmente deterioráveis

Tratando-se de coisas facilmente deterioráveis, a restituição pode se dar tanto na polícia quanto em juízo, desde que obedeça aos requisitos legais.

Nos casos em que a questão a respeito da dúvida do direito do reclamante é complexa e o juiz demorar para decidir o incidente ou, principalmente, se ordenar que o interessado ingresse com ação própria no cível, duas soluções se entreabrem ao juiz penal:

(i) ordenará sua guarda em mãos de depositário ou do próprio terceiro que a detinha, desde que pessoa idônea;

(ii) determinará a avaliação e venda em leilão público, e o *quantum* apurado será depositado, de preferência, em agências do Banco do Brasil ou da Caixa Econômica Estadual ou Federal. Após a solução do incidente, será levantado o depósito e entregue a quem de direito.

Deve o juiz, como medida de cautela, nesta hipótese de objeto facilmente deteriorável, determinar as medidas do art. 120, § 5º, do CPP, para ressalvar direito de terceiro.

18.2.12.8. Coisas adquiridas com os proventos do crime

A coisa adquirida com os proventos do crime, ressalvado o direito de terceiro, será objeto de sequestro, nos termos do art. 132 do CPP; após avaliação, será levada a leilão, nos termos do art. 133 do mesmo estatuto.

Se com os proventos do crime adquirem-se coisas achadas, por força do art. 240, § 1º, *b*, do CPP, poderão elas ser apreendidas. Diga-se o mesmo se com os proventos do crime o agente venha a adquirir objetos falsificados (CPP, art. 240, § 1º, *c*).

É possível que, no texto legal, a palavra apreensão esteja se referindo também às coisas sequestráveis, porém, não obstante o interesse prático da distinção entre sequestro e apreensão, no fundo, tanto uma quanto outra implica detenção da coisa. O destino dos bens é o previsto pelos arts. 122 e 133 do CPP, nos seguintes termos:

"Art. 122. Sem prejuízo do disposto no art. 120, as coisas apreendidas serão alienadas nos termos do disposto no art. 133 deste Código.

Art. 133. Transitada em julgado a sentença condenatória, o juiz, de ofício ou a requerimento do interessado ou do Ministério Público, determinará a avaliação e a venda dos bens em leilão público cujo perdimento tenha sido decretado.

§ 1º Do dinheiro apurado, será recolhido aos cofres públicos o que não couber ao lesado ou a terceiro de boa-fé.

§ 2º O valor apurado, deverá ser recolhido ao Fundo Penitenciário Nacional, exceto se houver previsão diversa em lei especial".

Destaca-se que o juiz penal é o competente para determinar a avaliação e venda dos bens apreendidos, nos termos do art. 121 do CPP, e dos bens sequestrados, nos termos do art. 132.

Mencione-se que, nos termos do art. 91, II, *b*, do CP, a perda em favor da União, ressalvando-se o direito de lesado e de terceiro de boa-fé, dos *producta sceleris* é efeito da condenação.

Ainda, o produto do leilão a ser entregue ao lesado ou terceiro de boa-fé serve apenas e tão somente para facilitar a efetivação, no juízo civil, da responsabilidade de reparação do dano. Portanto, não é propriamente um ressarcimento de dano.

Se houver sentença absolutória, arquivamento, extinção da punibilidade ou impronúncia, as soluções dependerão dos casos concretos:

(i) restituição à pessoa em poder de quem foram aquelas coisas apreendidas, aplicando-se por analogia o disposto no art. 141 do CPP;

(ii) os bens poderão ficar com a União, nos termos do art. 779 do CPP;

(iii) aplicação do disposto no art. 123 do CPP (solução mais correta para Tourinho Filho).

Nada impede que no bojo de ação civil *ex delicto* proposta pelo ofendido, representante legal ou herdeiro, seja requerida no juízo civil a apreensão das mesmas coisas, ou outras medidas precautórias, tais como arresto, sequestro, especialização em hipoteca legal etc.

18.2.12.9. Destino dos objetos apreendidos

Cuidando-se de objetos confiscáveis (aqueles cujo uso, fabrico, alienação, porte ou detenção constituam fato ilícito), não tendo havido devolução ao lesado ou ao terceiro de boa-fé, havendo sentença condenatória transitada em julgado, o juiz deverá aguardar noventa dias para eventual restituição, se for o caso. Não havendo pedido e decorrido o prazo, o juiz criminal terá três opções:

(i) Tratando-se de peça valiosa, poderá o juiz determinar sua avaliação e leilão. Mesmo em caso de objeto cuja venda é proibida, nada impede, em princípio, sua alienação, nos termos do art. 122 combinado com o art. 133 do CPP.

(ii) Se houver interesse na sua conservação, o juiz fará recolher o instrumento do crime a museu criminal, nos termos do art. 124 do CPP.

(iii) Se o instrumento do crime, confiscável, for de inexpressivo valor ou estiver com defeito, deverá o juiz, nos termos do art. 124 do CPP, determinar sua destruição.

→ **ATENÇÃO:** *vide* os seguintes dispositivos do CPP:
"Art. 124-A. Na hipótese de decretação de perdimento de obras de arte ou de outros bens de relevante valor cultural ou artístico, se o crime não tiver vítima determinada, poderá haver destinação dos bens a museus públicos;
Art. 133-A. O juiz poderá autorizar, constatado o interesse público, a utilização de bem sequestrado, apreendido ou sujeito a qualquer medida assecuratória pelos órgãos de segurança pública previstos no art. 144 da Constituição Federal, do sistema prisional, do sistema socioeducativo, da Força Nacional de Segurança Pública e do Instituto Geral de Perícia, para o desempenho de suas atividades.

§ 1º O órgão de segurança pública participante das ações de investigação ou repressão da infração penal que ensejou a constrição do bem terá prioridade na sua utilização.

§ 2º Fora das hipóteses anteriores, demonstrado o interesse público, o juiz poderá autorizar o uso do bem pelos demais órgãos públicos.

§ 3º Se o bem a que se refere o *caput* deste artigo for veículo, embarcação ou aeronave, o juiz ordenará à autoridade de trânsito ou ao órgão de registro e controle a expedição de certificado provisório de registro e licenciamento em favor do órgão público beneficiário, o qual estará isento do pagamento de multas, encargos e tributos anteriores à disponibilização do bem para a sua utilização, que deverão ser cobrados de seu responsável.

§ 4º Transitada em julgado a sentença penal condenatória com a decretação de perdimento dos bens, ressalvado o direito do lesado ou terceiro de boa-fé, o juiz poderá determinar a transferência definitiva da propriedade ao órgão público beneficiário ao qual foi custodiado o bem".

Tratando-se de coisa adquirida diretamente com a prática criminosa:

(i) Poderá haver restituição, obedecidas as regras dos arts. 118 a 120 do CPP.

(ii) Se não houver pedido de restituição, advindo sentença absolutória, arquivamento ou extinção da punibilidade, observar-se-á o disposto no art. 123 do CPP.

(iii) Sendo condenatória, a regra aplicável é aquela prevista no art. 122 e seu parágrafo do CPP.

(iv) Sendo o objeto de valor inexpressivo, nada obsta que se aplique, por analogia, a regra do art. 124 do CPP.

Em caso de bens que não se incluem no rol do art. 91 do CP:

(i) Caso não interessem mais ao processo, devolve-se a quem de direito.

(ii) Se após 90 dias do trânsito em julgado da decisão final ninguém os reclamar, aplicar-se-á a regra do art. 123 do CPP, depositando-se o saldo em favor do juízo de ausentes.

(iii) Se pertencerem ao réu, ser-lhe-ão devolvidos. Se, entretanto, o réu desaparecer, nada obsta que se aplique a regra do art. 123 do CPP.

Para preservar o valor dos bens durante o tempo de duração da ação penal, o art. 144-A do CPP traz previsão expressa da denominada *alienação antecipada*.

Esse dispositivo legal apresenta as hipóteses em que o magistrado competente para a ação penal poderá determinar a alienação antecipada de bens apreendidos pelo Estado:

(i) para preservar o valor do bem sujeito a qualquer grau de deterioração;

(ii) quando for difícil a sua manutenção pelo Estado.

Nessas hipóteses, mostra-se estrategicamente mais razoável vender o bem de forma antecipada, antes mesmo de formado o juízo da culpa, e resguardar o valor da alienação em conta judicial sujeita à correção monetária oficial.

Seguindo a moderna tendência do processo eletrônico, o § 1º do art. 144-A reza que o leilão para a alienação antecipada do bem será feito preferencialmente por meio eletrônico.

O procedimento da alienação antecipada também veio expresso no art. 144-A.

Os bens serão vendidos pelo valor fixado na avaliação judicial ou por valor maior. Não alcançado o valor estipulado, será realizado novo leilão, em até 10 dias contados da realização do primeiro, podendo os bens ser alienados por valor não inferior a 80% do estipulado na avaliação judicial. Trata-se de limite mínimo legal para o valor dos lances ofertados. Valores oferecidos abaixo desse limite percentual não serão aceitos e, consequentemente, a alienação antecipada não será concretizada.

Há regras especiais para a alienação antecipada de títulos e de veículos, embarcações ou aeronaves:

(i) Quando a indisponibilidade recair sobre dinheiro, inclusive moeda estrangeira, títulos, valores mobiliários ou cheques emitidos como ordem de pagamento, o juízo determinará a conversão do numerário apreendido em moeda nacional corrente e o depósito das correspondentes quantias em conta judicial.

(ii) No caso da alienação de veículos, embarcações ou aeronaves, o juiz ordenará à autoridade de trânsito ou ao equivalente órgão de registro e controle a expedição de certificado de registro e licenciamento em favor do arrematante, ficando este livre do pagamento de multas, encargos e tributos anteriores, sem prejuízo de execução fiscal em relação ao antigo proprietário.

Após a alienação, como já explicado, o valor obtido ficará depositado em conta judicial, até o trânsito em julgado da decisão final. A depender da solução do litígio criminal, o valor depositado judicialmente poderá ter as seguintes destinações: (i) em caso de condenação, converter-se-á o valor em renda para a União, o Estado ou o Distrito Federal; (ii) em caso de absolvição, a quantia será devolvida ao acusado.

18.2.12.10. Coisas apreendidas em face de descaminho ou contrabando

O responsável pelo contrabando ou descaminho, se proprietário do veículo utilizado para a introdução de mercadoria proibida ou sujeita a pagamento de impostos, no território nacional, ou para saída do nosso território para o exterior, deve perdê-lo. Trata-se de efeito secundário da natureza penal de uma sentença condenatória.

O art. 5º, XLV e XLVI, da CF de 1988 deixa entrever que o perdimento de bens é ato exclusivo do Poder Judiciário.

18.2.12.11. E quando o instrumento do crime for arma de fogo?

A Lei n. 10.826/2003, em seu art. 25, determina: "Armas de fogo, acessórios ou munições apreendidas serão, após a elaboração do laudo pericial e sua juntada aos autos, encaminhados pelo juiz competente, quando não mais interessarem à persecução penal, ao Comando do Exército, para destruição, no prazo máximo de 48 (quarenta e oito) horas".

Nesse contexto, vale a leitura do Decreto n. 11.615/2023, que dispõe sobre o regulamento do Sistema Nacional de Armas e o Sistema de Gerenciamento Militar de Armas.

Cumpre notar as seguintes distinções:

(i) A lei em nenhum momento emprega a expressão *"instrumento do crime"*, ao contrário do art. 91, II, *a*, do CP, dando a entender que a apreensão abrange tanto o objeto material como o instrumento do crime. Com a redação, o art. 25 do Estatuto do Desarmamento trata a questão de modo distinto do CP, pois não fala em perda de instrumento do crime, mas das armas de fogo, deixando bem clara a sua incidência para essa hipótese. Convém ressalvar que o art. 25 não tem a sua abrangência restrita aos crimes previstos na Lei n. 10.826/2003, devendo incidir sobre qualquer delito que venha a ser praticado mediante o emprego de arma de fogo. Assim, no delito de homicídio ou roubo praticados mediante o emprego desse artefato, ele deverá ser apreendido e destruído. Deve-se rechaçar o argumento no sentido de que o art. 91, II, *a*, do CP continua a disciplinar as situações em que a arma de fogo constitua instrumento material do crime, como no exemplo do homicídio, e que o art. 25 deva se restringir aos crimes previstos na Lei n. 10.826/2003, em que a arma de fogo é, em regra, objeto material do delito, como no porte ilegal. É que tal interpretação feriria a real finalidade da lei, qual seja, a de diminuir o número de armamentos. Com efeito, se o legislador quis o menos: a apreensão e destruição de armas objeto de posse, porte ou comércio ilegal etc., obviamente quis o mais: a apreensão e destruição de armas que sejam efetivamente utilizadas para a prática de crimes (roubo, homicídio, estupro etc.). Deve-se ressaltar que a Lei n. 10.826/2003 é posterior e especial em relação ao CP.

(ii) A lei também não exige qualquer condição, ao contrário do art. 91, II, *a*, do CP, ao determinar que o artefato consista em coisa cujo fabrico, alienação, uso, porte ou detenção constitua fato ilícito. Assim, poderá ser apreendida e destruída arma de fogo cujo porte seja lícito. É o caso, por exemplo, do crime de homicídio perpetrado mediante o emprego de arma de fogo cujo porte seja legal. A arma, na hipótese, poderá ser apreendida e destruída.

(iii) O juiz tem o prazo de 48 horas, após a elaboração do laudo pericial e sua juntada aos autos, para encaminhar o artefato ao Comando do Exército para destruição ou doação aos órgãos de segurança pública ou às Forças Armadas, na forma do regulamento da Lei, desde que a sua manutenção não mais interesse à persecução penal. Assim, a perda da arma de fogo não ocorre mais como efeito da condenação criminal definitiva, podendo ser feita a destruição da arma de fogo em momento bem anterior, desde que já tenha sido juntado o laudo pericial aos autos.

(iv) As armas de fogo, ao contrário do que determina o art. 91, II, a, do CP, não são mais perdidas em favor da União, mas destruídas pelo Exército. Nos termos da Lei n. 11.706/2008, também é autorizado que o artefato possa ser doado aos órgãos de segurança pública ou às Forças Armadas, na forma do regulamento da Lei. De acordo com o § 1º do art. 25, "As armas de fogo encaminhadas ao Comando do Exército que receberem parecer favorável à doação, obedecidos o padrão e a dotação de cada Força Armada ou órgão de segurança pública, atendidos os critérios de prioridade estabelecidos pelo Ministério da Justiça e ouvido o Comando do Exército, serão arroladas em relatório reservado trimestral a ser encaminhado àquelas instituições, abrindo-se-lhes prazo para manifestação de interesse". E, consoante o § 2º: "O Comando do Exército encaminhará a relação das armas a serem doadas ao juiz competente, que determinará seu perdimento em favor da instituição beneficiada". Conforme, ainda, o § 3º, "O transporte das armas de fogo doadas será de responsabilidade da instituição beneficiada, que procederá ao seu cadastramento no Sinarm ou no Sigma". Finalmente, reza o § 5º que "O Poder Judiciário instituirá instrumentos para o encaminhamento ao Sinarm ou ao Sigma, conforme se trate de arma de uso permitido ou de uso restrito, semestralmente, da relação de armas acauteladas em juízo, mencionando suas características e o local onde se encontram".

(v) O art. 91, II, *a*, do CP ressalva o direito do lesado ou terceiro de boa-fé, o que também é feito pelo regulamento, ao dispor que as armas apreendidas deverão ser restituídas aos seus legítimos proprietários, desde que preenchidos os requisitos do art. 4º da Lei do Desarmamento (cf. Regulamento, art. 65, § 3º).

18.2.12.12. Lei de Drogas (Lei n. 11.343/2006)

A disciplina da apreensão, arrecadação e destinação dos bens do acusado, no caso de crimes de tóxicos, encontra-se, atualmente, prevista nos arts. 60 a 64 da Lei n. 11.343/2006, com a redação dada pela Lei n. 13.840, de 2019.

Três são os tipos de bens que podem ser apreendidos: (i) produtos do crime: é a vantagem direta obtida com a prática criminosa. Por exemplo: o dinheiro recebido com a venda da droga; (ii) proveito auferido: é a vantagem indireta, conseguida a partir do produto, por exemplo, um carro comprado com a venda da droga; (iii) veículos, embarcações, aeronaves, os maquinários, instrumentos e objetos de qualquer natureza, utilizados para a prática de crimes previstos na lei.

O art. 60 da lei autoriza, desde que haja indícios suficientes da origem ilícita do bem, a apreensão cautelar ou outras medidas assecuratórias relacionadas a bens móveis e imóveis ou valores consistentes em produtos dos crimes previstos na lei ou que constituam proveito auferido com a sua prática. A apreensão será determinada pelo juiz: (i) a requerimento do Ministério Público; ou (ii) mediante representação.

Hoje vigora o art. 131, I, do CPP para regulamentar a questão. Assim, se as medidas forem decretadas no curso do inquérito policial, exige o dispositivo que a ação penal seja proposta no prazo de sessenta dias, contados da data em que ficar concluída a diligência, sob pena de se operar o levantamento das mesmas.

Na hipótese de suspensão do processo nos termos do art. 366 do CPP, o juiz poderá determinar a prática de atos necessários à conservação dos bens, direitos ou valores.

Ademais, a ordem de apreensão ou sequestro de bens, direitos ou valores poderá ser suspensa pelo juiz, ouvido o Ministério Público, quando a sua execução imediata puder comprometer as investigações.

Se as medidas assecuratórias supramencionadas recaírem sobre moeda estrangeira, títulos, valores mobiliários ou cheques emitidos como ordem de pagamento, será determinada, imediatamente, a sua conversão em moeda nacional, devendo a moeda estrangeira apreendida em espécie ser encaminhada a instituição financeira, ou equiparada, para alienação na forma prevista pelo Conselho Monetário Nacional.

Na hipótese de impossibilidade da alienação, a moeda estrangeira será custodiada pela instituição financeira até decisão sobre o seu destino.

Após a decisão sobre o destino da moeda estrangeira, caso seja verificada a inexistência de valor de mercado, seus espécimes poderão ser destruídos ou doados à representação diplomática do país de origem.

No caso de veículos, embarcações, aeronaves e quaisquer outros meios de transporte, os maquinários, utensílios, instrumentos e objetos de qualquer natureza, utilizados para a prática dos crimes definidos na Lei de Drogas, após a sua regular apreensão, ficarão sob custódia da autoridade de polícia judiciária, excetuadas as armas, que serão recolhidas na forma da legislação específica. Tal como na revogada Lei n. 10.409/2002, o legislador imprimiu maior rigor do que o previsto no art. 92, II, *a*, do CP. Com efeito, a regra geral do CP condiciona o confisco, no sentido de que ele somente ocorrerá quando o seu fabrico, alienação, uso e porte ou detenção constituírem fato ilícito. No caso da Lei de Drogas, ao contrário, todos os veículos, maquinismos e instrumentos em geral, empregados na prática de tráfico ilícito de drogas, no caso de condenação do agente, serão sempre confiscados pela União, ainda que seu porte não constitua fato ilícito. Note-se que o legislador não impôs nenhuma condição para a perda, contrariamente à regra geral do Código Penal. A interpretação do dispositivo, porém, merece cuidados, de modo que a utilização casual ou episódica não pode autorizar o decreto de perda. "A excessiva amplitude do texto legal exige uma interpretação restritiva, sob pena de chegarmos ao absurdo de, por exemplo, vermos a perda de um automóvel só porque nele foram encontrados 'pacaus' de maconha"[153].

O art. 62 prevê que, comprovado o interesse público na utilização de quaisquer dos bens anteriormente descritos, os órgãos de polícia judiciária, militar e rodoviária poderão deles fazer uso, sob sua responsabilidade e com o objetivo de sua conservação, mediante autorização judicial, ouvido o Ministério Público e garantida a prévia avaliação dos respectivos bens.

Ao proferir a sentença, o juiz decidirá sobre o perdimento do produto, bem, direito ou valor apreendido ou objeto de medidas assecuratórias; e o levantamento dos valores depositados em conta remunerada e a liberação dos bens utilizados. O efeito automático de perdimento de bens somente ocorre em relação àqueles cujo fabrico, alienação, porte ou detenção constituam fato ilícito.

Os valores apreendidos em decorrência dos crimes tipificados nessa lei ou de medidas assecuratórias, após decretado o seu perdimento em favor da União, serão revertidos diretamente ao Funad (art. 63, § 1º). Compete à Senad a alienação dos bens apreendidos e não leiloados em caráter cautelar, cujo perdimento já tenha sido decretado em favor da União (§ 4º e art. 63-C).

Convém, finalmente, mencionar que um dos fundamentos para a perda de bens na Lei de Drogas encontra-se na CF, em seu art. 243, parágrafo único, onde há previsão expressa do confisco de bens de valor econômico apreendido em decorrência do narcotráfico. O *caput* desse artigo, por sua vez, prevê a expropriação, sem indenização (confisco),

---

153. Vicente Greco Filho, *Tóxicos*, 11. ed., São Paulo, Saraiva, 1996, p. 163.

de glebas onde forem localizadas culturas ilegais de plantas psicotrópicas. Ambos devem respeitar a regra do devido processo legal (art. 5º, LIV).

18.2.13. Medidas assecuratórias

18.2.13.1. Considerações iniciais

18.2.13.1.1. O papel da vítima

No processo penal, podem ser detectadas três fases bem distintas quanto ao papel desempenhado pela vítima. A primeira, chamada de fase do protagonismo, tinha a vítima como detentora de plenos poderes sobre o autor do fato, podendo sobre ele exercer livremente a sua vindita, estendendo-a, inclusive, contra os familiares (tribo) do agressor. Era o tempo da vingança privada. A segunda, denominada fase da neutralização, surgiu a partir do fortalecimento dos Estados e consistia em deslocar todo e qualquer poder punitivo para o organismo estatal, como forma de afirmar seu domínio sobre a coletividade. Teve seu esplendor durante a Idade Média e a fase de absolutismo monárquico da Europa continental, passando o Estado à condição de titular exclusivo do *jus puniendi*. De principal protagonista, a vítima passou a ocupar a insignificante posição de mera colaboradora da justiça, relegada a um desprezo quase total. Sobreveio, então, a derradeira etapa, apelidada de redescobrimento, tendo como seu ponto mais alto a Declaração dos Direitos Fundamentais da Vítima, na Assembleia Geral da ONU, em 29-11-1985. O Estado volta novamente as suas atenções para o ofendido, vendo em sua figura alguém estigmatizado pelo trauma decorrente do crime. O processo penal começa a deixar de ser um simples meio para o Poder Público satisfazer sua pretensão punitiva e passa a ser visto também como um mecanismo reparatório do dano *ex delicto* da vítima (titular do bem jurídico violado) e demais prejudicados (terceiros que suportam os efeitos maléficos do crime, tais como familiares, herdeiros etc.).

18.2.13.1.2. O processo reparatório

Uma das principais funções do processo penal é a de assegurar uma proteção a todos os direitos da vítima, dentre os quais o de ver realizada a justiça penal e o de ter reparados todos os seus prejuízos decorrentes da infração penal. Há determinados crimes de escassa lesividade (lesão leve e lesão culposa de ínfima gravidade) em que o interesse na recomposição patrimonial do dano é muito maior do que o da efetividade da aplicação da lei penal. Com efeito, em um acidente de carro com lesões leves, o sujeito passivo está muito mais preocupado em receber a reparação do dano patrimonial sofrido do que em ver o agente condenado criminalmente. À vista disso, marcando o início da fase de redescobrimento, nosso ordenamento jurídico recebeu, em boa hora, a Lei n. 9.099/95, possibilitando, em infrações consideradas de menor potencial ofensivo (contravenções penais e crimes com pena máxima de dois anos, cf. art. 2º, parágrafo único, da Lei n. 10.259/2001, art. 61 da Lei n. 9.099/95), a extinção da punibilidade mediante a composição civil entre lesado e autor do fato, objetivando a total reparação dos prejuízos suportados pelo primeiro (Lei n. 9.099/95, art. 74, parágrafo único). Nos crimes de trânsito, mais especificamente no homicídio culposo e na lesão culposa praticados na direção de automóvel, pode ser imposta multa reparatória na sentença condenatória, nos termos do art. 297 do Código de Trânsito Brasileiro, consistente na prefixação de um valor líquido e certo, que funciona como antecipação de parte da indenização *ex delicto*. O Código Penal, ao prever as penas alternativas para crimes punidos com até quatro anos de pena privativa de liberdade (desde que cometidos sem violência ou grave ameaça, além do preenchimento de certos requisitos subjetivos), elencou as modalidades de penas com finalidade reparatória, tais como a prestação pecuniária (1 a 360 salários mínimos, como prefixação de perdas e danos) e perda de bens e valores (ações, títulos ao portador etc.) em favor do Fundo Penitenciário Nacional — FUNPEN. A Lei n. 9.605/98, dos crimes ambientais, em seu art. 20, possibilitou ao juiz, na sentença condenatória, fixar um valor mínimo para reparação dos danos causados ao meio ambiente ou ao lesado, como prefixação de perdas e danos, com possibilidade de postular-se mais em ação cível própria. Finalmente, de acordo com o art. 387, IV, do CPP, o juiz, na sentença condenatória, fixará um valor mínimo para a reparação dos danos causados pela infração, considerando os prejuízos sofridos pelo ofendido; e, de acordo com o parágrafo único do art. 63 do CPP, transitada em julgado a sentença condenatória, a execução poderá ser efetuada pelo valor fixado nos termos do inciso IV do *caput* do art. 387 do Código, sem prejuízo da liquidação para a apuração do dano efetivamente sofrido. À vista disso, cresce muito em importância o estudo das chamadas medidas assecuratórias.

18.2.13.2. Medidas assecuratórias

São providências cautelares de natureza processual, urgentes e provisórias, determinadas com o fim de assegurar a eficácia de uma futura decisão judicial, seja quanto à reparação do dano decorrente do crime, seja para a efetiva execução da pena a ser imposta. Ex.: hipoteca legal, sequestro, arresto, fiança, busca e apreensão e, relativamente às pessoas, prisão provisória. No caso de sentença absolutória ou declaratória da extinção da punibilidade, as medidas assecuratórias se desfazem, de acordo com o disposto no art. 141 do CPP, restando ao prejudicado, dependendo do fundamento da absolvição, ingressar com ação civil indenizatória, nos termos do art. 64 do CPP. Há tratamento normativo dado aos crimes de tráfico de pessoas (art. 149-A do CP) em relação às medidas assecuratórias. O art. 8º da Lei n. 13.344/2016 (Lei do Tráfico de Pessoas) dispõe que o juiz, de ofício, a requerimento do Ministério Público ou mediante representação do delegado de polícia, ouvido o Ministério Público, havendo indícios suficientes de infração penal, poderá decretar medidas assecuratórias relacionadas a bens, direitos ou valores pertencentes ao investigado ou acusado, ou existentes em nome de interpostas pessoas, que sejam instrumento, produto ou proveito do crime de tráfico de pessoas, procedendo-se na forma dos arts. 125 a 144-A do CPP. A lei permite ao juiz a alienação antecipada para preservação do valor dos bens sempre que estiverem sujeitos a qualquer grau de deterioração ou depreciação, ou quando houver dificuldade para a manutenção dos bens apreendidos. Assim como nas demais situações, o juiz determinará a liberação total ou parcial dos bens, direitos e valores quando comprovada a licitude de sua origem, mantendo-se a constrição dos bens, direitos e valores necessários e suficientes à reparação dos danos e ao pagamento de prestações pecuniárias, multas e custas decorrentes da infração penal. Houve, ainda, a preocupação com o comparecimento pessoal do acusado ou investigado, ou de interposta pessoa, para que os bens sejam liberados, mesmo comprovada a sua origem lícita. Cabe ao magistrado ao proferir a sentença de mérito, decidir sobre o perdimento do produto, bem ou valor apreendido, sequestrado ou declarado indisponível.

Nos termos do art. 91-A do CP, na hipótese de condenação por infrações às quais a lei comine pena máxima superior a 6 (seis) anos de reclusão, poderá ser decretado o confisco alargado, que se trata da perda, como produto ou proveito do crime, dos bens correspondentes à diferença entre o valor do patrimônio do condenado e aquele que seja compatível com o seu rendimento lícito, sendo considerado como patrimônio todos os bens de sua titularidade, ou em relação aos quais ele tenha o domínio e o benefício direto ou indireto, na data da infração penal ou recebidos posteriormente; e transferidos a terceiros a título gratuito ou mediante contraprestação irrisória, a partir do início da atividade criminal.

Importante destacar que o condenado poderá demonstrar a inexistência da incompatibilidade ou a procedência lícita do patrimônio.

Nos termos do § 3º, o confisco alargado deverá ser requerido expressamente pelo Ministério Público, por ocasião do oferecimento da denúncia, com indicação da diferença apurada, devendo o julgado, na sentença condenatória, declarar o valor da diferença apurada e especificar os bens cuja perda for decretada.

18.2.13.2.1. O sequestro previsto nos arts. 125 e 132 do CPP

Trata-se de medida destinada a efetuar a constrição dos bens imóveis (CPP, art. 125) ou móveis (CPP, art. 132) adquiridos com os proventos da infração penal, ou seja, o proveito do crime. O CP prevê, em seu art. 91, II, *b*, como efeito de toda e qualquer condenação criminal, independentemente de menção expressa na sentença, a perda do produto (vantagem diretamente obtida) ou proveito (bens adquiridos indiretamente com o produto) da infração penal. O art. 243, parágrafo único, da CF dispõe sobre o confisco de todo e qualquer bem de valor econômico obtido em decorrência do tráfico ilícito de entorpecentes. O sequestro cautelar destina-se a evitar que o acusado, aproveitando-se da natural demora na prestação jurisdicional, dissipe esses bens durante o processo criminal, tornando impossível o futuro confisco. Tecnicamente, sequestro é a retenção de um objeto específico, cuja propriedade se discute, recaindo sobre bem determinado. O arresto, ao contrário, é medida acautelatório--constritiva que incide sobre a generalidade do patrimônio do indiciado ou réu, com o fim de assegurar uma futura indenização pelo dano *ex delicto*. Quem sequestra pesca com uma vara; quem arresta joga a tarrafa. Ao que parece, os arts. 125 e 132 referem-se a "sequestro" de maneira não totalmente apropriada. É que, se por um lado a medida recai sobre bens específicos, quais sejam, os que integram o proveito do crime, por outro não deixa de ter certa generalidade, já que esses bens não são predeterminados (não é possível saber de antemão quais são especificamente os bens adquiridos com os proventos da infração). Por essa razão, parece-nos tratar-se aqui de um misto de sequestro e arresto.

→ **ATENÇÃO:** a lei não prevê o sequestro do produto do crime (vantagem direta, como por exemplo o próprio dinheiro ou relógio roubado), uma vez que para esse fim já prevê a busca e apreensão (CPP, art. 240, § 1º, b). Não pode ser sequestrado o bem em poder do terceiro de boa-fé.

18.2.13.2.2. Requisitos para o sequestro

Não se exige prova plena, sendo suficiente a demonstração de indícios veementes da proveniência ilícita dos bens. A expressão "indícios veementes" significa mais do que meros indícios, mas menos do que prova plena, já que nessa fase vigora o princípio do *in dubio pro societate*. Podemos entender como tal a probabilidade séria de que o bem tenha proveniência ilícita.

18.2.13.2.3. Competência

Somente o juiz é quem pode decretar o sequestro.

Podem *requerer* o sequestro:

(i) o Ministério Público, mesmo em fase de inquérito, obedecidas as regras de competência;

(ii) a vítima do crime; se for incapaz, seus representantes legais; se estiver morta, seus herdeiros;

(iii) a autoridade policial, mediante representação ao juiz;

(iv) o juiz pode também determinar de ofício, independentemente de provocação.

18.2.13.2.4. Recurso

De tal decisão cabe recurso de apelação.

18.2.13.2.5. Procedimento

Sendo processo incidente, o pedido de sequestro é autuado em apartado (CPP, art. 129). Decretado o sequestro, determina o juiz seja expedido o referido mandado. O sequestro do imóvel deve ser inscrito no registro de imóveis.

18.2.13.2.6. Embargos ao sequestro

Trata-se, tecnicamente, de contestação, pois, sendo em relação à medida cautelar, não há que se falar em embargo. Será somente embargo quando o sequestro se der sobre bens de terceiro absolutamente estranho ao delito (embargos de terceiro).

Podem *opor* embargos ao sequestro:

(i) indiciado ou réu;

(ii) terceiro de boa-fé;

(iii) terceiro senhor e possuidor.

18.2.13.2.7. Competência para julgar os embargos

É o juiz penal o competente para o julgamento dos embargos, pois o art. 133 do CPP diz que o juiz penal deverá proceder à avaliação e venda dos bens em leilão público, cujo perdimento tenha sido decretado. O julgamento dos embargos só se dará após o trânsito em julgado da sentença condenatória, a fim de evitar as decisões contraditórias (do processo incidente e processo principal).

Como não há efeito suspensivo nos embargos, tem-se admitido o cabimento de mandado de segurança, quando o impetrante traz a prova da origem dos bens sequestrados, de maneira a justificar a pretensão de transferência para o juízo cível; sem essa prova, o direito líquido e certo não resulta demonstrado. Concedido ou não o sequestro, cabe da decisão o recurso de apelação. Desta forma, tendo em vista a hipótese do art. 122 do CPP, não há razão que justifique o deslocamento de competência para o civil.

18.2.13.2.8. Levantamento do sequestro

É a perda da eficácia do sequestro quando ocorre a incidência de uma das seguintes hipóteses:

(i) Se a ação penal não for intentada no prazo de sessenta dias a contar da efetivação da medida. Superado esse prazo, o sequestro será tornado ineficaz, com a liberação dos bens indisponíveis. Mencione-se que o art. 131, I, do CPP incide sobre os crimes previstos na Lei de Drogas.

(ii) Se o terceiro, a quem tiverem sido transferidos os bens, prestar caução que assegure a aplicação do disposto no art. 91, II, b, segunda parte, do CP; trata-se, nesta hipótese, do terceiro de boa-fé.

(iii) Se for julgada extinta a punibilidade ou absolvido o réu por sentença transitada em julgado. Por ser uma decisão definitiva, a decisão que autoriza o levantamento está sujeita à apelação.

> → **ATENÇÃO:** o sequestro, por ser uma medida cautelar, pode ser revogado ou substituído a qualquer tempo.

18.2.13.2.9. Leilão e depósito

Tendo havido sequestro de bens imóveis ou móveis e transitado em julgado a sentença condenatória sem que tenham sido levantados, o juiz, de ofício ou a requerimento do interessado, ainda que estranho à ação penal, determinará a avaliação e a venda dos bens em leilão público. Descontadas as despesas, será o produto que couber ao lesado ou a terceiro de boa-fé a ele entregue, recolhido o saldo, se houver, ao Tesouro Nacional. A competência para tais diligências é do juízo criminal. Não havendo licitante, o bem pode ser adjudicado à vítima. O dispositivo do art. 133, por analogia, aplica-se aos bens apreendidos (CPP, art. 133).

18.2.13.3. Hipoteca legal

Hipoteca legal é o direito real de garantia em virtude do qual um bem imóvel, que continua em poder do devedor, assegura ao credor, precipuamente, o pagamento da dívida[154]. Essa medida assecuratória tem finalidade diversa do sequestro anteriormente estudado. Aqui não se busca a constrição cautelar de bens de origem ilícita; ao contrário, a medida recai sobre o patrimônio lícito do réu ou indiciado, visando à futura reparação do dano *ex delicto*. Conforme preceitua o CP, em seu art. 91, I, é efeito automático e genérico de toda e qualquer condenação criminal tornar certa a obrigação de reparar o dano cível resultante da infração penal. Do mesmo modo, a perda de bens e valores prevista nos arts. 43, II, e 45, § 3º, do CP, também diz respeito a bens de origem lícita do condenado, de maneira que a hipoteca legal tem por objeto imóveis que possam garantir uma futura execução civil de cunho indenizatório. A hipoteca legal é prevista também no Código Civil brasileiro em favor do ofendido ou seus herdeiros sobre os imóveis do delinquente necessários para garantir a satisfação do dano causado pelo delito e o pagamento de custas (CC, art. 1.489, III). Para efetivá-la, a parte fará um requerimento especificando qual a estimativa do valor da responsabilidade civil e os imóveis que deseja ver registrados no Cartório de Registro de Imóveis com esse ônus real. Tal requerimento é chamado de "especialização da hipoteca legal" e está previsto no art. 135 e parágrafos do Código de Processo Penal. Deve ser autuado em apartado para não tumultuar o processo, já que o juiz deverá determinar a avaliação dos imóveis que se quer especificar e o valor provável da futura indenização. Como medida preparatória da especialização da hipoteca legal, o CPP prevê ainda um arresto prévio cautelar, diante da possibilidade de haver demora na especificação dos imóveis e respectiva inscrição no Cartório de Registro de Imóveis (CPP, art. 136). Trata-se, aqui, de típico arresto, pois visa à generalidade dos bens pertencentes ao patrimônio do acusado. Essa medida cautelar será revogada se, em quinze dias, não for promovida a especialização da hipoteca.

18.2.13.3.1. Classificação

Legal, convencional e judicial.

A hipoteca tratada no Código de Processo Penal é obviamente a hipoteca legal, ou seja, aquela que é instituída por lei, como medida cautelar, para reparação do dano causado pelo crime, em favor de certas pessoas.

18.2.13.3.2. Oportunidade

A hipoteca pode ser requerida em qualquer fase do processo.

O requerimento de inscrição da hipoteca, em que a parte deve mencionar o valor da responsabilidade civil e designar e estimar o imóvel ou imóveis que terão de ficar hipotecados, deve ser instruído com as provas ou indicações de provas em que se funda o pedido, com a relação dos imóveis que o responsável possuir, além dos que

---

[154]. Orlando Gomes, *Direitos reais*, Forense, p. 493, n. 298.

tenham sido indicados para a inscrição, com os documentos comprobatórios do domínio. A avaliação do imóvel ou imóveis deve ser feita pelo avaliador judicial ou, na falta deste, pelos peritos nomeados pelo juiz. Após este procedimento, o juiz concede às partes o prazo, que corre em Cartório, de dois dias para se manifestarem. O requerente, o réu e o Ministério Público devem ser ouvidos, pois a medida cautelar se destina a garantir o pagamento das sanções penais pecuniárias e das despesas processuais. Não se determinará a inscrição se o réu oferecer caução na forma descrita pelo art. 135 do CPP.

Da decisão que manda inscrever, ou não, a hipoteca legal cabe recurso de apelação.

18.2.13.3.3. Pressupostos

É necessária, para o requerimento da hipoteca, a coexistência de dois pressupostos:

(i) prova inequívoca da materialidade do crime (fato delituoso);

(ii) indícios suficientes de autoria.

A especialização da hipoteca legal pode ser requerida pelo ofendido, pelo seu representante legal ou pelos seus herdeiros. O Ministério Público também pode requerer, desde que:

(i) o ofendido seja pobre e a requeira;

(ii) se houver interesse da Fazenda Pública (CPP, art. 142).

18.2.13.3.4. Finalidades

(i) Satisfação do dano *ex delicto*;

(ii) Pagamento de eventuais penas pecuniárias e despesas processuais.

Pode o réu prestar caução equivalente à responsabilidade civil, despesas processuais e eventuais penas pecuniárias, em dinheiro ou títulos da dívida pública, federal ou estadual (art. 135, § 6º, do CPP).

O juiz pode ou não aceitar a caução.

18.2.13.3.5. Liquidação

Havendo sentença condenatória transitada em julgado, os autos serão encaminhados ao juízo civil.

Se houver sentença absolutória transitada em julgado, proceder-se-á, de acordo com o art. 141 do CPP, ao cancelamento da hipoteca.

18.2.13.4. O arresto previsto no art. 137 do CPP

Trata-se de medida semelhante à hipoteca legal, com as mesmas características e finalidades, apenas com uma diferença: recai sobre bens móveis. Não se confunde com o sequestro previsto nos arts. 125 e 132 porque nestes a medida constritiva recai sobre bens de origem ilícita, os quais serão, ao final, perdidos em favor da União, nos termos do art. 91, II, *b*, do CP. A medida contemplada no art. 137 do Código de Processo Penal tem por objeto bens móveis de origem lícita, para futura reparação do dano, de acordo com o art. 91, I, do CP ou demais dispositivos que prefixam o valor das perdas e danos (ex.: CTB, art. 297). Diferencia-se do arresto previsto no art. 136 do Código de Processo Penal, uma vez que, embora este último também vise a garantir a futura indenização pelo dano *ex delicto*, seu objeto são bens imóveis, a serem, dentro do prazo subsequente de quinze dias, inscritos em hipoteca legal.

As coisas arrestadas saem do poder do proprietário e são entregues a terceiro estranho à demanda, a quem cabem, consequentemente, o depósito e a administração. Determina-se, porém, que das rendas dos bens móveis deverão ser fornecidos recursos arbitrados pelo juiz para manutenção do indiciado ou réu e de sua família.

18.2.13.4.1. Oportunidade

Durante a ação penal, nos termos em que é facultada a hipoteca legal.

18.2.13.4.2. Pressupostos

São pressupostos do arresto:

(i) prova da materialidade do crime;

(ii) indícios suficientes de autoria.

Caso os bens arrestados sejam fungíveis e facilmente deterioráveis, manda o art. 137, § 1º, que sejam eles levados a leilão público, depositando-se o *quantum* apurado.

Os pedidos de inscrição de hipoteca legal e de arresto não suspendem o andamento do processo, devendo ser autuados e processados em separado dos autos da ação penal, ficando em apenso a estes (CPP, art. 138).

Havendo sentença condenatória transitada em julgado, remetem-se os autos ao juízo civil; se, por sentença irrecorrível, o réu for absolvido ou julgada extinta a punibilidade, levanta-se o arresto, e os objetos são devolvidos ao acusado (CPP, art. 141).

18.2.13.5. Relação das medidas confiscatórias no processo penal e dispositivos correlatos do direito penal

(i) CPP, art. 240, § 1º, *b*: medida cautelar de busca e apreensão domiciliar do produto do crime, determinada no inquérito policial ou no processo penal pelo juiz;

(ii) CPP, art. 240, § 1º, *d*: busca e apreensão de armas e instrumentos do crime;

(iii) CPP, art. 125: medida cautelar de sequestro de bens imóveis adquiridos como proveito do crime;

(iv) CPP, art. 132: medida cautelar de sequestro de bens móveis adquiridos como proveito do crime;

(Ambos são mistos de arresto e sequestro.)

(v) **CPP, art. 133:** transitada em julgado a condenação, juiz criminal manda avaliar e leiloar os bens — o dinheiro apurado vai para o lesado e para a União;

(vi) **CPP, art. 134:** pedido de inscrição da hipoteca legal de bens imóveis de origem lícita (não são proveito do crime) visando à futura reparação do dano;

(vii) **CPP, art. 137:** pedido de arresto de bens móveis de origem lícita, visando à futura reparação do dano;

(viii) **CP, art. 91, I:** tornar certa a obrigação de reparar o dano;

(ix) **CP, art. 91, II, *a*:** perda para a União dos instrumentos do crime cujo fabrico, alienação, uso, porte ou detenção constitua fato ilícito;

(x) **CP, art. 91, II, *b*:** perda do produto ou proveito do crime para a União, após ressarcimento do lesado;

(xi) **CP, art. 91-A:** "confisco alargado";

(xii) **CP, art. 43, I e II:** prestação pecuniária e perda de bens e valores;

(xiii) art. 243 e parágrafo único da CF e Lei n. 11.343/2006 (*vide* Capítulo IV da lei);

(xiv) Lei n. 9.099/95, art. 74, parágrafo único;

(xv) Lei n. 9.605/98 (art. 20);

(xvi) Lei n. 9.503/97 (Código de Trânsito Brasileiro, art. 297);

(xvii) art. 25 da Lei n. 10.826/2003 (Estatuto do Desarmamento).

18.2.14. Incidente de falsidade

18.2.14.1. Processamento

Arguida a falsidade documental, o juiz ou relator determinará a autuação em apartado, com suspensão do processo principal e prazo de quarenta e oito horas para o oferecimento de resposta da parte contrária.

Logo em seguida, abre-se o prazo sucessivo de três dias para as partes produzirem provas, após o que o juiz ordenará as diligências necessárias, normalmente perícia, e depois sentenciará sobre a falsidade arguida. O Ministério Público é sempre ouvido, ainda que atue como fiscal da lei.

A falsidade pode ser levantada de ofício pelo juiz ou a requerimento das partes. Quando feita por procurador, depende de poderes especiais.

Caberá ao juiz declarar, na sentença que julgar o incidente de falsidade, se o documento é falso ou verdadeiro. Caso declare a falsidade do documento, esta decisão somente fará coisa julgada no próprio processo, não vinculando o juiz no processo-crime pelo crime de falso.

Qualquer que seja a decisão, dela caberá recurso em sentido estrito, nos termos do art. 581, XVIII, do Código de Processo Penal, sem efeito suspensivo, subindo os próprios autos do incidente para julgamento na superior instância.

18.2.14.2. Efeitos

Reconhecida a falsidade por decisão irrecorrível, o juiz deve mandar desentranhar o documento e remetê-lo, com os autos do processo incidente, ao Ministério Público. Desentranha-se o documento porque não pode servir de prova no processo principal.

A decisão que reconhecer a falsidade documental não fará coisa julgada em prejuízo de ulterior processo penal ou civil. Desta forma, o único efeito do incidente é manter ou não o documento nos autos da ação principal. Por conseguinte, um documento pode ser reconhecido falso em incidente de falsidade, e o réu restar absolvido no processo que se instaurar em razão do crime de falsidade material ou ideológica.

18.2.15. Incidente de insanidade mental do acusado. Procedimento

O incidente é instaurado quando há dúvidas acerca da integridade mental do autor de um crime. Pode ser instaurado em qualquer fase da persecução penal, seja durante a ação penal, seja no inquérito policial.

Porém, é sempre o juiz quem determina a instauração do incidente, inclusive na fase inquisitorial, seja de ofício, por requerimento do Ministério Público, defensor, curador, cônjuge, ascendente, descendente ou irmão, ou ainda por representação da autoridade policial.

O procedimento é o seguinte:

(i) O juiz determina a instauração do incidente através de uma portaria, oportunidade em que nomeará um curador ao réu ou indiciado.

(ii) Na forma do art. 149, § 2º, do Código de Processo Penal, o juiz ordenará a suspensão da ação principal, ressalvada a possibilidade de realização de atos processuais que possam ser eventualmente prejudicados. Durante esta suspensão, o prazo prescricional flui normalmente. Se o incidente é instaurado durante o inquérito policial, em face da ausência de previsão legal, ele não terá o seu curso suspenso.

(iii) As partes serão obrigatoriamente intimadas para que apresentem quesitos; porém, o seu oferecimento é facultativo.

(iv) Os peritos médicos realizam os exames. O prazo para a realização destes é de 45 dias, prorrogável pelo juiz a pedido dos peritos (CPP, art. 150, § 1º).

(v) Juntada do laudo com as conclusões dos peritos: se os peritos concluírem que o réu era inimputável ou semi-imputável em razão de doença mental, ao tempo da ação ou omissão, o processo principal retomará o seu curso normal, só que com a presença do curador.

Se os peritos concluírem que o réu adquiriu a doença mental após a prática do crime, o processo ficará suspenso, retomando a sua marcha caso o réu ou indiciado se restabeleça antes do prazo prescricional.

Determina o art. 153 do Código de Processo Penal que o incidente seja processado em separado, e que, após a juntada do laudo conclusivo dos peritos, seja apensado aos autos principais.

→ **ATENÇÃO:** não cabe a alegação de inimputabilidade durante a fase recursal, quando inexistam indícios de que o acusado sofra de moléstia mental, nos autos da ação.

Questões

1. O que é questão incidental para o processo penal?
2. A medida cautelar de sequestro incide sobre quaisquer bens do réu?
3. Qual é o procedimento do incidente de insanidade mental do acusado?

19. COLABORAÇÃO PREMIADA

19.1. Introdução

A criminalidade organizada e estruturada de forma piramidal, com divisão de tarefas, elevado poder econômico, uso de recursos tecnológicos, novas técnicas de lavagem de dinheiro e grande capacidade de corromper agentes públicos e atuação em simbiose com o Estado, representa um novo desafio para a eficácia dos órgãos de controle e defesa do Estado Democrático de Direito. A Lei n. 12.850/2013 foi aprovada com a finalidade de proporcionar instrumentos capazes de lidar com essa nova realidade, disciplinando de forma inédita o instituto da colaboração premiada.

19.2. Origem

O direito negocial aparece pela primeira vez no art. 25, § 2º, da Lei n. 7.492/86 (Crimes contra o Sistema Financeiro Nacional), com a possibilidade de redução de pena de um a dois terços para o coautor ou partícipe que colaborasse. Posteriormente, na Lei dos Crimes Hediondos (Lei n. 8.072/90), nos arts. 7º e 8º, para os crimes de extorsão mediante sequestro e associação criminosa; igualmente, nos crimes contra a ordem tributária, no art. 16, parágrafo único, da Lei n. 8.137/90; art. 6º da Lei n. 9.034/95 (antiga Lei do Crime Organizado); art. 1º, § 5º, da Lei n. 9.613/98 (Lavagem de Dinheiro); arts. 13 e 14 da Lei n. 9.807/99 (Proteção a Vítimas e Testemunhas); e art. 41 da Lei n. 11.343/2006 (Lei de Drogas). No entanto, foi somente com a Lei n. 12.850/2013 (Lei do Crime Organizado) que o instituto foi detalhadamente regulamentado, a fim de enfrentar o crescimento do crime organizado no Brasil.

O instituto foi inspirado no sistema anglo-saxônico da *Common Law*, o qual concede ao Ministério Público ampla liberdade de negociação, mediante um critério utilitarista que busca a eficácia da persecução penal. Nos Estados Unidos, por exemplo, muitos casos terminam em acordo entre acusação e defesa, com o acusado assumindo sua culpa, por meio do *plea guilty*, buscando com isso evitar uma pena maior, como a pena de morte[155]. Tal influência fica clara quando se verifica que a Lei n. 12.850/2013 permite ao órgão acusatório deixar de oferecer a denúncia ou negociar o perdão judicial em troca de colaboração efetiva do integrante de uma organização criminosa. É certo que o instituto da

---

[155]. Richard M. Daley, Il *plea bargaining*: uno strumento di giustizia senza dibattimento, In: Ennio Amodio; M. Cherif Bassiouni (a cura di), *Il processo negli Stati Uniti d' America*, Milano, Giuffrè, 1988, p. 151-177.

colaboração premiada, enquanto derivado do modelo negocial e fundado no princípio da oportunidade e autonomia da vontade, afastou-se do tradicional modelo de jurisdição da *Civil Law*, no qual o Ministério Público tem pouca ou nenhuma margem de flexibilidade. No entanto, embora tenha inserido a discricionariedade para delitos de elevado potencial ofensivo, não se pode dizer que tenha adotado em sua integralidade o modelo do *plea barganinig* ou *plea guilty* norte-americano. Isso porque, o modelo nacional não confere às partes liberdade absoluta. Enquanto no sistema da *Common Law* a admissão de culpa por parte do investigado dispensa qualquer dilação probatória, tomando-se aquilo como verdade absoluta e legítimo direito de abrir mão do princípio da não autoincriminação, o modelo brasileiro de colaboração premiada condiciona sua eficácia à homologação do acordo pelo juiz, a quem caberá, inclusive, verificar se os termos do ajuste estão de acordo com a lei, se os benefícios foram exagerados ou se a concordância do imputado não foi voluntária. Diz-se, portanto, que estamos diante de uma discricionariedade regrada, limitada, emparedada por requisitos e condições elencados pelo direito positivo. Esse, aliás, foi o modelo adotado pela Lei n. 9.099/95 (Lei dos Juizados Especiais Criminais), tanto no caso da transação penal quanto da transação processual ou suspensão condicional do processo. Trata-se de um *plea bargaining* adaptado, um avanço em relação ao tradicional sistema romano-germânico, mas sem a liberdade absoluta do sistema saxônico. Não é legalidade estrita (obrigatoriedade da ação penal), mas flexibilidade discricionária, e não é autonomia absoluta da vontade (oportunidade), mas discricionariedade regrada.

19.3. Colaboração premiada e não delação premiada

Até o advento da Lei n. 12.850/2013, era comum a utilização do termo "delação premiada", mas com a entrada em vigor da nova legislação, o instituto recebeu a denominação de colaboração premiada, expressão de conteúdo mais amplo, uma vez que a contribuição não se limita à delação dos comparsas, compreendendo muitas outras formas de contribuição. A Lei n. 12.850/2013, por exemplo, em seu art. 4º previu diversos tipos de colaboração, sendo a delação apenas uma delas, que incluem a indicação da localização da vítima ou a recuperação do produto ou proveito do crime. Por essa razão, o termo "delação premiada" não descreve de forma completa o instituto.

19.4. Natureza jurídica da colaboração premiada

19.4.1. Meio de prova

A colaboração premiada não é prova, mas apenas um meio de obtenção de prova. O STF, em sede de julgamento do HC 127.483/PR[156], transformado em *leading case*[157], e que

---
156. HC 127.483, Rel. Min. Dias Toffoli, Tribunal Pleno, j. 27-8-2015, DJe-021 4-2-2016.
157. *Leading case* é uma decisão que tenha constituído uma regra importante, em torno da qual outras gravitam e que cria o precedente, com força obrigatória para casos futuros (Guido Fernando Silva Soares. *Common law*: introdução ao direito nos EUA, São Paulo, Revista dos Tribunais, 1999, p. 40-42).

teve como relator o Ministro Dias Toffoli, solidificou o entendimento de que a colaboração premiada, por expressa determinação legal contida no art. 3º, I, da Lei n. 12.850/2013, não é prova e não vale como prova, mas deve ser considerada apenas como um meio de obtenção da prova. Assim, a colaboração somente se mostrará hábil à formação do convencimento judicial se corroborada por outros meios idôneos de prova, conforme disposição do art. 4º, § 16, da Lei n. 12.850/2013.

19.4.2. Negócio jurídico processual

Além de meio de obtenção de prova, possui também a natureza de negócio jurídico processual, uma vez que seu objeto compreende concessões recíprocas entre as partes. A Lei n. 13.964/2019 (Pacote Anticrime) acrescentou o art. 3º-A à Lei n. 12.850/2013, reforçando a orientação do STF no sentido de que: "o acordo de colaboração premiada é negócio jurídico processual e meio de obtenção de prova, que pressupõe utilidade e interesse públicos".

19.4.3 Causa de diminuição de pena ou extintiva da punibilidade

Sob outro enfoque, a colaboração premiada pode assumir a natureza do benefício concedido. Pode ser causa extintiva da punibilidade, já que pena pode ser extinta pelo perdão judicial (CP, art. 107, IX), causa de diminuição de pena de até dois terços (Lei n. 12.850/2013, art. 4º, *caput*), causa de exclusão do processo, mediante o não oferecimento da denúncia pelo Ministério Público. Pode ainda ser critério de progressão de regime ou hipótese de substituição da pena privativa de liberdade por restritiva de direito.

19.4.4. Incidente na execução da pena

A colaboração premiada pode ser até mesmo incidente na execução da pena, aplicando-se também ao sentenciado, nos termos do § 5º do art. 4º da Lei n. 12.850/2013: "se a colaboração for posterior à sentença, a pena poderá ser reduzida até a metade ou admitida a progressão de regime ainda que ausentes os requisitos legais".

19.4.5. Natureza multifacetária

Dependendo do ângulo com que se analisa o instituto, a colaboração premiada pode ter diferentes classificações quanto à sua natureza jurídica.

19.5. Estrutura da colaboração premiada

Como negócio jurídico processual, o instituto possui três diferentes e sucessivos planos de verificação: existência, validade e eficácia.

19.5.1. Existência

No plano da existência, seus elementos estão no art. 6º da Lei n. 12.850/2013. Para existir, a colaboração deve consistir em um documento escrito, que contenham um relato da contribuição, as condições da proposta e os benefícios ofertados pela autoridade celebrante (Ministério Público ou autoridade policial), a declaração de aceitação pelo colaborador e as assinaturas dele, de seu defensor e da autoridade celebrante.

19.5.2. Validade

Para ser válida, a colaboração premiada deve ser voluntária e seu conteúdo autorizado por lei, não sendo admissíveis benefícios não previstos pela Lei n. 12.850/2013. O art. 4º, *caput* e seu § 7º, desta Lei prevê como requisitos de validade do acordo a voluntariedade da manifestação de vontade do agente, a regularidade e a legalidade do conteúdo e dos benefícios oferecidos, não havendo liberdade absoluta dos celebrantes para pactuar fora do manto legal. Não existe discricionariedade ilimitada para o acordo, mas regrada, isto é, restrita aos limites fixados na legislação em vigor.

19.5.3. Eficácia

Superados os planos da existência e da validade, chega-se ao plano da eficácia: o acordo existente e válido somente será eficaz se for submetido à homologação judicial (Lei n. 12.850/2013, art. 4º, § 7º). A homologação pelo juiz permite que o acordo produza efeitos no mundo jurídico. A decisão homologatória não julga o mérito da pretensão acusatória, limitando-se a se pronunciar sobre a regularidade do acordo e a voluntariedade do colaborador. A atuação judicial consiste em um juízo de mera deliberação, de maneira que "o juiz poderá recusar a homologação da proposta que não atender aos requisitos legais, devolvendo-a às partes para as adequações necessárias" (Lei n. 12.850/2013, art. 4º, § 8º).

19.5.4. Conteúdo do relato

Para a concessão da sanção premial, o agente deve proporcionar um ou mais dentre os seguintes resultados: (i) a identificação dos demais coautores e partícipes da organização criminosa e das infrações penais por eles praticadas; (II) a revelação da estrutura hierárquica e da divisão de tarefas da organização criminosa; (III) a prevenção das infrações penais decorrentes das atividades da organização criminosa; (IV) a recuperação total ou parcial do produto ou do proveito das infrações penais praticadas pela organização criminosa; e (V) a localização de eventual vítima com a sua integridade física preservada. Referido conteúdo está submetido ao controle judicial, devendo ser analisado no momento da homologação do acordo. Deve haver uma proporcionalidade entre os benefícios concedidos e os resultados fixados como meta.

19.5.5. Sindicabilidade do acordo

Como lembra o juiz Rodrigo Capez, "sindicar o acordo de colaboração premiada implica escutriná-lo com rigor, examiná-lo minuciosamente"[158]. De acordo com o § 7º do

---

[158]. Rodrigo Capez. A sindicabilidade do acordo de colaboração premiada. In: Maria Thereza de Assis Moura; Pierpaolo Cruz Bottini (org.). *Colaboração premiada*. São Paulo, Revista dos Tribunais, 2018, p. 201.

art. 4º da Lei n. 12.850/2013, a função do juiz, no momento da homologação do acordo, implica examinar seus requisitos de existência e validade. O § 8º do art.4º da referida lei possibilita ao juiz recusar a homologação da proposta que "não atender aos requisitos legais", determinando às partes que reajustem os seus termos, adequando-os às disposições legais pertinentes. No ato de homologação, o juiz deve realizar apenas o controle formal do acordo de colaboração premiada, diferentemente do momento em que prolata a sentença final de mérito, quando deverá aferir se houve o efetivo cumprimento do compromisso assumido pelo colaborador.

19.5.6. Direito subjetivo ao prêmio

Como decidido pelo STF no citado HC 127.483/PR, caso a colaboração seja efetiva e produza os resultados almejados, há que se reconhecer o direito subjetivo do agente colaborador à aplicação das sanções premiais estabelecidas no acordo, sob pena de vulneração do princípio da segurança jurídica, do que decorre o dever estatal de honrar o compromisso assumido no acordo de colaboração premiada. Dessa forma, a sanção premial estipulada tem de ser concedida como forma de cumprimento pelo Estado de sua parte no acordo, sendo esta uma contraprestação legítima ao colaborador que adimpliu a obrigação assumida.

19.5.7. Impossibilidade de revisão da homologação pela sentença final

No Plenário do STF, por ocasião do julgamento de questão de ordem na Petição (PET) 7.074/DF, relator Min. Edson Fachin[159], o tema foi debatido. A tendência do STF é no sentido da impossibilidade de o acordo homologado ser revisto na sentença final, salvo no caso de nulidades graves que venham a ser descobertas após a decisão homologatória.

19.5.8. Medidas cautelares e recebimento da denúncia com base em colaboração

O § 16 do art. 4º da Lei n. 12.850/2013, incluído pela Lei n. 13.964/2019 (Pacote Anticrime), vedou o recebimento da denúncia e a decretação de medidas cautelares com base exclusivamente na delação. Isoladamente, não tem valor probatório nem indiciário. Trata-se da regra de corroboração, na qual o conteúdo da colaboração processual precisa ser confirmado por outros elementos de convicção. Esse elemento probatório capaz de conferir-lhe credibilidade pode ser qualquer um autorizado por lei e admitido pelo juiz como idôneo a formar sua convicção.

19.5.9. Colaboração confirmada por outra

Questão interessante é a da colaboração corroborada única e exclusivamente por outra colaboração, cujos relatos se apresentam como coincidentes e coerentes, a chamada

---

[159]. Petição 7.074 QO, Rel. Min. Edson Fachin, Tribunal Pleno, j. 29-6-2017.

mutual corroboration ou corroboração cruzada. Não sendo nenhuma das duas colaborações elemento probatório, nenhuma poderá servir como elemento de confirmação da outra, sendo inadmissível como prova a delação cruzada.

19.5.10 Direitos do terceiro delatado

O terceiro delatado tem o direito de impugnar a validade do acordo de colaboração premiada, o que pressupõe o direito de acessar as gravações das tratativas e da audiência de homologação do acordo pelo juiz, a fim de verificar a legalidade, a regularidade e a voluntariedade do colaborador ao assinar o instrumento de colaboração (REsp 1.954.842/RJ, Rel. Min. Rogerio Schietti Cruz, 6ª Turma, por unanimidade, j. 14-5-2024).

19.5.11. Impossibilidade de concessão de benefícios não previstos em lei

Nossa legislação adotou o modelo restritivo, fixando a discricionariedade regrada de acordo com nossa tradição romano-germânica da *Civil Law*. A adoção do modelo norte--americano da *Common Law* implicaria permitir à autoridade celebrante atuar fora do âmbito de autorização conferido pela Lei n. 12.850/2013. Se nosso sistema conferisse liberdade absoluta para as partes negociarem benefícios, não haveria necessidade de a Lei n. 12.850/2013 elencar quais os benefícios que podem ser concedidos, nem de determinar ao juiz que fiscalizasse a adequação do acordo à lei no momento de sua homologação.

19.6. Colaboração premiada do preso provisório

A prisão preventiva somente poderá ser decretada se presente um dos motivos previstos no art. 312 do CPP, que identifiquem o *periculum libertatis* e demonstrem a urgência da medida para garantir a eficácia da persecução penal. Não se admite prisão preventiva como antecipação da pena. Além disso, ela deverá estar fundamentada em fatos novos e atuais, conforme prevê os arts. 312, § 2º, e 315, § 1º, ambos do CPP. Finalmente, ainda que presentes todas essas condições, o juiz, antes de decretar a prisão preventiva, é obrigado a consultar o cabimento de uma das medidas alternativas contidas no art. 319 do CPP, entendimento este reforçado pela Suprema Corte[160]. Tem, portanto, natureza residual e subsidiária. O art. 282, § 6º, do CPP é expresso nesse sentido. Desse modo, somente após verificar que nenhuma das medidas alternativas do art. 319 do CPP seria suficiente é que seria admissível a prisão preventiva. Por esse motivo, as colaborações efetuadas por investigados submetidos à prisão provisória devem merecer redobrada atenção dos juízes na aferição de sua voluntariedade, devendo ser consideradas nulas quando a restrição da liberdade tiver sido imposta fora das hipóteses legais, com o intuito de forçar o sujeito a delatar. As delações de colaboradores presos não são necessariamente nulas, mas não terão nenhum valor quando a prisão provisória tiver sido imposta sem o requisito do *periculum libertatis*, isto é, sem urgência, ou em desacordo com as exigências

---

160. STF, HC 188.727 AgR-segundo, 2ª Turma, Rel. Min. Nunes Marques, j. 31-11-2021.

legais, porquanto neste caso ficará evidenciado que o único motivo para sua decretação terá sido forçar uma delação. Dessa forma estará caracterizado crime de abuso de autoridade (Lei n. 13.869/2019, art. 13, II). Não é necessário, portanto, que o agente colaborador esteja solto para que o acordo seja considerado válido, mas é imprescindível que, preso ou solto, o ato não tenha sido afetado por vícios de consentimento, notadamente, o vício da coação.

20. SENTENÇA

20.1. Breve histórico

(i) A sentença no direito romano

O direito romano distinguia entre sentença definitiva — nome encontrável nas próprias fontes — e sentença interlocutória. Admitia-se, desde que num processo se discutissem diversas questões, separáveis logicamente, que se proferissem várias sentenças, cada uma delas destinada a resolver uma questão, isto é, resolviam-se verdadeiros capítulos, originando-se daí o provérbio *tot capita tot sententiae*, embora hoje com sentido algo diverso. As interlocutórias resolviam incidentes extrínsecos ao processo.

A sentença era proferida quando terminava a instrução do processo, sendo que para cada capítulo havia uma sentença. A forma da sentença era a escrita, tendo em vista a solenidade de que se revestia tal ato, sendo proscrita a sentença oral.

No direito romano desconheciam-se os variados tipos de ação. Na realidade, falava-se exclusivamente em condenação ou absolvição.

A fonte da sentença, segundo muitos juristas, residiria no contrato que anteriormente se teria formado entre as partes por ocasião da *litis contestatio*. No entanto, segundo pensamos, a sentença era, em grande parte, também um ato de autoridade, recebida pelo juiz (*index*) do pretor, que julgava *in iure*.

(ii) A sentença no direito canônico, no processo comum e no direito português

O processo canônico caracterizou-se pelo grande número de decisões interlocutórias, ao lado da sentença, sendo que de todas elas cabia recurso de apelação. Também a decisão interlocutória, desde que não objeto de recurso, transitava em julgado.

No processo comum, autêntico instrumento destinado a resolver questões, encontramos as *sententiae interlocutoriae*, em lugar das interlocutórias, contrapostas àquelas, sendo que a estas se acrescentou um novo adjetivo, o da "definitiva" e *quaestiones principales*.

Quanto ao direito português, admitiam-se duas espécies de sentença: a definitiva e a interlocutória. Nas Ordenações Afonsinas encontramos as sentenças definitivas e as interlocutórias. Nas Manuelinas, as sentenças definitivas e as interlocutórias, as quais, por sua vez, eram mistas e simples. Com as Ordenações Filipinas encontramos ainda três categorias, a saber: sentenças definitivas, mistas e interlocutórias. Nessa sistemática, sentença definitiva era aquela que determinava a causa principal, condenando ou absolvendo, denegando ou concedendo aquilo a respeito de que principalmente se litiga.

20.2. Natureza jurídica

A sentença é uma manifestação intelectual lógica e formal emitida pelo Estado, por meio de seus órgãos jurisdicionais, com a finalidade de encerrar um conflito de interesses, qualificado por uma pretensão resistida, mediante a aplicação do ordenamento legal ao caso concreto.

Na sentença consuma-se a função jurisdicional, aplicando-se a lei ao caso concreto controvertido, com a finalidade de extinguir juridicamente a controvérsia.

Desde que haja uma relação jurídica processual e respectiva litispendência, entendidas ambas como representativas de um processo na plenitude de seus efeitos, já nasceu para o Estado-Juiz o poder-dever de prestar a tutela jurídica.

20.3. Classificação das decisões

As sentenças em sentido amplo (decisões) dividem-se em:

(i) interlocutórias simples, são as que solucionam questões relativas à regularidade ou marcha processual, sem que penetrem no mérito da causa (ex.: o recebimento da denúncia, a decretação de prisão preventiva etc.);

(ii) interlocutórias mistas, também chamadas de decisões com força de definitivas, são aquelas que têm força de decisão definitiva, encerrando uma etapa do procedimento processual ou a própria relação do processo, sem o julgamento do mérito da causa. Tais decisões subdividem-se em:

(iii) interlocutórias mistas não terminativas: são aquelas que encerram uma etapa procedimental (ex.: decisão de *pronúncia* nos processos do júri popular);

(iv) interlocutórias mistas terminativas: são aquelas que culminam com a extinção do processo sem julgamento de mérito (ex.: nos casos de rejeição da denúncia, pois encerram o processo sem a solução da lide penal).

Há ainda o sentido geral que abarca as sentenças e os acórdãos, que são as decisões dos tribunais (de 2º grau), quando nas situações equivalentes, como defende Denílson Feitoza[161].

20.4. Conceito de sentença em sentido estrito

Sentença em *sentido estrito* (ou em sentido próprio) é a decisão definitiva que o juiz profere solucionando a causa. Melhor dizendo, é o ato pelo qual o juiz encerra o processo no primeiro grau de jurisdição, bem como o seu respectivo ofício.

---
161. Denílson Feitoza, *Direito processual penal*: teoria, crítica e práxis, 7. ed., Rio de Janeiro, Impetus, 2012, p. 1012.

20.4.1. Classificação das sentenças em sentido estrito

As sentenças em sentido estrito dividem-se em:

(i) condenatórias: quando julgam procedente, total ou parcialmente, a pretensão punitiva;

(ii) absolutórias: quando não acolhem o pedido de condenação. Subdividem-se em:

— **próprias**, quando não acolhem a pretensão punitiva, não impondo qualquer sanção ao acusado;

— **impróprias**, quando não acolhem a pretensão punitiva, mas reconhecem a prática da infração penal e impõem ao réu medida de segurança;

(iii) terminativas de mérito (também chamadas de definitivas em sentido estrito): quando julgam o mérito, mas não condenam nem absolvem o acusado, como, por exemplo, ocorre na sentença de declaração da extinção de punibilidade.

A doutrina tem variadas classificações. A mais utilizada é essa que lecionamos.

Vale ainda observar que, quanto ao órgão que prolata as sentenças, podemos ainda classificá-las em:

(i) subjetivamente simples: quando proferidas por uma pessoa apenas (juízo singular ou monocrático);

(ii) subjetivamente plúrimas: são as decisões dos órgãos colegiados homogêneos (ex.: as proferidas pelas câmaras dos tribunais);

(iii) subjetivamente complexas: resultam da decisão de mais de um órgão, como no caso dos julgamentos pelo Tribunal do Júri em que os jurados decidem sobre o crime e a autoria, e o juiz, sobre a pena a ser aplicada.

20.4.2. Requisitos formais da sentença

Os requisitos formais, chamados por Hélio Tornaghi de *parte intrínseca* da sentença[162], desdobram-se em:

(i) Relatório (ou exposição ou histórico). É requisito do art. 381, I e II, do CPP. É um resumo histórico do que ocorreu nos autos, de sua marcha processual. Pontes de Miranda o denominou "história relevante do processo", compreendendo-se assim que inexiste a necessidade de o magistrado expor fatos periféricos ou irrelevantes em seu relatório. Todavia, deve aludir expressamente aos incidentes e à solução dada às questões intercorrentes.

> → **ATENÇÃO:** a Lei n. 9.099/95, que dispõe sobre os Juizados Especiais Criminais, prevê que é dispensável o relatório nos casos de sua competência (art. 81, § 3º). Representa uma exceção ao art. 381, II, do Código de Processo Penal.

(ii) Motivação (ou fundamentação), requisito pelo qual o juiz está obrigado a indicar os motivos de fato e de direito que o levaram a tomar a decisão (art. 381, III). É também garantia constitucional de que os julgamentos dos órgãos do Poder Judiciário são públicos

---
[162]. *Curso de processo penal*, cit., 6. ed., 1989, v. 2, p. 154.

e "fundamentadas todas as decisões, sob pena de nulidade" (art. 93, IX, da CF). Além do mais, deve o magistrado apreciar toda a matéria levantada tanto pela acusação como pela defesa, sob pena de nulidade. Desse modo, reveste-se de nulidade o ato decisório que, descumprindo o mandamento constitucional que impõe a qualquer juiz ou tribunal o dever de motivar a sentença ou o acórdão, deixa de examinar fundamento relevante em que se apoia a acusação ou a defesa técnica do acusado. É bom que se frise, no entanto, não ser necessário que o juiz sentenciante transcreva toda a argumentação das partes, mas apenas que, sucintamente, exponha os fatos para não causar prejuízo a estas.

> → **ATENÇÃO:** denomina-se *fundamentação "per relazione"* aquela em que o juiz ou Tribunal adota como suas as razões de decidir ou de argumentar de outra decisão judicial ou de alguma manifestação da parte ou do Ministério Público, enquanto *custos legis*. Embora deva ser evitada, tal prática não nulifica a sentença ou acórdão, uma vez que, feita a menção, é como se a fundamentação referida estivesse sendo incorporada à decisão, ou seja, como se estivesse sendo citada entre aspas, não podendo ser acoimada de carente de motivação. Ex.: "O Tribunal de Justiça de São Paulo nega provimento ao apelo do réu, mantendo a r. sentença condenatória, pelos seus próprios e judiciosos fundamentos, os quais são adotados neste acórdão como razão de decidir, sem necessidade de qualquer acréscimo".

(iii) Conclusão (ou parte dispositiva) é a decisão propriamente dita, em que o juiz julga o acusado após a fundamentação da sentença. Conforme o art. 381, o magistrado deve mencionar "a indicação dos artigos de lei aplicados" (inciso IV) e o "dispositivo" (inciso V). É a parte do *decisum* em que o magistrado presta a tutela jurisdicional, viabilizando o *jus puniendi* do Estado.

> → **ATENÇÃO:** nula é a sentença em que o juiz não indica os artigos de lei (CPP, arts. 381, V, e 564, III, *m*). Da mesma forma, na sentença o juiz deve examinar *toda* a matéria articulada pela acusação e pela defesa, sendo *nula* a sentença que deixa de considerar todos os fatos articulados na inicial acusatória.

20.4.3. Sentença suicida

Denominação dada por alguns autores italianos à sentença cujo dispositivo (parte dispositiva) contraria as razões invocadas na fundamentação. Tais sentenças, ou são nulas, ou sujeitas a *embargos de declaração* (art. 382) para a correção de erros materiais.

20.4.4. Embargos declaratórios

Previsão do art. 382 do Código de Processo Penal: "qualquer das partes poderá, no prazo de 2 (dois) dias, pedir ao juiz que declare a sentença, sempre que nela houver obscuridade, ambiguidade, contradição ou omissão".

20.4.4.1. Requisitos para a oposição dos embargos

(i) Obscuridade: quando faltar clareza na redação da sentença;

(ii) Ambiguidade: quando a decisão, em qualquer ponto, permitir duas ou mais interpretações;

(iii) Contradição: quando conceitos e afirmações da decisão acabam por colidir ou opor-se entre si (p. ex., o juiz reconhece a ilicitude do fato e decide pela absolvição por excludente da antijuridicidade);

(iv) Omissão: quando a sentença deixa de dizer o que era indispensável fazê-lo, como, por exemplo, não fixa o regime inicial de cumprimento da pena.

Súmula 152 das Mesas de Processo Penal da Faculdade de Direito da Universidade de São Paulo: "Embora a lei preveja embargos de declaração apenas contra sentença ou acórdão, qualquer decisão judicial pode ser embargada, enquanto não ocorrer preclusão".

→ **ATENÇÃO:** o prazo para o pedido de declaração será de 2 dias, contados da intimação da sentença. Embora o Código de Processo Penal não tenha disposto expressamente, os embargos declaratórios interrompem o prazo do recurso, aplicando-se por analogia o disposto no art. 1026 do CPC. Nas infrações de competência dos Juizados Especiais Criminais, caberão embargos declaratórios em caso de obscuridade, contradição, omissão ou dúvida. O prazo, contudo, será de 5, e não de 2 dias. Os efeitos também diferem: os embargos suspenderão (ao invés de interromperem) o prazo para o recurso, quando interpostos da sentença, e não terão qualquer efeito, suspensivo ou interruptivo, quando opostos contra acórdão, nos termos do art. 83 e parágrafos da Lei n. 9.099/95. É importante mencionar, também, que o art. 116, III, do CP, dispõe que na pendência de embargos de declaração não correrá a prescrição.

20.4.5. Efeitos da sentença

Esgota-se com a sentença o poder jurisdicional do magistrado que a prolatou, não podendo mais este praticar qualquer ato jurisdicional, a não ser a correção de erros materiais (art. 382).

A saída do juiz da relação processual é obrigatória porquanto, transitando a sentença em julgado, a relação se extingue; caso haja recurso, o sujeito da relação processual que entra como órgão do Estado é o tribunal *ad quem*.

Uma vez prolatada, a sentença cria impedimento ao magistrado que a prolatou, impedindo-o de oficiar no processo quando em instância recursal (art. 252, II). Ou seja, caso tenha sido nomeado juiz de superior instância e o recurso seja encaminhado para a câmara onde ele se encontra, o impedimento é automático.

A doutrina ressalta ainda a existência do chamado "efeito autofágico da sentença". Tal ocorre quando a decisão, estatuindo uma pena que permite a decretação da prescrição retroativa, traz em seu interior um elemento que conduzirá à sua própria destruição, ficando, desde logo, com todos os seus efeitos afetados pela causa extintiva da punibilidade, já que *tempus omnia solvit*.

20.4.6. Princípio da correlação

É princípio garantidor do direito de defesa do acusado, cuja inobservância acarreta a nulidade da decisão. Por *princípio da correlação* entende-se que deve haver uma *correlação* entre o fato descrito na denúncia ou queixa e o fato pelo qual o réu é condenado. O juiz não pode julgar o acusado *extra petita*, *ultra petita* ou *citra petita*; vale dizer, não pode desvincular-se o magistrado da inicial acusatória julgando o réu por fato do qual ele não foi acusado.

> → **ATENÇÃO:** no processo penal vigora o princípio do *jura novit curia* (princípio da livre dicção do direito), pelo qual se entende que o juiz conhece o direito, chancelando-se o princípio *narra mihi factum dabo tibi jus* (narra-me o fato e te darei o direito). Aplica-se tal princípio no processo para explicar que o acusado não se defende da capitulação dada ao crime na denúncia, mas sim dos fatos narrados na referida peça acusatória.

20.4.7. Emendatio libelli

No processo penal, o réu se defende de fatos, sendo irrelevante a classificação jurídica constante da denúncia ou queixa. Segundo o princípio da correlação, a sentença está limitada apenas à narrativa feita na peça inaugural, pouco importando a tipificação legal dada pelo acusador. Desse modo, o juiz poderá dar aos eventos delituosos descritos explícita ou implicitamente na denúncia ou queixa a classificação jurídica que bem entender, ainda que, em consequência, venha a aplicar pena mais grave, sem necessidade de prévia vista à defesa, a qual não poderá alegar surpresa, uma vez que não se defendia da classificação legal, mas da descrição fática da infração penal. Por exemplo: a denúncia narra que fulano empurrou a vítima e arrebatou-lhe a corrente do pescoço, qualificando como furto tal episódio. Nada impede seja proferida sentença condenatória por roubo, sem ofensa ao contraditório, já que o acusado não se defendia de uma imputação por furto, mas da acusação de ter empurrado a vítima e arrebatado sua corrente. Nesse caso, diz-se que houve uma simples emenda na acusação (*emendatio libelli*), consistente em mera alteração na sua classificação legal. Trata-se de aplicação pura do brocardo *jura novit curia*, pois, se o juiz conhece o direito, basta narrar-lhe os fatos (*narra mihi factum dabo tibi jus*).

Nesse sentido, dispõe o art. 383, *caput*, do CPP: "O juiz, sem modificar a descrição do fato contida na denúncia ou queixa, poderá atribuir-lhe definição jurídica diversa, ainda que, em consequência, tenha de aplicar pena mais grave". Na realidade, mencionado diploma legal procurou deixar mais clara a redação do *caput* do citado dispositivo legal, não tendo promovido qualquer mudança substancial, nesse aspecto.

Bem se vê que o importante é a correta descrição do fato, podendo o juiz emendar (*emendatio*) a acusação (*libelli*) para dar-lhe a classificação que julgar a mais adequada, mesmo que impondo pena mais severa.

Não existe qualquer limitação para a aplicação dessa regra em segunda instância, pois não há que se falar em surpresa para as partes; entretanto, se a *emendatio libelli* importar em aplicação de pena mais grave, o tribunal não poderá dar a nova definição jurídica que implique prejuízo do réu, no caso de recurso exclusivo da defesa, sob pena de afronta ao princípio que veda a *reformatio in pejus*.

O § 1º prevê que: "Se, em consequência de definição jurídica diversa, houver possibilidade de proposta de suspensão condicional do processo, o juiz procederá de acordo com o disposto na lei". Tornou, portanto, expressa a orientação contida na Súmula 337 do STJ: "É cabível a suspensão condicional do processo na desclassificação do crime e na procedência parcial da pretensão punitiva". Desse modo, deverá o juiz, em tais casos, proceder de acordo com a Lei n. 9.099/95, a fim de que se possibilite a proposta da suspensão condicional do processo pelo Ministério Público, nas hipóteses em que esta seja possível (art. 89 da Lei).

De acordo com o § 2º, se, em consequência da nova definição jurídica, o crime passar a ser de competência de outro juízo, os autos deverão a este ser remetidos; por exemplo, delito cuja competência seja dos Juizados Especiais Criminais, no qual será possível a realização da transação penal (art. 72 da Lei).

20.4.8. *Mutatio libelli*

A *mutatio libelli* é um procedimento distinto, o qual é determinado pelo art. 384, *caput*, do CPP, nos seguintes termos: "Encerrada a instrução probatória, se entender cabível nova definição jurídica do fato, em consequência de prova existente nos autos de elemento ou circunstância da infração penal não contida na acusação, o Ministério Público deverá aditar a denúncia ou queixa, no prazo de 5 (cinco) dias, se em virtude desta houver sido instaurado o processo em crime de ação pública, reduzindo-se a termo o aditamento, quando feito oralmente":

(i) Caberá ao Ministério Público, uma vez encerrada a instrução probatória, se entender cabível nova definição jurídica do fato, aditar denúncia ou queixa, no prazo de cinco dias. Pouco importa o *quantum* da pena. O aditamento é sempre necessário, não atuando o juiz de ofício, o que violaria o sistema acusatório.

(ii) O CPP prevê audiência única (CPP, arts. 400 e 531), em que se concentram todos os atos instrutórios (v. também CPP, art. 411). Nessa audiência única, em regra, será, após as alegações finais, proferida a sentença. No entanto, em determinadas situações (v. CPP, arts. 403, § 3º, e 404), a audiência poderá ser cindida, dentre elas, quando ocorrer a hipótese de *mutatio libelli*.

(iii) Dessa forma, uma vez encerrada a instrução probatória, se entender cabível nova definição jurídica do fato, caberá ao Ministério Público aditar oralmente ou por escrito a denúncia ou queixa, no prazo de cinco dias.

(iv) Não procedendo o órgão do Ministério Público ao aditamento, aplica-se o art. 28 deste Código (§ 1º).

(v) Ouvido o defensor do acusado no prazo de cinco dias e admitido o aditamento, o juiz, a requerimento de qualquer das partes, designará dia e hora para continuação da audiência, com inquirição de testemunhas, novo interrogatório do acusado, realização de debates e julgamento (§ 2º).

(vi) Cada parte poderá arrolar até três testemunhas, no prazo de cinco dias (§ 4º, 1ª parte).

(vii) O juiz ficará adstrito aos termos do aditamento, pois o MP é o *dominus litis*, definindo os termos da acusação (§ 4º, 2ª parte).

(viii) Se, em consequência do aditamento, houver possibilidade de proposta de suspensão condicional do processo, o juiz procederá de acordo com o disposto na lei. Tratando-se de infração da competência de outro juízo, a este serão encaminhados os autos (§ 3º).

(ix) Não recebido o aditamento, o processo prosseguirá (§ 5º).

Desse modo, não pode o juiz condenar o acusado por qualquer crime por conduta diversa daquela apontada na denúncia ou na queixa sem a providência determinada pelo art. 384, sob pena de nulidade. Já se decidiu que não é possível o juiz condenar o acusado de crime doloso por infração culposa, que exige a descrição da modalidade da culpa em sentido estrito.

A providência prevista no citado dispositivo processual é obrigatória, independentemente do *quantum* da pena, *ainda que deva ser aplicada ao acusado pena menos grave*. Logo, caso verifique o magistrado que os fatos criminosos comprovados são diversos daqueles descritos na inicial, não pode ele absolver de imediato o réu, mas agir na forma do art. 384. Caso o condene sem a adoção da providência prescrita, em regra é *nula* a decisão, pois o acusado tem o direito de saber qual é a nova acusação para que dela possa defender-se.

Convém trazer à baila a Súmula 453 do STF: "Não se aplicam à segunda instância o art. 384 e parágrafo único do Código de Processo Penal, que possibilitam dar nova definição jurídica ao fato delituoso, em virtude de circunstância elementar não contida explícita ou implicitamente na denúncia ou queixa". A mencionada Súmula continua perfeitamente aplicável à sistemática do Código de Processo Penal, pois visa-se impedir a supressão de instância.

De relembrar-se, finalmente, que o art. 384 não admite que a acusação seja ampliada a novos fatos por meio do *aditamento* à denúncia (no caso, somente seria possível uma nova ação penal), uma vez que a *mutatio accusationis* se limita à "nova definição jurídica *do fato*" constante da imputação inicial. É bom lembrar que o procedimento do art. 384 do Código de Processo Penal somente se aplica na hipótese de ação penal pública e ação penal privada subsidiária da pública, sendo inadmissível o juiz determinar abertura de vista para o Ministério Público aditar a queixa e ampliar a imputação, na ação penal exclusivamente privada, conforme clara redação do dispositivo ("... o Ministério Público deverá aditar a denúncia ou queixa, ... *se em virtude desta houver sido instaurado o processo em crime de ação pública...*").

Finalmente, nos crimes de ação pública, o juiz poderá proferir sentença condenatória, ainda que o Ministério Público tenha opinado pela absolvição, bem como reconhecer agravantes, embora nenhuma tenha sido alegada (CPP, art. 385), ressaltando-se que, tratando-se de agravante de natureza objetiva, isto é, relativa aos fatos, torna-se imprescindível esteja descrita, ainda que implicitamente, na denúncia ou queixa subsidiária, sob pena de quebra do princípio da correlação. Em sentido contrário, há posicionamento doutrinário que defende a vertente de que se o Ministério Público é o titular da ação penal pública, não pode, em tese, o juiz condenar quando a parte requerer a absolvição (esta seria a *ratio* da alteração promovida pelo Pacote Anticrime no que concerne ao arquivamento do inquérito policial sem a necessidade de homologação por juiz — CPP, art. 28).

20.5. Sentença absolutória

O Código de Processo Penal, em seu art. 386, prevê sete hipóteses de absolvição.

Os incisos II, V e VII tratam de hipóteses de falta de provas. Dão ensejo ao ajuizamento, na esfera cível, de ação de reparação de dano. Não possibilitam a ação de regresso ao trabalho do funcionário público.

O inciso I (inexistência do fato) possui importante repercussão na esfera cível, na medida em que impossibilita o ajuizamento de ação civil *ex delicto* para reparação do dano (CPP, art. 66). A mesma repercussão possui o inciso IV (estar provado que o réu não concorreu para a infração penal). No inciso III (fato não constitui crime), nada impede a discussão sobre eventual indenização por perdas e danos no juízo cível, nos termos expressos do art. 67, III, do Código de Processo Penal, pois um fato pode não ser considerado criminoso, mas constituir ilícito civil. No inciso VI, 1ª parte (circunstância que exclua o crime ou isente o réu de pena: arts. 20, 21, 22, 23, 26 e § 1º do art. 28), muito embora o reconhecimento de que o réu agiu sob o manto justificador de uma causa excludente da ilicitude (legítima defesa, estado de necessidade etc.) faça coisa julgada no juízo cível (CPP, art. 65), subsiste a responsabilidade do autor em indenizar o prejudicado, quando este não for o culpado pela situação de perigo ou pelo ataque injustificado (é o chamado terceiro inocente), cabendo ao primeiro apenas a ação regressiva contra o criador do perigo. Por exemplo: para desviar de um pedestre imprudente, o motorista destrói um carro que estava regularmente estacionado. Apesar de beneficiar-se do estado de necessidade na esfera criminal, o motorista deverá indenizar o dono do veículo destruído (terceiro inocente), para depois voltar-se regressivamente contra o pedestre criador da situação de perigo. Não está livre, portanto, de responder por uma demanda cível. Finalmente, no inciso VI, 2ª parte: quando houver *fundada dúvida* sobre a existência de circunstâncias que excluam o crime ou isentem o réu de pena. Nesse caso, o ofendido não estará impedido de discutir eventual indenização por perdas e danos no juízo cível.

→ **ATENÇÃO:** o réu pode apelar da própria sentença absolutória para que se mude o *fundamento* legal de sua absolvição. Exemplo: é absolvido por insuficiência de prova onde se aplicou o princípio *in dubio pro reo* (art. 386, VII) e pretende que seja reconhecida a inexistência do fato (art. 386, I).

20.5.1. Efeitos da sentença absolutória

Os efeitos da sentença absolutória são os previstos no art. 386, parágrafo único ("I — mandará, se for o caso, pôr o réu em liberdade; II — ordenará a cessação das medidas cautelares e provisoriamente aplicadas; III — aplicará medida de segurança, se cabível"; *vide* Súmula 422 do STF).

Transitada em julgado a sentença, deve ser levantada a medida assecuratória consistente no sequestro (art. 125) e na hipoteca legal (art. 141). A fiança deve ser restituída (art. 337).

A decisão impede que se argua a exceção da verdade nos crimes contra a honra (CP, art. 138, § 3º, III; CPP, art. 523).

20.6. Sentença condenatória

O juiz, ao proferir decisão condenatória, deverá observar o disposto no art. 387 do CPP: (i) Mencionará as circunstâncias agravantes ou atenuantes definidas no Código Penal e cuja existência reconhecer (inciso I). (ii) Mencionará as outras circunstâncias apuradas e tudo o mais que deva ser levado em conta na aplicação da pena, de acordo com o disposto nos arts. 59 e 60 do CP (inciso II). (iii) Aplicará as penas de acordo com essas conclusões (inciso III): o legislador cuidou de abolir a referência às penas acessórias, as quais já haviam sido rechaçadas pela parte geral do Código Penal. (iv) Fixará valor mínimo para reparação dos danos causados pela infração, considerando os prejuízos sofridos pelo ofendido (inciso IV): o inciso IV deve ser conjugado com a redação do art. 63, parágrafo único, o qual dispõe que, "Transitada em julgado a sentença condenatória, a execução poderá ser efetuada pelo valor fixado nos termos do inciso IV do *caput* do art. 387 deste Código sem prejuízo da liquidação para a apuração do dano efetivamente sofrido". Sobre o tema, *vide* comentários no capítulo 13 (Ação civil *ex delicto*). (v) O juiz decidirá, fundamentadamente, sobre a manutenção ou, se for o caso, imposição de prisão preventiva ou de outra medida cautelar, sem prejuízo do conhecimento da apelação que vier a ser interposta (parágrafo único): sobre o tema, *vide* comentários no item abaixo.

20.6.1. Efeitos da sentença condenatória

São efeitos da sentença condenatória:

(i) certeza da obrigação de reparar o dano resultante da infração: nesse ponto a sentença é meramente declaratória, uma vez que a obrigação de reparar o dano surge com o crime, e não com a sentença (CPP, art. 63);

(ii) perda de instrumentos ou do produto do crime: conforme art. 91, II, do CP;

(iii) outros efeitos previstos no art. 92 do CP (*vide* incisos: a perda do cargo, função pública...);

(iv) prisão do réu: no tocante à prisão decorrente de sentença condenatória recorrível, na sistemática do Código de Processo Penal, "o juiz decidirá, fundamentadamente, sobre a manutenção ou, se for o caso, imposição de prisão preventiva ou de outra medida cautelar, sem prejuízo do conhecimento da apelação que vier a ser interposta" (CPP, art. 387, § 1º). Assim, o réu somente será preso se estiverem presentes os requisitos da prisão preventiva e a sua segregação cautelar deixou de ser condição para o conhecimento do recurso. Finalmente, o art. 413, § 3º, dispõe que o juiz decida motivadamente no caso de manutenção, revogação ou substituição da prisão ou medida restritiva de liberdade anteriormente decretada e, tratando-se de acusado solto, sobre a necessidade da decretação da prisão.

Assim, antes da condenação definitiva, o sujeito só pode ser preso em três situações: flagrante delito, prisão preventiva e prisão temporária (CPP, art. 283). Em momento anterior à sentença final, só haverá prisão se demonstradas a sua necessidade e urgência. Mesmo assim, se couberem outras medidas coercitivas menos drásticas, como, por exemplo, obrigação de comparecer ao fórum mensalmente, proibição de se ausentar da comarca, submeter-se ao monitoramento eletrônico etc., não se imporá a prisão preventiva (CPP, art. 319);

20.6.2. Publicação

Para que produza efeitos com relação às partes e terceiros é necessário que a sentença seja *publicada* (art. 389, 1ª parte). A *publicação da sentença* dá-se no momento em que ela é recebida no cartório pelo escrivão. É a data de entrega em cartório, e não da assinatura da sentença. Em outros casos, quando esta é proferida em audiência, ter-se-á por publicada no instante da sua leitura pelo juiz.

→ **ATENÇÃO:** a *publicação* da sentença é obrigatória mesmo nos processos em que determinados atos são sigilosos.

20.6.3. Inalterabilidade ou retificação da sentença

Com a *publicação*, o juiz não pode mais alterar a sentença por ele prolatada. Torna-se *irretratável* (cabível somente nas hipóteses de embargos declaratórios).

→ **ATENÇÃO:** quanto aos *erros materiais* a legislação é omissa, sendo aceito que a qualquer tempo se proceda à correção dos pequenos erros materiais a requerimento das partes, permitindo-se a correção inclusive *ex officio* pelo juiz.

20.6.4. Intimação da sentença (arts. 390 a 392 do CPP)

A intimação da sentença deverá ser feita ao réu pessoalmente, esteja solto ou preso, por adoção do princípio da ampla defesa, bem como a seu defensor, fluindo o prazo recursal a partir da última intimação efetuada. O defensor público deve sempre ser intimado pessoalmente da sentença, por exigência do art. 5º, § 5º, da Lei n. 1.060/50, e imposição do princípio da ampla defesa. O defensor constituído também deve ser intimado pessoalmente da sentença, não sendo possível invocar-se a norma genérica do art. 370, §§ 1º e 2º, do Código de Processo Penal, que prevê a intimação por meio de simples publicação dos atos processuais no órgão oficial, ante a incidência de norma específica do art. 392 do Estatuto Processual Penal. O defensor dativo também deve ser intimado pessoalmente da defesa, com igual ou até maior razão. O réu revel deve ser intimado por edital da sentença. O Ministério Público será sempre intimado pessoalmente da sentença (CPP, art. 390), sendo firme a jurisprudência no sentido de que a intimação se efetiva com o recebimento dos autos no setor administrativo da instituição, pouco importando a data que os autos efetivamente chegam ao representante do Ministério Público.

20.6.5. Detração penal na sentença penal condenatória

De acordo com o art. 387, §§ 1º e 2º, do CPP: "§ 1º O juiz decidirá, fundamentadamente, sobre a manutenção ou, se for o caso, a imposição de prisão preventiva ou de outra medida cautelar, sem prejuízo do conhecimento de apelação que vier a ser interposta. § 2º O tempo de prisão provisória, de prisão administrativa ou de internação, no Brasil ou no estrangeiro, será computado para fins de determinação do regime inicial de pena privativa de liberdade".

Dessa redação podemos concluir que o tempo de prisão provisória será computado para fins de determinação do regime inicial de pena privativa de liberdade.

O acusado poderá, por força da detração, iniciar o cumprimento de sua pena em regime menos rigoroso.

Exemplificando: réu primário condenado a 8 anos e 6 meses de reclusão; ficou 1 ano preso preventivamente durante o processo, antes de sua condenação; o juiz, após fixar a pena do réu (8 anos e 6 meses), leva em consideração o tempo de prisão processual (1 ano) e o abate da pena, resultando na pena definitiva de 7 anos e 6 meses de reclusão. Por força do art. 33, § 2º, b, do CP, réu primário com pena inferior a 8 anos pode iniciar o cumprimento de sua pena em regime semiaberto.

20.7. Crise da instância

Crise da instância, crise processual ou crise do procedimento consiste no estancamento da marcha processual, em face de alguma ocorrência que o impede de prosseguir até a sentença final. Ex.: surgimento de questão prejudicial que implique a suspensão da demanda (CPP, arts. 92 e 93).

Questões

1. Diferencie sentença de despacho ordinatório.
2. No que consiste o princípio da correlação?
3. Permite-se a retificação da sentença após a sua publicação? Em que hipóteses?

21. DOS PROCESSOS EM ESPÉCIE

21.1. Processo e procedimento

21.1.1. Definição de processo

Processo é uma série ou sequência de atos conjugados que se realizam e se desenvolvem no tempo, destinando-se à aplicação da lei penal no caso concreto. O processo nada mais é do que o meio pelo qual a atividade jurisdicional se viabiliza, ao passo que o procedimento constitui o instrumento viabilizador do processo.

21.1.2. Sistemas processuais

(i) Inquisitivo: quando um só órgão — o juiz — desempenha as funções de acusador, defensor e julgador.

(ii) Acusatório: no qual as funções são separadas: um órgão acusa, outro defende e outro julga. Em tal sistema, o acusador e o defensor são partes e estão situados no mesmo plano de igualdade, mantendo-se o juiz equidistante das partes.

(iii) Misto: compõe-se de duas fases: uma *inquisitiva* e outra *acusatória*.

Importante destacar que os sistemas processuais em comento também se caracterizam de acordo com a divisão da gestão da prova, isto é, além da divisão de tarefas de acusar, defender e julgar, para a caracterização de um sistema efetivamente acusatório, seria necessário atribuir a iniciativa probatória tão somente às partes.

→ **ATENÇÃO:** o Código de Processo Penal adotou o sistema acusatório.

21.1.3. Características do sistema acusatório

Os seguintes princípios caracterizam o referido sistema: do contraditório (CF, art. 5º, LV), da oralidade, da verdade real, do estado de inocência (CF, art. 5º, LVII), da oficialidade, da indisponibilidade do processo, da publicidade (CPP, art. 792; tal princípio não é absoluto, sofrendo restrições como as do § 1º do referido art. 792), do juiz natural e da iniciativa das partes.

21.1.4. Pressupostos de existência da relação processual

(i) Um órgão jurisdicional legitimamente constituído e que possua jurisdição penal *in genere* (pode ser incompetente no caso em concreto).

(ii) Uma causa penal ou uma relação concreta jurídico-penal como objeto do processo.

(iii) A presença de um órgão regular de acusação e do defensor, independente ou não da presença do acusado.

21.1.5. Pressupostos de validade da relação processual

São as circunstâncias indispensáveis para que o processo se desenvolva legitimamente, de forma regular. Sem elas, a sentença é nula. Logo, por exclusão, os pressupostos estarão presentes quando não tiver ocorrido nulidade.

21.1.6. Distinção entre processo e procedimento

Procedimento é a sequência ordenada de atos judiciais até o momento da prolação da sentença. Processo é mais do que isso. Além de procedimento, constitui-se de relação jurídica processual entre autor, juiz e réu, mais os princípios constitucionais do devido processo legal. Na feliz lembrança de Frederico Marques, "(...) o processo é a soma e conjunto dos atos processuais interligados pelos vínculos da relação jurídico-processual, o procedimento consiste na ordem, forma e sucessão desses atos", conforme expõe

Carnellutti[163]. Ou, como mais sucintamente lecionou João Mendes: "processo é o *movimento* em sua forma *intrínseca*, e procedimento o é em sua forma *extrínseca*"[164].

21.1.7. Das disposições legais sobre os procedimentos penais

21.1.7.1. Noções introdutórias

O art. 394 do CPP reza que o procedimento será comum ou especial. O procedimento comum divide-se em: **(i) ordinário:** crime cuja sanção máxima cominada for igual ou superior a quatro anos de pena privativa de liberdade, salvo se não se submeter a procedimento especial; **(ii) sumário:** crime cuja sanção máxima cominada seja inferior a quatro anos de pena privativa de liberdade, salvo se não se submeter a procedimento especial; **(iii) sumaríssimo:** infrações penais de menor potencial ofensivo, na forma da Lei n. 9.099/95, ainda que haja previsão de procedimento especial. Enquadram-se nesse conceito as contravenções penais e os crimes cuja pena máxima não exceda a dois anos (de acordo com o conceito de infração de menor potencial ofensivo trazido pela Lei n. 10.259/2001 e pelo art. 61 da Lei n. 9.099/95). Dessa forma, a distinção entre os procedimentos ordinário e sumário dar-se-á em função da pena máxima cominada à infração penal e não mais em virtude de esta ser apenada com reclusão ou detenção. O procedimento especial, por sua vez, abarcará todos os procedimentos com regramento específico, tal como o do tribunal do júri (arts. 406 a 497 do CPP) e outros previstos na legislação extravagante, por exemplo, Leis n. 11.343/2006 e 8.038/90, Código Eleitoral e leis eleitorais, Código de Processo Penal Militar etc.

Em todos os procedimentos indicados, conforme será detalhado adiante, o CPP busca aprimorar a colheita de prova e dar efetiva concreção ao princípio da celeridade processual, consagrado em nosso Texto Magno e em Convenções Internacionais, concedendo-se especial importância ao princípio da oralidade, do qual decorrem vários desdobramentos: (i) concentração dos atos processuais em audiência única (*v.* CPP, art. 400); (ii) imediatidade; (iii) identidade física do juiz.

Com efeito, de acordo com o art. 8º do Pacto de São José da Costa Rica (Convenção Americana sobre Direitos Humanos, aprovada no Brasil e promulgada pelo Decreto n. 678/92), são garantias judiciais: "1. Toda pessoa tem direito a ser ouvida, com as devidas garantias e *dentro de um prazo razoável*, por um juiz ou tribunal competente, independente e imparcial, estabelecido anteriormente por lei, *na apuração de qualquer acusação penal* formulada contra ela, ou para que se determinem seus direitos ou obrigações de natureza civil, trabalhista, fiscal ou de qualquer outra natureza". O princípio da celeridade processual, com base no Pacto de São José da Costa Rica, é previsto expressamente como garantia constitucional, no art. 5º, LXXVIII, o qual prevê que "a todos, no âmbito judicial e administrativo, são assegurados a razoável duração do processo e os meios que garantam a celeridade de sua tramitação".

---

163. *Tratado de direito processual penal*, Saraiva, 1980, p. 195.
164. Apud Magalhães Noronha, *Curso de direito processual penal*, cit., p. 231.

21.1.7.2. Crime hediondo e violência contra a mulher

Nos termos do art. 394-A do CPP, os processos que apurem a prática de crime hediondo ou violência contra a mulher terão prioridade de tramitação em todas as instâncias. Ainda, os processos que apurem violência contra a mulher independerão do pagamento de custas, taxas ou despesas processuais, salvo em caso de má-fé. Insta destacar que a referida isenção se aplica apenas à vítima e, em caso de morte, ao cônjuge, ascendente, descendente ou irmão, quando a estes couber o direito de representação ou de oferecer queixa ou prosseguir com a ação.

21.1.7.3. Procedimento comum. Âmbito de incidência

Como já analisado, o âmbito de aplicação do procedimento comum é o seguinte:

(i) Ordinário: pena máxima igual ou superior a quatro anos de pena privativa de liberdade, por exemplo, os crimes de roubo, furto, extorsão, estupro.

(ii) Sumário: sanção máxima cominada seja inferior a quatro anos de pena privativa de liberdade, por exemplo, mediação para servir a lascívia de outrem.

Em se tratando de infrações de médio potencial ofensivo, interessante notar que, ao contrário dos arts. 44, I, e 33, § 2º, c, do CP, os quais tratam, respectivamente, da substituição da pena privativa de liberdade por restritivas de direitos e regime de cumprimento de pena, dos crimes cuja pena seja *igual ou inferior* a quatro anos, o Código de Processo Penal, para efeitos de incidência do procedimento sumário, considerou apenas as infrações cuja pena seja *inferior* a quatro anos. Se *igual* a quatro anos, o procedimento será o ordinário, por exemplo, o crime de rufianismo.

(iii) Sumaríssimo: para as infrações penais de menor potencial ofensivo, na forma da Lei n. 9.099/95, por exemplo, crime de assédio sexual, cuja pena máxima cominada (dois anos) se enquadra nesse conceito.

— **Influência das qualificadoras:** interferem no procedimento, pois alteram os limites mínimo e/ou máximo das penas, por exemplo, o crime de dano na forma simples (CP, art. 163, *caput*: Pena: detenção, de um a seis meses, ou multa) sujeita-se ao procedimento sumaríssimo da Lei n. 9.099/95; porém, se qualificado (CP, art. 163, parágrafo único: Pena: detenção de seis meses a três anos, e multa, além da pena correspondente à violência), submeter-se-á ao procedimento sumário.

— **Influência das causas de aumento e de diminuição:** não interessa se estão previstas na Parte Geral ou na Parte Especial. Essas causas, levadas em consideração na última fase da fixação da pena, interferem no procedimento a ser seguido, pois modificam os limites mínimo e/ou máximo das penas. Exemplos de causa de diminuição: tentativa (CP, art. 14, parágrafo único); arrependimento posterior (CP, art. 16); erro de proibição evitável (CP, art. 21, *caput*, 2ª parte) etc. Exemplos de causa de aumento: concurso formal (CP, art. 70); crime continuado (CP, art. 71) etc.

— **Agravantes e atenuantes:** não interferem no procedimento, pois não alteram os limites das penas. Nesse sentido, é o teor da Súmula 231 do STJ: "A incidência da circunstância atenuante não pode conduzir a redução da pena abaixo do mínimo legal".

— **Conexão entre infrações com procedimentos distintos:** caso ocorra a conexão entre infrações penais, uma que siga o procedimento comum e outra o rito especial (p. ex.: Lei de Drogas), indaga-se qual deveria prevalecer. Não havendo crime de competência do Júri, prevalecerá a do julgamento da infração mais grave, consoante o disposto no art. 78 do CP. No entanto, há uma corrente doutrinária, sustentando, com arrimo no princípio constitucional da ampla defesa (art. 5º, LV), que deve prevalecer a competência do juízo a quem couber a infração penal com o procedimento mais amplo, seja ou não a mais grave[165]. Embora a lei não seja expressa nesse sentido, parece esta última posição estar mais de acordo com os princípios constitucionais do processo.

— **Lei n. 9.099/95 e o procedimento sumário:** não será aplicado o procedimento sumaríssimo da Lei dos Juizados Especiais Criminais em duas situações: (i) Não localização do autor do fato para citação pessoal (art. 66, parágrafo único). Nessa hipótese, será necessária a citação por edital, o que é incompatível com a celeridade do procedimento sumaríssimo. Também deverá ser considerado incompatível com o rito da Lei n. 9.099/95 a realização de citação por hora certa (CPP, art. 363) (ii) Complexidade da causa ou circunstância diversa que não permita o imediato oferecimento da denúncia (art. 77, § 2º). Em tais casos, o juiz deverá encaminhar os autos ao juiz comum, devendo ser adotado o procedimento previsto nos arts. 531 e s. do CPP (sumário) (CPP, art. 538).

— **Incidência geral do procedimento comum:** como regra geral, vale mencionar que se aplica a todos os processos o procedimento comum, salvo disposições em contrário do Código ou de lei especial (CPP, art. 394, § 2º). Na realidade, o dispositivo legal apenas procurou deixar claro que o procedimento comum (ordinário, sumário ou sumaríssimo) não terá incidência quando previsto rito especial para o crime. Assim, pouco importa a sanção aplicável ao delito, pois, se houver a previsão de procedimento específico, este deverá incidir, por exemplo, em crimes de competência do Tribunal do Júri ou crimes de competência dos tribunais. Não havendo a previsão legal de rito específico, a regra é a incidência do procedimento comum, devendo ser levada em conta a pena prevista em abstrato para a infração.

— **Aplicação subsidiária do procedimento ordinário:** subsidiariamente, as disposições referentes ao procedimento ordinário deverão incidir sobre os procedimentos especial, sumário e sumaríssimo (CPP, art. 394, § 5º). Dessa forma, eventuais omissões, lacunas existentes nos demais procedimentos, poderão requerer a incidência das disposições do procedimento ordinário. O Código, ainda, menciona a aplicação dos arts. 395 a 398 (a menção ao art. 398 é incorreta, pois este foi revogado) a todos os procedimentos penais de primeiro grau, ainda que por ele não regulados (CPP, art. 394, § 4º). Referidos dispositivos legais referem-se à rejeição da denúncia, à defesa inicial e às hipóteses de absolvição sumária. Contudo, como se verá mais adiante, os procedimentos específicos, por exemplo, dos crimes previstos na Lei n. 11.343/2006 e dos crimes praticados por funcionários públicos (CPP, arts. 513 a 518) contemplam a defesa preliminar, cuja função

---
165. Vicente Greco Filho, *Tóxicos*, 5. ed., Saraiva, p. 164.

é impedir o próprio recebimento da denúncia ou queixa, ao contrário da defesa prevista no art. 396, a qual é posterior a este ato e visa à absolvição sumária, fato este que suscitará inúmeros questionamentos quanto à incidência do art. 394, § 4º. De qualquer modo, mencione-se que tais dispositivos legais (arts. 395 a 397) somente incidirão nos procedimentos penais de primeiro grau, excluindo-se, portanto, por exemplo, os procedimentos dos crimes de competência originária dos tribunais.

21.2. Procedimento ordinário

Os processos da competência do juiz singular são *monofásicos*, porque constituídos de uma única fase formada pela *instrução contraditória* e pelo julgamento.

Instruere é um verbo latino que significa preparar, construir, erigir. Com referência à expressão "contraditório", significa que acusador e acusado devem ser ouvidos: *audiatur et altera pars*. Contudo, de se notar que o contraditório, como é sabido, não impede as iniciativas processuais do juiz.

Nesse sentido, *instrução criminal* é o conjunto de atos praticados (atos probatórios e periciais) com o fim de ofertar elementos ao juiz para julgar.

21.2.1. Início da instrução

Primando pelo princípio do contraditório, a instrução processual se inicia com o oferecimento da resposta à acusação (CPP, arts. 396 e 396-A).

21.2.1.1. Resposta à acusação e absolvição sumária

— **Resposta à acusação:** Nos procedimentos ordinário e sumário, oferecida a denúncia ou queixa, o juiz: (i) analisará se não é caso de rejeição liminar (deverá avaliar todos os requisitos do art. 395: condição da ação, possibilidade jurídica do pedido etc.); (ii) se não for caso de rejeição liminar, recebê-la-á e ordenará a citação do acusado para responder à acusação, por escrito, no prazo de dez dias (v. CPP, art. 406).

— **Conteúdo da resposta à acusação:** Nesse ato poderá o defensor: (i) Arguir preliminares e alegar tudo o que interesse à sua defesa, por exemplo, matérias que levem à absolvição sumária, as quais se encontram descritas no art. 397 do CPP (causas excludentes da ilicitude, atipicidade do fato etc.). Sob pena de preclusão, *deverá* ser arguida na defesa inicial a nulidade por incompetência relativa do juízo, pois a absoluta pode ser arguida em qualquer tempo e grau de jurisdição. Além da exceção de incompetência do juízo, este será o momento para arguir a litispendência, coisa julgada, ilegitimidade de parte, suspeição do juízo, consoante o disposto nos arts. 108 e 109 do CPP. Nessa sistemática, por intermédio da defesa inicial, ainda que ocorra o recebimento da denúncia ou queixa, poderá ser feita uma nova análise das matérias preliminares ou de tudo que interesse à defesa do acusado, autorizando-se a sua absolvição sumária, colocando-se, por conseguinte, imediato fim ao processo. (ii) Oferecer documentos e justificações. (iii) Especificar as provas pretendidas. (iv) Arrolar testemunhas, qualificando-as e requerendo sua intimação, quando necessário. A exceção será processada em apartado, nos termos dos arts. 95 a 112 do Código. Dessa forma, a resposta é uma peça processual consistente, com abordagem de questões preliminares, arguição de exceções dilatórias ou peremptórias, matéria de mérito e amplo requerimento de provas, devendo também ser arroladas testemunhas, podendo levar à absolvição sumária do agente.

— Obrigatoriedade da resposta à acusação: Não apresentada a resposta no prazo legal, ou se o acusado, citado, não constituir defensor, o juiz nomeará defensor para oferecê-la, concedendo-lhe vista dos autos por dez dias. A não nomeação de defensor pelo juiz para oferecimento da defesa gerará nulidade absoluta. Atualmente a resposta é condição obrigatória da ação, de forma que, passado o prazo de dez dias para o seu oferecimento, o juiz obrigatoriamente nomeará um defensor para realizar o ato.

— Oitiva do Ministério Público: A lei não contempla a oitiva do MP após o oferecimento da defesa inicial. Entretanto, é bom ressalvar que esse ato processual poderá, ao contrário da defesa prévia, levar à absolvição sumária do agente. Justamente, por essa razão, no procedimento do júri, há a previsão legal da oitiva do MP após o oferecimento da defesa, nos termos do art. 409, o qual prevê que, "apresentada a defesa, o juiz ouvirá o Ministério Público ou o querelante sobre preliminares e documentos, em 5 (cinco) dias". A ausência de previsão legal fatalmente gerará discussões, podendo surgir posicionamento no sentido de que o art. 409 do CPP deve ser aplicado analogicamente ao procedimento ordinário, tendo em vista que a ausência de oitiva do Ministério Público violaria o princípio da paridade de armas. Assim, havendo a juntada de documentos novos ou alegação de fatos novos, impor-se-ia a abertura de vista ao *Parquet*. No entanto, cumpre mencionar que, se o juiz abre vista para a acusação se manifestar sobre documento juntado pela defesa, não poderá sentenciar logo em seguida, pois a prerrogativa de falar por último constitui, para a defesa, manifestação natural da amplitude garantida pela Constituição, razão pela qual o seu desatendimento importa em nulidade absoluta do feito.

— Momento do recebimento da denúncia ou queixa: O art. 396 do CPP prevê que "nos procedimentos ordinário e sumário, oferecida a denúncia ou queixa, o juiz, se não a rejeitar liminarmente, recebê-la-á e ordenará a citação do acusado para responder à acusação, por escrito, no prazo de 10 (dez) dias". Sucede que, após o oferecimento da resposta à acusação, não sendo caso de absolvição sumária, dispôs o art. 399 que, "recebida a denúncia ou queixa, o juiz designará dia e hora para a audiência, ordenando a intimação do acusado, de seu defensor, do Ministério Público e, se for o caso, do querelante e do assistente". Portanto, mencionado dispositivo legal nos dá a entender que o recebimento da denúncia ou queixa ocorreria após o oferecimento da resposta à acusação e não antes, como se infere da leitura do art. 396 do CPP. Disso decorre a seguinte questão: Qual o momento do recebimento da denúncia ou queixa? Após ou antes da apresentação da defesa inicial? De acordo com o art. 363 do CPP, "o processo terá completada a sua formação quando realizada a citação do acusado". Desse modo, com a citação para responder à acusação por escrito, triangulariza-se a relação processual. Ora, não é possível cogitar a formação completa do processo com a citação sem que haja anterior recebimento da denúncia ou queixa, nem mesmo seria possível absolver sumariamente o acusado se não houvesse esse juízo anterior de admissibilidade da peça inaugural do processo.

Interessante notar que na Lei de Drogas há a previsão de uma defesa preliminar que antecede o recebimento da denúncia ou queixa, de forma semelhante ao que ocorre nos procedimentos cujos acusados sejam funcionários públicos. Assim, prevê esse diploma legal a notificação do denunciado para oferecimento da resposta preliminar; no entanto, havendo o recebimento da denúncia ou queixa, o juiz ordenará a citação pessoal do acusado. Percebe-se aqui que, quando a lei quis tratar do oferecimento da defesa antes do juízo de admissibilidade de denúncia ou queixa, previu a notificação do acusado e não sua citação pessoal. Somente após o recebimento da inicial acusatória é que a Lei se refere à citação pessoal.

Conclui-se, desse modo, que o recebimento da denúncia ou queixa ocorre antes da citação pessoal do acusado. Nesse contexto, se não for caso de rejeição liminar, o juiz recebê-la-á e ordenará a citação do acusado para responder à acusação, por escrito, no prazo de dez dias.

— **Citação:** No caso de citação por edital, o prazo para a defesa começará a fluir a partir do comparecimento pessoal do acusado ou do defensor constituído (CPP, art. 363, § 4º). Na hipótese em que o réu se oculta para não ser citado, o oficial de justiça certificará a ocorrência e procederá à citação com hora certa, na forma estabelecida nos arts. 251 a 254, do CPC, não havendo mais que falar em citação por edital, com os efeitos do art. 366 (cf. CPP, art. 362). Completada a citação com hora certa, se o acusado não comparecer, ser-lhe-á nomeado defensor dativo, devendo o processo tramitar sem a sua presença (CPP, art. 362, parágrafo único).

— **Defesa preliminar (procedimento da Lei de Drogas e dos crimes praticados por funcionário público):** O Código menciona a aplicação dos arts. 395 a 398 (a referência ao art. 398 é incorreta, pois este foi revogado) a todos os procedimentos penais de primeiro grau, ainda que por ele não regulados (CPP, art. 394, § 4º). Referidos dispositivos legais referem-se à rejeição da denúncia, à defesa inicial e às hipóteses de absolvição sumária. Contudo, é preciso mencionar que os procedimentos específicos dos crimes previstos na Lei n. 11.343/2006 e dos crimes praticados por funcionários públicos (CPP, arts. 513 a 518) contemplam a defesa preliminar, cuja função é impedir o próprio recebimento da denúncia ou queixa, ao contrário da defesa prevista no art. 396, a qual é posterior a este ato e visa à absolvição sumária do agente.

Importante destacar que o STJ, no que concerne aos crimes praticados por funcionários públicos, possui entendimento sumulado no sentido de ser desnecessária a resposta preliminar quando a denúncia vier acompanhada de inquérito policial (Súmula 330).

— **Resposta à acusação e suspensão condicional do processo:** Na hipótese em que o magistrado recebe a denúncia ou queixa, na qual foi formulada proposta de suspensão condicional do processo pelo Ministério Público (art. 89 da Lei n. 9.099/95), questiona-se se ele, de acordo com a redação do art. 396 do CPP, deverá determinar a citação do acusado para o oferecimento da defesa inicial ou então designar audiência para que o acusado aceite ou não o benefício da suspensão condicional do processo.

> **Nosso entendimento:** primeiro deverá ser realizada a audiência para a aceitação ou não do benefício do *sursis* processual e, caso este não seja aceito, será oferecida a defesa escrita para a discussão do mérito da ação.

Isso porque a suspensão condicional do processo antecede qualquer análise do mérito, constituindo verdadeira transação processual, de forma a suspender a ação penal.

— **Resposta à acusação e hipóteses de absolvição própria:** O juiz estará autorizado a julgar antecipadamente a lide penal quando: (i) Estiver comprovada a existência *manifesta* de causa excludente da ilicitude do fato: no caso, a dúvida acerca da existência da excludente milita em favor da sociedade (*in dubio pro societate*). (ii) Estiver comprovada a existência *manifesta* de causa excludente da culpabilidade do agente, *salvo inimputabilidade*. Na hipótese em que a inimputabilidade se encontra comprovada por exame de insanidade mental, o CPP não autoriza a absolvição imprópria do agente, pois esta implicará a imposição de medida de segurança, o que poderá ser prejudicial ao réu, já que lhe será possível comprovar por outras teses defensivas a sua inocência, sem a imposição de qualquer medida restritiva. Importante notar que, no procedimento do júri, o art. 415 prevê que não haverá a absolvição pela inimputabilidade do agente (CP, art. 26), salvo quando esta for a única tese defensiva. (iii) O fato narrado evidentemente não constituir crime. (iv) Estiver extinta a punibilidade do agente. Note-se que o art. 61 do CPP prevê que "Em qualquer fase do processo, o juiz, se reconhecer extinta a punibilidade, deverá declará-lo de ofício". E, segundo a Súmula 18 do STJ: "A sentença concessiva de perdão judicial é declaratória da extinção da punibilidade, não subsistindo qualquer efeito condenatório". Desse modo, consoante o entendimento majoritário, a sentença que declara a extinção da punibilidade não é absolutória, pois não realiza qualquer análise quanto à inocência ou culpabilidade do agente, à procedência ou improcedência do pedido.

— **Recurso da absolvição sumária:** Da decisão que absolve sumariamente o agente cabe o recurso de apelação, com exceção da hipótese prevista no inciso IV (decisão que decreta a extinção da punibilidade), da qual cabe o recurso em sentido estrito (CPP, art. 581, VIII).

21.2.2. Audiência de instrução e julgamento

Princípio da oralidade: a redação do CPP busca maior celeridade e o aprimoramento na colheita da prova, primando pelo princípio da oralidade, do qual decorrem vários desdobramentos: (i) concentração dos atos processuais em audiência única; (ii) imediatidade; (iii) identidade física do juiz.

A Lei procurou concentrar toda a instrução em uma única audiência, permitindo-se a cisão apenas em hipóteses excepcionais. Vejamos:

(i) remessa do inquérito policial;

(ii) distribuição e vista ao promotor;

(iii) oferecimento da denúncia ou queixa;

(iv) o juiz analisará se não é caso de rejeição liminar (deverá avaliar todos os requisitos do art. 395: condição da ação, possibilidade jurídica do pedido etc.);

(v) se não for caso de rejeição liminar, recebê-la-á e ordenará a citação do acusado para responder à acusação, por escrito, no prazo de dez dias;

(vi) com a resposta do acusado, analisará o juiz a possibilidade de absolvição sumária. Como já afirmado, trata-se de resposta obrigatória; passado o prazo de dez dias para o seu oferecimento, o juiz obrigatoriamente nomeará um defensor para realizar o ato;

(vii) não sendo hipótese de absolvição sumária, o juiz designará dia e hora para a audiência de instrução e julgamento, a ser realizada no prazo máximo de sessenta dias, ordenando a intimação do acusado, de seu defensor, do Ministério Público e, se for o caso, do querelante e do assistente. A audiência será única, por força do princípio da concentração dos atos processuais;

(viii) na audiência de instrução e julgamento, a ser realizada no prazo máximo de sessenta dias:

(a) Tomada de declarações do ofendido, com o cuidado de que as perguntas sejam referentes a circunstâncias ou elementos alheios aos fatos objeto de apuração nos autos e de que não se utilize linguagem, informações ou material que ofendam a dignidade do ofendido, nos termos dos arts. 400-A e 474-A do CPP.

(b) Inquirição das testemunhas arroladas pela acusação (8). Nesse número não se compreendem as que não prestem compromisso e as referidas (art. 401, § 1º). A parte poderá desistir da inquirição de qualquer das testemunhas arroladas, ressalvado o disposto no art. 209 do Código (art. 401, § 2º). Cumpre consignar que caberá primeiro à parte que arrolou a testemunha e não ao juiz realizar as perguntas. Tal como sempre sucedeu no interrogatório realizado no Plenário do Júri, as partes formularão as perguntas diretamente à testemunha, não admitindo o juiz aquelas que puderem induzir a resposta, não tiverem relação com a causa ou importarem na repetição de outra já respondida (CPP, art. 212, *caput*). Trata-se do sistema de inquirição direta, chamado de *cross-examination*, de inspiração norte-americana. Caberá, ainda, ao magistrado, complementar a inquirição sobre pontos não esclarecidos (CPP, art. 212, parágrafo único).

Importante destacar que no julgamento do HC 175.048 AgR, pela 1ª Turma do STF, Rel. Marco Aurélio, em 28-4-2020, decidiu-se que o desrespeito ao art. 212 do CPP, com o julgador realizando perguntas às testemunhas e depois abrindo oportunidade às partes, desrespeita o modelo de *cross-examination* sendo causa de nulidade relativa.

Ademais, também quanto às testemunhas de acusação e de defesa deve ser observada a regra dos arts. 400-A e 474-A do CPP, sendo vedadas perguntas alheias aos fatos apurados no processo e impedida a utilização de linguagem, informações ou material que ofendam a dignidade das testemunhas.

(c) Inquirição das testemunhas arroladas pela defesa (8), ressalvado o disposto no art. 222 do CPP. Aplicam-se os comentários constantes do item (ii).

(d) Esclarecimentos dos peritos.

(e) Acareações.

(f) Reconhecimento de pessoas e coisas.

(g) Interrogatório, em seguida, do acusado.

(h) Requerimento de diligências. Cisão da audiência com a consequente apresentação de alegações finais, por memorial: o requerimento de diligência deve ser realizado na própria audiência de instrução, após a produção das provas. Dessa forma, ao final da audiência, o Ministério Público, o querelante e o assistente e, a seguir, o acusado poderão requerer diligências cuja necessidade se origine de circunstâncias ou fatos apurados na instrução. Ordenada diligência considerada imprescindível, de ofício ou a requerimento da parte, a audiência será concluída sem as alegações finais. Realizada, em seguida, a diligência determinada, as partes apresentarão, no prazo sucessivo de cinco dias, suas alegações finais, por memorial, e, no prazo de dez dias, o juiz proferirá a sentença. Trata-se, portanto, de hipótese em que será autorizada a cisão da audiência única.

(i) Ausência de requerimento de diligência. Alegações orais e sentença: Não havendo requerimento de diligências, ou sendo indeferido, serão oferecidas alegações finais orais por vinte minutos, respectivamente, pela acusação e pela defesa, prorrogáveis por mais dez, proferindo o juiz, a seguir, sentença. Havendo mais de um acusado, o tempo previsto para a defesa de cada um será individual. Ao assistente do Ministério Público, após a manifestação deste, serão concedidos dez minutos, prorrogando-se por igual período o tempo de manifestação da defesa.

(j) Complexidade da causa. Cisão da audiência com a consequente apresentação de alegações finais, por memorial: O juiz poderá, considerada a complexidade do caso ou o número de acusados, conceder às partes o prazo de cinco dias sucessivamente para a apresentação de memoriais. Nesse caso, terá o prazo de dez dias para proferir a sentença. Cuida-se, aqui, de mais uma hipótese em que se admitirá a cisão da audiência única. Quando do oferecimento das alegações finais, a parte deve arguir as nulidades eventualmente ocorridas no curso da instrução criminal (art. 571, II). Deve também produzir todas as suas alegações quanto ao mérito e às preliminares, sob pena de preclusão.

(k) Do ocorrido em audiência será lavrado termo em livro próprio, assinado pelo juiz e pelas partes, contendo breve resumo dos fatos relevantes nela ocorridos. Sempre que possível, o registro dos depoimentos do investigado, indiciado, ofendido e testemunhas será feito pelos meios ou recursos de gravação magnética, estenotipia, digital ou técnica similar, inclusive audiovisual, destinada a obter maior fidelidade das informações. No caso de registro por meio audiovisual, será encaminhada às partes cópia do registro original, sem necessidade de transcrição.

— ***Mutatio libelli* e cisão da audiência:** De acordo com o art. 384, *caput*, do CPP: "Encerrada a instrução probatória, se entender cabível nova definição jurídica do fato, em consequência de prova existente nos autos de elemento ou circunstância da infração penal não contida na acusação, o Ministério Público deverá aditar a denúncia ou queixa, no prazo de 5 (cinco) dias, se em virtude desta houver sido instaurado o processo em crime de ação pública, reduzindo-se a termo o aditamento, quando feito oralmente". Trata-se de mais uma hipótese em que ocorrerá a cisão da audiência única do art. 400 do CPP.

— **Ausência de memoriais e nulidade:** na hipótese de ser concedido prazo de cinco dias para MP e a defesa apresentarem memoriais, em substituição às alegações finais orais, sua ausência acarretará nulidade, uma vez que as alegações finais constituem peça essencial do processo, cuja falta acarreta nulidade absoluta, por violação à ampla defesa. O Ministério Público também não pode deixar de oferecer as alegações finais, vez que sua atuação seria pautada segundo o princípio da indisponibilidade da ação penal. Por outro lado, em se tratando de ação penal privada subsidiária, a falta de alegações finais por parte do querelante não induz perempção, ocorrendo nesse caso a retomada do processo pelo órgão do *parquet*. Já em caso de ação penal exclusivamente privada, o não oferecimento de alegações finais acarreta não só a perempção, mas também a extinção da punibilidade.

— **Provas. Indeferimento:** As provas serão produzidas numa só audiência, podendo o juiz indeferir as consideradas irrelevantes, impertinentes ou protelatórias.

— **Inversão na ordem da oitiva das testemunhas:** As testemunhas de acusação são ouvidas em primeiro lugar. A inversão dessa ordem acarreta tumulto processual, cabendo, no caso, *correição parcial*, embora não enseje nulidade se não restar demonstrado o prejuízo. Contudo, toda vez que a oitiva de testemunhas não se referir ao fato probando, ou ainda quando se tratar de audiência no juízo deprecado, tal inversão não implica nulidade. Dessa forma, no caso de testemunha deprecada, não é necessário aguardar o retorno da carga precatória para a realização da audiência (CPP, art. 222). Nessa hipótese, no entanto, não será possível ao juiz proferir sentença em audiência, constituindo mais um caso em que se autorizará a cisão da audiência única do art. 400 do CPP, a fim de se esperar o regresso da precatória.

Convém, finalmente, mencionar que a inversão na ordem da oitiva das testemunhas poderá ocorrer nos casos de produção antecipada de provas (CPP, art. 156, I).

— **Ausência da testemunha. Condução coercitiva:** De acordo com o art. 218, "Se regularmente intimada, a testemunha deixar de comparecer sem motivo justificado, o juiz poderá requisitar à autoridade policial a sua apresentação ou determinar seja conduzida por oficial de justiça, que poderá requisitar auxílio da força pública". Em face da audiência única, tal dispositivo legal gera inúmeros questionamentos, pois, muitas vezes, será inviável a condução coercitiva da testemunha, por morar em localidade distante, o que acabará provocando, constantemente, a sua cisão, em contrariedade ao princípio da celeridade e economia processual. No procedimento do júri há previsão expressa no sentido da possibilidade de cisão da audiência única. Vejamos o art. 461 do CPP: "O julgamento não será adiado se a testemunha deixar de comparecer, salvo se uma das partes tiver requerido a sua intimação por mandado, na oportunidade de que trata o art. 422 deste Código, declarando não prescindir do depoimento e indicando sua localização. § 1º Se intimada, a testemunha não comparecer, o juiz presidente suspenderá os trabalhos e mandará conduzi-la ou adiará o julgamento para o primeiro dia desimpedido, ordenando a sua condução. § 2º O julgamento será realizado mesmo na hipótese de a testemunha não ser encontrada no local indicado, se assim for certificado por oficial de justiça". É possível sustentar a aplicação analógica desse dispositivo legal ao procedimento ordinário, de forma que as partes, se quiserem a condução coercitiva da testemunha e a suspensão da audiência, deverão requerer a sua intimação por mandado por ocasião do oferecimento da denúncia ou queixa, ou quando da apresentação da defesa inicial.

— **Substituição de testemunha:** Os dispositivos do Código de Processo Penal não se referem à substituição de testemunhas, porém, como o deferimento pelo juiz constitui uma faculdade, nada impede que, mediante requerimento justificado da parte, o juiz defira a substituição.

— **Acusado preso e interrogatório:** O acusado preso será requisitado para comparecer ao interrogatório, devendo o poder público providenciar sua apresentação.

— **Princípio da identidade física do juiz:** O juiz que colheu a prova em audiência fica obrigado a julgar a causa. Esse princípio deve ser aplicado a todos os procedimentos.

→ **ATENÇÃO:** de acordo com o art. 19-A, *caput*, da Lei n. 9.807/99, terão prioridade na tramitação o inquérito e o processo criminal em que figure indiciado, acusado, vítima ou réu colaboradores, vítima ou testemunha protegidas pelos programas de que trata a referida Lei. O referido diploma legal determina, em seu parágrafo único, que "qualquer que seja o rito processual criminal, o juiz, após a citação, tomará antecipadamente o depoimento das pessoas incluídas nos programas de proteção previstos nesta Lei, devendo justificar a eventual impossibilidade de fazê-lo no caso concreto ou o possível prejuízo que a oitiva antecipada traria para a instrução criminal".

21.3. Procedimento sumário

21.3.1. Introdução

De acordo com o art. 394 e incisos do CPP, o procedimento, entendido como sequência e desenvolvimento dos atos processuais em direção à sentença final, divide-se em comum ou especial.

O procedimento comum subdivide-se em: ordinário, sumário ou sumaríssimo. Será ordinário quando se tratar de crime punido com pena máxima igual ou superior a 4 (quatro) anos de pena privativa de liberdade. Sumário, quando o crime for punido com pena inferior a 4 (quatro) anos, e sumaríssimo, para as infrações de menor potencial ofensivo, assim definidas pela Lei n. 9.099/1995.

O procedimento sumário é regulado no Capítulo V, do Título II, do Livro II, nos arts. 531 a 538 do CPP. Embora se trate de espécie de procedimento comum, foi inserido de forma incorreta no capítulo dos "processos especiais Previsto no art. 394, III, do CPP, distingue-se do procedimento ordinário em função da pena máxima cominada à infração penal, pouco importando se é de reclusão ou detenção.

21.3.1.1. Procedimento judicialiforme foi revogado

Não existe mais em nosso ordenamento jurídico. Até o advento da CF de 1988, a iniciativa da ação penal podia se dar *ex officio* pela autoridade policial ou judiciária, através de portaria, no caso das contravenções penais, e nos crimes de lesão corporal culposa e homicídio culposo. Com o art. 129, I, da CF, revogaram-se os anteriores dispositivos, prevendo-se que cabe ao Ministério Público promover privativamente a ação penal pública, na forma da lei, não cabendo, por isso mesmo, outro titular nessa espécie de processo.

21.3.1.2. Rito procedimental

No procedimento sumário, oferecida a denúncia, proceder-se-á de acordo com o rito previsto nos arts. 531 a 538. Os atos instrutórios concentram-se em uma única audiência, com o interrogatório como último ato. Excepcionalmente, será admitida a cisão, quando não for possível a realização de todos os atos em uma única audiência. Os atos procedimentais assim se seguem:

(i) remessa do inquérito policial;

(ii) distribuição e abertura de vista ao promotor;

(iii) o promotor tem três caminhos: oferece a denúncia; requer novas diligências; requer o arquivamento;

(iv) com o recebimento da denúncia, cita-se o réu;

(v) interrogatório do acusado;

(vi) defesa prévia: três dias;

(vii) audiência das testemunhas de acusação: até cinco testemunhas;

(viii) despacho saneador (em desuso). Nesse momento, determinava o magistrado, em caso de necessidade, que se procedessem às diligências necessárias ao esclarecimento da verdade — independentemente do requerimento das partes —, sanava eventuais irregularidades e marcava para um dos oito dias seguintes a audiência de instrução, debates e julgamento, cientificados o Ministério Público, o réu e seu defensor (art. 538, *caput*);

(ix) audiência de julgamento:

— **testemunhas de defesa**. Na audiência, eram inquiridas as testemunhas de defesa, e, se o juiz entendesse necessária a realização de qualquer diligência, marcava para um dos cinco dias seguintes a continuação do julgamento (se fosse impossível a solução da diligência na mesma audiência), determinando as providências necessárias ao caso (art. 538, § 4º). Inexistindo diligências ou no caso de já terem sido realizadas, passavam-se aos debates orais;

— **debates orais** (vinte minutos para cada parte, prorrogáveis a critério do juiz por mais dez). Admite-se a substituição da manifestação oral por *memoriais*, sem que isso implicasse eventual nulidade, até porque constituir uma forma de ampliar o direito de defesa;

— **findos os debates**, o juiz, em seguida, proferia a sentença (art. 538, § 3º, *in fine*). Se não se julgasse habilitado para proferir a decisão na audiência, ordenava que os autos lhe fossem imediatamente conclusos e, no prazo de cinco dias, sentenciava (art. 538, § 3º).

A Lei concentra toda a instrução em uma única audiência, permitindo-se a cisão apenas em hipóteses excepcionais. Vejamos:

(i) remessa do inquérito policial;

(ii) distribuição e vista ao promotor;

(iii) oferecimento da denúncia ou queixa;

(iv) o juiz analisará se não é caso de rejeição liminar (deverá avaliar todos os requisitos do art. 395: condição da ação, possibilidade jurídica do pedido etc.);

(v) se não for caso de rejeição liminar, recebê-la-á e ordenará a citação do acusado para responder à acusação, por escrito, no prazo de dez dias (CPP, art. 396);

(vi) com a resposta do acusado, analisará o juiz a possibilidade de absolvição sumária (CPP, art. 397). Como já afirmado, trata-se de resposta obrigatória; passado o prazo de dez dias para o seu oferecimento, o juiz obrigatoriamente nomeará um defensor para realizar o ato;

(vii) não sendo hipótese de absolvição sumária, o juiz designará dia e hora para a audiência de instrução e julgamento, ordenamento a intimação do acusado, de seu defensor, do Ministério Público e, se for o caso, do querelante e do assistente (CPP, art. 399). A audiência será única, por força do princípio da concentração dos atos processuais;

(viii) audiência de instrução e julgamento, a ser realizada no prazo máximo de trinta dias (CPP, art. 531):

— tomada de declarações do ofendido;

— inquirição das testemunhas arroladas pela acusação (5) (CPP, art. 532). Importante consignar que, como já analisado, anteriormente, caberá primeiro à parte que arrolou a testemunha e não ao juiz realizar as perguntas. Trata-se do sistema de inquirição direta, chamado *cross-examination*, de inspiração norte-americana. Caberá, ainda, ao magistrado complementar a inquirição sobre pontos não esclarecidos (CPP, art. 212, parágrafo único;

— inquirição das testemunhas arroladas pela defesa (5), ressalvado o disposto no art. 222 deste Código. Aplicam-se os comentários constantes do item (ii). A testemunha que comparecer será inquirida, independentemente da suspensão da audiência, observada em qualquer caso a ordem estabelecida no art. 531 deste Código (CPP, art. 536);

— esclarecimentos dos peritos;

— acareações;

— reconhecimento de pessoas e coisas;

— interrogatório, em seguida, do acusado;

— as alegações finais serão orais, concedendo-se a palavra, respectivamente, à acusação e à defesa, pelo prazo de vinte minutos, prorrogáveis por mais dez, proferindo o juiz, a seguir, sentença (CPP, art. 534, *caput*). Havendo mais de um acusado, o tempo previsto para a defesa de cada um será individual (CPP, art. 534, § 1º). Ao assistente do Ministério Público, após a manifestação deste, serão concedidos dez minutos, prorrogando-se por igual período o tempo de manifestação da defesa (CPP, art. 534, § 2º);

— **adiamento de ato processual:** Nenhum ato será adiado, salvo quando imprescindível a prova faltante, determinando o juiz a condução coercitiva de quem deva comparecer (CPP, art. 535). Dessa forma, sendo necessária a realização de diligência imprescindível, autoriza-se a cisão da audiência, e, por conseguinte, deverá ser admitida a apresentação de alegações finais, por memorial;

— **Lei n. 9.099/95 e o procedimento sumário:** Não será aplicado o procedimento sumaríssimo, mas o sumário em duas situações: (i) não localização do autor do fato para citação pessoal (Lei n. 9.099/95, art. 66, parágrafo único), sendo necessária a citação por edital, que é incompatível com a celeridade do procedimento sumaríssimo. Também deverá ser considerado incompatível com o rito da Lei n. 9.099/95 a realização de citação por hora certa (CPP, art. 362); (ii) complexidade da causa ou circunstância diversa que não permita o imediato oferecimento da denúncia (art. 77, § 2º). Em tais casos, o juiz deverá encaminhar os autos ao juiz comum, devendo ser adotado o procedimento previsto nos arts. 531 e s. do CPP (sumário) (CPP, art. 538);

— **aplicação subsidiária do procedimento ordinário:** Subsidiariamente, as disposições referentes ao procedimento ordinário deverão incidir sobre os procedimentos especial, sumário e sumaríssimo (CPP, art. 394, § 5º). Dessa forma, eventuais omissões, lacunas existentes no procedimento sumário poderão requerer a aplicação das disposições do procedimento ordinário. Cite-se como exemplo o art. 405 do CPP, o qual dispõe que: "do ocorrido em audiência será lavrado termo em livro próprio, assinado pelo juiz e pelas partes, contendo breve resumo dos fatos relevantes nela ocorridos. Sempre que possível, o registro dos depoimentos do investigado, indiciado, ofendido e testemunhas será feito pelos meios ou recursos de gravação magnética, estenotipia, digital ou técnica similar, inclusive audiovisual, destinada a obter maior fidelidade das informações. No caso de registro por meio audiovisual, será encaminhado às partes cópia do registro original, sem necessidade de transcrição". De igual forma deverá incidir o disposto no § 1º do art. 399, o qual dispõe que: "O acusado preso será requisitado para comparecer ao interrogatório, devendo o poder público providenciar sua apresentação". Finalmente, será aplicável o princípio da identidade física do juiz (CPP, art. 399, § 2º), dentre outros exemplos.

21.4. Da citação

21.4.1. Conceito

É o ato oficial pelo qual, ao início da ação, dá-se ciência ao acusado de que, contra ele, se movimenta esta ação, chamando-o a vir a juízo, para se ver processar e fazer a sua defesa. Compõe-se a citação de dois elementos básicos: a cientificação do inteiro teor da acusação e o chamamento do acusado para vir apresentar a sua defesa. Toda vez que uma dessas finalidades não for atingida, haverá vício no ato citatório. Assim, a citação que apenas chamar o réu sem inteirar-lhe previamente do conteúdo da denúncia ou queixa será irremediavelmente nula, por ofensa ao princípio constitucional da ampla defesa (CF, art. 5º, LV). No Processo Penal, a citação é feita apenas uma vez, pois o processo de execução configura simples prosseguimento da relação processual já instaurada.

> → **ATENÇÃO:** somente o acusado, por ser o único sujeito passivo da pretensão punitiva, pode ser citado.

Mesmo nos casos do insano mental, a citação não poderá ser feita na pessoa do representante legal. Evidentemente, se já houver sido instaurado o incidente de insanidade mental (CPP, art. 149, § 1º, primeira parte) e a perturbação já for conhecida do juízo, a citação deverá ser feita ao curador nomeado. Por outro lado, ainda que desconhecido do juízo, se o estado de perturbação for aparente e o oficial de justiça constatá-lo, sem qualquer dúvida, esta condição deverá ser certificada no verso do mandado, a fim de que o juiz possa determinar a instauração do respectivo incidente e nomear-lhe curador. Finalmente, na hipótese de responsabilidade penal de pessoas jurídicas (CF, arts. 225, § 3º, e 173, § 5º; Lei n. 9.605/98), não resta dúvida de que a citação será efetuada na pessoa do representante legal.

21.4.2. Quem determina a citação

Somente cabe ao juiz determiná-la e, normalmente, a oficial de justiça cumpri-la. Tratando-se de infrações da alçada do Juizado Especial, a citação pode ser feita de viva voz, na própria Secretaria, por qualquer dos funcionários com atribuições para tanto, nos termos do art. 66 da Lei n. 9.099/95.

21.4.3. Falta de citação

A citação do acusado no processo penal é indispensável, mesmo que tenha ele conhecimento do processo por outro motivo (interpelação, defesa preliminar etc.) e sua falta é causa de nulidade absoluta do processo (CPP, art. 564, III, e), porque afronta os princípios constitucionais do contraditório e da ampla defesa. O acusado ver-se-ia processado sem ao menos ter a possibilidade de contrariar as imputações que lhe foram lançadas.

> → **ATENÇÃO:** diz a lei (CPP, art. 570) que a falta ou nulidade da citação "estará sanada, desde que o interessado compareça, antes de o ato consumar-se, embora declare que o faz para o único fim de argui-la". Com base nisso, o STF já decidiu que fica afastada a falta ou defeito da citação, quando o réu comparece em juízo e é interrogado.

Essa regra, no entanto, deve ser entendida em termos. Como já foi dito, a citação tem dupla finalidade: cientificar o acusado do inteiro teor da acusação e chamá-lo para vir a juízo apresentar a sua defesa. O comparecimento de quem não foi citado atende a esta última finalidade, mas não impede a ausência de conhecimento prévio da imputação. Não se pode conceber que o réu fique sabendo do conteúdo da denúncia ou queixa no exato instante em que é interrogado pelo juiz. Haveria clara violação do direito à ampla defesa e do direito à informação. Assim, o comparecimento espontâneo do acusado supre a falta da citação, na medida em que se lhe garanta tudo o que a citação válida lhe traria, ou seja, conhecimento antecipado da imputação, tempo mínimo de vinte e quatro horas entre esta ciência e o interrogatório, e possibilidade de entrevistar-se previamente com seu advogado. Importante observar que o acusado não é citado para comparecer ao interrogatório, mas para oferecer a resposta à acusação, consoante determinam os arts. 396 e 406 do CPP.

21.4.4. Hipóteses de conhecimento da imputação antes mesmo da citação

Há casos em que, antes do recebimento da denúncia ou queixa, o réu é notificado da propositura da ação penal para que a conteste. É o que se dá nos processos da competência originária dos tribunais (Lei n. 8.038/90 c/c o art. 1º da Lei n. 8.658/93); nos processos por crimes previstos na Lei de Drogas (Lei n. 11.343/2006); assim como nos crimes de responsabilidade de funcionários públicos da competência do juiz singular (CPP, arts. 514 e seguintes, pouco importando tenha sido a denúncia respaldada naquelas peças a que se refere o art. 513 ou num simples inquérito policial). Nessas hipóteses, o acusado é notificado a apresentar resposta escrita (ou defesa preliminar), antes mesmo do recebimento da inicial acusatória.

21.4.5. Efeitos da citação válida

A citação válida não torna prevento o juízo, o que ocorre somente na hipótese do art. 83 do Código de Processo Penal. Não interrompe a prescrição, uma vez que isto se dá com o recebimento da denúncia ou queixa (CP, art. 117, I). Não induz também litispendência, pois a lide reputa-se pendente com a propositura da demanda. Assim, o único efeito da citação será o de completar a relação jurídica processual, triangularizando-a. Com a citação válida instaura-se o processo e passam a vigorar em sua integralidade os direitos, deveres e ônus processuais, bem como todos os princípios derivados do *due process of law*.

21.4.6. Consequências do não atendimento à citação

Uma vez citado, fica o réu vinculado à instância, com todos os ônus daí decorrentes. Em decorrência desta vinculação, o acusado deverá comparecer quando citado, bem como toda vez em que for intimado. Sua inércia em atender ao chamado denomina-se contumácia, que significa ausência injustificada. O efeito imediato da contumácia é a revelia, ou seja, "o processo seguirá sem a presença do acusado que, citado ou intimado pessoalmente para qualquer ato, deixar de comparecer sem motivo justificado, ou, no caso de mudança de residência, não comunicar o novo endereço ao juízo" (CPP, art. 367). Com a revelia, deixará de ser comunicado dos atos processuais posteriores, porém, contra ele não recairá a presunção de veracidade quanto aos fatos que lhe foram imputados, ante o princípio da verdade real, que norteia o processo penal. Mesmo revel, o réu poderá, em qualquer fase do processo, retomar o seu curso, restabelecendo-se o contraditório. O fenômeno da revelia somente se verificará nas hipóteses de contumácia de réu citado pessoalmente ou por edital, quando, neste último caso, tiver defensor constituído.

O prosseguimento do processo sem a presença do acusado se verifica também quando o réu, notificado para qualquer ato do processo, não acudir à notificação ou intimação nem der qualquer justificativa. Também seguirá o processo sem a sua presença se ele mudar de residência sem fazer a devida comunicação ao juízo, ou seja, sem indicar onde poderá ser encontrado. Estando o réu sob fiança, esta será havida como quebrada, perdendo ele a metade do valor, cabendo ao juiz decidir sobre a imposição de outras medidas cautelares ou, se for o caso, a decretação da prisão preventiva (CPP, arts. 328 e 343).

21.4.7. Classificação

A citação, no processo penal, pode ser:

(i) real, pessoal ou *in faciem*: é a feita efetivamente na própria pessoa do acusado, gerando a certeza de sua realização. Procede-se mediante mandado (CPP, art. 351), carta precatória (CPP, art. 353) ou de ordem (determinada por órgão de jurisdição superior), requisição (CPP, art. 358) e carta rogatória (CPP, arts. 368 e 369);

(ii) ficta ou presumida: é a realizada por meio da publicação ou afixação em local determinado, de editais contendo a ordem de citação (CPP, arts. 361 e s.). A citação por hora certa está prevista no art. 362 do CPP: "Verificando que o réu se oculta para não ser citado, o oficial de justiça certificará a ocorrência e procederá à citação com hora certa, na forma estabelecida nos arts. 251 a 254, do CPC".

21.4.8. Da citação por mandado

Mandado é a ordem escrita, corporificada em um instrumento e emitida pela autoridade competente para o cumprimento de determinado ato. Quando a ordem for proveniente do juiz, denominar-se-á mandado judicial, que, conforme sua finalidade, apresenta várias designações: mandado de citação, mandado de busca e apreensão etc.

Destina-se à citação do réu em local certo e sabido, dentro do território do juízo processante. Lugar certo diz respeito ao país, estado e cidade; lugar sabido refere-se ao bairro, rua e número.

O mandado de citação é cumprido pelo oficial de justiça.

21.4.8.1. Requisitos intrínsecos da citação por mandado

Trata-se das formalidades que fazem parte do instrumento do mandado. Estão previstas no art. 352 do Código de Processo Penal:

(i) o nome do juiz e a indicação do juízo;

(ii) se a ação for iniciada por meio de queixa, o nome do querelante;

(iii) o nome do réu ou, se desconhecido, os seus sinais identificadores;

(iv) os endereços do acusado, se conhecidos;

(v) o fim para que seja feita a citação;

(vi) o juízo, o lugar, a data e a hora em que o réu deverá comparecer;

(vii) a subscrição pelo escrivão e a rubrica do juiz.

→ **ATENÇÃO:** não se exige a menção ao membro do Ministério Público na hipótese de ação pública. Sem as assinaturas do escrivão e do juiz o mandado é tido como apócrifo, não podendo ter qualquer valor. A inexistência de qualquer requisito que impeça o regular conhecimento da citação gera a nulidade desta e, consequentemente, do processo (CPP, art. 564, IV).

21.4.8.2. Requisitos extrínsecos da citação por mandado

São as formalidades externas ao mandado, que devem cercar a realização do ato de citação:

(i) leitura do mandado ao citando;

(ii) entrega da contrafé (cópia de inteiro teor do mandado e da acusação) ao citando;

(iii) certificação no verso ou ao pé do mandado, pelo oficial, acerca do cumprimento das duas formalidades anteriores.

Somente o descumprimento do segundo requisito implica nulidade. Nos demais casos, mera irregularidade.

21.4.8.3. Dia e hora da citação

A citação pode ser realizada a qualquer tempo, dia e hora, inclusive domingos e feriados, durante o dia ou à noite. Se o oficial de justiça não encontrar o citando no endereço constante do mandado, mas obtiver informações quanto ao seu paradeiro, deverá procurá-lo nos limites territoriais da circunscrição do juízo processante.

Não se deve proceder à citação dos doentes enquanto grave o seu estado; dos noivos, nos três primeiros dias de bodas; a quem estiver assistindo ao ato de culto religioso; ao cônjuge ou a outro parente do morto, consanguíneo ou afim, em linha reta ou colateral em segundo grau, no dia do falecimento e nos sete dias seguintes. No conceito de cônjuge devem ser incluídos os companheiros reunidos pelo laço da união estável, em face do art. 226, § 3º, da CF, que reconhece a união estável entre duas pessoas como entidade familiar.

21.4.9. Citação por carta precatória

Destina-se à citação do acusado que estiver no território nacional, em lugar certo e sabido, porém fora da comarca do juízo processante (CPP, art. 353). Constitui na realidade um pedido formulado pelo juízo processante ao juízo da localidade em que se encontra o réu, no sentido de que este último proceda ao ato citatório. Pressupõe que os juízos sejam da mesma instância (grau de jurisdição), pois se trata de mera solicitação, e não de determinação. Tal pedido é remetido por meio de uma carta, daí o nome de "carta precatória" (de *precatoriu*, isto é, uma carta na qual se pede algo): carta, porque tem forma de carta; precatória, porque contém um pedido.

O juiz solicitante (onde corre o processo) denomina-se deprecante, enquanto o solicitado, deprecado (onde está o citando). O primeiro pede que o segundo mande citar o acusado, não importando se o juízo deprecado se encontra sediado na mesma ou em outra unidade da Federação.

21.4.9.1. Requisitos intrínsecos da citação por carta precatória

Estão previstos no art. 354. Além dos requisitos exigidos na citação por mandado, a carta precatória deverá conter a indicação do juiz deprecante (o que depreca, o que pede) e a do juiz deprecado (aquele a quem se pede), bem como a sede de um e de outro.

21.4.9.2. Caráter itinerante da carta precatória

Na hipótese de o citando se encontrar em outra comarca, distinta da do juízo deprecado, este encaminhará a carta precatória diretamente ao novo local (CPP, art. 355, § 1º). É a chamada "precatória itinerante".

A precatória itinerante é muito útil no caso de réu que muda constantemente de endereço, como, por exemplo, empregado de circo. Em hipóteses como essa, é possível também a expedição de carta precatória por telegrama, telex, fax ou até mesmo telefone, desde que preenchidos os requisitos do art. 354 do CPP. A despeito da redação do art. 356, a falta de reconhecimento de firma do juiz não invalida a carta, se não houver dúvida sobre a autenticidade do pedido. Entendimento contrário levaria a um excessivo apego ao formalismo.

21.4.9.3. Interrogatório por carta precatória

Vide comentários constantes do item 17.13.19.

21.4.10. Citação do militar

Faz-se mediante a expedição de ofício pelo juízo processante, denominado ofício requisitório, o qual será remetido ao chefe do serviço onde se encontra o militar, cabendo a este, e não ao oficial de justiça, a citação do acusado (CPP, art. 358). A requisição deverá obedecer aos mesmos requisitos intrínsecos (CPP, art. 352) e extrínsecos do mandado (CPP, art. 357), não se admitindo tenha o militar menos garantias de defesa do que o civil. Se por acaso o militar residir ou estiver prestando serviço em outra comarca, cumpre ao juiz processante expedir precatória, cabendo ao juiz deprecado a expedição do ofício requisitório.

> **Nosso entendimento:** não deve haver expedição de mandado para cumprimento pelo oficial de justiça, pois a lei criou uma regra especial, que derroga a geral, prevista no art. 351 do Código de Processo Penal.

21.4.11. Citação do preso

Todos os réus, não importando a sua condição, deverão ser pessoalmente citados por mandado. A redação do art. 360 do CPP não deixa dúvidas quanto a isso: "Se o réu estiver preso, será pessoalmente citado". Assim, o oficial de justiça deverá se dirigir ao estabelecimento carcerário em que o réu se encontrar e citá-lo pessoalmente, devendo atender às seguintes exigências, sob pena de nulidade: (i) leitura do mandado ao citando (preso ou não) pelo oficial; (ii) entrega da contrafé, na qual se mencionarão dia e hora da citação; (iii) declaração do oficial, na certidão, da entrega da contrafé e sua aceitação ou recusa (cf. CPP, art. 357).

Se o preso se encontrar em outra comarca, far-se-á a citação por meio de carta precatória. Não tem mais sentido a Súmula 351 do STF, segundo a qual "é nula a citação por edital de réu preso na mesma unidade da Federação em que o juiz exerce a sua jurisdição". Isto porque referido entendimento sumular sugere a possibilidade de citação editalícia dos réus presos em outras unidades da Federação, que não aquela do juízo processante, o que é inadmissível e não se coaduna com o espírito da Lei, a qual exige, sempre que possível, a citação pessoal.

21.4.12. Citação do funcionário público

Se o acusado for funcionário público da ativa será citado por mandado. Mas exige a lei que o chefe da repartição onde o citando exerce suas funções seja devidamente notificado de que, em tal dia, hora e lugar, aquele funcionário deverá comparecer para ser interrogado. Essa exigência é necessária e se justifica a fim de que o chefe da repartição disponha de tempo para substituir, naquele dia, àquela hora, o funcionário cuja presença é reclamada pelo juiz. Não há necessidade, portanto, dessa comunicação se o funcionário estiver afastado do serviço (licença, férias etc.). Tratando-se de magistrado, a comunicação deve ser feita ao presidente do tribunal, que deverá autorizar a licença para que possa afastar-se dos serviços e de sua comarca. Quanto ao membro do Ministério Público, a comunicação deve ser feita ao procurador-geral. Se o funcionário exercer suas funções fora da comarca do juiz processante, expedir-se-á precatória, cabendo ao juiz deprecado tomar as providências apontadas neste artigo.

21.4.13. Réu no estrangeiro

Encontrando-se o acusado no estrangeiro, em local certo e sabido, será sempre citado por carta rogatória, seja a infração afiançável ou inafiançável. Por outro lado, a fim de se evitar a prescrição, a Lei determina a suspensão do prazo prescricional até o cumprimento da carta rogatória (art. 368 do CPP).

> **Nosso entendimento:** a prescrição ficará suspensa até que a carta seja juntada aos autos, devidamente cumprida.

Quando o acusado estiver em local incerto e não sabido, aplica-se a regra geral e a citação será por edital com prazo de quinze dias (CPP, art. 361).

No caso de citação em legações estrangeiras (sede das embaixadas ou consulados), será expedida a carta rogatória e remetida ao Ministério da Justiça, conforme os arts. 783 e seguintes, para o seu cumprimento via Ministério das Relações Exteriores (CPP, art. 369). Esta regra somente se aplica aos funcionários da embaixada ou consulado. No caso dos empregados particulares dos representantes diplomáticos, a citação será por mandado ou precatória, conforme o caso.

Finalmente, de acordo com o art. 222-A: "As cartas rogatórias só serão expedidas se demonstrada previamente a sua imprescindibilidade, arcando a parte requerente com os custos de envio".

21.4.14. Citação por carta de ordem

São as citações determinadas pelos tribunais nos processos de sua competência originária, vale dizer, o tribunal determina ao magistrado de primeira instância que cite o acusado residente em sua comarca e que goze de prerrogativa de foro. São também as determinações de tribunais superiores para tribunais de segundo grau.

21.4.15. Citação por edital

Consiste na citação por meio da publicação ou afixação na entrada do fórum da ordem judicial de citação.

21.4.15.1. Pressuposto da citação por edital

A citação editalícia é providência excepcional que reclama redobrada prudência, só podendo ser adotada depois de esgotados todos os meios para localizar o acusado.

21.4.15.2. Hipóteses legais de citação por edital

(i) Réu em local incerto e não sabido: de acordo com o art. 363, § 1º, não sendo encontrado o acusado, será procedida a citação por edital. Neste caso, não se sabe o país, estado ou cidade (incerto), tampouco o endereço (não sabido) onde se encontra o acusado. A prova de que o réu não foi encontrado é a certidão lavrada pelo oficial de justiça encarregado da execução do mandado de citação pessoal que o considera "em lugar incerto e não sabido". É nula, pois, a citação quando não for exarada tal certidão. Conforme dito acima, o citando deve ser procurado em todos os endereços constantes dos autos, sob pena de nulidade, mas o juízo não tem a obrigação de expedir ofícios ao Tribunal Regional Eleitoral, ao Serviço de Proteção ao Crédito ou à Polícia, para diligenciar acerca do paradeiro do acusado.

(ii) Réu que se encontra em local inacessível: por motivo de guerra, epidemia, calamidade pública ou qualquer outro derivado de caso fortuito ou força maior.

21.4.15.3. Prazo do edital

Temos um prazo previsto na hipótese de o réu não ser encontrado, o prazo será de quinze dias (CPP, art. 361).

De acordo com o disposto no art. 365, V, do Código de Processo Penal, o prazo do edital deve ser contado do dia de sua publicação na imprensa, ou, quando não houver, do dia da sua afixação na entrada da sede onde funcionar o juízo. É perfeitamente possível o entendimento de que foi criada uma regra especial, pela qual o primeiro dia do prazo será o da publicação ou da afixação, excepcionando a regra geral dos prazos processuais constante do art. 798, § 1º, do Código de Processo Penal. Isto porque a norma fala em contagem do prazo a partir do dia da publicação, devendo este ser incluído como o primeiro dia no cômputo do lapso temporal editalício. Nesse sentido, Tourinho Filho[166].

> **Nosso entendimento:** a lei não criou regra especial, mas apenas apontou o dia da publicação como o dia do começo. Sendo assim, incide a regra geral do art. 798, § 1º, c/c a Súmula 310 do STF, considerando-se como primeiro dia do prazo o primeiro dia útil seguinte à publicação ou à afixação.

O prazo é de vital importância, pois se o interrogatório for marcado para antes do seu transcurso, haverá nulidade insanável do processo. Por exemplo: edital publicado em 9 de março, com prazo de quinze dias; o interrogatório somente poderá ser marcado a partir de 24 do mesmo mês (exclui-se o dia do começo, incluindo-se o do final). Se, por acaso, o dia 9 cair em uma sexta-feira, o prazo terminará em 26 de março (contagem começaria na segunda, dia 12).

Importante mencionar que não basta a publicação do edital e o decurso do prazo nele constante para que se repute completa a citação, exigindo-se o art. 363, § 4º, do CPP, o comparecimento do acusado em juízo, pois "Comparecendo o acusado citado por edital, em qualquer tempo, o processo observará o disposto nos arts. 394 e seguintes deste Código". Da mesma forma, a redação do art. 396, parágrafo único, do CPP, ao tratar da defesa inicial no procedimento ordinário e sumário, prevê que, "No caso de citação por edital, o prazo para a defesa começará a fluir a partir do comparecimento pessoal do acusado ou do defensor constituído".

21.4.15.4. Requisitos da citação por edital

Estão previstos no art. 365 do Código de Processo Penal:

(i) o nome do juiz e o juízo que a determinar;

(ii) o nome do réu ou, se não for conhecido, os seus sinais característicos, bem como a residência e profissão, se constarem do processo;

(iii) o fim para que seja feita a citação;

(iv) o juízo, o dia, a hora e o lugar em que deverá o réu comparecer;

(v) o prazo, que será contado do dia da publicação do édito na imprensa, se houver, ou da sua afixação.

→ **ATENÇÃO:** embora uma das finalidades da citação seja a comunicação do integral teor da acusação, o STF entende que não há necessidade de transcrição ou resumo da denúncia ou queixa no edital, sendo suficiente a indicação do dispositivo legal em que o réu se achar incurso.

---

166. *Processo penal*, cit., v. 4, p. 208-209.

É o que dispõe a Súmula 366 do STF: "Não é nula a citação por edital que indica o dispositivo da lei penal, embora não transcreva a denúncia ou queixa, ou não resuma os fatos em que se baseia".

21.4.15.5. Formalidades extrínsecas à citação por edital

De acordo com o disposto no art. 365, parágrafo único, do Código de Processo Penal, são as seguintes:

(i) publicação do edital na imprensa, onde houver: somente será obrigatória nas comarcas onde circule diário oficial. Não havendo diário oficial, se inexistir verba para a publicação em jornal local, o requisito da publicação fica dispensado. O Plenário do STF reafirmou sua jurisprudência no sentido da inexigibilidade da publicação na imprensa particular do edital de citação onde não haja imprensa oficial;

(ii) afixação na porta do edifício onde funcionar o juízo: seu descumprimento acarretará nulidade relativa do ato, dependendo sua decretação da efetiva demonstração do prejuízo. Nesse sentido têm se orientado nossos tribunais;

(iii) certificação pelo oficial de que publicou o edital, ou juntada do exemplar aos autos do processo, e de que o afixou: seu descumprimento somente causa nulidade se persistir a dúvida sobre a efetiva publicação e afixação. O termo "oficial" está no sentido de agente público, e não no de oficial de justiça, admitindo-se a certificação pelo escrivão ou escrevente.

21.4.16. "Citação circunduta"

A falta ou defeito da citação é causa de nulidade absoluta, que não pode ser convalidada e, assim, independe de alegação da prova de prejuízo, que é presumido. Nula é qualquer citação que contém vício insanável por haver induzido o citando a erro que culmina em sua revelia. O ato pelo qual se julga nula ou de nenhuma eficácia a citação é chamado de "circundução"; quando anulada, diz que há *"citação circunduta"*.

21.4.17. Suspensão do processo e do prazo prescricional

Prescreve a redação do art. 366, *caput*, do CPP, que todas as vezes em que o acusado vier a ser citado por edital, seja lá qual for a circunstância ensejadora, uma vez não comparecendo para responder aos termos da ação, ou se ao menos não constituir advogado, o processo será suspenso, bem como o curso do prazo prescricional.

Isso significa dizer que se o réu não for encontrado, procedida a citação editalícia, não comparecendo em juízo nem nomeando defensor, o juiz determinará a suspensão do processo e do lapso temporal prescricional.

Institui-se dessa forma não só uma causa suspensiva do processo, mas também uma nova causa suspensiva da prescrição da pretensão punitiva. Trata-se na realidade de uma norma híbrida, na medida em que contém disposições de caráter processual e penal.

O fundamento desse dispositivo reside no direito à informação. Derivado dos princípios constitucionais da ampla defesa e do contraditório, tal direito encontra-se previsto na Convenção Americana de Direitos Humanos (1969), conhecida como Pacto de San José da Costa Rica. Referida Convenção, em seu art. 8º, *b*, assegura a todo acusado o direito à comunicação prévia e pormenorizada da acusação formulada. Assim, não mais se admite o prosseguimento do feito, sem que o réu seja informado efetivamente da sua existência.

Na hipótese de crime de lavagem ou ocultação de bens, direitos e valores, aplica-se o art. 2º, § 2º, da Lei n. 9.613/98. Assim, sendo o réu citado por edital, o processo seguirá à sua revelia, não havendo que se falar também em suspensão da prescrição.

21.4.17.1. Principais questões decorrentes da lei

(i) **Período de suspensão da prescrição:** Poderia a prescrição ficar suspensa indefinidamente por trinta, quarenta, cinquenta anos, até que o acusado seja localizado? Não nos parece razoável este entendimento. As hipóteses de imprescritibilidade encontram-se elencadas taxativamente no Texto Constitucional no art. 5º, XLII (racismo) e XLIV (ações de grupos armados civis ou militares contra a ordem constitucional e o estado democrático), de modo que não se admitem sejam ampliadas pela legislação infraconstitucional. É necessário buscar-se um período máximo, após o qual o processo continuaria suspenso, mas a prescrição voltaria a correr pelo tempo restante (estava apenas suspensa). Este período máximo não pode ser o mesmo para todos os crimes, pois haveria ofensa ao princípio da proporcionalidade. Imaginemos um mesmo prazo de suspensão para uma contravenção e um latrocínio... não seria razoável. Dessa forma, o período máximo de suspensão deve ser o da prescrição calculada com base no máximo cominado abstratamente para a espécie. Por exemplo: um delito, cuja pena variasse de seis meses a dois anos de detenção; suspensos o processo e a prescrição, esta última voltaria a correr pelo tempo faltante após quatro anos a contar do despacho que determinou a sua suspensão, período correspondente à prescrição calculada com base na pena máxima de dois anos. Assim, o juiz, ao determinar a suspensão do processo e da prescrição, no mesmo despacho deverá esclarecer a data em que esta última voltará a correr. Neste sentido, Damásio E. de Jesus: "O prazo da suspensão da prescrição não pode ser eterno. Caso contrário, estaríamos criando uma causa de imprescritibilidade. As hipóteses que não admitem a prescrição estão enumeradas na CF, não podendo ser alargadas pela lei ordinária. Ora, permitindo-se a suspensão da prescrição sem limite temporal, esta, não comparecendo o réu em juízo, jamais ocorreria, encerrando-se o processo somente com sua morte, causa extintiva da punibilidade (CP, art. 107, I). Se, em face do crime, o Estado perde, pelo decurso do tempo, a pretensão punitiva, não é lógico que, diante da revelia, pudesse exercê-la indefinidamente.

> **Nosso entendimento:** em razão do supramencionado, entendemos que o limite da suspensão do curso prescricional corresponde aos prazos do art. 109 do CP, considerando-se o máximo da pena privativa de liberdade imposta abstratamente.

Nesse sentido, é o teor da Súmula 415 do STJ: "O período de suspensão do prazo prescricional é regulado pelo máximo da pena cominada". Assim, p. ex., suspensa a ação penal por crime de lesão corporal leve (CP, art. 129, *caput*), o impedimento do curso prescricional tem o termo máximo de quatro anos (CP, art. 109, V), i.e., o prazo prescricional da pretensão punitiva só pode ficar suspenso por quatro anos. Nesse limite, recomeça a ser contado o lapso extintivo, que é de quatro anos, considerada a pena máxima abstrata, computando-se o tempo anterior à suspensão. Cremos constituir um critério justo. Se, para permitir a perda da punibilidade pela prescrição o legislador entendeu adequados os prazos do art. 109, da mesma forma devem ser apreciados como justos na disciplina da suspensão do prazo extintivo da pretensão punitiva" (*Boletim IBCCrim*, n. 42, p. 3).

(ii) Produção antecipada de provas: suspenso o processo, permite o *caput* do art. 366 a produção antecipada de provas consideradas urgentes, como perícias (antes que desapareçam os vestígios) e depoimentos *ad perpetuam rei memoriam*. Depoimentos urgentes são os das testemunhas velhas ou enfermas, nos moldes traçados pelo art. 225 do Código de Processo Penal. Entretanto, o juiz poderá considerar qualquer prova testemunhal como desta natureza, uma vez que o passar do tempo tende a fragilizá-la, apagando o fato da memória da testemunha. O deferimento da realização cautelar de prova depende de análise do caso concreto diante de elementos que indiquem sua necessidade e o risco de não ser possível produzi-la no futuro (*periculum in mora*). A produção da prova pode ser determinada de ofício ou a requerimento do acusador, e somente pode ser produzida na presença do Ministério Público e do defensor dativo nomeado pelo juiz, ou do defensor público. Quanto ao conceito de prova urgente, convém ressaltar a existência de duas posições: (1ª) a prova testemunhal é sempre urgente, dada a sua natureza, pois o decurso do tempo pode redundar na perda da memória da testemunha e, por conseguinte, na redução de seu aspecto qualitativo; (2ª) a urgência não decorre da natureza, mas das circunstâncias peculiares a serem analisadas caso a caso, inexistindo direito público subjetivo da acusação à sua produção, nesse sentido encontra-se a jurisprudência sumulado do STJ, a saber: Súmula 455: "A decisão que determina a produção antecipada de provas com base no art. 366 do CPP deve ser concretamente fundamentada, não a justificando unicamente o mero decurso do tempo".

> **Nosso entendimento:** correta a primeira posição. À medida que o tempo passa, a importância da prova testemunhal vai desaparecendo, devendo, portanto, ser sempre produzida enquanto não se localiza o acusado.

(iii) Decretação da prisão preventiva: dispõe expressamente a lei que, apesar de suspenso o processo, pode o juiz decretar a prisão preventiva nos termos do art. 311. Não se trata de medida obrigatória, mas que somente deverá ser imposta quando presente um dos motivos que autorizam a sua decretação, como, por exemplo, evidências de que o réu se ocultou para não ser citado, que desapareceu logo em seguida à prática do crime ou que não possui residência fixa ou emprego.

(iv) Recurso contra a decisão que determina a suspensão do processo e da prescrição, nos termos do art. 366: cabe recurso em sentido estrito, com fundamento no art. 581, XVI, do Código de Processo Penal, aplicável por analogia à espécie.

21.5. Intimação

21.5.1. Definição

Intimação é a ciência dada à parte, no processo, da prática de um ato, despacho ou sentença. Portanto, refere-se à *intimação* a um ato já passado, já praticado.

21.5.2. Distinção entre intimação e notificação

A *notificação* é a comunicação à parte, ou outra pessoa, do dia, lugar e hora de um ato processual a que deva comparecer ou praticar. Diferencia-se, por conseguinte, da *intimação*, porquanto refere-se a um ato futuro, enquanto esta alude a ato já praticado, ato passado.

→ **ATENÇÃO:** embora a doutrina as distinga, por inúmeras vezes o CPP as confunde, referindo-se a uma quando deveria aludir à outra (ex.: o art. 367, *in fine*, refere-se a "intimação", quando deveria denominar o referido ato "notificação").

21.5.3. Regra geral

Aplicam-se às intimações e notificações as regras previstas para as citações, em razão do que dispõe o art. 370. De ver, todavia, que no campo das intimações judiciais exige-se a dupla intimação do réu e de seu defensor (dativo ou constituído), notando-se que através de lei promulgada ainda recentemente (cf. tópico seguinte) permite-se a intimação dos advogados através da imprensa oficial.

Inadmissível é a realização dos atos da instrução sem que, antecipadamente, tenha havido a "notificação" (ou intimação) do defensor e a intimação pessoal do réu, além da intimação pessoal do membro do Ministério Público (se for o caso, também do assistente ou do querelante), dispensando-se somente a intimação do acusado revel.

21.5.4. Publicação

Nos termos dos §§ 1º e 2º do art. 370 do CPP:

"§ 1º A intimação do defensor constituído, do advogado do querelante e do assistente far-se-á por publicação no órgão incumbido da publicidade dos atos judiciais na comarca, incluindo, sob pena de nulidade, o nome do acusado.

§ 2º Caso não haja órgão de publicação dos atos judiciais na comarca, a intimação far-se-á diretamente pelo escrivão, por mandado, ou via postal com comprovante de recebimento, ou por qualquer outro meio idôneo".

→ **ATENÇÃO:** essa intimação só pode ser realizada por meio de publicação no *Diário da Justiça* (órgão oficial) e somente diz respeito aos advogados que atuam no processo, não cabendo para réus e testemunhas, para os quais persiste a obrigatoriedade da intimação pessoal. Da mesma forma, o órgão do Ministério Público e o defensor nomeado, os quais também deverão ser intimados pessoalmente.

O defensor público será sempre intimado pessoalmente, por força da Lei n. 1.060/50, art. 5º, § 5º, sob pena de nulidade da intimação, sendo inadmissível a substituição por publicação na imprensa oficial.

No caso de intimação do defensor constituído pela imprensa, é obrigatória a inclusão do nome das partes e de seus advogados, sob pena de nulidade, ante o disposto no art. 370, § 1º, do CPP.

21.5.5. Regras especiais

De maneira geral, estando o réu na comarca, será intimado por mandado (CPP, art. 351); por precatória, quando fora do território do juízo processante, mas dentro do território nacional (CPP, art. 353); por rogatória, quando no exterior, em local certo e sabido, ou em legações e embaixadas estrangeiras (CPP, arts. 368 e 369).

Se as publicações das intimações dos atos judiciais das Comarcas não forem efetivadas pela Imprensa Oficial da Capital, nem pela imprensa local, aí, sim, elas serão feitas diretamente pelo escrivão, por mandado ou por qualquer outro meio idôneo (telefone, *e-mail*, desde que o escrivão disponha de meios para assegurar-se de que o ato foi realizado).

Por determinação expressa da lei, a intimação do Ministério Público e do defensor nomeado deve ser pessoal, não se permitindo, pois, seja realizada pela imprensa ou por correspondência. Quanto ao Ministério Público, aliás, exige-se a intimação pessoal em qualquer processo e grau de jurisdição, através de entrega dos atos com vista, tal como dispõe o art. 41, IV, da Lei n. 8.625/93 (LONMP). De acordo com o STF, a entrega do processo em setor administrativo do Ministério Público, formalizada a carga pelo servidor, configura intimação direta, pessoal, cabendo tomar a data em que ocorrida como a da ciência da decisão judicial.

Não é possível intimação pela imprensa do defensor nomeado, ante a regra especial determinando que o defensor público ou equivalente seja intimado pessoalmente (art. 5º, § 5º, da Lei n. 1.060/50). A referência ao "defensor nomeado" alcança o defensor público, o procurador de assistência judiciária e o defensor dativo, pois todos só podem oficiar nos processos quando nomeados pelo juiz.

Pode a notificação ou intimação ser realizada por despacho do juiz na própria petição em que for requerida. O oficial ou escrivão, ao invés do mandado, lerá a petição a pessoa a ser notificada ou intimada, bem como o despacho proferido, entregando-lhe contrafé e lançando certidão no verso da petição do cumprimento da diligência e da recusa, ou não, da contrafé pelo cientificado, devendo colher a rubrica da pessoa interessada.

Quando vários advogados constam da mesma procuração, basta a intimação de um deles para validade dos atos e termos do processo, salvo se houver requerimento para que as intimações se façam em nome de determinado advogado.

No Código de Processo Penal não existe a intimação por carta com AR. Na forma do que dispõem os arts. 353 e 370, deve ser expedida carta precatória se residir o acusado, ou o seu defensor, em outra comarca. No entanto, não existe nulidade pela intimação do defensor e do réu via AR, quando revestido das formalidades legais, no endereço declinado pelo próprio advogado, e desde que fique inequivocamente comprovado que o intimado teve ciência antecipada do ato.

Não há que se falar em nulidade por falta de intimação pessoal do réu da sentença, se o seu defensor foi intimado regularmente, uma vez que prevalece sempre a vontade deste último, quanto a eventual recurso (*vide* teor da Súmula 705 do STF).

A intimação da decisão de pronúncia e a da sentença obedecem às regras dos arts. 390, 391, 392 e 420. A intimação de acórdãos é feita através da imprensa oficial, salvo quanto ao Ministério Público, cuja intimação do órgão é sempre pessoal.

Também se exige a intimação da expedição da carta precatória (art. 222, *caput*), sob pena de nulidade relativa, mas não da data marcada pelo juízo deprecado para a realização do ato. Nesse sentido é o teor da Súmula 273 do STJ: "Intimada a defesa da expedição da carta precatória, torna-se desnecessária a intimação da data da audiência no juízo deprecado".

No caso de carta precatória, o prazo se conta a partir da efetiva intimação. Esse é o entendimento da Súmula 710 do STF: "No processo penal, contam-se os prazos da data da intimação, e não da juntada aos autos do mandado ou da carta precatória ou de ordem".

Tratando-se de réu preso, a notificação, da mesma forma que a citação, será pessoal, isto é, através de mandado judicial cumprido por oficial de justiça. Não há nulidade quando o réu não é apresentado em audiência sem qualquer objeção ou com pedido de dispensa da própria defesa. Não há necessidade da presença do réu preso em prova colhida por precatória. Entretanto, a 2ª Turma do STF deferiu, de ofício, *habeas corpus* para assegurar ao paciente, que se encontra preso, o direito de presença em todos os atos de instrução a serem realizados no âmbito do processo-crime contra ele instaurado, sob pena de nulidade absoluta daqueles aos quais se negar o comparecimento pessoal.

Nada obsta que as notificações e intimações sejam feitas no curso das férias forenses. Em geral, os prazos correm da data da intimação no processo penal. Destaca-se a Súmula 310 do STF: "Quando a intimação tiver lugar na sexta-feira, ou a publicação com efeito de intimação for feita nesse dia, o prazo judicial terá início na segunda-feira imediata, salvo se não houver expediente, caso em que começará no primeiro dia útil que se seguir". Sobre o tema, vale ressaltar que o art. 798-A do CPP determina a suspensão do curso do prazo processual nos dias compreendidos entre 20 de dezembro e 20 de janeiro, inclusive, bem como a veda a realização de audiências e sessões de julgamento nesse período. Os prazos correm e tais atos podem ser realizados apenas nos seguintes casos: que envolvam réus presos, nos processos vinculados a essas prisões; processos da Lei Maria da Penha; medidas consideradas urgentes, mediante despacho fundamentado do juízo competente.

21.6. Procedimento sumaríssimo (Leis n. 9.099/95 e 10.259/2001)

21.6.1. Introdução

A CF de 1988, em seu art. 98, I, permitiu a criação de Juizados Especiais Criminais para o julgamento de infrações penais de menor potencial ofensivo, mediante a preponderância dos procedimentos oral e sumaríssimo, possibilidade de transação entre as partes e julgamento de recursos por turmas de juízes de primeiro grau. A tradicional jurisdição de conflito, que obrigava ao processo contencioso entre acusação e defesa, e torna esta última obrigatória, cedeu espaço para a jurisdição de consenso, na qual se estimula o acordo entre os litigantes, a reparação amigável do dano e se procura evitar a instauração do processo. Esse espaço de consenso, substitutivo do espaço de conflito, não fere a Constituição, pois ela mesma o autoriza para as infrações de menor potencial ofensivo. Não há falar, assim, em violação ao devido processo legal e à ampla defesa, os quais são substituídos pela busca incessante da conciliação. Tais juizados são criados por lei federal, à qual incumbe dispor sobre as regras gerais de funcionamento e do processo, cabendo aos Estados e ao Distrito Federal legislar sobre regras suplementares de acordo com as características locais.

O referido art. 98, I, foi regulamentado pela Lei n. 9.099/95. Essa lei instituiu um modelo de justiça criminal, na qual são adotados os seguintes institutos: acordo civil, transação penal e suspensão condicional do processo.

No âmbito processual, dentre as modificações impostas, destaca-se a introdução do procedimento sumaríssimo, aplicável às infrações que a lei definiu como de menor potencial ofensivo. De acordo com seu art. 61, consideram-se infrações penais de menor potencial ofensivo, para os efeitos desta Lei, as contravenções penais e os crimes a que a lei comine pena máxima não superior a 2 (dois) anos, cumulada ou não com multa. Vale lembrar que a Lei n. 10.259/2001 instituiu o Juizado Especial Criminal da União, com competência para julgar as infrações de menor potencial ofensivo de competência da Justiça Federal, e considerou como tais os crimes a que a lei comine pena máxima de até 2 (dois) anos ou multa.

Com relação aos crimes, a competência dos juizados será fixada de acordo com dois critérios: natureza da infração penal (menor potencial ofensivo) e inexistência de circunstância especial que desloque a causa para o juízo comum, como, por exemplo, o foro por prerrogativa de função, a impossibilidade de citação pessoal do autuado e a complexidade da causa.

Os crimes de competência da justiça militar, dada a sua natureza especial, não se submetem à disciplina da Lei n. 9.099/95. Quanto à justiça federal, o art. 98, I, da CF só permite à União instalar juizados criminais no âmbito do Distrito Federal e dos Territórios, razão pela qual os crimes federais (de competência da União) igualmente refogem ao seu âmbito de incidência ("a União, *no Distrito Federal e nos Territórios*, e os Estados criarão juizados especiais..." — destacamos).

O critério informativo dos juizados especiais criminais reside na busca da reparação dos danos à vítima, da conciliação civil e penal, da não aplicação de pena privativa de liberdade e na observância dos seguintes princípios:

(i) Oralidade: significa dizer que os atos processuais serão praticados oralmente. Os atos essenciais serão reduzidos a termo ou transcritos por quaisquer meios. Os demais atos processuais praticados serão gravados, se necessário.

(ii) Informalidade: isso significa dizer que os atos processuais a serem praticados não serão cercados de rigor formal, de tal sorte que, atingida a finalidade do ato, não há que se cogitar da ocorrência de qualquer nulidade. Exemplo: o art. 81, § 3º, da lei dispensa o relatório da sentença.

(iii) Economia processual: corolário da informalidade, significa dizer que os atos processuais devem ser praticados no maior número possível, no menor espaço de tempo e da maneira menos onerosa.

(iv) Celeridade: visa à rapidez na execução dos atos processuais, quebrando as regras formais observáveis nos procedimentos regulados segundo a sistemática do Código de Processo Penal.

(v) Finalidade e prejuízo: para que os atos processuais sejam invalidados, necessária se faz a prova do prejuízo. Isso significa dizer que não vigora no âmbito dos juizados criminais o sistema de nulidades absolutas do Código de Processo Penal, segundo o qual nessas circunstâncias o prejuízo é presumido. Atingida a finalidade a que se destinava o ato, bem como não demonstrada qualquer espécie de prejuízo, não há que se falar em nulidade.

21.6.2. Âmbito de incidência: conceito de menor potencial ofensivo

Nos termos do art. 61 da Lei n. 9.099/95: "Consideram-se infrações penais de menor potencial ofensivo, para os efeitos desta Lei, as contravenções penais e os crimes a que a lei comine pena máxima não superior a 2 (dois) anos, cumulada ou não com multa". Assim, não resta mais qualquer dúvida: (i) quanto ao conceito de infração de menor potencial ofensivo; (ii) quanto à incidência da Lei dos Juizados Criminais às infrações sujeitas ao procedimento especial, dado que a lei exclui expressamente essa vedação; (iii) quanto à incidência da Lei n. 9.099/95 às contravenções penais.

21.6.3. Regras especiais

(i) Conexão ou continência: Dispõe o art. 60 da Lei dos Juizados Especiais Criminais que o Juizado Especial Criminal, provido por juízes togados ou togados e leigos, tem competência para a conciliação, o julgamento e a execução das infrações penais de menor potencial ofensivo. Em duas situações a Lei dos Juizados Especiais Criminais exclui as infrações de menor potencial ofensivo do seu procedimento sumaríssimo: (i) "quando não encontrado o acusado para ser citado, o juiz encaminhará as peças existentes ao Juízo comum para adoção do procedimento previsto em lei" (art. 66, parágrafo único); (ii) "se a complexidade ou circunstâncias do caso não permitirem a formulação da denúncia, o Ministério Público poderá requerer ao Juiz o encaminhamento das peças existentes, na forma do parágrafo único do art. 66 desta Lei" (art. 77, § 2º). Na hipótese de conexão ou continência, surgiu uma dúvida: Quando houver a prática de uma infração de menor potencial ofensivo em conexão ou continência com outro crime que não seja de competência dos Juizados Especiais Criminais, qual competência prevalecerá? Assim, por exemplo, o agente mata o seu vizinho para assegurar a impunidade do crime de maus-tratos praticado contra seu pai. O crime de homicídio é de competência do tribunal do júri, ao passo que o crime de maus-tratos, por ser de menor potencial ofensivo, está sujeito à competência dos Juizados Especiais Criminais. Discutia-se, assim, se haveria cisão dos processos em face do comando constitucional contido no art. 98, I, da CF que determina a competência dos Juizados para processar e julgar as infrações de menor potencial ofensivo ou se incidiriam as regras de conexão ou continência previstas no art. 78 do CPP. Com efeito, o art. 60 da Lei n. 9.099/95 determinou que: "O Juizado Especial Criminal, provido por juízes togados ou togados e leigos, tem competência para a conciliação, o julgamento e a execução das infrações penais de menor potencial ofensivo, respeitadas as regras de conexão e continência. Parágrafo único. Na reunião de processos, perante o juízo comum ou o tribunal do júri, decorrentes da aplicação das regras de conexão e continência, observar-se-ão os institutos da transação penal e da composição dos danos civis".

Com essa redação do referido dispositivo, passamos a ter o seguinte panorama processual: (i) uma vez praticada uma infração de menor potencial ofensivo, a competência será do Juizado Especial Criminal. Se, no entanto, com a infração de menor potencial ofensivo houverem sido praticados outros crimes, em conexão ou continência, deverão ser observadas as regras do art. 78 do CPP, para saber qual o juízo competente; (ii) caso, em virtude da aplicação das regras do art. 78 do CPP, venha a ser estabelecida a competência do juízo comum ou do tribunal do júri para julgar também a infração de menor potencial ofensivo, afastando, portanto, o procedimento sumaríssimo da Lei n. 9.099/95, isso não impedirá a aplicação dos institutos da transação penal e da composição dos danos civis. Tal ressalva da lei visou garantir os institutos assegurados constitucionalmente ao acusado, contidos no art. 98, I, da CF.

Inclusive, no art. 2º da Lei n. 10.259/2001, vige a seguinte redação: "Compete ao Juizado Especial Federal Criminal processar e julgar os feitos de competência da Justiça Federal relativos às infrações de menor potencial ofensivo, respeitadas as regras de conexão e continência. Parágrafo único. Na reunião de processos, perante o juízo comum ou o tribunal do júri, decorrente da aplicação das regras de conexão e continência, observar-se-ão os institutos da transação penal e da composição dos danos civis". Dessa forma, aqui também incidem os comentários acima esposados.

— **Audiência de conciliação:** O juízo com força atrativa para processar e julgar a infração de menor potencial ofensivo deve marcar uma audiência de conciliação. Sem esta prévia fase consensual, o Ministério Público não poderá oferecer a denúncia quanto à infração de menor potencial ofensivo. Poderá, no entanto, denunciar o acusado quanto ao crime de maior gravidade e formular a proposta de transação penal quanto à infração de menor potencial ofensivo. Uma vez realizada a audiência de conciliação, não tendo sido aceita a proposta de transação, poderá o Ministério Público aditar a denúncia para incluir o crime de menor potencial ofensivo. Após isso, em razão da regra de conexão ou continência, o processo deverá seguir o rito de maior amplitude e não o procedimento sumaríssimo dos Juizados Especiais Criminais. Como bem ressalva Luiz Flávio Gomes, "não é possível fazer transação penal em torno de sanção alternativa incompatível com a prisão (se o réu está preso pelo delito maior, não pode, por exemplo, cumprir prestação de serviços à comunidade"[167].

— **Transação penal e a Súmula 243 do STJ:** De acordo com a Súmula 243 do STJ, "o benefício da suspensão do processo não é aplicável em relação às infrações penais cometidas em concurso material, concurso formal ou continuidade delitiva, quando a pena mínima cominada, seja pelo somatório, seja pela incidência da majorante, ultrapassar o limite de 1 (um) ano". Tal entendimento não se aplica ao instituto da transação penal, quando a pena, pelo somatório, ultrapasse o limite de dois anos. É que a própria lei dispõe que as penas da infração de menor potencial ofensivo e do delito conexo, para efeito de incidência da conciliação penal, não serão somadas. Ainda que conexos os crimes, deverão estes ser analisados isoladamente para efeito da incidência da transação penal, tal como ocorre com a prescrição (CP, art. 119). Considera-se, portanto, isoladamente cada infração penal, sem os acréscimos decorrentes do concurso de crimes.

(ii) **Impossibilidade de citação pessoal do autuado:** Não encontrado o acusado para ser citado, o juiz encaminhará as peças existentes ao Juízo comum para adoção do procedimento previsto em lei (Lei n. 9.099/95, art. 66, parágrafo único). Dessa forma, nas hipóteses em que há necessidade da citação por edital, dada a celeridade do procedimento sumaríssimo, os autos deverão ser remetidos ao Juízo comum. O mesmo ocorrerá se o réu se ocultar, a fim de não ser citado, pois a citação por hora certa é, da mesma forma, incompatível com o rito célere dos Juizados Especiais Criminais (conforme redação do art. 362 do CPP). Em tais situações, deverá ser adotado o procedimento previsto nos arts. 531 e seguintes do CPP (sumário) (CPP, art. 538).

(iii) **Complexidade da causa:** "Se a complexidade ou circunstâncias do caso não permitirem a formulação da denúncia, o Ministério Público poderá requerer ao juiz o encaminhamento das peças existentes, na forma do parágrafo único do art. 66 desta Lei" (Lei n. 9.099/95, art. 77, § 2º). Haverá, portanto, remessa dos autos ao juízo comum, impondo-se, no caso, a adoção do rito previsto nos arts. 531 e seguintes do CPP (sumário) (CPP, art. 538).

(iv) **Concurso material, formal ou crime continuado:** *vide* sobre o tema comentários no item conexão ou continência.

---

167. Idem.

(v) Reincidente: pode ser processado perante os Juizados Especiais, embora não tenha direito à transação penal nem à suspensão condicional do processo. Nesse sentido, Damásio E. de Jesus[168].

(vi) Crimes militares: o art. 90-A da Lei n. 9.099/95 expressamente exclui os delitos militares da incidência dos Juizados Especiais Criminais, ficando também afastada a aplicação dos institutos da transação penal e da suspensão condicional do processo.

(vii) Porte de drogas para uso próprio: a conduta é objeto do art. 28 da Lei n. 11.343/2006, a qual vedou a imposição de pena privativa de liberdade ao usuário, impondo--lhe, no entanto, medidas educativas (advertência sobre os efeitos da droga; prestação de serviços à comunidade; medida educativa de comparecimento a programa ou curso educativo). De acordo com a lei vigente, o agente de qualquer das condutas previstas no art. 28 da Lei n. 11.343/2006, salvo se houver concurso com os crimes previstos nos arts. 33 a 37 dessa Lei, será processado e julgado na forma dos arts. 60 e seguintes da Lei n. 9.099/95 (art. 48, § 1º). A ele não se imporá prisão em flagrante, devendo ser imediatamente encaminhado ao juízo competente ou, na falta deste, assumir o compromisso de a ele comparecer, lavrando-se termo circunstanciado e providenciando-se as requisições dos exames e perícias necessários (art. 48, § 2º). Se ausente a autoridade judicial, as providências previstas no § 2º desse artigo serão tomadas de imediato pela autoridade policial, no local em que se encontrar, vedada a detenção do agente (art. 48, § 3º). Concluídos os procedimentos de que trata o § 2º do art. 48, o agente será submetido a exame de corpo de delito, se o requerer ou se a autoridade de polícia judiciária entender conveniente, e em seguida liberado (§ 4º). Para os fins do disposto no art. 76 da Lei n. 9.099/95, o Ministério Público poderá propor a aplicação imediata de pena prevista no art. 28 da Lei de Drogas, a ser especificada na proposta. No tocante às medidas educativas previstas na lei, mencione-se que, de acordo com o art. 28, as medidas de prestação de serviços à comunidade e de comparecimento a programa ou curso educativo somente poderão ser aplicadas no prazo máximo de cinco meses (§ 3º). Em caso de reincidência, tais medidas poderão ser aplicadas no prazo máximo de 10 (dez) meses (§ 4º). Para a garantia do cumprimento das medidas educativas a que se refere o *caput* do art. 28, nos incisos I, II e III, a que injustificadamente se recuse o agente, poderá o agente submetê-lo sucessivamente a: I — admoestação verbal; II — multa (§ 6º). O juiz determinará ao Poder Público que coloque à disposição do infrator, gratuitamente, estabelecimento de saúde, preferencialmente ambulatorial, para tratamento especializado (§ 7º). *Vide* também os arts. 29 e 30 da lei.

(viii) Crime praticado com violência doméstica ou familiar contra a mulher: há expressa vedação legal à aplicação da Lei n. 9.099/95 para qualquer infração penal decorrente de violência doméstica e familiar contra a mulher (art. 41 da Lei n. 11.340/2006).

(ix) Crimes praticados contra pessoa idosa: de acordo com o art. 94 da Lei n. 10.741, de 1º-10-2003 (Estatuto da Pessoa Idosa), aos crimes previstos nesta Lei, cuja pena máxima privativa de liberdade não ultrapasse quatro anos, aplica-se o procedimento

---

168. *Lei dos Juizados Especiais Criminais anotada*, cit., p. 19.

previsto na Lei n. 9.099/95. Ao contrário do que parece, o Estatuto da Pessoa Idosa não determinou a incidência do instituto despenalizador da transação penal (Lei n. 9.099/95, art. 76), mas tão somente que o procedimento para a apuração de tais crimes seja mais célere, aplicando-se o rito sumaríssimo previsto nos arts. 77 a 83 da Lei n. 9.099/95. Com efeito, o intuito da lei foi o de agravar a situação dos que praticarem crime contra pessoa idosa. Foi por essa razão que determinou a incidência do procedimento sumaríssimo da Lei n. 9.099/95. Apenas isso. Não autorizou qualquer alteração no conceito de infração de menor potencial ofensivo, pois não mandou incidir todos os dispositivos dos Juizados Especiais Criminais, mas apenas os relativos ao rito processual. Entendimento contrário levaria à conclusão de que uma lei que surgiu para ampliar a proteção à pessoa idosa estaria abrandando, nesse aspecto, a situação dos agressores. No mesmo sentido posicionou-se Damásio E. de Jesus, argumentando que "o art. 61 da Lei n. 9.099/95 contém a conceituação de crimes de menor potencial ofensivo para efeito da competência dos Juizados Especiais Criminais. O art. 94 do Estatuto da Pessoa Idosa disciplina a espécie de procedimento aplicável ao processo, não cuidando de infrações de menor potencial ofensivo. Temos, pois, disposições sobre temas diversos, cada um impondo regras sobre institutos diferentes, sendo incabível a invocação do princípio da proporcionalidade"[169].

(x) Crimes eleitorais: compete à Justiça Eleitoral o processo e julgamento dos crimes eleitorais, cuja pena máxima cominada para infração penal seja inferior a dois anos, dada a sua natureza especial, e não aos Juizados Especiais Criminais. Isso não impede, contudo, a incidência dos institutos despenalizadores da Lei n. 9.099/95.

(xi) Crimes de competência originária dos Tribunais: incidem os institutos despenalizadores (*sursis* processual e transação penal), desde que preenchidos os requisitos legais, bem como a exigência de representação para a lesão corporal de natureza leve e a lesão corporal culposa.

(xii) Crimes de trânsito de lesão corporal culposa: de acordo com o art. 291, § 1º: "Aplica-se aos crimes de trânsito de lesão corporal culposa o disposto nos arts. 74, 76 e 88 da Lei n. 9.099/95, exceto se o agente estiver: I – sob a influência de álcool ou qualquer outra substância psicoativa que determine dependência; II – participando, em via pública, de corrida, disputa ou competição automobilística, de exibição ou demonstração de perícia em manobra de veículo automotor, não autorizada pela autoridade competente; III – transitando em velocidade superior à máxima permitida para a via em 50 km/h (cinquenta quilômetros por hora). § 2º Nas hipóteses previstas no § 1º deste artigo, deverá ser instaurado inquérito policial para a investigação da infração penal". Em tais situações, serão vedados os aludidos benefícios da Lei dos Juizados Especiais Criminais e deverá ser instaurado inquérito policial, não cabendo mais o termo circunstanciado, sendo, ainda, possível a prisão em flagrante.

---

169. Juizados Especiais Criminais, Ampliação do rol dos crimes de menor potencial ofensivo e Estatuto da Pessoa Idosa, artigo publicado no *Phoenix*, órgão informativo do Complexo Jurídico Damásio de Jesus, n. 35, nov. 2003.

21.6.4. Procedimento sumaríssimo

21.6.4.1. Fase preliminar e transação penal

(i) Discricionariedade regrada: no lugar do tradicional e inflexível princípio da legalidade, segundo o qual o representante do Ministério Público tem o dever de propor a ação penal pública, só podendo deixar de fazê-lo quando não verificada a hipótese de atuação, caso em que promoverá o arquivamento de modo fundamentado (CPP, art. 28), o procedimento sumaríssimo dos Juizados Especiais é informado pela discricionariedade acusatória do órgão ministerial. Com efeito, preenchidos os pressupostos legais, o representante do Ministério Público pode, movido por critérios de conveniência e oportunidade, deixar de oferecer a denúncia e propor um acordo penal com o autor do fato, ainda não acusado. Tal discricionariedade, contudo, não é plena, ilimitada, absoluta, pois depende de estarem preenchidos os requisitos legais, daí ser chamada pela doutrina de discricionariedade regrada.

(ii) Termo circunstanciado: no Juizado não há necessidade de inquérito policial. "A autoridade policial que tomar conhecimento da ocorrência lavrará termo circunstanciado e o encaminhará imediatamente ao Juizado, com o autor do fato e a vítima, providenciando as requisições dos exames periciais necessários" (art. 60, *caput*, da Lei n. 9.099/95). No lugar do inquérito, elabora-se um relatório sumário, contendo a identificação das partes envolvidas, a menção à infração praticada, bem como todos os dados básicos e fundamentais que possibilitem a perfeita individualização dos fatos, a indicação das provas, com o rol de testemunhas, quando houver, e, se possível, um croqui, na hipótese de acidente de trânsito. Tal documento é denominado termo circunstanciado, uma espécie de boletim ou talão de ocorrência. O termo circunstanciado é tão informal que pode ser lavrado até mesmo pelo policial militar que atendeu a ocorrência, dispensando-o do deslocamento até a delegacia, e permite ao policial militar que atendeu a ocorrência elaborar o termo circunstanciado e encaminhar, em caso de urgência, a vítima para realização de exame pericial. Na expressão "autoridade policial", contida no art. 69 da Lei n. 9.099/95, estão compreendidos todos os órgãos encarregados da segurança pública, na forma do art. 144 da CF. Essa é a interpretação que melhor se ajusta aos princípios da celeridade e da informalidade, pois não teria sentido o policial militar ser obrigado a se deslocar até o distrito policial apenas para que o delegado de polícia subscrevesse o termo ou lavrasse outro idêntico, até porque se trata de peça meramente informativa, cujos eventuais vícios em nada anulam o procedimento judicial. Nesse sentido, Damásio E. de Jesus[170]. Uma vez lavrado o termo, este será encaminhado para o Juizado Especial Criminal e, sempre que possível, com o autor do fato e a vítima. Outrossim, a autoridade que o lavrar deverá fornecer os antecedentes do autor do fato, se houver, uma vez que, em caso afirmativo, atuarão como óbice à transação penal. Sobre a possibilidade de se instaurar inquérito policial nos crimes de trânsito de lesão corporal culposa, *vide* art. 291, § 1º, do CTB.

---

[170]. *Lei dos Juizados Especiais Criminais anotada*, p. 32-7.

→ **ATENÇÃO:** de acordo com o STF, é constitucional – por ausência de usurpação das funções das polícias judiciárias – a prerrogativa conferida à Polícia Rodoviária Federal de lavrar termo circunstanciado de ocorrência (TCO), o qual, diversamente do inquérito policial, não constitui ato de natureza investigativa, dada a sua finalidade de apenas constatar um fato e registrá-lo com detalhes. Dessa maneira, firmou-se a tese na qual o "Termo Circunstanciado de Ocorrência (TCO) não possui natureza investigativa, podendo ser lavrado por integrantes da polícia judiciária ou da polícia administrativa" (STF, Plenário, ADI 6.245/DF e ADI 6.264/DF, Rel. Min. Roberto Barroso, j. 17-2-2023).

(iii) Prisão em flagrante: quanto à prisão em flagrante, não será mais formalizada, nem será imposta fiança, desde que o autor do fato seja encaminhado, ato contínuo, à lavratura do termo circunstanciado, ao Juizado Especial Criminal ou ao menos assuma o compromisso de ali comparecer no dia e hora designados. Com efeito, "ao autor do fato que, após a lavratura do termo, for imediatamente encaminhado ao Juizado ou assumir o compromisso de a ele comparecer, não se imporá prisão em flagrante, nem se exigirá fiança" (art. 69, parágrafo único). No entanto, deverá ser autuado em flagrante o autor da infração quando impossível sua condução imediata ao Juizado ou quando negar-se a comparecer. Por outro lado, se conduzido de imediato o autor de fato ao Juizado, juntamente com o termo circunstanciado, verificando o promotor que o fato não caracteriza infração de menor potencial ofensivo, deve-se voltar à delegacia de polícia para a lavratura do auto de prisão em flagrante e, se for o caso, a imposição de fiança. Se o autor não comparece efetivamente ao Juizado, após ter-se compromissado para tanto, deve o juiz remeter a questão ao juízo comum, onde será dada vista ao Ministério Público, que poderá pedir o arquivamento, determinar a instauração de inquérito policial ou denunciar.

(iv) Comparecimento à sede do Juizado: lavrado o termo, vítima e autor do fato são informados da data em que deverão comparecer à sede do Juizado Especial. O procedimento sumaríssimo tem por fundamento o senso de responsabilidade e a confiança no comparecimento das partes, pressupondo-se que ambas são igualmente interessadas na busca do consenso. Estando autor e vítima presentes na secretaria do Juizado, e verificada a possibilidade de uma audiência, chamada de audiência preliminar, esta será realizada, observado o disposto no art. 68, que exige a presença obrigatória do advogado no ato. O não comparecimento no momento da entrega do termo resultará na intimação do autor do fato e, se for o caso, do responsável civil.

(v) Audiência preliminar – composição civil dos danos e transação penal: "Comparecendo o autor do fato e a vítima, e não sendo possível a realização imediata da audiência preliminar, será designada data próxima, da qual ambos sairão cientes. Na audiência preliminar, presente o representante do Ministério Público, o autor do fato e a vítima e, se possível, o responsável civil, acompanhados por seus advogados, o juiz esclarecerá sobre a possibilidade da composição dos danos e da aceitação imediata de pena não privativa de liberdade" (arts. 70 e 72). A audiência preliminar precede ao procedimento sumaríssimo, cuja instauração depende do que nela for decidido. Destina-se à conciliação tanto cível como penal, estando presentes Ministério Público, autor, vítima e juiz. A conciliação é gênero, do qual são espécies a composição e a transação. A composição refere-se aos danos de natureza civil e integra a primeira fase do procedimento; a segunda fase compreende a transação penal, isto é, o acordo penal entre Ministério Público e autor do fato, pelo qual é proposta a este uma pena não privativa de liberdade, ficando este dispensado dos riscos de uma pena de reclusão ou detenção, que poderia ser imposta em futura sentença, e, o que é mais importante, do vexame de ter de se submeter a um processo criminal.

(vi) Composição dos danos civis (1ª fase): o Ministério Público não entra nessa fase, a não ser que o ofendido seja incapaz. A composição dos danos civis somente é possível nas infrações que acarretem prejuízos morais ou materiais à vítima. A conciliação será conduzida pelo juiz ou por conciliador sob sua orientação (art. 73, *caput*). Obtida a conciliação, será homologada pelo juiz togado, em sentença irrecorrível, e terá eficácia de título executivo a ser executado no juízo cível competente (art. 74, *caput*); sendo o valor até quarenta vezes o salário mínimo, executa-se no próprio Juizado Especial Cível. "Tratando-se de ação penal de iniciativa privada ou pública condicionada à representação, o acordo homologado acarreta a renúncia ao direito de queixa ou representação" (art. 74, parágrafo único), extinguindo-se, por conseguinte, a punibilidade do agente. Os crimes de lesão corporal culposa e leve, segundo o art. 88 desta lei, dependem de representação, de sorte que se submetem a essa regra. "Não obtida a composição dos danos civis, será dada imediatamente ao ofendido a oportunidade de exercer o direito de representação verbal, que será reduzida a termo" (art. 75, *caput*). Não o fazendo, não há falar em decadência, devendo-se aguardar o decurso do prazo decadencial de que trata o art. 38 do Código de Processo Penal (seis meses a contar do conhecimento da autoria), de modo que o direito de representação não se esgota na audiência (art. 75, parágrafo único). No tocante aos crimes de trânsito de lesão corporal culposa, *vide* art. 291, § 1º, do CTB.

(vii) Da transação penal (2ª fase): "Havendo representação ou tratando-se de crime de ação penal pública incondicionada, não sendo caso de arquivamento, o Ministério Público poderá propor a aplicação imediata de pena restritiva de direitos ou multa, a ser especificada na proposta" (art. 76, *caput*). Superada a fase da composição civil do dano, segue-se a da transação penal. Consiste ela em um acordo celebrado entre o representante do Ministério Público e o autor do fato, pelo qual o primeiro propõe ao segundo uma pena alternativa (não privativa de liberdade), dispensando-se a instauração do processo. Amparada pelo princípio da oportunidade ou discricionariedade, consiste na faculdade de o órgão acusatório dispor da ação penal, isto é, de não a promover sob certas condições, atenuando o princípio da obrigatoriedade, que, assim, deixa de ter valor absoluto. Com relação à incidência do mencionado instituto nos crimes de trânsito de lesão corporal culposa, *vide* art. 291, § 1º, do CTB.

(viii) Pressupostos para a transação penal: o Ministério Público não tem discricionariedade absoluta, mas limitada, uma vez que a proposta de pena alternativa somente poderá ser formulada se satisfeitas as exigências legais. Por essa razão, tal faculdade do órgão ministerial é denominada "discricionariedade regrada ou limitada". Os pressupostos para a celebração do acordo penal são:

— tratar-se de crime de ação penal pública incondicionada ou condicionada à representação do ofendido (caso em que ela deverá ser oferecida). Assim, não é cabível em crime de ação penal de iniciativa privada. No mesmo sentido, Damásio E. de Jesus[171]. Em sentido contrário, sustentando ser cabível a transação penal em ação penal privada, há o posicionamento de Ada Pellegrini Grinover et al.[172].

— não ter sido o agente beneficiado anteriormente no prazo de cinco anos pela transação;

— não ter sido o autor da infração condenado por sentença definitiva a pena privativa de liberdade (reclusão, detenção e prisão simples);

— não ser caso de arquivamento do termo circunstanciado;

— não indicarem os antecedentes, a conduta social e a personalidade do agente, bem como os motivos e as circunstâncias, ser necessária e suficiente a adoção da medida;

— e aceitação da proposta por parte do autor da infração e de seu defensor (constituído, dativo e público).

(ix) Procedimento para a proposta de transação:

— Se a ação for condicionada à representação do ofendido, a existência da composição civil do dano, na fase anterior da audiência preliminar, impede a transação penal, visto que haverá extinção da punibilidade (art. 74, parágrafo único); em se tratando de ação penal incondicionada, pouco importa tenha ou não ocorrido o acordo civil, pois este não será considerado causa extintiva; se a ação penal for privada, não cabe transação, pois, como vigora o princípio da disponibilidade, a todo tempo o ofendido poderá, por outros meios (perdão e perempção), desistir do processo; entretanto, não tem autoridade para oferecer nenhuma pena, limitando-se a legitimidade que recebeu do Estado à mera propositura da ação. Há, no entanto, como já vimos, vários julgados do STJ admitindo a transação penal em ação penal privada.

— O ofendido não participa da proposta de transação penal, mesmo porque a ação é pública; não existe também assistente do Ministério Público, porque ainda não há ação instaurada[173].

— O Ministério Público efetua oralmente ou por escrito a proposta, consistente na aplicação imediata da pena restritiva de direitos ou multa, devendo especificá-la, inclusive quanto às condições ou o valor, conforme o caso.

— Em seguida, o defensor e o autor poderão aceitá-la ou não. Há necessidade da aceitação dos dois para a garantia do princípio da ampla defesa. No mesmo sentido, Luiz Flávio Gomes[174]; havendo discordância, deverá prevalecer a vontade do autor, pois, se ele pode o mais, que é desconstituir seu defensor, pode o menos, que é discordar de sua posição; em caso de divergência, Edilson Mougenot Bonfim afirma que "não se pode olvidar a necessidade de análise do magistrado, diante de cada caso concreto, das consequências da

---

171. *Lei dos Juizados Especiais Criminais anotada*, cit., p. 62.
172. *Juizados Especiais Criminais*, São Paulo, Revista dos Tribunais, 1999, p. 259.
173. Damásio E. de Jesus, *Lei dos Juizados Especiais Criminais anotada*, p. 65.
174. *Suspensão condicional do processo penal*, São Paulo, Revista dos Tribunais, 1995, p. 139.

prevalência da vontade do defensor, não devendo ser admitido recurso que manifestamente prejudique o réu[175]; e Cezar Roberto Bitencourt, o qual argumenta que, por analogia, deve-se aplicar a previsão a respeito da suspensão condicional do processo: prevalece a vontade do acusado (art. 89, § 7º)[176]. Há, contudo, posicionamento no sentido de que se deve aqui aplicar a mesma orientação que a jurisprudência predominante firmou na hipótese de oferecimento do recurso de apelação pelo advogado quando o réu manifesta o seu desejo de não recorrer. No caso, tem-se entendido que prevalece a vontade do defensor, uma vez que o réu, sendo leigo, não tem condições de avaliar da necessidade do apelo, devendo sempre prevalecer a vontade do profissional habilitado.

— A aceitação da proposta não implica reconhecimento da culpabilidade. Em sentido contrário, Luiz Flávio Gomes[177].

— O juiz não está obrigado a homologar o acordo penal, devendo analisar preliminarmente a legalidade da proposta e da aceitação.

— Nas hipóteses de ser a pena de multa a única aplicável, o juiz poderá reduzi-la até a metade.

— Se o Ministério Público não oferecer a proposta ou se o juiz discordar de seu conteúdo, deverá, por analogia ao art. 28 do Código de Processo Penal, remeter os autos ao Procurador-Geral de Justiça, o qual terá como opções designar outro promotor para formular a proposta, alterar o conteúdo daquela que tiver sido formulada ou ratificar a postura do órgão ministerial de primeiro grau, caso em que a autoridade judiciária estará obrigada a homologar a transação.

— Dessa forma, o juiz somente pode deixar de homologar o acordo que estiver em desacordo com as exigências legais (aspectos formais); se discordar do conteúdo ou da falta de proposta, deverá aplicar o art. 28 do CPP.

Finalmente, convém notar que não se admite transação penal extrajudicial.

(x) Recurso:

— O juiz não pode modificar o teor da transação penal; discordando quanto ao mérito, como já visto, somente lhe restará aplicar, por analogia, o art. 28 do CPP.

— Da decisão homologatória caberá apelação no prazo de dez dias. Embora a Lei n. 9.099/95 nada diga, da sentença não homologatória.

> **Nosso entendimento:** também caberá apelação, pois se trata de decisão que encerra uma fase do procedimento sem julgamento de mérito, devendo ser considerada interlocutória mista não terminativa, também chamada de sentença com força de definitiva, da qual cabe apelação (CPP, art. 593, II).

— Não se admite imposição da transação penal *ex officio* pelo juiz; transação é acordo, e acordo se faz entre partes, sem interferência da autoridade judiciária, à qual compete tão

---

175. *Curso de processo penal*. 13 ed., São Paulo: Saraiva Educação, 2019, p. 1707-1710.
176. *Juizados Especiais Criminais e alternativas à pena de prisão*, cit., p. 106.
177. *Suspensão condicional do processo criminal*, cit., p. 140.

somente homologá-lo ou não; cabe, portanto, ao acusador e ao autor do fato, livremente, decidir pelo consenso, de acordo com critérios de conveniência e oportunidade.

— A natureza jurídica da sentença homologatória é condenatória, fazendo coisa julgada formal.

— Trata-se, no entanto, de condenação imprópria, que mais se assemelha a decisão meramente homologatória, uma vez que não implica admissão de culpabilidade por parte do autor que aceita a proposta, mas decisão tomada com base em critérios de pura conveniência pessoal.

(xi) Descumprimento da proposta: em caso de descumprimento da pena restritiva de direitos imposta em virtude de transação penal, não cabe falar em conversão em pena privativa de liberdade, já que, se assim ocorresse, haveria ofensa ao princípio de que ninguém será privado de sua liberdade sem o devido processo legal (CF, art. 5º, LIV). No lugar da conversão, deve o juiz determinar a abertura de vista ao Ministério Público para oferecimento da denúncia e instauração do processo-crime. Esse posicionamento foi confirmado após a edição da Súmula Vinculante 35: "A homologação da transação penal prevista no artigo 76 da Lei 9.099/1995 não faz coisa julgada material e, descumpridas suas cláusulas, retoma-se a situação anterior, possibilitando-se ao Ministério Público a continuidade da persecução penal mediante oferecimento de denúncia ou requisição de inquérito policial". Por se tratar de enunciado com efeitos vinculantes, todo o Poder Judiciário deve respeitar o conteúdo da súmula, desaparecendo qualquer discussão prática sobre a questão do desrespeito ao acordo homologado judicialmente e os limites da coisa julgada da decisão homologatória da transação penal (art. 76 da Lei n. 9.099/95).

(xii) Requisitos da sentença homologatória: (i) descrição dos fatos tratados; (ii) identificação das partes envolvidas; (iii) disposição sobre a pena a ser aplicada ao autor do fato; (iv) data e assinatura do juiz.

(xiii) Efeitos da sentença homologatória da transação:

— não gera reincidência;

— não gera efeitos civis, não podendo, portanto, servir de título executivo no juízo cível;

— não gera maus antecedentes, nem constará da certidão criminal;

— esgota o poder jurisdicional do magistrado, não podendo mais este decidir sobre o mérito, a não ser em embargos declaratórios, oponíveis em cinco dias, ressalvada a hipótese de descumprimento posterior da prestação pactuada, quando será instaurado o processo, devolvendo-se ao magistrado o poder jurisdicional sobre aquele fato (a jurisdição consensual cede lugar para a conflituosa);

— os efeitos retroagem à data do fato;

— na hipótese de concurso de agentes, a transação efetuada com um dos coautores ou partícipes não se estende nem se comunica aos demais.

21.6.4.2. Fase processual

(i) Oferecimento da denúncia: frustrada a transação penal, o representante do MP poderá requerer: (i) o arquivamento; (ii) a devolução dos autos à polícia para a realização de diligências complementares, imprescindíveis ao esclarecimento dos fatos; e (iii) o encaminhamento do termo circunstanciado ao juízo comum "se a complexidade ou circunstâncias do caso não permitirem a formulação da denúncia" (art. 77, § 2º). Não ocorrendo nenhuma dessas hipóteses, será oferecida a denúncia oral (ou a queixa, no caso de ação penal privada). Os requisitos para a denúncia oral são os seguintes:

— descrição sucinta do tipo penal, como tempo, lugar, prática e consumação do delito;

— qualificação do autor;

— classificação do crime;

— rol de testemunhas, até o máximo de cinco, por analogia ao art. 532 do CPP, aplicado subsidiariamente por força do disposto no art. 92 da Lei n. 9.099/95. No mesmo sentido, Marino Pazzaglini Filho et al.[178];

— comprovação da materialidade, podendo a ausência do exame de corpo de delito ser suprida pelo boletim médico ou prova equivalente (art. 77, § 1º). Dessa forma, não é imprescindível para o oferecimento da denúncia a existência do exame de corpo de delito.

(ii) Citação: "Oferecida a denúncia ou queixa, será reduzida a termo, entregando-se cópia ao acusado, que com ela ficará citado e imediatamente cientificado da designação de dia e hora para a audiência de instrução e julgamento" (art. 78, *caput*). A citação, portanto, será pessoal, afastada a citação por edital, hipótese em que os autos serão remetidos ao juízo comum (art. 66, parágrafo único). Da mesma forma, será afastada a citação com hora certa, nas hipóteses em que o réu se oculta, dada a sua incompatibilidade com o rito célere dos Juizados Especiais Criminais (conforme redação do art. 362 do CPP). Em tais situações, como já frisado, deverá ser adotado procedimento previsto nos arts. 531 e seguintes do CPP (sumário) (CPP, art. 538).

(iii) Testemunhas: a defesa deve apresentar o rol na secretaria dentro do prazo de cinco dias antes da realização da audiência de instrução e julgamento, sob pena de o Juizado ficar dispensado de intimá-las para o comparecimento e de a audiência não precisar ser adiada em virtude das ausências (art. 78, § 1º).

(iv) Audiência: será sempre rápida e direta (princípio da oralidade atrelado ao da concentração):

— Aberta a audiência de instrução e julgamento, será dada a palavra ao defensor para responder à acusação, devendo manifestar-se quanto a seu recebimento ou rejeição, bem como em relação às questões preliminares, prejudiciais e ao mérito.

— Recebimento ou não da denúncia ou queixa. Da rejeição caberá recurso de apelação no prazo de dez dias, mas do recebimento não caberá recurso algum, prosseguindo-se o processo. Recebida a denúncia ou queixa, passa-se, de imediato, ao início da instrução.

— Oitiva da vítima.

— Oitiva das testemunhas de acusação.

---

178. *Juizado Especial Criminal*, São Paulo, Atlas, 1995, p. 65.

— Oitiva das testemunhas de defesa.

— Interrogatório do acusado.

— Debates orais por vinte minutos cada parte.

— Sentença.

(v) Observações e comentários:

— O recebimento da denúncia ou queixa interrompe a prescrição, nos termos do art. 117, I, do CP, c/c o art. 92 da Lei n. 9.099/95.

— **Defesa preliminar e aplicação subsidiária do procedimento ordinário:** o Código prevê expressamente a incidência dos arts. 395 a 398 (a menção ao art. 398 é incorreta, pois ele foi revogado) a todos os procedimentos penais de primeiro grau, ainda que por ele não regulados (CPP, art. 394, § 4º). Referidos dispositivos legais referem-se à rejeição da denúncia, à defesa inicial e às hipóteses de absolvição sumária. Contudo, os procedimentos específicos, dentre os quais se destaca a Lei dos Juizados Especiais Criminais, contemplam a defesa preliminar, cuja função é impedir o próprio recebimento da denúncia ou queixa, ao contrário da defesa no art. 396, que é posterior a este ato e visa à absolvição sumária, fato este que suscitará inúmeros questionamentos quanto a incidência do art. 394, § 4º.

— Após o recebimento da denúncia, admite-se a figura do assistente do Ministério Público.

— As provas serão produzidas em audiência, podendo o juiz limitar ou excluir as que considerar excessivas, impertinentes ou protelatórias (art. 81, § 1º).

— A sentença não precisará ter relatório (art. 81, § 3º), mas a motivação é imprescindível, sob pena de nulidade.

— De forma semelhante ao que é determinado pelo CPP quanto às audiências de instrução e julgamento do procedimento comum, o art. 81, § 1º-A, da Lei n. 9.099/95 indica que: "Durante a audiência, todas as partes e demais sujeitos processuais presentes no ato deverão respeitar a dignidade da vítima, sob pena de responsabilização civil, penal e administrativa, cabendo ao juiz garantir o cumprimento do disposto neste artigo, vedadas: I – a manifestação sobre circunstâncias ou elementos alheios aos fatos objeto de apuração nos autos; II – a utilização de linguagem, de informações ou de material que ofendam a dignidade da vítima ou de testemunhas".

(vi) Sistema recursal:

(i) Juízo *ad quem*: os recursos poderão ser enviados a turmas recursais (art. 82, *caput*).

(ii) Turmas recursais: são compostas por três juízes togados em exercício no primeiro grau de jurisdição, sendo vedada a participação no julgamento do magistrado prolator da decisão em exame. "Não se trata de um Tribunal de segundo grau, uma vez que os recursos são julgados pelos próprios juízes de primeira instância, reunidos em colegiado na própria sede do Juizado"[179]. O Ministério Público de primeiro grau, ou seja, o promotor e não o procurador de justiça, atuará como *custos legis*.

(iii) Apelação: nos Juizados Especiais Criminais a apelação poderá ser dirigida às turmas recursais, desde que criadas, ou ao tribunal competente, enquanto se aguarda a instalação das turmas. O recurso deverá ser interposto mediante petição escrita, acompanhada necessariamente das respectivas razões, sob pena de não conhecimento. Se acaso for interposta a apelação sem as razões, estas deverão ser oferecidas antes do término do prazo de dez dias, independentemente de nova intimação. Considerar-se-á interposta a apelação com a entrega na secretaria da petição e razões. O prazo para a interposição será de dez dias; em seguida, o recorrido será intimado a oferecer sua resposta (contrarrazões), também no prazo de dez dias. Na hipótese de a sentença ser confirmada por seus próprios fundamentos, não há necessidade de acórdão, mas de simples ementa dizendo isso ("denega-se provimento à apelação, confirmando-se a r. sentença, por seus próprios e jurídicos fundamentos").

A apelação terá cabimento nas seguintes hipóteses:

— rejeição da denúncia ou queixa (art. 82, *caput*);

— sentença homologatória da transação (art. 76, § 5º);

— sentença de mérito (art. 82, *caput*).

(iv) Embargos declaratórios: são recursos destinados a integrar, completar e corrigir a sentença ou o acórdão, sempre que neles houver, no caso dos Juizados Especiais Criminais, obscuridade, contradição ou omissão (art. 83). Obscuridade é falta de clareza em uma palavra ou expressão, impossibilitando que dela se extraia algum significado; contradição é o conflito entre duas ou mais afirmações, de modo que uma venha a desdizer o que a outra afirmou; a omissão ocorre quando falta uma parte, palavra, frase ou período na sentença ou acórdão. Se houver simples erro material, não há sequer necessidade dos embargos, podendo o próprio juiz corrigir o erro de ofício (art. 83, § 3º). O recurso poderá ser interposto oralmente ou por escrito, dentro do prazo de cinco dias a contar da ciência da decisão. Não há contrarrazões, pois se trata de simples forma de integração da sentença ou acórdão, sem caráter infringente, isto é, sem possibilidade de modificação do mérito. "Quando opostos contra sentença, os embargos de declaração suspenderão o prazo para o recurso" (art. 83, § 2º), de maneira que, julgados os embargos, o prazo para eventual apelação continua a correr pelo tempo que faltava.

(v) Rol não taxativo de recursos: além desses, todos os demais recursos previstos no CPP, bem como os remédios constitucionais, podem ser utilizados, desde que compatíveis com as previsões e requisitos explícitos da lei. É o caso do recurso em sentido estrito. Embora a Lei n. 9.099/95 não o preveja, referindo-se apenas à apelação e aos embargos declaratórios, tendo em vista que seu art. 92 determina a aplicação subsidiária das disposições dos Códigos Penal e de Processo Penal, é possível sua interposição, com base no art. 581, VIII, do CPP, na hipótese de sentença que decretar extinta a punibilidade do acusado.

---

[179]. Damásio E. de Jesus, *Lei dos Juizados Especiais Criminais anotada*, p. 89.

(vi) Recurso extraordinário: cabe recurso extraordinário contra decisão das turmas recursais, uma vez que a CF, em seu art. 102, III, ao tratar desse recurso, não o limita, permitindo o seu cabimento contra qualquer decisão de última instância.

(vii) Recurso especial: ao contrário do extraordinário, o recurso especial não é admitido, uma vez que o art. 105, III, "só o permite nas hipóteses de decisões de 'tribunais', sendo que a turma julgadora não é tribunal"[180]. Nesse sentido, *vide* a Súmula 203 do STJ: "Não cabe recurso especial contra decisão proferida por órgão de segundo grau dos Juizados Especiais".

(viii) *Habeas corpus* **contra decisão de turma recursal:** o STF já decidiu que a competência para julgamento de *habeas corpus* impetrado contra ato da Turma Recursal do Juizado Criminal é dos tribunais de justiça estaduais. Nesse sentido: "entendeu-se que, em razão de competir aos tribunais de justiça o processo e julgamento dos juízes estaduais nos crimes comuns e de responsabilidade, ressalvada a competência da Justiça Eleitoral (CF, art. 96, III), a eles deve caber o julgamento de *habeas corpus* impetrado contra ato de turma recursal de juizado especial criminal. Asseverou-se que, em reforço a esse entendimento, tem-se que a competência originária e recursal do STF está prevista na própria Constituição, inexistindo preceito que delas trate que leve à conclusão de competir ao Supremo a apreciação de *habeas* ajuizados contra atos de turmas recursais criminais" (HC 86.834/SP, Rel. Min. Marco Aurélio, 23-8-2006).

(ix) *Habeas corpus* **contra decisão do Juizado Especial:** de acordo com o posicionamento do STJ, a competência para apreciar *habeas corpus* impetrado contra ato de magistrado vinculado aos Juizados Especiais Criminais é da Turma Recursal dos Juizados.

(x) Mandado de segurança contra decisão do Juizado Especial: consoante posicionamento do STJ, "a competência para analisar recursos, inclusive mandado de segurança, de decisões provenientes de Juizados Especiais é do órgão colegiado do Juizado Especial, conforme previsão constante no art. 41, § 1º, da Lei n. 9.099/95".

21.6.4.3. Suspensão condicional do processo

Trata-se de instituto despenalizador, criado como alternativa à pena privativa de liberdade, pelo qual se permite a suspensão do processo, por determinado período e mediante certas condições. Decorrido esse período sem que o réu tenha dado causa à revogação do benefício, o processo será extinto, sem que tenha sido proferida nenhuma sentença. Está previsto no art. 89 da Lei n. 9.099/95, pelo qual se admite a possibilidade de o Ministério Público, ao oferecer a denúncia, propor a suspensão condicional do processo, pelo prazo de dois a quatro anos, em crimes cuja pena mínima cominada seja igual ou inferior a um ano, abrangidos ou não por esta lei, desde que o acusado preencha as seguintes exigências legais: não estar sendo processado ou não ter sido condenado por outro crime + estarem presentes os demais requisitos que autorizariam a suspensão condicional da pena (art. 77 do CP).

---
180. Damásio E. de Jesus, *Lei dos juizados especiais criminais anotada*, p. 90.

A iniciativa para propor a suspensão condicional do processo é faculdade exclusiva do Ministério Público, a quem cabe promover privativamente a ação penal pública (CF, art. 129, I), não podendo o juiz da causa substituir-se a este, aplicando o benefício *ex officio*. A proposta é um ato discricionário da parte, a quem incumbe avaliar, por critérios de conveniência e oportunidade, e inspirado por motivos de política criminal, se, estrategicamente, sua formulação satisfaz o interesse social. A imposição de ofício pelo juiz implicaria ofensa ao princípio da inércia jurisdicional, colocando-o na posição de parte. Não se trata, portanto, de direito subjetivo do réu, mas de ato discricionário do *Parquet*. Na hipótese de o promotor de justiça recusar-se a fazer a proposta, o juiz, verificando presentes os requisitos objetivos para a suspensão do processo, deverá aplicar, por analogia, o art. 28 do CPP, encaminhando os autos ao Procurador-Geral de Justiça a fim de que este se pronuncie sobre o oferecimento ou não da proposta. Aliás, esse é o teor da Súmula 696, editada pelo STF.

No caso de expedição de carta precatória para os efeitos do art. 89 da Lei n. 9.099/95, compete ao juízo deprecante fixar as condições pessoais a serem propostas ao acusado, antes, é evidente, sob formulação do Ministério Público.

Sendo explícita a denúncia quanto à classificação do crime, de modo a tornar sua pena mínima cominada fora do alcance do benefício, o juiz não poderá aplicar a suspensão, a menos que, fundamentadamente, discorde da imputação feita na inicial. Por outro lado, se o Ministério Público propõe a suspensão do processo, em ação penal em que, pela narrativa dos fatos constantes da exordial, se possa dar tipificação jurídica diversa e que não permitiria a suspensão, o juiz não está obrigado a homologá-la. O magistrado deve, portanto, antes de denegar ou homologar a transação processual, fazer um juízo prelibatório da classificação jurídica do fato imputado.

"O benefício da suspensão condicional do processo não é aplicável em relação às infrações penais cometidas em concurso material, concurso formal ou continuidade delitiva, quando a pena mínima cominada, seja pelo somatório, seja pela incidência da majorante, ultrapassar o limite de um (1) ano" (Súmula 243 do STJ). As infrações, portanto, não serão consideradas isoladamente, mas de acordo com o total de pena resultante da aplicação da regra do concurso de crimes.

No que toca ao recurso cabível da decisão que homologa a transação processual, o nosso entendimento é de que não cabe qualquer recurso. A suspensão condicional do processo (art. 89 da Lei n. 9.099/95) não possui a mesma natureza jurídica do instituto da suspensão condicional da pena, de forma que não cabe aqui falar em aplicação analógica do inciso XI do art. 581 do CPP.

Em primeiro lugar, porque tal dispositivo é inaplicável, na medida em que o momento processual em que a suspensão condicional da pena é concedida ou não é o da sentença final, de modo que o recurso cabível contra a sentença condenatória que denega o *sursis* não será o recurso em sentido estrito, mas a apelação, nos termos do art. 593, I, do CPP. O inciso XI do art. 581 do CPP é inócuo, portanto. Em segundo lugar, a suspensão condicional da pena concedida na sentença condenatória nada tem de semelhante com a suspensão condicional do prosseguimento do processo. Ao contrário, são institutos bem diversos, os quais não comportam o emprego da analogia, pois enquanto um pressupõe a sentença condenatória, o outro impede o prosseguimento do processo. Também não cabe aqui sustentar o cabimento do recurso de apelação, pois a decisão que determina a suspensão do processo tem a natureza de uma decisão interlocutória simples, na medida em que não põe fim ao processo (apenas o suspende), nem tampouco a uma fase do procedimento. Além disso, a Lei n. 9.099/95, ao regular os casos de recurso, mesmo conhecendo o instituto da transação processual, por ela criado, nada falou sobre o seu cabimento. A decisão, assim, é irrecorrível. Em havendo ofensa a direito líquido e certo, como, por exemplo, no caso de o juiz fixar *ex officio* o benefício, procedendo ao acordo contra a vontade de uma das partes ou de serem impostas condições claramente atentatórias à dignidade humana, poderá ser impetrado mandado de segurança (pelo MP) ou *habeas corpus* (condições abusivas), dependendo da hipótese. Se o juiz se recusar a homologar a transação processual e determinar o prosseguimento do processo, caberá também correição parcial, dado que se trata de um erro *in procedendo*, pois deveria o magistrado aplicar, por analogia, o art. 28 do CPP. Em outras palavras: o juiz pode se recusar a homologar a transação processual, mas, nesse caso, deve aplicar o art. 28 do CPP e não determinar o prosseguimento do processo, pois aí incorrerá em erro capaz de tumultuar o processo.

Mencione-se, no entanto, que a 5ª Turma do STJ já se pronunciou no sentido de que "Cabe a aplicação analógica do inciso XI do art. 581 do Código de Processo Penal aos casos de suspensão condicional do processo, viabilizada, aliás, pela subsidiariedade que o art. 92 da Lei 9.099/95 lhe atribui" (STJ, EREsp 1.630.121/RN, Rel. Min. Reynaldo Soares da Fonseca, 3ª Seção, *DJe* 11-12-2018).

Não cabe também suspensão condicional do processo em ação penal exclusivamente privada, pois nesta já vigora o princípio da disponibilidade, existindo outros mecanismos de disposição do processo.

21.6.5. Questões finais

21.6.5.1. Suspensão condicional do processo

(i) No cálculo da pena mínima para fins de suspensão do processo (art. 89 da Lei n. 9.099/95) leva-se em conta a causa de aumento decorrente do concurso formal ou do crime continuado, ou, no caso de concurso material, a soma de todas as penas mínimas abstratas, não havendo que calcular o benefício sobre a pena de cada crime isoladamente, como se não houvesse concurso. Esse entendimento, inclusive, encontra-se na Súmula 243 do STJ. Referido Tribunal vem também estendendo essa interpretação ao instituto da transação penal. O limite da pena, na realidade, não pode ultrapassar o limite de dois anos. No que concerne à transação penal, a própria lei descreve que as penas da infração de menor potencial ofensivo e do delito conexo, para efeito de incidência do instituto da transação penal, não serão somadas. Ainda que conexos os crimes, deverão eles ser analisados isoladamente para efeito da incidência da transação penal, tal como ocorre com a prescrição (CP, art. 119). Com igual razão, tal interpretação deverá ser estendida para o concurso formal de crimes e para a continuidade delitiva.

Considera-se, portanto, isoladamente cada infração penal, sem os acréscimos decorrentes do concurso de crimes.

(ii) Do mesmo modo se procede com qualquer causa especial de aumento de pena. Se, com o aumento, a pena mínima ultrapassar o limite legal, torna-se inadmissível a medida.

(iii) Na compreensão da pena mínima não superior a um ano, para efeito de admissibilidade da suspensão do processo, devem ser consideradas as causas especiais de diminuição de pena em seu percentual maior, desde que já reconhecidas na peça de acusação.

(iv) A exigência da reparação dos danos não é requisito para concessão da suspensão condicional do processo, mas sim condição da extinção da punibilidade. Vale dizer, não há que se falar, no que toca à suspensão condicional do processo, em reparação dos danos antes do período de prova, ao qual o acusado será submetido.

(v) Uma vez aceita a proposta de suspensão condicional do processo formulada pelo MP, esta se torna irretratável, salvo em caso de comprovado vício de consentimento, tais como erro ou coação.

(vi) *Emendatio libelli*: nos termos dos parágrafos do art. 383 do CPP, que tratam da *emendatio libelli*. O § 1º prevê que: "Se, em consequência de definição jurídica diversa, houver possibilidade de proposta de suspensão condicional do processo, o juiz procederá de acordo com o disposto na lei". É, portanto, expressa a orientação contida na Súmula 337 do STJ: "É cabível a suspensão condicional do processo na desclassificação do crime e na procedência parcial da pretensão punitiva". Desse modo, deverá o juiz, em tais casos, proceder de acordo com a Lei n. 9.099/95, a fim de que se possibilite a proposta da suspensão condicional do processo pelo Ministério Público, nas hipóteses em que esta seja possível (art. 89 da Lei). De acordo com o § 2º, se, em consequência da nova definição jurídica, o crime passar a ser de competência de outro juízo, os autos deverão a este ser remetidos, por exemplo, delito cuja competência seja dos Juizados Especiais Criminais, onde será possível a realização da transação penal (art. 72 da Lei).

21.6.5.2. Representação do ofendido

(i) Se o crime foi praticado após a entrada em vigor da Lei n. 9.099/95, o prazo decadencial será o de seis meses, aplicando-se a regra geral do art. 38 do Código de Processo Penal.

(ii) A contravenção penal de vias de fato é de ação penal pública incondicionada, nos termos do art. 17 da LCP, pouco importando que o crime de lesões corporais de natureza leve, dentro do qual estão inseridas as vias de fato, dependa de representação do ofendido.

21.6.5.3. Desclassificação para infração de menor potencial ofensivo

No Júri, se houver desclassificação da infração para outra, de competência do juiz singular, ao presidente do Tribunal do Júri caberá proferir sentença em seguida, aplicando-se, quando o delito resultante da nova tipificação for considerado pela lei como infração penal de menor potencial ofensivo, o disposto nos arts. 69 e seguintes da Lei n. 9.099/95

(CPP, art. 492, § 1º). A competência para o julgamento da infração passa, portanto, para o juiz-presidente, que terá de proferir a decisão naquela mesma sessão.

21.6.5.4. Descumprimento da pena restritiva de direitos na transação penal

Na hipótese de o autor do fato não cumprir a pena restritiva de direitos acordada em audiência preliminar, nos termos do art. 76 da Lei n. 9.099/95, há posicionamento no sentido de que se deve operar a conversão da pena restritiva em privativa de liberdade, pelo tempo da pena originalmente aplicada, nos termos do art. 181, § 1º, c, da LEP, até porque se trata de sanção penal imposta em sentença definitiva de condenação, chamada condenação imprópria, porque aplicada em jurisdição consensual e não conflitiva (nesse sentido: Ada Pellegrini Grinover et al., Juizados Especiais Criminais — comentários à Lei n. 9.099/95, São Paulo, Revista dos Tribunais, 1997, p. 190). Entretanto, os tribunais superiores possuem entendimento de que a sentença que aplica a pena em virtude da transação penal não é condenatória, nem absolutória, mas meramente homologatória com eficácia de título executivo judicial, sendo que, uma vez descumprida a pena imposta, ocorre o descumprimento do acordo, e, em consequência, os autos devem ser remetidos ao Ministério Público para que requeira a instauração de inquérito policial ou ofereça a denúncia.

21.6.5.5. Não pagamento da pena de multa na transação penal

De acordo com os arts. 84 e 85 da Lei n. 9.099/95, aplicada exclusivamente a pena de multa, seu cumprimento far-se-á mediante pagamento na secretaria do Juizado, sem recolhimento, por guia, ao fundo penitenciário. Não efetuado o pagamento da multa, será feita a conversão em pena privativa da liberdade ou restritiva de direitos.

> **Nosso entendimento:** embora não seja o entendimento majoritário, entendemos que tais dispositivos estão revogados pelo art. 51 do CP, que atualmente proíbe a conversão da pena de multa em detenção na hipótese de o condenado solvente deixar de pagá-la ou frustrar sua execução. Dessa forma, entendemos que, uma vez não efetuado o pagamento da multa na transação penal, deverá a Procuradoria Fiscal operar a execução da multa, nos termos da redação do art. 51 do CP.

No mesmo sentido, há decisão do STJ determinando que o inadimplemento de multa imposta decorrente de transação penal, deve ser cobrado por intermédio de execução penal, conforme art. 51 do CP, não se admitindo, por conseguinte, o oferecimento de denúncia.

21.6.5.6. Da violência doméstica e familiar contra a mulher e da Lei dos Juizados Especiais Criminais

(i) Conceito de violência doméstica ou familiar: mencionada lei tratar especificamente da violência doméstica e familiar contra a mulher (sobre o conceito e formas de violências doméstica e familiar contra a mulher, *vide* arts. 5º e 7º da lei), de modo que o corpo de normas protetivas se destina apenas a ela. De acordo com o art. 5º da lei, a violência doméstica ou familiar consiste em "qualquer ação ou omissão baseada no gênero que lhe cause morte, lesão, sofrimento físico, sexual ou psicológico e dano moral ou patrimonial" no âmbito da unidade doméstica, no âmbito da família ou em qualquer relação íntima de afeto, na qual o agressor conviva ou tenha convivido com a ofendida, independentemente de coabitação. A Lei n. 11.340/2006 tem por objetivo precípuo a proteção da vítima que coabita com o agressor, como também o resguardo daquela que, no passado, conviveu sob o mesmo teto, desde que haja nexo entre a agressão e a relação íntima de afeto que uma vez já existiu entre o casal: "a família é considerada a união desses indivíduos, que são ou se consideram aparentados, por laços naturais, afinidade ou vontade expressa e o âmbito doméstico e familiar é caracterizado por qualquer relação íntima de afeto, em que o agressor conviva ou tenha convivido com a ofendida, independentemente de coabitação" (STJ, AgRg no REsp 1.931.918/GO, Rel. Min. Rogerio Schietti Cruz, 6ª Turma, DJe 30-9-2021).

O art. 6º, por sua vez, define o que se entende por violência física, psicológica, sexual, patrimonial e moral, contra a mulher. Compreende, assim, por exemplo, a ofensa à integridade ou saúde corporal da mulher; ameaça, constrangimento, humilhação ou qualquer outro meio que lhe cause prejuízo à saúde psicológica e à autodeterminação; a ação de constranger a mulher a presenciar, manter ou participar de relação sexual não desejada, mediante intimidação, ameaça, coação ou uso de força; a conduta de reter, subtrair, destruir objetos, instrumentos de trabalho, documentos pessoais; e qualquer conduta que configure calúnia, difamação e injúria, dentre outras condutas.

No mais, destaca-se os arts. 10-A, 12-A e 12-B da Lei Maria da Penha, que, em suma, asseguram, como direito da mulher em situação de violência doméstica e familiar, atendimento policial e pericial especializado, ininterrupto e prestado preferencialmente por servidores do sexo feminino, previamente capacitados para tanto. Por fim, a lei também trouxe diretrizes e procedimentos específicos para a inquirição da mulher em referida situação, bem como da testemunha de violência doméstica.

(ii) Autores da violência doméstica e familiar: podem ser não só o cônjuge ou companheiro, mas também os pais, avós, irmãos, tios, sobrinhos, padrastos, enteados etc., desde que, obviamente, exista vínculo doméstico ou familiar entre o autor da violência e a vítima.

(iii) Sanção penal: a lei, dentre outras modificações, aumentou a sanção penal para os crimes praticados com violência doméstica e familiar. Assim, citada lei operou modificações na sanção penal cominada ao crime do art. 129, § 9º, com pena de detenção de 3 (três) meses a 3 (três) anos. Além disso, acrescentou ao art. 129 o § 11, passando a incidir uma causa de aumento de pena no caso de violência doméstica. Assim, a pena será aumentada de 1/3 se a vítima for pessoa com deficiência. Operou, finalmente, modificações na alínea *f* do inciso II do art. 61 do CP e no art. 152 da LEP.

(iv) Lei dos Juizados Especiais Criminais: o art. 41 da Lei n. 11.340/2006 vedou a incidência da Lei dos Juizados Especiais Criminais no caso de violência doméstica e familiar contra a mulher.

(v) Lesão corporal dolosa leve e a Lei dos Juizados Especiais Criminais: o crime de lesão corporal dolosa leve qualificado pela violência doméstica, previsto no § 9º do art. 129 do CP, não é considerado infração de menor potencial ofensivo, do limite máximo da pena, que é de três anos. Em tese, seria, ainda, cabível o instituto da suspensão condicional do processo (art. 89 da lei), em face do limite mínimo da sanção penal (três meses de detenção). Contudo, a Lei n. 11.340/2006 dispõe, em seu art. 41: "Aos crimes praticados com violência doméstica e familiar contra a mulher, independentemente da pena prevista, não se aplica a Lei n. 9.099/95", vedando, assim, por completo, a incidência dos institutos benéficos da Lei n. 9.099/95.

Nesse sentido, o STJ aprovou a Súmula 542: "a ação penal relativa ao crime de lesão corporal resultante de violência doméstica contra a mulher é pública incondicionada".

(vii) Penas alternativas: a lei dificultou a aplicação de penas alternativas. Assim, dispõe o art. 17 da lei: "É vedada a aplicação, nos casos de violência doméstica e familiar contra a mulher, de penas de cesta básica ou outras de prestação pecuniária, bem como a substituição de pena que implique o pagamento isolado de multa".

(viii) A providência cautelar da Lei n. 9.099/95 e as medidas protetivas de urgência da lei vigente: de acordo com o disposto no art. 69, parágrafo único, da Lei: "ao autor do fato que, após a lavratura do termo, for imediatamente encaminhado ao juizado ou assumir o compromisso de a ele comparecer, não se imporá prisão em flagrante, nem se exigirá fiança. Em caso de violência doméstica, o juiz poderá determinar, como medida de cautela, seu afastamento do lar, domicílio ou local de convivência com a vítima". Esse dispositivo legal, a partir do advento da Lei n. 11.340/2006, não se aplica mais aos crimes de lesão corporal leve qualificados pela violência doméstica (art. 129, § 9º), uma vez que, em face do aumento do limite máximo de pena, deixou de constituir infração de menor potencial ofensivo. Assim, no caso de lesão corporal decorrente de violência doméstica que tenha sido vítima pessoa do sexo masculino, por exemplo, pessoa idosa, não haverá mais a providência cautelar acima mencionada, ficando as vítimas desprotegidas pela lei. Já a mulher, vítima de violência doméstica e familiar, pelo contrário, contará com diversos mecanismos de proteção da lei, dentre eles as medidas protetivas de urgência (*vide* arts. 22 e 23 da Lei n. 11.340/2006. Sobre as medidas protetivas de urgência que podem ser deferidas pelo juiz, *vide* arts. 22 e 23). Obviamente que, para a concessão de tais medidas protetivas de urgência, devem estar presentes os pressupostos para a concessão das medidas cautelares (perigo da demora e aparência de bom direito).

Importante destacar que o art. 12-C da Lei n. 11.340 expandiu os legitimados para imposição da medida cautelar de afastamento do lar do agressor, isto é, verificada a existência de risco atual ou iminente à vida ou à integridade física da mulher em situação de violência doméstica e familiar, ou de seus dependentes, o agressor será imediatamente afastado do lar, domicílio ou local de convivência com a ofendida pela autoridade judicial; pelo delegado de polícia, quando o Município não for sede de comarca; ou pelo policial, quando o Município não for sede de comarca e não houver delegado disponível no momento da denúncia (nos últimos dois casos, o magistrado deverá ser comunicado no prazo máximo de 24 horas).

(ix) Juizados de Violência Doméstica e Familiar contra a Mulher: prevê ainda a Lei, em seu art. 14, que "Os Juizados de Violência Doméstica e Familiar contra a Mulher, órgãos da Justiça Ordinária com competência cível e criminal, poderão ser criados pela União, no Distrito Federal e nos Territórios, e pelos Estados, para o processo, o julgamento e a execução das causas decorrentes da prática de violência doméstica e familiar contra a mulher. Parágrafo único. Os atos processuais poderão realizar-se em horário noturno, conforme dispuserem as normas de organização judiciária".

(x) Competência das Varas Criminais enquanto não criados os Juizados: "Enquanto não estruturados os Juizados de Violência Doméstica e Familiar contra a Mulher, as varas criminais acumularão as competências cível e criminal para conhecer e julgar as causas decorrentes da prática de violência doméstica e familiar contra a mulher, observadas as previsões do Título IV desta Lei, subsidiada pela legislação processual pertinente" (cf. art. 33, *caput*). E, ainda, será garantido o direito de preferência, nas varas criminais, para o processo e julgamento de tais causas (cf. art. 33, parágrafo único).

Jurisprudência

- ART. 12-C DA LEI MARIA DA PENHA. CONSTITUCIONALIDADE DA APLICAÇÃO PELA AUTORIDADE POLICIAL DE MEDIDA PROTETIVA DE URGÊNCIA: "É válida a atuação supletiva e excepcional de delegados de polícia e de policiais a fim de afastar o agressor do lar, domicílio ou local de convivência com a ofendida, quando constatado risco atual ou iminente à vida ou à integridade da mulher em situação de violência doméstica e familiar, ou de seus dependentes, conforme o art. 12-C inserido na Lei Maria da Penha" (STF, Plenário, ADI 6138/DF, Rel. Min. Alexandre de Moraes, j. 23-3-2022).

21.7. Procedimentos especiais previstos no Código de Processo Penal

21.7.1. Procedimento dos crimes falimentares

A recuperação judicial, extrajudicial e a falência do empresário e da sociedade empresária são reguladas pela Lei n. 11.101/2005. Passemos à sua análise.

21.7.1.1. Inquérito judicial

Conforme determina a Lei n. 11.101/2005, o juiz, em qualquer fase processual, surgindo indícios da prática de crime falimentar, cientificará o Ministério Público (LF, art. 187, § 2º), o qual deverá, se entender ser o caso, requisitar a instauração de inquérito policial. Convém notar que esse dispositivo esvaziou o caráter especial do procedimento falimentar, eliminando seu caráter bifásico, única característica que lhe conferia a qualidade de especial.

Em suma, o inquérito que apura os crimes falimentares não é presidido pelo juiz, mas pela autoridade policial, e possui caráter inquisitivo.

21.7.1.2. Recebimento da denúncia. Motivação

Como a Lei n. 11.101/2005 não contém disposição específica sobre o tema, incidirá aqui a discussão cabível em todos os crimes quanto à necessidade ou não de fundamentação quando do recebimento da denúncia, pois, como a lei não falou mais nada, aplicando-se a regra geral, ou seja, a jurisprudência predominante dispensa o recebimento de qualquer necessidade de motivação.

21.7.1.3. Competência

Na sistemática da Lei n. 11.101/2005, é expressamente determinada a competência do juiz criminal da jurisdição onde tenha sido decretada a falência, concedida a recuperação judicial ou homologado o plano de recuperação extrajudicial, para conhecer da ação penal pelos crimes previstos na Lei (art. 183). A Lei, portanto, retirou expressamente do "juízo universal da falência" a competência para processar e julgar os crimes falimentares.

21.7.1.4. Rito

Como vimos anteriormente, de acordo com a Lei n. 11.101/2005, recebida a denúncia ou queixa (no caso de crime de ação penal privada subsidiária) pelo juiz criminal, observar-se-á, consoante o art. 185, o rito previsto nos arts. 531 a 540 do Código de Processo Penal (atualmente, arts. 531 a 538. *Vide* também redação dos arts. 395, 396 e 397, aplicáveis ao procedimento sumário). Os crimes falimentares, portanto, sujeitar-se-ão ao procedimento sumário.

21.7.1.5. Natureza jurídica da sentença que decreta a falência, concede a recuperação judicial ou extrajudicial

A Lei n. 11.101/2005 determina a sentença que decreta a falência, concede a recuperação judicial ou extrajudicial constitui uma condição objetiva de punibilidade das infrações previstas nessa Lei (art. 180). Na condição objetiva de punibilidade, o fato criminoso reputa-se perfeito e consumado com a prática da ação ou omissão, contudo a lei condiciona a sua punibilidade à ocorrência de determinado acontecimento, que, no caso, é a prolação da sentença judicial que declara a falência, concede a recuperação judicial ou extrajudicial. De qualquer modo, antes do advento de tal condição, não pode ser iniciada a persecução penal, nem mesmo extrajudicial, pois, não havendo pretensão punitiva que possa ser satisfeita, ainda não há possibilidade de investigação e processo por absoluta falta de objeto.

21.7.1.6. Cientificação do MP e prazo para a propositura da ação penal

De acordo com o disposto no art. 187, "intimado da sentença que decreta a falência ou concede a recuperação judicial, o Ministério Público, verificando a ocorrência de qualquer crime previsto nesta Lei, promoverá imediatamente a competente ação penal ou, se entender necessário, requisitará a abertura de inquérito policial". De acordo com o § 1º, "O prazo para oferecimento da denúncia regula-se pelo art. 46 do Código de Processo Penal, salvo se o Ministério Público, estando o réu solto ou afiançado, decidir aguardar a apresentação da exposição circunstanciada de que trata o art. 186 desta Lei, devendo, em seguida, oferecer a denúncia em 15 (quinze) dias". O § 2º, por sua vez, prevê: "Em qualquer fase processual, surgindo indícios da prática dos crimes previstos nesta Lei, o juiz da falência ou da recuperação judicial ou da recuperação extrajudicial cientificará o Ministério Público". O Ministério Público, recebendo a notificação, deverá acompanhar o caso até a decretação da falência, pois antes disso ainda não existe condição de punibilidade satisfeita, não havendo objeto a ser investigado ou processado. Investiga-se e instaura-se o processo criminal com o intuito de satisfazer a pretensão punitiva, de modo que, se esta ainda não pode ser satisfeita ante a ausência de uma exigência legal, nada justifica o início dos procedimentos apuratórios, os quais, além de açodados, poderiam posteriormente se revelar inúteis.

21.7.1.7. Relatório

Ao administrador judicial compete, na falência, apresentar o relatório sobre as causas e circunstâncias que conduziram à situação de falência, no qual apontará a responsabilidade civil e penal dos envolvidos, observado o disposto no art. 186 da Lei (art. 22, III, *e*). De acordo com o art. 186, "no relatório previsto na alínea *e* do inciso III do *caput* do art. 22 desta Lei, o administrador judicial apresentará ao juiz da falência exposição circunstanciada, considerando as causas da falência, o procedimento do devedor, antes e depois da sentença, e outras informações detalhadas a respeito da conduta do devedor e de outros responsáveis, se houver, por atos que possam constituir crime relacionado com a recuperação judicial ou com a falência, ou outro delito conexo a estes. Parágrafo único. A exposição circunstanciada será instruída com laudo do contador encarregado do exame da escrituração do devedor".

21.7.1.8. Ação penal

De acordo com o art. 184 da Lei n. 11.101/2005, os crimes previstos na Lei de Falências são todos de ação penal pública incondicionada. Nada impede, contudo, a propositura de ação penal privada subsidiária na hipótese em que, decorrido o prazo para o oferecimento da denúncia pelo *Parquet*, este queda-se inerte. Estarão legitimados, para tanto, qualquer credor habilitado ou o administrador judicial, observado o prazo decadencial de seis meses (art. 184, parágrafo único).

21.7.1.9. Efeitos da condenação

De acordo com o art. 181, *caput*, da Lei n. 11.101/2005, "são efeitos da condenação por crime previsto nesta Lei: I – a inabilitação para o exercício de atividade empresarial; II – o impedimento para o exercício de cargo ou função em conselho de administração, diretoria ou gerência das sociedades sujeitas a esta Lei; III – a impossibilidade de gerir empresa por mandato ou por gestão de negócio". De acordo com o § 1º, "os efeitos de que trata este artigo não são automáticos, devendo ser motivadamente declarados na sentença, e perdurarão até 5 (cinco) anos após a extinção da punibilidade, podendo, contudo, cessar antes pela reabilitação criminal". Finalmente, "Transitada em julgado a sentença penal condenatória, será notificado o Registro Público de Empresas para que tome as medidas necessárias para impedir novo registro em nome dos inabilitados" (§ 2º).

21.7.1.10. Prescrição

A prescrição dos crimes falimentares é regrada pelo CP, iniciando-se com a decretação da falência, da concessão da recuperação judicial ou da homologação do plano de recuperação extrajudicial (Lei n. 11.101/2005, art. 182). Dessa forma, vale a regra do art. 109 do CP, bem como todos os dispositivos relacionados à prescrição previstos no Estatuto Repressivo (prescrição calculada de acordo com a pena máxima cominada, prescrição intercorrente e retroativa).

21.7.2. Procedimento dos crimes contra a honra

21.7.2.1. Introdução

Primeiro, consigne-se que os crimes contra a honra previstos no Código Penal, são considerados infrações de menor potencial ofensivo e, por essa razão, estão sujeitos às disposições da Lei dos Juizados Especiais Criminais, independentemente do procedimento previsto.

Ressalve-se que apenas os crimes de calúnia majorada (CP, art. 138 c/c o art. 141) e injúria qualificada por preconceito de religião, condição de pessoa idosa ou com deficiência (CP, art. 140, § 3º, por ultrapassarem o limite de pena (pena máxima igual ou inferior a dois anos de reclusão ou detenção), não se enquadram no conceito das mencionadas leis.

Nesse contexto, convém mencionar que em três situações a Lei dos Juizados Especiais Criminais exclui as infrações de menor potencial ofensivo do seu procedimento sumaríssimo: (i) "quando não encontrado o acusado para ser citado, o juiz encaminhará as peças existentes ao Juízo comum para adoção do procedimento previsto em lei" (art. 66, parágrafo único). Da mesma forma, quando houver necessidade da citação com hora certa, nas hipóteses em que o réu se oculta, dada a sua incompatibilidade com o rito célere dos Juizados Especiais Criminais (conforme redação do art. 362 do CPP). Em tais situações, deverá ser adotado procedimento previsto nos arts. 531 e seguintes do CPP (sumário) (CPP, art. 538); (ii) "se a complexidade ou circunstâncias do caso não permitirem a formulação da denúncia, o Ministério Público poderá requerer ao Juiz o encaminhamento das peças existentes, na forma do parágrafo único do art. 66 desta Lei" (art. 77, parágrafo único). Nessa hipótese, deverá ser adotado procedimento previsto nos arts. 531 e seguintes do CPP (sumário) (CPP, art. 538); (iii) em razão de conexão ou continência com infração de competência do juízo comum ou do tribunal do júri (art. 60).

Pois bem. Quanto ao procedimento propriamente dito, temos que se encontra previsto no Livro II, Título II, Capítulo III do CPP, especificamente nos arts. 519 a 523.

Apesar de o Código de Processo Penal prever o procedimento especial somente para a calúnia e a injúria, aplica-se também à difamação, pois, na época em que o Código foi elaborado, achava-se em vigor o Código Penal de 1890, que tratava a difamação como modalidade de injúria.

Esse procedimento é especial em relação ao sumário e ao ordinário.

Os crimes contra a honra, em regra, são de ação penal privada, porém, serão de ação penal pública quando:

(i) injúria real da qual resultem lesões corporais — ação penal pública incondicionada;

(ii) injúria decorrente de preconceito de raça, cor, etnia, religião, origem ou condição de pessoa idosa ou portadora de deficiência — ação penal pública condicionada à representação do ofendido (CP, art. 145, parágrafo único);

(iii) crime contra a honra do presidente da República ou chefe de governo estrangeiro — ação penal pública condicionada à requisição do ministro da Justiça;

(iv) crime contra a honra de funcionário público no exercício de suas funções — conforme entendimento sumulado pelo STF (Súmula 714), trata-se de legitimidade concorrente do ofendido, mediante queixa, e do Ministério Público, condicionada à representação do ofendido.

Cumpre, finalmente, ressalvar que há crimes contra a honra que seguem procedimento específico, como os previstos no Código Eleitoral e no CPM, e que não admitem a incidência do procedimento da Lei dos Juizados Especiais Criminais. Nesse caso, deverão seguir as regras procedimentais específicas da lei eleitoral e do Código de Processo Penal Militar, não havendo que se cogitar da aplicação do rito especial dos crimes contra a honra previsto no Código de Processo Penal.

21.7.2.2. Procedimento

(i) Oferecimento da queixa-crime: o juiz abrirá vista ao representante do Ministério Público para que adite a queixa, supra irregularidades, saneie omissões etc., no prazo de três dias, sob pena de inocorrer qualquer vicissitude, prosseguindo-se o procedimento.

(ii) Audiência de tentativa de conciliação: o juiz manda notificar o querelante e o querelado a fim de que compareçam à audiência designada. Ambos devem comparecer sem os advogados. O juiz ouve separadamente as partes e, conforme o caso, tenta ou não a conciliação.

Acerca dessa audiência, cinco importantes questões se colocam em discussão. Quais sejam:

Qual a natureza jurídica desta audiência? Para alguns, trata-se de condição objetiva de procedibilidade especial, enquanto outros atestam ser uma condição objetiva de procedibilidade imprópria. Porém, prevalece o entendimento no sentido de que tal audiência constitui condição objetiva de prosseguibilidade da ação penal.

Qual a consequência do não comparecimento do querelante a esta audiência? Existem duas posições a respeito.

Na primeira, extingue-se a punibilidade do querelado em face da perempção, estatuída no art. 60, III, do Código de Processo Penal. Na segunda, a perempção constitui, na realidade, um instituto que pressupõe a existência de processo, jamais ocorrendo sem a instauração ou antes deste. Por outro lado, a perempção é também uma sanção aplicada em face da desídia do autor. Logo, a mera recusa deste em tentar a conciliação significa a sua real intenção de participar do litígio. Embora a primeira posição manifeste a opinião majoritária, é certo que a segunda, do ponto de vista técnico-processual, constitui a mais correta.

E no caso da ausência do querelado? Tem-se por frustrada a audiência, facultando-se ao juiz receber queixa.

Existe audiência de conciliação nos casos de ação penal pública por crime contra a honra? Não, pois nesse caso o processo não é regido pelo princípio da oportunidade e disponibilidade.

E se não for realizada essa audiência de conciliação? Ter-se-á uma nulidade relativa, cuja declaração carecerá de prova do prejuízo.

(i) Frustrada a tentativa conciliatória, observar-se-á o disposto no Capítulo I, Título I, do Livro II, que trata da instrução criminal.

(ii) O juiz analisará se não é caso de rejeição liminar da queixa-crime (deverá avaliar todos os requisitos do art. 395: condição da ação, possibilidade jurídica do pedido etc.).

(iii) Se não for caso de rejeição liminar, recebê-la-á e ordenará a citação do querelado para responder à acusação, por escrito, no prazo de dez dias.

(iv) Na resposta, poderá o querelado: (i) arguir preliminares; (ii) alegar tudo o que interesse à sua defesa, por exemplo, matérias que levem à absolvição sumária, as quais se encontram descritas no art. 397 do CPP (causas excludentes da ilicitude, atipicidade do fato etc.).

(v) Por ocasião do oferecimento da resposta inicial, poderá o querelado, ainda, apresentar a exceção da verdade nos autos principais. O querelante será notificado para dentro de dois dias oferecer sua resposta, podendo ser inquiridas as testemunhas arroladas na queixa, ou outras indicadas naquele prazo, em substituição às primeiras, ou para completar o máximo legal.

(vi) Com a resposta do querelado, analisará o juiz a possibilidade de absolvição sumária.

(vii) Não sendo hipótese de absolvição sumária, o juiz designará dia e hora para a audiência de instrução e julgamento, ordenando a intimação do acusado, de seu defensor, do Ministério Público e, se for o caso, do querelante e do assistente. A audiência será, em regra, única, por força do princípio da concentração dos atos processuais.

A retratação do querelado, prevista no art. 143 do CP, tem sua aplicabilidade restrita à ação penal privada, relativa aos crimes de calúnia e de difamação. Tratando-se de ação penal pública condicionada à representação do ofendido, incabível é a retratação.

Por ocasião do oferecimento da defesa inicial (CPP, art. 396-A), o querelado poderá apresentar a exceção da verdade ou da notoriedade (CPP, art. 523). A exceção da verdade nada mais é do que uma oportunidade concedida ao réu de demonstrar a *veracidade das suas afirmações ofensivas*. Já a exceção de notoriedade consiste na oportunidade facultada ao réu de demonstrar que as suas *afirmações são do domínio público*. Devem ser alegadas nos próprios autos principais, juntamente com a defesa inicial.

São hipóteses de cabimento das exceções:

(i) Crime de calúnia: pelo fato de consistir tal crime na imputação falsa de fato definido como crime, é perfeitamente possível demonstrar que as afirmações são verdadeiras, hipótese em que o fato será atípico. Porém, *não* será cabível:

— quando for praticada contra o presidente da República ou chefe de governo estrangeiro;

— quando o fato imputado for de ação penal privada, e o autor desse fato não sofreu condenação irrecorrível;

— quando o fato imputado for de ação penal pública, e o autor desse fato houver sido absolvido por decisão irrecorrível.

(ii) Crime de difamação: este crime consiste na imputação de fato ofensivo à honra, seja verdadeiro ou falso, pois ninguém é censor da vida alheia. Neste caso, pouco importa a exceção da verdade, pois se o fato for verdadeiro continuará havendo o crime. Logo, não cabe a exceção da verdade. Porém, excepcionalmente, será cabível quando a difamação for contra funcionário público no exercício das suas funções, tendo em vista a supremacia do interesse da administração pública. Com relação à exceção de notoriedade, esta será sempre cabível na difamação, uma vez que se o fato já era notório a vítima não foi difamada.

(iii) Crime de injúria: jamais serão cabíveis tais exceções, pois neste crime não se imputa um fato, mas um adjetivo desairoso.

Se o querelante gozar de foro privilegiado, o juiz deverá remeter o processo ao tribunal competente para julgar o querelante. O tribunal aprecia a exceção da verdade, devolvendo logo em seguida os autos à primeira instância, desde que a exceção haja sido repelida.

Por outro lado, se a exceção não for oposta por ocasião da defesa inicial, não se presumirão verdadeiros os fatos imputados, vez que inexiste a responsabilidade penal objetiva. Tourinho Filho, no entanto, entende que nesse caso a matéria fica preclusa à defesa.

21.7.2.3. Do pedido de explicações. Procedimento

Previsto no art. 144 do CP, o pedido de explicações consiste no procedimento adotado nos crimes contra a honra, toda vez que se verificar dúvida quanto às expressões ofensivas. Trata-se de uma medida preliminar, embora não obrigatória à propositura da ação penal.

Ingressa-se com o pedido perante o juízo criminal, hipótese em que o mesmo tornar-se-á prevento com relação a eventual oferecimento de queixa-crime.

Recebendo o pedido, o juiz mandará autuá-lo e designará audiência para que o pretenso ofensor esclareça as suas afirmações. Porém, o juiz poderá, ao invés de intimar o ofensor a comparecer à audiência, solicitar explicações por escrito. Se o ofensor gozar de foro privilegiado, o pedido deverá ser formulado junto ao tribunal competente.

Cumpre ressaltar que o prazo decadencial não é interrompido pelo pedido, de tal sorte que o querelante deverá ajuizar a queixa-crime antes da ocorrência do referido prazo fatal.

Por outro lado, destaque-se que ao juiz não caberá julgar as explicações, até porque, por equiparar-se a uma notificação judicial, não comporta qualquer juízo de valor. Cabe ao ofendido analisar se as explicações são ou não satisfatórias, para daí, sim, intentar ou não a queixa-crime. O juiz jamais poderá indeferir liminarmente o pedido de explicações, salvo quando constatar a ocorrência do lapso decadencial.

21.7.3. Procedimento dos crimes funcionais

21.7.3.1. Introdução

O procedimento especial previsto no art. 514 do CPP aplica-se a todos os crimes funcionais afiançáveis, ficando excluídos os inafiançáveis.

Os crimes funcionais são aqueles cometidos pelo funcionário público no exercício das suas funções contra a administração pública. Dentre estes estão:

(i) crimes funcionais próprios: só podem ser praticados por funcionários públicos, ou seja, a ausência da condição de funcionário público leva à atipicidade da conduta;

(ii) crimes funcionais impróprios: são aqueles que podem ser praticados também por particulares, ocorrendo tão somente uma nova tipificação. A inexistência da condição de funcionário público leva à desclassificação para outra infração.

Tanto os crimes funcionais próprios como os impróprios submetem-se ao procedimento especial, bastando apenas que sejam afiançáveis.

21.7.3.2. Procedimento

(i) Oferecimento da denúncia ou queixa: oferecida a denúncia ou queixa, o juiz, antes de recebê-la, determinará não só a sua autuação, mas também mandará notificar o agente para apresentar a sua defesa preliminar no prazo de quinze dias.

Essa defesa visa impedir o recebimento da peça acusatória inaugural, no interesse da administração pública. Constitui uma fase obrigatória no procedimento; a sua falta acarreta a nulidade do processo, por ofensa ao princípio da ampla defesa e do contraditório (nulidade absoluta). De acordo com o enunciado da Súmula 330 do STJ:

"É desnecessária a resposta preliminar de que trata o artigo 514 do Código de Processo Penal, na ação penal instruída por inquérito policial". O STF tem considerado que a ausência de resposta preliminar configura nulidade relativa (STF, HC 191.613 AgR, Rel. Ricardo Lewandowski, 2ª Turma, *DJe* 4-11-2020).

Importante mencionar que o Código prevê expressamente a incidência dos arts. 395 a 398 (menção ao art. 398 é incorreta, pois ele foi revogado) a todos os procedimentos penais de primeiro grau, ainda que por ele não regulados (CPP, art. 394, § 4º). Referidos dispositivos legais referem-se à rejeição da denúncia, à defesa inicial e às hipóteses de absolvição sumária. Contudo, há procedimentos específicos, como o dos crimes funcionais, que contemplam a defesa preliminar, cuja função é impedir o próprio recebimento da denúncia ou queixa, ao contrário da defesa prevista no art. 396, a qual é posterior a este ato e visa à absolvição sumária, fato este que suscitará inúmeros questionamentos quanto à incidência do art. 394, § 4º.

(ii) Recebimento da denúncia ou queixa: a partir do recebimento da peça acusatória o procedimento se ordinariza.

21.7.4. Procedimento dos crimes contra a propriedade imaterial

21.7.4.1. Introdução

Os crimes contra a propriedade imaterial estão previstos no art. 184 e parágrafos do CP.

A ação penal, nas hipóteses do *caput* do art. 184, será exclusivamente privada (CP, art. 186, I). Nas formas qualificadas previstas nos §§ 1º e 2º, a ação será pública incondicionada (CP, art. 186, II), e, na do § 3º, pública condicionada à representação do ofendido (CP, art. 186, IV). Será também pública incondicionada a ação penal quando o crime, qualquer que seja a sua forma, tiver sido cometido em detrimento de entidades de direito público, autarquia, empresa pública, sociedade de economia mista ou fundação instituída pelo Poder Público (CP, art. 186, III).

Sendo o caso de ação penal privada (CP, art. 184, *caput*, salvo quando cometido contra entidades de direito público, autarquia, empresa pública, sociedade de economia mista ou fundação instituída pelo Poder Público), aplicar-se-á o procedimento ordinário previsto nos arts. 395 a 405 e 524 a 530-I do CPP, com as seguintes observações: (i) no caso de haver o crime deixado vestígio, a queixa ou a denúncia não será recebida se não for instruída com o exame pericial dos objetos que constituam o corpo de delito; (ii) sem a prova de direito à ação, não será recebida a queixa, nem ordenada qualquer diligência preliminarmente requerida pelo ofendido; (iii) a diligência de busca ou de apreensão será realizada por dois peritos nomeados pelo juiz, que verificarão a existência de fundamento para a apreensão; quer esta se realize, quer não, o laudo pericial será apresentado dentro de 3 dias após o encerramento da diligência. O requerente da diligência poderá impugnar o laudo contrário à apreensão, e o juiz ordenará que esta se efetue, se reconhecer a improcedência das razões aduzidas pelos peritos; (iv) encerradas as diligências, os autos serão conclusos ao juiz para homologação do laudo; (v) nos crimes de ação privativa do ofendido, não será admitida queixa com fundamento em apreensão e em perícia, se decorrido o prazo de 30 dias, após a homologação do laudo (art. 529, *caput*, do CPP); se o crime for de ação pública e não tiver sido oferecida queixa no prazo de 30 dias após a homologação do laudo (art. 529, *caput*, do CPP), será dada vista ao Ministério Público dos autos de busca e apreensão requeridas pelo ofendido; (vi) se ocorrer prisão em flagrante e o réu não for posto em liberdade, o prazo mencionado na letra anterior será de 8 dias (art. 530 do CPP).

Ocorrendo qualquer das formas qualificadas (§§ 1º, 2º e 3º) ou quando o delito for cometido em detrimento de uma daquelas pessoas elencadas no inciso III do art. 186 do CP, o procedimento será também o comum, aplicando-se, no entanto, as seguintes regras: (i) a autoridade policial procederá à apreensão dos bens ilicitamente produzidos ou reproduzidos, em sua totalidade, juntamente com os equipamentos, suportes e materiais que possibilitaram a sua existência, desde que estes se destinem precipuamente à prática do ilícito; (ii) na ocasião da apreensão, será lavrado termo, assinado por duas ou mais testemunhas, com a descrição de todos os bens apreendidos e informações sobre suas origens, o qual deverá integrar o inquérito policial ou o processo; (iii) subsequentemente à apreensão, será realizada, por perito oficial, ou, na falta deste, por pessoa tecnicamente habilitada, perícia sobre todos os bens apreendidos e elaborado o laudo que deverá integrar o inquérito policial ou o processo; (iv) os titulares de direito de autor e os que lhe são conexos serão os fiéis depositários de todos os bens apreendidos, devendo colocá-los à disposição do juiz quando do ajuizamento da ação; (v) ressalvada a possibilidade de se preservar o corpo de delito, o juiz poderá determinar, a requerimento da vítima, a destruição da produção ou reprodução apreendida quando não houver impugnação quanto à sua ilicitude ou quando a ação penal não puder ser iniciada por falta de determinação de quem seja o autor do ilícito; (vi) o juiz, ao prolatar a sentença condenatória, poderá determinar a destruição dos bens ilicitamente produzidos ou reproduzidos e o perdimento dos equipamentos apreendidos, desde que precipuamente destinados à produção e reprodução dos bens, em favor da Fazenda Nacional, que deverá destruí-los ou doá-los aos Estados, Municípios e Distrito Federal, a instituições públicas de ensino e pesquisa ou de assistência social, bem como incorporá-los, por economia ou interesse público, ao patrimônio da União, que não poderão retorná-los aos canais de comércio; (vii) as associações de titulares de direitos de autor e os que lhes são conexos poderão, em seu próprio nome, funcionar como assistente da acusação nos crimes previstos no art. 184 do CP, quando praticado em detrimento de qualquer de seus associados.

Por se tratar de infração de menor potencial ofensivo (somente o *caput* do artigo), incidem as disposições da Lei n. 9.099/95.

21.8. Procedimento de competência do Júri popular

21.8.1. Breve histórico

Na CF/88, é reconhecida a instituição do Júri com a organização que lhe der a lei, assegurados como princípios básicos: a plenitude do direito de defesa, o sigilo nas votações, a soberania dos veredictos e a competência mínima para o julgamento dos crimes dolosos contra a vida.

O Júri encontra-se disciplinado no art. 5º, XXXVIII, da Constituição, inserido no Capítulo Dos Direitos e Garantias Individuais.

Sua finalidade é a de ampliar o direito de defesa dos réus, funcionando como uma garantia individual dos acusados pela prática de crimes dolosos contra a vida e permitir que, em lugar do juiz togado, preso a regras jurídicas, sejam julgados pelos seus pares.

Como direito e garantia individual, não pode ser suprimido nem por emenda constitucional, constituindo verdadeira cláusula pétrea (núcleo constitucional intangível). Tudo por força da limitação material explícita contida no art. 60, § 4º, IV, da CF.

Seus princípios básicos são: a plenitude da defesa, o sigilo nas votações, a soberania dos veredictos e a competência mínima para julgamento dos crimes dolosos contra a vida.

A plenitude da defesa implica o exercício da defesa em um grau ainda maior do que a ampla defesa. Defesa plena, sem dúvida, é uma expressão mais intensa e mais abrangente do que defesa ampla. Compreende dois aspectos: primeiro, o pleno exercício da defesa técnica, por parte do profissional habilitado, o qual não precisará restringir-se a uma atuação exclusivamente técnica, podendo também servir-se de argumentação extrajurídica, invocando razões de ordem social, emocional, de política criminal etc. Esta defesa deve ser fiscalizada pelo juiz-presidente, o qual poderá até dissolver o conselho de sentença e declarar o réu indefeso (art. 497, V), quando entender ineficiente a atuação do defensor.

Segundo o STJ, a plenitude de defesa exercida no Tribunal do Júri não impede que o magistrado avalie no caso concreto a pertinência da produção ou não de determinada prova (STJ, AgRg no HC 676.120/MA, Rel. Min. Messod Azulay Neto, 5ª Turma, j. 5-9-2023), e tampouco pode ser manejada pelo advogado "como salvo-conduto para a prática de delitos" (STJ, RHC 156.955/SP, Rel. Min. Laurita Vaz, 6ª Turma, j. 2-5-2023).

Segundo o exercício da autodefesa, por parte do próprio réu, consistente no direito de apresentação de sua tese pessoal no momento do interrogatório, relatando ao juiz a versão que entender ser a mais conveniente e benéfica para sua defesa.

> **Nosso entendimento:** o juiz-presidente está obrigado a incluir no questionário a tese pessoal do acusado, ainda que haja divergência com a versão apresentada pelo defensor técnico, sob pena de nulidade absoluta, por ofensa ao princípio constitucional da plenitude de defesa.

Conforme determina o CPP, na elaboração dos quesitos, "o presidente levará em conta os termos da pronúncia ou das decisões posteriores que julgaram admissível a acusação, do interrogatório e das alegações das partes" (CPP, art. 482, parágrafo único).

O sigilo nas votações é princípio informador específico do Júri, a ele não se aplicando o disposto no art. 93, IX, da CF, que trata do princípio da publicidade das decisões do Poder Judiciário. Assim, conforme já decidiu o STF, não existe inconstitucionalidade alguma nos dispositivos que tratam da sala secreta (CPP, arts. 485, 486 e 487). Quando a decisão se dá por unanimidade de votos, quebra-se esse sigilo, pois todos sabem que os sete jurados votaram naquele sentido. Por esta razão, há quem sustente deva a votação do quesito ser interrompida assim que surgir o quarto voto idêntico (sendo apenas sete os jurados, não haveria como ser modificado o destino daquele quesito).

A soberania dos veredictos implica a impossibilidade de o tribunal técnico modificar a decisão dos jurados pelo mérito. Trata-se de princípio relativo, pois no caso da apelação das decisões do Júri pelo mérito (art. 593, III, d) o Tribunal pode anular o julgamento e determinar a realização de um novo, se entender que a decisão dos jurados afrontou manifestamente a prova dos autos. Além disso, na revisão criminal, a mitigação desse princípio é ainda maior, porque o réu condenado definitivamente pode ser até absolvido pelo tribunal revisor, caso a decisão seja arbitrária. Não há anulação nesse caso, mas absolvição, isto é, modificação direta do mérito da decisão dos jurados.

→ **ATENÇÃO:** a soberania do Júri é um princípio relativo porque não pode obstar o princípio informador do processo penal, qual seja, a busca da verdade real.

A competência mínima para julgar os crimes dolosos contra a vida não impede que o legislador infraconstitucional a amplie para outros crimes.

21.8.2. Organização do Júri

O Tribunal do Júri é um órgão colegiado heterogêneo e temporário, constituído por um juiz togado, que o preside, e de vinte e cinco cidadãos escolhidos por sorteio.

Anualmente, cabe ao juiz-presidente do Tribunal do Júri organizar a lista geral dos jurados. Serão alistados pelo presidente do Tribunal do Júri de 800 (oitocentos) a 1.500 (um mil e quinhentos) jurados nas comarcas de mais de 1.000.000 (um milhão) de habitantes, de 300 (trezentos) a 700 (setecentos) nas comarcas de mais de 100.000 (cem mil) habitantes e de 80 (oitenta) a 400 (quatrocentos) nas comarcas de menor população (CPP, art. 425).

A lista geral dos jurados, com indicação das respectivas profissões, será publicada pela imprensa até o dia 10 de outubro de cada ano e divulgada em editais afixados à porta do Tribunal do Júri (CPP, art. 426, *caput*).

A lista poderá ser alterada, de ofício ou mediante reclamação de qualquer do povo ao juiz-presidente, até o dia 10 de novembro, data de sua publicação definitiva (CPP, art. 426, § 1º).

Os nomes e endereços dos alistados, em cartões iguais, após serem verificados na presença do Ministério Público, de advogado indicado pela Seção local da Ordem dos Advogados do Brasil e de defensor indicado pelas Defensorias Públicas competentes, permanecerão guardados em urna fechada a chave, sob a responsabilidade do juiz-presidente (CPP, art. 426, § 3º).

O jurado que tiver integrado o Conselho de Sentença nos 12 (doze) meses que antecederam à publicação da lista geral fica dela excluído (CPP, art. 426, § 4º).

Anualmente, a lista geral de jurados será, obrigatoriamente, completada (CPP, art. 426, § 5º).

A convocação do Júri far-se-á por correio ou qualquer outro meio hábil depois do sorteio dos vinte e cinco jurados que tiverem de servir na sessão (CPP, art. 434, *caput*). O sorteio far-se-á a portas abertas, pelo juiz-presidente, a quem caberá tirar as cédulas (CPP, art. 433, *caput*).

Para ser jurado, é preciso tratar-se de brasileiro, nato ou naturalizado, maior de 18 anos, de notória idoneidade, alfabetizado e no perfeito gozo dos direitos políticos, residente na comarca, e, em regra, que não sofra de deficiências em qualquer dos sentidos ou das faculdades mentais.

O serviço do Júri é obrigatório, de modo que a recusa injustificada em lhe servir constituirá crime de desobediência. A escusa de consciência consiste na recusa do cidadão em submeter-se a obrigação legal a todos imposta, por motivos de crença religiosa ou de convicção filosófica ou política. Sujeita o autor da recusa ao cumprimento de prestação alternativa que vier a ser prevista em lei, e, no caso da recusa também se estender a esta prestação, haverá a perda dos direitos políticos, de acordo com o disposto nos arts. 5º, VIII, e 15, IV, da CF. Considera-se serviço alternativo o exercício de atividades de caráter administrativo, assistencial, filantrópico ou mesmo produtivo, no Poder Judiciário, na Defensoria Pública, no Ministério Público ou em entidade conveniada para esses fins (CPP, art. 438, § 1º). O juiz fixará o serviço alternativo atendendo aos princípios da proporcionalidade e da razoabilidade (CPP, art. 438, § 2º).

Estão isentos do serviço do Júri o presidente da República e seus ministros de Estado, os governadores e seus secretários, os membros do Poder Legislativo, em qualquer das esferas federativas, os prefeitos, os magistrados, os representantes do Ministério Público, os servidores do Poder Judiciário, do Ministério Público e da Defensoria Pública, os funcionários da polícia e da segurança pública, os militares da ativa, os cidadãos maiores de 70 (setenta) anos que requeiram sua dispensa, aqueles que o requerem, demonstrando justo impedimento (CPP, art. 437).

O exercício efetivo da função de jurado traz os seguintes privilégios: presunção de idoneidade e preferência, em igualdade de condições, nas licitações públicas e no provimento, mediante concurso, de cargo ou função pública, bem como nos casos de promoção funcional ou remoção voluntária (CPP, art. 440). Por exercício efetivo entende-se aquele jurado que comparece ao dia da sessão, ainda que não seja sorteado para compor o conselho de sentença, diante do que dispõe o art. 433. Mencione-se que ao jurado não se confere o privilégio da prisão especial, por crime comum, até o julgamento definitivo, em face do art. 439 do CPP.

21.8.3. Soberania dos veredictos

Trata-se de princípio relativo, logo não exclui a recorribilidade de suas decisões, limitando-se, contudo, a esfera recursal ao juízo rescindente (*judicium rescindem*), ou seja, à anulação da decisão pelo mérito e a consequente devolução para novo julgamento (art. 593, III, *d*). Do mesmo modo, em obediência ao princípio maior da verdade e em atenção ao princípio da plenitude da defesa, admite-se alteração do *meritum causae*, em virtude de revisão criminal.

21.8.4. Rito escalonado

O rito procedimental para os processos de competência do Júri é escalonado. A primeira fase se inicia com o oferecimento da denúncia e se encerra com a decisão de pronúncia (*judicium accusationis* ou sumário de culpa). A segunda tem início com o recebimento dos autos pelo juiz-presidente do Tribunal do Júri, e termina com o julgamento pelo Tribunal do Júri (*judicium causae*).

21.8.4.1. Judicium accusationis

Atualmente, inserem-se na competência do Júri os seguintes crimes: homicídio doloso (CP, art. 121), infanticídio (art. 123), participação em suicídio (art. 122) e o aborto (arts. 124 a 127), tentados ou consumados. Tais crimes seguirão o procedimento especial previsto nos arts. 406 a 497 do CPP, independentemente da pena prevista.

A fase do *judicium accusationis*, como já visto, inicia-se com o oferecimento da denúncia e encerra-se com a decisão de pronúncia (*judicium accusationis* ou sumário de culpa).

Pela sistemática processual, de acordo com a redação do art. 406, após a citação, o réu terá dez dias para apresentar sua defesa. Se não a apresentar, deverá o juiz nomear defensor para tanto (CPP, art. 408). Assim, a apresentação da defesa é imprescindível, e sua ausência gera nulidade absoluta.

Nessa peça processual, poderão ser arguidas preliminares e tudo o que interesse à defesa do réu, conforme preceitua o § 3º do art. 406. Deverá ainda, sob pena de preclusão, ser alegada na defesa inicial a nulidade por incompetência relativa do juízo, tendo em vista que a absoluta poderá ser alegada em qualquer tempo e grau de jurisdição. É também o momento adequado para arguir a litispendência, coisa julgada, ilegitimidade de parte, suspeição do juízo, consoante o disposto nos arts. 108 e 109 do CPP.

Trata-se, portanto, de importante instrumento da defesa, no qual poderão ser abordadas questões preliminares, arguição de exceções dilatórias ou peremptórias, matéria de mérito e amplo requerimento de provas, devendo também ser arroladas testemunhas (8). Após a apresentação da defesa, o Ministério Público ou o querelante serão ouvidos sobre as preliminares e documentos, no prazo de cinco dias.

Dispõe o art. 410 que o juiz determinará a inquirição das testemunhas e realização das diligências requeridas pelas partes no prazo máximo de dez dias.

Na audiência de instrução, serão tomadas as declarações do ofendido, se possível inquiridas as testemunhas de acusação e defesa, os esclarecimentos dos peritos, as acareações, o reconhecimento de pessoas e coisas, o interrogatório do acusado e os debates.

Há que se observar que a lei concentrou todos os atos instrutórios em uma única audiência, conforme se infere da redação do art. 411 do CPP, tal como sucede no procedimento ordinário e sumário. Além disso, o interrogatório integra essa audiência única, sendo realizado após a prática de todos os atos probatórios.

O Código de Processo Penal adota o sistema americano denominado *cross-examination*, no qual as perguntas são feitas diretamente à testemunha, pela parte que a arrolou, e não por intermédio do juiz. Cabe ao magistrado somente complementar as perguntas, no que for necessário.

Encerrada a instrução probatória, observar-se-á, se for o caso, o disposto no art. 384 do CPP.

Após o interrogatório, segue-se o debate. As alegações serão orais, concedendo-se a palavra, respectivamente, à acusação e à defesa, pelo prazo de vinte minutos, prorrogáveis por mais dez. Havendo mais de um acusado, o tempo previsto para a acusação e a defesa de cada um deles será individual. Ao assistente do Ministério Público serão concedidos dez minutos, prorrogando-se por igual período o tempo de manifestação da defesa.

Nenhum ato será adiado, salvo quando imprescindível à prova faltante, determinando o juiz a condução coercitiva de quem deva comparecer.

Após encerrados os debates orais, o magistrado deverá proferir sua decisão em audiência, ou em dez dias por escrito, devendo, neste caso, ordenar que os autos lhe sejam conclusos.

A Lei prevê a realização de todos os atos em uma única audiência, conferindo, inclusive, a faculdade de indeferir as provas consideradas irrelevantes, impertinentes ou protelatórias, conforme preceitua o § 2º do art. 411.

Somente se dará a cisão da audiência, de acordo com o § 7º do art. 411, quando esta for imprescindível à prova faltante, por exemplo, no caso de condução coercitiva da testemunha que não comparecer, bem como na hipótese do art. 384 do CPP (*mutatio libelli*).

O prazo para a conclusão da primeira fase do Tribunal do Júri será de noventa dias (CPP, art. 412).

— **Pronúncia:** decisão processual de conteúdo declaratório em que o juiz proclama admissível a imputação, encaminhando-a para julgamento perante o Tribunal do Júri. O juiz-presidente não tem competência constitucional para julgamento dos crimes dolosos contra a vida, logo não pode absolver nem condenar o réu, sob pena de afrontar o princípio da soberania dos veredictos. Na pronúncia, há um mero juízo de prelibação, pelo qual o juiz admite ou rejeita a acusação, sem penetrar no exame do mérito. Restringe-se à verificação da presença do *fumus boni iuris*, admitindo todas as acusações que tenham ao menos probabilidade de procedência.

No caso de o juiz se convencer da existência do crime e de indícios suficientes da autoria, deve proferir sentença de pronúncia, fundamentando os motivos de seu convencimento. Não é necessária prova plena de autoria, bastando meros indícios, isto é, a probabilidade de que o réu tenha sido o autor do crime.

Trata-se de decisão interlocutória mista não terminativa, que encerra a primeira fase do procedimento escalonado. A decisão é meramente processual, e não se admite que o juiz faça um exame aprofundado do mérito, sob pena de se subtrair a competência do Júri. A exagerada incursão do juiz sobre as provas dos autos, capaz de influir no ânimo do conselho de sentença, é incompatível com a natureza meramente prelibatória da pronúncia, gerando a sua nulidade e consequente desentranhamento dos autos.

Não produz coisa julgada, pois encerra mero juízo de admissibilidade, podendo ser contrariada pelos jurados.

Na fase da pronúncia vigora o princípio do *in dubio pro societate*, uma vez que há mero juízo de suspeita, não de certeza. O juiz verifica apenas se a acusação é viável, deixando o exame mais acurado para os jurados. Somente não serão admitidas acusações manifestamente infundadas, pois há juízo de mera prelibação.

É indispensável que o juiz classifique o dispositivo em que o acusado será julgado pelo Júri, quer como homicídio simples, quer qualificado. Não pode, porém, fazer qualquer menção a regras sobre concursos de crimes, a causas de diminuição de pena, tais como o privilégio, a agravantes, nem a atenuantes, a fim de preservar o campo de atuação soberana dos jurados.

No caso de surgir prova nova, durante a instrução criminal, de algum fato não descrito na denúncia, que implique uma alteração na classificação do crime, em virtude do aparecimento de elementar ou circunstância até então desconhecida, deverá ser aplicado o procedimento previsto no art. 384 do CPP (*mutatio libelli*), antes de ser prolatada a decisão de pronúncia, sob pena de afrontar o princípio da ampla defesa (*vide* CPP, art. 411, § 3º).

Assim, se, por exemplo, durante a instrução criminal surgir prova pericial, até então desconhecida, de que a mãe, ao matar o filho, não se encontrava sob influência do estado puerperal, desaparecendo, portanto, a elementar do infanticídio, o juiz não poderá pronunciar a ré diretamente por homicídio sem antes dar-lhe oportunidade de se defender da nova imputação, nos termos do parágrafo único do art. 384. Se o fizesse causaria inaceitável surpresa para a defesa, que foi acusada de um fato, e acabou pronunciada por outro.

Segundo o art. 418 do CPP, "O juiz poderá dar ao fato definição jurídica diversa da constante da acusação, embora o acusado fique sujeito a pena mais grave".

Se o juiz verificar que consta dos autos a existência de elementos probatórios que indiquem a participação de pessoas não incluídas na acusação, deverá, ao pronunciar ou impronunciar o acusado, determinar o retorno dos autos ao Ministério Público, por 15 (quinze) dias, aplicável, no que couber, o art. 80 do CPP, o qual se refere à separação dos processos (CPP, art. 417).

Com a prolação da pronúncia, esta só poderá ser alterada ante a verificação de circunstância superveniente que modifique a classificação do delito, como, por exemplo, a morte da vítima, após a pronúncia por tentativa de homicídio. Nesse sentido, dispõe o art. 421, § 1º, do CPP: "Ainda que preclusa a decisão de pronúncia, havendo circunstância superveniente que altere a classificação do crime, o juiz ordenará a remessa dos autos ao Ministério Público". Em seguida, os autos serão conclusos ao juiz para decisão (CPP, art. 421, § 2º).

Em caso de pronúncia o réu somente será preso se estiverem presentes os requisitos da prisão preventiva (CPP, art. 387, parágrafo único). Da mesma forma, o juiz-presidente, no caso de condenação, "mandará o acusado recolher-se ou recomendá-lo-á à prisão em que se encontra, se presentes os requisitos da prisão preventiva" (CPP, art. 492, I).

O juiz não pode pronunciar o réu pelo crime da competência do Júri e, no mesmo contexto processual, absolvê-lo da imputação de crime da competência do juiz singular, pois, assim agindo, estaria subtraindo dos jurados o julgamento de sua competência. Isto porque, no momento em que pronuncia o réu pelo crime doloso contra a vida, está firmando a competência do Júri para o julgamento deste, bem como dos crimes conexos. Do mesmo modo, se são dois réus, um processado por homicídio e outro por lesão corporal, em conexão, não pode o juiz pronunciar um réu (autor do homicídio) e condenar o outro (pela lesão corporal), devendo o Júri julgar os dois crimes.

O art. 420 do CPP, que trata da intimação da decisão de pronúncia, prevê que ela será feita: (i) pessoalmente ao acusado, ao defensor nomeado e ao Ministério Público; (ii) na forma do disposto no art. 370, § 1º, ao defensor constituído, ao querelante e ao assistente do Ministério Público; (iii) por edital, no caso de acusado solto que não for encontrado.

Não pode o juiz, na pronúncia, determinar o lançamento do nome do réu no rol dos culpados. Pronunciar não é condenar, logo, ainda não existe culpado; ninguém pode ser considerado culpado antes da sentença condenatória transitada em julgado (CF, art. 5º, LVII).

A pronúncia interrompe o curso da prescrição da pretensão punitiva, e não perde essa força interruptiva nem mesmo em face de desclassificação ulterior por parte dos jurados (Súmula 191 do STJ). Por exemplo: o Júri desclassifica uma tentativa de homicídio para um crime de lesão corporal. Na prescrição retroativa, a pronúncia continuará interrompendo seu curso. Da sentença de pronúncia cabe recurso em sentido estrito (CPP, art. 581, IV).

Jurisprudência

- De acordo com a Sexta Turma do STJ, a decisão de pronúncia "exige a demonstração de alter probabilidade de envolvimento do réu no crime, vedada a aplicação do *in dubio pro societate*, que não tem amparo no ordenamento jurídico" (STJ, REsp 2.091.647, Rel. Min. Rogério Schietti Cruz, 6ª Turma, j. 11-10-2023).

  — **Desclassificação:** a desclassificação ocorre quando o juiz se convencer da existência de crime não doloso contra a vida, não podendo pronunciar o réu, devendo desclassificar a infração para não dolosa contra a vida.

  Caso venha a desclassificar o delito para não doloso contra a vida, deverá remeter o processo para o juízo monocrático competente, e à disposição deste ficará o preso (CPP, art. 419).

  Ao desclassificar o crime, o juiz não poderá dizer para qual delito desclassificou, uma vez que estaria invadindo a esfera de competência do juízo monocrático e proferindo um prejulgamento dos fatos. Deverá, então, limitar-se a dizer que não se trata de crime doloso contra a vida. Se, em razão desta omissão, restar a dúvida sobre qual o juízo monocrático que deve receber o processo, deverão os autos ser remetidos ao juízo competente para o julgamento da infração mais grave, pois quem pode o mais, pode o menos.

Operada a preclusão da decisão de desclassificação, o novo juízo estará obrigado a receber o processo, não podendo suscitar conflito de competência, pois isto implicaria um retrocesso dentro do procedimento. A questão de o crime não ser doloso contra a vida não comporta mais discussão, porque quando o processo foi remetido ao juízo monocrático, já havia "transitado em julgado" a sentença desclassificatória.

O novo juízo não poderá classificar o crime como doloso contra a vida, pois esta questão já se tornou preclusa. Poderá absolver ou condenar por qualquer crime não doloso contra a vida.

Da decisão que desclassificar o delito, cabe recurso em sentido estrito com fundamento no art. 581, II, do CPP, embora alguns doutrinadores preferissem enquadrar a hipótese no inciso IV do dispositivo.

— **Impronúncia:** é uma decisão de rejeição da imputação para o julgamento perante o Tribunal do Júri, porque o juiz não se convenceu da existência do fato ou de indícios suficientes de autoria ou participação. Nesse caso, a acusação não reúne elementos mínimos sequer para ser discutidos. Não se vislumbra nem o *fumus boni iuris*, ou seja, a probabilidade de sucesso da pretensão punitiva.

Para a impronúncia é necessário que não haja prova da materialidade ou indícios suficientes de autoria ou participação.

Trata-se de decisão terminativa de natureza processual (interlocutória mista terminativa), que não analisa o mérito da causa, e que, por essa razão, só faz coisa julgada formal. Surgindo novas provas o processo pode ser reaberto a qualquer tempo, até a extinção da punibilidade (CPP, art. 414, parágrafo único). O juiz não diz que o réu é inocente, mas que, por ora, não há prova suficiente para a questão ser debatida perante o Júri. Equipara-se à rejeição da denúncia ou queixa.

Na hipótese em que o juiz entender que o fato narrado não constitui crime, ou que ficou provada a inexistência do fato, o juiz absolverá o réu (CPP, art. 415, I e III), não autorizando mais tais situações a decisão de impronúncia. Opera-se, no caso, a coisa julgada material, e o processo não pode mais ser reaberto.

Da impronúncia caberá o recurso de apelação (CPP, art. 416).

Impronunciado o réu, não poderá o juiz manifestar-se sobre os crimes conexos, devendo remetê-los ao juiz competente para julgá-los.

→ **ATENÇÃO:** despronúncia é a decisão do tribunal que julga procedente recurso da defesa contra a sentença de pronúncia.

— **Absolvição sumária:** é a absolvição do réu pelo juiz togado, quando: (i) provada a inexistência do fato; (ii) provado não ser ele autor ou partícipe do fato; (iii) o fato não constituir infração penal; (iv) demonstrada causa de isenção de pena (da culpabilidade) ou de exclusão do crime (da ilicitude) (CPP, art. 415).

A sentença é definitiva e faz coisa julgada material. Trata-se de verdadeira absolvição decretada pelo juízo monocrático.

Trata-se de uma decisão de mérito, que analisa prova e declara a inocência do acusado. Por essa razão, para que não haja ofensa ao princípio da soberania dos veredictos, a absolvição sumária somente poderá ser proferida em caráter excepcional, quando a prova for indiscutível. Havendo dúvida a respeito, por exemplo, da causa excludente ou dirimente, o juiz deve pronunciar o réu.

O parágrafo único do art. 415 faz uma ressalva: a inimputabilidade prevista no *caput* do art. 26 do CP não gerará a absolvição sumária do agente, salvo quando esta for a única tese defensiva. Com efeito, a absolvição sumária do acusado, em razão da sua inimputabilidade, devidamente comprovada em incidente de insanidade mental, é decisão ofensiva ao devido processo legal, posto que cerceia a ampla defesa do réu, erigida, em especial, à dignidade de princípio conformador do Tribunal do Júri (CF, art. 5º, XXXVIII, *a*), porquanto o obsta de levar ao juiz natural da causa, que é o corpo de jurados, a tese, *v. g.*, de excludente de ilicitude, subtraindo-lhe a oportunidade de ver-se absolvido plenamente, livrando-se de qualquer medida restritiva ou privativa de direitos.

Esse, também, o entendimento de Ricardo Luiz da Costa Tjader: "(...) estabelecida constitucionalmente a plenitude de defesa, não é mais possível se admitir que não tenha tal réu o direito a ser julgado de forma mais efetiva, a mesma dos réus imputáveis, buscando conseguir sua absolvição completa (p. ex., por não ser o autor do fato ou por ter agido ao abrigo de alguma excludente legal), que o livraria da aplicação obrigatória da medida de segurança, posto que esta somente é adequada a quem tenha praticado fato previsto como crime"[181].

"Assim, o rumo a ser agora adotado é o de pronunciar o réu, mesmo sendo inimputável, para que ele seja então julgado pelo corpo de jurados que examinará suas teses defensivas de mérito e, somente se não as acatar, é que será levada em consideração sua condição de inimputável, com a absolvição por este motivo e então, e só neste momento — após ter tido a oportunidade de ser absolvido — lhe seria aplicada medida de segurança"[182].

Somente na hipótese em que a inimputabilidade for a única tese defensiva será possível absolver o réu sumariamente.

Mencione-se que, no caso de absolvição imprópria, que é aquela em que o juiz absolve o réu, mas lhe impõe medida de segurança, a defesa também tem interesse em recorrer da decisão.

Absolvido sumariamente o acusado, não pode o juiz manifestar-se sobre os crimes conexos, devendo apenas remeter o processo ao juiz competente para julgá-los.

Da decisão que absolver o réu sumariamente, cabe apelação, conforme art. 416 do CPP.

---

[181]. Apud Alberto Silva Franco, *CP e sua interpretação jurisprudencial*, 2. ed., São Paulo: Revista dos Tribunais, p. 289.
[182]. O júri segundo as normas da Constituição Federal de 1988, *Ajuris*, n. 20, p. 246-7.

21.8.4.2. *Judicium causae*

21.8.4.2.1. Recebimento da sentença de pronúncia transitada em julgado

Após a preclusão recursal da sentença de pronúncia, ocorrerá o recebimento dos autos pelo presidente do Tribunal do Júri, que determinará a intimação do Ministério Público ou querelante, no caso de queixa, e do defensor, para, no prazo de 5 (cinco) dias, apresentarem rol de testemunhas que irão depor em plenário, até o máximo de 5 (cinco), oportunidade em que poderão juntar documentos e requerer diligência (CPP, art. 422).

21.8.4.2.2. Desaforamento

— **Conceito:** é o deslocamento da competência territorial do Júri, para a comarca mais próxima, sempre que houver interesse da ordem pública, dúvida sobre a imparcialidade do Júri ou sobre a segurança do réu (CPP, art. 427) ou, quando, por comprovado excesso de serviço, após ouvidos o juiz-presidente e a parte contrária, o julgamento não puder ser realizado no prazo de 6 (seis) meses, contado do trânsito em julgado da decisão de pronúncia (CPP, art. 428).

— **Cabimento:** o desaforamento só é possível após o "trânsito em julgado" da decisão de pronúncia do réu.

— **Interesse de ordem pública:** quando a realização do Júri colocar em perigo a paz social, gerando distúrbios incontroláveis na comarca. Ocorre em casos polêmicos que envolvem questões raciais, preferência sexual, paixões políticas etc.

— **Ameaça à segurança do réu:** quando o crime despertou clamor popular e vontade de fazer justiça por meios próprios, gerando para o acusado risco concreto de ser morto pela população local ou por familiares da vítima. Ocorre em crimes bárbaros, envolvendo, em regra, crianças ou emprego de abuso sexual.

— **Dúvida sobre a imparcialidade:** ocorre quando o réu for pessoa querida ou odiada pela população local, ou quando há fundada suspeita de corrupção no corpo de jurados, de modo a colocar em risco a lisura do julgamento. Não se exige certeza, bastando meros indícios ou fundada suspeita de parcialidade, não devendo pairar qualquer dúvida sobre a justiça da decisão do conselho de sentença.

— **Comprovado excesso de serviço:** se o julgamento não puder ser marcado dentro do prazo de seis meses do trânsito em julgado da sentença de pronúncia, serão ouvidos o juiz-presidente do tribunal do júri e a parte contrária, para determinação ou não do desaforamento. Para a contagem do prazo referido, não se computará o tempo de adiamentos, diligências ou incidentes de interesse da defesa (CPP, art. 428, § 1º). Mencione-se que, não havendo excesso de serviço ou existência de processos aguardando julgamento em quantidade que ultrapasse a possibilidade de apreciação pelo Tribunal do Júri, o acusado poderá requerer a realização imediata do julgamento (CPP, art. 428, § 2º).

— **Procedimento:** (i) quando o motivo for interesse da ordem pública, dúvida sobre a imparcialidade do Júri ou sobre a segurança do réu, o desaforamento poderá ser decretado pelo tribunal de justiça, em decorrência de requerimento de qualquer das partes ou até por representação do próprio juiz. Quando o desaforamento não tiver sido solicitado pelo juiz-presidente, este deverá prestar informações sobre sua necessidade; (ii) quando o motivo do desaforamento for a não realização do julgamento por excesso de serviço, o procedimento será o mesmo.

— **Oitiva da defesa:** de acordo com a Súmula 712 do STF, "É nula a decisão que determina o desaforamento de processo da competência do júri sem audiência da defesa".

— **Reaforamento:** é o retorno ao foro original. Determinado o desaforamento não se procede ao reaforamento, ainda que os motivos tenham cessado, pois operou-se a preclusão quanto à impossibilidade de o julgamento realizar-se na comarca. Somente em um caso seria possível o reaforamento: se no novo foro passaram a existir problemas que no original não existem mais.

— **Foro mais próximo:** o desaforamento deve ser para outra comarca da mesma região, onde não existam aqueles motivos, preferindo-se as mais próximas (CPP, art. 427, *caput*).

— **Efeito suspensivo:** sendo relevantes os motivos alegados, o relator poderá determinar, fundamentadamente, a suspensão do julgamento pelo júri (CPP, art. 427, § 2º).

— **Pendência de recurso:** na pendência de recurso contra a decisão de pronúncia ou quando efetivado o julgamento, não se admitirá o pedido de desaforamento, salvo, nesta última hipótese, quanto a fato ocorrido durante ou após a realização de julgamento anulado (CPP, art. 427, § 4º).

21.8.4.2.3. Instalação da sessão

(i) no dia e hora designados para o julgamento, o juiz-presidente verificará se a urna contém as cédulas com os nomes dos vinte e cinco jurados e mandará que o escrivão lhes proceda à chamada (CPP, art. 462);

(ii) se tiverem comparecido pelo menos quinze jurados, o juiz declarará instalados os trabalhos, anunciando o processo que será submetido a julgamento (CPP, art. 463), e ordenará ao porteiro ou oficial de justiça que apregoe as partes e as testemunhas. Os jurados excluídos por impedimento ou suspeição serão computados para a constituição do número legal (CPP, art. 463 e §§ 1º e 2º);

(iii) após o anúncio do julgamento e do pregão é que devem ser alegadas as nulidades relativas posteriores à pronúncia, sob pena de serem consideradas sanadas;

(iv) não havendo o número referido no art. 463 deste Código, proceder-se-á ao sorteio de tantos suplentes quantos necessários, e designar-se-á nova data para a sessão do júri (CPP, art. 464). Os nomes dos suplentes serão consignados em ata, remetendo-se o expediente de convocação, com observância do disposto nos arts. 434 e 435 do Código (CPP, art. 465);

(v) antes do sorteio dos membros do Conselho de Sentença, o juiz-presidente esclarecerá sobre os impedimentos, a suspeição e as incompatibilidades constantes dos arts. 448 e 449 do Código (CPP, art. 466);

(vi) o juiz-presidente também advertirá os jurados de que, uma vez sorteados, não poderão comunicar-se entre si e com outrem, nem manifestar sua opinião sobre o processo, sob pena de exclusão do Conselho e multa, na forma do § 2º do art. 436 deste Código (CPP, art. 466, § 1º). A incomunicabilidade será certificada nos autos pelo oficial de justiça (CPP, art. 466, § 2º);

(vii) verificando que se encontram na urna as cédulas relativas aos jurados presentes, o juiz-presidente sorteará 7 (sete) dentre eles para a formação do Conselho de Sentença (CPP, art. 467);

(viii) faltas:

— **do representante do Ministério Público:** adiamento para o primeiro dia desimpedido da mesma reunião (CPP, art. 455); se a ausência for injustificada, será comunicado o fato ao Procurador-Geral de Justiça (CPP, art. 455, parágrafo único);

— **do assistente do Ministério Público:** o julgamento será realizado, sendo a falta justificada ou não;

— **do defensor:** adiamento do Júri. Se não houver justificativa legítima ou se este não constituir outro advogado, o fato será comunicado ao Presidente da OAB, com a data designada para a nova sessão (CPP, art. 456). O adiamento por falta do defensor sem justificativa legítima ocorrerá apenas uma vez, sendo que no próximo dia em que o acusado for chamado deverá ser julgado, sendo intimada a Defensoria Pública do dia do novo julgamento (CPP, art. 456, §§ 1º e 2º);

— **do réu:** se preso, adiamento do Júri (CPP, art. 457, § 2º), se solto, o julgamento não será adiado;

— **das testemunhas:** só se adia o julgamento se requerida, por uma das partes, a intimação por mandado. Porém, haverá aplicação de multa prevista no art. 436, § 2º, do CPP, sem prejuízo da ação penal por desobediência. Se for intimada e não comparecer, será determinada condução coercitiva da testemunha, ou o adiamento do julgamento para o primeiro dia possível, ordenando sua condução (CPP, art. 461). O julgamento será realizado mesmo na hipótese de a testemunha não ser encontrada no local indicado, se assim for certificado por oficial de justiça (CPP, art. 461, § 2º).

21.8.4.2.4. Formação do conselho de sentença

(i) instalada a sessão, será feito o sorteio de sete, dentre os vinte e cinco jurados, para a formação do conselho de sentença;

(ii) antes do sorteio, deve o juiz advertir os jurados dos impedimentos do art. 448;

(iii) não podem servir no mesmo conselho marido e mulher, ascendentes e descendentes, sogro e genro ou nora, irmãos, cunhados, durante o cunhadio, tio e sobrinho, padrasto ou madrasta e enteado. No conceito de marido e mulher devem ser incluídos os companheiros, inclusive de pessoas do mesmo gênero, pois a Constituição Federal equiparou-os para fins de considerar existente a sociedade familiar (CF, art. 226, § 3º);

(iv) consoante a redação do art. 449 e seus incisos, também não poderá servir o jurado que tiver funcionado em julgamento anterior do mesmo processo, independentemente da causa determinante do julgamento posterior; que, no caso de concurso de pessoas, houver integrado o Conselho de Sentença que julgou o outro acusado; e, por fim, tiver manifestado prévia disposição para condenar ou absolver o acusado;

(v) recusa peremptória: é o direito de a parte recusar, sem justificativa, até três jurados (primeiro recusa a defesa, depois a acusação) (CPP, art. 468, *caput*). Nos termos do art. 469 do CPP, tratando-se de dois ou mais acusados, a recusa poderá ser feita por apenas um dos defensores, inexistindo a figura da dupla recusa. O jurado recusado imotivadamente por qualquer das partes será excluído daquela sessão de instrução e julgamento, prosseguindo-se o sorteio para a composição do Conselho de Sentença com os jurados remanescentes (CPP, art. 468, parágrafo único). A separação dos julgamentos somente ocorrerá se, em razão das recusas, não for obtido o número mínimo de 7 (sete) jurados para compor o Conselho de Sentença (CPP, art. 469, § 1º). Determinada a separação dos julgamentos, será julgado em primeiro lugar o acusado a quem foi atribuída a autoria do fato ou, em caso de coautoria, aplicar-se-á o critério de preferência disposto no art. 429 deste Código (CPP, art. 469, § 2º).

Além das recusas peremptórias, a parte poderá recusar sem limite outros jurados, desde que justificadamente, arguindo suspeição ou impedimento;

(vi) composto o conselho de sentença, os jurados escolhidos prestarão compromisso, em pé, diante da seguinte exortação do juiz presidente: "Em nome da lei, concito-vos a examinar esta causa com imparcialidade e a proferir a vossa decisão, de acordo com a vossa consciência e os ditames da justiça"; chamados um a um, pelo nome, deverão responder: "Assim o prometo". A partir do juramento, passa a valer o dever de incomunicabilidade, não podendo os jurados se comunicar entre si ou com outrem, nem manifestar sua opinião sobre o processo, sob pena de exclusão do Conselho e multa, na forma do § 2º do art. 436 do Código.

21.8.4.2.5. Atos instrutórios

De acordo com o teor do art. 473, "Prestado o compromisso pelos jurados, será iniciada a instrução plenária quando o juiz-presidente, o Ministério Público, o assistente e o defensor do acusado tomarão, sucessiva e diretamente, as declarações do ofendido, se possível, e inquirirão as testemunhas arroladas pela acusação".

As perguntas formuladas pelo Ministério Público, assistente de acusação, querelante e defensor do acusado serão todas feitas diretamente à testemunha, sem intermediação do juiz (o Código adotou o sistema norte-americano de inquirição de testemunhas, denominado *cross-examination*).

Note-se, entretanto, que, no plenário do júri, ao contrário do que ocorre nos demais procedimentos, caberá primeiro ao juiz formular perguntas à testemunha, sendo certo que somente na sequência as partes poderão fazê-lo, também de forma direta. Assim, no momento da inquirição do ofendido e das testemunhas de acusação, após as perguntas do juiz, iniciam-se as perguntas pelo *Parquet*, seguindo pelas demais partes acima descritas. Entretanto, para a inquirição das testemunhas arroladas pela defesa, será o defensor do acusado quem formulará as perguntas antes do Ministério Público e do Assistente de Acusação.

Vale apontar que, segundo o art. 474-A do CPP, nesse ato processual deve ser observada a seguinte determinação: "Durante a instrução em plenário, todas as partes e demais sujeitos processuais presentes no ato deverão respeitar a dignidade da vítima, sob pena de responsabilização civil, penal e administrativa, cabendo ao juiz presidente garantir o cumprimento do disposto neste artigo, vedadas: I — a manifestação sobre circunstâncias ou elementos alheios aos fatos objeto de apuração nos autos; II — a utilização de linguagem, de informações ou de material que ofendam a dignidade da vítima ou de testemunhas."

Além disso, insta salientar que poderão os jurados inquirir os depoentes, porém, conforme o § 2º do mesmo artigo, todas as perguntas ao ofendido, se for o caso, e às testemunhas, deverão ser feitas por intermédio do juiz, no sistema tradicional presidencialista.

Encontra-se um sistema misto de produção de provas no rito do Tribunal do Júri, mesclando o sistema presidencialista com o norte-americano denominado *cross-examination*.

As partes e os jurados poderão requerer acareações, reconhecimento de pessoas e coisas e esclarecimento dos peritos, bem como a leitura de peças que se refiram, exclusivamente, às provas colhidas por carta precatória e às provas cautelares, antecipadas ou não repetíveis (CPP, art. 473, § 3º).

Superada a fase das oitivas do ofendido, das testemunhas de acusação e das testemunhas de defesa, passarão para o interrogatório do acusado. O Ministério Público, o assistente, o querelante e o defensor, nessa ordem, poderão formular, diretamente, perguntas ao acusado, sem intermediação do juiz (CPP, art. 474, § 1º). Os jurados formularão perguntas através do juiz-presidente (CPP, art. 474, § 2º). O registro dos depoimentos será feito através de gravação magnética, eletrônica, estenotipia ou técnica similar, dos quais deverá ser feita a transcrição nos autos.

21.8.4.2.6. Debates

Encerrada a instrução, passa-se à fase dos debates:

(i) o promotor fará a acusação, no prazo de uma hora e meia (CPP, art. 477), sendo que esta deverá estar dentro dos limites da pronúncia ou das decisões posteriores que julgaram admissível a acusação, sustentando ainda, se for o caso, a existência de circunstância agravante (CPP, art. 476, *caput*);

(ii) o assistente da acusação poderá dividir o tempo de acusação com o Promotor de Justiça, podendo fazer uso da palavra nos debates depois do promotor; entretanto, sendo o processo promovido pela parte ofendida (ação privada subsidiária), o promotor falará depois do acusador particular, salvo se tiver retomado a titularidade da ação (CPP, art. 476, § 2º);

(iii) finda a acusação, a defesa falará pelo prazo de uma hora e meia (CPP, art. 477, *caput*);

(iv) o promotor pode pedir a absolvição, e a defesa pode optar por tese defensiva onde tenha de pedir a condenação por pena mais branda;

(v) após a defesa, a acusação terá a faculdade da réplica, pelo prazo de uma hora (CPP, art. 477, *caput*), sendo admitida a reinquirição de testemunha já ouvida em plenário (CPP, art. 476, § 4º);

(vi) encerrada a réplica, a defesa terá a faculdade da tréplica, por igual prazo, sendo admitida a reinquirição de testemunha já ouvida em plenário;

(vii) na tréplica não pode haver inovação de tese pela defesa, sob pena de ofensa ao princípio do contraditório;

(viii) havendo mais de um réu, o tempo para a acusação e para a defesa será, em relação a todos, acrescido em uma hora e elevado ao dobro na réplica e tréplica, respeitado o disposto no § 1º do art. 477 do CPP (CPP, art. 477, § 2º);

(ix) a acusação, a defesa ou os jurados poderão pedir, por intermédio do juiz presidente, que o orador indique a folha dos autos onde se encontra a peça por ele lida ou citada, facultando-se, ainda, aos jurados solicitar-lhe, pelo mesmo meio, o esclarecimento de fato por ele alegado (CPP, art. 480, *caput*);

(x) durante os debates as partes não poderão, sob pena de nulidade, fazer referências (CPP, art. 478, I e II): (i) à decisão de pronúncia, às decisões posteriores que julgaram admissível a acusação ou à determinação do uso de algemas como argumento de autoridade que beneficiem ou prejudiquem o acusado; (ii) ao silêncio do acusado ou à ausência de interrogatório por falta de requerimento em seu prejuízo.

21.8.4.2.7. Provas novas

Quando do surgimento de provas novas, vejamos:

(i) durante o julgamento não será permitida a leitura de documento ou a exibição de objeto que não tiver sido juntado aos autos com a antecedência mínima de 3 (três) dias úteis, dando-se ciência à outra parte, compreendida nessa proibição a leitura de jornais ou qualquer outro escrito, bem como a exibição de vídeos, gravações, fotografias, laudos, quadros, croqui ou qualquer outro meio assemelhado, cujo conteúdo versar sobre matéria de fato submetida à apreciação e julgamento dos jurados;

(ii) documento compreende não só os escritos como qualquer outro meio de prova que possa causar surpresa à outra parte, tais como antecedentes da vítima ou das testemunhas, laudo pericial de caso análogo etc. No tocante à exibição de armas ou instrumentos do crime, dispõe o art. 480, § 3º, que os jurados, após a conclusão dos debates, terão acesso aos autos e aos instrumentos do crime se solicitarem ao juiz-presidente;

(iii) a violação dessa regra constitui nulidade relativa, exigindo-se arguição oportuna, isto é, formulada logo em seguida, e efetiva comprovação de prejuízo.

21.8.4.2.8. Formulação dos quesitos

A formulação dos quesitos segue a seguinte ordem:

(i) encerrados os debates, deve o juiz indagar aos jurados se estão habilitados a julgar ou se precisam de mais esclarecimentos. Esses esclarecimentos só deverão relacionar-se com matéria de fato, e não com questão jurídica (CPP, art. 480, § 2º);

(ii) se tiverem dúvidas, poderão ter acesso aos autos e aos instrumentos do crime se solicitarem ao juiz presidente. Se a verificação de qualquer fato, reconhecida como essencial para o julgamento da causa, não puder ser realizada imediatamente, o juiz presidente dissolverá o Conselho, ordenando a realização das diligências entendidas necessárias (CPP, art. 481, *caput*). Se a diligência consistir na produção de prova pericial, o juiz-presidente, desde logo, nomeará perito e formulará quesitos, facultando às partes também formulá-los e indicar assistentes técnicos, no prazo de 5 (cinco) dias (CPP, art. 481, parágrafo único);

(iii) em seguida, procede-se, em plenário, à leitura do questionário pelo juiz, que é o conjunto dos quesitos destinados a serem respondidos pelos jurados, acerca do fato delituoso e suas circunstâncias, bem como das teses levantadas pela defesa;

(iv) os quesitos: os quesitos serão redigidos em proposições afirmativas, simples e distintas, de modo que cada um deles possa ser respondido com suficiente clareza e necessária precisão. Na sua elaboração, o presidente levará em conta os termos da pronúncia ou das decisões posteriores que julgaram admissível a acusação, do interrogatório e das alegações das partes (CPP, art. 482, parágrafo único);

(v) após a leitura dos quesitos, o juiz deverá explicar a significação legal de cada um aos jurados, e indagar das partes se há algum requerimento ou reclamação a fazer (CPP, art. 484);

(vi) a ordem dos quesitos é a seguinte (CPP, art. 483, *caput*):

— *materialidade* do fato (inciso I) (p. ex.: "O réu efetuou disparos de arma de fogo contra a vítima, produzindo-lhe os ferimentos descritos no laudo de fls. 12?");

— autoria e participação (inciso II) (se foi realmente o réu quem praticou o crime);

— se o acusado deve ser absolvido (inciso III);

— se existe causa de diminuição da pena alegada pela defesa (inciso IV);

— se existe circunstância qualificadora ou causa de aumento de pena reconhecidas na pronúncia ou em decisões posteriores que julgaram admissível a acusação (inciso V).

Importante ressaltar que a resposta negativa de mais de três jurados a qualquer dos quesitos referidos nos incisos I e II encerra a votação e implica a absolvição do acusado (CPP, art. 483, § 1º).

Respondidos afirmativamente por mais de 3 (três) jurados os quesitos relativos aos incisos I e II, será formulado quesito com a seguinte indagação: *O jurado absolve o acusado?* (CPP, art. 483, § 2º).

Se decidirem de forma negativa, isto é, pela condenação, o julgamento prosseguirá, formulando-se quesitos sobre (CPP, art. 483, § 3º):

— causa de diminuição de pena alegada pela defesa (CPP, art. 483, § 3º, I);

— circunstância qualificadora ou causa de aumento de pena, reconhecidas na pronúncia ou em decisões posteriores que julgaram admissível a acusação (CPP, art. 483, § 3º, II).

Se for sustentada a desclassificação do crime, de modo que se torne crime de competência de juiz singular, deverá ser formulado quesito a respeito, para ser respondido após o 2º (segundo) ou 3º (terceiro) quesito, conforme o caso.

> → **ATENÇÃO:** no Júri, se houver desclassificação da infração para outra, de competência do juiz singular, ao presidente do Tribunal do Júri caberá proferir sentença em seguida, aplicando-se, quando o delito resultante da nova tipificação for considerado pela lei como infração penal de menor potencial ofensivo, o disposto nos arts. 69 e seguintes da Lei n. 9.099/95 (CPP, art. 492, § 1º). A competência para o julgamento da infração passa, portanto, para o juiz-presidente, que terá de proferir a decisão naquela mesma sessão. Caso haja crimes conexos não dolosos contra a vida, a desclassificação também desloca para o juiz-presidente a competência para seu julgamento, diante da letra expressa do art. 492, § 2º, do CPP.

Sustentada a tese de ocorrência do crime na sua forma tentada ou havendo divergência sobre a tipificação do delito, sendo este da competência do Tribunal do Júri, o juiz formulará quesito acerca dessas questões, para ser respondido após o segundo quesito (CPP, art. 483, § 5º).

Havendo mais de um crime ou mais de um acusado, os quesitos serão formulados em séries distintas (CPP, art. 483, § 6º).

Jurisprudência

- NULIDADE DO JULGAMENTO DO TRIBUNAL DO JÚRI POR COMPLEXA, COM MÁ REDAÇÃO OU COM FORMULAÇÃO DEFICIENTE: "A intenção do legislador ao prever o parágrafo único do art. 482 do CPP é prevenir os chamados 'vícios de complexidade' (...) os quesitos devem ser redigidos em fórmula 'simples', não compostas, não complexas, sem conotações, sobretudo, porque as respostas serão binárias, na base do 'sim' ou 'não'. Ademais, em atenção ao direito penal do fato, o juiz presidente do tribunal do júri, ao formular quesitos relativos à autoria delitiva, deve evitar inferências, pressuposições, adjetivações e estereotipagem, concentrando-se apenas nos fatos concretos em julgamento. O caráter do agente e motivos do crime não devem ser considerados para fins de formulação de quesitos do júri, sob pena de ofensa aos princípios da presunção de inocência e do devido processo legal" (STJ, AREsp 1.883.043/DF, Rel. Min. Joel Ilan Paciornik, Rel. p/ acórdão Min. João Otávio de Noronha, 5ª Turma, j. 15-3-2022).

- A má formulação de quesito, com imputações não admitidas na pronúncia, causa nulidade absoluta e justifica exceção à regra da impugnação imediata, afastando-se a preclusão (STJ, REsp 2.062.459/RS, Rel. Min. Rogerio Schietti Cruz, Rel. p/ acórdão Min. Antonio Saldanha Palheiro, 6ª Turma, j. 5-9-2023).

- O STF decidiu, com base na livre convicção dos jurados, que a resposta do júri a quesito específico que absolve réu independe de elementos probatórios ou de tese veiculada pela defesa. Dessa maneira, a absolvição pelo Tribunal do Júri em razão do quesito genérico é soberana e não pode ser impugnada, nem tampouco reformada por novo julgamento, com a justificativa de que os jurados decidiram de forma contrária às provas dos autos (STF, HC 231.024, Rel. Min. André Mendonça, Plenário Virtual, j. 16-10-2023).

21.8.4.2.9. Votação

(i) Lidos e explicados os quesitos, não havendo dúvida a ser esclarecida, o juiz-presidente, os jurados, o Ministério Público, o assistente, o querelante, o defensor do acusado, o escrivão e o oficial de justiça dirigir-se-ão à sala especial a fim de ser procedida a votação;

(ii) antes de proceder-se à votação de cada quesito, o juiz mandará distribuir cédulas feitas de papel opaco e facilmente dobráveis, contendo 7 (sete) delas a palavra sim, e 7 (sete) a palavra não;

(iii) para assegurar o sigilo do voto, o oficial de justiça recolherá em urnas separadas as cédulas correspondentes aos votos e as não utilizadas;

(iv) após a resposta, verificados os votos e as cédulas não utilizadas, o presidente determinará que o escrivão registre no termo a votação de cada quesito, bem como o resultado do julgamento. Do termo também constará a conferência das cédulas não utilizadas;

(v) as decisões do Tribunal do Júri serão tomadas por maioria de votos;

(vi) se a resposta a qualquer dos quesitos estiver em contradição com outra ou outras já dadas, o presidente, explicando aos jurados em que consiste a contradição, submeterá novamente à votação os quesitos a que se referirem tais respostas. Se, pela resposta dada a um dos quesitos, o presidente verificar que ficam prejudicados os seguintes, assim o declarará, dando por finda a votação;

(vii) encerrada a votação, será o termo a que se refere o art. 488 do Código assinado pelo presidente, pelos jurados e pelas partes.

21.8.4.2.10. Sentença

(i) Encerrada a votação e assinado o termo referente às respostas dos quesitos, o juiz deverá proferir a sentença;

(ii) no caso de absolvição, o juiz deve colocar o réu imediatamente em liberdade, salvo se estiver preso por outro motivo, revogará as medidas restritivas provisoriamente decretadas ou, se for o caso, imporá medida de segurança cabível (CPP, art. 492, II, I a, b e c);

(iii) no caso de desclassificação, a competência para julgamento do crime desclassificado e dos crimes conexos passa ao juiz-presidente. Operada a desclassificação, se o juiz perceber tratar-se de crime de menor potencial ofensivo, deverá o juiz observar o disposto nos arts. 69 e seguintes da Lei n. 9.099/95 (CPP, art. 492, § 1º);

(iv) em caso de condenação, o juiz fixará a pena-base; levará em consideração as circunstâncias agravantes e atenuantes; imporá as causas de aumento e diminuição; observará as demais disposições do art. 387 do CPP; mandará o acusado recolher-se ou recomendá-lo-á à prisão em que se encontra, se presentes os requisitos da prisão preventiva, ou, no caso de condenação a uma pena igual ou superior a 15 (quinze) anos de reclusão, determinará a execução provisória das penas, com expedição do mandado de prisão, se for o caso, sem prejuízo do conhecimento de recursos que vierem a ser interpostos. Por fim, estabelecerá os efeitos genéricos e específicos da condenação (CPP, art. 492, I, a, b, c, d, e e f);

→ **ATENÇÃO:** a Lei n. 13.964/2019 modificou o art. 492, I, do CPP para acrescer, ao final, a possibilidade de o juiz determinar a execução provisória das penas, se preenchidos os requisitos. O dispositivo foi questionado no STF por meio do RE 1.235.340, com repercussão geral reconhecida, e, em agosto de 2023, a maioria dos Ministros votou pela constitucionalidade da execução imediata da pena no Tribunal do Júri.

(v) a sentença será lida em plenário pelo presidente antes de encerrada a sessão de instrução e julgamento.

Por fim, importante destacar o que determinam os seguintes parágrafos do art. 492 do CPP:

"§ 3º O presidente poderá, excepcionalmente, deixar de autorizar a execução provisória das penas de que trata a alínea e do inciso I do *caput* deste artigo, se houver questão substancial cuja resolução pelo tribunal ao qual competir o julgamento possa plausivelmente levar à revisão da condenação.

§ 4º A apelação interposta contra decisão condenatória do Tribunal do Júri a uma pena igual ou superior a 15 (quinze) anos de reclusão não terá efeito suspensivo.

§ 5º Excepcionalmente, poderá o tribunal atribuir efeito suspensivo à apelação de que trata o § 4º deste artigo, quando verificado cumulativamente que o recurso:

I – não tem propósito meramente protelatório; e

II – levanta questão substancial e que pode resultar em absolvição, anulação da sentença, novo julgamento ou redução da pena para patamar inferior a 15 (quinze) anos de reclusão.

§ 6º O pedido de concessão de efeito suspensivo poderá ser feito incidentalmente na apelação ou por meio de petição em separado dirigida diretamente ao relator, instruída com cópias da sentença condenatória, das razões da apelação e de prova da tempestividade, das contrarrazões e das demais peças necessárias à compreensão da controvérsia".

21.8.4.2.11. Ata do julgamento

De cada sessão de julgamento, o escrivão lavrará ata, assinada pelo juiz e pelas partes, relatando todas as ocorrências e incidentes (CPP, art. 495).

21.8.4.2.12. Atribuições do juiz-presidente

(i) Poder de polícia: o juiz pode mandar prender os desobedientes, impedir a entrada ou excluir da sala os arruaceiros, mandar retirar o réu da sala, que, com injúrias ou ameaças, dificultar o julgamento etc.;

(ii) regular os debates: impedindo ultrapassagem do tempo legal, alterações graves de ânimo etc.;

(iii) tutelar o direito de defesa, quando este não estiver sendo exercido pelo defensor, devendo destituí-lo e dissolver o conselho de sentença;

(iv) suspender a sessão, quando necessário (diligências, repouso dos jurados, lanche etc.);

(v) ordenar, de ofício ou a requerimento das partes, as diligências que se fizerem necessárias;

(vi) requisitar auxílio de força pública;

(vii) resolver questões incidentes que não dependam de pronunciamento do júri;

(viii) decidir de ofício as arguições de extinção de punibilidade, ouvidos o Ministério Público e a defesa;

(ix) resolver as questões de direito suscitadas no curso do julgamento;

(x) determinar, de ofício ou a requerimento das partes ou de qualquer jurado, as diligências destinadas a sanar nulidade ou a suprir falta que prejudique o esclarecimento da verdade.

21.8.5. Questões finais específicas sobre Júri

21.8.5.1. Exame de insanidade mental

Havendo dúvida a respeito da imputabilidade do réu, é necessário o exame pericial, tratando-se de meio legal de prova, que não pode ser substituído pela inspeção pessoal do próprio juiz. Caso surja dúvida a respeito da sanidade mental do acusado, cabe ao juiz decidir se dissolve o conselho, nos termos do art. 481, *caput*, do CPP. Tratando-se de prova pericial, determina o parágrafo único do art. 481 que o juiz-presidente, desde logo, nomeie perito e formule quesitos, facultando às partes também formulá-los e indicar assistentes técnicos, no prazo de 5 (cinco) dias.

21.8.5.2. Conferência da urna

Realizadas as diligências referidas nos arts. 454 a 461 do CPP, o juiz-presidente verificará se a urna contém as cédulas dos 25 (vinte e cinco) jurados sorteados, mandando que o escrivão proceda à chamada deles (CPP, art. 462). Havia entendimento no sentido de que tal ato deveria ser realizado em público e, caso não constasse expressamente da ata, ensejaria nulidade do julgamento.

21.8.5.3. Número mínimo de jurados

A instalação da sessão sem o número mínimo legal de jurados enseja nulidade do julgamento (CPP, art. 564, III, *i*). O receio do legislador é o de que, com as recusas peremptórias e mais alguma justificada, falte número legal para compor o conselho de sentença (o chamado "estouro de urna").

21.8.5.4. Momento de arguir as nulidades

As nulidades relativas posteriores à pronúncia devem ser arguidas logo após o pregão (CPP, art. 463, § 1º), nos termos do art. 571, V, do CPP. Não arguida nesse momento, a nulidade estará sanada, pois não se concebe que, presente ao ato, guarde o recorrente em segredo a falha nele ocorrida, para alegá-la mais tarde como motivo para anular o julgamento.

→ **ATENÇÃO:** as nulidades ocorridas em plenário devem ser arguidas logo depois (CPP, art. 571, VIII), sob pena de preclusão.

21.8.5.5. Autor principal e partícipe

O autor principal deve ser julgado antes, salvo se estiver foragido.

21.8.5.6. Incomunicabilidade entre jurados

Dispõe o art. 466, § 1º, que os jurados não poderão comunicar-se entre si e com outrem, nem manifestar sua opinião sobre o processo, sob pena de exclusão do Conselho e multa, na forma do § 2º do art. 436 do Código.

21.8.5.7. Juiz togado que abandona plenário

Abandono durante os trabalhos infringe dever de fiscalização da incomunicabilidade.

21.8.5.8. Recusa ou aceitação de jurados

Deve-se dizer apenas um "sim" ou um "não". Se quiser recusar elegantemente, sem antipatizar-se com os demais jurados, nada impede a parte de dizer: "agradeço, mas dispenso" ou "dispenso e agradeço" (CPP, art. 468).

21.8.5.9. Compromisso dos jurados

Sua falta enseja nulidade (art. 472).

21.8.5.10. Interrogatório. Nulidades

A nulidade resultante do interrogatório incompleto é sanável por força do art. 572 do CPP, quando não arguida em tempo oportuno, isto é, na própria sessão, logo depois de ocorrida, como preceitua o art. 571, VIII. O interrogatório na presença do corréu causa nulidade, pois impõe o art. 191 do CPP que, havendo mais de um acusado, serão interrogados separadamente.

Se no interrogatório surgir dúvida sobre a higidez mental do acusado, será determinada a realização de incidente de insanidade mental, com a dissolução do conselho de sentença, pois, na dúvida, o exame é obrigatório. A competência é do juiz presidente (CPP, art. 481, *caput*).

21.8.5.11. Cópias aos jurados

Admite-se entrega de cópia de peças dos autos aos jurados, desde que sem grifos. Assim, o jurado receberá cópias da pronúncia ou, se for o caso, das decisões posteriores que julgaram admissível a acusação e do relatório do processo (CPP, art. 472, parágrafo único).

21.8.5.12. Testemunhas

Nada impede que o juiz acate sugestão da parte e ouça testemunhas não arroladas, na qualidade de informantes, para esclarecimento da verdade. Os jurados podem requerer, também, oitiva de testemunha não arrolada.

21.8.5.13. Testemunhas. Pergunta direta

Como sempre entendemos, em Plenário, a inquirição direta da testemunha é a fórmula acertada e necessária para a melhor aferição do valor do depoimento pelos jurados, que não possuiriam a tal respeito a mesma experiência do juiz singular: na inquirição direta, o jurado, que é juiz, observa melhor a testemunha ao ser inquirida pelas partes.

O art. 473 dispõe claramente que as perguntas formuladas pela acusação, assistente e defesa serão feitas diretamente. A exceção ocorre com relação aos jurados, que deverão fazer suas perguntas através do juiz. No caso das perguntas feitas pelos jurados, a prudência recomenda a adoção do sistema presidencialista, para melhor resguardar a incomunicabilidade daqueles, bem como pressupõe-se a falta de conhecimento técnico para formular as perguntas de forma adequada.

Já se decidiu que o indeferimento pelo juiz não causa nulidade, ante a falta de prejuízo, pois, de uma forma ou de outra, a pergunta acabou sendo feita.

Cumpre ao juiz-presidente respeitar a prerrogativa das partes de inquirir diretamente as testemunhas, mas a sua inobservância implica mera irregularidade, por falta de prejuízo.

21.8.5.14. Acareação

Segundo o art. 229, somente se procede quando a divergência entre testemunhas ou entre estas e a vítima versar sobre ponto essencial. O fundamento para acolher o pedido de acareação funda-se no dever do juiz de determinar diligências requeridas pelas partes, sempre que necessárias ao esclarecimento da verdade (CPP, art. 497, XI). O indeferimento de pedido de acareação não dá causa à nulidade do feito, tratando-se de atividade discricionária do magistrado. Mesmo havendo sérias divergências de depoimentos, a acareação não é medida obrigatória na instrução da causa, mas providência sujeita ao prudente arbítrio do juiz. Nesse sentido, o indeferimento do pedido de acareação não configura cerceamento de defesa.

> → **ATENÇÃO:** há a possibilidade de as testemunhas não serem dispensadas após terem sido ouvidas, devendo aguardar em local apropriado as determinações do juiz-presidente. Isto porque as partes poderão requerer, nos debates, a reinquirição de alguma testemunha ou sua acareação.

21.8.5.15. Dispensa de testemunhas

Só é possível se o juiz, as partes e os jurados concordarem. Se um único jurado quiser ouvi-la, não poderá ser dispensada.

Se a desistência se efetivar antes de formado o conselho de sentença, não há necessidade da concordância dos jurados, mas tão somente das partes envolvidas.

21.8.5.16. Testemunhas residentes fora da comarca

A parte não deve arrolar, pois elas não têm a obrigação de comparecer. O corréu não pode ser ouvido em plenário como testemunha, a pedido da defesa.

21.8.5.17. Testemunha que não comparece

O julgamento não será adiado se a testemunha deixar de comparecer, salvo se uma das partes tiver requerido a sua intimação por mandado, na oportunidade de que trata o art. 422 do Código, declarando não prescindir do depoimento e indicando sua localização (CPP, art. 461, *caput*).

21.8.5.18. Depoimento pessoal

"O advogado que, ao defender o réu perante o júri, atesta fatos, como testemunha pessoal do caso, e assim produz prova inédita no feito, determina, com sua atuação anômala, do ponto de vista da oportunidade da prova, grave irregularidade, que acarreta a nulidade do julgamento, em face da irremediável surpresa causada à acusação" (*RT*, 425/301).

21.8.5.19. Debates

Aconselha-se argumentação sem injuriar a pessoa do réu, não se dirigindo ao acusado, mas aos jurados. Se o réu nega a autoria, nada impede ao advogado a articulação de outra tese defensiva, que entender mais favorável.

21.8.5.20. Réplica e tréplica

Não são obrigatórias. A resposta à pergunta sobre a pretensão de ir à réplica deve consistir em um simples "não", desacompanhado de qualquer comentário; caso contrário, haveria efetivo exercício do direito de réplica, dando ensejo à tréplica. Por exemplo: promotor que diz "não, porque a defesa foi muito mal" (isto dá direito à tréplica).

Inovações de tese na tréplica causam nulidade, por ofensa ao princípio do contraditório. Há quem sustente que pode haver inovação de tese se o defensor avisar o promotor antes de este iniciar sua réplica, de que mudará a tese na tréplica.

> **Nosso entendimento:** correta a primeira posição, ou seja, que inovações de tese em sede de tréplica implicam nulidade, por ofensa ao princípio do contraditório.

21.8.5.21. Apartes

Segundo o art. 497, III, cabe ao juiz dirigir os debates, intervindo em caso de abuso, excesso de linguagem ou mediante requerimento de uma das partes. Assim, o aparte é direito do promotor e do advogado. Deve ser, antes, solicitado e deve ser breve, evitando-se o discurso paralelo.

21.8.5.22. Intervenção dos jurados

Podem, a qualquer momento, pedir, por intermédio do juiz, ao orador que indique as folhas dos autos em que se encontra a peça por ele lida ou citada (CPP, art. 480).

21.8.5.23. Reinquirição de testemunha

A testemunha ouvida em plenário pode ser reinquirida a qualquer momento, a pedido das partes (CPP, art. 476, § 4º).

21.8.5.24. Dissolução do conselho

A conversão do julgamento em diligência, se estiver mascarando a vontade de obter a dissolução do conselho de sentença, é inadmissível. Se a acusação for insuficiente, o juiz também poderá dissolver o conselho, em face de nulidade apontada pelo art. 564, III, l, que é a falta de acusação na sessão de julgamento. Sobre hipóteses de dissolução do conselho, vide CPP, arts. 481 e 497, V.

21.8.5.25. Esclarecimento do juiz aos jurados na hora de votar

Concluídos os debates, o juiz-presidente indagará dos jurados se estão habilitados a julgar ou se precisam de outros esclarecimentos (CPP, art. 480, § 1º). Os esclarecimentos só podem versar sobre questão de fato (CPP, art. 480, § 2º). Se a pergunta do jurado for sobre fato de que uma das partes tenha falado, esta poderá responder rápida e objetivamente.

O juiz não pode falar nada sobre a pena que vai ser aplicada, nem dar esclarecimentos de ordem jurídica ou técnica.

21.8.5.26. Leitura dos quesitos

Deve ser feita em público, sob a fiscalização do povo. Não havendo dúvida a ser esclarecida, o juiz-presidente, os jurados, o Ministério Público, o assistente, o querelante, o defensor do acusado, o escrivão e o oficial de justiça dirigir-se-ão à sala especial a fim de ser procedida a votação (CPP, art. 485, *caput*). A reclamação quanto à redação do quesito deve se seguir à sua leitura em público, sob pena de preclusão, exceto se o erro for de tal monta que induza o conselho a erro, caso em que a nulidade será absoluta.

21.8.5.27. Sala secreta

Surgiu uma posição no sentido de que a CF havia extinguido a sala secreta, uma vez que, em seu art. 93, IX, dispõe: "Todos os julgamentos dos órgãos do Poder Judiciário serão públicos, e fundamentadas todas as decisões, sob pena de nulidade, podendo a lei, se o interesse público o exigir, limitar a presença, em determinados atos, às próprias partes e a seus advogados, ou somente a estes". Assim, se os julgamentos passaram a ser públicos, por determinação constitucional (princípio da publicidade das decisões judiciais), a sala secreta estaria em conflito com a Lei Maior.

Além disso, no caso do disposto no art. 52, IV (escolha dos chefes de missão diplomática de caráter permanente pelos senadores), a Constituição disse expressamente que serão secretos tanto o voto quanto a sessão de votação. Como, no caso do Júri, só fala em sigilo na votação, sem mencionar expressamente a sessão de votação, pelo método de interpretação sistemática, conclui-se que o sigilo não alcança a sessão de votação.

A despeito deste entendimento, o princípio genérico de que todos os julgamentos do Poder Judiciário serão públicos não vulnera as normas processuais sobre a sala secreta (CPP, art. 485), pois a garantia constitucional referente ao sigilo das votações é também um princípio constitucional, mas específico do Júri, prevalecendo sobre a disposição geral. O sigilo, princípio constitucional do Júri, é garantido pela incomunicabilidade e pela sala secreta, assegurando ao jurado total tranquilidade no momento de externar silenciosamente o seu voto.

Portanto, o sigilo nas votações do Júri é princípio que excepciona os julgamentos públicos, da mesma forma que no Júri as decisões não são fundamentadas, o que também se constitui em ressalva àquele princípio constitucional.

A Constituição pode ter dispositivos aparentemente conflitantes, mas que, na verdade, possuem alcance e destinatários diversos, devendo ser interpretados de acordo com os princípios que lhes são próprios.

Além disso, a norma constitucional prevista no art. 93, IX, é de eficácia contida, redutível ou restringível, que pode e foi limitada pela lei.

A Constituição não proíbe e o Código de Processo Penal menciona expressamente que só os jurados, o juiz-presidente, o Ministério Público, o assistente, o querelante, o defensor do acusado, o escrivão e o oficial de justiça permanecerão na sala de votações (CPP, art. 485, *caput*).

Assim, se o julgamento se der em público, haverá violação expressa da lei, e o julgamento será nulo, nos termos do art. 564, IV, do CPP.

A sala secreta é consequência da necessidade de se garantir a votação sem interferência de quem quer que seja.

21.8.5.28. Contradição nas respostas

Se a resposta a qualquer dos quesitos estiver em contradição com outra ou outras já dadas, o presidente, explicando aos jurados em que consiste a contradição, submeterá novamente à votação os quesitos a que se referirem tais respostas (CPP, art. 490, *caput*). Se, pela resposta dada a um dos quesitos, o presidente verificar que ficam prejudicados os seguintes, assim o declarará, dando por finda a votação (CPP, art. 490, parágrafo único).

21.8.5.29. Desclassificação pelo Júri

Existem duas espécies de desclassificação:

(i) desclassificação própria: é aquela em que os jurados desclassificam o crime para não doloso contra a vida, sem, no entanto, afirmar qual o novo delito;

(ii) desclassificação imprópria: é aquela em que os jurados desclassificam o crime, afirmando qual o delito não doloso contra a vida que foi praticado.

No caso da desclassificação própria, o juiz pode julgar com ampla liberdade, podendo absolver ou condenar por qualquer crime não doloso contra a vida; no caso da desclassificação imprópria, o juiz está vinculado à definição legal dada pelo Júri.

21.8.5.30. Desclassificação e crimes conexos

Se houver desclassificação da infração para outra, de competência do juiz singular, imediatamente estará interrompida a votação, deslocando-se a competência para o juiz-presidente do Tribunal do Júri, a quem caberá proferir sentença em seguida, aplicando-se, quando o delito resultante da nova tipificação for considerado pela lei infração penal de menor potencial ofensivo, o disposto nos arts. 69 e seguintes da Lei n. 9.099/95 (CPP, art. 492, § 1º). A competência para o julgamento da infração passa, portanto, para o juiz-presidente, que terá de proferir a decisão naquela mesma sessão. Caso haja crimes conexos não dolosos contra a vida, a desclassificação também desloca para o juiz-presidente a competência para seu julgamento, diante da letra expressa do art. 492, § 2º, do CPP. Se o Júri entende que não tem competência para julgar o crime principal, implicitamente renunciará à sua competência para os crimes conexos, não havendo que se invocar a regra da *perpetuatio jurisdictionis*, prevista no art. 81, *caput*, pois ela somente faz referência a decisão de juiz ou tribunal togado.

Se, no entanto, o Júri absolver o réu da imputação principal, continuará competente para julgar os crimes conexos, pois, se absolveu, é porque entendeu que tinha competência para o julgamento do crime doloso contra a vida.

21.8.5.31. Algemas no réu durante o julgamento

Vide comentários constantes do Capítulo 16 — "Prisão".

21.8.5.32. Prisão imediata da pena imposta pelo júri

De acordo com o último entendimento do STF, a pena imposta pelo Tribunal do Júri a réus condenados será imediatamente executada, mesmo que ainda caiba recurso para as instâncias superiores. A decisão foi tomada por maioria no âmbito do Recurso Extraordinário (RE) 1.235.340, referente ao Tema de Repercussão Geral 1.068, que trata da soberania dos veredictos do Conselho de Sentença.

21.9. Procedimento criminal dos crimes de drogas

21.9.1. Lei n. 11.343/2006

O procedimento a ser aplicado será o previsto nos arts. 54 a 59 da Lei n. 11.343/2006, de acordo com o que dispõe o seu art. 48.

A lei faz uma ressalva: se o agente praticar uma das condutas previstas no art. 28 (posse de droga para consumo pessoal) será processado e julgado nos termos da Lei dos Juizados Especiais Criminais, de forma que não se imporá prisão em flagrante (*vide* art. 48, §§ 1º e 2º). Sobre o tema, *vide* comentários ao art. 28 da lei.

Segundo ainda o diploma legal, não se submeterá, no entanto, ao procedimento dos Juizados Especiais Criminais, o agente que praticar uma das condutas do art. 28 em concurso com os crimes previstos nos arts. 33 a 37 da Lei de Drogas (cf. art. 48, § 1º). No caso, incidirá a regra do art. 60 da Lei n. 9.099/95: "O Juizado Especial Criminal, provido por juízes togados ou togados e leigos, tem competência para a conciliação, o julgamento e a execução das infrações penais de menor potencial ofensivo, respeitadas as regras de conexão e continência. Parágrafo único. Na reunião de processos, perante o juízo comum ou o tribunal do júri, decorrentes da aplicação das regras de conexão e continência, observar-se-ão os institutos da transação penal e da composição dos danos civis".

O art. 48, § 1º, merece um reparo. É que o art. 33, § 3º (cessão ocasional e gratuita de drogas), constitui infração de menor potencial ofensivo, de forma que o concurso dessa modalidade típica com o art. 28 (posse de droga para consumo pessoal) não afasta a competência dos Juizados Especiais Criminais, ao contrário do que dá a entender a redação daquele dispositivo, o qual, na realidade, *no que tange ao art. 33*, está se referindo apenas ao *caput* e § 1º.

A lei, em seu art. 48, dispõe: "O procedimento relativo aos processos por crimes definidos neste Título rege-se pelo disposto neste Capítulo, aplicando-se, subsidiariamente, as disposições do Código de Processo Penal e da Lei de Execução Penal". Evidentemente, a lei não está se referindo às infrações de menor potencial ofensivo, quando incidente a Lei n. 9.099/95.

21.9.2. Procedimento esquemático

21.9.2.1. Na polícia

(i) Indiciado preso: na hipótese de prisão em flagrante, a autoridade policial deverá comunicá-la imediatamente ao juiz competente, remetendo-lhe cópia do respectivo auto

(CF, art. 5º, LXII), do qual será dada vista ao órgão do Ministério Público, em vinte e quatro horas. Deverá, ainda, concluir o inquérito policial no prazo máximo de trinta dias, sob pena de relaxamento por excesso de prazo.

(ii) **Indiciado solto:** o inquérito deverá estar concluído e ser remetido a juízo em noventa dias.

(iii) **Dilação de prazo:** os prazos para a conclusão do inquérito policial, tanto no caso do indiciado preso quanto no do solto, poderão ser duplicados pelo juiz, ouvido o Ministério Público, mediante pedido justificado da autoridade de polícia judiciária.

(iv) **Diligências complementares:** o envio dos autos a juízo não obsta à realização de diligências complementares que se fizerem necessárias (art. 52, parágrafo único). Assim, até três dias antes da audiência de instrução e julgamento, deverão ser encaminhadas ao juízo competente as diligências complementares necessárias ou úteis à plena elucidação do fato ou à indicação dos bens, direitos e valores de que seja titular o agente, ou que figurem em seu nome.

> → **ATENÇÃO:** em qualquer fase da persecução criminal relativa aos crimes previstos na Lei n. 11.343/2006, são permitidos, mediante autorização judicial e ouvido o Ministério Público: (i) a infiltração de agentes de polícia, em tarefas de investigação, constituída pelos órgãos especializados pertinentes (art. 53, I); (ii) o flagrante prorrogado ou retardado (art. 53, II, e parágrafo único).

21.9.2.2. Em juízo

(i) **Competência:** o processo e o julgamento dos crimes previstos nos arts. 33 a 37 da Lei n. 11.343/2006, se caracterizado ilícito transnacional, são de competência da Justiça Federal. Os crimes praticados nos Municípios que não sejam sede de vara federal serão processados e julgados na vara federal da circunscrição respectiva (cf. art. 70).

(ii) **Denúncia ou arquivamento:** recebidos os autos de inquérito policial relatado, o Ministério Público tem o prazo de dez dias para: requerer o arquivamento, requisitar as diligências que entender necessárias, ou oferecer a denúncia, podendo, neste último caso, arrolar até cinco testemunhas e requerer as demais provas que entender pertinentes (art. 55). No caso de oferecimento de denúncia, exige-se a demonstração de, ao menos, indícios de que a substância contenha o princípio ativo, de maneira que deverá acompanhar a peça inaugural um laudo de mera constatação superficial (chamado de laudo de constatação, cf. art. 50, §§ 1º e 2º), apontando a probabilidade de que a substância seja capaz de produzir a dependência física ou psíquica. Tal medida é necessária para que não se corra o risco de manter alguém preso por estar portando ou traficando talco, em vez de cocaína. Não se exige um exame completo, mas rápida aferição indiciária, no seguinte sentido: "Ao que tudo indica, ante um exame superficial e inicial, a substância é mesmo de natureza tóxica".

> → **ATENÇÃO:** de acordo com o disposto no art. 41, o indiciado ou acusado que colaborar voluntariamente com a investigação policial e o processo criminal na identificação dos

demais coautores ou copartícipes do crime e na recuperação total ou parcial do produto do crime, no caso de condenação, terá a pena reduzida de um a dois terços.

(iii) Notificação do denunciado para oferecimento de resposta: caso tenha sido oferecida a denúncia, o juiz, antes de recebê-la, determinará a notificação do acusado para oferecer sua resposta, por escrito, no prazo de dez dias. Na resposta, o acusado deverá fazer uma defesa completa, arguindo preliminares, levantando exceções e invocando todas as razões de defesa, requerer provas e arrolar até cinco testemunhas. Essa resposta difere da defesa inicial prevista no art. 396 do CPP, que é ofertada posteriormente ao recebimento da denúncia ou queixa e visa a absolvição sumária. A defesa preliminar da Lei de Drogas, pelo contrário, visa impedir o próprio recebimento da peça acusatória, não havendo que se falar em absolvição sumária.

(iv) Decisão do juiz, recebendo ou rejeitando a denúncia: apresentada a defesa, o juiz, no prazo de cinco dias, proferirá despacho de recebimento ou rejeição da denúncia, devendo fundamentar sua decisão em ambos os casos, nos termos do art. 93, IX, da CF; porém, se entender imprescindível (e não apenas necessário), poderá o juiz determinar a apresentação do preso, realização de diligências, exames e perícias, no prazo máximo de dez dias (art. 55, § 5º).

(v) Recebimento da denúncia e outras providências: recebida a denúncia, o juiz: (i) designará o dia e a hora para a audiência de instrução e julgamento: essa audiência será realizada dentro dos trinta dias seguintes ao recebimento da denúncia, salvo se determinada a realização de avaliação para atestar dependência de drogas, quando se realizará em noventa dias; (ii) ordenará a citação pessoal do acusado: se o acusado, citado pessoalmente, não comparecer, decretar-se-á a revelia, nos termos do art. 367 do CPP; se tiver recebido citação por edital, sua contumácia levará à aplicação do art. 366 do Estatuto Processual, com a suspensão do procedimento e da prescrição, até que ele seja localizado; se tiver sido operada a citação por hora certa, por ter se ocultado, será decretada a revelia nos termos do art. 367 do CPP; (iii) ordenará a intimação do Ministério Público; (iv) ordenará a intimação do assistente, se for o caso; (v) requisitará os laudos periciais; (vi) tratando-se de condutas tipificadas como infração do disposto nos arts. 33, *caput* e § 1º, e 34 a 37 da Lei n. 11.343/2006, o juiz, ao receber a denúncia, poderá decretar o afastamento cautelar do denunciado e de suas atividades, se for funcionário público, comunicando ao órgão respectivo.

(vi) Audiência de instrução e julgamento: na audiência serão realizados, nessa ordem: (i) a inquirição das testemunhas arroladas pela acusação; (ii) a inquirição das testemunhas arroladas pela defesa; (iii) o interrogatório do réu; (iv) após proceder ao interrogatório, o juiz indagará das partes se restou algum fato para ser esclarecido, formulando as perguntas correspondentes se o entender pertinente e relevante; (v) debates orais por 20 minutos cada parte, prorrogáveis por mais dez, a critério do juiz (cf. art. 57); (vi) a prolação da sentença de imediato.

Neste ponto é necessária uma maior atenção, uma vez que, conforme visto ao longo do capítulo de interrogatório, a jurisprudência do STF já se manifestou no sentido de que a oitiva do réu deve ser o último ato da instrução processual, a despeito do que prevê a legislação especial.

(vii) Sentença: se o juiz não se sentir habilitado para julgar, poderá proferir a sentença dentro do prazo de dez dias (art. 58, *caput*) (sobre a aplicação da pena e vedação de benefícios, *vide* arts. 42 a 44 da lei). Quando o juiz absolver o agente, reconhecendo, por força pericial, que este apresentava, à época do fato, as condições referidas no *caput* do art. 45, poderá determinar, na sentença, o seu encaminhamento para tratamento médico adequado (cf. art. 45, parágrafo único). No caso de sentença condenatória, o juiz, com base em avaliação que ateste a necessidade de encaminhamento do agente para tratamento, realizada por profissional de saúde com competência específica na forma da lei, determinará que a tal se proceda, observado o disposto no art. 26 da Lei n. 11.343/2006 (cf. art. 47). Sobre redução de pena, *vide* art. 46 da lei.

(viii) Incineração das drogas: as plantações ilícitas serão imediatamente destruídas pelo delegado de polícia, que recolherá quantidade suficiente para exame pericial, de tudo lavrando auto de levantamento das condições encontradas, com a delimitação do local, asseguradas as medidas necessárias para a preservação da prova. A destruição de drogas apreendidas sem a ocorrência de prisão em flagrante será feita por incineração, no prazo máximo de 30 (trinta) dias, contado da data da apreensão, guardando-se amostra necessária à realização do laudo definitivo.

(ix) Recurso: nos crimes previstos nos arts. 33, *caput* e § 1º, e 34 a 37 da Lei n. 11.343/2006, a letra da lei determina que o réu não poderá apelar sem recolher-se à prisão, salvo se for primário e de bons antecedentes, assim reconhecido na sentença condenatória (art. 59). Contudo, tal previsão é questionável, tendo a 2ª Turma do STF já se manifestado no sentido de que a necessidade de o réu se recolher à prisão para apelar (Lei n. 11.343/2006, art. 59) ofende os princípios constitucionais da presunção de inocência, ampla defesa, contraditório e duplo grau de jurisdição.

Jurisprudência

- ANULAÇÃO E SOBERANIA DOS VEREDICTOS. "(...) a Terceira Seção do STJ firmou o entendimento de que a anulação da decisão absolutória do Conselho de Sentença (ainda que por clemência), manifestamente contrária à prova dos autos, segundo o Tribunal de Justiça, por ocasião do exame do recurso de apelação interposto pelo Ministério Público (art. 593, inciso III, alínea 'd', do Código de Processo Penal), não viola a soberania dos veredictos (HC 634.610/RO, Rel. Min. Reynaldo Soares da Fonseca, 5ª Turma, *DJe* 15-3-2021). 2. Afastar as conclusões das instâncias ordinárias a respeito da manifesta contrariedade do veredito popular com a prova dos autos demanda revolvimento fático-probatório, incompatível com o *habeas corpus*. 3. Agravo Regimental no *habeas corpus* desprovido" (STJ, AgRg no HC 539.787/SP, Rel. Min. Joel Ilan Paciornik, 5ª Turma, *DJe* 17-9-2021).

- EXECUÇÃO APÓS O TRÂNSITO EM JULGADO. "O Supremo Tribunal Federal decidiu, nas ADCs n. 43, 44 e 54, pela constitucionalidade do art. 283 do Código de Processo Penal. Assim, ressalvadas as hipóteses em que estão presentes os requisitos para a decretação da prisão preventiva ou temporária, é constitucional a regra que prevê o esgotamento de todas as possibilidades de recurso para que então seja iniciado o cumprimento definitivo da pena. 2. Não se desconhece que a possibilidade de execução provisória nas condenações proferidas pelo Tribunal do Júri, com pena igual ou superior a 15 anos de reclusão, está sendo apreciada pelo Supremo Tribunal Federal, no Recurso Extraordinário n. 1.235.340 – Tema n. 1.068, contudo, o julgamento ainda não foi concluído. 3. Dessa forma, mantém-se o entendimento, nesta Corte Superior, pela impossibilidade de execução provisória da pena, ainda que em condenação proferida pelo Tribunal do Júri com reprimenda igual ou superior a 15 anos de reclusão. Precedentes. 4. *Habeas corpus* concedido" (STJ, HC 649.103/ES, Rel. Min. Antonio Saldanha Palheiro, 6ª Turma, DJe 12-8-2021).

- *QUESITO DESCLASSIFICATÓRIO*. "O disposto no art. 483, § 4º, do Código de Processo Penal, permite a formulação do quesito desclassificatório antes ou depois do absolutório genérico, conforme o caso. Portanto, salvo nos casos em que a defesa apresenta teses de absolvição e desclassificação – hipótese em que a jurisprudência desta Corte Superior tem orientado pela submissão do quesito desclassificatório após o absolutório –, é possível ao Magistrado formular o referido quesito antes ou depois, inexistindo nulidade em tal procedimento. 2. No caso, o procedimento adotado pelo Juiz com a formulação de quesito desclassificatório após o absolutório genérico – mesmo que inexistindo tese defensiva pugnando pela absolvição – melhor atendeu ao princípio da ampla defesa e não impôs prejuízo concreto à acusação, sobretudo porque ambos os quesitos foram submetidos ao Conselho de Sentença 3. Inexistindo razão plausível para se crer que a solução poderia ser diferente se o quesito atinente à absolvição fosse submetido ao Conselho de Sentença após o quesito relativo à desclassificação, incide, *in casu*, a regra do art. 566 do Código de Processo Penal" (STJ, HC 528.840/RO, Rel. Min. Sebastião Reis Júnior, 6ª Turma, DJe 12-8-2020).

- JULGAMENTO DE APELAÇÃO TJ/TRF – CASO DE DESNECESSIDADE DE NOVO JÚRI: Se o TJ/TRF, ao julgar apelação contra condenação do júri, reconhece nulidade na quesitação da qualificadora, bastará afastar essa qualificadora, não sendo necessária a realização de novo júri. "Diversamente do que ocorre na hipótese de contrariedade entre o veredito e as provas dos autos (art. 593, § 3º, do CPP), o afastamento de qualificadora por vício de quesitação não exige a submissão dos réus a novo júri" (STJ, REsp 1.973.397/MG, Rel. Min. Ribeiro Dantas, 5ª Turma, j. 6-9-2022).

- *QUANTUM* DE DIMINUIÇÃO DA PENA CABE AO JUIZ SENTENCIANTE: "Não há nulidade pela suposta falta de quesitação da minorante da colaboração premiada. No caso, conforme a ata da sessão de julgamento pelo tribunal do júri, o juiz sentenciante inquiriu os jurados sobre a diminuição da pena do recorrente pela colaboração, como manda o art. 483, IV, e § 3º, I, do CPP. O quesito foi repetido para abranger todas as quatro vítimas dos homicídios. É de fácil percepção, portanto, que não houve supressão do quesito obrigatório (...) tal apreciação não diz respeito à falta de quesito obrigatório, porque o júri não é perguntado sobre as frações de aumento ou diminuição aplicáveis às majorantes ou minorantes por ele reconhecidas, mas somente sobre a incidência das majorantes ou minorantes em si. Assim, uma vez aplicadas estas pelos jurados, compete ao juiz presidente eleger a fração cabível, na forma do art. 492, I, 'c', do CPP" (STJ, REsp 1.973.397/MG, Rel. Min. Ribeiro Dantas, 5ª Turma, j. 6-9-2022).

Questões

1. Qual é o conceito da expressão rito processual?
2. O rito do Tribunal do Júri é considerado pela lei processual penal como especial? Justifique.
3. Quais as diferenças entre a defesa preliminar no rito comum e na Lei de Drogas?

22. NULIDADES

Nulidade é um vício processual decorrente da inobservância de exigências legais capaz de invalidar o processo no todo ou em parte. Para José Frederico Marques, "a nulidade é uma sanção que, no processo penal, atinge a instância ou o ato processual que não estejam de acordo com as condições de validade impostas pelo Direito objetivo"[183].

Júlio Fabbrini Mirabete afirma que "há na nulidade duplo significado: um indicando o motivo que torna o ato imperfeito, outro que deriva da imperfeição jurídica do ato ou sua inviabilidade jurídica. A nulidade, portanto, é, sob um aspecto, vício, sob outro, sanção"[184].

Embora o Código de Processo Penal seja confuso e assistemático a respeito do tema "nulidades", é possível tentar estabelecer padrões de comparação entre os vícios processuais, de acordo com a sua relevância, intensidade e repercussão para o processo.

Desse modo, podemos classificar os **vícios processuais** em:

(i) Irregularidade: desatende a exigências formais sem qualquer relevância. A formalidade violada está estabelecida em norma infraconstitucional e não visa resguardar o interesse de nenhuma das partes, traduzindo um fim em si mesma. Por essa razão, seu desatendimento é incapaz de gerar prejuízo, não acarreta a anulação do processo em hipótese alguma e não impede o ato de produzir seus efeitos e atingir a sua finalidade. Da norma contida no art. 564, IV, do Código de Processo Penal, depreende-se que o ato irregular não é invalidado porque a formalidade desatendida não era essencial a ele.

Podemos, assim, enumerar as seguintes características da *irregularidade*:

(i) formalidade estabelecida em lei (norma infraconstitucional);

(ii) exigência sem qualquer relevância para o processo;

(iii) não visa garantir interesse de nenhuma das partes;

(iv) a formalidade tem um fim em si mesma;

(v) a violação é incapaz de gerar qualquer prejuízo;

(vi) não invalida o ato e não traz qualquer consequência para o processo.

---
183. *Elementos*, cit., v. 2, p. 397.
184. *Código de Processo Penal interpretado*, cit., p. 629.

(ii) Nulidade relativa: viola exigência estabelecida pelo ordenamento legal (infraconstitucional), estabelecida no interesse predominante das partes. A formalidade é essencial ao ato, pois visa resguardar interesse de um dos integrantes da relação processual, não tendo um fim em si mesma. Por esta razão, seu desatendimento é capaz de gerar prejuízo, dependendo do caso concreto. O interesse, no entanto, é muito mais da parte do que de ordem pública, e, por isso, a invalidação do ato fica condicionada à demonstração do efetivo prejuízo e à arguição do vício no momento processual oportuno.

São estas, portanto, suas características básicas:

(i) formalidade estabelecida em ordenamento infraconstitucional;

(ii) finalidade de resguardar um direito da parte;

(iii) interesse predominante das partes;

(iv) possibilidade de ocorrência de prejuízo;

(v) necessidade de provar a ocorrência do efetivo prejuízo, já que este pode ou não ocorrer;

(vi) necessidade de arguição *oportuno tempore*, sob pena de preclusão;

(vii) necessidade de pronunciamento judicial para o reconhecimento desta espécie de eiva.

(iii) Nulidade absoluta: nesse caso, a formalidade violada não está estabelecida simplesmente em lei, havendo ofensa direta ao Texto Constitucional, mais precisamente aos princípios constitucionais do devido processo legal (ampla defesa, contraditório, publicidade, motivação das decisões judiciais, juiz natural etc.). "O ato processual inconstitucional, quando não juridicamente inexistente, será sempre absolutamente nulo, devendo a nulidade ser decretada de ofício, independentemente de provocação da parte interessada"[185].

As exigências são estabelecidas muito mais no interesse da ordem pública do que propriamente no das partes, e, por esta razão, o prejuízo é presumido e sempre ocorre.

A nulidade absoluta também prescinde de alegação por parte dos litigantes e jamais preclui, podendo ser reconhecida *ex officio* pelo juiz, em qualquer fase do processo. São nulidades insanáveis, que jamais precluem. A única exceção é a Súmula 160 do STF, que proíbe o Tribunal de reconhecer *ex officio* nulidades, absolutas ou relativas, em prejuízo do réu.

Para ser reconhecida, a nulidade absoluta exige um pronunciamento judicial, sem o qual o ato produzirá seus efeitos.

Suas características:

(i) há ofensa direta a princípio constitucional do processo;

(ii) a regra violada visa garantir interesse de ordem pública, e não mero interesse das partes;

---

[185]. Grinover, Scarance e Magalhães, *As nulidades no processo penal*, cit., p. 21.

(iii) o prejuízo é presumido e não precisa ser demonstrado;

(iv) não ocorre preclusão; o vício jamais se convalida, sendo desnecessário arguir a nulidade no primeiro momento processual; o juiz poderá reconhecê-la *ex officio* a qualquer momento do processo;

(v) depende de pronunciamento judicial para ser reconhecida.

→ **ATENÇÃO:** as regras diferenciadoras entre nulidade absoluta e relativa devem se adequar ao disposto na Súmula 523 do STF: "No processo penal, a falta da defesa constitui nulidade absoluta, mas a sua deficiência só o anulará se houver prova de prejuízo para o réu". Trata-se de exceção aos critérios acima indicados, pois, no caso de ofensa à ampla defesa, embora se trate de princípio constitucional, sua ofensa acarretará nulidade absoluta somente quando a violação importar em total aniquilamento da defesa do acusado.

(iv) Inexistência: ato inexistente é aquele que não reúne elementos sequer para existir como ato jurídico. São os chamados não atos, como, por exemplo, a sentença sem dispositivo ou assinada por quem não é juiz.

Ao contrário da nulidade (relativa ou absoluta), a inexistência não precisa ser declarada pelo juiz, bastando que se ignore o ato e tudo o que foi praticado em sequência, pois o que não existe é o "nada", e o "nada" não pode provocar coisa alguma.

Por exemplo, no caso de sentença que julgar extinta a punibilidade do agente, nos termos do art. 107, I, do CP, com base em certidão de óbito falsa, o STF, contrariando a posição doutrinária dominante, considera presente o vício da inexistência, e não da nulidade absoluta. Assim, basta desconsiderar a certidão do trânsito em julgado e a sentença, e proferir nova decisão. Caso se entendesse ocorrer nulidade absoluta, nada mais se poderia fazer, por não se admitir, em nosso Direito, a revisão *pro societate* (não seria possível obter um pronunciamento judicial sobre a nulidade).

Igualmente, nos casos em que a lei prevê o cabimento do recurso oficial ou necessário (sentença concessiva de *habeas corpus* ou de reabilitação criminal etc.), se o juiz não remeter os autos à instância superior, será considerada inexistente a certidão do trânsito em julgado, bastando ignorá-la e enviar os autos ao tribunal, enquanto não decorrido o prazo prescricional (Súmula 423 do STF).

É bom lembrar o entendimento de Grinover, Scarance e Magalhães, contrário ao nosso, no sentido de que, mesmo no caso da inexistência, não poderá ser violada a garantia da coisa julgada, em prejuízo do réu. Isto porque "(...) o rigor técnico da ciência processual há de ceder perante princípios maiores do *favor rei* e do *favor libertatis*"[186].

---

186. *As nulidades no processo penal*, cit., p. 46.

22.1. Quadro comparativo dos vícios processuais

IRREGULARIDADE	NULIDADE RELATIVA	NULIDADE ABSOLUTA	INEXISTÊNCIA
O vício provém da violação a uma regra legal.	O vício provém da violação a uma regra legal.	O vício provém de uma violação direta ao Texto Constitucional.	O vício processual é tão grave, a ponto de afetar um requisito imprescindível para a existência do ato.
A formalidade desatendida tem índole infraconstitucional.	A formalidade desatendida tem índole infraconstitucional.	Decorre sempre de uma ofensa a princípio constitucional do processo penal, como por exemplo: – contraditório; – ampla defesa; – juiz natural; – motivação das decisões judiciais etc. → **Atenção:** no caso da ampla defesa, há uma exceção, uma vez que nem toda violação a este princípio leva à nulidade absoluta, pois, de acordo com a Súmula 523 do STF, a mera deficiência de defesa causa nulidade relativa, somente a sua absoluta falta é capaz de acarretar a nulidade absoluta.	O ato, de tão defeituoso, não chega sequer a existir, trata-se, portanto, de um não ato, de um arremedo de ato, de uma mera aparência de ato.
A desobediência, portanto, não se volta contra a Constituição, mas contra regra meramente legal.	A desobediência, portanto, não se volta contra a Constituição, mas contra regra meramente legal.	O vício independe de a parte sentir-se ou não prejudicada, pois há um interesse maior em jogo, que é o do respeito às normas constitucionais.	Torna-se irrelevante discutir se o ato é válido ou não, já que, antes, é necessário saber se ele existe.

IRREGULARIDADE	NULIDADE RELATIVA	NULIDADE ABSOLUTA	INEXISTÊNCIA
A formalidade não tem qualquer finalidade, nem visa garantir direito das partes, e, por esta razão, é irrelevante para o processo.	A formalidade visa garantir um interesse predominante das partes.	O prejuízo sempre existe, pois a norma violada é de ordem pública.	Não existe o ato; portanto, desnecessário saber se dele decorreu prejuízo. Com ou sem o prejuízo, o ato continuará não existindo, devendo ser desconsiderado tudo o que se seguiu a ele. Exemplos de atos inexistentes: – sentença assinada por quem não é juiz ou por juiz impedido; – denúncia oferecida por estagiário ou promotor *ad hoc* (art. 129, § 2º, da CF); – certidão de trânsito em julgado, no caso de omissão do recurso voluntário, quando previsto (Súmula 423 do STF).
O prejuízo é impossível, já que a formalidade era irrelevante.	O interesse violado é predominante da parte, devendo esta comprovar o efetivo prejuízo.	O interesse violado é de ordem pública, sendo o prejuízo presumido.	Eventualmente, a aparência do ato pode gerar algum prejuízo, até que se perceba que na realidade nada existe.
Considerando a impossibilidade de haver qualquer prejuízo para as partes, a irregularidade não traz nenhuma consequência para o processo, não tendo o condão de invalidá-lo.	Como a formalidade visa garantir o interesse da parte, é possível que do desatendimento decorra algum prejuízo. Assim, enquanto na irregularidade o prejuízo é impossível, na nulidade relativa, este poderá ou não ocorrer.	Desatendido princípio constitucional do devido processo legal, sempre haverá prejuízo.	Não existe ato, mas sua aparente existência pode gerar prejuízo até que se perceba a falsa realidade.

IRREGULARIDADE	NULIDADE RELATIVA	NULIDADE ABSOLUTA	INEXISTÊNCIA
A irregularidade não invalida o ato, sendo irrelevante o seu reconhecimento.	Considerando a possibilidade de o prejuízo ocorrer ou não, a consequência lógica é a de que esta espécie de nulidade somente será reconhecida se a parte comprovar a ocorrência do efetivo prejuízo.	Como se trata de matéria de ordem pública, o prejuízo é presumido, e não depende de prova de sua ocorrência; a ofensa a princípio constitucional sempre traz prejuízo, já que foi violada uma garantia fundamental.	É irrelevante ter ocorrido prejuízo ou não, pois tão logo se constate o vício, será desconsiderado tudo o que a ele se seguiu.
O vício é irrelevante e, portanto, deve ser desconsiderado.	Como o interesse violado pertence à parte, não sendo de ordem pública, o vício deverá por ela ser arguido, na primeira oportunidade, sob pena de preclusão.	O vício jamais preclui, podendo ser conhecido em qualquer fase do processo, de ofício pelo juiz, mesmo que não haja arguição da parte. A exceção é o disposto no enunciado da Súmula 160 do STF, pela qual o tribunal não pode conhecer de ofício contra o réu nulidade não arguida no recurso da acusação, exceto o vício da incompetência absoluta.	A inexistência é um vício que jamais preclui, podendo ser conhecido de ofício a qualquer momento.

IRREGULARIDADE	NULIDADE RELATIVA	NULIDADE ABSOLUTA	INEXISTÊNCIA
Por ser irrelevante, a irregularidade não é declarada.	A nulidade relativa necessita de um provimento judicial que a reconheça. Assim, enquanto o órgão jurisdicional não disser que o ato é nulo, ele valerá. A relevância disto é que, após o trânsito em julgado, nenhuma nulidade poderá ser reconhecida em prejuízo do réu, pois não existe revisão criminal *pro societate*.	A nulidade absoluta precisa de um provimento judicial que a reconheça; logo, a consequência será a mesma apontada no quadro ao lado, referente à nulidade relativa.	A inexistência não necessita ser declarada judicialmente, bastando que se desconsidere a aparência de ato e se pratique outro em seu lugar. Por exemplo, no caso de uma sentença extintiva da punibilidade, embasada em certidão de óbito falsa. Após o trânsito em julgado, duas poderão ser as alternativas, conforme se entenda que o vício da sentença implica inexistência ou nulidade absoluta: (i) para quem entende que o caso implica nulidade absoluta da sentença, nada mais poderá ser feito. A nulidade somente pode ser reconhecida mediante pronunciamento do órgão jurisdicional, e este pronunciamento não mais será possível após o trânsito em julgado, ante a falta de previsão da revisão criminal *pro societate*. Só restará processar os autores do falso; (ii) para quem entende que a hipótese é de inexistência da sentença, não há necessidade de qualquer pronunciamento judicial. Basta desconsiderar aquela aparência de ato, bem como tudo o que a ela se seguiu, proferindo outra decisão no seu lugar.

22.2. Princípios básicos das nulidades

22.2.1. Princípio do prejuízo

"Nenhum ato processual será declarado nulo, se da nulidade não tiver resultado prejuízo para uma das partes" (*pas de nullité sans grief* – art. 563 do CPP). Esse princípio não se aplica à nulidade absoluta, na qual o prejuízo é presumido, sendo desnecessária a sua demonstração. Somente quanto às nulidades relativas aplica-se este princípio, dada a exigência de comprovação do efetivo prejuízo para o vício ser reconhecido. Atualmente, a tendência da jurisprudência é não se apegar a fórmulas sacramentais, deixando, portanto, de decretar a eiva quando o ato acaba atingindo a sua finalidade, sem causar gravame para as partes. Em regra, a ofensa a princípio constitucional do processo implica nulidade absoluta, ressalvado o disposto na Súmula 523 do STF: "No processo penal, a falta de defesa constitui nulidade absoluta, mas a sua deficiência só o anulará se houver prova de prejuízo para o réu".

22.2.2. Princípio da instrumentalidade das formas ou da economia processual

Segundo esse princípio, a forma não pode ser considerada um fim em si mesma, ou um obstáculo insuperável, pois o processo é apenas um meio para se conseguir solucionar conflitos de interesse, e não um complexo de formalidades sacramentais e inflexíveis. Assim, dispõe ele que "não será declarada a nulidade de ato processual que não houver influído na apuração da verdade substancial ou na decisão da causa" (CPP, art. 566). Não tem sentido declarar nulo um ato inócuo, sem qualquer influência no deslinde da causa, apenas por excessivo apego ao formalismo. O art. 572, II, reforça essa ideia, ao dispor que certas irregularidades serão relevadas, "se, praticado por outra forma, o ato tiver atingido o seu fim".

22.2.3. Princípio da causalidade ou da sequencialidade

"A nulidade de um ato, uma vez declarada, causará a dos atos que dele diretamente dependam ou sejam consequência" (art. 573, § 1º). Segundo o Código de Processo Penal, somente os atos dependentes ou que sejam consequência do viciado serão atingidos. Assim, se, por exemplo, é colhido um depoimento de testemunha de defesa, antes de encerrada a colheita da prova oral acusatória, basta que se anule o testemunho prestado antes do momento processual correto, sem que haja necessidade de invalidar os depoimentos já prestados pelas testemunhas de acusação. Contudo, no caso de nulidade da citação, anulados serão todos os atos seguintes, diante do evidente nexo de dependência em relação àquela.

> → **ATENÇÃO:** afirma-se, com razão, que a nulidade dos atos da fase postulatória do processo se propaga sempre para os demais atos, enquanto a nulidade dos atos de instrução, normalmente, não contamina os outros atos de aquisição de provas validamente realizados[187].

---

187. Grinover, Scarance e Magalhães, *As nulidades no processo penal*, cit., p. 27.

22.2.4. Princípio do interesse

Só pode invocar a nulidade quem dela possa extrair algum resultado positivo ou situação favorável dentro do processo. Portanto, ninguém pode alegar nulidade que só interesse à parte contrária (CPP, art. 565, segunda parte). Trata-se de falta de interesse processual, decorrente da total ausência de sucumbência (no processo penal, a aplicação dessa regra é limitada, pois, na ação pública, o Ministério Público terá sempre como objetivo a obtenção de título executivo válido, razão pela qual não se pode negar seu interesse na obediência de todas as formalidades legais, inclusive as que asseguram a participação da defesa). A lei também não reconhece o interesse de quem tenha dado causa à irregularidade, aplicando-se o preceito *nemo auditur propriam turpitudinem allegans*. Assim, dispõe o art. 565, primeira parte, do CPP, que: "Nenhuma das partes poderá arguir nulidade a que haja dado causa, ou para que tenha concorrido".

22.2.5. Princípio da convalidação

As nulidades relativas estarão sanadas, se não forem arguidas no momento oportuno (art. 572, I). O instituto da preclusão decorre da própria essência da atividade processual; processo, etimologicamente, significa "marcha para a frente", e, sendo assim, não teria sentido admitir-se que a vontade das partes pudesse, a qualquer tempo, provocar o retrocesso a etapas já vencidas no curso procedimental.

O art. 571 estabelece o momento em que as nulidades relativas devam ser alegadas, sob pena de convalidação do ato viciado.

Outro caso de convalidação é o do art. 569, segundo o qual, "as omissões da denúncia ou da queixa, ... poderão ser supridas a todo o tempo, antes da sentença final".

Finalmente, o art. 570 dispõe que o comparecimento do interessado, ainda que somente com o fim de arguir a irregularidade, sana a falta ou nulidade da citação. Dessa forma, se a citação nula impedir o acusado de conhecer previamente os termos da imputação, inviabilizando um adequado exercício de autodefesa, por ocasião do interrogatório, seu comparecimento não suprirá o vício, e o ato citatório não será convalidado. No entanto, ressalve-se que o entendimento do STF é no sentido de que o interrogatório deixou de ser o ato inaugural da instrução, passando a integrar o último ato de oitiva da audiência única de instrução e julgamento.

Jurisprudência

- INADMISSIBILIDADE DA NULIDADE DE ALGIBEIRA NO PROCESSO PENAL — "A jurisprudência dos Tribunais Superiores não tolera a chamada 'nulidade de algibeira' — aquela que, podendo ser sanada pela insurgência imediata da defesa após ciência do vício, não é alegada, como estratégia, numa perspectiva de melhor conveniência futura. Tal atitude não encontra ressonância no sistema jurídico vigente, pautado no princípio da boa-fé processual, que exige lealdade de todos os agentes processuais" (STJ, 5ª Turma, AgRg no HC 732.642/SP, Rel. Min. Jesuíno Rissato (Desembargador convocado do TJDFT), j. 24-5-2022).

22.2.6. Princípio da não preclusão e do pronunciamento *ex officio*

As nulidades não precluem e podem ser reconhecidas independentemente de arguição pela outra parte. Tal princípio somente é aplicável às nulidades absolutas, as quais poderão ser conhecidas de ofício, a qualquer tempo, pelo juiz ou Tribunal, enquanto a decisão não transitar em julgado.

Exceção à regra de que as nulidades absolutas podem ser conhecidas de ofício encontra-se no enunciado da Súmula 160 do STF: "É nula a decisão do tribunal que acolhe, contra o réu, nulidade não arguida no recurso da acusação, ressalvados os casos de recurso de ofício". Como a súmula não faz distinção entre nulidade absoluta e relativa, acaba criando uma hipótese em que a nulidade absoluta não pode ser reconhecida *ex officio*, mas tão somente por meio de expressa arguição da parte contrária. De fato, mesmo tendo ocorrido um vício de tal gravidade, o tribunal somente poderá reconhecer a eiva em prejuízo do réu, se a acusação arguir expressamente em seu recurso. Nesse sentido, prelecionam Grinover, Scarance e Magalhães: "(...) quando se tratar de vício cujo reconhecimento favoreça à acusação, será indispensável a arguição do vício como preliminar do recurso. Diante desse entendimento, aferida pelo tribunal, no julgamento de recurso, a existência de um vício processual capaz de levar ao reconhecimento de nulidade absoluta, caberá então distinguir: se a invalidação favorecer o réu, como, *v. g.*, na hipótese de estar condenado e não ter sido regularmente citado, mesmo que a defesa não tenha arguido nulidade, caberá ao órgão julgador proclamar a nulidade e ordenar a renovação do feito, a partir da citação, pois isso favorece o réu. Se, ao contrário, tratar--se de nulidade não arguida pela acusação, mas cujo reconhecimento poderá prejudicar a defesa, aí nada restará ao tribunal, senão confirmar a absolvição"[188].

→ **ATENÇÃO:** há um único caso em que o tribunal, excepcionando o disposto na Súmula 160, deverá reconhecer a nulidade absoluta de ofício, haja ou não prejuízo à defesa: quando se tratar de incompetência absoluta. Nesse caso, o vício é tão grave que não há como deixar de reconhecê-lo, mesmo que prejudique o acusado e que a acusação nada tenha falado em seu recurso.

22.3. Nulidades em espécie

O art. 564 do CPP elenca os seguintes casos de nulidade:

"Inciso I – por incompetência, suspeição ou suborno do juiz;"

(i) Incompetência

Competência é a medida da jurisdição, estabelecendo os limites do exercício do poder jurisdicional pelo juiz.

Podemos classificar a competência em: competência de jurisdição (jurisdição comum e especializada), competência hierárquica (competência do órgão inferior ou competência originária do órgão superior), competência de foro ou *ratione loci* (territorial), competência

---
188. *As nulidades no processo penal*, cit., p. 32.

em razão da matéria (estabelece o juízo competente) e competência recursal (em razão de recurso).

A distribuição de competência em razão da jurisdição, da hierarquia e da matéria, bem como a competência recursal são ditadas pelo interesse público. Trata-se de hipóteses de competência absoluta, imodificáveis pela vontade das partes, pois a questão é predominantemente de ordem pública.

Na incompetência absoluta, o juiz fica privado totalmente de seu poder jurisdicional, deixando de ser o juiz natural da causa. Assim, o juízo monocrático não tem capacidade jurisdicional para julgar crimes dolosos contra a vida; o juízo de primeira instância não detém jurisdição para julgar deputado ou senador, nem para julgar recursos de outro órgão do mesmo grau; e o juízo comum está privado de jurisdição para o julgamento de crimes eleitorais. Em todos esses casos, o problema é de falta de capacidade jurisdicional, afrontando o princípio constitucional do juiz natural.

Por essa razão, o vício jamais se convalida (a incompetência absoluta não se prorroga), pode ser reconhecida *ex officio* pelo órgão jurisdicional a qualquer tempo (CPP, art. 109) e independe de comprovação do prejuízo, o que vale dizer: incompetência absoluta é causa geradora de nulidade absoluta do processo.

Na hipótese da incompetência de foro ou territorial, ao contrário, o juiz não está privado de sua jurisdição, tendo poderes para julgar a causa. O problema consiste em ser esta competência subsidiária em relação à do juízo territorialmente competente.

Somente se as partes desejarem, o órgão incompetente poderá apreciar o caso concreto, o que leva à conclusão de que o interesse é em especial delas.

Com efeito, o legislador pensa preponderantemente no interesse de uma das partes em defender-se melhor, de modo que a intercorrência de certos fatores pode modificar as regras ordinárias de competência territorial.

Costuma-se falar, nesses casos, de competência relativa, prorrogável. O vício é, portanto, sanável se não for alegado no primeiro momento, caracterizando-se como nulidade relativa.

Se a defesa desejar arguir a incompetência territorial, que é relativa, deve fazê-lo por ocasião da defesa inicial (CPP, art. 396-A), por meio de exceção, sob pena de preclusão, com a consequente prorrogação da competência.

O STF tem considerado a incompetência de foro relativa e prorrogável, aplicando-lhe as regras da preclusão. Não arguida na primeira oportunidade, a eiva se convalida e não pode mais ser reconhecida.

Questão interessante é a do juiz poder ou não reconhecer sua incompetência relativa no processo penal.

Para Grinover, Scarance e Magalhães, "(...) no processo penal, em que o foro comum é o da consumação do delito (CPP, art. 70), acima do interesse da defesa, é considerado o interesse público expresso no princípio da verdade real: onde se deram os fatos é mais provável que se consigam provas idôneas. Por isso, mitiga-se, no processo penal, a diferença entre competência absoluta e relativa: mesmo esta pode ser reconhecida de ofício pelo juiz (art. 109)"[189].

Segundo esse entendimento, tanto a incompetência absoluta quanto a relativa poderão ser reconhecidas *ex officio* pelo juiz.

> **Nosso entendimento:** o reconhecimento *ex officio* da incompetência relativa, a que se referem os autores, somente poderá ser feito antes de operada a preclusão, pois, após esse momento, opera-se a convalidação do vício, não havendo mais nenhuma nulidade para ser reconhecida pelo juiz.

A Súmula 33 do STJ, no entanto, é clara ao sustentar que "a incompetência relativa não pode ser declarada de ofício", de modo que, não importa se antes ou depois de operada a preclusão, o juiz não poderá declarar-se incompetente, a menos que seja oposta, no prazo legal (momento da defesa inicial do art. 396-A), a respectiva exceção. A incompetência *ratione loci* é relativa, e, portanto, não oposta a *declinatoria fori*, no prazo da defesa inicial, é defeso ao juiz declinar de ofício de sua competência territorial.

Quanto às consequências do reconhecimento da incompetência absoluta e da relativa, são duas as situações:

No caso da *incompetência relativa*, serão anulados somente os atos decisórios, que são aqueles em que há decisão de mérito, aproveitando-se os atos instrutórios (CPP, art. 567). Na *incompetência absoluta*, todos os atos serão anulados, mesmo os não decisórios, como colheita de prova oral, deferimento de perícia etc.

→ **ATENÇÃO:** há julgados que afirmam que o recebimento da denúncia, apesar de possuir carga decisória, pode ser ratificado pelo juiz competente.

→ **ATENÇÃO:** no caso de julgamento da causa por juízo ou tribunal de exceção, o vício é muito mais grave do que a incompetência absoluta (em razão da matéria, da hierarquia etc.). Nessa hipótese de afronta ao princípio constitucional do juiz natural (CF, art. 5º, XXXVII), verifica-se a inexistência do processo e julgamento, pois a autoridade responsável não pode ser considerada juiz. É como se um qualquer do povo proferisse a decisão. Não se trata de discutir se o juízo tem capacidade jurisdicional ou não, pois sequer existe juízo.

(ii) Suspeição e suborno do juiz

Suspeição e impedimento, ao contrário do que sucede no Código de Processo Civil, distinguem-se perfeitamente no Código de Processo Penal.

O impedimento é causa geradora de inexistência, e não apenas nulidade, dos atos praticados, uma vez que priva o juiz da *jurisdictio*. Hélio Tornaghi observa, com muito acerto, que o "impedimento priva o juiz do exercício da jurisdição", ao reverso da suspeição,

---
189. *As nulidades no processo penal*, cit., p. 41.

que apenas "enseja a abstenção ou recusa do juiz"[190]. Daí o motivo de ter o CPP feito menção apenas ao juiz suspeito, no seu art. 564, I.

Assim, enquanto a suspeição fulmina o ato de nulidade absoluta, o impedimento acarreta a sua inexistência. No primeiro caso, o juiz detém o poder jurisdicional, embora este poder esteja viciado; no segundo, não existe nenhuma capacidade jurisdicional.

Acolhido o impedimento, desconsideram-se os atos realizados, por serem inexistentes.

Os casos de impedimento vêm arrolados no art. 252 e os de suspeição, no art. 254, ambos do CPP.

O juiz deve proclamar-se suspeito ou impedido, quando for o caso. Se não o fizer, poderá ser arguido o vício por qualquer das partes (CPP, art. 112). Não aceitando a arguição, o juiz mandará autuar em apartado a petição, dará a sua resposta dentro de três dias, podendo instruí-la e oferecer testemunhas, e, em seguida, determinará sejam os autos da exceção remetidos, dentro de vinte e quatro horas, ao juiz ou tribunal a quem competir o julgamento (CPP, art. 100). Julgada procedente a exceção de suspeição, ficarão nulos todos os atos praticados (CPP, art. 101).

Ocorrendo suspeição por motivo íntimo, procede-se na forma do disposto no art. 148, §§ 1º e 3º, do CPC.

Segundo a acertada observação de Florêncio de Abreu, *suborno*, no Código de Processo Penal, é expressão sinônima de peita. E, lembrando lição de Camara Leal, conclui que correspondem ao suborno, ou peita, os crimes de concussão (CP, art. 316), corrupção passiva (art. 317) e corrupção ativa (art. 333)[191].

O suborno, no dizer de Bento de Faria, "é a expressão de desonestidade funcional, por corrupção passiva ou por prevaricação. Além de afastar o juiz sem dignidade, sujeita-o à sanção penal"[192]. É causa geradora de nulidade absoluta do ato.

"Inciso II — por ilegitimidade de parte;"

Pode ser *ad causam* ou *ad processum*.

Na ilegitimidade *ad causam*, lembrando a lição de Buzaid, ocorre a impertinência subjetiva da ação, em razão de o autor não ser o titular da ação ajuizada, ou de o réu não poder integrar a relação jurídica processual, quer por não ser imputável, quer por não ter evidentemente concorrido para a prática do fato típico e ilícito. Por exemplo, denúncia oferecida contra menor de dezoito anos, contra vítima ou testemunha; propositura de ação penal privada pelo Ministério Público ou de ação pública pelo ofendido. Neste caso, torna-se desnecessário perscrutar o mérito, porque há uma preliminar impedindo seu exame.

A ilegitimidade *ad processum* decorre da falta de capacidade postulatória do querelante ou incapacidade para estar em juízo. No primeiro caso, o querelante leigo assina

---
190. *Processo penal*, 1955, v. 2, p. 154.
191. *Comentários ao Código de Processo Penal*, 1945, v. 5, p. 58.
192. *Código de Processo Penal*, cit., p. 163.

sozinho a queixa-crime; no segundo, o ofendido menor de 18 anos ajuíza a ação privada sem estar representado por seu representante legal.

Segundo o art. 568 do CPP: "A nulidade por ilegitimidade do representante da parte poderá ser a todo tempo sanada, mediante ratificação dos atos processuais". Este dispositivo cuida apenas da hipótese de ilegitimidade *ad processum*, que, por ser convalidável mediante ratificação posterior, é considerada causa de nulidade relativa.

Hipótese muito comum de convalidação do vício de ilegitimidade processual sucede geralmente na ação penal privada, em que a procuração dada ao advogado do ofendido não atende aos requisitos do art. 44 do CPP; nesse caso, constatado o defeito, será possível a ratificação dos atos já praticados, pela parte legítima ou por seu representante regularmente constituído, através de petição ou termo nos autos.

No caso de ilegitimidade *ad causam*, ao contrário, o vício jamais se convalida, sendo a nulidade absoluta e insanável. Neste sentido, já decidiu o STF ao declarar, nos crimes de ação penal pública cometidos após a Constituição Federal, nulo *ab initio* o processo instaurado por meio de outro órgão que não o Ministério Público, reconhecendo ter havido afronta ao princípio constitucional do processo, inserto no art. 129, inciso I, da Constituição da República.

Sem a representação do ofendido ou do seu representante legal, o Ministério Público não terá legitimidade *ad processum* para promover a ação penal pública condicionada, embora tivesse legitimidade *ad causam* para integrar o polo ativo da relação processual. O processo é nulo, mas a autorização de vontade posterior ratifica os atos até então praticados.

→ **ATENÇÃO:** representação é a autorização de vontade informal.

Nos crimes de ação penal pública condicionada à representação do ofendido, ou de seu representante legal (CPP, art. 24), não se exige qualquer formalismo, podendo ser considerada representação, qualquer manifestação inequívoca de vontade na promoção da ação penal, inclusive declaração no boletim de ocorrência. Também se admite como representante legal do ofendido qualquer pessoa, de algum modo responsável por ele, tais como irmão, tio, ou pessoa que tenha apenas a guarda.

"**Inciso III — por falta das fórmulas ou dos termos seguintes:**"

Após os dois incisos anteriores, elencando como causas geradoras de nulidade a incompetência, a suspeição, o suborno e a ilegitimidade de parte, o CPP, no inciso III, enumera alguns casos em que poderá ocorrer este vício processual.

(i) Falta do preenchimento dos requisitos no oferecimento da denúncia ou queixa, ou na representação do ofendido ou requisição do ministro da justiça.

A denúncia e a queixa são peças fundamentais, não só por promoverem o nascimento da relação jurídica processual, como também porque são instrumentos através dos quais é formulada a acusação, imputando-se a alguém o cometimento de infração penal e pedindo-se a sua condenação. Impõe-se, portanto, que descrevam de forma clara e precisa a conduta criminosa, a fim de poder o réu exercer com amplitude a sua defesa, sabendo do que é acusado.

Os requisitos mais importantes estão previstos no art. 41 do CPP: descrição completa do fato criminoso, com todas as suas circunstâncias, qualificação do denunciado ou dados pelos quais se possa identificá-lo, a classificação jurídica do fato narrado e o rol de testemunhas, quando houver.

Além desses, são também requisitos da denúncia: o endereçamento ao juiz competente, a redação em vernáculo, a assinatura pelo órgão do Ministério Público, o pedido de citação, a indicação do rito procedimental e o pedido de condenação.

A queixa somente poderá ser formulada por advogado, sendo imprescindível que da procuração conste expressamente o fato criminoso que deverá ser descrito na queixa, conforme exigência do art. 44 do CPP.

O erro no endereçamento caracteriza mera irregularidade, pois a nulidade só ocorrerá se o juiz incompetente receber a peça acusatória. Nesse caso, o processo será nulo pela incompetência absoluta ou relativa do juízo, e não pelo endereçamento equivocado.

A falta de pedido de citação e de condenação e a não indicação do rito procedimental também caracterizam mera irregularidade.

A falta de assinatura do promotor na denúncia não acarreta sua nulidade, caracterizando mera irregularidade, desde que não haja dúvida quanto à sua autoria. Assim, se, por exemplo, ele assinar a cota onde faz constar que está oferecendo a denúncia, fica claro que esta peça é de sua autoria, inexistindo qualquer vício capaz de invalidar o processo. É certo que, em se tratando de requisito essencial, sua falta poderia acarretar até mesmo a inexistência do ato; no entanto, ficando claro tratar-se de mero erro material, a omissão não pode ter o condão de invalidar todo o processo, por apego excessivo ao rigor formal.

Qualificação equivocada e erro no nome do denunciado caracterizam mera irregularidade, desde que possível a sua identificação. A qualificação do indiciado serve para individualizá-lo do universo de outras pessoas, de maneira que, sendo isto possível, o erro na qualificação não pode ser considerado causa geradora de nulidade.

O erro na capitulação jurídica do fato é irrelevante e caracteriza também mera irregularidade, pois o juiz, no momento de prolatar a sentença, poderá dar a classificação que bem entender, nos termos do art. 383 do CPP (*emendatio libelli*).

Pela mesma razão, a ausência de capitulação configura mera irregularidade, afinal o réu se defende de fatos.

O juiz não pode receber a denúncia com capitulação jurídica diversa, pois este não é o momento processual adequado para fazê-lo. Entendimento contrário equivaleria a subtrair do Ministério Público sua atribuição privativa de promover a ação penal pública, além de implicar uma apreciação prematura do *meritum causae*. O juiz somente deve analisar a classificação jurídica, por ocasião da sentença, nos termos dos arts. 383 e 384 (*mutatio libelli*) do CPP.

A falta de oferecimento do rol de testemunhas não caracteriza nenhum vício processual, uma vez que se trata de faculdade do denunciante, acarretando apenas preclusão para a produção da prova oral. O promotor, pretendendo posteriormente ouvir testemunhas, terá de solicitar ao juiz que as ouça como informantes do juízo, nos termos do art. 209, *caput*, do CPP, ficando o magistrado com a liberdade de deferir ou não o pedido. Ao contrário, se a testemunha for arrolada no momento correto, o juiz estará obrigado a deferir sua oitiva, não podendo recusá-la nem sob o argumento de que a testemunha nada sabe.

É entendimento pacífico do STF e do STJ que o despacho de recebimento da denúncia ou queixa não precisa ser fundamentado de forma complexa, por tratar-se de mero juízo de admissibilidade (STJ, AgRg no HC 747.709/SP, Rel. Min. Rogerio Schietti Cruz, 6ª Turma, *DJe* 30-6-2022). O juiz, portanto, não precisa fundamentar o despacho de recebimento da denúncia ou queixa.

> **Nosso entendimento:** a despeito do posicionamento manso e pacífico da jurisprudência em sentido contrário, entendemos que o despacho que recebe a denúncia ou queixa é decisão, por implicar juízo de valoração, e, como tal, deve ser fundamentado por exigência constitucional. A fundamentação deve ser sucinta para não importar em uma antecipação da futura sentença, mas é necessária.

A descrição do fato deve ser precisa e conter todas as circunstâncias, uma vez que, no processo penal, o réu se defende de fatos, pouco importando a classificação jurídica dada na denúncia. A acusação são os fatos, e é com eles que deve haver correlação na sentença.

Não se exige longa descrição dos fatos, admitindo-se a denúncia sucinta, que haja descrito *quantum satis* a existência do crime.

No caso de coautoria e participação, é imprescindível a descrição da conduta de cada coautor e partícipe, de modo a não lhes inviabilizar o exercício da defesa.

Nos crimes de autoria coletiva, a jurisprudência não vem se mostrando rigorosa quanto à exigência da descrição pormenorizada da conduta de cada agente, admitindo-se uma imputação genérica a todos os envolvidos.

Como bem observou Nadir de Campos Jr., referindo-se à exigência de descrição clara e precisa da conduta de cada agente: "Ultimamente, os posicionamentos do Supremo Tribunal Federal, do Superior Tribunal de Justiça e de Tribunais Estaduais, vêm sendo no sentido do abrandamento daquela exigência, permitindo que nos delitos societários ou coletivos, principalmente quando a acusação não tem elementos advindos do inquérito policial, possa fazer-se uma narração genérica do fato, sem especificar a conduta de cada participante". É de observar que a mitigação da exigência da especificação da conduta criminosa de cada um dos agentes do crime deve-se ao fato de que, até a sentença penal condenatória, a todo momento, pode a peça inicial ser emendada.

A denúncia alternativa, ou seja, aquela que atribui ao denunciado dois ou mais fatos, alternativamente, de modo que, não se comprovando o primeiro, chamado de principal, pede-se a condenação pelo subsidiário, é nula, por violar o requisito essencial da descrição precisa do fato. Exemplo: caso não venha a ficar provado o estelionato, pede-se a condenação pelo falso, e, não se comprovando também esse crime, aguarda-se a condenação pelo furto do fólio do cheque.

Essa forma de oferecer a denúncia não pode ser aceita porque a acusação deve ser certa e precisa, sob pena de inviabilizar o exercício da ampla defesa.

Nesse sentido: Súmula 1 das Mesas de Processo Penal da USP; Grinover, Scarance e Magalhães[193].

Em sentido contrário, Afrânio Silva Jardim[194].

Se a denúncia esquece de se referir ao coautor, nenhuma nulidade ocorrerá, pois o Ministério Público poderá, a qualquer tempo, denunciá-lo, não havendo que se falar em indivisibilidade da ação penal pública.

(ii) Falta de exame de corpo de delito nos delitos não transeuntes, que são os que deixam vestígios.

O corpo de delito, na clássica definição de João Mendes, é o conjunto dos elementos sensíveis do fato criminoso, ou seja, os vestígios do crime. Diz-se direto quando reúne elementos materiais do fato imputado, incidindo diretamente sobre os vestígios do crime; indireto, se, por qualquer outro meio que não o exame direto dos vestígios, evidencia a existência do acontecimento delituoso.

A prova pericial constitui no processo criminal um dos meios mais seguros e eficazes de esclarecer a verdade, devendo sua realização ser determinada pela autoridade policial, logo após o conhecimento da prática da infração penal, e pelo juiz, durante a instrução criminal.

"Quando a infração deixar vestígios, será indispensável o exame de corpo de delito, direto ou indireto, não podendo supri-lo a confissão do acusado" (CPP, art. 158).

Trata-se de exceção ao princípio da verdade real, norteador de todo o processo penal. Com efeito, o art. 155 do CPP, consagrando o princípio da livre convicção do juiz (livre apreciação das provas), dispõe expressamente que "o juiz formará sua convicção pela livre apreciação da prova, produzida em contraditório judicial, não podendo fundamentar sua decisão exclusivamente nos elementos informativos colhidos na investigação, ressalvadas as provas cautelares, não repetíveis e antecipadas", o que vale dizer, poderá levar em consideração qualquer meio probatório que o auxilie no esclarecimento da verdade, desde que submetido ao contraditório. Qualquer prova (relatórios médicos, depoimento de criança, de prostituta ou de policial que participou da diligência etc.) tem valor no processo penal, devendo o juiz levá-la em conta de acordo com sua relevância no caso concreto. No caso do exame de corpo de delito, contudo, isto não ocorre. A lei, excepcionando o princípio da verdade real, obriga a realização da prova pericial no caso dos delitos não transeuntes (são aqueles que deixam vestígios). Mesmo que outra prova, documental

---
193. *As nulidades no processo penal*, cit., p. 79.
194. *Ação penal pública*: princípio da obrigatoriedade, cit., p. 108.

ou testemunhal, possa provar a ocorrência do crime, a lei continua exigindo o exame pericial, salvo se desapareceram os vestígios. Não admite sequer que a confissão do acusado supra a falta da perícia, limitando a formação do convencimento do juiz pela livre apreciação da prova.

Desse modo, tendo o crime deixado marcas, será obrigatória a realização do exame de corpo de delito, não podendo supri-lo a confissão do acusado, tampouco provas documentais ou testemunhais, ainda que aptas ao esclarecimento da verdade. Haverá prioridade na realização do exame de corpo de delito quando o crime envolver violência doméstica e familiar contra a mulher, bem como violência contra criança, adolescente, pessoa idosa ou pessoa com deficiência (art. 15, parágrafo único, do CPP). Somente quando os vestígios desaparecerem, logo em seguida à prática do crime, é que se admitirá seu suprimento por outras provas, nos termos do art. 167 do CPP: "Não sendo possível o exame de corpo de delito, por haverem desaparecido os vestígios, a prova testemunhal poderá suprir-lhe a falta". Note-se que o suprimento pela prova testemunhal só é possível se houverem desaparecido os vestígios (art. 167).

A jurisprudência não tem pronunciado essa nulidade, ante a falta do exame de corpo de delito, direto ou indireto, optando por absolver o réu, por insuficiência de provas.

> **Nosso entendimento:** mesmo não tendo sido realizado o exame pericial, caso sua elaboração ainda seja possível, deve o juiz determiná-la, nos termos do art. 156, parte final, do CPP, em vez de simplesmente proferir a decisão absolutória, sob pena de ser nula a sentença, nos termos do art. 564, III, b.

Atualmente, o STJ vem atenuando o rigor dessa imposição, admitindo que, mesmo nos delitos não transeuntes, não pode mais prevalecer a regra da obrigatoriedade da realização do exame de corpo de delito, sendo inaceitável desprezar-se a realização de outras provas que, em seu lugar, poderiam levar ao esclarecimento da verdade real. Desse modo, qualquer prova não produzida por meios ilícitos deve ser aceita como válida, estando apta a influir na convicção do julgador.

Conforme disposição contida no art. 159, "o exame de corpo de delito e outras perícias serão realizados por perito oficial, portador de diploma de curso superior. § 1º Na falta de perito oficial, o exame será realizado por 2 (duas) pessoas idôneas, portadoras de diploma de curso superior preferencialmente na área específica, dentre as que tiverem habilitação técnica relacionada com a natureza do exame. § 2º Os peritos não oficiais prestarão o compromisso de bem e fielmente desempenhar o encargo". A esse respeito, foi editada a Súmula 361 do STF, segundo a qual: "No processo penal, é nulo o exame realizado por um só perito, considerando-se impedido o que tiver funcionado, anteriormente, na diligência de apreensão". Diante disso, se apenas um perito subscrevesse o laudo desse exame, incidia a citada súmula, quer se tratasse de perito oficial, quer se tratasse de perito não oficial. A nulidade seria relativa. A Súmula 361 do STF apenas terá aplicação na hipótese de exame realizado por peritos não oficiais, pois, em se tratando de *perícia oficial*, bastará o exame de um só perito. Cuida-se de *nulidade relativa*, cuja impugnação há de ser feita em tempo oportuno, bem como demonstrado o efetivo prejuízo. Finalmente, cumpre consignar que, em se tratando de perícia complexa que abranja mais de uma área de conhecimento especializado, poder-se-á designar a atuação de mais de um perito oficial (§ 7º). Nesse caso, como se trata de faculdade conferida ao julgador, a realização do exame por um só perito oficial não enseja a nulidade da prova pericial.

Nem o juiz, nem os jurados ficam vinculados à prova pericial, podendo aceitá-la ou rejeitá-la em parte (CPP, art. 182). No entanto, o juiz só pode discordar do laudo fundamentadamente.

Nos crimes contra a propriedade imaterial, exige o art. 525 do CPP expressamente que o exame seja feito antes da acusação, pois: "No caso de haver o crime deixado vestígio, a queixa ou a denúncia não será recebida se não for instruída com o exame pericial dos objetos que constituam o corpo de delito".

A Lei n. 11.343/2006 (Lei de Drogas), ao contrário, contentou-se para efeito de lavratura do auto de prisão em flagrante e, por consequência, do oferecimento da denúncia, com o laudo de mera constatação, firmado por perito oficial ou, na falta deste, por pessoa idônea. O perito que subscrever o laudo não ficará impedido de participar da elaboração do definitivo (cf. art. 50). Trata-se de exame pericial provisório, subscrito por apenas um perito, oficial ou não, cuja finalidade é apontar a probabilidade de que uma substância tenha ou não o princípio ativo (aptidão para gerar dependência física ou psíquica). Embora parte da doutrina entenda que esse laudo configure condição objetiva de procedibilidade, sem o qual a denúncia não pode ser oferecida[195], prevalece na jurisprudência o entendimento de que a falta desse exame não causa qualquer nulidade para o processo, sendo, no máximo, causa de relaxamento da prisão em flagrante. No tocante ao laudo de exame químico-toxicológico, que é o definitivo, dispõe a lei que o juiz, ao receber a denúncia, dentre outras providências, requisitará os laudos periciais (cf. art. 56).

Ainda no caso de crime previsto na Lei de Drogas, há a possibilidade da realização de exame de dependência toxicológica. A Lei de Drogas prevê em seu art. 56 que: "Recebida a denúncia, o juiz designará dia e hora para a audiência de instrução e julgamento, ordenará a citação pessoal do acusado, a intimação do Ministério Público, do assistente, se for o caso, e requisitará os laudos periciais". E, de acordo com o seu § 2º, "a audiência a que se refere o *caput* deste artigo será realizada dentro dos 30 (trinta) dias seguintes ao recebimento da denúncia, salvo se determinada a realização de avaliação para atestar dependência de drogas, quando se realizará em 90 (noventa) dias". Portanto, de acordo com a Lei de Drogas, a determinação, pelo juiz, da realização do exame de dependência toxicológica ocorrerá logo após o recebimento da denúncia, antes, portanto, do interrogatório do acusado na audiência de instrução e julgamento.

No caso do crime previsto no art. 129, § 1º, I, do CP (lesões corporais graves, pela incapacidade para ocupações habituais por mais de trinta dias), é indispensável a realização do exame complementar após o decurso de trinta dias do fato, podendo este ser

---
195. Tourinho Filho, *Processo penal*, cit., v. 4, p. 128.

suprido por prova testemunhal. Não havendo nem uma prova, nem outra, o juiz deve desclassificar o crime para lesões leves, não havendo que se falar em nulidade do processo. A realização do exame antes do decurso dos trinta dias, ou muito depois desse prazo, torna o laudo imprestável, equivalendo à hipótese em que não foi feito.

No crime de furto qualificado pelo rompimento de obstáculo, é imprescindível a realização do exame de corpo de delito para comprovação da qualificadora, sob pena de desclassificação do crime para furto simples.

(iii) Falta de nomeação de defensor ao réu presente, que não o tiver, ou ao ausente, e de curador ao réu menor de 18 anos (CPP, art. 261).

Súmula 523 do STF: "No processo penal, a falta da defesa constitui nulidade absoluta, mas a sua deficiência só o anulará se houver prova de prejuízo para o réu".

O juiz deverá analisar em cada caso concreto se o defensor atuou de forma eficiente ou não, somente decretando a nulidade se ficar evidenciado algum prejuízo para o acusado.

Por outro lado, a defesa não pode ser meramente formal, havendo necessidade de que se apresente adequadamente exercida, tendo o STF, certa feita, anulado processo em que a defesa não apresentou defesa prévia, nada requereu em audiência, nem tampouco reperguntou às testemunhas, apresentou telegráficas alegações finais e deixou de apelar da sentença condenatória. Mencione-se que o defensor não poderá abandonar o processo sem justo motivo, previamente comunicado ao juiz, sob pena de responder por infração disciplinar perante o órgão correicional competente (CPP, art. 265, *caput*).

Na resposta à acusação, prevista nos arts. 396 e 396-A, não apresentada a resposta no prazo legal, ou se o acusado, citado, não constituir defensor, o juiz nomeará defensor para oferecê-la, concedendo-lhe vista dos autos por 10 (dez) dias. A não nomeação de defensor pelo juiz para oferecimento da defesa gerará nulidade absoluta. Assim, trata-se de condição obrigatória da ação.

Aliás, no tocante ao defensor público ou dativo, o Código de Processo Penal é expresso no sentido de que a defesa técnica deverá sempre ser exercida através de manifestação fundamentada (parágrafo único do art. 261, CPP). Veda-se, portanto, a defesa meramente formal, sob pena de nulidade.

O réu tem o direito de escolher o seu próprio defensor, cumprindo ao magistrado, em não sendo possível ao defensor constituído assumir ou prosseguir no patrocínio da causa penal, ordenar a intimação do acusado para que, querendo, escolha outro advogado. Antes dessa intimação, será nula de pleno direito a nomeação de defensor dativo.

O defensor leigo pode ser causa geradora de nulidade absoluta, pois, sob o enfoque da Súmula 523, verifica-se a ausência total de defesa.

Devem ser levados em conta o disposto no art. 133 da CF, segundo o qual o advogado é indispensável à administração da justiça, bem como a regra do art. 4º do Estatuto da Ordem dos Advogados do Brasil (Lei n. 8.906/94), que dispõe serem nulos os atos privativos de advogado, praticados por pessoa não inscrita regularmente na OAB.

Se o advogado é indispensável, o juiz não pode dispensar sua atuação, substituindo-a pela de um leigo. Haveria afronta direta ao princípio constitucional da ampla defesa, acarretando a sua inexistência.

O art. 261 do CPP, ao estabelecer que "nenhum acusado, ainda que ausente ou foragido, será processado ou julgado sem defensor", está evidentemente referindo-se ao defensor técnico, e não ao leigo, que não poderia sequer receber essa qualificação.

Assim, dispensável se torna a verificação, no caso concreto, acerca da ocorrência ou não do prejuízo, ficando este presumido. A nulidade será absoluta.

Excepcionalmente, porém, nas comarcas onde não houver subseção da OAB, será possível a nomeação de defensor leigo, como única maneira de se garantir a prestação jurisdicional, garantia constitucional indeclinável, nos termos do art. 5º, XXXV. Neste sentido, Damásio E. de Jesus[196].

Podemos, assim, resumir, quanto à atuação de defensor técnico, que o juiz deverá analisar em cada caso concreto se a sua atuação foi deficiente ou não, somente reconhecendo a nulidade, se ficar comprovado prejuízo para a defesa, daí por que falar-se em nulidade relativa. Quanto à nomeação de defensor leigo, em regra, implica inexistência de defesa, caracterizando nulidade absoluta; excepcionalmente, poderá ser considerada defesa deficiente, e, portanto, em nulidade relativa, quando, ante a total ausência de advogados na comarca, não houver outro meio de se assegurar a prestação jurisdicional.

> **Nosso entendimento:** quanto à segunda parte do art. 564, III, c, do CPP, que trata da nulidade por falta de nomeação de curador ao réu menor, entendemos que tal dispositivo foi revogado pelo art. 5º do Código Civil, com o qual ficaram revogados todos os dispositivos do CPP que tratavam da nomeação de curador ao réu menor de 21 anos, bem como da nulidade pelo descumprimento dessa exigência.

O Código Civil de 2002, em seu art. 5º, I, considera o maior de 18 anos plenamente capaz de praticar qualquer ato jurídico na esfera civil, incluídos aí os atos processuais, sem necessidade da assistência de curador ou representante legal. Assim, não pode a legislação processual penal tratar como relativamente incapaz pessoa plenamente capacitada de acordo com a legislação civil. O CPP fala em nomeação de curador ao réu menor, mas é de indagar: que menor? Não existe *menor* após a maioridade, e esta agora se atinge aos 18 anos. Seria contraditório considerar o agente capaz de realizar, sem assistência, qualquer ato jurídico e, ao mesmo tempo, tratá-lo como incapaz durante o ato de seu interrogatório. Só se pode falar em nomeação de curador ao réu que, já ao tempo da infração penal, era portador de doença mental ou desenvolvimento incompleto ou retardado, capazes de afetar sua capacidade de entendimento ou vontade. A plena capacidade se atinge a partir de zero hora do dia em que o menor completa 18 anos e, portanto, deixa de ser menor.

(iv) Falta de intervenção do Ministério Público em todos os termos da ação penal pública ou subsidiária.

No processo penal vigora o princípio da indisponibilidade da ação penal pública, pois o Ministério Público não pode desistir da ação proposta (CPP, art. 42). Assim, se o

---
196. *Lei dos Juizados Especiais Criminais anotada*, cit., p. 55.

Ministério Público não pode desistir da ação, não pode igualmente deixar de oficiar em todos os seus termos, pois deixar de praticar um ato de ofício importa em abandono do processo, e, por conseguinte, em desistência tácita, com clara violação à determinação legal. Por essa razão, acarreta nulidade a falta de manifestação do Ministério Público em todos os termos da ação pública.

Caso o representante do Ministério Público se recuse a praticar o ato, deverá o juiz aplicar, por analogia, o art. 28 do CPP, remetendo os autos ao procurador-geral de justiça, para que designe outro promotor para oficiar no processo[197].

> **Nosso entendimento:** é relativa a nulidade decorrente da falta de manifestação ministerial, uma vez que o CPP, em seu art. 572 e incisos, permite expressamente a convalidação desse vício: quando não arguido em tempo oportuno; se o ato tiver atingido o seu fim; ou se houver ratificação posterior expressa ou tácita (o Ministério Público volta a se manifestar e nada diz a respeito da omissão anterior).

A ausência de alegações finais do representante do Ministério Público importa em nulidade do feito, por ofensa ao princípio da indisponibilidade.

Não é possível a nomeação de promotor *ad hoc* (para o ato) a fim de suprir a omissão do Ministério Público, uma vez que as funções institucionais somente podem ser exercidas por integrantes da carreira (CF, art. 129, § 2º, primeira parte).

(v) Falta ou nulidade de citação do réu para se ver processar.

Citação é o chamamento do réu a juízo para responder a ação contra ele proposta.

Intimação é o ato pelo qual se dá conhecimento a alguém dos atos já praticados no processo (intima-se alguém "de alguma coisa" que já foi realizada).

Notificação é ato destinado a transmitir conhecimento de ordem do juiz para que se faça ou deixe de se fazer alguma coisa (notifica-se alguém "para fazer alguma coisa").

O Código de Processo Penal, no entanto, não faz qualquer distinção entre intimação e notificação.

O direito à ampla defesa, no processo penal, realiza-se por meio do direito à autodefesa e do direito de presença (de o réu estar presente e acompanhar todos os atos

---

[197]. A redação do art. 28 do CPP aduz: "Art. 28. Ordenado o arquivamento do inquérito policial ou de quaisquer elementos informativos da mesma natureza, o órgão do Ministério Público comunicará à vítima, ao investigado e à autoridade policial e encaminhará os autos para a instância de revisão ministerial para fins de homologação, na forma da lei. § 1º Se a vítima, ou seu representante legal, não concordar com o arquivamento do inquérito policial, poderá, no prazo de 30 (trinta) dias do recebimento da comunicação, submeter a matéria à revisão da instância competente do órgão ministerial, conforme dispuser a respectiva lei orgânica. § 2º Nas ações penais relativas a crimes praticados em detrimento da União, Estados e Municípios, a revisão do arquivamento do inquérito policial poderá ser provocada pela chefia do órgão a quem couber a sua representação judicial". Contudo, foram ajuizadas diversas Ações Diretas de Inconstitucionalidade, dentre elas a do Conselho Nacional do Ministério Público (ADI 6305), que levaram o Ministro Luiz Fux a determinar a suspensão, por tempo indeterminado, de vários dispositivos da Lei n. 13.964/2019, inclusive do dispositivo que alterava o referido art. 28 do CPP.

processuais), logo, a citação e a intimação constituem pressuposto básico fundamental para a plena realização do princípio da ampla defesa.

O acusado será citado, no procedimento ordinário e sumário, para oferecer a defesa inicial prevista nos arts. 396 e 396-A do CPP (no procedimento do júri há previsão de idêntica defesa).

A falta ou a nulidade da citação estará sanada desde que o interessado compareça antes de o ato consumar-se (CPP, art. 570).

Porém, haverá nulidade insanável se a falta de citação prejudicar a defesa do acusado, não sendo possível a convalidação do vício apenas pelo comparecimento do réu ao ato.

Nesse contexto, vale registrar que, em face do disposto no art. 394, § 5º, do CPP, que prevê a aplicação subsidiária do procedimento ordinário ao rito especial, passou-se a questionar se, diante de tal prescrição legal, o interrogatório também deveria ser posterior à instrução probatória. Embora haja pequena divergência em casos pontuais, o STF vem firmando o seu posicionamento acerca do interrogatório como último ato da instrução processual, ainda que se trate de procedimento especial (STF, HC 201.931 AgR, Rel. Gilmar Mendes, 2ª Turma, j. 14-6-2021, *DJe* 17-6-2021).

A leitura do mandado citatório, a entrega de contrafé e a declaração do oficial de justiça de que o citando a aceitou ou recusou são requisitos extrínsecos exigidos pelo art. 357 do CPP, de forma que, não atendidos, haverá nulidade do ato citatório, por omissão de formalidade essencial.

Ao réu preso não basta a mera requisição, sendo necessária a citação pessoal (cf. determinação do art. 360 do CPP), com entrega de cópia da denúncia, a fim de se evitar surpresa. É que a citação não se confunde com a requisição do réu preso. Através da citação se inicia o processo penal, ao passo que a requisição diz respeito à maneira de ser o réu preso apresentado em juízo. A requisição do preso nada mais é do que a determinação do juiz à direção do presídio para apresentar, em dia e hora designados, o acusado que ali se encontra à sua disposição. Requisita-se a execução de um determinado ato, o cumprimento de certa medida ou até mesmo a prestação de determinados serviços.

É conveniente dar-se ao réu certo tempo, após a citação, para preparar a sua autodefesa, posto que aquela se compõe de um duplo elemento: comunicação (de que existe uma ação movimentando-se contra o acusado) e chamamento (para que este venha a juízo apresentar a sua defesa técnica e pessoal). Tal necessidade é imperiosa sobretudo nas hipóteses em que o acusado é citado no mesmo dia em que é designado seu interrogatório (nos procedimentos em que o mesmo constitui o primeiro ato da instrução), pois a nossa legislação não prescreveu prazo mínimo entre a realização deste e a citação.

A citação por edital só é cabível depois de esgotados os meios para encontrar-se o acusado.

É válida a citação por edital se o réu não foi localizado nos endereços constantes dos autos, anteriormente fornecidos à polícia por ocasião de seu interrogatório extrajudicial. A justiça não tem o ônus de oficiar a órgãos públicos na busca de novos endereços, pois tal providência seria um exagero.

Súmula 366 do STF: "Não é nula a citação por edital que indica o dispositivo da lei penal, embora não transcreva a denúncia ou queixa, ou não resuma os fatos em que se baseia". Assim, o STF entende que o edital não precisa transcrever integralmente a acusação, bastando que indique o tipo penal em que o réu se achar incurso.

É nulo o interrogatório designado para data compreendida dentro do prazo do edital e, a falta de sua afixação acarretará nulidade apenas se comprovado o prejuízo de fato.

A publicação do edital na imprensa só é exigível nas comarcas em que haja imprensa oficial ou previsão de verba para publicação em órgão particular.

(vi) Falta de interrogatório do acusado.

O princípio da ampla defesa (CF, art. 5º, LV) é satisfeito, no processo penal, por meio da defesa técnica e da autodefesa. Com relação à autodefesa, cumpre salientar que ela se apresenta sob dois aspectos: o direito de audiência e o direito de presença. O primeiro traduz-se na possibilidade de o acusado influir sobre a formação do convencimento do juiz mediante o interrogatório, apresentando a sua versão a respeito dos fatos. O segundo manifesta-se pela oportunidade de presenciar toda a prova produzida durante a instrução, evitando seja condenado sem conhecer as razões e as provas produzidas pela acusação.

A Constituição de 1988, no inciso LXIII do art. 5º, assegura: "o preso será informado de seus direitos, entre os quais o de permanecer calado, sendo-lhe assegurada a assistência da família e de advogado".

O silêncio do acusado, na ótica da Constituição da República, assume dimensão de verdadeiro direito, cujo exercício há de ser assegurado de maneira ampla, sem qualquer tipo de pressão, incidindo inclusive quando se trata de pessoa qualificada indevidamente como testemunha, mas que na verdade é investigado. Conforme decidiu o STF, "Há a violação do direito ao silêncio e à não autoincriminação, estabelecidos nas decisões proferidas nas ADPFs 395 e 444, com a realização de interrogatório forçado, travestido de 'entrevista', formalmente documentado durante o cumprimento de mandado de busca e apreensão, no qual não se oportunizou ao sujeito da diligência o direito à prévia consulta a seu advogado e nem se certificou, no referido auto, o direito ao silêncio e a não produzir provas contra si mesmo, nos termos da legislação e dos precedentes" (STF, Rcl 33.711, Rel. Gilmar Mendes, 2ª Turma, j. 11-6-2019). Por essa razão, é vedado ao juiz, ao informar o acusado sobre o seu direito de permanecer calado e de não responder a perguntas que lhe forem formuladas, adverti-lo de que o seu silêncio poderá ser interpretado em prejuízo da própria defesa. Tal advertência jamais poderá ser feita, pois o silêncio é uma maneira de exercitar a ampla defesa, e como poderia, ao mesmo tempo, ser interpretado em prejuízo dessa mesma defesa? O acusado deve ficar livre de qualquer tipo de pressão para escolher o modo pelo qual deseja exercer a sua autodefesa (silêncio, mentira ou verdade). Aliás, esse é o teor do parágrafo único do art. 186: "O silêncio, que não importará em confissão, não poderá ser interpretado em prejuízo da defesa".

O juiz tem o dever de informar ao réu acerca de seu direito ao silêncio (obviamente sem aquela advertência já tratada). A falta de informação ao réu, do seu direito de permanecer calado, acarreta nulidade do ato.

O STJ já firmou entendimento no qual o "exercício do direito ao silêncio não pode servir de fundamento para descredibilizar o acusado nem para presumir a veracidade das versões sustentadas por policiais, sendo imprescindível a superação do standard probatório próprio do processo penal a respaldá-las" (STJ, REsp 2.037.491/SP, Rel. Min. Rogerio Schietti Cruz, 6ª Turma, j. 6-6-2023).

O interrogatório é um ato que não preclui, podendo o juiz proceder ao menos de ofício ou a pedido fundamentado de qualquer das partes (cf. art. 196 do CPP), por ser necessário ao exercício e à realização da ampla defesa no processo penal. Cumpre notar que o interrogatório, nos procedimentos ordinário e sumário, bem como na primeira fase do júri, deixou de constituir o ato inaugural da instrução, devendo ser realizado na audiência única de instrução e julgamento, após a instrução probatória. No entanto, em algumas situações, o interrogatório poderá constituir um ato processual isolado: (i) na hipótese em que o acusado, citado pessoalmente (CPP, art. 367) ou por hora certa (CPP, art. 362), torna-se revel. Nesse caso, poderá o juiz, uma vez comparecendo o acusado, proceder ao seu interrogatório (CPP, art. 185); (ii) na hipótese de o juiz realizar novo interrogatório de ofício ou a pedido fundamentado de qualquer das partes (CPP, art. 196). O art. 384, § 2º, prevê a possibilidade, no caso de *mutatio libelli*, de o juiz proceder a novo interrogatório. Da mesma forma, será possível um novo interrogatório após a audiência única, quando for concedido prazo para a apresentação de memoriais por força da complexidade do caso ou número de acusados (CPP, art. 403, § 3º) ou quando ordenada diligência considerada imprescindível (CPP, art. 404). Assim, em tais situações, é admissível um novo interrogatório; (iii) nos procedimentos especiais, por exemplo, o art. 7º da Lei n. 8.038/90 (processos de competência originária dos tribunais) prevê que, recebida a denúncia ou a queixa, o relator designará dia e hora para o interrogatório.

Nesse contexto, vale registrar observação já feita, qual seja, que, em face do disposto no art. 394, § 5º, do CPP, que prevê a aplicação subsidiária do procedimento ordinário ao rito especial, passou-se a questionar se, diante de tal prescrição legal, o interrogatório também deveria ser posterior à instrução probatória. Embora haja pequena divergência em casos pontuais, conforme já indicado, o STF vem firmando o seu posicionamento acerca do interrogatório como último ato da instrução processual, ainda que se trate de procedimento especial (STF, HC 201.931 AgR, Rel. Gilmar Mendes, 2ª Turma, *DJe* 17-6-2021).

O acusado preso será requisitado para comparecer ao interrogatório, devendo o poder público providenciar sua apresentação (CPP, art. 399, § 1º).

O art. 482, parágrafo único, do CPP prevê que, na elaboração dos quesitos, o presidente do Tribunal do Júri "levará em conta os termos da pronúncia ou das decisões posteriores que julgaram admissível a acusação, do interrogatório e das alegações das partes".

(vii) Falta de concessão de prazo para a defesa prévia, para o oferecimento de alegações finais, ou para a realização de qualquer ato da acusação ou da defesa.

— **Fase da defesa inicial escrita:** Nos procedimentos ordinário e sumário, oferecida a denúncia ou queixa, o juiz: (i) analisará se não é caso de rejeição liminar (deverá avaliar todos os requisitos do art. 395: condição da ação, possibilidade jurídica do pedido etc.); (ii) se não for caso de rejeição liminar, recebê-la-á e ordenará a citação do acusado para responder à acusação, por escrito, no prazo de 10 (dez) dias (*vide* também CPP, art. 406). Não apresentada a resposta no prazo legal, ou se o acusado, citado, não constituir defensor, o juiz nomeará defensor para oferecê-la, concedendo-lhe vista dos autos por 10 (dez) dias. A não nomeação de defensor pelo juiz para oferecimento da defesa gerará nulidade absoluta. Com a sistemática do Código, a defesa inicial é condição obrigatória da ação, de forma que, passado o prazo de dez dias para o seu oferecimento, o juiz obrigatoriamente nomeará um defensor para realizar o ato.

— **Ausência de alegações finais:** Não havendo requerimento de diligências na audiência, ou sendo indeferido, serão oferecidas alegações finais orais. No entanto, do contrário, haverá cisão da audiência, a fim de serem concretizadas as diligências, com a consequente apresentação de alegações finais, por memorial. Da mesma forma, o juiz poderá, considerada a complexidade do caso ou o número de acusados, conceder às partes o prazo de 5 (cinco) dias sucessivamente para a apresentação de memoriais. As alegações finais constituem peça essencial do processo, cuja falta acarreta sua nulidade absoluta, por ofensa à ampla defesa. O Ministério Público também não pode deixar de oferecer as alegações finais, ainda que opinando pela absolvição, vez que sua atuação é pautada segundo o princípio da indisponibilidade da ação penal, pois é obrigado a oficiar em todos os termos da ação penal (CPP, arts. 42 e 564, III, *d*).

Por outro lado, em se tratando de ação penal privada subsidiária, a falta de alegações finais por parte do querelante não induziria perempção, ocorrendo neste caso a retomada do processo pelo órgão do *parquet*. Já em caso de ação penal exclusivamente privada, o não oferecimento de alegações finais acarretaria não só a perempção, mas também ensejaria a extinção da punibilidade.

— **Falta de concessão de prazo para a realização de qualquer ato da acusação ou da defesa:** Cumpre assinalar que o art. 396-A, ao prever a defesa inicial, no procedimento ordinário e sumário, não contemplou a oitiva do MP. Entretanto, é bom ressalvar que esse ato processual poderá, ao contrário da defesa prévia, levar à absolvição sumária do agente. Justamente por essa razão, no procedimento do júri, há a previsão legal da oitiva do MP após o oferecimento da defesa, nos termos do art. 409, o qual prevê que, "apresentada a defesa, o juiz ouvirá o Ministério Público ou o querelante sobre preliminares e documentos, em 5 (cinco) dias". A ausência de previsão legal fatalmente gerará discussões, podendo surgir posicionamento no sentido de que o art. 409 do CPP deve ser aplicado analogicamente ao procedimento ordinário, tendo em vista que a ausência de oitiva do Ministério Público violaria o princípio da paridade de armas. Assim, havendo a juntada de documentos novos ou alegação de fatos novos, impor-se-ia a abertura de vista ao *Parquet*. No entanto, cumpre mencionar que, se o juiz abre vista para a acusação se manifestar sobre documento juntado pela defesa, não poderá sentenciar logo em seguida, pois a prerrogativa de falar por último constitui, para a defesa, manifestação natural da amplitude garantida pela Constituição, razão pela qual o seu desatendimento importa em nulidade absoluta do feito.

(viii) Falta de sentença.

Os requisitos da sentença vêm expostos no art. 381 e incisos do CPP.

Inciso I: o nome do acusado. A impossibilidade de identificação do acusado com o seu verdadeiro nome ou outros qualificativos não retardará a ação penal, quando certa a identidade física. Do mesmo modo, engano quanto ao nome não anula a sentença se não houver dúvida sobre a pessoa do acusado.

Inciso II: o relatório. Relatório é a exposição sucinta da acusação e da defesa. A absoluta falta do relatório conduz a nulidade insanável, pois impede se saiba se o juiz tomou conhecimento do processo e das alegações das partes antes de efetuar o julgamento. Porém, se ficar evidenciado, na motivação da sentença, que o juiz analisou todos os argumentos e provas apresentados pelas partes, não há qualquer nulidade.

Inciso III: a motivação. É princípio basilar da Constituição que "todos os julgamentos serão públicos e fundamentadas todas as decisões, sob pena de nulidade" (art. 93, IX). A fundamentação sucinta não se confunde com falta de fundamentação, e, portanto, não invalida a sentença. Porém, haverá nulidade quando a excessiva concisão da sentença retirar a clareza do ato judicial.

Inciso IV: a indicação dos artigos de lei aplicados. A falha decorrente da não indicação dos artigos de lei aplicados deve, de regra, importar em nulidade. A omissão acarreta prejuízo para o réu, que ficará sem saber qual crime ensejou a condenação. Possível, entretanto, admitir a validade da sentença quando o artigo de lei foi mencionado expressamente em outra parte da decisão, sem que subsista qualquer dúvida.

Inciso V: o dispositivo. Para Grinover, Scarance e Magalhães, "a falta do dispositivo é causa de nulidade, pois constitui ele requisito essencial da sentença"[198]. Porém, a hipótese parece mesmo ser de inexistência, pois sentença sem dispositivo é sentença que não decidiu, e que, portanto, não existe enquanto sentença.

Inciso VI: a data e a assinatura do juiz. A falta de assinatura configura inexistência de sentença, pois o que há é um mero trabalho datilográfico sem autoria. A falta de data configura mera irregularidade.

Sentenças emitidas por juízes em férias ou licença, ainda que lançadas com data anterior à saída do juiz, são consideradas absolutamente nulas pela jurisprudência, com base na data aposta na certidão de devolução dessas ao cartório. É que o juiz em férias ou em licença não pode prestar jurisdição.

São também nulas as sentenças que não obedecerem ao critério trifásico de fixação da pena, estampado no art. 68, *caput*, do CP.

Pena aplicada acima do mínimo, sem fundamentação, importa em nulidade absoluta, ou, o que parece ser mais razoável, na sua redução ao mínimo, sem necessidade de se anular a sentença. A omissão quanto ao regime prisional indicado ao réu é outra causa de anulação da sentença, uma vez que é direito do condenado e dever do juiz que se declare expressamente qual o regime de cumprimento de pena (CP, art. 59, III, e LEP, art. 110). Em

---
[198]. *As nulidades no processo penal*, cit., p. 167.

se tratando de garantia da individualização da pena, omissa a sentença, nessa parte, impõe-se que se supra a omissão.

São causas de **nulidade** no **procedimento do Júri**:

(i) Falta, omissão ou irregularidade na sentença de pronúncia ou no procedimento a ser realizado após recebimento da sentença de pronúncia transitada em julgado.

Tratando-se de decisão interlocutória, a pronúncia exige fundamentação, com base no princípio da motivação das decisões do Poder Judiciário — art. 93, IX, da CF. Pronúncia com fundamentação extensa, de modo a traduzir ilegítima influência sobre o ânimo dos jurados, gera a nulidade da própria decisão, a qual deve ser desentranhada dos autos. De acordo com a redação do art. 413 do CPP, "O juiz, fundamentadamente, pronunciará o acusado, se convencido da materialidade do fato e da existência de indícios suficientes de autoria ou de participação. § 1º A fundamentação da pronúncia limitar-se-á à indicação da materialidade do fato e da existência de indícios suficientes de autoria ou de participação, devendo o juiz declarar o dispositivo legal em que julgar incurso o acusado e especificar as circunstâncias qualificadoras e as causas de aumento de pena". Ainda, devem ser cumpridas as formalidades do art. 422 do CPP: "Ao receber os autos, o presidente do Tribunal do Júri determinará a intimação do órgão do Ministério Público ou do querelante, no caso de queixa, e do defensor, para, no prazo de 5 (cinco) dias, apresentarem rol de testemunhas que irão depor em plenário, até o máximo de 5 (cinco), oportunidade em que poderão juntar documentos e requerer diligência".

(ii) Falta de intimação do réu para julgamento no Júri.

De acordo com a sistemática do procedimento do Júri, preceitua o art. 457, *caput*, que o julgamento não será adiado pelo não comparecimento do acusado solto, do assistente ou do advogado do querelante, que tiver sido regularmente intimado. A Lei, dessa forma, com a intimação, propicia a faculdade ao acusado solto de comparecer ou não ao julgamento, porém este será concretizado ainda que sem a sua presença. Desse modo, nulo será o julgamento realizado sem que o acusado tenha sido intimado para tanto. A intimação, aliás, assume ainda maior dimensão quando se constata que o § 1º do art. 457 permite que os pedidos de adiamento e as justificações de não comparecimento sejam, salvo comprovado motivo de força maior, previamente submetidos à apreciação do juiz presidente do Tribunal do Júri (CPP, art. 457, § 1º). Se o acusado não for intimado do julgamento, não poderá sequer formular tal pedido. Quanto ao acusado preso, o § 2º do art. 457 prevê que, se ele não for conduzido, o julgamento será adiado para o primeiro dia desimpedido da mesma reunião, salvo se houver pedido de dispensa de comparecimento subscrito por ele e seu defensor (CPP, art. 457, § 2º). Nessa hipótese, o Júri só poderá ser realizado na sua presença, de forma que, sem a sua requisição, não há comparecimento, e, consequentemente, não há julgamento para ser anulado.

(iii) Presença de pelo menos quinze jurados para a constituição do Júri.

O juiz não pode determinar a instalação da sessão sem a presença do quórum mínimo de quinze jurados, sob pena de afronta ao art. 463 do CPP. A nulidade, no caso, é absoluta.

(iv) Falta ou irregularidade no sorteio dos jurados.

Refere-se a lei tanto ao sorteio dos vinte e cinco jurados, que deverá obedecer às formalidades do art. 447 e seguintes do CPP, quanto ao sorteio dos sete jurados, dentre os vinte e cinco que comparecerem no dia da sessão de julgamento. Os impedimentos dos jurados estão previstos nos arts. 448 e 449 do CPP. Também não pode servir no mesmo conselho de sentença jurado que participou do primeiro julgamento, não importa qual a causa geradora da nulidade (Súmula 206 do STF). Nesse sentido, inclusive, dispõe a redação do art. 449, I, do CPP: "Não poderá servir o jurado que: — tiver funcionado em julgamento anterior do mesmo processo, independentemente da causa determinante do julgamento posterior".

(v) Quebra na incomunicabilidade dos jurados.

No procedimento do Tribunal do Júri, antes do sorteio dos membros do Conselho de Sentença, o juiz presidente advertirá os jurados de que, uma vez sorteados, não poderão comunicar-se entre si e com outrem, nem manifestar sua opinião sobre o processo, sob pena de exclusão do Conselho e multa, na forma do § 2º do art. 436 deste Código (CPP, art. 466, § 1º). A incomunicabilidade será certificada nos autos pelo oficial de justiça (CPP, art. 466, § 2º). A incomunicabilidade que a lei quer assegurar diz respeito ao mérito do julgamento e tem como objetivo impedir que o jurado exteriorize sua forma de decidir e venha a influir sobre a decisão dos demais, em prejuízo ou benefício de qualquer das partes. Durante o Júri, bem como nos períodos de descanso, não precisam ficar mudos, podendo conversar sobre qualquer outro assunto não relacionado ao julgamento.

(vi) Erro na elaboração dos quesitos ou incompatibilidades nas respostas.

De acordo com o art. 482, "O Conselho de Sentença será questionado sobre matéria de fato e se o acusado deve ser absolvido. Parágrafo único. Os quesitos serão redigidos em proposições afirmativas, simples e distintas, de modo que cada um deles possa ser respondido com suficiente clareza e necessária precisão. Na sua elaboração, o presidente levará em conta os termos da pronúncia ou das decisões posteriores que julgaram admissível a acusação, do interrogatório e das alegações das partes". E, consoante o art. 483, "Os quesitos serão formulados na seguinte ordem, indagando sobre: I — a materialidade do fato; II — a autoria ou participação; III — se o acusado deve ser absolvido; IV — se existe causa de diminuição de pena alegada pela defesa; V — se existe circunstância qualificadora ou causa de aumento de pena reconhecidas na pronúncia ou em decisões posteriores que julgaram admissível a acusação. § 1º A resposta negativa, de mais de 3 (três) jurados, a qualquer dos quesitos referidos nos incisos I e II do *caput* deste artigo encerra a votação e implica a absolvição do acusado. § 2º Respondidos afirmativamente por mais de 3 (três) jurados os quesitos relativos aos incisos I e II do *caput* deste artigo será formulado quesito com a seguinte redação: *O jurado absolve o acusado?* § 3º Decidindo os jurados pela condenação, o julgamento prossegue, devendo ser formulados quesitos sobre: I — causa de diminuição de pena alegada pela defesa; II — circunstância qualificadora ou causa de aumento de pena, reconhecidas na pronúncia ou em decisões posteriores que julgaram admissível a acusação. § 4º Sustentada a desclassificação da infração para outra de competência do juiz singular, será formulado quesito a respeito, para ser respondido após o 2º (segundo) ou 3º (terceiro) quesito, conforme o caso. § 5º Sustentada a tese de ocorrência do crime na sua forma tentada ou havendo divergência sobre a tipificação do delito, sendo este da competência do Tribunal do Júri, o juiz formulará quesito acerca destas questões, para ser respondido após o segundo quesito. § 6º Havendo mais de um crime ou mais de um acusado, os quesitos serão formulados em séries distintas". Finalmente, consoante o art. 490, "Se a resposta a qualquer dos quesitos estiver em contradição com outra ou outras já dadas, o presidente, explicando aos jurados em que consiste a contradição, submeterá novamente à votação os quesitos a que se referirem tais respostas. Parágrafo único. Se, pela resposta dada a um dos quesitos, o presidente verificar que ficam prejudicados os seguintes, assim o declarará, dando por finda a votação".

(vii) Falta de fórmulas e termos após a sentença.

Inexistente é a certidão do trânsito em julgado, quando a lei estabelecer recurso de ofício para a hipótese e não houver recurso voluntário das partes. "Não transita em julgado a sentença que houver omitido o recurso *ex officio*, a não ser que haja recurso voluntário" (Súmula 423 do STF). No processo penal, as hipóteses de recurso necessário são as seguintes: das decisões que concederem *habeas corpus* (CPP, art. 574, I); das sentenças de absolvição sumária no Júri (CPP, arts. 574, II, e 411); das sentenças que concederem a reabilitação criminal (CPP, art. 746), do despacho que determinar o arquivamento e das sentenças absolutórias no caso dos crimes contra a economia popular (art. 7º da Lei n. 1.521/51). O art. 415, que trata da absolvição sumária, não fez qualquer menção ao recurso de ofício, prevendo apenas o art. 416 que caberia o recurso de apelação contra essa decisão. O art. 574, II, por outro lado, prevê em sua redação apenas a duas hipóteses de absolvição sumária: circunstância que exclua o crime ou isente o réu de pena, não abrangendo as novas hipóteses autorizadoras.

> **Nosso entendimento:** não foi a intenção do legislador a manutenção do recurso de ofício na hipótese de absolvição sumária, tendo ocorrido a revogação tácita do art. 574, II, do CPP.

"Inciso IV — por omissão de formalidade que constitua elemento essencial do ato."

Essencial é a formalidade sem a qual o ato não atingiria a sua finalidade.

Há nulidade se o ato foi praticado sem preencher os requisitos essenciais para a sua validade. Por exemplo, a denúncia que não descreve o fato com todas as suas circunstâncias: o ato foi praticado, mas sem uma de suas formalidades essenciais. Este dispositivo é uma decorrência do princípio da instrumentalidade das formas no processo penal. Não se anula ato por violação da formalidade inócua, irrelevante.

"Inciso V — em decorrência de decisão carente de fundamentação."

Trata-se de inciso inserido pela Lei n. 13.964/2019, que, em seu art. 3º, acresceu essa hipótese ao rol de nulidades.

22.4. Momento oportuno para a arguição das nulidades relativas

Como se sabe, ao contrário das nulidades absolutas, as relativas consideram-se sanadas, se não alegadas no momento processual oportuno (princípio da convalidação).

Nos termos do art. 571 e incisos, devem ser alegadas:

(i) as da instrução criminal, na fase das alegações finais orais ou da apresentação de memoriais, conforme ocorra ou não a cisão da audiência de instrução e julgamento (CPP, art. 403, *caput* e § 3º);

(ii) no processo sumário, no prazo da defesa inicial (CPP, art. 396), as ocorridas após o oferecimento dessa defesa e antes da realização da audiência de instrução e julgamento devem ser arguidas logo após a sua abertura, depois de feito o pregão das partes;

(iii) as posteriores à pronúncia, logo após a instalação da sessão, depois de feito o anúncio do julgamento e o pregão das partes;

(iv) as que ocorrerem durante o julgamento em plenário, logo em seguida à sua ocorrência;

(v) após surgidas na sentença definitiva, devem ser alegadas, em preliminar, nas razões de recurso.

Convém mencionar que no prazo de resposta à acusação (defesa inicial do art. 396 do CPP), poderá ser arguida, além das matérias que levem à absolvição sumária do acusado, a nulidade por incompetência relativa do juízo, pois a absoluta poderá sê-lo em qualquer tempo e grau de jurisdição.

Consideram-se sanadas:

(i) se o ato, embora praticado de outra forma, tiver atingido o seu fim;

(ii) se a parte, ainda que tacitamente, tiver aceitado seus efeitos;

(iii) se não forem alegadas em tempo oportuno.

São relativas, de acordo com o art. 572 do CPP:

(i) a falta de intervenção do Ministério Público em todos os termos da ação penal;

(ii) a falta de prazos concedidos à acusação e à defesa;

(iii) a falta de intimação do réu para julgamento perante o Júri;

(iv) a falta de intimação das testemunhas para a sessão de julgamento;

(v) a falta de formalidade que constitua elemento essencial do ato.

As nulidades absolutas são insanáveis e não precisam ser alegadas. Por exclusão, são as previstas no art. 564, I, II e III, letras *a*, *b*, *c*, *e* (primeira parte), *f*, *i*, *j*, *k*, *l*, *m*, *n*, *o* e *p*.

→ **ATENÇÃO:** a jurisprudência mudou o quadro de nulidades, considerando absolutas algumas arroladas pela lei como relativas, e vice-versa. É muito arriscado, de antemão, estabelecer uma relação definitiva de nulidades absolutas e relativas, servindo esta, portanto, apenas de orientação.

Da decisão que anular o processo da instrução criminal, no todo ou em parte, cabe recurso em sentido estrito (CPP, art. 581, XIII).

Questões

1. A nulidade processual tem o condão de absolver o agente?
2. Qual a diferença entre nulidade absoluta e nulidade relativa?
3. Quais são os momentos oportunos para alegar nulidade?

23. RECURSOS

23.1. Conceito. Origem

Recurso é a providência legal imposta ao juiz ou concedida à parte interessada, consistente em um meio de se obter nova apreciação da decisão ou situação processual, com o fim de corrigi-la, modificá-la ou confirmá-la. Trata-se do meio pelo qual se obtém o reexame de uma decisão.

Para Câmara Leal, "é o meio processual que a lei faculta à parte ou impõe ao julgador para provocar a reforma, ou confirmação de uma decisão judicial"[199].

Na lição de Eduardo Espínola Filho, é um remédio, cujo uso a lei expressamente ordena ao juiz ou autoriza à parte, que se considera prejudicada por uma decisão daquele ou por uma situação processual, visando à nova apreciação do caso focalizado, endereçado ao próprio julgador ou ao tribunal, a fim de corrigir, modificar ou confirmar o estado de coisas existente[200].

Segundo Tourinho Filho, "a palavra recurso vem do vocábulo latino *recursus*, que significa corrida para trás, caminho para voltar, volta"[201].

Ilustra Affonso Braga que a palavra recurso é composta da partícula iterativa de origem desconhecida — re —, que significa volta, renovação, e do substantivo latino — cursus —, proveniente do verbo — currere —, e, assim formada, a palavra designa novo curso, repetição do movimento[202].

Este é o significado da palavra: recurso é um retorno ao estágio inicial do processo, anterior à prolação da decisão, propiciando à parte uma nova oportunidade no julgamento de sua pretensão.

Em consonância com esta origem etimológica, podemos afirmar que: assim como o processo indica movimento para a frente, o recurso denota movimento para trás. O juiz, para decidir, acompanha *pari passu* o andamento da causa desde o seu início até sua conclusão, examinando, do começo para o fim, todos os atos e termos do processo. Quando a parte vencida não se conforma com a decisão, pede à instância superior um novo exame da causa, e esse pedido constitui o recurso, assim denominado porque o julgador a que

---

[199]. *Comentários ao Código de Processo Penal brasileiro*, 1943, v. 4, p. 32.
[200]. *Código de Processo Penal anotado*, cit., v. 6, p. 10.
[201]. *Processo penal*, cit., v. 4, p. 247.
[202]. *Instituições do processo civil do Brasil*, 1941, v. 3, p. 7.

se recorre como que deve retroceder no exame do processo, voltando para trás a fim de fazer um novo estudo do processo e proferir uma nova decisão.

23.2. Fundamentos

Os recursos estão fundamentados na necessidade psicológica do vencido, na falibilidade humana e no combate ao arbítrio.

João Monteiro anota que "todo recurso para juiz superior (*provocatio* dos romanos) corresponde e satisfaz a uma tendência irresistível da natureza humana; é a expressão legal do instinto que leva todo homem a não se sujeitar, sem reação, ao conceito ou sentença do primeiro censor ou juiz"[203].

Observa também Tourinho Filho que, "sabendo os Juízes que suas decisões poderão ser reexaminadas, procurarão eles ser mais diligentes, mais estudiosos, procurando fugir do erro e da má-fé. Somente tal circunstância seria suficiente para se justificar o recurso. Não houvesse a possibilidade do reexame, os Juízes, muitas e muitas vezes, se descuidariam, decidiriam sem maior meticulosidade, pois estariam seguros de que seu erro, sua displicência, sua má-fé não seriam objeto de censura pelos órgãos superiores"[204].

— **Base constitucional:** a existência dos recursos tem sua base jurídica no próprio Texto Constitucional, quando este organiza o Poder Judiciário em graus diferentes de jurisdição (Título IV — "Da Organização dos Poderes" —, Capítulo III — "Do Poder Judiciário" —, arts. 92, 93, III, e 125, § 3º), bem como quando estabelece atribuição primordialmente recursal para os tribunais (arts. 102, II e III, 105, II e III, e 108, II). Portanto, se os tribunais se destinam a julgar recursos, e se existem instâncias superiores revisoras de decisões, a Constituição pressupõe claramente a existência dos recursos.

— **Juízo *a quo*:** é o órgão prolator da decisão recorrida; juízo *ad quem*: é o órgão a quem se pede o reexame e reforma da decisão.

23.3. Pressupostos processuais

23.3.1. Pressupostos objetivos

São eles: cabimento, adequação, tempestividade, regularidade e inexistência de fato impeditivo ou de fato extintivo.

(i) Cabimento: o recurso deve estar previsto em lei. Logo, de nada adianta interpor um recurso que inexiste no direito processual penal, como, por exemplo, o agravo de instrumento.

(ii) Adequação: o recurso deve ser adequado à decisão que se quer impugnar, pois, para cada decisão, a lei prevê um recurso adequado. Apesar disso, por força do princípio da fungibilidade dos recursos, também chamada de teoria do recurso indiferente, a

---

203. *Programa de curso de processo civil*, 2. ed., 1905, v. 3, p. 55-6.
204. *Processo penal*, cit., v. 4, p. 247.

interposição equivocada de um recurso pelo outro não impede o seu conhecimento, desde que oferecido dentro do prazo correto e contanto que não haja má-fé do recorrente. Nesse sentido, o art. 579 do CPP, ao dispor que, "salvo a hipótese de má-fé, a parte não será prejudicada pela interposição de um recurso por outro". Além da inexistência da má-fé, a jurisprudência tem exigido que o recorrente não incorra em erro grosseiro e obedeça ao prazo do recurso correto.

Em regra, aplica-se o princípio da unirrecorribilidade das decisões, segundo o qual, para cada decisão, só existe um único recurso adequado. Assim, se, por exemplo, o juiz denega o *sursis* na sentença condenatória, o único recurso cabível será o de apelação, embora a lei disponha ser também cabível o recurso em sentido estrito (CPP, art. 581, XI), porque o único recurso que cabe das sentenças condenatórias é a apelação, seja de parte, seja de toda a decisão. Todavia, é necessário fazer a ressalva de que os Tribunais Superiores vêm aplicando os princípios da fungibilidade recursal e da instrumentalidade das formas para conhecer recursos que, inicialmente, não seriam cabíveis, como demonstra o seguinte trecho de julgado do STJ: "Embargos declaratórios com nítidos intuitos infringentes devem ser recebidos como agravo regimental, em consonância com o princípio da fungibilidade recursal" (STJ, AgRg no REsp 1.906.789/RS, Rel. Min. Olindo Menezes (Desembargador convocado do TRF 1ª Região), 6ª Turma, *DJe* 20-6-2022).

A fim de evitar confusões, convém aclarar: quando for previsto expressamente o recurso em sentido estrito para determinada decisão, este é o recurso a ser interposto, e não a apelação, que é residual. Assim, se a decisão estiver prevista em um dos incisos do art. 581 do CPP, o recurso oponível será o em sentido estrito, diante do critério da especialidade (o recurso previsto para o caso específico prevalece sobre o recurso genérico). A apelação fica para todas as sentenças definitivas ou com força de definitivas, desde que não contempladas no rol do art. 581. Por exemplo: a sentença que julga extinta a punibilidade do agente é terminativa de mérito, e, portanto, definitiva. Embora o art. 593, I, disponha caber apelação das decisões terminativas de mérito, nesse caso, o recurso será o em sentido estrito, diante de previsão expressa no art. 581, VIII. O que dissemos há pouco, em relação à sentença condenatória com denegação de *sursis*, é diferente. Nesse caso, o art. 581 não prevê a sentença condenatória como hipótese de cabimento do recurso em sentido estrito, e, portanto, não estamos diante de conflito entre esse recurso e a apelação. Nos termos do art. 593, I, somente caberá apelação, pois se trata de decisão terminativa de mérito. Ocorre que, embora caiba apelação da parte principal da sentença, a lei prevê recurso em sentido estrito para a parte acessória da sentença, relativa à denegação do *sursis*. Nesse caso, sim, em face do princípio da unirrecorribilidade das decisões, o recurso da parte principal absorve o da parte secundária.

Esse princípio é mitigado por algumas exceções legais, em que é possível o cabimento simultâneo de dois recursos da mesma decisão. Por exemplo: interposição simultânea de recurso extraordinário ao STF e de recurso especial ao STJ.

Finalmente, há o princípio da variabilidade dos recursos, que permite desistir de um para interpor outro, desde que no prazo. Vale lembrar que o Ministério Público não pode desistir dos recursos por ele interpostos (CPP, arts. 42 e 576).

(iii) Tempestividade: a interposição do recurso deve ser feita dentro do prazo previsto em lei. No processo penal, em regra, o prazo é de cinco dias, embora existam variações. Nesse sentido: o recurso em sentido estrito deve ser interposto no prazo de cinco dias (CPP, art. 586); os embargos infringentes ou de nulidade, no prazo de dez dias (CPP, art. 609, parágrafo único); os embargos declaratórios, dentro de dois dias (CPP, art. 619); a carta testemunhável, em quarenta e oito horas (CPP, art. 640); o recurso extraordinário ou especial, dentro de quinze dias; o recurso ordinário constitucional, em cinco dias (art. 310 do Regimento Interno do STF); o recurso *ex officio* (que será estudado mais adiante) não tem prazo, pois enquanto não interposto a decisão não transita em julgado (Súmula 423 do STF), e, finalmente, a apelação deve ser interposta dentro do prazo de cinco dias (CPP, art. 593), ou, nos crimes de competência do Juizado Especial Criminal, no prazo de 10 dias, já acompanhada das respectivas razões (art. 82, § 1º, da Lei n. 9.099/95). Há ainda a apelação subsidiária à acusação, com prazo de interposição de 15 dias (art. 598, parágrafo único, do CPP).

De acordo com o que dispõe o art. 798 do CPP, os prazos recursais são fatais, contínuos e peremptórios, não se interrompendo por férias, domingo ou feriado, salvo se houver impedimento do juiz, força maior ou obstáculo judicial oposto pela parte contrária (CPP, art. 798, § 4º).

Os prazos só começam a correr a partir do primeiro dia útil após a intimação, e, de acordo com os precisos termos da Súmula 310 do STF: "Quando a intimação tiver lugar na sexta-feira, ou a publicação com efeito de intimação for feita nesse dia, o prazo judicial terá início na segunda-feira imediata, salvo se não houver expediente, caso em que começará no primeiro dia útil que se seguir". Assim, intimada a parte na sexta-feira, o seu prazo só começa a correr a partir da segunda. Encerrado o prazo em domingo ou dia de feriado, considera-se prorrogado até o primeiro dia útil imediato (CPP, art. 798, § 3º). Por exemplo, intimada a parte na segunda-feira, seu prazo só se inicia na terça, e, caso se encerre no sábado (é o que ocorrerá se o prazo for de 5 dias), prorroga-se até a outra segunda.

Os defensores públicos, em ambas as instâncias, devem ser intimados pessoalmente e gozam de prazo em dobro para interpor recurso (Lei n. 7.871/89 e Lei Complementar n. 80/94).

Havendo dúvida quanto à tempestividade do recurso, a dúvida se resolve em favor do recorrente, em atenção ao princípio da pluralidade dos graus de jurisdição.

Os prazos contam-se da intimação (excluindo-se o dia do começo), e não da juntada do mandado aos autos.

No caso de carta precatória, o prazo será contado a partir da efetiva intimação e não da juntada da carta aos autos, aplicando-se o art. 798, § 5º, do CPP. Não cabe aqui, o emprego de analogia com o art. 231, VI, do CPC, segundo o qual o prazo começa a correr da juntada da precatória aos autos. Neste sentido, a Súmula 710 do STF: "No processo penal, contam-se os prazos da data da intimação, e não da juntada aos autos do mandado ou da carta precatória ou de ordem".

Existe intimação por via postal (CPP, art. 370, § 2º). Não fica prejudicada a apelação entregue em cartório dentro do prazo legal, embora despachada tardiamente (Súmula 428 do STF).

(iv) Regularidade: o recurso deve preencher as formalidades legais para ser recebido. No que diz respeito à forma, a regra geral está inserta no art. 578 do CPP, podendo o recurso ser interposto por petição ou por termo nos autos (a parte manifesta verbalmente a vontade de recorrer, e essa vontade é reduzida a escrito nos autos). Em alguns casos, só se admite a interposição por petição, como no caso dos embargos infringentes, embargos declaratórios, carta testemunhável, recurso extraordinário, recurso especial, correição parcial e, também, no *habeas corpus* e na revisão criminal, embora não sejam propriamente recursos.

A apelação e recurso em sentido estrito podem ser interpostos por petição ou termo nos autos. O STJ tem admitido apelação até mesmo por cota nos autos, acompanhada de assinatura do recorrente.

Outra formalidade essencial ao recurso é a motivação, isto é, a apresentação das razões, sem as quais se opera nulidade. No caso do Ministério Público, a nulidade decorre da aplicação do princípio da indisponibilidade da ação penal pública, segundo o qual, depois de iniciada a ação, o órgão ministerial dela não poderá desistir (CPP, art. 42). Decorre também desse princípio a regra inserta no art. 576 do CPP, proibindo o Ministério Público de desistir dos recursos já interpostos. Ora, se não pode desistir dos recursos interpostos, igualmente não pode deixar de apresentar as respectivas razões, já que isso implicaria desistência tácita, com clara violação ao princípio da indisponibilidade. Do mesmo modo, não pode restringir o âmbito de seu recurso nas razões, porque isso também equivaleria a uma desistência tácita. Além disso, o representante ministerial é obrigado a oficiar em todos os termos da ação penal sob pena de nulidade, não podendo recusar-se à prática de ato de ofício (no caso, a apresentação das razões), sob pena de nulidade (CPP, art. 564, III, *d*). Quanto à defesa, o não oferecimento de razões importaria em inequívoco prejuízo à ampla defesa (CF, art. 5º, LV), reputando-se também obrigatória a sua apresentação. Não é por outro motivo que a apresentação tardia das razões importa em mera irregularidade, sem qualquer consequência processual. Mesmo no caso da apelação, em que o art. 601 é explícito ao dizer que o recurso pode subir "com ou sem as razões", prevalece esse mesmo entendimento, ocorrendo verdadeira interpretação *contra legem*, para melhor atender aos reclamos da ampla defesa (no que toca ao defensor) e do princípio da indisponibilidade da ação penal pública (no que diz respeito ao Ministério Público).

(v) Fatos impeditivos: são aqueles que impedem a interposição do recurso ou seu recebimento, e, portanto, surgem antes de o recurso ser interposto, como, por exemplo, a renúncia. A renúncia ao direito de recorrer é sempre anterior ao recurso, pois só se renuncia a fazer o que ainda não foi feito.

Segundo ensinamento de Manzini, "a renúncia é sempre absolutamente irrevogável, e produz seus efeitos preclusivos desde o momento em que é recebida, e não do em que dela toma conhecimento o juiz"[205]. Trata-se, portanto, de preclusão lógica (resultante da

---

205. *Trattato di diritto processuale penale italiano secondo il nuovo Codice*, cit., v. 4, p. 516.

prática de ato incompatível com a vontade de recorrer) do direito de oferecer o recurso, acarretando a sua extinção.

Questão interessante refere-se à divergência entre a vontade do réu e a do defensor em recorrer.

Para Bento de Faria, deve prevalecer a vontade do réu sobre a de seu defensor, pois "(...) quem pode exercitar determinada faculdade jurídica, pode, em regra, renunciar ao seu exercício. Assim, quem tem o direito de recorrer pode também renunciar ao recurso, quando interposto"[206]. Observa, ainda, que: "a própria parte, sendo capaz, pode renunciar ao prazo do recurso, ou desistir dele, mas o seu defensor não poderá fazê-lo, sem poderes especiais; pode ela exercitar o seu direito de renúncia, desistindo do recurso porventura interposto pelo defensor, mas este não poderá, por si, proceder por igual forma, em se tratando de recurso manifestado pela própria parte"[207].

Eduardo Espínola Filho, na mesma linha de pensamento, acrescenta que "se plenamente capaz o recorrente, pode renunciar ao recurso, ou dele desistir, ainda quando interposto pelo seu defensor, ou procurador, porém a estes últimos não é dado validamente efetivar tal renúncia ou desistência, salvo com aquiescência da parte, ou estando munidos de procuração com poderes expressos"[208]. Como se observa, sendo a parte capaz, prevalece a sua vontade sobre a de seu defensor, cabendo a ela o direito de renunciar ou não ao recurso.

É esta também a posição doutrinária adotada na Súmula 143 das Mesas de Processo Penal da Faculdade de Direito da Universidade de São Paulo, segundo a qual, se o réu pode o mais, que é desconstituir seu defensor, pode o menos, que é desautorizar o recurso por ele interposto.

Na doutrina, portanto, prevalece o entendimento de que a vontade do acusado, apesar de não técnica, deve prevalecer sobre a do defensor.

Embora pese este entendimento, a jurisprudência vem adotando a posição contrária, sustentando prevalecer a vontade técnica do defensor. No mesmo sentido, pronunciou-se o STJ ao defender que a carência de conhecimento técnico do acusado o impede de formar juízo de valor adequado em prol da garantia de seus direitos.

Portanto, a jurisprudência é firme em sentido contrário ao das posições doutrinárias apontadas, conferindo maior valor à vontade manifestada pelo defensor do que à do acusado uma vez que o profissional habilitado sabe o que mais convém ao réu, quase sempre leigo em ciências jurídicas. Inclusive, esse entendimento é objeto da Súmula 705 do STF, tendo o seguinte teor: "A renúncia do réu ao direito de apelação, manifestada sem a assistência do defensor, não impede o conhecimento da apelação por este interposta".

A partir dessa Súmula, a jurisprudência tem entendido que, tanto no caso da desistência quanto no da renúncia, deve prevalecer a vontade do defensor técnico sobre a do acusado leigo, em atenção ao princípio da ampla defesa.

---

206. *Código de Processo Penal*, 1942, v. 2, p. 175.
207. *Código de Processo Penal*, cit., 1960, v. 2, p. 307.
208. *Código de Processo Penal anotado*, cit., v. 6, p. 26.

> **Nosso entendimento:** diante do acolhimento do princípio que veda a *reformatio in pejus* por nosso CPP (art. 617), se o réu estiver solto, deverá prevalecer sempre a vontade de quem quer recorrer, seja o defensor, seja o próprio acusado.

O recolhimento do réu à prisão para apelar somente será imposto se presentes os requisitos da prisão preventiva (CPP, art. 387, parágrafo único).

Tal regra baseia-se expressamente no art. 7º, item 5, do Pacto de São José da Costa Rica e apenas deixou expresso o entendimento que já tinha sido firmado na jurisprudência e que acabou culminando na edição da Súmula 347 do STJ, segundo a qual: "O conhecimento de recurso de apelação do réu independe de sua prisão". Nessa mesma linha, é o teor do art. 492, inciso I, e, do CPP, que trata da sentença condenatória no procedimento do Júri e que dispõe que o juiz-presidente, no caso de condenação, "mandará o acusado recolher-se ou recomendá-lo-á à prisão em que se encontra, se presentes os requisitos da prisão preventiva". *Vide* também o art. 413, § 3º, que dispõe acerca da prisão decorrente de pronúncia.

Com a revogação do art. 595 do CPP, o réu não precisa recolher-se à prisão para recorrer e sua fuga não tornará deserta sua apelação.

Convém, por fim, lembrar a Súmula 393 do STF, segundo a qual "para requerer revisão criminal, o condenado não é obrigado a recolher-se à prisão".

(vi) Fatos extintivos: são os fatos supervenientes à interposição do recurso, que impedem seu conhecimento. São fatos extintivos: a desistência e a deserção.

A desistência decorre da expressa manifestação de vontade do recorrente, no sentido de não prosseguir com o recurso interposto.

Segundo Espínola Filho, é a expressa manifestação de desinteresse pelo seguimento do recurso[209]. A desistência é sempre posterior à interposição do recurso, pois só se desiste do que se começou a fazer. O Ministério Público não pode desistir dos recursos interpostos (CPP, art. 576). O defensor só pode fazê-lo se tiver poderes especiais.

"Deserção é o ato de abandonar o recurso; equivale à desistência tácita ou presumida. A deserção da apelação é, assim, a desistência que a lei presume ter da mesma feito o apelante"[210].

Pode decorrer da falta de preparo (pagamento das custas processuais) nos casos em que a lei exige (CPP, art. 806, § 2º).

23.3.2. Pressupostos subjetivos

São eles: interesse jurídico e legitimidade para recorrer.

(i) Interesse jurídico: dispõe o art. 577, parágrafo único, que "Não se admitirá, entretanto, recurso da parte que não tiver interesse na reforma ou modificação da decisão".

---

[209]. *Código de Processo Penal anotado*, cit., p. 26.
[210]. Borges da Rosa, *Processo penal brasileiro*, 1942, v. 4, p. 20.

O interesse exigido não é o interesse moral, mas o interesse processual.

Tal interesse decorre sempre da necessidade do recurso para a parte obter uma situação processual mais vantajosa. Para tanto, é preciso que tenha havido sucumbência, ou seja, o desacolhimento total ou parcial de sua pretensão no processo. Deste modo, só há interesse em recorrer quando a parte pretende algo no processo que lhe tenha sido negado pelo juiz, gerando-lhe prejuízo. Não se concebe a utilização do recurso apenas para obter afirmação de conteúdo meramente doutrinário[211].

Nessa mesma linha de pensamento, conclui Bento de Faria que "não se verifica, portanto, esse interesse quando: o recorrente alega razões respeitantes à outra parte, ou a decisão não é suscetível de ocasionar-lhe prejuízo, ou, ainda, quando a decisão, embora injusta, lhe seja vantajosa"[212].

Dessa forma só tem interesse recursal quem teve desacolhida, no processo, alguma pretensão, desejando, com o recurso, obter um provimento jurisdicional mais favorável.

Questão altamente controvertida é a do interesse do Ministério Público em recorrer da sentença condenatória, em favor do réu.

José Frederico Marques entende que o Ministério Público não tem interesse nesse recurso, por absoluta falta de sucumbência, pois defende, no processo penal, interesse oposto ao do acusado[213]. Em sentido contrário, o STF já decidiu reiteradas vezes que o MP pode recorrer da sentença condenatória em favor do réu, na qualidade de *custos legis*.

> **Nosso entendimento:** correta esta última posição, pois o Ministério Público é parte imparcial, e, mesmo quando ocupa o polo ativo da relação jurídica processual, não deixa de ser fiscal da lei. No entanto, se o representante ministerial pede a condenação e o juiz, acolhendo integralmente esse pedido, condena o réu, faltaria sucumbência, e, por conseguinte, interesse para o recurso em favor do condenado. Não pode, portanto, a nosso ver, recorrer o Ministério Público, se o seu pedido formulado nas alegações finais, seja pela condenação, seja pela absolvição, tiver sido integralmente acolhido pelo juiz na sentença. O problema aqui é puramente de falta de sucumbência e, por conseguinte, de interesse recursal.

Em sentido contrário ao nosso entendimento, e colocando a liberdade de convicção do promotor de justiça acima da regra do interesse recursal e do princípio da unidade do Ministério Público: "Eventual pedido de absolvição formulado pelo Ministério Público em alegações finais não impede a interposição de recurso de apelação contra a absolvição. Com efeito, apesar de o Ministério Público ser uno e indivisível, há a autonomia funcional

---
211. Manzini, apud Bento de Faria, *Código de Processo Penal*, cit., p. 305.
212. *Código de Processo Penal*, cit., p. 305.
213. *Elementos de direito processual penal*, cit., v. 4, p. 207.

de seus membros, não havendo subordinação intelectual entre eles, permitindo que cada um atue dentro de sua convicção e dos limites impostos pela lei" (STJ, AgRg no AREsp 1.664.921/RJ, Rel. Min. Reynaldo Soares da Fonseca, 5ª Turma, *DJe* 20-8-2021).

Outra questão interessante refere-se ao interesse do réu em recorrer da sentença absolutória, a fim de mudar o fundamento da absolvição.

Por exemplo: absolvido por insuficiência de provas (CPP, art. 386, VII), pretende alterar esse fundamento para "estar provada a inexistência do fato" (CPP, art. 386, I), pois é melhor ficar cabalmente provada sua inocência do que não haver prova suficiente de sua culpa.

Há duas posições a respeito: para uns, não existe sucumbência da motivação, mas somente do dispositivo da sentença, razão pela qual faltaria interesse recursal; para outros, sempre que houver possibilidade de melhorar a situação do réu existe interesse recursal. Prevalece a segunda posição, uma vez que o fundamento pelo qual o acusado foi absolvido integra a parte dispositiva da sentença, além do que gera reflexos importantes no campo extrapenal e moral, influenciando na vida do agente.

A sucumbência pode ser classificada em: única, quando atinge apenas uma das partes, múltipla, quando várias são as partes atingidas. Se os interesses são idênticos, a sucumbência é paralela; se opostos, recíproca. Direta, quando atinge os integrantes da relação jurídica processual; reflexa, quando repercute fora do processo.

O prejuízo deve constar apenas do dispositivo, não importando os fundamentos da decisão.

(ii) Legitimidade: o recurso deve coincidir com a posição processual da parte.

Podem interpor recursos o Ministério Público, o querelante, o réu ou seu defensor (CPP, art. 577).

A Defensoria Pública tem legitimidade para recorrer em favor do réu revel, mesmo que este, em face de sua ausência, não tenha ratificado o recurso. O Ministério Público é parte ilegítima para apelar da sentença absolutória na ação penal exclusivamente privada, pois o querelante pode dispor como quiser da ação, perdoando o ofensor ou simplesmente conformando-se com o decreto absolutório.

Apelação interposta por réu leigo deve ser conhecida, porque ele é parte legítima para recorrer.

Em atendimento ao princípio da ampla defesa, tem-se admitido, inclusive, a interposição por advogado sem procuração, com mandato verbal, ou por defensor dativo, sem a anuência do réu preso.

23.4. Interposição

Dispõe o art. 578, *caput*, que "O recurso será interposto por petição ou por termo nos autos, assinado pelo recorrente ou por seu representante".

A interposição por termo nos autos do recurso ocorre quando a parte manifesta verbalmente a vontade de recorrer e esta é registrada nos autos pelo escrivão. Constando da ata de julgamento e assinada pelo apelante, é eficaz a apelação interposta verbalmente no Plenário do Júri, pois, no caso, a ata merece ser havida como termo.

Se o réu não souber, ou não puder assinar o nome, o termo será assinado por alguém, a seu rogo, na presença de duas testemunhas.

O recurso por termo não tem nenhum rigor formal, bastando apenas que fique inequívoco o inconformismo da parte. A interposição mediante simples manifestação nos autos é admitida pelo STJ.

Poderão ser interpostos por termo a apelação e o recurso em sentido estrito. Somente por petição deverão ser interpostos o recurso extraordinário, o recurso especial, os embargos infringentes e declaratórios, a correição parcial e a carta testemunhável.

A explanação dos motivos não é necessária no momento da interposição, apenas quando do oferecimento das razões, salvo nos casos da Lei n. 9.099/95 (Lei dos Juizados Especiais), em que a apelação deverá vir acompanhada das respectivas razões (art. 82, § 1º).

Sobre a interposição de recurso por meio eletrônico, *vide* Lei n. 11.419/2006, que trata da informatização do processo judicial.

O recurso *ex officio*, de ofício, obrigatório, necessário ou anômalo é aquele que obrigatoriamente deve ser interposto pelo próprio juiz em determinadas decisões. Nesse caso, costuma-se dizer que a decisão está forçosamente sujeita ao duplo grau de jurisdição. No final de sua decisão, quando exigido o recurso de ofício, dirá o juiz: "desta decisão, recorro *ex officio*".

No processo penal, as hipóteses de recurso necessário são as seguintes: as decisões que concederem *habeas corpus* (CPP, art. 574, I); as sentenças de absolvição sumária no Júri (CPP, arts. 574, II); as sentenças que concederem a reabilitação criminal (CPP, art. 746); o despacho que determinar o arquivamento e as sentenças absolutórias no caso dos crimes contra a economia popular (art. 7º da Lei n. 1.521/51).

O art. 415 do CPP, que trata da absolvição sumária, não faz qualquer menção ao recurso de ofício, prevendo apenas o art. 416 que caberia o recurso de apelação contra essa decisão. O art. 574, II, por outro lado, prevê em sua redação apenas duas hipóteses de absolvição sumária: circunstância que exclua o crime ou isente o réu de pena.

> **Nosso entendimento:** não foi a intenção do legislador a manutenção do recurso de ofício na hipótese de absolvição sumária, tendo ocorrido a revogação tácita do art. 574, II, do CPP.

O recurso necessário não pode ser considerado recurso, pois o juiz, que tem o dever de recorrer de ofício, não haveria de ficar inconformado com a sua própria decisão, mas, ao contrário, desejar o seu improvimento pelo tribunal. O recurso sempre resulta de um inconformismo, caso contrário não seria considerado recurso. Não há necessidade de fundamentação.

Oportuno ressaltar que algumas decisões, mormente em tribunais do Rio Grande do Sul e de Minas Gerais, vêm entendendo que o art. 129, I, da CF revogou o recurso *ex officio*, pois, se a ação penal pública é privativa do Ministério Público, não cabe ao juiz praticar qualquer ato de parte, como, por exemplo, recorrer de decisão absolutória, sob pena de perder a imparcialidade e de quebrar o princípio da inércia jurisdicional. Somente o Ministério Público, integrante do polo ativo da relação processual, e encarregado constitucionalmente de promover a acusação em juízo, poderia interpor recurso de decisões de absolvição ou favoráveis ao acusado.

Para Tourinho Filho, no entanto, não houve revogação alguma, pois o dispositivo constitucional trata de ação, e o recurso oficial não é ação[214]. Grinover, Scarance e Magalhães também sustentam que o recurso subsiste sem qualquer vício de inconstitucionalidade[215].

> **Nosso entendimento:** não houve revogação (mais apropriadamente "não recepção" do dispositivo legal pela nova ordem constitucional). Não se trata de hipótese em que o juiz, inconformado com a própria decisão, dela interpõe recurso. Ao contrário, é um simples caso em que a lei exige o reexame da decisão pelo tribunal, devendo o juiz, mesmo tendo convicção do acerto de sua sentença, remetê-la para ser revista (entendendo que o recurso *ex officio* não foi revogado).

O juízo de prelibação dos recursos trata-se do juízo de admissibilidade dos recursos, antes de seu conhecimento pelo mérito. Dá-se por meio da verificação do preenchimento dos pressupostos recursais objetivos e subjetivos, sem o que não se julgará o pedido do recorrente.

Conforme adiante se verá, em alguns recursos, tal juízo é feito tanto pelo órgão jurisdicional *a quo*, no momento de receber ou não o recurso interposto, quanto pelo *ad quem*, antes de julgar o recurso. Em outros, o órgão recorrido é obrigado a receber o recurso e remetê-lo à instância superior, sem qualquer juízo prelibativo, ficando este exame prévio restrito ao tribunal *ad quem*.

Cuida-se, portanto, de juízo de admissibilidade no qual serão analisados os pressupostos objetivos e subjetivos do recurso, levando este a ser conhecido ou a ser extinto sem julgamento de seu mérito.

Não deve o juiz repelir o recurso em caso de dúvida, pois, como ensina Câmara Leal, "não sendo evidente a falta de interesse, o juiz *a quo* não deverá dificultar ou embaraçar o seguimento do recurso, para que a instância *ad quem* examine o assunto e rejeite o recurso se entender que ao recorrente falecia legítimo interesse em sua interposição"[216].

É esta também a lição de Borges da Rosa: "Surgindo dúvida se, no caso, cabe recurso, a mesma deve ser dirimida em favor do recorrente, isto é, pela admissão do recurso, de acordo com a regra *semper in dubiis benigniora vel favorabilia praeferenda sunt*"[217]. Também é a posição do STF.

---

214. *Processo penal*, cit., v. 4, p. 264.
215. *As nulidades no processo penal*, cit., p. 186.
216. *Comentários ao Código de Processo Penal brasileiro*, cit., v. 4, p. 36-7.
217. *Processo penal brasileiro*, cit., v. 3, p. 483.

O tribunal *ad quem* sempre exerce juízo de admissibilidade, antes de analisar o pedido constante do recurso, podendo não o conhecer, e, assim, deixar de julgá-lo pelo mérito.

A delibação do recurso, isto é, o julgamento de seu mérito, só será possível após efetuado o juízo prelibativo. Diante da regra *tempus regit actum*, os recursos regem-se, quanto à sua admissibilidade, pela lei em vigor ao tempo em que a decisão foi proferida (CPP, art. 2º).

No recurso de apelação, a prelibação compete tanto ao juiz apelado quanto ao tribunal competente para julgar o apelo. No recurso em sentido estrito, no agravo em execução e na carta testemunhável não existe juízo de prelibação em primeira instância, pois o juiz ou o escrivão estarão obrigados a receber e processar o recurso, ainda que não preenchido algum pressuposto recursal.

23.5. Efeitos

(i) Devolutivo: é comum a todos os recursos. Consiste em transferir à instância superior o conhecimento de determinada questão. Trata-se da devolução ao órgão jurisdicional para o reexame da matéria objeto da decisão. Há recursos em que o reexame da matéria é devolvido ao próprio órgão recorrido, como é o caso dos embargos declaratórios. Estes recursos são chamados de iterativos. Outros, só devolvem a questão para o órgão jurisdicional *ad quem*, como é o caso da apelação. São os chamados recursos reiterativos. E, por fim, há os recursos mistos, nos quais a questão é reexaminada pelo próprio órgão recorrido e, também, pelo órgão de instância superior, como é o caso do recurso em sentido estrito e do agravo em execução.

(ii) Suspensivo: o recurso funciona como condição suspensiva da eficácia da decisão, que não pode ser executada até que ocorra o julgamento final. No silêncio da lei, o recurso não tem efeito suspensivo. A apelação da sentença absolutória não tem efeito suspensivo. Estando presentes os requisitos da preventiva, em caso de sentença condenatória, o juiz ordenará o recolhimento do acusado à prisão, ou, já se encontrando preso, recomendá-lo-á à prisão em que se encontra. Nessa mesma linha, é o teor do art. 492, I, e, que trata da sentença condenatória no procedimento do Júri e que dispõe que o juiz-presidente, no caso de condenação, "mandará o acusado recolher-se ou recomendá-lo-á à prisão em que se encontra, se presentes os requisitos da prisão preventiva".

Quanto ao recurso em sentido estrito da sentença de pronúncia, o art. 413, § 3º, do CPP dispõe: "O juiz decidirá, motivadamente, no caso de manutenção, revogação ou substituição da prisão ou medida restritiva de liberdade anteriormente decretada e, tratando-se de acusado solto, sobre a necessidade da decretação da prisão ou imposição de quaisquer das medidas previstas no Título IX do Livro I deste Código". A respeito do recurso extraordinário e do especial *vide* comentários no tópico 22.17.4.1.

(iii) Extensivo: está previsto no art. 580 do CPP. No caso de concurso de agentes, a decisão do recurso interposto por um dos réus, se fundado em motivos que não sejam de caráter exclusivamente pessoal, aproveitará aos demais. Exige que as situações processuais sejam idênticas.

Em caso de recurso, a decisão do tribunal só pode estender-se ao corréu que não apelou nos seguintes casos: ausência de materialidade ou atipicidade do fato, ou, ainda, causa de extinção da punibilidade que não possua cunho pessoal. Por exemplo: sentença absolutória concedida para réu que praticou determinada conduta descriminalizada por ocasião de norma revogadora de tipo incriminador. A absolvição em recurso interposto por somente um deles, fundada em causa extintiva da punibilidade, aproveitará ao outro, ainda que desmembrado o processo, posto se tratar de motivo de caráter geral e não pessoal.

Este efeito pode ser aplicado à apelação, revisão criminal, *habeas corpus*, recurso em sentido estrito e aos recursos em geral.

(iv) Regressivo, iterativo ou diferido: é o efeito que possibilita o juízo de retratação por parte do órgão recorrido, possibilitando, assim, ao prolator da decisão, a possibilidade de alterá-la ou revogá-la parcial ou inteiramente (p. ex.: recurso em sentido estrito).

23.6. Extinção

Os recursos podem ser extintos antes de seu julgamento.

São fatos extintivos do recurso: a *deserção*, que ocorre pela falta de preparo ou pagamento das despesas legais, e a *desistência*.

23.7. Apelação

23.7.1. Origem etimológica

Origina-se do latim *appellatio*, que significa dirigir a palavra a alguém. Tratava-se de um recurso hierárquico com o objetivo de ensejar novo julgamento substitutivo do anterior, com novas provas. Tourinho Filho nos dá conta de sua origem: "A apelação é recurso de largo uso e, salvo engano, deita raízes no direito romano. A princípio, havia a *provocatio ad populum*, segundo a qual o condenado pedia ao povo a anulação da sentença. Mas há quem lhe negue o caráter de apelação. Entretanto, sob o Império Romano, surgiu a *appellatio*, remédio que permitia ao litigante sucumbente dirigir-se ao Juiz superior visando à reforma da decisão proferida pelo inferior"[218].

23.7.2. Conceito

Recurso interposto da sentença definitiva ou com força de definitiva, para a segunda instância, com o fim de que se proceda ao reexame da matéria, com a consequente modificação parcial ou total da decisão. Para Bento de Faria, "a apelação é o recurso manifestado pela parte que se julga prejudicada pela decisão judicial e interposto para o Tribunal superior para que a revogue no todo ou em parte"[219].

---

218. *Processo penal*, cit., v. 4, p. 296.
219. *Código de Processo Penal*, cit., v. 3, p. 319.

23.7.3. Características

É um recurso amplo, porque, em regra, devolve o conhecimento pleno da matéria impugnada. "A força extensiva desse recurso devolve ao Tribunal o conhecimento integral da ação, ou da parte da qual se recorra quando assim for interposta"[220]. É importante frisar que o apelante não pode formular na apelação novo pedido, até então inexistente, e que, por este motivo, não foi objeto de julgamento na instância inferior. Caso isto fosse possível, não haveria recurso, mas nova ação proposta originariamente em segunda instância, com clara afronta ao princípio do duplo grau de jurisdição. "Une demande est nouvelle lorsqu'elle n'est pas jugée en première instance."[221] Se o juízo da apelação constitui novo exame do processo debatido perante os primeiros juízes, é consequência lógica deste conceito que a sua amplitude deve ficar circunscrita ao que se debateu em primeira instância.

É um recurso residual, que só pode ser interposto se não houver previsão expressa de cabimento de recurso em sentido estrito para a hipótese.

É, por fim, um recurso que goza de primazia em relação ao recurso em sentido estrito, de modo que, se a lei prever expressamente o cabimento deste último recurso com relação a uma parte da decisão e a apelação do restante, prevalecerá a apelação, que funcionará como único recurso oponível. Por exemplo: da sentença condenatória sempre cabe apelação, de acordo com o disposto no art. 593, I, do CPP, não havendo possibilidade do recurso em sentido estrito, ante a falta de previsão expressa nesse sentido. No entanto, no caso de decisão denegatória do *sursis*, é previsto o recurso em sentido estrito. Portanto, se, na sentença condenatória, houvesse a denegação do benefício, ficaria a dúvida: cabe apelação contra o mérito da decisão, e recurso em sentido estrito da parte denegatória da suspensão condicional da pena? Haveria dois recursos para a mesma decisão? Resposta: não, pois a apelação, neste caso, goza de primazia. Caberá somente apelação contra qualquer parte da decisão condenatória. O recurso em sentido estrito fica reservado para as hipóteses de denegação do *sursis*, que ocorrerem fora da sentença condenatória (desde que não seja processo de execução penal, quando, então, caberá agravo em execução).

23.7.4. Apelação plena e limitada

Partindo da ideia de que o tribunal não pode proceder de ofício, em face da inércia da jurisdição (*ne procedat judex ex officio*), conclui-se facilmente que sem o recurso não há como se reexaminar uma decisão judicial da instância inferior. É justamente o recurso que cria a competência recursal. Deste modo, sem recurso o tribunal não poderá modificar a decisão, determinar providências, nem fazer coisa alguma, ainda que quisesse. A jurisdição de segundo grau fica impedida de manifestar-se. Partindo desta premissa, é forçoso concluir que, se ao recurso cabe o mais, que é criar a competência do tribunal para rever a matéria, permitindo a emissão de um provimento jurisdicional, certamente

---
[220]. Bento de Faria, *Código de Processo Penal*, cit., p. 319.
[221]. Glasson, *Précis de procédure civile*, II, p. 41.

cabe o menos, ou seja, fixar os limites da competência da instância mais elevada. A parte que invoca o reexame pelo juízo *ad quem*, ao mesmo tempo, fixa-lhe a extensão, delimitando a sua área. Do mesmo modo que o juízo *a quo* não pode julgar *ultra* nem *extra petitum*, não o pode também o juízo *ad quem*. Trata-se da aplicação do princípio do *tantum devolutum quantum appellatum*, inserido no art. 599 do CPP.

Portanto, o tribunal só julga a matéria que lhe foi devolvida pelo recurso da parte, não podendo ir além de acolher o pedido ou rejeitá-lo, no todo ou em parte. Não pode julgar mais, nem fora do que foi pedido, mesmo que assim o queira, porque lhe falta competência recursal para tanto: *tantum devolutum quantum appellatum*.

Tourinho Filho entende que o princípio do *tantum devolutum quantum appellatum* não tem, no processo penal, a mesma dimensão que lhe traça o processo civil, afirmando que o juiz tem liberdade para apreciar a sentença, mesmo na parte não guerreada, desde que seja para favorecer o réu. Dessa forma, o único freio para o juiz é o princípio do *favor rei* (*Processo penal*, cit., p. 303).

O recurso pode ter por objetivo o reexame completo da causa, quando, por exemplo, a parte, não se conformando, *in totum*, com a sentença final, pleiteia a sua reforma integral. Neste caso, teremos a chamada apelação plena ou ampla, que é, justamente, a interposta em termos amplos. Pode ocorrer, contudo, que a apelação se volte contra uma parte da decisão, limitando o campo de atuação do tribunal, caso em que será chamada de limitada ou restrita. O recurso parcial só é possível quando o recorrente determinar, com absoluta clareza e precisão, e de forma explícita, a sua pretensão recursal, ou seja, a parte da decisão com a qual não se conforma. Na dúvida, o recurso deve ser recebido em sua integralidade. Portanto, em regra, no silêncio do recorrente, a apelação será recebida em termos amplos.

Questão controvertida refere-se ao momento processual em que o apelante deve limitar os termos de sua apelação. No caso do Ministério Público, tem-se entendido que é na petição de interposição que se estabelecem os limites do apelo, uma vez que o promotor, apelando em termos amplos, não poderia jamais restringir o âmbito de seu recurso nas razões[222]. Assim, "se o Ministério Público não especifica de que parte do julgado recorre, entende-se que o faz de toda a decisão. Logo, se apela em termos amplos, ainda que suas razões possam ser interpretadas como parciais, obrigam ao conhecimento total" (STF, *RTJ*, 51/414, 93/971, 102/584, 104/543 e 110/592). Trata-se da posição francamente dominante na doutrina: Frederico Marques[223]; Bento de Faria[224]; e Eduardo Espínola Filho[225].

---

222. Frederico Marques, *Elementos*, cit., v. IV, p. 207.
223. *Elementos de direito processual penal*, Forense, 1965, v. 4, p. 207.
224. *Código de Processo Penal*, Record Ed., 1960, v. 2, p. 305.
225. *Código de Processo Penal brasileiro anotado*, Borsoi, 1955, v. 6, p. 25.

> **Nosso entendimento:** o limite do recurso é estabelecido na petição de interposição, não podendo o Ministério Público limitar seu âmbito nas razões, porque isso implicaria desistência tácita parcial do recurso interposto, e clara violação ao princípio da indisponibilidade e ao disposto no art. 576 do CPP ("O Ministério Público não poderá desistir de recurso que haja interposto").

No caso da defesa, os limites do recurso também são fixados na interposição. A apelação existe no momento em que é interposta, e não quando são oferecidas as razões. A interposição é, portanto, aquele momento em que a parte manifesta seu inconformismo, e no qual se fica sabendo que ela não se conforma e em quais limites não o faz com a decisão recorrida. No exato instante em que a parte apela, deve expressar contra o que recorre, e em que limites o faz. As razões são simples acessórios e servem apenas para embasar o inconformismo nos parâmetros já estabelecidos, devendo, portanto, simplesmente seguir a sorte do principal.

Embora pese esse entendimento, há uma corrente em sentido oposto, sustentando que é nas razões que o apelante melhor refletiu contra o que deseja apelar, sendo estas o lugar correto de eventuais delimitações.

23.7.5. Legitimidade e interesse

O Ministério Público não tem legitimidade para apelar da sentença absolutória proferida em ação penal de iniciativa privada, uma vez que lhe falta a titularidade do *jus accusationis*.

Entretanto, o Ministério Público tem legitimidade para apelar em favor do réu, seja a ação pública ou privada, na qualidade de fiscal da exata aplicação da lei, pois não é instituição à qual se destina o monopólio da acusação; incumbe-lhe também defender, quando é o caso, sempre em defesa da eficácia da lei. Somente não poderá interpor recurso em benefício do acusado quando tiver pedido a condenação nas alegações finais e o juiz tiver proferido a decisão nos exatos termos dessa postulação. Nesse caso, faltaria sucumbência a supedanear o inconformismo. Ademais, implicaria ofensa aos princípios da unidade e indivisibilidade e ao senso comum o Ministério Público pedir a condenação e, logo depois, inconformar-se com ela.

Já o assistente da acusação só tem legitimidade recursal supletiva, de modo que, se a apelação do Ministério Público for ampla, ou seja, contra toda a decisão, a daquele não será conhecida (CPP, art. 598, *caput*).

O assistente da acusação não tem interesse em recorrer visando aumento de pena, uma vez que a sua finalidade no processo penal se limita à obtenção do provimento condenatório para formação do título executivo judicial[226]. O STF já entendeu que o assistente pode apelar visando aumento de pena, pois a sua função é de auxiliar da justiça. Do mesmo

---
226. Tourinho Filho, *Processo penal*, cit., v. 4, p. 316.

modo, há jurisprudência do STJ considerável no sentido de que "(...) o assistente de acusação tem legitimidade para, quando já iniciada a persecução penal pelo seu órgão titular, atuar em seu auxílio e também supletivamente, na busca pela justa sanção, podendo apelar, opor embargos declaratórios e até interpor recurso extraordinário ou especial" (STJ, AgRg no REsp 1.928.679/SP, Rel. Min. Reynaldo Soares da Fonseca, 5ª Turma, DJe 8-6-2021).

> **Nosso entendimento:** correta a primeira posição: o único interesse jurídico que justifica a presença do assistente é a formação de título executivo para a futura reparação do dano cível, resultante do crime. Assim, não tem interesse no aumento de pena ou que o réu responda preso ao processo. Do mesmo modo, não tem interesse em recorrer da sentença de pronúncia, a fim de que o réu seja pronunciado por crime mais grave, ou para inclusão de qualificadoras.

Na jurisprudência, no entanto, há alguns posicionamentos admitindo a interposição de recurso contra a sentença de pronúncia, com o fim de agravar a situação do réu.

A Defensoria Pública tem legitimidade para apelar em favor do réu revel, independentemente de sua ratificação.

O STF entende que o defensor dativo não está obrigado a apelar. Diante disso, se não apela, a sentença transita em julgado.

O réu tem legitimidade para apelar por termo.

23.7.6. Apelação subsidiária do apelo oficial

Na ação penal pública, se o Ministério Público não interpõe a apelação no quinquídio legal, o ofendido ou seu cônjuge, ascendente, descendente ou irmão poderão apelar, ainda que não se tenham habilitado como assistentes, desde que o façam dentro do prazo de quinze dias, a contar do dia em que terminar o do Ministério Público (parágrafo único do art. 598 do CPP).

23.7.7. Prazo da apelação do assistente da acusação

Se o assistente não estava habilitado nos autos, o prazo para recorrer é de quinze dias, a contar do vencimento do prazo para o Ministério Público apelar. Nesse sentido, a Súmula 448 do STF, segundo a qual "o prazo para o assistente recorrer, supletivamente, começa a correr imediatamente após o transcurso do prazo do Ministério Público". Se o assistente da acusação já estiver habilitado nos autos, então deverá ser intimado da sentença, nos termos do art. 391 do CPP. Nesse caso, não se aplica o disposto na Súmula 448, correndo o prazo a partir da intimação.

O prazo será de cinco dias, pois não há justificativa para que o assistente tenha um prazo maior do que as outras partes.

→ **ATENÇÃO:** se o assistente habilitado for intimado antes do Ministério Público, neste caso, o prazo continuará sendo de 5 dias, mas a contar do trânsito em julgado para o Ministério Público, e não a partir da intimação.

Tourinho Filho também sustenta que: "Se o ofendido ou qualquer das pessoas referidas no art. 268 do CPP já havia se habilitado no processo como assistente, o prazo para apelar é de cinco dias, mesmo porque nenhuma razão justificaria pudesse o seu apelo ser interposto em prazo mais dilatado do que aquele fixado para as demais partes. Se não estava habilitado, então o prazo é aquele referido no parágrafo único do art. 598 do CPP: 15 dias"[227].

Resumindo:

(i) assistente não habilitado — prazo de 15 dias, a contar do término do prazo para o Ministério Público recorrer;

(ii) assistente habilitado — prazo de 5 dias, a contar de sua efetiva intimação, desde que tenha sido intimado após o Ministério Público;

(iii) assistente habilitado — prazo de 5 dias, a contar do trânsito em julgado para o Ministério Público, se o assistente foi intimado antes.

→ **ATENÇÃO:** há decisão do STF no sentido de que, em qualquer caso, o prazo para o assistente da acusação apelar será de 15 dias, a contar do término do prazo para o Ministério Público, uma vez que o parágrafo único do art. 598 não faz qualquer distinção. O STF, contudo, continua mantendo seu entendimento de separar as hipóteses de assistente habilitado (prazo de cinco dias) e não habilitado (prazo de quinze dias).

23.7.8. Renúncia e desistência

O defensor dativo não pode desistir do recurso interposto, pois, para isso, necessitaria de poderes especiais. Contudo, não está obrigado a apelar, em face do princípio da voluntariedade dos recursos. O defensor público também não está obrigado a recorrer, devido ao princípio da voluntariedade dos recursos.

Se o réu desistir do recurso, não se deve conhecer daquele interposto pelo defensor, pois, se o réu pode desconstituir seu defensor no processo, que é o mais, pode também desautorizar o recurso formulado em seu nome, que é o menos.

Em sentido contrário, entende-se que o réu, sendo leigo, não tem condições de avaliar da necessidade do apelo, devendo sempre prevalecer a vontade do profissional habilitado. Aliás, o STF editou a Súmula 705, no sentido de que "A renúncia do réu ao direito de apelação, manifestada sem a assistência do defensor, não impede o conhecimento da apelação por este interposta". Esclarecemos que se trata da posição predominante.

Nosso entendimento: por força da aplicação do princípio da ampla defesa, estando o réu solto, e não se tratando de recurso da pronúncia, deve prevalecer sempre a vontade de quem quer recorrer, seja réu, seja defensor.

---

227. *Processo penal*, cit., v. 4, p. 318.

23.7.9. Cabimento da apelação nas sentenças do juiz singular

Cabe apelação das sentenças definitivas de condenação ou absolvição. São as decisões que põem fim à relação jurídica processual, julgando o seu mérito, quer absolvendo, quer condenando o acusado. As sentenças condenatórias são as que julgam procedente no todo, ou em parte, a pretensão punitiva, infligindo ao responsável uma pena. As sentenças absolutórias são as que não acolhem a pretensão de punir deduzida em juízo.

De toda sentença condenatória cabe apelação, e de toda absolutória também, inclusive as decisões que absolvem sumariamente o acusado (CPP, art. 416). No procedimento sumário e ordinário, pode ser oferecida resposta à acusação (CPP, art. 396 e 396-A) visando à absolvição sumária do agente (CPP, art. 397), na qual, dentre as matérias suscitadas, poderá ser alegada a extinção da punibilidade. Nessa situação específica (CPP, art. 397, IV), caberá o recurso em sentido estrito (CPP, art. 581, VIII), ao contrário das demais hipóteses (CPP, art. 397, I a III), das quais caberá o recurso de apelação.

Igualmente, das sentenças definitivas que, julgando o mérito, põem fim à relação jurídica processual ou ao procedimento, sem, contudo, absolver ou condenar o acusado. São as chamadas decisões definitivas em sentido estrito ou terminativas de mérito. Por exemplo: sentença que resolve incidente de restituição de coisas apreendidas, determinando ou não sua devolução ao terceiro de boa-fé; decisão que homologa, ou não, laudo pericial de pedido de busca e apreensão em crimes contra a propriedade imaterial; que indefere pedido de justificação; que autoriza levantamento de sequestro; que concede a reabilitação etc. A sentença que declara extinta a punibilidade é também uma decisão definitiva em sentido estrito, que encerra o processo com julgamento do mérito, sem absolver ou condenar. Contudo, por expressa disposição legal, dela cabe recurso em sentido estrito, e não apelação (CPP, art. 581, VIII).

Das decisões com força de definitivas ou interlocutórias mistas: são aquelas que põem fim a uma fase do procedimento (não terminativas) ou ao processo (terminativas), sem julgar o mérito. A pronúncia é uma decisão interlocutória mista não terminativa, mas dela cabe recurso em sentido estrito (CPP, art. 581, IV). A impronúncia e a rejeição da denúncia ou queixa são decisões interlocutórias mistas terminativas. A decisão de impronúncia comporta o recurso de apelação (CPP, art. 416); já da rejeição da denúncia ou queixa cabe recurso em sentido estrito, por expressa disposição legal (CPP, art. 581, I). A rejeição da denúncia, no caso da Lei n. 9.099/95, é uma decisão com força de definitiva (interlocutória mista terminativa), da qual cabe apelação (art. 82, *caput*).

Cabe recurso de todas as decisões definitivas e com força de definitivas, desde que a lei não preveja expressamente o recurso em sentido estrito, pois a apelação é um recurso de natureza residual.

Das seguintes decisões proferidas pelo juizado especial criminal: rejeição da denúncia ou queixa, sentenças definitivas de absolvição ou de condenação, sentença homologatória e não homologatória da transação penal, e sentença homologatória da suspensão condicional do processo.

→ **ATENÇÃO:** as decisões interlocutórias simples são irrecorríveis (recebimento da denúncia ou queixa), salvo previsão expressa de recurso em sentido estrito (decisão que concede liberdade provisória — CPP, art. 581, V, parte final).

23.7.10. Empate no julgamento

Nos termos do art. 615, § 1º, do CPP, em todos os julgamentos em matéria penal ou processual penal em órgãos colegiados, havendo empate, prevalecerá a decisão mais favorável ao indivíduo imputado, proclamando-se de imediato esse resultado, ainda que, nas hipóteses de vaga aberta a ser preenchida, de impedimento, de suspeição ou de ausência, tenha sido o julgamento tomado sem a totalidade dos integrantes do colegiado.

23.7.11. Apelação das decisões do Júri

No tocante à natureza, a apelação das decisões do Júri tem caráter restrito, pois não devolve à superior instância o conhecimento pleno da questão, por força da garantia constitucional da soberania dos veredictos, prevista no art. 5º, XXXVIII, *c*. Interposta a apelação por um dos motivos legais, o tribunal fica circunscrito a eles, não podendo ampliar seu campo de análise. O STF editou a Súmula 713, no sentido de que "O efeito devolutivo da apelação contra decisões do Júri é adstrito aos fundamentos da sua interposição".

O art. 593, III, do CPP prevê a apelação das decisões do Júri em quatro hipóteses:

(i) Nulidade posterior à pronúncia: tratando-se de nulidade anterior à pronúncia, a questão já foi analisada na própria decisão ou em recurso contra ela interposto, operando-se, por conseguinte, a preclusão. Quanto à nulidade posterior, se relativa, deve ser arguida, logo após o início do julgamento, em seguida ao pregão das partes, sob pena de considerar-se sanada (CPP, art. 571, V). Se a nulidade relativa tiver ocorrido durante o julgamento, o protesto deve ser feito logo após a sua ocorrência, sob pena de ser convalidada (CPP, art. 571, VIII).

A falta de oportuno protesto impede o apelante de levantar a nulidade relativa como questão preliminar do recurso. Além disso, imprescindível será a demonstração do efetivo prejuízo. No caso de nulidade absoluta, não há necessidade de arguição, nem de comprovação do prejuízo, pois esta é insanável e o ato assim viciado jamais se convalida. Dessa forma, mesmo que não formulado protesto, a questão poderá ser discutida na apelação. Provido o apelo, o julgamento é anulado, e o processo volta à fase em que se verificou a eiva, por força do princípio da sequencialidade (CPP, art. 573, § 1º).

(ii) Sentença do juiz-presidente contrária à letra expressa da lei ou à decisão dos jurados: o juiz está obrigado a cumprir as decisões do Júri, já que a horizontalidade é uma das características do órgão, não havendo supremacia do juiz togado sobre os jurados, mas simples atribuições diversas de funções. Os jurados decidem o fato e o juiz-presidente aplica a pena, de acordo com esta decisão, não podendo dela desgarrar-se. Outra hipótese de apelação, de que trata esta alínea, é a do juiz incidir em erro na sentença. Trata-se, aqui, de *error in procedendo*, e não relativo ao mérito, presente na alínea *d*. Cuidando-se de erro material ou uma das hipóteses previstas no art. 382, a sentença poderá ser simplesmente retificada, não havendo necessidade de anular-se o Júri.

(iii) Quando houver erro ou injustiça no tocante à aplicação da pena ou da medida de segurança: provido o apelo, a pena ou medida de segurança será ajustada à espécie. Compreende as seguintes hipóteses: (i) aplicação da pena privativa da liberdade com violação ao critério trifásico para sua fixação (CP, art. 68, *caput*); (ii) aplicação da pena acima ou abaixo do considerado justo ou ideal. No primeiro caso, a sentença poderá ser anulada por vício formal, já que implica *error in procedendo*. No segundo caso, há *error in judicando*, de maneira que basta ao tribunal corrigir a pena aplicada, sem precisar anular o julgamento.

Parte da jurisprudência tem admitido a apelação com base nessa alínea, com o fim de se obter a exclusão de agravantes e qualificadoras, ainda que reconhecidas pelos jurados, sem necessidade de anulação do Júri. Por exemplo: os jurados votam a prática de um crime de homicídio qualificado e o tribunal de justiça, em sede de apelação, dá provimento ao recurso para excluir essa circunstância, mantendo, no mais, a condenação pelo homicídio simples.

Há duas posições a respeito: o tribunal de justiça, apreciando o mérito, pode excluir as qualificadoras, sem precisar anular o Júri; o tribunal de justiça não pode excluir as qualificadoras, pois isso implicaria uma reforma direta do mérito da decisão dos jurados, com violação ao princípio constitucional da soberania dos veredictos. Além disso, a presença ou não de qualificadoras é questão atinente ao *meritum causae*, e não à pena, tanto que resulta da votação pelo conselho de sentença. Assim, o tribunal poderia, no máximo, anular o julgamento por decisão contrária à prova dos autos, com fundamento no art. 593, III, *d*, que, em casos como este, permite apenas a anulação do julgamento para a realização de outro.

> **Nosso entendimento:** correta a segunda posição. Atenta contra o princípio da soberania dos veredictos o simples cancelamento da qualificadora, uma vez que essa não é mera circunstância da pena, mas do crime, e, portanto, integra o fato, submetendo-se à exclusiva competência do conselho de sentença.

Assim, ao tribunal de justiça compete, sob pena de ofensa a princípio constitucional do processo, apenas anular o Júri quando entender que o acolhimento da circunstância contrariou manifestamente a prova dos autos.

(iv) Quando a decisão dos jurados for manifestamente contrária à prova dos autos: contrária à prova dos autos é a decisão que não encontra amparo em nenhum elemento de convicção colhido sob o crivo do contraditório. Não é o caso de condenação que se apoia em versão mais fraca. Só cabe apelação com base nesse fundamento uma única vez. Não importa qual das partes tenha apelado, é uma vez para qualquer das duas. Diante de recurso de apelação com base no art. 593, III, *d*, do CPP, "é imprescindível que o Tribunal avalie a prova dos autos, com fim de perquirir se há algum elemento que ampare o decidido pelos jurados. Trata-se de providência objetiva de cotejo do veredicto com a prova dos autos, sendo prescindível qualquer ingresso na mente dos jurados" (STJ, Rcl 42.274/RS, Rel. Min. Joel Ilan Paciornik, 3ª Seção, j. 24-5-2023).

→ **ATENÇÃO:** no caso de condenação por crimes conexos, o tribunal, em grau de recurso, pode anular o julgamento com relação a um, mantendo a decisão no que toca aos outros delitos.

23.7.12. Prazo

Em regra, é de cinco dias, a contar da intimação. No caso de intimação por edital, o prazo começa a correr a partir do escoamento do prazo do edital, que será de sessenta dias, se imposta pena inferior a um ano, e de noventa dias se igual ou superior a um ano (CPP, art. 392, § 1º). Nos termos da Súmula 710 do STF "No processo penal, contam-se os prazos da data da intimação, e não da juntada aos autos do mandado ou carta precatória ou de ordem". O STF, decidiu que a entrega de processo em setor administrativo do Ministério Público, formalizada a carga pelo servidor, configura intimação direta, pessoal, cabendo tomar a data em que ocorrida como a da ciência da decisão judicial. Em contrapartida, o Estatuto do Ministério Público da União (Lei Complementar n. 75/93, art. 18, II, *h*) dispõe de forma clara e inequívoca que a intimação do órgão do Ministério Público deve ser pessoal e tem início na data da aposição do ciente pelo representante do *Parquet*.

No caso do réu, devem ser intimados ele e seu defensor, iniciando-se o prazo após a última intimação.

Para as sentenças proferidas em julgamento, no Júri popular, o prazo começa a fluir a partir da publicação da sentença na própria sessão de julgamento (art. 798, § 5º, *b*).

Havendo dúvida quanto à tempestividade, o recurso deve ser conhecido[228].

A jurisprudência do STF não faz distinção entre assistente habilitado ou não, no que diz respeito à concessão de prazos diferenciados de quinze dias, ou de cinco dias, para a apelação, concedendo-se ao assistente, em qualquer hipótese, o prazo único do art. 598, já que a lei não distingue e, por outro lado, pode haver dificuldades de constatação imediata da omissão do Ministério Público, ensejadora do recurso substitutivo.

23.7.13. Processamento

(i) A apelação é interposta por termo ou petição.

(ii) Interposta a apelação, as razões devem ser oferecidas dentro do prazo de oito dias, se for crime, e três dias, em caso de contravenção penal, salvo nos crimes de competência do juizado especial criminal, quando as razões deverão ser apresentadas no ato da interposição, no prazo de 10 dias.

(iii) É obrigatória a intimação do apelante para que passe a correr o prazo para o oferecimento das razões de apelação.

(iv) Se houver assistente, este arrazoará no prazo de três dias após o Ministério Público.

---

228. Câmara Leal, *Comentários ao Código de Processo Penal brasileiro*, cit., v. 4, p. 36.

(v) Se a ação penal for movida pelo ofendido, o Ministério Público oferecerá suas razões, em seguida, pelo prazo de três dias.

(vi) O advogado do apelante pode retirar os autos fora do cartório para arrazoar o apelo, porém, se houver mais de um réu, o prazo será comum e correrá em cartório. O Ministério Público tem sempre vista dos autos fora de cartório.

(vii) Se o apelante desejar, poderá oferecer as suas razões em segunda instância, perante o juízo *ad quem* (CPP, art. 600, § 4º).

O assistente da acusação não tem essa faculdade.

No recurso em sentido estrito não existe essa possibilidade.

(viii) Com as razões ou contrarrazões, podem ser juntados documentos novos.

(ix) O Ministério Público não pode desistir do recurso (CPP, art. 576), nem restringir seu âmbito nas razões.

(x) A defesa também não pode mudar a fundamentação do apelo nas razões de recurso.

(xi) Inexiste juízo de retratação na apelação.

(xii) Se houver mais de um réu, e não houverem sido todos julgados, ou não tiverem todos apelado, caberá ao apelante promover extração do traslado dos autos, para remessa a superior instância (CPP, art. 601, § 1º).

(xiii) Em que pese a disposição clara do art. 601, *caput*, os autos não podem subir sem as razões do Ministério Público; no caso de defensor constituído, o réu deve ser intimado da desídia de seu patrono, a fim de que seja constituído novo defensor ou nomeado dativo para a apresentação das razões. O defensor dativo também está obrigado a arrazoar o recurso. Note bem: a lei diz que a apelação sobe com ou sem as razões, mas a intervenção do Ministério Público é obrigatória em todos os termos da ação, sob pena de nulidade (CPP, art. 564, III, *d*), e a ampla defesa é garantia constitucional do acusado. Em sentido contrário, entendendo que a falta de razões não acarreta nulidade: STF, HC 69.882-4.

(xiv) A apresentação tardia das razões de apelação não impede o conhecimento do recurso.

(xv) O defensor está obrigado a oferecer contrarrazões, sob pena de nulidade.

(xvi) No tribunal *ad quem*, os autos serão remetidos ao Ministério Público de segunda instância, que poderá opinar livremente, já que não é parte.

(xvii) Da data do julgamento deve ser intimada a parte pela imprensa oficial, com um interregno de, no mínimo, 48 horas.

23.7.14. Liberdade provisória

A apelação da sentença absolutória não tem efeito suspensivo, de modo que o réu, se estiver preso, deverá ser colocado imediatamente em liberdade (CPP, art. 596, *caput*).

No tocante à apelação da sentença condenatória e à revogação dos arts. 594 e 595, *vide* tópicos anteriores.

23.7.15. Apelação sumária

Ocorre nas contravenções e crimes punidos com detenção, e é assim chamada porque o prazo para o procurador de justiça manifestar-se é de cinco, e não de dez dias.

23.7.16. Apelação ordinária

Ocorre no caso de apelação por crimes punidos com reclusão, tendo o procurador de justiça dez dias para se manifestar.

23.7.17. Deserção

A forma normal de extinção de um recurso é o seu julgamento.

A deserção é forma anômala de extinção do recurso, que ocorre devido à falta de pagamento das despesas recursais.

23.7.18. Efeitos

São efeitos da apelação:

(i) devolutivo (*tantum devolutum quantum appellatum*): devolve o conhecimento da matéria à instância superior;

(ii) suspensivo: trata-se do efeito da dilação procedimental, que retarda a execução da sentença condenatória; aplicava-se nos casos de primariedade e bons antecedentes. O art. 594 do CPP foi revogado expressamente e o réu somente será preso se estiverem presentes os requisitos da prisão preventiva (CPP, art. 387, § 1º);

(iii) extensivo (CPP, art. 580): o corréu que não apelou beneficia-se do recurso na parte que lhe for comum.

23.7.19. *Reformatio in pejus*

É a possibilidade de o tribunal prejudicar a situação processual do réu, em virtude de recurso da defesa. Por exemplo: o réu apela visando a absolvição e o tribunal não só mantém a condenação como ainda aumenta a pena, sem que haja recurso da acusação neste sentido.

O art. 617 do CPP proíbe a *reformatio in pejus*, ao dispor que o Tribunal não pode agravar a pena quando só o réu tiver apelado.

Diz a Súmula 160 do STF: "É nula a decisão do Tribunal que acolhe, contra o réu, nulidade não arguida no recurso da acusação, ressalvados os casos de recurso de ofício". Assim, a menos que a acusação recorra pedindo o reconhecimento da nulidade, o tribunal não poderá decretá-la *ex officio* em prejuízo do réu, nem mesmo se a nulidade for absoluta.

23.7.20. *Reformatio in pejus* indireta

Anulada sentença condenatória em recurso exclusivo da defesa, não pode ser prolatada nova decisão mais gravosa do que a anulada. Por exemplo: réu condenado a um ano de reclusão apela e obtém a nulidade da sentença; a nova decisão poderá impor-lhe, no máximo, a pena de um ano, pois do contrário o réu estaria sendo prejudicado indiretamente pelo seu recurso. Esse é o entendimento pacífico do STF, que também pode ser verificado no STJ (AgRg no HC 416.858/SC, Rel. Min. Ribeiro Dantas, 5ª Turma, *DJe* 30-8-2021).

Trata-se de hipótese excepcional, em que o ato nulo produz efeitos (no caso, o efeito de limitar a pena na nova decisão). A regra, porém, não tem aplicação para limitar a soberania do Tribunal do Júri, uma vez que a lei que proíbe a *reformatio in pejus* (CPP, art. 617) não pode prevalecer sobre o princípio constitucional da soberania dos veredictos. Assim, anulado o Júri, em novo julgamento, os jurados poderão proferir qualquer decisão, ainda que mais gravosa ao acusado. Por exemplo: no primeiro julgamento o réu foi condenado por homicídio simples, ficando afastadas as qualificadoras; anulado o Júri, em virtude de recurso da defesa, poderá agora haver condenação até mesmo por homicídio qualificado, em face do princípio maior da soberania (os jurados estão livres para votar). No entanto, caso a votação do primeiro julgamento seja repetida (no exemplo, caso os jurados condenem de novo o réu por homicídio simples), o juiz-presidente não pode impor pena maior do que a do primeiro Júri, pois a ele se aplica a vedação legal.

→ **ATENÇÃO:** no caso de a sentença condenatória ter sido anulada em virtude de recurso da defesa, mas, pelo vício da incompetência absoluta, a jurisprudência não tem aceitado a regra da proibição da *reformatio in pejus* indireta, uma vez que o vício é de tal gravidade que não se poderia, em hipótese alguma, admitir que uma sentença proferida por juiz absolutamente incompetente tivesse o condão de limitar a pena na nova decisão. Neste caso, pouco importa tenha a nulidade sido reconhecida em recurso exclusivo da defesa.

23.7.21. *Reformatio in mellius*

Consiste na possibilidade do tribunal, em recurso exclusivo da acusação, melhorar a situação processual do acusado. Por exemplo: o promotor apela para aumentar a pena e o tribunal absolve o réu.

> **Nosso entendimento:** não é possível, em recurso exclusivo da acusação, reformar a decisão em favor do réu, em face do princípio do *tantum devolutum quantum appellatum*. O tribunal estaria julgando *extra petita*, sem que tivesse competência recursal para tanto.

No entanto, o entendimento contrário prevalece na jurisprudência. Assim, hoje é pacífico que, como a lei só proibiu a *reformatio in pejus*, não há qualquer óbice em que o Tribunal julgue *extra petita*, desde que em favor do réu.

23.8. Recurso em sentido estrito

23.8.1. Conceito

Recurso mediante o qual se procede ao reexame de uma decisão nas matérias especificadas em lei, possibilitando ao próprio juiz recorrido uma nova apreciação da questão, antes da remessa dos autos à segunda instância. Na verdade, todos os recursos do Código de Processo Penal possuem sentido estrito, já que essa expressão significa meio de se obter o reexame de uma decisão. Assim, recurso em sentido estrito nada mais é do que um recurso inominado.

23.8.2. Cabimento

O recurso em sentido estrito cabe nas hipóteses previstas no art. 581 do CPP.

O elenco legal das hipóteses de cabimento não admite ampliação. Do contrário seria inútil, e a apelação não seria considerada um recurso residual. Há quem entenda, porém, que, em casos excepcionais, esse rol admite interpretação extensiva, quando ficar clara a intenção da lei em abranger a hipótese. O que não se admite é a ampliação para casos evidentemente excluídos. Assim, tendo a lei previsto o cabimento do recurso no caso de rejeição da denúncia ou queixa, aceita-se sua interposição da rejeição do aditamento à denúncia ou queixa. Contudo, do despacho que receber a exordial não cabe qualquer recurso, pois é clara a intenção do legislador em excluir essa hipótese. Exatamente essa a lição de Borges Rosa: "A enumeração feita é taxativa, quanto ao espírito do texto legal, mas não quanto às suas expressões literais. De sorte que, embora o novo caso não se identifique, pelas suas expressões literais, com os enumerados no texto legal, deve ser contemplado na enumeração taxativa, quando se identifique pelo seu espírito, tanto vale dizer pelos seus fins e efeitos, com qualquer um dos casos contemplados"[229].

Importante destacar que a taxatividade das hipóteses de interposição do recurso em comento vem sendo mitigada pelos Tribunais Superiores, isto é, caso ocorra decisão que, embora não se enquadre perfeitamente nas hipóteses atacáveis por RESE, caso haja similitude de consequências práticas, tal recurso pode ser manejado pela parte.

São hipóteses legais de cabimento de recurso em sentido estrito:

(i) Da sentença que rejeitar a denúncia ou queixa: salvo algumas exceções adiante apontadas, do recebimento não cabe qualquer recurso, apenas impetração de *habeas corpus*, ante a absoluta falta de previsão legal. Para nós, o recebimento da denúncia ou queixa implica escolha judicial entre a aceitação e a recusa da acusação, tendo, por essa razão, conteúdo decisório, a merecer adequada fundamentação. É certo que o juiz deverá limitar-se a analisar a existência ou não de indícios suficientes do fato e sua autoria, sem incursionar pelo mérito, informado pelo princípio *in dubio pro societate*, mas não nos parece consentâneo com a nova ordem constitucional (art. 93, IX) dispensar toda e qualquer motivação. A jurisprudência, no entanto, tem entendido que a decisão que recebe a denúncia ou queixa não tem carga decisória e, portanto, não precisa ser fundamentada, até porque isso implicaria uma antecipação indevida do exame do mérito. Os principais fundamentos para a dispensa de motivação são: ausência de carga decisória e evitar-se indevida incursão antecipada no mérito.

---

229. *Processo penal brasileiro*, cit., p. 507.

No caso das infrações penais de competência do juizado especial criminal, não cabe recurso em sentido estrito da decisão que rejeitar a denúncia ou queixa, mas apelação (Lei n. 9.099/95, art. 82, *caput*).

Questão interessante é a da necessidade ou não da intimação do denunciado para apresentar contrarrazões de recurso, no caso da rejeição.

Para Tourinho Filho[230], o denunciado deve ser intimado para ofertar as contrarrazões de recurso, uma vez que, com a denúncia, passa da condição de indiciado para a de acusado, e, como tal, tem direito às garantias do contraditório (aplicável aos acusados em geral – CF, art. 5º, LV).

O STF firmou entendimento, através da Súmula 707, no sentido de que: "Constitui nulidade a falta de intimação do denunciado para oferecer contrarrazões ao recurso interposto da rejeição da denúncia, não a suprindo a nomeação de defensor dativo". Sobreleva, portanto, o princípio do contraditório e da ampla defesa.

Outra questão digna de nota é a de o juiz poder ou não alterar a classificação do crime no momento do recebimento da denúncia ou queixa.

> **Nosso entendimento:** o juiz não pode receber a denúncia ou queixa com capitulação diversa, pois o momento para analisar a correta classificação do fato é o da sentença, aplicando-se o disposto no art. 383 do CPP (*emendatio libelli*). Na fase do recebimento ocorre mera prelibação, devendo o juiz receber a denúncia como se encontra ou rejeitá-la integralmente, não podendo tecer exame aprofundado a respeito da correta classificação jurídica do fato.

Há uma segunda corrente, no entanto, entendendo que, no caso do homicídio qualificado, a qualificadora já poderia ser afastada no momento do recebimento da denúncia, desclassificando-se o crime para homicídio simples. O argumento é o de que, se o juiz deixasse para analisar a correta classificação por ocasião da pronúncia, o réu ficaria sujeito a uma série de consequências processuais mais gravosas, em face de o homicídio qualificado ser considerado crime hediondo.

> **Nosso entendimento:** é equivocado esse posicionamento, pois, além de implicar uma inversão do momento processual adequado para a análise do fato, e de não haver previsão legal nesse sentido, acarretaria ofensa ao princípio constitucional de que a ação penal pública é privativa do Ministério Público (art. 129, I) e ao princípio da inércia jurisdicional, pois o juiz já estaria dizendo, desde o início, de que forma deve o réu ser acusado, subtraindo função do órgão acusatório e quebrando o princípio da imparcialidade.

---

230. *Processo penal*, cit., v. 4, p. 281.

(ii) Da decisão que concluir pela incompetência do juízo: é o caso do reconhecimento *ex officio* da incompetência pelo próprio juiz, que determina a remessa dos autos ao juízo competente, nos termos do art. 109 do CPP. Se o juiz se dá por incompetente, acolhendo exceção, aplica-se o inciso subsequente. Para parte da doutrina, da sentença que desclassifica o crime de competência do Júri, para crime não doloso contra a vida, cabe recurso em sentido estrito com base nesse fundamento, pois o juiz está, na verdade, concluindo pela incompetência do Júri. Da decisão do juiz dando-se por competente não cabe qualquer recurso, podendo a parte prejudicada intentar apenas *habeas corpus*.

(iii) Da decisão que julgar procedentes as exceções, salvo a de suspeição: o art. 95 do CPP enumera as cinco exceções oponíveis, a saber: suspeição, incompetência do juízo, litispendência, ilegitimidade de parte e coisa julgada. Nos termos do art. 110 do CPP, deve ser observado o mesmo procedimento da exceção de incompetência para as demais exceções, salvo a de suspeição. Desse modo, aplicando-se o disposto no art. 108, as exceções devem ser opostas no prazo da defesa inicial (CPP, arts. 396 e 396-A), verbalmente ou por escrito. Em seguida, será ouvido o Ministério Público, e, então, o juiz decidirá (art. 108, § 1º). As exceções são autuadas em apartado e não suspenderão, de regra, o andamento da ação penal (art. 111). Se o juiz rejeitar qualquer das exceções, não caberá recurso.

A alegação de litispendência pode ser feita quando o mesmo autor, invocando o mesmo fato, formula o mesmo pedido contra o mesmo réu. Quando uma ação é proposta, já existe uma lide pendente (litispendência), razão pela qual qualquer outra idêntica não poderá ser oferecida, sob pena de ser extinta sem julgamento de mérito, por meio da exceção de litispendência.

A exceção de coisa julgada pode ser oposta quando o mesmo pedido, já julgado por decisão definitiva, for formulado contra o mesmo réu, pelo mesmo autor, invocando o mesmo fato.

A exceção de ilegitimidade ativa de parte pode ser oposta quando houver ilegitimidade *ad causam* (p. ex.: Ministério Público propondo uma ação penal exclusivamente privada ou querelante oferecendo denúncia dentro do prazo), caso em que a nulidade será absoluta. Outra hipótese é a da ilegitimidade ativa *ad processum* (querelante menor de 18 anos desacompanhado de representante legal, ou com representante legal não habilitado, propõe ação privada), caso em que a nulidade será relativa e o vício poderá ser convalidado por ratificação posterior dos atos praticados.

Finalmente, a exceção de suspeição, por afetar a imparcialidade do juiz, precederá a qualquer outra (CPP, art. 96), e poderá ser arguida em qualquer das hipóteses previstas no art. 254 do CPP. Somente nesse caso, se o juiz vier a acolher a exceção não caberá qualquer recurso, pois, se o próprio julgador não se considera imparcial para aquele caso, não cabe ao tribunal obrigá-lo a julgar. Deve o juiz dar-se espontaneamente por suspeito, porém, não aceitando a suspeição, mandará autuar em apartado a petição, dará a sua resposta em três dias, podendo oferecer testemunhas e, em seguida, remeterá os autos ao tribunal (CPP, art. 100).

Acolhida a exceção de incompetência relativa, ficam anulados apenas os atos decisórios (CPP, art. 567), aproveitando-se os instrutórios e os de mero encaminhamento do processo.

O acolhimento da incompetência absoluta anula todos os atos, decisórios ou não, do mesmo modo que a ilegitimidade de parte, a suspeição e o suborno do juiz (CPP, art. 564, I e II).

Concluindo: rejeitadas as exceções de ilegitimidade de parte, incompetência do juízo, litispendência ou coisa julgada, a decisão é irrecorrível. Acolhida ou rejeitada a exceção de suspeição, não cabe qualquer recurso, pois não se pode forçar o juiz que se considera suspeito a julgar a causa.

(iv) Da decisão que pronunciar o réu: temos uma decisão interlocutória mista não terminativa, que encerra uma fase do procedimento, sem julgar o mérito, isto é, sem declarar o réu culpado (CPP, art. 581, IV).

Para parte da doutrina, da decisão que desclassifica o crime de competência do Júri para crime de competência do juízo monocrático, cabe recurso em sentido estrito com base nesse fundamento, uma vez que, para dizer que o crime não pertence ao Júri, antes é necessário reconhecer que não ficou provada a prática de crime doloso contra a vida. Desse modo, é hipótese de cabimento de recurso em sentido estrito, com fundamento no inciso IV do art. 581. Contudo, prevalece na doutrina e na jurisprudência o entendimento contrário, sustentando que a decisão apenas concluiu pela incompetência do juízo, enquadrando-se no inciso II (vide letra "b"), e não no IV.

O recurso da pronúncia só suspende a realização do julgamento, devendo o réu permanecer preso, se assim determinado. O réu é parte ilegítima para recorrer da sentença de impronúncia.

Contudo, existe precedente do STJ que indica a possibilidade, em casos excepcionais, de realização de julgamento pelo Tribunal do Júri ainda que não julgado o recurso interposto contra a decisão de pronúncia (STJ, REsp 1.449.981/AL, Rel. Min. Laurita Vaz, 6ª Turma, DJe 16-12-2019).

O art. 413, § 3º, do CPP dispõe que: "O juiz decidirá, motivadamente, no caso de manutenção, revogação ou substituição da prisão ou medida restritiva de liberdade anteriormente decretada e, tratando-se de acusado solto, sobre a necessidade da decretação da prisão ou imposição de quaisquer das medidas previstas no Título IX do Livro I deste Código".

O assistente não pode recorrer da pronúncia para a inclusão de qualificadoras, pois o seu interesse se resume à formação do título executivo para futura reparação do dano.

Na jurisprudência, no entanto, há alguns posicionamentos admitindo a interposição de recurso contra a sentença de pronúncia, com o fim de agravar a situação do réu.

(v) Da decisão que conceder, negar, arbitrar, cassar ou julgar inidônea a fiança, indeferir requerimento de prisão preventiva ou revogá-la, conceder liberdade provisória ou relaxar a prisão em flagrante: a cassação da fiança pode se dar em qualquer fase do processo, desde que se verifique não ser cabível à espécie ou desde que haja alteração na classificação do delito, que o torne inafiançável (CPP, arts. 338 e 339). Portanto, é a fiança que não podia ter sido concedida para aquela infração penal, e que, por essa razão, foi cassada.

Fiança julgada inidônea é aquela que foi prestada, por engano, em quantia insuficiente, ou cujo valor se depreciou com o tempo, havendo necessidade de ser reforçada, sob pena de ficar sem efeito (CPP, art. 340, parágrafo único).

Nos casos de infração cuja pena privativa de liberdade máxima não seja superior a quatro anos, a *concessão* fica a cargo da autoridade policial (CPP, art. 322, *caput*); nos demais casos, ficará a cargo do juiz (CPP, art. 322, parágrafo único). Entretanto, nos crimes cuja pena máxima não exceder a dois anos (Lei n. 10.259/2001, e art. 61 da Lei n. 9.099/95), bem como das contravenções penais, se o autor do fato assumir o compromisso de comparecer à sede do juizado, não se imporá prisão em flagrante, nem se exigirá fiança (Lei n. 9.099, art. 69, parágrafo único). De acordo com o art. 335, "Recusando ou retardando a autoridade policial a concessão da fiança, o preso, ou alguém por ele, poderá prestá-la, mediante simples petição, perante o juiz competente, que decidirá em 48 (quarenta e oito) horas".

O *arbitramento* do valor da fiança atenderá ao disposto no art. 325 do CPP.

Caberá recurso em sentido estrito da decisão que confirma o arbitramento da fiança feito pela autoridade policial.

Não cabe recurso da decisão que decretar a prisão preventiva ou indeferir pedido de liberdade provisória ou relaxamento da prisão.

(vi) Da decisão que absolver o réu sumariamente: caberá apelação contra a sentença de absolvição sumária (CPP, art. 416).

O art. 415 do CPP apresenta quatro hipóteses de absolvição sumária: (i) provada a inexistência do fato; (ii) provado não ser ele autor ou partícipe do fato; (iii) o fato não constituir infração penal; (iv) demonstrada causa de isenção de pena ou de exclusão do crime.

De acordo com o parágrafo único, "não se aplica o disposto no inciso IV do *caput* deste artigo ao caso de inimputabilidade prevista no *caput* do art. 26 do Decreto-Lei n. 2.848, de 7 de dezembro de 1940 – Código Penal, salvo quando esta for a única tese defensiva". Dessa forma, na hipótese em que a inimputabilidade se encontra comprovada por exame de insanidade mental, o CPP não autoriza a absolvição imprópria do agente, pois esta implicará a imposição de medida de segurança, o que poderá ser prejudicial ao réu, já que poderá comprovar por outras teses defensivas a sua inocência, sem a imposição de qualquer medida restritiva. A Lei admite a absolvição sumária pela tese da inimputabilidade quando esta for a única tese defensiva.

Na hipótese de absolvição imprópria, o acusado também terá interesse em recorrer.

No caso de não haver prova da autoria, ainda que o acusado seja inimputável, deverá ser impronunciado, pois a medida de segurança só poderá ser imposta se ficar provada a prática de um fato típico e ilícito.

Se ficar evidenciada a existência de causa de exclusão da ilicitude, o juiz deverá absolver o réu sumariamente, sem imposição de medida de segurança (absolvição própria).

Admite-se recurso da acusação visando à absolvição sumária do réu pronunciado, desde que se pretenda a imposição de medida de segurança, em face da inimputabilidade do acusado.

Quando se tratar de decisão que julga extinta a punibilidade do agente, ainda que diante de resposta à acusação (art. 396 do CPP) ao contrário das demais hipóteses previstas no art. 397 do CPP, caberá o recurso em sentido estrito (CPP, art. 581, VIII).

(vii) Da decisão que julgar quebrada a fiança ou perdido o seu valor: Consoante a redação determinada ao art. 341 do CPP, julgar-se-á quebrada a fiança quando o acusado: (i) regularmente intimado para ato do processo, deixar de comparecer, sem motivo justo; (ii) deliberadamente praticar ato de obstrução ao andamento do processo; (iii) descumprir medida cautelar imposta cumulativamente com a fiança; (iv) resistir injustificadamente a ordem judicial; (v) praticar nova infração penal dolosa. *Vide* outras hipóteses legais no art. 328 do CPP. O perdimento do valor total da fiança ocorrerá se, condenado, o acusado não se apresentar para dar o início do cumprimento da pena definitivamente imposta (CPP, art. 344). *Vide* também art. 345 do CPP.

A quebra injustificada da fiança traz como consequências: a perda de metade de seu valor, cabendo ao juiz decidir sobre a imposição de outras medidas cautelares, ou, se for o caso, a decretação da prisão preventiva (CPP, art. 343).

A decisão que decretar a quebra ou perda da fiança é de competência exclusiva do juiz. O recurso em sentido estrito, no caso do perdimento da fiança, terá efeito suspensivo; no de quebramento, suspenderá unicamente a perda de metade de seu valor, não impedindo os demais efeitos.

(viii) Da decisão que julgar extinta a punibilidade do acusado: trata-se de sentença terminativa de mérito, isto é, que encerra o processo com julgamento de mérito, sem absolver ou condenar o réu. As causas extintivas da punibilidade são aquelas que levam o Estado à perda do poder-dever de punir, estando relacionadas no art. 107 do CP em rol meramente exemplificativo. O recurso não tem efeito suspensivo, devendo o réu ser colocado imediatamente em liberdade.

(ix) Da decisão que indeferir pedido de extinção de punibilidade: cuida-se, aqui, de hipótese exatamente oposta à do inciso anterior. Negada a extinção da punibilidade, o processo seguirá seu curso normal. Trata-se, portanto, de decisão interlocutória simples. A princípio, deveria ser irrecorrível, mas, diante da previsão expressa da lei, caberá recurso *stricto sensu*.

(x) Da decisão que conceder ou negar a ordem de *habeas corpus*: o dispositivo refere-se à decisão do juiz de primeira instância, da qual, na hipótese de concessão, cabe também recurso *ex officio* (art. 574, I). No caso de decisão denegatória proferida em única ou última instância, pelos Tribunais Regionais Federais e pelos tribunais dos Estados, caberá recurso ordinário para o STJ (CF, art. 105, II, *a*). Se a decisão denegatória for proferida em única instância (somente em única instância) pelos tribunais superiores, caberá recurso ordinário ao STF (CF, art. 102, II, a). A jurisprudência vem se orientando no sentido de que, no caso de decisão denegatória de *habeas corpus*, o recurso em sentido estrito não pode ser substituído por pedido originário no tribunal. Também de acordo com a jurisprudência dominante, o Ministério Público pode interpor recurso em sentido estrito da decisão concessiva de *habeas corpus*.

(xi) Da decisão que conceder, negar ou revogar a suspensão condicional da pena: no caso de a decisão encontrar-se embutida em sentença condenatória, cabe apelação. Após o trânsito em julgado da condenação, cabe agravo em execução (art. 197 da LEP). Assim, esse dispositivo não tem nenhuma aplicação.

(xii) Da decisão que conceder, negar ou revogar o livramento condicional: cabe agravo em execução (art. 197 da LEP).

(xiii) Da decisão que anular a instrução criminal no todo ou em parte: dependendo do caso concreto, também poderá ser impetrado *habeas corpus* com essa finalidade (CPP, art. 648, VI).

(xiv) Da decisão que incluir ou excluir jurado na lista geral: anualmente será organizada uma lista geral de jurados pelo juiz-presidente, da qual serão sorteados vinte e cinco jurados para comparecerem à sessão periódica (CPP, art. 447). Essa lista será publicada pela imprensa, onde houver, e divulgada em editais afixados à porta do Tribunal do Júri (CPP, art. 426, *caput*). A lista poderá ser alterada, de ofício ou mediante reclamação de qualquer do povo ao juiz-presidente até o dia 10 de novembro, data de sua publicação definitiva (CPP, art. 426, § 1º).

(xv) Da decisão que denegar a apelação ou julgá-la deserta: no caso da apelação, o juízo de prelibação (também chamado de juízo de admissibilidade) deve ser feito tanto na primeira quanto na instância superior. Assim, o juiz *a quo* pode deixar de receber o apelo (o que equivale a denegá-lo), se entender não preenchido algum pressuposto recursal objetivo ou subjetivo. Nessa hipótese, cabe recurso em sentido estrito contra o despacho denegatório da apelação. Note-se que o recurso não se volta contra a sentença apelada, mas exclusivamente contra o despacho que negou seguimento à apelação.

O recurso em sentido estrito, porém, jamais poderá ser denegado, pois, neste caso, não há juízo de admissibilidade em primeiro grau. Se o juiz denegar também o recurso em sentido estrito, agirá sem respaldo legal, e, desta decisão, caberá carta testemunhável dirigida ao escrivão (CPP, art. 640).

(xvi) Da decisão que ordenar a suspensão do processo, em virtude de questão prejudicial: considera Manzini que prejudicial é toda questão jurídica, cuja resolução constitui um pressuposto para a decisão da controvérsia submetida, de modo principal, ao juízo[231]. Trata-se de questão cuja solução importa num prejulgamento da lide. Questão prejudicial, portanto, é todo fato cujo conhecimento implica um antecedente lógico necessário para a solução do litígio. Por exemplo: para o juiz condenar o réu pelo crime de bigamia, é antecedente lógico necessário saber se o primeiro casamento é válido ou foi

---

231. *Trattato di diritto processuale penale italiano secondo il nuovo Codice*, cit., v. 1, p. 246.

anulado, pois esta questão implica um prejulgamento da causa penal. É chamada de prejudicial por ser a questão que "prejulga" ou "prejudica". Assim, só poderia mesmo ser chamada de prejudicial. Não confundir com preliminar, que é a questão cujo acolhimento importa em não analisar o mérito. O acolhimento da prejudicial, ao contrário, consiste em antecipar parte do exame do mérito. As questões prejudiciais podem ser classificadas em devolutivas e não devolutivas.

As prejudiciais não devolutivas são os pontos antecedentes que podem ser solucionados pelo próprio juízo penal, sem qualquer necessidade de remessa a outra jurisdição. Por exemplo, para condenar um réu por receptação, o juiz criminal pode, no próprio processo, concluir que a origem do bem era ou não ilícita, sem qualquer necessidade de remeter a solução a outro juízo.

As prejudiciais devolutivas são aquelas que, em princípio, devem ser resolvidas em processos alheios à justiça penal. Podem ser classificadas em: prejudiciais devolutivas absolutas, que são aquelas que sempre devem ser solucionadas fora do juízo criminal; e devolutivas relativas, que são aquelas que podem ou não ser solucionadas no juízo extrapenal.

O art. 92 do CPP prevê uma prejudicial devolutiva absoluta, ao dispor que o juiz está obrigado a suspender a ação penal, sempre que houver séria e fundada dúvida sobre o estado civil das pessoas, e disto depender a existência da infração. Por exemplo, réu processado por bigamia, que tenta anular seu matrimônio no juízo cível. O processo deverá ficar suspenso, até que se resolva a validade do casamento na esfera cível.

O art. 93 trata de devolutiva relativa, dispondo ter o juiz a faculdade de suspender o processo para aguardar a solução no cível de qualquer outra questão, desde que não relativa ao estado civil, da qual dependa a existência da infração penal. Para tanto, é necessário já existir ação civil em andamento e a matéria não versar sobre direito cuja prova a lei civil limite, do contrário, o processo não poderá ser suspenso.

Suspenso o processo criminal, para aguardar a solução da prejudicial, fica também suspensa a prescrição da pretensão punitiva, nos termos do art. 116, I, do CP.

→ **ATENÇÃO:** no caso de suspensão para expedição de rogatória e de réu citado por edital sem defensor constituído é possível sustentar o cabimento do recurso em sentido estrito por analogia ao inciso XVI do art. 581 do CPP, uma vez que também se trata de decisão que suspende o processo.

Nesse sentido, Damásio Evangelista de Jesus em palestra proferida na Escola Paulista do Ministério Público.

Só cabe recurso em sentido estrito da decisão que suspender o processo, sendo irrecorrível a que denegar a suspensão.

(xvii) Da decisão que ordenar a unificação de penas: cabe agravo em execução nos termos do art. 197 da LEP.

(xviii) Da que decidir o incidente de falsidade: o incidente de falsidade é uma arguição por escrito, e autuada em apartado, da falsidade de documento constante dos autos, de acordo com o que dispõe o art. 145 e incisos do CPP. O requerimento de instauração do incidente deve ser dirigido ao juiz, o qual se limitará a determinar a sua autuação em apartado. Em seguida, a parte contrária se manifesta em quarenta e oito horas, contestando ou não a falsidade do documento. Após a resposta, procede-se à apuração da falsidade, geralmente com a produção de prova pericial (laudo de exame grafotécnico). Colhidos os elementos de prova, caberá ao juiz decidir.

Qualquer que seja a decisão, caberá recurso em sentido estrito. A decisão sobre a falsidade não faz coisa julgada, só tendo relevância no processo em que houve a arguição. O documento será retirado ou mantido nos autos, conforme a decisão.

O despacho que denega liminarmente a instauração do incidente é irrecorrível, e não se confunde com a decisão que julga o incidente, da qual cabe o recurso em tela. Portanto, só cabe o recurso da decisão que, enfrentando o mérito, denegar ou deferir a retirada do documento. A instauração do incidente só suspende o processo se a verificação da falsidade for imprescindível para a existência do crime, equiparando-se, assim, a verdadeira questão prejudicial não devolutiva.

(xix) Da decisão que impuser medida de segurança depois de transitar em julgado a sentença, ou que a mantiver, substituir ou revogar: o recurso cabível é o agravo em execução (arts. 171 a 179 e 197 da LEP).

(xx) Da decisão quanto ao não pagamento da multa: a multa não paga será considerada dívida de valor, a ela aplicando-se as normas relativas à dívida ativa da Fazenda Pública, inclusive no concernente às causas interruptivas e suspensivas do prazo prescricional. Assim, ela deve ser executada e os recursos cabíveis serão interpostos nos autos da execução. Surge, no entanto, em razão da redação, dúvida a respeito do órgão legitimado a executar a multa não paga. Para o Ministério Público, a sua execução continua a ser feita por ele próprio, junto ao juízo das execuções. Para Damásio, a multa não paga, convertida em dívida de valor e inscrita como dívida ativa, passa, agora, a ser executada pela Procuradoria Fiscal, junto aos juízos das varas da Fazenda Pública, nos moldes da legislação tributária.

(xxi) Da decisão que recusa a homologação de acordo: nos termos do art. 581 do CPP, caberá recurso, no sentido estrito, da decisão, despacho ou sentença que recusar homologação à proposta de acordo de não persecução penal, previsto no art. 28-A do CPP.

23.8.3. Competência para o julgamento

O recurso deve ser endereçado ao tribunal competente para apreciá-lo, mas a interposição far-se-á perante o juiz recorrido, para que este possa rever a decisão, em sede de juízo de retratação.

23.8.4. Prazos

O prazo de interposição será de cinco dias, a partir da intimação da sentença.

23.8.5. Processamento

Conforme o art. 583, II, do CPP, o recurso em sentido estrito subirá nos próprios autos nos casos arrolados pelo art. 581, I (rejeição de denúncia ou queixa), III (decisão que julgar procedentes as exceções, salvo a de suspeição), IV (que pronunciar), VIII (que julgar extinta a punibilidade) e X (que conceder ou denegar ordem de *habeas corpus*).

Quando não subir nos próprios autos, haverá necessidade de confecção do instrumento, mediante traslado das peças principais do processo. No caso da pronúncia de um dos corréus, o recurso subirá por instrumento se os demais se conformaram com a decisão ou ainda não tiverem sido intimados.

A lei determina que, interposto o recurso, dentro do prazo de dois dias, o recorrente deverá oferecer as suas razões. A jurisprudência, porém, entende indispensável a intimação, sem a qual não começa a correr o prazo.

A falta do oferecimento de razões não impede a subida do recurso. A questão, no entanto, é controvertida, pois o Ministério Público é obrigado a atuar em todos os termos da ação penal pública, sob pena de nulidade (CPP, art. 564, III, *d*), em face do princípio da indisponibilidade. A falta de apresentação de razões importaria em desistência tácita do recurso, com clara violação ao disposto no art. 576 do CPP. Além disso, as razões constituem pressuposto formal para a regularidade do recurso. No caso da defesa, a falta de razões poderia acarretar ofensa ao princípio da ampla defesa (CF, art. 5º, LV).

No caso de rejeição da denúncia ou queixa, embora inexista processo, o indiciado tem direito a ser intimado para produzir as suas contrarrazões, em obediência ao princípio do contraditório. O STF, inclusive, editou a Súmula 707, na qual sustenta a ocorrência de nulidade ante a falta de intimação do indiciado para oferecer contrarrazões ao recurso interposto da rejeição da denúncia, não a suprindo a nomeação de defensor dativo.

Não existe no recurso em sentido estrito a faculdade de arrazoar em segunda instância.

O recorrido tem dois dias para oferecer as suas contrarrazões, a contar de sua intimação. A jurisprudência tem entendido que o que impede a subida do recurso é a falta de intimação do recorrido, e não a falta das contrarrazões.

No tocante ao efeito regressivo do recurso: recebendo os autos, o juiz, dentro de dois dias, reformará ou sustentará a sua decisão, mandando instruir o recurso com as cópias que lhe parecerem necessárias. A falta de manifestação do juiz importa em nulidade, devendo o tribunal devolver os autos para essa providência.

O juízo de retratação será sempre fundamentado. A fundamentação deficiente do juiz também obriga o tribunal a converter o julgamento em diligência para esse fim.

Se o juiz mantiver o despacho, remeterá os autos à instância superior; se reformá-la, o recorrido, por simples petição, e dentro do prazo de cinco dias, poderá requerer a subida dos autos. O recorrido deverá ser intimado, no caso de retratação do juiz.

23.8.6. Efeitos

Devolutivo, regressivo e, em alguns casos, o suspensivo.

O efeito suspensivo ocorre nos seguintes casos (art. 584):

(i) perdimento de fiança;

(ii) decisão que denegue a apelação ou a julgue deserta. Note que o recurso suspende os efeitos do despacho denegatório da apelação, e não os efeitos da sentença apelada. Por exemplo: se o despacho denega a apelação, interposta da sentença condenatória pelo réu, que pode apelar em liberdade, diante da ausência dos requisitos para a prisão preventiva, e manda expedir mandado de prisão, o recurso em sentido estrito suspenderá esta ordem de prisão determinada pelo despacho;

(iii) despacho que julgar quebrada a fiança, no tocante à perda de metade do seu valor;

(iv) da pronúncia, mas somente quanto à realização do julgamento;

(v) o recurso da decisão que julgar extinta a punibilidade não impede que o réu seja posto imediatamente em liberdade;

(vi) no caso de desclassificação do crime doloso contra a vida para outro de competência do juízo singular, por ocasião do art. 419 do CPP, o recurso em sentido estrito terá efeito suspensivo, pois o processo somente poderá ser remetido após ter se tornado preclusa a discussão sobre a competência.

> → **ATENÇÃO:** "Esta Corte Superior não admite a impetração de mandado de segurança com a finalidade de conferir efeito suspensivo a recurso em sentido estrito interposto em face de decisão concessiva de liberdade provisória (Súmula 604/STJ)" (STJ, AgRg no HC 441.932/AM, Rel. Min. Nefi Cordeiro, 6ª Turma, *DJe* 6-12-2018).

Jurisprudência

- *HABEAS CORPUS* SUBSTITUTIVO. "A jurisprudência deste órgão colegiado é uníssona em admitir o cabimento de *habeas corpus* em substituição ao recurso ordinário cabível. 2. A decisão agravada evidenciou que, após a pronúncia em 15-10-2018, foi interposto recurso em sentido estrito pela defesa e não houve julgamento do pleito até a presente data; não há previsão de exame do mérito recursal, pois ainda não foi sequer apresentado parecer pelo Ministério Público. 3. O próprio agravante relata que foi necessária a conversão do julgamento em diligência para que os autos retornassem à primeira instância para juntada de mídias e outros elementos, dado que reforça a desídia na condução do feito e a ausência de contribuição da defesa para o atraso identificado. 4. Agravo não provido" (STJ, AgRg no HC 659.171/BA, Rel. Min. Rogerio Schietti Cruz, 6ª Turma, *DJe* 30-8-2021).

- RECURSO CABÍVEL DA REJEIÇÃO DE ADITAMENTO DA DENÚNCIA. "Consoante entendimento antigo desta Corte, "da decisão monocrática que rejeita o aditamento à denúncia cabe recurso em sentido estrito, por interpretação extensiva do art. 581, I, do Código de Processo Penal" (STJ, AgRg nos EDcl no REsp 1.706.412/SP, Rel. Min. Antonio Saldanha Palheiro, 6ª Turma, *DJe* 21-6-2019).

23.9. Protesto por novo Júri

23.9.1. Conceito

Consistia no pedido de realização de novo Júri, sempre que, em razão de um único crime, tivesse sido imposta pena de reclusão igual ou superior a vinte anos.

Jurisprudência

- PROTESTO POR NOVO JÚRI. "No caso, não é cabível o protesto por novo júri, uma vez que a sentença condenatória foi proferida em 5/5/2011, após entrada em vigor da Lei 11.689/2008" (STF, AgR ARE 1.171.107/BA, Rel. Min. Ricardo Lewandowski, 2ª Turma, DJe 23-5-2019).

23.10. Carta testemunhável

23.10.1. Conceito

Recurso que tem por fim provocar o reexame da decisão que denegar ou impedir o seguimento de recurso em sentido estrito e do agravo em execução. Na lição de Costa Manso é o "instrumento pelo qual a parte, a quem se denegue a interposição ou o seguimento de algum recurso, leva a questão ao conhecimento do juízo *ad quem*, para que este mande admitir ou subir o mesmo recurso, ou dele conheça imediatamente, julgando-o *de meritis*"[232]. É, enfim, um recurso que tem por finalidade exclusiva promover a subida de outro recurso à segunda instância.

23.10.2. Origem histórica

A carta testemunhável surgiu como uma reação ao arbítrio dos juízes, que, temendo o recurso, proibiam os escrivães de recebê-los ou ocultavam-se até que se escoasse o prazo para a interposição. Nesse caso, o litigante interessado em recorrer comparecia perante o escrivão e manifestava de modo explícito e claro, em presença de testemunhas idôneas, que desejava levar ao conhecimento da instância superior seu inconformismo. Com isso, ou o escrivão atestava com a sua fé pública a interposição do recurso ou o recorrente comparecia ao tribunal com as mesmas testemunhas e o apelo era conhecido. Tratava-se, portanto, de uma interposição verbal, atestada por testemunhas[233].

23.10.3. Natureza jurídica

Há duas posições:

(i) Para uns, a carta testemunhável não é um recurso, mas simples instrumento destinado a promover o conhecimento do recurso. Euzébio de Queiroz Mattoso Câmara,

---

232. *O processo na segunda instância e suas aplicações à primeira*, 1932, p. 183.
233. Espínola Filho, *Código de Processo Penal anotado*, cit., p. 538.

por meio do Aviso n. 215, de 1º-9-1849, referendou ser "certo que elas não constituem um recurso especial e distinto dos outros, mas apenas uma providência e meio de os fazer efetivos".

(ii) Para outros, a carta testemunhável é um meio pelo qual se provoca o reexame de uma decisão, qual seja a denegatória de outro recurso. Como tal, reveste-se inequivocamente de natureza recursal. Para esta posição, trata-se de um recurso cuja finalidade é permitir a apreciação de outro recurso pelo tribunal.

> **Nosso entendimento:** correta a segunda posição, já que a carta testemunhável se reveste de natureza recursal, pois visa ao reexame de outra decisão, no caso a denegatória do recurso.

— **Denegação da apelação:** por expressa disposição legal, cabe recurso em sentido estrito (CPP, art. 581, XV) e não carta testemunhável.

Denegação de recurso extraordinário e recurso especial: cabe recurso de agravo.

Denegação de embargos infringentes e embargos de nulidade: cabe agravo regimental, nos termos do regimento interno do Tribunal respectivo.

23.10.4. Procedimento

A carta testemunhável deve ser requerida dentro de quarenta e oito horas, após a ciência do despacho que denegar o recurso ou da decisão que obstar o seu seguimento.

O requerimento deve ser endereçado ao escrivão, indicando o requerente as peças do processo que deverão ser trasladadas. O escrivão dará recibo à parte recorrente da entrega do recurso. Este, dentro do prazo máximo de cinco dias, fará a entrega da carta devidamente formada com as peças indicadas; o escrivão que se negar a dar o recibo ou deixar de entregar, sob qualquer pretexto, será suspenso por trinta dias.

Formado o instrumento, no caso do recurso em sentido estrito, o recorrente será intimado para oferecer as suas razões dentro do prazo de dois dias, e, em seguida, será intimado o recorrido para oferecer suas contrarrazões, dentro do mesmo prazo, possibilitando-se, após, o juízo de retratação por parte do juiz que denegou o recurso.

Na instância superior, o recurso seguirá o rito do recurso denegado. O tribunal mandará processar o recurso, ou, se a carta estiver suficientemente instruída, julgará diretamente o recurso.

A carta testemunhável não tem efeito suspensivo.

A falta de razões na carta não impede seu conhecimento.

Testemunhante é o recorrente; testemunhado, o juiz que denega o recurso.

Jurisprudência

- CABIMENTO DA CARTA TESTEMUNHÁVEL. "Se o juízo condicionou o processamento de recurso em sentido estrito à prática de um determinado ato pelo recorrente — apresentação de tradução das peças em língua inglesa, tal decisão deve ser atacada via carta testemunhável, por corresponder à hipótese prevista no art. 639, II, do CPP" (STJ, REsp 1763212/RJ, Rel. Min. Sebastião Reis Júnior, 6ª Turma, *DJe* 22-2-2019).

23.11. Correição parcial

23.11.1. Conceito

Correição parcial é uma providência administrativo-judiciária contra despachos do juiz que importem em inversão tumultuária do processo, sempre que não houver recurso específico previsto em lei.

23.11.2. Natureza jurídica

A questão é controvertida, comportando duas posições.

(i) Trata-se de recurso, uma vez que visa a reforma de uma decisão judicial. É a posição da Súmula 160 das Mesas de Processo Penal da Universidade de São Paulo.

(ii) Trata-se de simples medida ou recurso administrativo disciplinar destinado a coibir erros e abusos do julgador, tendo como finalidade precípua a imposição de medidas disciplinares (correicionais), e, acessoriamente, produz efeitos também no processo.

> **Nosso entendimento:** correta a primeira posição, revestindo-se a correição parcial de inequívoca natureza de recurso, pois sua finalidade principal é promover a anulação da decisão geradora de tumulto processual, permitindo seu reexame por parte do tribunal.

23.11.3. Legitimidade ativa

Têm legitimidade para interpor correição parcial o réu, o Ministério Público, o querelante e o assistente da acusação.

23.11.4. Objeto do recurso

Corrigir o erro cometido pelo juiz em ato processual, que provoque inversão tumultuária no processo (*error in procedendo*). Não é adequada a correição quando se pretende impugnar *error in judicando*, ou seja, quando seu objeto versar sobre decisão que envolve matéria de mérito.

A correição parcial só é admissível quando não existir recurso específico para impugnar a decisão.

23.11.5. Processamento

Como diz Tourinho Filho, "queremos crer que o rito da correição é o do agravo de instrumento"[234]. A questão, contudo, não é pacífica. Há quem sustente que o procedimento deve ser o do recurso em sentido estrito, único que, no processo penal, serve para impugnar decisão interlocutória simples.

Prevalece o entendimento de que o procedimento é o do agravo de instrumento do processo civil, razão pela qual o prazo da correição não pode ser mais o de cinco dias, mas de quinze, de acordo com as regras traçadas pelo Código de Processo Civil.

Nessa toada, surge a polêmica doutrinária e jurisprudencial acerca da aplicação subsidiária do CPC em matéria processual penal: os prazos devem ser contatos em dias úteis ou na forma da legislação processual penal?

Longe de uma solução pacífica, os tribunais superiores apontam inclinação pela contagem dos prazos previstos na legislação processual civil, quando aplicados ao processo penal, na forma do CPP (desconsiderando o dia do começo e computando o dia final, não podendo a contagem ser iniciada ou encerrada em dia não útil).

Deste modo:

(i) o prazo de interposição será de quinze dias, a contar da ciência do despacho impugnado;

(ii) a petição será dirigida diretamente ao tribunal competente, contendo a exposição do fato e do direito e as razões do pedido de reforma da decisão;

(iii) obrigatoriamente deverão integrar o instrumento cópia da decisão recorrida, da certidão da respectiva intimação e outras peças que o corrigente entender úteis;

(iv) recebida e distribuída a correição, o relator poderá requisitar informações do juiz, que as prestará no prazo de dez dias, podendo ser atribuído efeito suspensivo ao recurso;

(v) o corrigido será intimado para apresentar as suas contrarrazões em dez dias;

(vi) em seguida, manifesta-se o Ministério Público, salvo quando este for o próprio corrigente, e os autos irão para julgamento, a menos que o juiz comunique que reformou a decisão;

(vii) a correição parcial, em regra, não terá efeito suspensivo.

Corrigente é o recorrente; corrigido é o recorrido.

23.12. Embargos infringentes

23.12.1. Conceito

Recurso oponível contra decisão não unânime de segunda instância, desde que desfavorável ao réu. É importante destacar que tal recurso subsiste apenas na seara processual penal, haja vista ter sido extinto pelo Código de Processo Civil em vigor, que criou a figura da técnica de julgamento ampliado.

---

234. *Processo penal*, cit., p. 399.

23.12.2. Prazo

O prazo para a oposição dos embargos infringentes é de dez dias, a contar da publicação do acórdão, sendo desnecessária a intimação pessoal.

23.12.3. Cabimento

Só podem ser opostos no caso de recurso em sentido estrito e apelação. Todavia, tendo em vista que o texto legal aponta o cabimento dos referidos embargos quando não for unânime a decisão de segunda instância desfavorável ao réu, o STF entende ser possível a sua oposição em casos de decisões proferidas por suas câmaras em ações penais de competência originária. Não cabem na revisão criminal, nem no julgamento do pedido de desaforamento, uma vez que estes não são recursos. Não cabem também em sede de *habeas corpus*, bem como em acórdão constituído por maioria no julgamento de recurso ordinário em *habeas corpus*. Admite-se o cabimento no caso de carta testemunhável contra denegação de recurso em sentido estrito. Também se admite no recurso de agravo em execução.

O recolhimento do réu à prisão é desnecessário para interpor os embargos.

É comum a interposição de embargos infringentes por defensor dativo, ratificando simplesmente os argumentos constantes do voto vencido, sem apresentar quaisquer razões.

Contudo, o defensor dativo não está obrigado a opor os embargos. Aliás, a jurisprudência entende que em nenhum caso está obrigado a recorrer, devendo ter a mesma liberdade do defensor constituído (STJ, HC 479.448/RJ, Rel. Min. Felix Fischer, 5ª Turma, *DJe* 19-2-2019).

Quanto à capacidade postulatória, não podem ser interpostos pelo próprio acusado, sem a assistência de advogado.

Os embargos de nulidade são os embargos infringentes, quando a questão é estritamente processual, decidindo-se se o processo será ou não anulado. Vigoram os mesmos pressupostos e procedimento.

23.12.4. Procedimento

(i) Interpostos os embargos, colhe-se a manifestação do querelante ou do assistente da acusação, se houver, pelo prazo de dez dias;

(ii) em seguida, colhe-se o parecer da Procuradoria-Geral de Justiça, por igual prazo;

(iii) em regra, o relator e o revisor terão respectivamente o prazo de dez dias para analisar os embargos infringentes ou de nulidade;

(iv) de acordo com o § 1º do art. 615 do CPP, contido no Capítulo V do Título II do Livro III, no caso de empate na votação, concede-se a decisão mais favorável ao réu.

Embargos infringentes no STF cabem da decisão não unânime do Plenário ou da Turma que: julgar procedente a ação penal; improcedente a revisão criminal; for desfavorável ao réu, em recurso criminal ordinário (RISTF, art. 333, I, II e V).

Devem ser opostos dentro do prazo de quinze dias perante a secretaria do Supremo (art. 334) e são julgados pelo Plenário.

Os embargos infringentes no STJ não existem. Como bem observa Tourinho Filho, "no STJ, vamos encontrar, em matéria criminal, apenas duas modalidades de embargos: os de declaração e os de divergência"[235].

→ **ATENÇÃO:** embargos infringentes na justiça militar: cabem embargos infringentes e de nulidade se a decisão final do Superior Tribunal Militar não for unânime, pouco importando se desfavorável ou não ao réu (CPPM, art. 538). Nesse caso particular da justiça militar, o Ministério Público tem legitimidade ativa para opor os embargos.

Os embargos de divergência no STF cabem da decisão de Turma que, em recurso extraordinário, divergir de julgado de outra Turma ou do Plenário, na interpretação de direito federal. Devem ser opostos dentro de quinze dias perante a secretaria, para julgamento pelo Plenário.

Os embargos de divergência são oponíveis dentro do prazo de quinze dias e julgados pela seção competente, quando as Turmas divergirem entre si ou forem de decisão da mesma seção, ao julgarem recurso especial. Se a divergência for entre Turmas de seções diversas, ou entre Turma e outra seção ou com a Corte Especial, a esta competirá o julgamento.

23.13. Embargos declaratórios

23.13.1. Conceito

Recurso interposto para o mesmo órgão prolator da decisão, dentro do prazo de dois dias, no caso de ambiguidade, obscuridade, contradição ou omissão da sentença.

23.13.2. Natureza jurídica

Para Tourinho Filho, os embargos declaratórios "têm, inegavelmente, natureza recursal, porquanto a sua finalidade outra não é senão a de reparar o gravame produzido às partes em decorrência de ambiguidade, obscuridade, contradição ou omissão"[236].

Nosso entendimento: os embargos de declaração não constituem recurso, uma vez que não visam o reexame do mérito da decisão, mas mera correção de erro material. Trata-se, assim, a nosso ver, de simples meio de integração da sentença ou acórdão, sem caráter infringente.

---

235. *Processo penal*, cit., v. 4, p. 373.
236. *Processo penal*, cit., p. 375.

Não podemos confundir o embargo declaratório com o infringente. Ambos possuem características distintas entre si. O primeiro não altera, corrige, reduz ou amplia o julgado, apenas esclarece, explicita e delimita seu alcance e/ou fundamentos, bem como aclara qualquer dúvida, ambiguidade ou obscuridade. Daí decorre a desnecessidade de manifestação da parte contrária.

Não se pode negar, contudo, que começa a se formar tendência jurisprudencial no sentido de conceder aos embargos de declaração uma função retificadora, permitindo-se em certos casos, sob pena de ofensa à coerência, alteração do conteúdo da decisão. É a hipótese da omissão do julgado sobre uma preliminar de nulidade, cujo acolhimento vem a prejudicar o exame do mérito. Em tais casos, admite-se a alteração do julgado, atribuindo-se maior amplitude aos efeitos dos embargos. Porém, se, por exemplo, o juiz se esquece de colocar uma causa de aumento, não se admitem os embargos de declaração, sendo o caso de apelação.

23.13.3. Prazo

Os embargos devem ser interpostos no prazo de dois dias perante o próprio juiz prolator da sentença (art. 382), ou, no caso dos tribunais (art. 619), endereçados ao próprio relator do acórdão embargado. No caso das infrações penais de competência dos juizados especiais criminais, o prazo de interposição dos embargos declaratórios será de cinco dias (Lei n. 9.099/95, art. 83, § 1º).

23.13.4. Pressupostos

A interposição dos embargos declaratórios pressupõe que a sentença ou acórdão tenha ambiguidade, obscuridade, omissão ou contradição. No caso da Lei n. 9.099/95, os pressupostos são: obscuridade, omissão, contradição e dúvida (em vez de ambiguidade).

É preciso que o embargante indique, no requerimento, o ponto a ser declarado ou corrigido.

Não há manifestação da parte contrária. Trata-se de recurso *inaudita altera pars*. Esse fato reforça nossa tese de que os embargos não constituem recurso; do contrário, haveria contraditório.

Há, no entanto, uma corrente sustentando deva ser ouvida a parte contrária. Nesse sentido, ressalta Aury Lopes Jr.: "quando houver possibilidade de radical modificação na decisão (efeitos modificativos ou infringentes), que possa, inclusive, inverter o gravame (como no exemplo anterior), é aconselhável que o juiz determine a intimação da parte contrária (que poderá ser afetada pela nova decisão proferida) para que apresente contrarrazões. Trata-se de uma medida salutar, com vistas a dar eficácia ao contraditório e que em nada prejudica a celeridade do recurso e do processo. Neste sentido, determina o art. 1.023, § 2º, do CPC que "o juiz intimará o embargado para, querendo, manifestar-se no prazo de 5 dias, sobre os embargos opostos, caso seu eventual acolhimento implique a modificação da decisão embargada"[237].

23.13.5. Legitimidade

Podem ser interpostos tanto pela acusação quanto pela defesa. Para Tourinho Filho, nada obsta possa também os opor o assistente da acusação[238].

23.13.6. "Embarguinhos"

São os embargos de declaração interpostos da decisão de primeira instância. O prazo é também de dois dias e quem os julga é o próprio juiz prolator da sentença.

23.13.7. Efeito suspensivo

A partir da entrada em vigor do Código de Processo Civil de 2015, os embargos de declaração aparecem remodelados e mais adequados ao novo sistema processual, nos arts. 994, IV, e 1.022 a 1.026 do CPC.

O art. 1.026 do CPC deixa explícito que os embargos de declaração não possuem efeito suspensivo e interrompem o prazo para interposição de outro recurso (essa também será a regra no âmbito dos procedimentos previstos pela Lei n. 9.099/95, diante das modificações trazidas pelos arts. 1.064 a 1.066 do CPC).

Além dos efeitos dos embargos, restou bem delimitada a relação de consequências dos embargos declaratórios. A multa poderá ser de até 2% sobre o valor atualizado da causa em favor do embargado (§ 2º). Na reiteração de embargos manifestamente protelatórios, a multa poderá ser elevada em até 10% do valor atualizado da causa, ficando, ainda, a interposição de qualquer recurso condicionada ao depósito prévio desse valor, à exceção da Fazenda Pública e do beneficiário da gratuidade da justiça, que recolherão ao final (§ 3º). Considerados protelatórios os dois anteriores, novos embargos de declaração opostos serão inadmitidos (§ 4º).

Jurisprudência

- CABIMENTO DOS EMBARGOS DE DECLARAÇÃO. "Os embargos de declaração são cabíveis quando houver ambiguidade, obscuridade, contradição ou omissão, a teor do art. 619 do Código de Processo Penal — CPP, e erro material, conforme art. 1022, III, do Código de Processo Civil — CPC. 1.1. Sem a demonstração das hipóteses de cabimento, a rejeição dos embargos de declaração é medida que se impõe, notadamente quando o embargante pretende a rediscussão da questão controvertida para modificar o provimento anterior" (STJ, EDcl no AgRg nos EDcl no AREsp 1.205.005/SP, Rel. Min. Joel Ilan Paciornik, 5ª Turma, *DJe* 24-6-2021).

---

[237]. Aury Lopes Jr., *Direito Processual Penal*. 19. ed. São Paulo: SaraivaJur, 2022, p. 2622-2624.
[238]. *Processo penal*, cit., p. 380.

- FUNGIBILIDADE RECURSAL. "Ante o notório propósito infringente, em nome do princípio da fungibilidade recursal, os presentes Embargos serão recebidos como Agravo Regimental. (...) Embargos de Declaração recebidos como Agravo Regimental, ao qual se nega provimento" (STF, HC 205.676 ED, Rel. Min. Alexandre de Moraes, 1ª Turma, *DJe* 23-9-2021).

23.14. Revisão criminal

23.14.1. Conceito

Ação penal rescisória promovida originariamente perante o tribunal competente, para que, nos casos expressamente previstos em lei, seja efetuado o reexame de um processo já encerrado por decisão transitada em julgado. Na lição de Espínola Filho, "é um remédio do qual pode lançar mão o réu condenado, quer em nome próprio, pessoalmente ou por meio de procurador, quer representado, após a morte, pelo seu cônjuge, ascendente, descendente ou irmão (art. 623)"[239]. Para Borges da Rosa, é "o recurso por meio do qual se pede novo exame do caso julgado ou processo findo, no intuito de se conseguir a sua reforma total ou parcial"[240].

23.14.2. Origem histórica

Relembra Tourinho Filho que "ao tempo em que os europeus estavam sob o domínio germânico-barbárico, e vigoravam as ordálias ou juízos de Deus, houve tentativas no sentido de ser introduzido o instituto da revisão criminal. Ao que parece, foi o *Code d'Instruction Criminelle* que transfigurou o instituto da revisão, passando ele de simples providência administrativa, ao sabor da vontade do monarca, a um verdadeiro direito do injustiçado"[241].

Inicialmente nosso direito previa o chamado "recurso de revista", admitido pela Lei de 18 de setembro de 1828, para casos de manifesta nulidade ou injustiça notória nas sentenças de última instância. O Código de Processo Criminal de 1832 também só se referia ao tal recurso de revista. Somente com o Decreto n. 848/1890 é que a revisão criminal foi incorporada ao ordenamento jurídico pátrio. Nunca, desde a sua adoção, se permitiu, entre nós, pudesse ser reexaminada uma sentença absolutória com trânsito em julgado. A revisão criminal foi introduzida na Constituição Republicana de 1891, que, em seu art. 81, dispunha que "os processos findos, em matéria-crime, poderão ser revistos, a qualquer tempo, em benefício dos condenados". A Constituição de 1934, em seu art. 76, manteve o mesmo princípio. A Carta de 1937 silenciou a respeito; a de 1946 repetiu o dispositivo da Constituição Republicana. Mais tarde, a EC n. 1, de 1969, estabeleceu simplesmente caber ao STF a revisão

---

239. *Código de Processo Penal anotado*, cit., p. 354.
240. *Processo penal brasileiro*, cit., v. 4, p. 62.
241. *Processo penal*, cit., p. 484-5.

criminal de seus julgados. A Carta Magna, em seus arts. 102, I, j, 105, I, e, e 108, I, b, atribuiu, respectivamente, ao STF, STJ e TRF a revisão criminal de seus julgados.

23.14.3. Natureza jurídica

Embora eventualmente possa assumir função de recurso, inequivocamente é uma ação rescisória. A este respeito, Aristides Milton: "A revisão de que estou agora me ocupando não é, contudo, simplesmente um recurso; é antes uma ação *sui generis*; tanto assim que ela só tem lugar com referência a processos findos, isto é, processos que não pendem mais de recurso algum, que já foram decididos em última instância, e cujas sentenças passaram em julgado"[242]. Pontes de Miranda, citado por Tourinho Filho, anota que "a ação rescisória e a revisão não são recursos; são ações contra sentenças, porquanto remédios com que se instaura outra relação jurídica processual"[243].

23.14.4. Legitimidade

A revisão poderá ser pedida pelo próprio réu ou mediante representação por procurador legalmente habilitado, ou seja, advogado inscrito na OAB, não havendo necessidade de que tenha poderes especiais (TJ-GO, Revisão Criminal: 07117438820198090000, Rel. Avelirdes Almeida Pinheiro de Lemos, Seção Criminal, *DJ* 10-7-2020).

O art. 133 da CF, que assegura ser o advogado indispensável à administração da justiça, não revogou o art. 623 do CPP, que confere ao sentenciado capacidade para postular em nome próprio a revisão criminal. É também a posição do STF.

A indispensabilidade da intervenção do advogado não é absoluta, condicionando-se aos limites impostos pela lei, conforme disposição expressa da própria Constituição. Tal princípio sempre existiu na legislação ordinária, e sua recente constitucionalização (CF, art. 133) não teve o condão de alterar seu conceito, nem de ampliar seu alcance. Portanto, a legislação inferior pode, validamente, excepcionar a regra, como o fez na hipótese do art. 623 do CPP. Desse modo, o sentenciado pode promover direta e pessoalmente a revisão criminal, sem assistência de advogado. Entretanto, somente o próprio condenado pode fazê-lo. Profissional do direito sem regular inscrição na OAB ou suspenso de suas atividades não pode.

No caso de morte do réu, a revisão poderá ser movida pelo seu cônjuge, descendente, ascendente ou irmão (art. 623). No conceito de cônjuge, devem ser incluídos os companheiros, de qualquer gênero, pois a Constituição Federal equiparou-os para fins de considerar existente a sociedade familiar (CF, art. 226, § 3º).

O Ministério Público não é parte legítima para requerer revisão criminal. Poderá impetrar *habeas corpus*. Revisão, não[244]. O Ministério Público tem legitimidade para a propositura da ação penal pública, com o objetivo de obter a satisfação *jus puniendi*,

---

242. *A Constituição do Brasil; notícia histórica, texto e comentário*, 1898, p. 481.
243. *Processo penal*, cit., p. 489.
244. Tourinho Filho, *Processo penal*, cit., p. 493.

ou seja, visa justamente o contrário da revisão. Daí não se admitir tenha legitimidade ou interesse para promover a ação rescisória em favor do condenado.

No caso de falecimento do réu após a revisão, o presidente do tribunal competente deverá nomear curador para dar prosseguimento à ação. Trata-se de hipótese de substituição processual que dispensa a iniciativa.

23.14.5. Prazo

Após o trânsito em julgado, a qualquer tempo.

Pouco importa esteja o réu cumprindo pena, já a tenha cumprido ou tenha ocorrido causa extintiva da punibilidade: em qualquer caso caberá a revisão, pois a sua finalidade não é apenas a de evitar o cumprimento da pena imposta ilegalmente, mas, precipuamente, corrigir uma injustiça, restaurando-se, assim, com a rescisão do julgado, o *status dignitatis* do condenado. Mesmo que este haja falecido, antes, durante ou após o cumprimento da pena, poderá ser promovida a ação revisional, sendo que neste caso a parte legítima será seu cônjuge, ascendente, descendente ou irmão.

23.14.6. Cabimento

(i) Quando a sentença condenatória for contrária a texto expresso da lei: a sentença condenatória é contrária à lei quando não procede como ela manda ou quando nela não encontra respaldo para sua existência. Por exemplo: réu condenado por fato que não constitui crime ou condenação a pena superior ao limite máximo previsto em lei. Importante lembrar que a revisão criminal é meio inadequado para a aplicação da lei posterior que deixar de considerar o fato como crime (*abolitio criminis*), uma vez que a competência é do juiz da execução de primeira instância, evitando-se seja suprimido um grau de jurisdição (Súmula 611 do STF; LEP, art. 66, I).

(ii) Quando a sentença condenatória for contrária à evidência dos autos: contrária à evidência dos autos é a condenação que não tem apoio em provas idôneas, mas em meros indícios, sem qualquer consistência lógica e real.

(iii) Quando a sentença condenatória se fundar em provas comprovadamente falsas: como bem observa Tourinho Filho, "Não basta a existência de um depoimento mendaz, de um exame ou documento falso. É preciso, isto sim, que o Juiz, ao proferir a decisão condenatória, tenha-se arrimado no depoimento, nos exames ou documentos comprovadamente falsos. A falsidade não vai ser apurada, investigada no juízo revidendo. Cabe ao requerente encaminhar-lhe a prova da falsidade a fim de que o juízo revidendo simplesmente se limite a constatar a falsidade"[245]. Portanto, a prova da falsidade deve ser colhida em processo de justificação, sentença declaratória, processo criminal por falso testemunho ou falsa perícia etc. Nunca, porém, será admitida discussão e controvérsia sobre a validade da prova no próprio processo da revisão.

---

[245]. *Processo penal*, cit., p. 499.

(iv) Quando surgirem novas provas da inocência do condenado: prova nova é aquela produzida sob o crivo do contraditório, não se admitindo, por exemplo, depoimentos extrajudiciais. É também aquela que já existia à época da sentença, mas cuja existência não foi cogitada.

(v) Quando surgirem novas provas de circunstância que autorize a diminuição da pena.

> → **ATENÇÃO:** no caso de revisão criminal contra condenação manifestamente contrária à prova dos autos, proferida pelo júri popular, o tribunal deve julgar diretamente o mérito, absolvendo o peticionário, se for o caso.

De nada adiantaria simplesmente anular o júri e remeter o acusado a novo julgamento porque, mantida a condenação pelos novos jurados, o problema persistiria sem que a revisão pudesse solucioná-lo. Portanto, dado que o princípio da soberania dos veredictos não é absoluto e a prevalência dos princípios da plenitude de defesa, do devido processo legal (incompatível com condenações absurdas) e da verdade real, deverão ser proferidos os juízos rescindente e rescisório.

> → **ATENÇÃO:** de acordo com o STJ, a "mudança de entendimento jurisprudencial não autoriza o ajuizamento de revisão criminal, ressalvadas as hipóteses excepcionalíssimas de entendimento relevante e desde que pacífico" (STJ, RvCr. 5.620/SP, Rel. Min. Laurita Vaz, 3ª Seção, *DJe* 30-6-2023).

23.14.7. Admissibilidade

Cabe revisão criminal das sentenças absolutórias impróprias onde há imposição de medida de segurança. Porém, não cabe da sentença de pronúncia.

Mesmo após a extinção da pena, pode ser requerida revisão criminal por qualquer causa, a não ser que esta seja anterior ao trânsito em julgado da condenação.

Não se admite reiteração do pedido, salvo se fundado em novas provas.

23.14.8. Competência

Ao STF compete rever, em benefício dos condenados, as decisões criminais em processos findos, quando a condenação tiver sido por ele proferida ou mantida (CF, art. 102, I, *j*). Ao STJ, quando dele tiver emanado a decisão condenatória (CF, art. 105, I, *e*). Se a decisão condenatória for proferida pelo TRF em única ou última instância, caber-lhe-á julgar a revisão (CF, art. 108, I, *b*). Nos demais casos, ressalvados os casos de jurisdição especializada, competirá ao tribunal de justiça estadual.

23.14.9. Processamento

(i) O requerimento deve ser dirigido ao presidente do tribunal competente;

(ii) O presidente poderá rejeitar liminarmente a revisão criminal, caso se trate de mera reiteração, sem novas provas, se a petição não estiver instruída de modo suficiente, ou se o pedido não se enquadrar em nenhuma das hipóteses do art. 621 do CPP;

(iii) A petição deve ser instruída, no mínimo, com a certidão de haver passado em julgado a sentença condenatória e com o traslado das peças necessárias à comprovação dos fatos arguidos;

(iv) Em seguida, caso o presidente não tenha indeferido liminarmente o pedido, este será distribuído a um relator, devendo ser um julgador que não tenha se pronunciado anteriormente a respeito do processo;

(v) O relator também poderá rejeitar liminarmente;

(vi) Se não o fizer, poderá determinar o apensamento dos autos do processo original, à revisão, para maior segurança no julgamento;

(vii) Logo após a distribuição, os autos irão com vista ao procurador-geral de justiça, na área estadual, e procurador-geral da República, na federal, para parecer em dez dias (em alguns tribunais, o presidente remete os autos ao Ministério Público, antes mesmo da distribuição, que só é realizada após o parecer ministerial);

(viii) Em seguida à manifestação do Ministério Público, os autos voltam ao relator, que terá o prazo de dez dias para oferecer o relatório;

(ix) Os autos, então, vão para o revisor, que, após examiná-los, também no prazo de dez dias, pedirá a designação de data para o julgamento;

(x) O julgamento da revisão ficará a cargo do Plenário, grupo de câmaras ou grupo de Turmas, de acordo com o que dispuser o regimento interno do respectivo tribunal.

A decisão pode absolver o réu, reduzir a pena ou anular o processo.

→ **ATENÇÃO:** efeitos da absolvição — restabelece todos os direitos perdidos em virtude da condenação. Quando se tratar de absolvição imprópria, deve o tribunal impor medida de segurança.

— *Reformatio in pejus* **indireta**: anulado o processo em virtude de revisão criminal, não pode o réu ter sua pena agravada pela nova sentença.

A soberania do Júri não limita a revisão criminal, em face do princípio da ampla defesa (CF, art. 5º, LV). O princípio da soberania não é absoluto, e o tribunal técnico pode até mesmo absolver um réu condenado injustamente pelos jurados, por força do princípio da plenitude de defesa no júri (CF, art. 5º, XXXVIII, *a*). Sintetiza magistralmente Frederico Marques, citado por Tourinho Filho: "A soberania dos veredictos não pode ser atingida, enquanto preceito para garantir a liberdade do réu. Mas, se ela é desrespeitada em nome dessa mesma liberdade, atentado algum se comete contra o texto constitucional"[246]. É que o princípio constitucional da soberania dos veredictos não pode servir de pretexto para perpetuar injustas privações da liberdade humana.

Os embargos infringentes e de nulidade não cabem na revisão criminal, uma vez que esta não é recurso, mas ação.

Em caso de empate na votação, prevalece a decisão mais favorável ao réu.

---

246. *Processo penal*, cit., p. 494.

De sentença penal estrangeira não cabe revisão criminal, pois, quando de sua homologação pelo STJ, este não ingressa no mérito, limitando-se a verificar os aspectos puramente formais (prelibação).

Quanto à indenização por erro judiciário, em face do princípio constante no art. 5º, LXXV, da CF, é incondicional o dever do Estado de indenizar o erro judiciário.

Finalmente, quanto à possibilidade de a revisão criminal suspender a execução da sentença penal condenatória, o STJ já se pronunciou no sentido de que não há de se cogitar a suspensão de sentença condenatória que já transitou em julgado no bojo do ajuizamento de revisão criminal.

23.15. *Habeas corpus*

23.15.1. Origem histórica do *habeas corpus* no mundo

O *habeas corpus* tem sua origem remota no direito romano, onde todo cidadão podia reclamar a exibição do homem livre detido ilegalmente por meio de uma ação privilegiada, conhecida por *interdictum de libero homine exhibendo*.

Parte da doutrina, porém, aponta sua origem no Capítulo XXIX da Magna Carta, outorgada pelo Rei João Sem Terra em 15 (ou 19) de junho de 1215. O art. 48 daquele diploma rezava que: "Ninguém poderá ser detido, preso ou despojado de seus bens, costumes e liberdade, senão em virtude de julgamento por seus pares, de acordo com as leis do país".

Sob Carlos I, que pretendia governar sem leis e sem nobreza, a campanha dos ingleses pela liberdade recomeçou. Detestado por seu autoritarismo e arbitrariedade, chegou a impor certo imposto geral e sistemático, denominado *ship money*, o que desencadeou uma série de protestos da nobreza, repelidos com violência e prisões ilegais.

Essa situação perdurou até que o movimento de oposição determinou mais tarde a chamada *Petition of Rights* (Petição de Direitos), uma declaração formal redigida por Thomas Wentworth, onde foram reafirmadas as liberdades públicas fundamentais e o respeito às leis de *habeas corpus*.

O rei viu-se forçado, afinal, a dar seu consentimento expresso à Petição, em 7 de junho de 1628, o que foi uma grande conquista em defesa dos direitos individuais.

Contudo, mesmo depois da Petição de Direitos, as ordens de *habeas corpus* eram denegadas a todo momento, ou, o que era ainda pior, simplesmente desobedecidas. As reivindicações libertárias continuaram, e, em 1679, já sob o reinado de Carlos II, surge o *Habeas Corpus Act*, consagrando-se o *writ of habeas corpus*, como remédio eficaz para a soltura de pessoa ilegalmente presa ou detida.

Por meio do *writ of habeas corpus*, a pessoa que estivesse sofrendo uma restrição à sua liberdade podia pedir ao juiz a expedição de uma ordem, a fim de que o responsável pela ilegal detenção a apresentasse para se constatar a legitimidade do encarceramento. O *writ*, entretanto, limitava-se a atender pessoas acusadas de crime, não tendo aplicação para os demais casos de prisão ilegal.

As leis inglesas, desde a Magna Carta até o *Habeas corpus Act*, serviram de base à Constituição dos Estados Unidos da América, em 1778, a qual, no seu art. I, seção 9, referiu-se ao *habeas corpus*, dizendo que essa garantia só poderia ser suspensa para assegurar a segurança pública, no caso de rebelião interna ou invasão.

Em 1789, foi incluído na Declaração dos Direitos do Homem e do Cidadão.

Em 1816, surgiu outro *Habeas corpus Act*, ampliando o anterior e alcançando qualquer ofensa à liberdade dos indivíduos, ainda que não acusados de qualquer crime.

Atualmente, o instituto está difundido em quase todas as legislações do mundo.

23.15.2. Origem do *habeas corpus* no Brasil

O *habeas corpus* entrou, pela primeira vez, na nossa legislação, de forma expressa, com a promulgação do Código de Processo Criminal, em 1832, cujo art. 340 dispunha: "Todo cidadão que entender que ele ou outrem sofre uma prisão ou constrangimento ilegal em sua liberdade tem direito de pedir uma ordem de *habeas corpus* em seu favor".

Para Pontes de Miranda, o *habeas corpus* já constava implicitamente no direito pátrio, desde a Constituição Imperial de 1824, que, em seu art. 179, § 8º, preceituava que: "Ninguém será preso, sem culpa formada, exceto nos casos declarados em lei; e nestes, dentro do prazo de 24 horas, contadas da entrada na prisão, sendo em cidades, vilas ou outras povoações próximas aos lugares da residência do juiz, e, nos lugares remotos, *dentro de um prazo razoável*, que a lei marcará, atenta à extensão do território, o juiz por uma nota por ele assinada, fará constar ao réu o motivo da prisão, os nomes de seu acusador e os das testemunhas, havendo-as"[247].

A primeira forma conhecida em nosso ordenamento jurídico foi a do *habeas corpus* liberatório, isto é, aquele que visa fazer cessar um constrangimento à liberdade ambulatória. Com as profundas alterações introduzidas no Código de Processo Criminal de 1832, estendeu-se o remédio heroico àquelas hipóteses em que o cidadão simplesmente se encontrava ameaçado na sua liberdade de ir e vir, consagrando-se a figura do *habeas corpus* preventivo.

Em 1871, a Lei n. 2.033 estatuiu, em seu art. 18, § 8º, o seguinte: "Não é vedado ao estrangeiro requerer para si ordem de *habeas corpus*, nos casos em que esta tem lugar". É bom notar que o estrangeiro só tinha direito de pleitear ordem de *habeas corpus* para si, enquanto o brasileiro podia requerer para si ou para outrem.

Com a Constituição Republicana, em 1891, o *habeas corpus* é citado expressamente pela primeira vez em texto constitucional, no art. 72, § 22, assim redigido: "Dar-se-á o *habeas corpus* sempre que o indivíduo sofrer ou se achar em iminente perigo de sofrer violência, ou coação, por ilegalidade ou abuso de poder".

Interpretando diversamente o dispositivo, Pedro Lessa e Ruy Barbosa deram causa a uma famosa polêmica. Pedro Lessa sustentava que o instituto se limitava à defesa da liberdade de locomoção, não podendo ser empregado para a defesa de outros direitos

---

247. *História e prática do* habeas corpus, Saraiva, 1979.

líquidos e certos; Ruy Barbosa entendia que, no silêncio do texto constitucional, não se admitia interpretação restritiva do remédio heroico, podendo o mesmo ser utilizado para a defesa de qualquer direito. A posição de Ruy Barbosa sagrou-se vitoriosa no STF, que interpretou amplamente o *habeas corpus*.

A reforma constitucional de 1926 esvaziou a discussão, restabelecendo a finalidade clássica do *writ*, qual seja, a tutela exclusiva da liberdade ambulatória. O art. 72, § 22, ficou com a seguinte redação: "Dar-se-á *habeas corpus* sempre que alguém sofrer violência por meio de prisão ou constrangimento ilegal na sua liberdade de locomoção".

Com a Constituição de 1934 foi novamente suprimida a expressão locomoção, pois o art. 113, XXIII, dizia "... violência ou coação em sua liberdade, por ilegalidade ou abuso de poder". Entretanto, antes que se iniciasse nova discussão, o mesmo art. 113, no inciso XXXIII, criou o instituto do mandado de segurança, com finalidade residual.

A Constituição de 1946, em seu art. 141, XXIII, manteve o *habeas corpus* restrito à tutela da liberdade de ir e vir. A Carta Constitucional de 1967 tratou do instituto no art. 150, § 20, e a EC de 1969 disciplinou-o no art. 153, § 20, sempre restrito à defesa da liberdade de locomoção.

Atualmente, na CF de 5-10-1988, o *habeas corpus* está previsto no art. 5º, LXVIII, com interpretação restritiva.

23.15.3. Conceito

Remédio judicial que tem por finalidade evitar ou fazer cessar a violência ou a coação à liberdade de locomoção decorrente de ilegalidade ou abuso de poder.

23.15.4. Natureza jurídica

Trata-se de ação autônoma de impugnação constitucional. De forma mais específica, trata-se de ação penal popular com assento constitucional, voltada à tutela da liberdade ambulatória, sempre que ocorrer qualquer dos casos elencados no art. 648 do CPP. Nas hipóteses previstas nos incisos II, III, IV e V, assume a função de verdadeira ação penal cautelar. Nos incisos VI e VII, funciona como ação rescisória (constitutiva negativa), se a sentença já tiver transitado em julgado, ou como ação declaratória, se o processo estiver em andamento. No inciso I, poderemos ter ação cautelar, declaratória ou constitutiva, dependendo do caso.

A expressão *habeas corpus* quer dizer: "que tomes o corpo e o apresentes". A ordem concedida pelo Tribunal era do seguinte teor: "Tomai o corpo desse detido e vinde submeter ao tribunal o homem e o caso".

23.15.5. Espécies

(i) Liberatório ou repressivo: destina-se a afastar constrangimento ilegal já efetivado à liberdade de locomoção;

(ii) Preventivo: destina-se a afastar uma ameaça à liberdade de locomoção. Nesta hipótese, expede-se salvo-conduto.

23.15.6. Legitimidade ativa

Pode ser impetrado por qualquer pessoa, independentemente de habilitação legal ou representação de advogado (dispensada a formalidade da procuração).

O analfabeto pode impetrar, desde que alguém assine a seu rogo (art. 654, § 1º, c). O promotor de justiça também pode, nos termos do art. 32, I, da Lei Orgânica Nacional do Ministério Público (Lei n. 8.625, de 12-2-1993). O *habeas corpus* pode ser impetrado por pessoa jurídica, em favor de pessoa física[248]. O juiz de direito não pode impetrar, em face da inércia da jurisdição. O delegado de polícia pode: não como autoridade, mas como cidadão.

23.15.7. Legitimidade passiva

Prevalece o entendimento de que pode ser impetrado *habeas corpus* contra ato de particular, pois a Constituição fala não só em coação por abuso de poder, mas também por ilegalidade[249]. Por exemplo: filho que interna pais em clínicas psiquiátricas, para deles se ver livre. Cabe também contra o juiz de direito, o promotor de justiça e o delegado de polícia. Quanto à pessoa jurídica, há duas posições: a que admite e a que não.

23.15.8. Admissibilidade

É inadmissível a impetração de *habeas corpus* durante o estado de sítio (CF, arts. 138, *caput*, e 139, I e II). A vedação se dirige apenas contra o mérito da decisão do executor da medida, podendo ser impetrado o remédio se a coação tiver emanado de autoridade incompetente, ou em desacordo com as formalidades legais.

No caso de transgressão disciplinar, só não cabe a impetração se a punição for militar (CF, art. 142, § 2º). Também não cabe *habeas corpus* contra imposição da pena de exclusão de militar ou de perda da patente ou de função pública (Súmula 694 do STF).

É inadmissível *habeas corpus* se não há atentado contra a liberdade de locomoção. Assim, não cabe para eximir o paciente do pagamento de custas processuais (Súmula 395 do STF). Da mesma forma, não cabe *habeas corpus* quando já extinta a pena privativa de liberdade (Súmula 695 do STF).

Não cabe *habeas corpus* contra dosimetria da pena de multa, uma vez que, diante do art. 51 do CP, não existe a possibilidade de esta pena ser convertida em privativa de liberdade, não havendo como ocorrer constrição à liberdade de locomoção. Esse entendimento é objeto da Súmula 693 do STF, cujo teor é o seguinte: "Não cabe *habeas corpus* contra decisão condenatória a pena de multa, ou relativo a processo em curso por infração penal a que a pena pecuniária seja a única cominada".

Finalmente, "não se conhece de *habeas corpus* contra omissão de relator de extradição, se fundado em fato ou direito estrangeiro cuja prova não constava dos autos, nem foi ele provocado a respeito" (Súmula 692 do STF).

---

[248]. Espínola Filho, *Código de Processo Penal anotado*, cit., v. 7, p. 233.
[249]. Magalhães Noronha, *Curso de direito processual penal*, cit., p. 541.

Não se admite a impetração visando a exame aprofundado e valoração de provas.

As hipóteses de cabimento encontram-se enumeradas no art. 648 do CPP. São elas:

(i) Quando não houver justa causa: justa causa é a existência de fundamento jurídico e suporte fático autorizadores do constrangimento à liberdade ambulatória. A hipótese trata da falta de justa causa para a prisão, para o inquérito e para o processo. Só há justa causa para a prisão no caso de flagrante delito ou de ordem escrita e fundamentada da autoridade judiciária competente, salvo nos casos de transgressão ou crime militar (CF, art. 5º, LXI). A prisão administrativa, prevista no art. 650, § 2º, do CPP, não é cabível diante da Constituição. Falta justa causa para o inquérito policial quando este investiga fato atípico ou quando já estiver extinta a punibilidade do indiciado. Já se decidiu também que o mero indiciamento em inquérito não caracteriza constrangimento ilegal reparável via *habeas corpus*. A investigação policial somente pode ser interrompida por *habeas corpus* se de um simples exame dos autos já se verifica, fora de qualquer dúvida, não haver infração penal, em tese, ou que os investigados são absolutamente estranhos aos fatos.

> → **ATENÇÃO:** de acordo com o STJ, "o depoimento testemunhal indireto não possui a capacidade necessária para sustentar uma acusação e justificar a instauração do processo penal, sendo imprescindível a presença de outros elementos probatórios substanciais" (STJ, AREsp 2.290.314/SE, Rel. Min. Ribeiro Dantas, 5ª Turma, j. 23-5-2023).

(ii) Quando alguém estiver preso por mais tempo do que a lei determina: o Código de Processo Penal, ao concentrar os atos da instrução numa única audiência (procedimento ordinário, sumário e 1ª fase do júri), visou, em especial, concretizar o princípio constitucional da celeridade processual, impedindo, por consequência, que os réus fiquem sujeitos ao constrangimento ilegal da prisão por excesso de prazo. Cumpre mencionar que a audiência de instrução e julgamento, no procedimento ordinário, deverá ser realizada no prazo máximo de 60 (sessenta) dias (CPP, art. 400), após o oferecimento da defesa inicial (arts. 396 e 396-A). Finalmente, em determinadas situações, poderá haver cisão dessa audiência (necessidade de diligências ou complexidade da causa, por exemplo), hipóteses em que haverá concessão de prazo para apresentação de alegações finais, por memorial (cinco dias) e prolação de sentença (dez dias). No tocante ao prazo no procedimento do júri, *vide* art. 412 do CPP.

(iii) Quando quem ordenar a coação não tiver competência para fazê-lo: só pode determinar a prisão a autoridade judiciária dotada de competência material e territorial, salvo caso de prisão em flagrante. A incompetência absoluta do juízo também pode ser reconhecida em sede de *habeas corpus*.

(iv) Quando houver cessado o motivo que autorizou a coação: por exemplo, sentenciado que já cumpriu sua pena, mas continua preso.

(v) Quando não se admitir a fiança, nos casos em que a lei a prevê: as hipóteses em que a lei prevê a fiança encontram-se no art. 322 do CPP. A CF, em seu art. 5º, LXVI, estabelece que ninguém pode ser preso quando a lei admitir a prestação de fiança.

(vi) Quando o processo for manifestamente nulo: a nulidade pode decorrer de qualquer causa, como falta de condição de procedibilidade (representação nos crimes de ação penal pública condicionada), ilegitimidade *ad causam* (ofendido propõe a ação penal pública ou vice-versa) ou processual (menor de 18 anos propõe ação penal privada), incompetência do juízo, ausência de citação ou de concessão de prazo para a defesa inicial, alegações finais (nas hipóteses do CPP, arts. 403, § 3º, e 404, parágrafo único, há previsão legal da apresentação de alegações finais, por memorial) etc.

(vii) Quando já estiver extinta a punibilidade do agente: as causas extintivas da punibilidade estão enumeradas exemplificativamente no art. 107 do CP. Se anterior à ação penal, a denúncia ou queixa não pode ser recebida. Nos procedimentos sumário e ordinário, o acusado, na defesa inicial prevista nos arts. 396 e 396-A, poderá suscitar matérias que visem à absolvição sumária do agente, dentre elas, a existência de causa extintiva da punibilidade (CPP, art. 397, IV).

23.15.9. Competência

(i) Do juiz de direito de primeira instância: para trancar inquérito policial. Porém, se o inquérito tiver sido requisitado por autoridade judiciária, a competência será do tribunal de segundo grau competente, de acordo com a sua competência recursal. O juiz não pode conceder a ordem sobre ato de autoridade judiciária do mesmo grau.

(ii) Do Tribunal de Justiça: quando a autoridade coatora for representante do Ministério Público Estadual (CE, art. 74, IV), conforme entendimento pacífico do STF. Por exemplo: se o promotor de justiça requisita a instauração de inquérito policial, sem lastro para tanto, o *habeas corpus* deve ser impetrado perante o Tribunal de Justiça. No caso, estando a autoridade policial obrigada a atender a requisição, o promotor de justiça é o verdadeiro responsável pela coação. O STJ também compartilha da mesma posição.

(iii) Do Tribunal Regional Federal: se a autoridade coatora for juiz federal (CF, art. 108, I, *d*).

(iv) Do Superior Tribunal de Justiça: quando o coator ou paciente for governador de Estado ou do Distrito Federal, membros dos tribunais de contas do Estado e do Distrito Federal, desembargadores dos tribunais de justiça do Estado e do Distrito Federal, membros dos tribunais regionais federais, dos tribunais regionais eleitorais e do trabalho, membros dos conselhos ou tribunais de contas dos municípios, e membros do Ministério Público da União, que oficiem perante tribunais, quando o coator for tribunal sujeito à sua jurisdição, ou ministro de Estado e comandante das Forças Armadas, ressalvada a competência da Justiça Eleitoral (CF, art. 105, I, *a* e *c*).

(v) Do Supremo Tribunal Federal: quando o coator for Tribunal Superior ou o coator ou paciente for autoridade ou funcionário cujos atos estejam sujeitos diretamente à jurisdição do STF, ou se trate de crime sujeito à mesma jurisdição em uma única instância (CF, art. 102, I, *i*). A competência para julgar *habeas corpus* impetrado contra ato da Turma Recursal do Juizado Criminal é dos tribunais de justiça estaduais.

Por fim, convém mencionar que o STF editou a Súmula 691, cujo teor é o seguinte: "Não compete ao Supremo Tribunal Federal conhecer de *habeas corpus* impetrado contra decisão do Relator que, em *habeas corpus* requerido a tribunal superior, indefere a liminar". A despeito da referida Súmula, tem-se que o STF vem excepcionando sua aplicação em caso de flagrante ilegalidade (STF, HC 205000, Rel. Nunes Marques, 2ª Turma, j. 22-2-2022).

23.15.10. Impetração

A impetração do *habeas corpus* pode ser feita por qualquer pessoa, denominada impetrante.

Fazem parte do conteúdo: o órgão jurisdicional a quem é endereçada a ação; o nome da pessoa que sofre ou está ameaçada de sofrer a coação (o paciente); o nome de quem exerce a coação ou ameaça; a descrição dos fatos que configuram o constrangimento; a assinatura do impetrante, ou de alguém a seu rogo.

Sobre a impetração por meio eletrônico, *vide* Lei n. 11.419/2006, que trata da informatização do processo judicial.

A liminar é admissível, se os documentos que instruírem a petição evidenciarem a ilegalidade da coação (CPP, art. 660, § 2º).

→ **ATENÇÃO:** reiteração de pedido de *habeas corpus*: só é possível o conhecimento de novo pedido quando haja novos fundamentos de fato ou de direito, que já não tenham sido analisados no pedido anterior.

23.15.11. Processamento

(i) Recebida a petição, se o réu estiver preso, o juiz poderá determinar que seja imediatamente apresentado, em dia e hora que designar;

(ii) o paciente preso só não será apresentado no caso de grave enfermidade ou de não estar sob a guarda do pretenso coator (CPP, art. 657, *caput*);

(iii) o juiz poderá ir ao local em que o paciente estiver, se este não puder ser apresentado por motivo de doença;

(iv) em seguida, o juiz poderá determinar a realização de alguma outra diligência que entender necessária e interrogará o paciente, decidindo dentro do prazo de vinte e quatro horas;

(v) na prática, recebida a petição, o juiz requisita informações da autoridade coatora, dentro do prazo que fixar, e, em seguida, decide. Contudo, convém lembrar que a lei só fala em informações, quando a impetração se der perante tribunal (CPP, art. 662);

(vi) o Ministério Público não se manifesta no procedimento de *habeas corpus*, quando impetrado perante juiz de direito, somente quando a impetração for perante tribunal.

23.15.12. Julgamento e efeitos

(i) A concessão de *habeas corpus* liberatório implica seja o paciente posto em liberdade, salvo se por outro motivo deva ser mantido na prisão (art. 660, § 1º);

(ii) se a ordem de *habeas corpus* for concedida para evitar ameaça de violência ou coação ilegal, será expedido ordem de salvo-conduto em favor do paciente;

(iii) se a ordem for concedida para anular o processo, este será renovado a partir do momento em que se verificou a eiva (CPP, art. 652);

(iv) quando a ordem for concedida para trancar inquérito policial ou ação penal, esta impedirá seu curso normal;

(v) a decisão favorável do *habeas corpus* pode ser estendida a outros interessados que se encontrem na situação idêntica à do paciente beneficiado (art. 580 do CPP, aplicável por analogia).

23.15.13. Recursos

(i) Cabe recurso em sentido estrito da decisão do juiz que conceder ou negar a ordem de *habeas corpus* (CPP, art. 581, X);

(ii) cabe recurso oficial da concessão (CPP, art. 574, I);

(iii) cabe recurso ordinário constitucional ao STF da decisão dos Tribunais Superiores que julgar em única instância o *habeas corpus*, desde que denegatória (CF, art. 102, II, *a*);

(iv) cabe recurso ordinário constitucional ao STJ da decisão denegatória de *habeas corpus*, proferida em única ou última instância pelos Tribunais Regionais Federais, ou pelos tribunais dos Estados e do Distrito Federal (CF, art. 105, II, *a*).

23.15.14. Concessão da ordem *ex officio*

De acordo com o que dispõe o art. 647-A do CPP, no âmbito de sua competência jurisdicional, qualquer autoridade judicial poderá expedir de ofício ordem de *habeas corpus*, individual ou coletivo, quando, no curso de qualquer processo judicial, verificar que, por violação ao ordenamento jurídico, alguém sofre ou se acha ameaçado de sofrer violência ou coação em sua liberdade de locomoção. Assim, na hipótese de recurso de apelação, especial ou extraordinário interposto fora do prazo, o tribunal competente poderá, mesmo não conhecendo do recurso em face de sua extemporaneidade, reconhecer a nulidade absoluta, a qual consiste em um vício insanável, que pode ser declarado *ex officio* a qualquer momento, mediante a concessão de *habeas corpus*. A observância dos princípios constitucionais do processo, notadamente ampla defesa, contraditório, proibição de provas ilícitas, juiz natural e devido processo legal, suplanta as exigências formais previstas na legislação processual.

23.16. Mandado de segurança em matéria criminal

23.16.1. Conceito

Ação de natureza constitucional, de rito sumaríssimo, e fundamento constitucional, destinada a proteger direito líquido e certo, não amparado por *habeas corpus* ou *habeas data*, quando o responsável pela ilegalidade ou abuso de poder for autoridade pública ou agente de pessoa jurídica no exercício de atribuições do Poder Público (CF, art. 5º, LXIX).

A Lei do Mandado de Segurança (Lei n. 12.016/2009) disciplinou também o mandado de segurança coletivo. Vale ressaltar que o STF declarou a inconstitucionalidade do art. 7º, § 2º, que proíbe expressamente a concessão de liminar para compensação de créditos tributários, entrega de mercadorias e bens provenientes do exterior, reclassificação ou equiparação de servidores públicos e concessão de aumento ou extensão de vantagens ou pagamento de qualquer natureza. Em relação à exigência de oitiva prévia do representante da pessoa jurídica de direito público como condição para a concessão de liminar em MS coletivo (art. 22, § 2º) da lei, o STF também declarou sua inconstitucionalidade, pois considera que ela restringe o poder geral de cautela do magistrado (STF, ADI 4.296, Plenário, Rel. Min. Marco Aurélio, j. 9-6-2021).

Em seu art. 1º dispôs que: "Conceder-se-á mandado de segurança para proteger direito líquido e certo, não amparado por *habeas corpus* ou *habeas data*, sempre que, ilegalmente ou com abuso de poder, qualquer pessoa física ou jurídica sofrer violação ou houver justo receio de sofrê-la por parte de autoridade, seja de que categoria for e sejam quais forem as funções que exerça".

O mandado de segurança coletivo, por sua vez, tem previsão nos arts. 21 e 22 do referido diploma legal.

23.16.2. Admissibilidade

O mandado de segurança só pode ser concedido diante de direito líquido e certo, isto é, direito apto a ser comprovado de plano, mediante prova documental. Ensina Hely Lopes Meirelles que "direito líquido e certo é o que se apresenta manifesto na sua existência, delimitado na sua extensão e apto a ser exercitado no momento da impetração. Se a sua existência for duvidosa; se sua extensão ainda não estiver delimitada; se seu exercício depender de situações e fatos ainda indeterminados, não rende ensejo à segurança, embora possa ser defendido por outros meios judiciais. Em última análise, direito líquido e certo é direito comprovado de plano. Por se exigir situações e fatos comprovados de plano é que não há instrução probatória no mandado de segurança"[250]. Convém notar que, de acordo com o teor da Súmula 625 do STF: "Controvérsia sobre matéria de direito não impede concessão de mandado de segurança".

Ilegalidade e abuso de poder:

(i) ilegalidade: é a desconformidade de atuação ou omissão do agente público ou delegado, em relação à lei;

(ii) abuso de poder: ocorre quando a autoridade, tendo competência para praticar o ato, realiza-o com finalidade diversa daquela prevista em lei (desvio de poder) ou quando a autoridade, embora competente e observando as formalidades legais, ultrapassa os limites que lhe eram permitidos por lei (excesso de poder).

A competência será determinada em razão da matéria versada na impetração, logo, o mandado de segurança em matéria penal será julgado por juiz com competência

---
[250]. *Mandado de segurança*, 15. ed., Malheiros, p. 26.

criminal. Lembrando sempre que, se a violação se referir à liberdade de ir e vir, cabível será o *habeas corpus*.

23.16.3. Legitimidade ativa

O impetrante, para ter legitimidade ativa, há de ser o titular do direito individual ou coletivo (art. 21 da Lei n. 12.016/2009), líquido e certo para o qual pede proteção pelo mandado de segurança. Tanto pode ser pessoa física como jurídica, e até mesmo entidade sem personalidade jurídica, desde que tenha capacidade postulatória, por exemplo, o espólio, a massa falida, a herança jacente ou vacante etc. O importante é que seja o próprio titular do direito líquido e certo violado. No entanto, de acordo com o art. 1º, § 3º, quando o direito ameaçado ou violado couber a várias pessoas, qualquer delas poderá requerer o mandado de segurança. E, consoante o art. 3º: "o titular de direito líquido e certo decorrente de direito, em condições idênticas, de terceiro poderá impetrar mandado de segurança a favor do direito originário, se o seu titular não o fizer, no prazo de 30 (trinta) dias, quando notificado judicialmente".

Quanto à capacidade postulatória, o mandado de segurança subordina-se às regras do processo civil, e só pode ser impetrado por meio de profissional habilitado (advogado inscrito na OAB) (*vide* art. 6º, § 5º, da Lei n. 12.016/2009).

O Ministério Público tem legitimidade para a impetração, nos termos do art. 32, I, da Lei Orgânica Nacional do Ministério Público (Lei n. 8.625/93), sendo necessário destacar, contudo, que tal remédio não se presta a atribuir efeito suspensivo a recurso criminal interposto, de acordo com o teor da Súmula 604 do STJ.

23.16.4. Legitimidade passiva

As autoridades públicas são pessoas físicas que desempenham funções de natureza pública, na qualidade de agentes políticos ou administrativos. Coatora será sempre a autoridade superior que pratica ou ordena, concreta e especificamente, a execução ou inexecução do ato impugnado. Nesse sentido, dispõe o art. 6º, § 3º: "Considera-se autoridade coatora aquela que tenha praticado o ato impugnado ou da qual emane a ordem para a sua prática". Não o é, portanto, nem a autoridade que expediu normas ou recomendações gerais, nem o simples executor material da ordem. Só pode ser impetrado contra aquele que tiver poderes para desfazer o abuso.

De acordo com o disposto no art. 1º, § 1º, da Lei n. 12.016/2009, equiparam-se às autoridades: (i) os representantes ou órgãos de partidos políticos; (ii) os administradores de entidades autárquicas; (iii) os dirigentes de pessoas jurídicas ou pessoas naturais no exercício de atribuições do Poder Público, somente no que disser respeito a essas atribuições.

Os agentes de pessoas jurídicas com atribuições de Poder Público são todos os agentes de pessoas jurídicas privadas que executem, a qualquer título, atividades, serviços e obras públicas. Por exemplo: diretor de escola particular que nega abusivamente uma matrícula ou instituição bancária que se recusa ilegalmente a abrir uma conta corrente.

São entidades privadas, mas, no caso, praticaram atividade pública por delegação, equiparando-se a autoridades.

Ato complexo é aquele que se forma pela vontade de uma autoridade, mas dependendo de referendo de autoridade superior. Neste caso, o mandado deve ser impetrado contra a autoridade inferior, pois foi esta quem realizou o ato. A autoridade superior apenas o chancelou.

Ato colegiado é aquele formado por várias vontades individuais que se integram. O *writ* deve ser impetrado contra o presidente do órgão.

O mandado nunca é impetrado contra a pessoa jurídica de direito público ou com funções delegadas, mas contra a pessoa física que, no momento da impetração, estiver desempenhando a função da autoridade coatora. Entretanto, consoante o art. 6º: "A petição inicial, que deverá preencher os requisitos estabelecidos pela lei processual, será apresentada em 2 (duas) vias com os documentos que instruírem a primeira reproduzidos na segunda e indicará, além da autoridade coatora, a pessoa jurídica que esta integra, à qual se acha vinculada ou da qual exerce atribuições".

De acordo com o art. 5º: "Não se concederá mandado de segurança quando se tratar: I – de ato do qual caiba recurso administrativo com efeito suspensivo, independentemente de caução; II – de decisão judicial da qual caiba recurso com efeito suspensivo; III – de decisão judicial transitada em julgado". Vale, aqui, trazer à baila as súmulas editadas acerca do mandado de segurança:

(i) Súmula 266 do STF: "Não cabe mandado de segurança contra lei em tese".

(ii) Súmula 267 do STF: "Não cabe mandado de segurança contra ato judicial passível de recurso ou correição".

(iii) Súmula 268 do STF: "Não cabe mandado de segurança contra decisão judicial com trânsito em julgado".

23.16.5. Competência

A competência para julgar mandado de segurança define-se pela categoria da autoridade coatora e pela sua sede funcional. Assim, por exemplo, para os mandados de segurança contra atos das autoridades estaduais e municipais, o juízo competente será sempre o da respectiva comarca, circunscrição ou distrito, de acordo com a organização judiciária de cada Estado. No caso de atos de prefeitos municipais, a competência é do tribunal de justiça, por força do que dispõe o art. 29, VIII[251]. Não interessa a natureza do ato impugnado, mas a categoria funcional da autoridade. No caso de decisão judicial, competente será o tribunal incumbido de julgar a questão em grau de recurso. No tocante às competências originárias do STF e do STJ, para julgamento de mandado de segurança, estão previstas nos arts. 102 (I, *d*) e 105 (I, *b*) da CF. Convém notar que o STF editou a Súmula 624 no sentido de que "não compete ao Supremo Tribunal Federal conhecer originariamente de mandado de segurança contra atos de outros tribunais". Finalmente,

---
251. Hely Lopes Meirelles, *Mandado de segurança*, cit., p. 51.

consoante decisão do STJ, será de competência do órgão colegiado ou do próprio juiz do Juizado Especial a competência para processar e analisar recursos, entre eles, o mandado de segurança. Nesse sentido é o teor da Súmula 376 do STJ: "Compete a turma recursal processar e julgar o mandado de segurança contra ato de juizado especial".

23.16.6. Procedimento

O prazo para a impetração é de cento e vinte dias, a partir da ciência oficial do ato impugnado (art. 23 da Lei n. 12.016/2009). De acordo com o teor da Súmula 632 do STF, "é constitucional lei que fixa o prazo de decadência para a impetração de mandado de segurança". Uma vez superado esse lapso temporal, opera-se a decadência do direito de impetrar o *writ*. Poderá, então, o interessado socorrer-se dos outros meios ordinários de tutela jurisdicional.

Nos termos do art. 10, *caput*, da Lei n. 12.016/2009, será a inicial, desde logo, indeferida, por decisão motivada: (i) quando não for o caso de mandado de segurança; (ii) quando lhe faltar algum dos requisitos legais; (iii) quando decorrido o prazo legal para a impetração.

Em caso de urgência, é permitido, observados os requisitos legais, impetrar mandado de segurança por telegrama, radiograma, *e-mail* ou outro meio eletrônico de autenticidade comprovada (art. 4º da Lei). De igual modo, poderá o magistrado, em caso de urgência, notificar a autoridade por telegrama, radiograma ou outro meio que assegure a autenticidade do documento e a imediata ciência pela autoridade (§ 1º). O texto original da petição deverá ser apresentado nos cinco dias úteis seguintes (§ 2º). Em se tratando de documento eletrônico, serão observadas as regras da Infraestrutura de Chaves Públicas Brasileira – ICP-Brasil (§ 3º).

O mandado de segurança admite desistência a qualquer tempo, independentemente do consentimento do impetrado.

Estabelece o art. 7º, *caput*, da Lei n. 12.016/2009 que, ao despachar a exordial, o juiz ordenará:

(i) a notificação do coator acerca do conteúdo da inicial, a fim de que, em dez dias, preste informações (inciso I);

(ii) a cientificação do feito ao órgão de representação judicial da pessoa jurídica interessada, para que, querendo, ingresse nos autos (inciso II);

(iii) a suspensão do ato que ensejou o pedido, se presentes os requisitos do *fumus boni juris* e *periculum in mora* (quando houver fundamento relevante e do ato impugnado puder resultar a ineficácia da medida, caso seja finalmente deferida), sendo facultado exigir do impetrante caução, fiança ou depósito, com o objetivo de assegurar o ressarcimento à pessoa jurídica (inciso III).

→ **ATENÇÃO:** parte da doutrina defende que, no tocante à faculdade de exigir do impetrante caução, fiança ou depósito, para que possa ter ensejo a concessão de liminar, o novel diploma acaba por infringir o princípio da igualdade e a própria natureza constitucional do *writ*, bem como do Estado Democrático de Direito.

Consoante preceito encartado no art. 7º, § 2º, da Lei n. 12.016/2009, não será concedida medida liminar que tenha por objeto:

(i) a reclassificação ou equiparação de servidores públicos;

(ii) a concessão de aumento ou a extensão de vantagens ou pagamento de qualquer natureza.

→ **ATENÇÃO:** tais vedações estendem-se às hipóteses de tutela antecipada.

Os efeitos da liminar, salvo se revogada ou cassada, persistirão até a prolatação da sentença (art. 7º, § 3º, da Lei n. 12.016/2009).

Deferida a medida liminar, o processo terá prioridade para julgamento.

Concedida medida liminar e restando verificado que o impetrante está por criar obstáculo ao regular andamento do feito ou deixou de promover, por mais de três dias úteis, os atos de diligência que lhe cumpriam, será decretada, *ex officio* ou a requerimento do Ministério Público, a perempção ou caducidade da respectiva liminar (art. 8º da Lei n. 12.016/2009). Busca-se, assim, conferir maior agilidade ao processo.

No prazo de quarenta e oito horas da notificação da medida liminar, pelas autoridades administrativas, deverão elas, *in casu*, remeter ao Ministério ou órgão a que se acham subordinadas e ao Advogado-Geral da União ou a quem tiver a representação judicial da União, do Estado, do Município ou da entidade apontada como coatora, cópia autenticada do mandado notificatório, assim como indicações e elementos outros necessários às providências a serem tomadas para a eventual suspensão da medida e defesa do ato apontado como ilegal ou abusivo de poder (art. 9º da Lei n. 12.016/2009). O dispositivo em epígrafe tem por desígnio propiciar a adequada defesa da Administração Pública.

A suspensão da liminar em *writ*, salvo determinação em contrário da decisão que a deferir, vigorará até o trânsito em julgado da decisão definitiva de concessão da segurança ou, havendo recurso, até a sua manutenção pelo STF, desde que o objeto da liminar deferida coincida, total ou parcialmente, com o da impetração (Súmula 626 do STF).

Verificando-se tratar de hipóteses de extinção do processo sem resolução de mérito, será a respectiva ordem denegada (art. 6º, § 5º, da Lei n. 12.016/2009).

Admite-se, em nosso ordenamento, a renovação do pedido de mandado de segurança, desde que isso se faça dentro do prazo decadencial e a decisão denegatória não lhe tenha apreciado o mérito (art. 6º, § 6º, da Lei n. 12.016/2009).

Decorrido o lapso para apresentação de informações pela autoridade coatora, deverá o juiz ouvir o representante do *Parquet*, que opinará, no prazo improrrogável de dez dias, acerca da questão (art. 12, *caput*, da Lei n. 12.016/2009).

Com ou sem parecer do Ministério Público, conclusos os autos ao juiz, a decisão deverá, necessariamente, ser prolatada em trinta dias (art. 12, parágrafo único, da Lei n. 12.016/2009).

Da sentença que denegar ou conceder o *writ* será cabível o recurso de apelação (art. 14, *caput*, da Lei n. 12.016/2009). Uma vez concedida a segurança, a sentença estará, obrigatoriamente, sujeita ao duplo grau de jurisdição.

A sentença que conceder o mandado de segurança, em regra, poderá ser executada provisoriamente (art. 14, § 3º, da Lei n. 12.016/2009). Tal não ocorrerá nos casos em que for vedada a concessão da medida liminar.

Mencione-se que a decisão no mandado de segurança é desde logo exequível, sendo desnecessário processo específico de execução.

Não se concebe, no processo de mandado de segurança, a interposição de embargos infringentes (art. 25 da Lei n. 12.016/2009). Note-se que o STF já havia pacificado que "não cabem embargos infringentes de acórdão que, em mandado de segurança, decidiu, por maioria de votos, a apelação" (Súmula 597). Também o STJ editou verbete nesse mesmo sentido (Súmula 169).

Não é cabível condenação ao pagamento de honorários advocatícios, consoante a redação do art. 25 da Lei n. 12.016/2009. Tal entendimento amolda-se ao conteúdo da Súmula 512 do STF ("Não cabe condenação em honorários de advogado na ação de mandado de segurança").

De acordo com o art. 20, *caput*, da Lei n. 12.016/2009, os processos de mandado de segurança, bem como os respectivos recursos, terão prioridade sobre todos os atos judiciais, salvo o *habeas corpus*. Na instância superior, deverão ser levados a julgamento na primeira sessão que se suceder à data em que forem conclusos ao relator.

Consoante a redação dada ao art. 26 da Lei n. 12.016/2009, o não cumprimento das decisões proferidas em *writ* constitui crime de desobediência, nos termos do art. 330 do CP, sem prejuízo das sanções administrativas e da aplicação da Lei n. 1.079/50, quando cabíveis.

Vale, ainda, mencionar que, "no mandado de segurança impetrado pelo Ministério Público contra decisão proferida em processo penal, é obrigatória a citação do réu como litisconsorte passivo" (Súmula 701 do STF).

Finalmente, convém frisar que somente cabe mandado de segurança quando não cabível *habeas corpus* ou *habeas data*.

A respeito do mandado de segurança, *vide* também Súmulas 622, 623 e 626 do STF, bem como Súmula 105 do STJ.

Casos mais frequentes de mandado de segurança na esfera penal:

(i) direito de vista do inquérito policial ao advogado;

(ii) direito de o advogado acompanhar o cliente na fase do inquérito;

(iii) direito de o advogado entrevistar-se com seu cliente;

(iv) direito de obter certidões;

(v) direito a juntar documentos em qualquer fase do processo penal, de acordo com o art. 231 do CPP;

(vi) direito de obter efeito suspensivo em recurso;

(vii) direito do terceiro de boa-fé à restituição de coisas apreendidas;

(viii) contra despacho que não admite o assistente da acusação;

(ix) contra apreensão de objetos sem qualquer relação com o crime;

(x) para assegurar o processamento da correição parcial, quando denegada pelo juiz corrigido;

(xi) para separar preso provisório de preso definitivo (art. 300 do CPP).

23.17. Recurso extraordinário

23.17.1. Conceito, natureza jurídica e finalidade

Conceitua-se o recurso extraordinário como o recurso destinado a devolver, ao STF, a competência para conhecer e julgar questão federal de natureza constitucional, suscitada e decidida em qualquer tribunal do país. Em outras palavras, é aquele interposto perante o STF das decisões judiciais em que não mais caiba recurso ordinário.

Sua finalidade primordial, antes de constituir um instrumento voltado à correção de equívocos ocorridos no julgamento das causas judiciais pelos órgãos da instância inferior, é conferir aplicação uniforme ao direito constitucional, a fim de garantir a autoridade e a unidade da CF em todo o território brasileiro, haja vista ser ela o fundamento e a condição de validade de todo o ordenamento nacional. Essa a conclusão a que se chega ao se analisar as hipóteses legais em que se admite o recurso extraordinário (CF, art. 102, III, *a*, *b*, *c* e *d*).

Daí o enunciado corrente da doutrina de que o recurso extraordinário não devolve ao STF o conhecimento de questões de fato, mas tão só de direito, lição que está consubstanciada na Súmula 279 do STF: "Para simples reexame de prova não cabe recurso extraordinário".

Possuindo assento na Constituição da República, especificamente no art. 102, III e alíneas, e considerando a sua precípua teleologia de meio de tutela da autoridade dos postulados da CF/88, o recurso extraordinário, quanto à sua natureza jurídica, pode ser qualificado como um instituto político de Direito Processual Constitucional, comum a todo e qualquer processo, seja ele civil, penal, trabalhista, militar ou eleitoral[252].

Inspirado no *Judiciary Act*, de 24 de setembro de 1789, dos Estados Unidos da América, o recurso extraordinário, qualificado apenas de "recurso", foi trazido à nossa legislação pelo Decreto n. 848, de 11-10-1890, o qual, criando o STF, conferiu-lhe, no art. 9º, II, parágrafo único, competência para conhecer e julgar este recurso, então inominado.

Recepcionado pelo art. 59, § 1º, da Constituição Republicana de 1891, o recurso foi mantido por todas as Cartas subsequentes, recebendo, em nível constitucional, da Constituição de 1934 a designação de Extraordinário, titulação já obtida do Regimento Interno do STF, de 26-2-1891.

---

252. Moacyr Amaral Santos, *Primeiras linhas de direito processual civil*, 14. ed., Saraiva, v. 3, 1994, p. 170.

Até o advento da CF de 1988, o recurso extraordinário possuía um espectro de abrangência bem maior, pois versava, além de matéria constitucional, também sobre questões federais de natureza infraconstitucional, tarefa que hoje é atribuída ao STJ. Tutelava, desta forma, também, a uniformidade da aplicação da legislação federal.

Todavia, a Constituição vigente, ao criar o STJ, outorgou-lhe, no art. 105, III e alíneas, competência para conhecer e decidir de questão federal de natureza infraconstitucional, suscitada e decidida pelos Tribunais Regionais Federais, pelos Tribunais dos Estados, do Distrito Federal e dos Territórios, substituindo, neste mister, o STF.

23.17.2. Condições de admissibilidade

A par das condições de admissibilidade gerais a todo e qualquer recurso, para que o recurso extraordinário seja conhecido, afigura-se indispensável o concurso de outras circunstâncias, legais e jurisprudenciais, ditas, por isso, específicas. São os chamados pressupostos específicos do recurso extraordinário, abaixo analisados:

(i) Causa decidida em única ou última instância: pressuposto expresso no texto do art. 102, III, da CF. Significa, em última análise, que o recurso deve visar à impugnação de uma decisão final sobre uma questão levada ao conhecimento do Poder Judiciário. Entende-se por decisão final, para os fins aqui propostos, aquela proferida após esgotadas, por quem a impugna, todas as vias recursais ordinárias. Desta forma, não se conhece de recurso extraordinário contra acórdão em recurso de apelação do qual ainda caibam embargos de declaração, ou embargos infringentes.

Saliente-se que não basta, para se ter preenchido esse requisito de admissibilidade do recurso extraordinário, a ocorrência da preclusão das vias impugnativas ordinárias pelo decurso do prazo recursal. É indispensável que a parte que recorre tenha, antes disso, se aproveitado de todos os recursos postos, por lei, à sua disposição.

Este o teor da Súmula 281, STF: "É inadmissível o recurso extraordinário quando couber, na justiça de origem, recurso ordinário da decisão impugnada".

Assim, podendo, v. g., o réu fazer uso dos embargos infringentes contra acórdão em apelação que lhe tenha sido desfavorável e optando por deixar de os opor, não poderá, por conseguinte, impugnar esta decisão colegiada mediante recurso extraordinário, por faltar, na espécie, a causa decidida em última instância.

(ii) Prequestionamento: pressuposto específico jurisprudencial, que, em verdade, deflui do acima analisado. A ele respeitam as Súmulas 282 e 356, ambas do STF.

Pelo prequestionamento, como requisito de admissibilidade do recurso extraordinário, entende-se que não pode ser objeto questão que não haja sido expressamente conhecida e decidida pela instância inferior. Em outras palavras, que não tenha sido apreciada pela decisão impugnada de extraordinário. A exigência tem por finalidade preservar a higidez do princípio constitucional implícito do duplo grau de jurisdição e dos princípios do contraditório e da ampla defesa, expressos no art. 5º, LV, da Constituição da República.

Se, *v. g.*, o apelante, ao oferecer suas razões, solicitou do Tribunal o pronunciamento sobre determinada questão federal constitucional e o acórdão a omitiu, é necessário, para que se possa interpor recurso extraordinário, que o sucumbente oponha embargos de declaração, a fim de alcançar o prequestionamento. Esse o conteúdo da Súmula 356 do STF.

Por fim, é óbvio que a presença desse pressuposto não poderá ser exigida na totalidade dos casos, em razão da própria natureza das coisas. Imagine, por exemplo, que o recorrente, ao interpor recurso extraordinário, deduza a pretensão de ver reconhecida, pelo STF, a nulidade do acórdão do Tribunal *a quo*, por entender tenha este faltado com o indeclinável dever de motivação (CF, art. 93, IX). É claro que neste caso a decisão impugnada, qual seja, aquela à qual se imputa o vício da carência de motivação, não terá versado sobre a questão, que é indubitavelmente de ordem constitucional.

(iii) Questão federal de natureza constitucional: para que o recurso extraordinário possa ser conhecido pelo STF, é preciso que a causa decidida em única ou última instância suscite questão federal de natureza constitucional. A própria CF, no art. 102, III, cuida de arrolar as questões que ensejam o julgamento do recurso em tela. São as chamadas hipóteses de cabimento do recurso extraordinário:

— **"Alínea *a*: contrariar dispositivo desta Constituição":** a decisão de instância inferior contraria dispositivo constitucional sempre que se mostra incompatível quer com sua letra, quer com seu espírito, direta ou indiretamente; em outras palavras, sempre que afronta regra ou princípio, implícito ou explícito, de natureza constitucional.

Para ser admissível o recurso extraordinário pelo permissivo da alínea em análise basta que o recorrente, lastreado em fundamentação adequada a demonstrar a plausibilidade da sua alegação, questione a compatibilidade entre a decisão recorrida e a Constituição. A efetiva e real ofensa à Lei Maior constitui o próprio mérito do recurso extraordinário, matéria, pois, a ser analisada no julgamento da impugnação, pelo órgão colegiado competente; insuscetível, portanto, de ser perscrutada no exame de admissibilidade, que é monocrático.

— **"Alínea *b*: declarar a inconstitucionalidade de tratado ou lei federal":** é preciso, portanto, que a decisão recorrida de extraordinário expressamente os afirme incompatíveis com a Constituição. Em outras palavras, que solenemente lhes pronuncie a inconstitucionalidade.

Fácil perceber, nessa sede, que o simples fato da decisão de instância inferior declarar a inconstitucionalidade do tratado ou da lei federal é bastante para configurar a questão federal constitucional, a ensejar o conhecimento do recurso extraordinário pelo permissivo da alínea *b*, inciso III, art. 102, da Lei Maior.

— **"Alínea *c*: julgar válida lei ou ato do governo local contestado em face desta Constituição":** a expressão "ato do governo local" pode gerar dúvidas. Por "local" deve-se entender estadual ou municipal. Por "ato do governo local" entenda-se o ato de administração, no seu sentido amplo, praticado pelos Poderes Executivo, Legislativo, desde que não seja lei, e Judiciário, desde que não constitua ato jurisdicional[253].

---

253. Moacyr Amaral Santos, *Primeiras linhas de direito processual civil*, cit., v. 3, p. 166.

Para que o recurso seja conhecido com base nesse fundamento, é mister que a decisão recorrida tenha julgado válida lei ou ato do governo local impugnados em razão de suposta inconstitucionalidade. Visa esse permissivo legal a tutelar a autoridade da Constituição Federal sobre os ordenamentos estaduais e municipais, bem como a assegurar a observância do princípio geral de direito da hierarquia das normas jurídicas.

Em boa síntese, assevera Fabbrini Mirabete: "Para que seja admitido o recurso com fundamento nessa disposição tem-se entendido que são necessárias as seguintes condições: (a) haja impugnação da validade da lei ou do ato do governo local; (b) tenha o recurso por fundamento a impugnação; (c) que a decisão seja favorável à lei ou ato impugnado"[254].

Claro está que se a decisão recorrida houver declarado a inconstitucionalidade da lei ou do ato local incabível será o recurso extraordinário, posto que inexistente a indispensável questão federal.

(iv) julgar válida lei local contestada em face de lei federal: compete à Corte Constitucional julgar, mediante recurso extraordinário, as causas decididas em única ou última instância, quando a decisão recorrida, *"julgar válida lei local contestada em face de lei federal"*.

(v) Súmula 283 do STF: "É inadmissível o recurso extraordinário, quando a decisão recorrida assenta em mais de um fundamento suficiente e o recurso não abrange todos eles".

Conforme asseverado por Moacyr Amaral Santos[255], trata-se de pressuposto jurisprudencial de admissibilidade do recurso extraordinário.

A exigência tem uma razão de ser exclusivamente lógica. Se a decisão recorrida se assenta em mais de um fundamento, cada qual por si só suficiente para mantê-la, não pode o sucumbente impugnar de extraordinário apenas um deles, pois faltar-lhe-ia, *in casu*, o interesse em recorrer na modalidade utilidade, posto que, mesmo que provido o recurso, a decisão manter-se-ia pelos outros fundamentos, que são autônomos. Daí a enunciação da referida Súmula, apregoando a necessidade de o recurso extraordinário a todos abranger.

(vi) Súmula 284 do STF: "É inadmissível o recurso extraordinário, quando a deficiência na sua fundamentação não permitir a exata compreensão da controvérsia". Trata-se de outro pressuposto jurisprudencial de admissibilidade. Conforme a Súmula, que é autoexplicativa, ao recorrer, o sucumbente deve fundamentar o seu pedido de reformulação da decisão impugnada de modo a demonstrar, em primeiro lugar, a presença dos requisitos gerais e especiais de admissibilidade do recurso, e a possibilitar, em segundo, a exata compreensão da questão que se leva ao conhecimento da Corte Superior.

(vii) Súmula 279 do STF: "Para simples reexame de prova não cabe recurso extraordinário". Destinado a garantir a autoridade e a unidade da Constituição Federal, o recurso extraordinário, como já se asseverou, não devolve ao STF a competência para decidir de questões de fato, as quais transitam em julgado na instância inferior.

---

254. *Processo penal*, cit., p. 678.
255. *Primeiras linhas de direito processual civil*, cit., p. 167-9.

Para Magalhães Noronha, a Carta Magna não faz tal restrição, possibilitando o recurso extraordinário da decisão do juiz de 1º grau, desde que não esteja prevista para ela recurso ordinário (decisão de única instância).

23.17.2.1. Repercussão geral das questões constitucionais

De acordo com o art. 102, § 3º, da Constituição da República, "no recurso extraordinário o recorrente deverá demonstrar a repercussão geral das questões constitucionais discutidas no caso, nos termos da lei, a fim de que o Tribunal examine a admissão do recurso, somente podendo recusá-lo pela manifestação de dois terços de seus membros".

Trata-se de condição de admissibilidade do recurso, o qual, assim, poderá ser recusado pelo voto de até dois terços dos ministros do STF, em votação pelo Pleno. Segundo a CF, a definição desse requisito depende de regulamentação legal, o que não significa, porém, ampla liberdade para o legislador fazer o que bem entender. Como "repercussão geral das questões constitucionais discutidas no caso", devem-se entender somente aquelas que transcendam os interesses meramente particulares e individuais em discussão na causa, e afetem um grande número de pessoas, surtindo efeitos sobre o panorama político, jurídico e social da coletividade. O STF, portanto, a despeito dos contornos gerais do requisito de admissibilidade serem fornecidos por lei, tem ampla liberdade para analisar o caso.

O STF, em decisão irrecorrível, não conhecerá do recurso extraordinário, quando a questão constitucional nele versada não oferecer repercussão geral. Para identificarmos situação se repercussão geral, será considerada a existência, ou não, de questões relevantes do ponto de vista econômico, político, social ou jurídico, que ultrapassem os interesses subjetivos da causa, ou seja, interesse das partes. Cabe ao recorrente demonstrar, em preliminar do recurso, para apreciação exclusiva do STF, a existência da repercussão geral. Há situações claras de repercussão geral, como a hipótese em que o recurso impugnar decisão contrária a súmula ou jurisprudência dominante do Tribunal. Ao ser negada a existência da repercussão geral, a decisão valerá para todos os recursos sobre matéria idêntica, que serão indeferidos liminarmente, salvo revisão da tese, tudo nos termos do Regimento Interno do STF.

Importante consignar que decidiu o STF, em julgado paradigmático, no sentido de que o requisito constitucional da repercussão geral (CF, art. 102, § 3º) aplica-se aos recursos extraordinários em geral, e, em consequência, às causas criminais, não havendo que se falar em "uma imanente repercussão geral de todo recurso extraordinário em matéria criminal, porque em jogo, de regra, a liberdade de locomoção", pois "para obviar a ameaça ou lesão à liberdade de locomoção — por remotas que sejam, há sempre a garantia constitucional do *habeas corpus* (CF, art. 5º, LXVIII (STF, AI 847452 AgR, Rel. Min. Ricardo Lewandowski).

23.17.3. Legitimidade

Possuindo capacidade postulatória, e desde que presentes os requisitos de admissibilidade expostos no item anterior, pode a parte sucumbente, isto é, aquele que teve sua pretensão desacolhida ou acolhida parcialmente pelo juízo cuja decisão se impugna, interpor recurso extraordinário. Parte sucumbente pode ser o Ministério Público, o querelante, a defesa e o assistente da acusação.

Quanto a este último, devem-se observar as restrições impostas pela natureza jurídica da sua função e pelas Súmulas 210 e 208, ambas do STF, segundo as quais o assistente só poderá recorrer de extraordinário nos casos dos arts. 584, § 1º (impronúncia e extinção da punibilidade), e 598 (apelação supletiva), ambos do CPP, e desde que não se trate de decisão concessiva de *habeas corpus*. Coerente com este entendimento é a orientação de que ao assistente também é vedado utilizar-se da via do mandado de segurança para impugnar essa mesma decisão[256]. Convém ressalvar que, contra a decisão de impronúncia, cabe apelação.

Quanto ao Ministério Público Estadual, a interposição do recurso extraordinário é afeta à atribuição do procurador-geral de Justiça, o qual pode, todavia, delegá-la a outro membro da instituição, que atuará como sua *longa manus*.

23.17.4. Interposição e processamento

Nos termos dos arts. 1.029 a 1.042 do CPC, o recurso extraordinário e o recurso especial, nos casos previstos na Constituição Federal, serão interpostos perante o presidente ou o vice-presidente do tribunal recorrido, em petições distintas que conterão: I — a exposição do fato e do direito; II — a demonstração do cabimento do recurso interposto; III — as razões do pedido de reforma ou de invalidação da decisão recorrida.

Quando o recurso se fundar em dissídio jurisprudencial, o recorrente fará a prova da divergência com a certidão, cópia ou citação do repositório de jurisprudência, oficial ou credenciado, inclusive em mídia eletrônica, em que houver sido publicado o acórdão divergente, ou ainda com a reprodução de julgado disponível na rede mundial de computadores, com indicação da respectiva fonte, devendo-se, em qualquer caso, mencionar as circunstâncias que identifiquem ou assemelhem os casos confrontados.

O STF ou o STJ poderá desconsiderar vício formal de recurso tempestivo ou determinar sua correção, desde que não o repute grave. Tudo no interesse do jurisdicionado.

O pedido de concessão de efeito suspensivo a recurso extraordinário ou a recurso especial, algo bastante frequente entre os advogados e representantes do Ministério Público, poderá ser formulado por requerimento dirigido:

(i) ao tribunal superior respectivo, no período compreendido entre a publicação da decisão de admissão do recurso e sua distribuição, ficando o relator designado para seu exame prevento para julgá-lo;

(ii) ao relator, se já distribuído o recurso;

(iii) ao presidente ou ao vice-presidente do tribunal recorrido, no período compreendido entre a interposição do recurso e a publicação da decisão de admissão do recurso, assim como no caso de o recurso ter sido sobrestado.

---

256. Mirabete, *Processo penal*, cit., p. 677.

Recebida a petição do recurso pela secretaria do tribunal, o recorrido será intimado para apresentar contrarrazões no prazo de 15 dias, findo o qual os autos serão conclusos ao presidente ou ao vice-presidente do tribunal recorrido, que deverá:

(i) negar seguimento: (i) a recurso extraordinário que discuta questão constitucional na qual o STF não tenha reconhecido a existência de repercussão geral ou a recurso extraordinário interposto contra acórdão que esteja em conformidade com entendimento do STF exarado no regime de repercussão geral; (ii) a recurso extraordinário ou a recurso especial interposto contra acórdão que esteja em conformidade com entendimento do STF ou do STJ, respectivamente, exarado no regime de julgamento de recursos repetitivos;

(ii) encaminhar o processo ao órgão julgador para realização do juízo de retratação, se o acórdão recorrido divergir do entendimento do STF ou do STJ exarado, conforme o caso, nos regimes de repercussão geral ou de recursos repetitivos;

(iii) sobrestar o recurso que versar sobre controvérsia de caráter repetitivo ainda não decidida pelo STF ou pelo STJ, conforme se trate de matéria constitucional ou infraconstitucional;

(iv) selecionar o recurso como representativo de controvérsia constitucional ou infraconstitucional;

(v) realizar o juízo de admissibilidade e, se positivo, remeter o feito ao STF ou ao STJ, desde que: (i) o recurso ainda não tenha sido submetido ao regime de repercussão geral ou de julgamento de recursos repetitivos; (ii) o recurso tenha sido selecionado como representativo da controvérsia; ou (iii) o tribunal recorrido tenha refutado o juízo de retratação.

Quanto aos recursos contra a decisão que não admitir o recurso extraordinário ou recurso especial: da decisão de inadmissibilidade proferida com fundamento no inciso V caberá agravo ao tribunal superior, nos termos do art. 1.042; da decisão proferida com fundamento nos incisos I e III caberá agravo interno, nos termos do art. 1.021.

Na hipótese de interposição conjunta de recurso extraordinário e recurso especial, os autos serão remetidos ao STJ.

→ **ATENÇÃO:** nos termos do art. 638 do CPP: "O recurso extraordinário e o recurso especial serão processados e julgados no Supremo Tribunal Federal e no Superior Tribunal de Justiça na forma estabelecida por leis especiais, pela lei processual civil e pelos respectivos regimentos internos".

23.17.4.1. Efeito suspensivo

Reza o art. 27, § 2º, da Lei n. 8.038/90, que os recursos extraordinário e especial serão recebidos no efeito devolutivo. Diante disso, afirma-se que tais recursos carecem de efeito suspensivo. Significa, desta feita, que a interposição quer do recurso especial, quer do recurso extraordinário, não impede a execução imediata do conteúdo da decisão jurisdicional; possível, portanto, a execução provisória do julgado.

Se o entendimento pode ter tranquila aplicação ao processo civil, cremos que no âmbito do processo penal a orientação deve, necessariamente, ser outra, em virtude das peculiaridades da relação jurídica material que constitui o seu objeto.

Ao prescrever que "ninguém será considerado culpado até o trânsito em julgado de sentença penal condenatória" e que "ninguém será privado da liberdade... sem o devido processo legal", a CF, art. 5º, LVII e LIV, respectivamente, confere ao Poder Judiciário, mediante atividade jurisdicional, exercida nos parâmetros do devido processo legal, a exclusividade da tarefa de infirmar, em decisão passada em julgado, a inocência do acusado, até o momento tida como dogma. Demonstra, portanto, clara opção por um processo penal centrado no respeito à liberdade individual e à dignidade do ser humano, em contraposição ao sistema até então vigente, declaradamente inspirado no CPP italiano da década de 1930, de orientação fascista.

A redação conferida pelo legislador constituinte ao dispositivo do art. 5º, LVII ("ninguém será considerado culpado...") privilegia o denominado princípio da presunção de inocência sob o enfoque da regra de tratamento que os agentes incumbidos da persecução penal devem adotar perante o acusado. Proíbe-se, nessa perspectiva, toda e qualquer forma de tratamento do sujeito passivo da persecução que possa importar, ainda que implicitamente, a sua equiparação com o culpado.

E não há dúvida de que a execução do conteúdo da condenação antes do seu trânsito em julgado apresenta-se como uma das maneiras de se realizar esse paralelo.

Dessa forma, mesmo que, na espécie, verifique-se a necessidade de submeter o acusado à prisão cautelar (provisória, instrumental e necessária aos fins do processo penal), ou de confirmar a já decretada (atos que devem, sob pena de nulidade, ser satisfatoriamente fundamentados), ao recurso deve ser conferido efeito suspensivo, pois os fundamentos do encarceramento em um e em outro caso não se confundem.

Esta prisão, qual seja, a fundada na inexistência de efeito suspensivo de recurso possui natureza de pena privativa de liberdade, de sanção imposta a quem reconhecidamente praticou infração penal; em outras palavras, só pode ser, ou melhor, só poderia ser imposta a pessoa que já perdeu a condição de inocente, mediante decisão condenatória de natureza penal transitada em julgado. A prisão cautelar, por outro lado, funda-se na necessidade de se assegurar, mediante a privação do direito individual de liberdade, a eficácia da tutela jurisdicional a ser outorgada ao final do processo, sem que se questione a culpabilidade do investigado ou do acusado. Esta, por ser compatível com o mencionado art. 5º, LVII e LIV, da CF, é que pode ser imposta antes do trânsito em julgado, não a decorrente da regra do art. 27, § 2º, da Lei n. 8.038, que, por expressa disposição legal, constitui execução provisória da condenação. Compartilhando a mesma opinião, Tourinho Filho[257].

Não é por outro motivo que a Lei das Execuções Penais (Lei n. 7.210/84) veda a execução provisória da pena.

---

257. *Processo penal*, cit., p. 417.

Posto isso, temos para nós, como posição mais acertada, que aos recursos especial e extraordinário em matéria criminal deve ser outorgado efeito suspensivo, em todo e qualquer caso, ainda que se vislumbre a necessidade de prisão cautelar, mesmo que de outra forma disponha a Lei n. 8.038, pois assim determina o sistema constitucional, o qual, por imposição do princípio da hierarquia das normas jurídicas, condiciona a validade e a aplicação de todo o ordenamento jurídico brasileiro.

Sob esta ótica afigura-se, portanto, inconstitucional a regra do art. 27, § 2º, da Lei n. 8.038/90, posto que elaborada em desconformidade com os parâmetros constitucionais, pelo que, em razão do vício da nulidade que a macula, não pode ter aplicação.

(i) os arts. 105, 147 e 164 da LEP seriam adequados ao preceito encartado no art. 5º, LVII, da CF, sobrepondo-se, temporal e materialmente, ao disposto no art. 637 do CPP, que preceitua que o recurso extraordinário não tem efeito suspensivo e, uma vez arrazoados pelo recorrido os autos do traslado, os originais baixarão à primeira instância para a execução da sentença;

(ii) a execução provisória da pena privativa de liberdade violaria, além do princípio da presunção de inocência, o da isonomia, dado que as penas restritivas de direitos não comportariam execução antes do trânsito em julgado da sentença condenatória. Mas essa questão não foi relevante o suficiente para impedir a mudança de entendimento do STF, no sentido de permitir a execução provisória da pena após a condenação em segunda instância;

(iii) a Lei n. 8.038/90, que estabeleceu normas procedimentais relativas aos processos que tramitam perante o STJ e o STF, dispôs que os recursos extraordinário e especial seriam recebidos no efeito devolutivo. A supressão do efeito suspensivo desses recursos foi reflexo de uma política criminal vigorosamente repressiva, instalada na instituição da prisão temporária pela Lei n. 7.960/89 e, posteriormente, na edição da Lei n. 8.072/90.

Todavia, o entendimento do STF, é de que o princípio da não culpabilidade é garantia vinculada, pela CF, à preclusão, de modo que a constitucionalidade do art. 283 do CPP não comporta questionamentos (não prevendo a espécie de prisão por execução provisória da pena). Ademais, entendeu-se que o art. 283 atende a preceito constitucional de não autorizar a execução da pena antes do trânsito em julgado em homenagem ao princípio da presunção de inocência e da não culpabilidade, motivo pelo qual seria inconstitucional eventual disposição que autorizasse a execução provisória da pena (ADC 43/DF, ADC 44/DF, ADC 45/DF, Rel. Min. Marco Aurélio, j. 7-11-2019).

23.17.5. Súmula vinculante

23.17.5.1. Jurisprudência e súmula. Distinção

Os efeitos do julgamento de uma lide circunscrevem-se exclusivamente ao caso concreto, não podendo irradiar-se para outras hipóteses, ainda que assemelhadas. Embora não vincule decisões em casos futuros semelhantes, a decisão anterior normalmente influencia as novas sentenças, ainda que proferidas por juízes diferentes, principalmente quando se vai reiterando de modo pacífico e uniforme. Aplica-se o brocardo *ubi idem ratio, ibi idem jus* (onde houver a mesma razão, aplica-se o mesmo direito). A reiteração uniforme e constante de uma decisão sempre no mesmo sentido caracteriza o que se convencionou chamar jurisprudência. Em determinadas ocasiões, quando chega a surgir um consenso quase absoluto sobre o modo de decidir uma questão, o tribunal correspondente pode sintetizar tal entendimento por meio de um enunciado objetivo, sintético e conciso, denominado "súmula", palavra originária do latim *summula*, que significa sumário, restrito. A súmula nada mais é do que um resumo de todos os casos parecidos decididos daquela mesma maneira, colocado por meio de uma proposição clara e direta. A súmula, do mesmo modo que a jurisprudência ainda não sintetizada como tal, não possui caráter cogente, servindo apenas de orientação para as futuras decisões. Os juízes estão livres para decidir de acordo com sua convicção pessoal, mesmo que, para tanto, tenham de caminhar em sentido contrário a toda corrente dominante.

23.17.5.2. Súmula vinculante. Previsão legal

O art. 103-A, *caput*, da CF prevê a possibilidade de uma súmula ter eficácia vinculante sobre decisões futuras, dispondo que: "o Supremo Tribunal Federal poderá, de ofício ou por provocação, mediante decisão de dois terços dos seus membros, após reiteradas decisões sobre matéria constitucional, aprovar súmula que, a partir de sua publicação na imprensa oficial, terá efeito vinculante em relação aos demais órgãos do Poder Judiciário e à administração pública direta e indireta, nas esferas federal, estadual e municipal, bem como proceder à sua revisão ou cancelamento, na forma estabelecida em lei". Com isso, uma súmula outrora meramente consultiva pode passar a ter verdadeiro efeito vinculante, e não mais facultativo, não podendo ser contrariada. Busca-se assegurar o princípio da igualdade, evitando que uma mesma norma seja interpretada de formas distintas para situações fáticas idênticas, criando distorções inaceitáveis, bem como desafogar o STF do atoleiro de processos em que se encontra, gerado pela repetição exaustiva de casos cujo desfecho decisório já se conhece. Contra o tema, argumenta-se com a violação ao princípio da livre convicção e independência do juiz. De qualquer modo, como forma de não engessar a atividade do julgador, este poderá, constatando a ausência de similitude entre a matéria apreciada e aquela objeto de súmula, concluir pela presença de algum elemento diferenciador, o que o desobrigará de aplicar a súmula vinculante, desde que fundamentadamente.

23.17.5.3. Competência para aprovar a súmula vinculante

Somente o STF poderá fazê-lo, de ofício ou por provocação.

23.17.5.4. Requisitos para aprovar, rever ou cancelar súmula vinculante

O art. 103-A, *caput*, da CF, contém dois requisitos para aprovação, revisão ou cancelamento da súmula: (i) *quorum* mínimo de dois terços dos membros do tribunal; (ii) somente matéria constitucional, após reiteradas decisões, poderá ser objeto da súmula vinculante, ficando afastadas questões de outra natureza. Ainda, de acordo com o § 1º do art. 103-A, da CF, "a súmula terá por objetivo a validade, interpretação e a eficácia de normas determinadas, acerca das quais haja controvérsia entre órgãos judiciários ou entre esses e a administração pública que acarrete grave insegurança jurídica e relevante multiplicação de processos sobre questão idêntica". Mais uma exigência, portanto.

23.17.5.5. Publicação

Somente a partir de sua publicação na imprensa oficial terá a súmula efeito vinculante em relação aos demais órgãos do Poder Judiciário e à administração pública direta e indireta, nas esferas federal, estadual e municipal.

23.17.5.6. Restrição dos efeitos da súmula vinculante

De acordo com o art. 4º da Lei n. 11.417/2006, "A Súmula com efeito vinculante tem eficácia imediata, mas o Supremo Tribunal Federal, por decisão de 2/3 (dois terços) dos seus membros, poderá restringir os efeitos vinculantes ou decidir que só tenha eficácia a partir de outro momento, tendo em vista razões de segurança jurídica ou de excepcional interesse público".

23.17.5.7. Legitimados para provocar a aprovação, revisão e cancelamento da súmula vinculante

De acordo com o § 2º: "Sem prejuízo do que vier a ser estabelecido em lei, a aprovação, revisão ou cancelamento de súmula poderá ser provocada por aqueles que podem propor a ação direta de inconstitucionalidade". Assim, poderão fazê-lo (cf. CF, art. 103): o Presidente da República; a Mesa do Senado Federal; a Mesa da Câmara dos Deputados; a Mesa da Assembleia Legislativa ou da Câmara Legislativa do Distrito Federal; o Governador de Estado ou do Distrito Federal; o Procurador-Geral da República; o Conselho Federal da Ordem dos Advogados do Brasil; partido político com representação no Congresso Nacional; confederação sindical ou entidade de classe de âmbito nacional. A Lei n. 11.417/2006 ampliou o rol de legitimados (cf. art. 3º), estando também autorizados para tanto: o Defensor Público-Geral da União (inc. VI), os Tribunais Superiores, os Tribunais de Justiça de Estados ou do Distrito Federal e Territórios, os Tribunais Regionais Federais, os Tribunais Regionais do Trabalho, os Tribunais Regionais Eleitorais e os Tribunais Militares (inc. XI).

23.17.5.8. Procedimento

Será o previsto em lei, de acordo com o disposto no *caput* do art. 103-A. No caso, o procedimento veio a ser regulamentado pela Lei n. 11.417/2006. De acordo com o art. 10 da referida Lei, será obedecido subsidiariamente o disposto no Regimento Interno do STF.

23.17.5.9. Reclamação

§ 3º: "Do ato administrativo ou decisão judicial que contrariar a súmula aplicável ou que indevidamente a aplicar, caberá reclamação ao Supremo Tribunal Federal que, julgando-a procedente, anulará o ato administrativo ou cassará a decisão judicial reclamada, e determinará que outra seja proferida com ou sem a aplicação da súmula, conforme o caso".

Dado o efeito vinculativo da súmula editada pelo STF, a autoridade judicial ou administrativa não poderá escusar-se de aplicá-la ao caso concreto. Caso o faça, caberá reclamação, por um dos legitimados, dirigida ao STF, para a tomada de providências legais. Convém notar, no entanto, que a súmula vinculante não pode retirar do magistrado o seu poder de livre convicção e independência, de forma que, constatando não ter o fato semelhança com o objeto da súmula, poderá afastá-la motivadamente.

23.18. Recurso especial

23.18.1. Conceito, finalidade e natureza jurídica

Conceitua-se o recurso especial como o recurso destinado a devolver ao STJ a competência para conhecer e julgar questão federal de natureza infraconstitucional, suscitada e decidida perante os Tribunais Regionais Federais ou pelos Tribunais dos Estados e do Distrito Federal.

Até a promulgação da vigente Constituição Federal, em 5-10-1988, cabia ao STF, por meio do recurso extraordinário, a nobre tarefa de assegurar à legislação federal infraconstitucional a autoridade e a unidade de aplicação em todo o território nacional, quando em confronto com a legislação local, estadual ou municipal, instrumento processual que servia, a par disso, à tutela da aplicação uniforme também do direito constitucional.

O STJ possui ampla competência, para processar e julgar originariamente (CF, art. 105, I), para julgar recurso ordinário (CF, art. 105, II) e para "julgar, em recurso especial, as causas decididas, em única ou última instância, pelos Tribunais Regionais Federais ou pelos tribunais dos Estados, do Distrito Federal e Territórios, quando a decisão recorrida: (a) contrariar tratado ou lei federal, ou negar-lhes vigência; (b) julgar válido ato de governo local contestado em face de lei federal; (c) der a lei federal interpretação divergente da que lhe haja atribuído outro tribunal" (CF, art. 105, III, a, b e c).

Visto que o recurso especial se apresenta, em verdade, como substitutivo recurso extraordinário versando matéria federal infraconstitucional, aplica-se, à disciplina daquele, tudo o que se disse quanto à finalidade deste.

Daí o enunciado corrente na doutrina de que o recurso especial, a exemplo do recurso extraordinário, não devolve ao STJ o conhecimento de questões de fato, mas tão só de direito. Perfeita adequação possui, nessa sede, o enunciado da Súmula 279 do STF: "Para simples reexame de prova não cabe recurso extraordinário".

Possuindo assento na Constituição da República, especificamente no art. 105, III e alíneas, e considerando a sua precípua teleologia de meio de tutela da autoridade dos postulados da legislação federal infraconstitucional diante das normas locais, estaduais e municipais, existentes em função da natureza federativa do Estado brasileiro, o recurso especial, quanto à sua natureza jurídica, pode, à semelhança do extraordinário, ser qualificado como um instituto político de direito processual constitucional, comum a todo e qualquer processo, seja ele civil, penal, trabalhista, militar ou eleitoral[258].

---
258. Moacyr Amaral Santos, *Primeiras linhas de direito processual civil*, cit., v. 3, p. 184.

23.18.2. Condições de admissibilidade

Para ser conhecido o recurso especial pelo STJ, devem concorrer, ao lado das condições gerais de admissibilidade dos recursos, outras, legais e jurisprudenciais, exigidas em específico para o recurso em tela, chamadas, por isso, de pressupostos específicos do recurso especial. São elas:

(i) Causa decidida em única ou última instância: dada a semelhança guardada pelo recurso especial com o recurso extraordinário, pelas razões já expostas, e a fim de evitar desnecessárias repetições, anote-se, quanto a esse pressuposto, o que foi dito sobre o recurso extraordinário.

Há, todavia, uma importante diferença: enquanto a CF, ao disciplinar o recurso extraordinário, não restringe, quanto à origem das decisões recorridas, o seu cabimento, o mesmo Texto, no art. 105, III, considera passíveis de impugnação mediante recurso especial somente aquelas emanadas dos Tribunais Regionais Federais, dos tribunais dos Estados e do Distrito Federal.

(ii) Prequestionamento: o STJ não tem admitido recurso especial contra acórdão tomado por maioria de votos, contra o qual não se ofereceram embargos infringentes.

(iii) "Filtro" de relevância: a arguição de relevância da questão federal para admissão do recurso especial – conhecida como filtro de relevância – foi incluída na Constituição pela EC n. 125/2022. Conforme dispõe o art. 105, § 2º: "No recurso especial, o recorrente deve demonstrar a relevância das questões de direito federal infraconstitucional discutidas no caso, nos termos da lei, a fim de que a admissão do recurso seja examinada pelo Tribunal, o qual somente pode dele não conhecer com base nesse motivo pela manifestação de 2/3 (dois terços) dos membros do órgão competente para o julgamento". O § 3º elenca o que será assim considerado: "Haverá a relevância de que trata o § 2º deste artigo nos seguintes casos: ações penais; ações de improbidade administrativa; ações cujo valor da causa ultrapasse 500 (quinhentos) salários mínimos; ações que possam gerar inelegibilidade; hipóteses em que o acórdão recorrido contrariar jurisprudência dominante do STJ; e outras hipóteses previstas em lei". Importante destacar que o mencionado "filtro de relevância" não possui aplicação imediata, na medida em que tão somente após a edição de lei regulamentadora poderá ser exigido[259].

(iv) Questão federal de natureza infraconstitucional: para que o recurso especial seja conhecido, afigura-se indispensável que a causa decidida em única ou última instância suscite questão federal de natureza infraconstitucional. A própria CF, no art. 105, III, cuida de arrolar as questões que ensejam o julgamento do recurso em tela. São as hipóteses de cabimento do recurso especial:

— **"Alínea a contrariar tratado ou lei federal, ou negar-lhes vigência;":** são duas as hipóteses de cabimento previstas nesta alínea. A primeira, quando a decisão impugnada, prolatada por um daqueles tribunais acima mencionados (item "i"), contrariar tratado ou lei federal; a segunda, quando negar vigência ao tratado ou à lei federal.

---

259. O STJ editou o Enunciado Administrativo n. 8/2022, orientando os Tribunais no sentido de que a relevância da questão federal será exigível somente após a vigência da lei regulamentadora.

Anote-se, aqui, o asseverado por Moacyr Amaral Santos: "Negar vigência, em sentido gramatical, corresponde a negar que vige, e, pois, negar que o tratado ou a lei federal esteja em vigor. Mas àquela expressão deu inteligência muito mais ampla, no Supremo Tribunal Federal, o Ministro Prado Kelly, num dos seus luminares acórdãos, quase invariavelmente reiterada pelos seus pares: negar vigência significa negar aplicação. Cabe recurso extraordinário quando a decisão do tribunal não aplica a uma espécie judicial a lei federal aplicável, proclamava o eminente Ministro, qualquer que seja o modo como se verifique a não aplicação. Negar vigência, negar vigor, negar aplicação à lei da União na espécie judicial, tudo significa o mesmo atentado que é missão desta Corte coartar, pela sua preeminência. Diga-se o mesmo quanto a negar vigência de tratado federal"[260].

Cumpre aqui fazer uma ressalva no tocante ao § 3º do art. 5º da CF, o qual dispõe que "Os tratados e convenções internacionais sobre direitos humanos que forem aprovados, em cada Casa do Congresso Nacional, em dois turnos, por três quintos dos votos dos respectivos membros, serão equivalentes às emendas constitucionais", pois, conforme assinala André Ramos Tavares, "(...) em tais circunstâncias, qualquer violação desses tratados, por ato jurídico ou decisão judicial interna, incidirá em inconstitucionalidade, ensejadora do recurso extraordinário (...) Há de excluir, doravante, dessa hipótese de recurso especial (realizando uma interpretação sistêmica) o caso de o tratado em questão (i) versar sobre direitos humanos e (ii) ter sido aprovado no novo formato do art. 5º, § 3º, da Constituição do Brasil"[261].

— **"Alínea *b* julgar válido ato de governo local contestado em face de lei federal;"** (cf. redação da alínea *b* do inciso III do art. 105): aqui também possui perfeita aplicação o que se disse anteriormente levando-se em conta, apenas, que o cabimento do recurso especial exige que a decisão recorrida considere válido ato de governo local que haja sido impugnado de ilegalidade, não de inconstitucionalidade, quando, então, o recurso adequado será o extraordinário.

— **"Alínea *c* der a lei federal interpretação divergente da que lhe haja atribuído outro tribunal.":** sob esse fundamento, o recurso especial possui clara função de instrumento constitucional de uniformização da interpretação e da aplicação da lei federal.

A respeito do efeito suspensivo, da interposição e processamento, cf. comentários feitos no item 22.17.4.

23.19. Recurso ordinário constitucional

23.19.1. No Supremo Tribunal Federal

Este recurso é cabível:

(i) das decisões dos Tribunais Superiores que julgarem em única instância o mandado de segurança, o *habeas data*, o *habeas corpus* e o mandado de injunção, desde que denegatórias (art. 102, II, *a*);

---

260. *Primeiras linhas de direito processual civil*, cit., p. 182.
261. *Reforma do Judiciário*, cit., p. 212.

(ii) das decisões referentes a crimes políticos, previstos na Lei de Segurança Nacional (art. 102, II, *b*). No caso, o recurso é chamado de recurso criminal ordinário constitucional. Lembrando ainda que a competência para julgamento destes crimes é da justiça federal (CF, art. 109, IV).

23.19.2. No Superior Tribunal de Justiça

Este recurso é cabível:

(i) das decisões denegatórias de *habeas corpus*, proferidas em única ou última instância, pelos Tribunais Regionais Federais, ou pelos tribunais dos Estados e do Distrito Federal (art. 105, II, *a*);

(ii) das decisões denegatórias de mandado de segurança, proferidas em única instância pelos Tribunais Regionais Federais ou pelos tribunais dos Estados e do Distrito Federal (art. 105, II, *b*);

(iii) das decisões proferidas em causas em que forem partes Estado estrangeiro ou organismo internacional de um lado, e, do outro, município ou pessoa residente ou domiciliada no país (art. 105, II, *c*).

23.19.3. Procedimento

É interposto por meio de petição dirigida ao presidente do tribunal recorrido, dentro do prazo de cinco dias, no caso de denegação do *habeas corpus* (art. 30 da Lei n. 8.038/90), ou quinze, no caso do mandado de segurança (art. 33), com as razões do pedido de reforma.

Em seguida, os autos vão com vista ao Ministério Público, para parecer em dois dias, no caso do *habeas corpus* (art. 31), ou cinco dias, no caso do mandado de segurança (art. 35). Os autos são distribuídos ao relator, que marcará data para o julgamento.

Questões

1. Qual é o conceito de recurso?
2. No que consiste o chamado juízo de admissibilidade?
3. Existe o princípio da fungibilidade no processo penal? Dê exemplo.

SÚMULAS DO SUPERIOR TRIBUNAL DE JUSTIÇA

Súmula 3: "Compete ao Tribunal Regional Federal dirimir conflito de competência verificado, na respectiva Região, entre Juiz Federal e Juiz Estadual investido de jurisdição federal".

Súmula 6: "Compete à Justiça Comum Estadual processar e julgar delito decorrente de acidente de trânsito envolvendo viatura de Polícia Militar, salvo se autor e vítima forem policiais militares em situação de atividade".

Súmula 7: "A pretensão de simples reexame de prova não enseja recurso especial".

Súmula 9: "A exigência da prisão provisória, para apelar, não ofende a garantia constitucional da presunção de inocência".

Súmula 13: "A divergência entre julgados do mesmo Tribunal não enseja recurso especial".

Súmula 18: "A sentença concessiva do perdão judicial é declaratória da extinção da punibilidade, não subsistindo qualquer efeito condenatório".

Súmula 21: "Pronunciado o réu, fica superada a alegação do constrangimento ilegal da prisão por excesso de prazo na instrução".

Súmula 22: "Não há conflito de competência entre o Tribunal de Justiça e o Tribunal de Alçada do mesmo Estado-membro".

Súmula 33: "A incompetência relativa não pode ser declarada de ofício".

Súmula 37: "São cumuláveis as indenizações por dano material e dano moral oriundos do mesmo fato".

Súmula 38: "Compete à Justiça Estadual Comum, na vigência da Constituição de 1988, o processo por contravenção penal, ainda que praticada em detrimento de bens, serviços ou interesses da União ou de suas entidades".

Súmula 40: "Para obtenção dos benefícios de saída temporária e trabalho externo, considera-se o tempo de cumprimento da pena no regime fechado".

Súmula 42: "Compete à Justiça Comum Estadual processar e julgar as causas cíveis em que é parte sociedade de economia mista e os crimes praticados em seu detrimento".

Súmula 47: "Compete à Justiça Militar processar e julgar crime cometido por militar contra civil, com emprego de arma pertencente à corporação, mesmo não estando em serviço".

Súmula 48: "Compete ao juízo do local da obtenção da vantagem ilícita processar e julgar crime de estelionato cometido mediante falsificação de cheque".

Súmula 52: "Encerrada a instrução criminal, fica superada a alegação de constrangimento por excesso de prazo".

Súmula 53: "Compete à Justiça Comum Estadual processar e julgar civil acusado de prática de crime contra instituições militares estaduais".

Súmula 59: "Não há conflito de competência se já existe sentença com trânsito em julgado, proferida por um dos juízos conflitantes".

Súmula 62: "Compete à Justiça Estadual processar e julgar o crime de falsa anotação na Carteira de Trabalho e Previdência Social, atribuído à empresa privada".

Súmula 64: "Não constitui constrangimento ilegal o excesso de prazo na instrução, provocado pela defesa".

Súmula 73: "A utilização de papel-moeda grosseiramente falsificado configura, em tese, o crime de estelionato, da competência da Justiça Estadual".

Súmula 74: "Para efeitos penais, o reconhecimento da menoridade do réu requer prova por documento hábil".

Súmula 75: "Compete à Justiça Comum Estadual processar e julgar o policial militar por crime de prover ou facilitar a fuga de preso de estabelecimento penal".

Súmula 78: "Compete à Justiça Militar processar e julgar policial de corporação estadual, ainda que o delito tenha sido praticado em outra unidade federativa".

Súmula 81: "Não se concede fiança quando, em concurso material, a soma das penas mínimas cominadas for superior a dois anos de reclusão".

Súmula 83: "Não se conhece do recurso especial pela divergência, quando a orientação do Tribunal se firmou no mesmo sentido da decisão recorrida".

Súmula 86: "Cabe recurso especial contra acórdão proferido no julgamento de agravo de instrumento".

Súmula 90: "Compete à Justiça Estadual Militar processar e julgar o policial militar pela prática do crime militar, e à Comum pela prática do crime comum simultâneo àquele".

Súmula 98: "Embargos de declaração manifestados com notório propósito de prequestionamento não têm caráter protelatório".

Súmula 104: "Compete à Justiça Estadual o processo e julgamento dos crimes de falsificação e uso de documento falso relativo a estabelecimento particular de ensino".

Súmula 107: "Compete à Justiça Comum Estadual processar e julgar crime de estelionato praticado mediante falsificação das guias de recolhimento das contribuições previdenciárias, quando não ocorrente lesão à autarquia federal".

Súmula 122: "Compete à Justiça Federal o processo e julgamento unificado dos crimes conexos de competência federal e estadual, não se aplicando a regra do art. 78, II, *a*, do Código de Processo Penal".

Súmula 140: "Compete à Justiça Comum Estadual processar e julgar crime em que o indígena figure como autor ou vítima".

Súmula 147: "Compete à Justiça Federal processar e julgar os crimes praticados contra funcionário público federal, quando relacionados com o exercício da função".

Súmula 151: "A competência para o processo e julgamento por crime de contrabando ou descaminho define-se pela prevenção do Juízo Federal do lugar da apreensão dos bens".

Súmula 164: "O prefeito municipal, após a extinção do mandato, continua sujeito a processo por crime previsto no art. 1º do Decreto-lei n. 201, de 27 de fevereiro de 1967".

Súmula 165: "Compete à Justiça Federal processar e julgar crime de falso testemunho cometido no processo trabalhista".

Súmula 171: "Cominadas cumulativamente, em lei especial, penas privativa de liberdade e pecuniária, é defeso a substituição da prisão por multa".

Súmula 172: "Compete à Justiça Comum processar e julgar militar por crime de abuso de autoridade, ainda que praticado em serviço".

Observação: Entende-se que tal súmula foi revogada com o advento da Lei n. 13.491/2017.

Súmula 191: "A pronúncia é causa interruptiva da prescrição, ainda que o Tribunal do Júri venha a desclassificar o crime".

Súmula 200: "O Juízo Federal competente para processar e julgar acusado de crime de uso de passaporte falso é o do lugar onde o delito se consumou".

Súmula 203: "Não cabe recurso especial contra decisão proferida por órgão de segundo grau dos Juizados Especiais".

Súmula 208: "Compete à Justiça Federal processar e julgar prefeito municipal por desvio de verba, sujeito a prestação de contas perante órgão federal".

Súmula 209: "Compete à Justiça Estadual processar e julgar prefeito por desvio de verba transferida e incorporada ao patrimônio municipal".

Súmula 211: "Inadmissível recurso especial quanto à questão que, a despeito da oposição de embargos declaratórios, não foi apreciada pelo tribunal *a quo*".

Súmula 216: "A tempestividade de recurso interposto no Superior Tribunal de Justiça é aferida pelo registro do protocolo na Secretaria e não pela data da entrega na agência do correio".

Súmula 234: "A participação de membro do Ministério Público na fase investigatória criminal não acarreta o seu impedimento ou suspeição para o oferecimento da denúncia".

Súmula 240: "A extinção do processo, por abandono da causa pelo autor, depende de requerimento do réu".

Súmula 243: "O benefício da suspensão do processo não é aplicável em relação às infrações penais cometidas em concurso material, concurso formal ou continuidade delitiva, quando a pena mínima cominada, seja pelo somatório, seja pela incidência da majorante, ultrapassar o limite de um ano".

Súmula 244: "Compete ao foro do local da recusa processar e julgar o crime de estelionato mediante cheque sem provisão de fundos".

Súmula 267: "A interposição de recurso, sem efeito suspensivo, contra decisão condenatória não obsta a expedição de mandado de prisão".

Súmula 273: "Intimada a defesa da expedição da carta precatória, torna-se desnecessária intimação da data da audiência no juízo deprecado".

Súmula 315: "Não cabem embargos de divergência no âmbito do agravo de instrumento que não admite recurso especial".

Súmula 316: "Cabem embargos de divergência contra acórdão que, em agravo regimental, decide recurso especial".

Súmula 330: "É desnecessária a resposta preliminar de que trata o art. 514 do Código de Processo Penal, na ação penal instruída por inquérito policial".

Súmula 337: "É cabível a suspensão condicional do processo na desclassificação do crime e na procedência parcial da pretensão punitiva".

Súmula 338: "A prescrição penal é aplicável nas medidas socioeducativas".

Súmula 341: "A frequência a curso de ensino formal é causa de remição de parte do tempo de execução de pena sob regime fechado ou semiaberto".

Súmula 342: "No procedimento para aplicação de medida socioeducativa, é nula a desistência de outras provas em face da confissão do adolescente".

Súmula 367: "A competência estabelecida pela EC n. 45/2004 não alcança os processos já sentenciados".

Súmula 376: "Compete à turma recursal processar e julgar o mandado de segurança contra ato de juizado especial".

Súmula 415: "O período de suspensão do prazo prescricional é regulado pelo máximo da pena cominada".

Súmula 419: "Descabe a prisão civil do depositário judicial infiel".

Súmula 438: "É inadmissível a extinção da punibilidade pela prescrição da pretensão punitiva com fundamento em pena hipotética, independentemente da existência ou sorte do processo penal".

Súmula 439: "Admite-se o exame criminológico pelas peculiaridades do caso, desde que em decisão motivada".

Súmula 440: "Fixada a pena-base no mínimo legal, é vedado o estabelecimento de regime prisional mais gravoso do que o cabível em razão da sanção imposta, com base apenas na gravidade abstrata do delito".

Súmula 441: "A falta grave não interrompe o prazo para obtenção de livramento condicional".

Súmula 442: "É inadmissível aplicar, no furto qualificado, pelo concurso de agentes, a majorante do roubo".

Súmula 443: "O aumento na terceira fase de aplicação da pena no crime de roubo circunstanciado exige fundamentação concreta, não sendo suficiente para a sua exasperação a mera indicação do número de majorantes".

Súmula 444: "É vedada a utilização de inquéritos policiais e ações penais em curso para agravar a pena-base".

Súmula 455: "A decisão que determina a produção antecipada de provas com base no art. 366 do CPP deve ser concretamente fundamentada, não a justificando unicamente o mero decurso do tempo".

Súmula 471: "Os condenados por crimes hediondos ou assemelhados cometidos antes da vigência da Lei n. 11.464/2007 sujeitam-se ao disposto no art. 112 da Lei n. 7.210/1984 (Lei de Execução Penal) para a progressão de regime prisional".

Súmula 491: "É inadmissível a chamada progressão *per saltum* de regime prisional".

Súmula 492: "O ato infracional análogo ao tráfico de drogas, por si só, não conduz obrigatoriamente à imposição de medida socioeducativa de internação do adolescente".

Súmula 493: "É inadmissível a fixação de pena substitutiva (art. 44 do CP) como condição especial ao regime aberto".

Súmula 500: "A configuração do crime do art. 244-B do ECA independe da prova da efetiva corrupção do menor, por se tratar de delito formal".

Súmula 501: "É cabível a aplicação retroativa da Lei n. 11.343/2006, desde que o resultado da incidência das suas disposições, na íntegra, seja mais favorável ao réu do que o advindo da aplicação da Lei n. 6.368/1976, sendo vedada a combinação de leis".

Súmula 502: "Presentes a materialidade e a autoria, afigura-se típica, em relação ao crime previsto no art. 184, § 2º, do CP, a conduta de expor à venda CDs e DVDs 'piratas'".

Súmula 511: "É possível o reconhecimento do privilégio previsto no § 2º do art. 155 do CP nos casos de crime de furto qualificado, se estiverem presentes a primariedade do agente, o pequeno valor da coisa e a qualificadora for de ordem objetiva".

Súmula 513: "A *abolitio criminis* temporária prevista na Lei n. 10.826/2003 aplica-se ao crime de posse de arma de fogo de uso permitido com numeração, marca ou qualquer outro sinal de identificação raspado, suprimido ou adulterado, praticado somente até 23-10-2005".

Súmula 536: "A suspensão condicional do processo e a transação penal não se aplicam na hipótese de delitos sujeitos ao rito da Lei Maria da Penha".

Súmula 542: "A ação penal relativa ao crime de lesão corporal resultante de violência doméstica contra a mulher é pública incondicionada".

Súmula 546: "A competência para processar e julgar o crime de uso de documento falso é firmada em razão da entidade ou órgão ao qual foi apresentado o documento público, não importando a qualificação do órgão expedidor".

Súmula 562: "É possível a remição de parte do tempo de execução da pena quando o condenado, em regime fechado ou semiaberto, desempenha atividade laborativa, ainda que extramuros".

Súmula 567: "Sistema de vigilância realizado por monitoramento eletrônico ou por existência de segurança no interior de estabelecimento comercial, por si só, não torna impossível a configuração do crime de furto".

Súmula 568: "O relator, monocraticamente e no Superior Tribunal de Justiça, poderá dar ou negar provimento ao recurso quando houver entendimento dominante acerca do tema".

Súmula 574: "Para a configuração do delito de violação de direito autoral e a comprovação de sua materialidade, é suficiente a perícia realizada por amostragem do produto apreendido, nos aspectos externos do material, e é desnecessária a identificação dos titulares dos direitos autorais violados ou daqueles que os representem".

Súmula 575: "Constitui crime a conduta de permitir, confiar ou entregar a direção de veículo automotor a pessoa que não seja habilitada, ou que se encontre em qualquer das situações previstas no art. 310 do CTB, independentemente da ocorrência de lesão ou de perigo de dano concreto na condução do veículo".

Súmula 582: "Consuma-se o crime de roubo com a inversão da posse do bem mediante emprego de violência ou grave ameaça, ainda que por breve tempo e em seguida à perseguição imediata ao agente e recuperação da coisa roubada, sendo prescindível a posse mansa e pacífica ou desvigiada".

Súmula 587: "Para a incidência da majorante prevista no art. 40, V, da Lei n. 11.343/2006, é desnecessária a efetiva transposição de fronteiras entre estados da Federação, sendo suficiente a demonstração inequívoca da intenção de realizar o tráfico interestadual".

Súmula 588: "A prática de crime ou contravenção penal contra a mulher com violência ou grave ameaça no ambiente doméstico impossibilita a substituição da pena privativa de liberdade por restritiva de direitos".

Súmula 589: "É inaplicável o princípio da insignificância nos crimes ou contravenções penais praticados contra a mulher no âmbito das relações domésticas".

Súmula 593: "O crime de estupro de vulnerável se configura com a conjunção carnal ou prática de ato libidinoso com menor de 14 anos, sendo irrelevante eventual consentimento da vítima para a prática do ato, sua experiência sexual anterior ou existência de relacionamento amoroso com o agente".

Súmula 599: "O princípio da insignificância é inaplicável aos crimes contra a administração pública".

Súmula 600: "Para a configuração da violência doméstica e familiar prevista no artigo 5º da Lei n. 11.340/2006 (Lei Maria da Penha) não se exige a coabitação entre autor e vítima".

Súmula 604: "O mandado de segurança não se presta para atribuir efeito suspensivo a recurso criminal interposto pelo Ministério Público".

Súmula 606: "Não se aplica o princípio da insignificância a casos de transmissão clandestina de sinal de internet via radiofrequência, que caracteriza o fato típico previsto no art. 183 da Lei n. 9.472/1997".

Súmula 607: "A majorante do tráfico transnacional de drogas (art. 40, I, da Lei n. 11.343/2006) configura-se com a prova da destinação internacional das drogas, ainda que não consumada a transposição de fronteiras".

Súmula 617: "A ausência de suspensão ou revogação do livramento condicional antes do término do período de prova enseja a extinção da punibilidade pelo integral cumprimento da pena".

Súmula 630: "A incidência da atenuante da confissão espontânea no crime de tráfico ilícito de entorpecentes exige o reconhecimento da traficância pelo acusado, não bastando a mera admissão da posse ou propriedade para uso próprio".

Súmula 631: "O indulto extingue os efeitos primários da condenação (pretensão executória), mas não atinge os efeitos secundários, penais ou extrapenais".

Súmula 636: "A folha de antecedentes criminais é documento suficiente a comprovar os maus antecedentes e a reincidência".

Súmula 639: "Não fere o contraditório e o devido processo decisão que, sem ouvida prévia da defesa, determine transferência ou permanência de custodiado em estabelecimento penitenciário federal".

Súmula 643: "A execução da pena restritiva de direitos depende do trânsito em julgado da condenação".

Súmula 644: "O núcleo de prática jurídica deve apresentar o instrumento de mandato quando constituído pelo réu hipossuficiente, salvo nas hipóteses em que é nomeado pelo juízo".

Súmula 645: "O crime de fraude à licitação é formal, e sua consumação prescinde da comprovação do prejuízo ou da obtenção de vantagem".

Súmula 648: "A superveniência da sentença condenatória prejudica o pedido de trancamento da ação penal por falta de justa causa feito em *habeas corpus*".

Súmula 658: "O crime de apropriação indébita tributária pode ocorrer tanto em operações próprias, como em razão de substituição tributária".

Súmula 659: "A fração de aumento em razão da prática de crime continuado deve ser fixada de acordo com o número de delitos cometidos, aplicando-se 1/6 pela prática de duas infrações, 1/5 para três, 1/4 para quatro, 1/3 para cinco, 1/2 para seis e 2/3 para sete ou mais infrações".

Súmula 660: "A posse, pelo apenado, de aparelho celular ou de seus componentes essenciais constitui falta grave".

Súmula 661: "A falta grave prescinde da perícia do celular apreendido ou de seus componentes essenciais".

Súmula 662: "Para a prorrogação do prazo de permanência no sistema penitenciário federal, é prescindível a ocorrência de fato novo; basta constar, em decisão fundamentada, a persistência dos motivos que ensejaram a transferência inicial do preso".

Súmula 664: "É inaplicável a consunção entre o delito de embriaguez ao volante e o de condução de veículo automotor sem habilitação".

Súmula 667: "Eventual aceitação de proposta de suspensão condicional do processo não prejudica a análise do pedido de trancamento de ação penal".

Súmula 668: "Não é hediondo o delito de porte ou posse de arma de fogo de uso permitido, ainda que com numeração, marca ou qualquer outro sinal de identificação raspado, suprimido ou adulterado".

Súmula 669: "O fornecimento de bebida alcoólica a criança ou adolescente, após o advento da Lei n. 13.106, de 17 de março de 2015, configura o crime previsto no art. 243 do ECA".

Súmula 670: "Nos crimes sexuais cometidos contra a vítima em situação de vulnerabilidade temporária, em que ela recupera suas capacidades físicas e mentais e o pleno discernimento para decidir acerca da persecução penal de seu ofensor, a ação penal é pública condicionada à representação se o fato houver sido praticado na vigência da redação conferida ao art. 225 do Código Penal pela Lei n. 12.015, de 2009".

Súmula 676: "Em razão da Lei n. 13.964/2019, não é mais possível ao juiz, de ofício, decretar ou converter prisão em flagrante em prisão preventiva".

SÚMULAS DO SUPREMO TRIBUNAL FEDERAL

Súmula 2: "Concede-se liberdade vigiada ao extraditando que estiver preso por prazo superior a 60 (sessenta) dias".

Súmula 145: "Não há crime, quando a preparação do flagrante pela polícia torna impossível a sua consumação".

Súmula 146: "A prescrição da ação penal regula-se pela pena concretizada na sentença, quando não há recurso da acusação".

Súmula 147: "A prescrição de crime falimentar começa a correr da data em que deveria estar encerrada a falência, ou do trânsito em julgado da sentença que a encerrar ou que julgar cumprida a concordata".

Súmula 155: "É relativa a nulidade do processo criminal por falta de intimação da expedição de precatória para inquirição de testemunha".

Súmula 156: "É absoluta a nulidade do julgamento, pelo júri, por falta de quesito obrigatório".

Súmula 160: "É nula a decisão do tribunal que acolhe, contra o réu, nulidade não arguida no recurso da acusação, ressalvados os casos de recurso de ofício".

Súmula 162: "É absoluta a nulidade do julgamento pelo júri, quando os quesitos da defesa não precedem aos das circunstâncias agravantes".

Súmula 206: "É nulo o julgamento ulterior pelo júri com a participação de jurado que funcionou em julgamento anterior do mesmo processo".

Súmula 208: "O assistente do Ministério Público não pode recorrer, extraordinariamente, de decisão concessiva de *habeas corpus*".

Súmula 210: "O assistente do Ministério Público pode recorrer, inclusive extraordinariamente, na ação penal, nos casos dos arts. 584, § 1º, e 598 do Código de Processo Penal".

Súmula 245: "A imunidade parlamentar não se estende ao corréu sem essa prerrogativa".

Súmula 246: "Comprovado não ter havido fraude, não se configura o crime de emissão de cheque sem fundos".

Súmula 344: "Sentença de primeira instância, concessiva de *habeas corpus*, em caso de crime praticado em detrimento de bens, serviços ou interesses da União, está sujeita a recurso *ex officio*".

Súmula 351: "É nula a citação por edital de réu preso na mesma unidade da Federação em que o juiz exerce a sua jurisdição".

Súmula 352: "Não é nulo o processo por falta de nomeação de curador ao réu menor que teve a assistência de defensor dativo".

Súmula 366: "Não é nula a citação por edital que indica o dispositivo da lei penal, embora não transcreva a denúncia ou queixa, ou não resuma os fatos em que se baseia".

Súmula 367: "Concede-se liberdade ao extraditando que não for retirado do país no prazo do art. 16 do Decreto-Lei n. 394, de 28 de abril de 1938".

Súmula 395: "Não se conhece do recurso de *habeas corpus* cujo objeto seja resolver sobre o ônus das custas, por não estar mais em causa a liberdade de locomoção".

Súmula 396: "Para a ação penal por ofensa à honra, sendo admissível a exceção da verdade quanto ao desempenho da função pública, prevalece a competência especial por prerrogativa de função, ainda que já tenha cessado o exercício funcional do ofendido".

Súmula 423: "Não transita em julgado a sentença por haver omitido o recurso *ex officio*, que se considera interposto *ex lege*".

Súmula 431: "É nulo o julgamento de recurso criminal na segunda instância, sem prévia intimação, ou publicação da pauta, salvo em *habeas corpus*".

Súmula 448: "O prazo para o assistente recorrer, supletivamente, começa a correr imediatamente após o transcurso do prazo do Ministério Público".

Súmula 451: "A competência especial por prerrogativa de função não se estende ao crime cometido após a cessação definitiva do exercício funcional".

Súmula 452: "Oficiais e praças do Corpo de Bombeiros da Guanabara respondem perante à Justiça comum por crime anterior à Lei n. 427, de 11 de outubro de 1948".

Súmula 453: "Não se aplicam à segunda instância o art. 384 e parágrafo único do Código de Processo Penal, que possibilitam dar nova definição jurídica ao fato delituoso, em virtude de circunstância elementar não contida explícita ou implicitamente na denúncia ou queixa".

Súmula 497: "Quando se tratar de crime continuado, a prescrição regula-se pela pena imposta na sentença, não se computando o acréscimo decorrente da continuação".

Súmula 498: "Compete à Justiça dos Estados, em ambas as instâncias, o processo e o julgamento dos crimes contra a economia popular".

Súmula 499: "Não obsta à concessão do *sursis* condenação anterior à pena de multa".

Súmula 521: "O foro competente para o processo e julgamento dos crimes de estelionato, sob a modalidade da emissão dolosa de cheque sem provisão de fundos, é o do local onde se deu a recusa do pagamento pelo sacado".

Súmula 522: "Salvo ocorrência de tráfico para o Exterior, quando, então, a competência será da Justiça Federal, compete à Justiça dos Estados o processo e julgamento dos crimes relativos a entorpecentes".

Súmula 523: "No processo penal, a falta da defesa constitui nulidade absoluta, mas a sua deficiência só o anulará se houver prova de prejuízo para o réu".

Súmula 524: "Arquivado o inquérito policial, por despacho do juiz, a requerimento do promotor de justiça, não pode a ação penal ser iniciada sem novas provas".

Súmula 554: "O pagamento de cheque emitido sem provisão de fundos, após o recebimento da denúncia, não obsta ao prosseguimento da ação penal".

Súmula 555: "É competente o Tribunal de Justiça para julgar conflito de jurisdição entre Juiz de Direito do Estado e a Justiça Militar Local".

Súmula 564: "A ausência de fundamentação do despacho de recebimento de denúncia por crime falimentar enseja nulidade processual, salvo se já houver sentença condenatória".

Súmula 568: "A identificação criminal não constitui constrangimento ilegal, ainda que o indiciado já tenha sido identificado civilmente".

Súmula 592: "Nos crimes falimentares aplicam-se as causas interruptivas da prescrição previstas no Código Penal".

Súmula 594: "Os direitos de queixa e de representação podem ser exercidos, independentemente, pelo ofendido ou por seu representante legal".

Súmula 603: "A competência para o processo e julgamento de latrocínio é do juiz singular e não do Tribunal do Júri".

Súmula 604: "A prescrição pela pena em concreto é somente da pretensão executória da pena privativa de liberdade".

Súmula 608: "No crime de estupro, praticado mediante violência real, a ação penal é pública incondicionada".

Súmula 609: "É pública incondicionada a ação penal por crime de sonegação fiscal".

Súmula 610: "Há crime de latrocínio, quando o homicídio se consuma, ainda que não realize o agente a subtração de bens da vítima".

Súmula 611: "Transitada em julgado a sentença condenatória, compete ao juízo das execuções a aplicação de lei mais benigna".

Súmula 690: "Compete originariamente ao Supremo Tribunal Federal o julgamento de *habeas corpus* contra decisão de turma recursal de juizados especiais criminais".

Súmula 691: "Não compete ao Supremo Tribunal Federal conhecer de *habeas corpus* impetrado contra decisão do Relator que, em *habeas corpus* requerido a tribunal superior, indefere a liminar".

Súmula 692: "Não se conhece de *habeas corpus* contra omissão de relator de extradição, se fundado em fato ou direito estrangeiro cuja prova não constava dos autos, nem foi ele provocado a respeito".

Súmula 693: "Não cabe *habeas corpus* contra decisão condenatória a pena de multa, ou relativo a processo em curso por infração penal a que a pena pecuniária seja a única cominada".

Súmula 694: "Não cabe *habeas corpus* contra a imposição da pena de exclusão de militar ou de perda de patente ou de função pública".

Súmula 695: "Não cabe *habeas corpus* quando já extinta a pena privativa de liberdade".

Súmula 696: "Reunidos os pressupostos legais permissivos da suspensão condicional do processo, mas se recusando o Promotor de Justiça a propô-la, o Juiz, dissentindo, remeterá a questão ao Procurador-Geral, aplicando-se por analogia o art. 28 do Código de Processo Penal".

Súmula 697: "A proibição de liberdade provisória nos processos por crimes hediondos não veda o relaxamento da prisão processual por excesso de prazo".

Súmula 698: "Não se estende aos demais crimes hediondos a admissibilidade de progressão no regime de execução da pena aplicada ao crime de tortura".

Súmula 699: "O prazo para interposição de agravo, em processo penal, é de cinco dias, de acordo com a Lei 8.038/90, não se aplicando o disposto a respeito nas alterações da Lei 8.950/94 ao Código de Processo Civil".

Súmula 700: "É de cinco dias o prazo para interposição de agravo contra decisão do juiz da execução penal".

Súmula 701: "No mandado de segurança impetrado pelo Ministério Público contra decisão proferida em processo penal, é obrigatória a citação do réu como litisconsorte passivo".

Súmula 702: "A competência do Tribunal de Justiça para julgar Prefeitos restringe-se aos crimes de competência da Justiça comum estadual; nos demais casos, a competência originária caberá ao respectivo tribunal de segundo grau".

Súmula 703: "A extinção do mandato do Prefeito não impede a instauração de processo pela prática dos crimes previstos no art. 1º do DL 201/67".

Súmula 704: "Não viola as garantias do juiz natural, da ampla defesa e do devido processo legal a atração por continência ou conexão do processo do corréu ao foro por prerrogativa de função de um dos denunciados".

Súmula 705: "A renúncia do réu ao direito de apelação, manifestada sem a assistência do defensor, não impede o conhecimento da apelação por este interposta".

Súmula 706: "É relativa a nulidade decorrente da inobservância da competência penal por prevenção".

Súmula 707: "Constitui nulidade a falta de intimação do denunciado para oferecer contrarrazões ao recurso interposto da rejeição da denúncia, não a suprindo a nomeação de defensor dativo".

Súmula 708: "É nulo o julgamento da apelação se, após a manifestação nos autos da renúncia do único defensor, o réu não foi previamente intimado para constituir outro".

Súmula 709: "Salvo quando nula a decisão de primeiro grau, o acórdão que provê o recurso contra a rejeição da denúncia vale, desde logo, pelo recebimento dela".

Súmula 710: "No processo penal, contam-se os prazos da data da intimação, e não da juntada aos autos do mandado ou da carta precatória ou de ordem".

Súmula 711: "A lei penal mais grave aplica-se ao crime continuado ou ao crime permanente, se a sua vigência é anterior à cessação da continuidade ou da permanência".

Súmula 712: "É nula a decisão que determina o desaforamento de processo da competência do Júri sem audiência da defesa".

Súmula 713: "O efeito devolutivo da apelação contra decisões do Júri é adstrito aos fundamentos da sua interposição".

Súmula 714: "É concorrente a legitimidade do ofendido, mediante queixa, e do Ministério Público, condicionada à representação do ofendido, para a ação penal por crime contra a honra de servidor público em razão do exercício de suas funções".

Súmula 715: "A pena unificada para atender ao limite de trinta anos de cumprimento, determinado pelo art. 75 do Código Penal, não é considerada para a concessão de outros benefícios, como o livramento condicional ou regime mais favorável de execução".

Súmula 716: "Admite-se a progressão de regime de cumprimento da pena ou a aplicação imediata de regime menos severo nela determinada, antes do trânsito em julgado da sentença condenatória".

Súmula 717: "Não impede a progressão de regime de execução da pena, fixada em sentença não transitada em julgado, o fato de o réu se encontrar em prisão especial".

Súmula 718: "A opinião do julgador sobre a gravidade em abstrato do crime não constitui motivação idônea para a imposição de regime mais severo do que o permitido segundo a pena aplicada".

Súmula 719: "A imposição do regime de cumprimento mais severo do que a pena aplicada permitir exige motivação idônea".

Súmula 721: "A competência constitucional do Tribunal do Júri prevalece sobre o foro por prerrogativa de função estabelecido exclusivamente pela Constituição estadual".

Súmula 722: "São da competência legislativa da União a definição dos crimes de responsabilidade e o estabelecimento das respectivas normas de processo e julgamento".

Súmula 723: "Não se admite a suspensão condicional do processo por crime continuado, se a soma da pena mínima da infração mais grave com o aumento mínimo de um sexto for superior a um ano".

Súmula 727: "Não pode o magistrado deixar de encaminhar ao Supremo Tribunal Federal o agravo de instrumento interposto da decisão que não admite recurso extraordinário, ainda que referente a causa instaurada no âmbito dos juizados especiais".

Súmula 734: "Não cabe reclamação quando já houver transitado em julgado o ato judicial que se alega tenha desrespeitado decisão do Supremo Tribunal Federal".

Súmula 735: "Não cabe recurso extraordinário contra acórdão que defere medida liminar".

SÚMULAS VINCULANTES

Súmula Vinculante 5: "A falta de defesa técnica por advogado no processo administrativo disciplinar não ofende a Constituição".

Súmula Vinculante 9: "O disposto no artigo 127 da Lei n. 7.210/1984 (Lei de Execução Penal) foi recebido pela ordem constitucional vigente, e não se lhe aplica o limite temporal previsto no *caput* do artigo 58".

Súmula Vinculante 10: "Viola a cláusula de reserva de plenário (cf. artigo 97) a decisão de órgão fracionário de tribunal que, embora não declare expressamente a inconstitucionalidade de lei ou ato normativo do poder público, afasta sua incidência, no todo ou em parte".

Súmula Vinculante 11: "Só é lícito o uso de algemas em casos de resistência e de fundado receio de fuga ou de perigo à integridade física própria ou alheia, por parte do preso ou de terceiros, justificada a excepcionalidade por escrito, sob pena de responsabilidade disciplinar, civil e penal do agente ou da autoridade e de nulidade da prisão ou do ato processual a que se refere, sem prejuízo da responsabilidade civil do Estado".

Súmula Vinculante 14: "É direito do defensor, no interesse do representado, ter acesso amplo aos elementos de prova que, já documentados em procedimento investigatório realizado por órgão com competência de polícia judiciária, digam respeito ao exercício do direito de defesa".

Súmula Vinculante 24: "Não se tipifica crime material contra a ordem tributária, previsto no art. 1º, I a IV, da Lei n. 8.137/90, antes do lançamento definitivo do tributo".

Súmula Vinculante 25: "É ilícita a prisão civil de depositário infiel, qualquer que seja a modalidade do depósito".

Súmula Vinculante 26: "Para efeito de progressão de regime no cumprimento de pena por crime hediondo, ou equiparado, o juízo da execução observará a inconstitucionalidade do art. 2º da Lei n. 8.072, de 25 de julho de 1990, sem prejuízo de avaliar se o condenado preenche, ou não, os requisitos objetivos e subjetivos do benefício, podendo determinar, para tal fim, de modo fundamentado, a realização de exame criminológico".

Súmula Vinculante 35: "A homologação da transação penal prevista no art. 76 da Lei n. 9.099/1995 não faz coisa julgada material e, descumpridas suas cláusulas, retoma-se a situação anterior, possibilitando-se ao Ministério Público a continuidade da persecução penal mediante oferecimento de denúncia ou requisição de inquérito policial".

Súmula Vinculante 36: "Compete à justiça federal comum processar e julgar civil denunciado pelos crimes de falsificação e de uso de documento falso quando se tratar de falsificação da Caderneta de Inscrição e Registro (CIR) ou de Carteira de Habilitação de Amador (CHA), ainda que expedidas pela Marinha do Brasil".

Súmula Vinculante 45: "A competência constitucional do Tribunal do Júri prevalece sobre o foro por prerrogativa de função estabelecido exclusivamente pela Constituição Estadual".

Súmula Vinculante 46: "A definição dos crimes de responsabilidade e o estabelecimento das respectivas normas de processo e julgamento são da competência legislativa privativa da União".

Súmula Vinculante 56: "A falta de estabelecimento penal adequado não autoriza a manutenção do condenado em regime prisional mais gravoso, devendo-se observar, nessa hipótese, os parâmetros fixados no RE 641.320/RS".

PSV 139: "É impositiva a fixação do regime aberto e a substituição da pena privativa de liberdade por restritiva de direitos quando reconhecida a figura do tráfico privilegiado (art. 33, § 4º, da Lei 11.343/06) e ausentes vetores negativos na primeira fase da dosimetria (art. 59 do CP), observados os requisitos do art. 33, § 2º, alínea c e do art. 44, ambos do Código Penal".

BIBLIOGRAFIA

ALMEIDA NETO, Amaro Alves de. *Ação reparatória "ex delicto"*, publicado pela Associação Paulista do Ministério Público.

ALTAVILLA, Enrico. *Manuale di procedura penale*, 1935.

ARANHA, Adalberto José Q. T. de Camargo. *Da prova no processo penal*. 7. ed. São Paulo: Saraiva, 2006.

ARISTIDES, Milton. *A Constituição do Brasil; notícia histórica, texto e comentário*, 1898.

AVOLIO, Luiz Francisco Torquato. *Provas ilícitas*. São Paulo: Revista dos Tribunais, 1995.

BASTOS, Celso; GANDRA, Ives. *Comentários à Constituição do Brasil*. São Paulo: Saraiva.

BITTENCOURT, Cezar Roberto. *Juizados Especiais Criminais e alternativas à pena de prisão*.

BONFIM, Edilson Mougenot. *Curso de processo penal*. 13. ed. São Paulo: Saraiva Educação, 2019.

BRAGA, Affonso. *Instituições do processo civil do Brasil*, 1941, v. 3.

BRANCO, Luiz Carlos. *Equidade, proporcionalidade e razoabilidade*. São Paulo: RCS Ed.

BRASILEIRO, Renato. *Manual de processo penal* – Volume único. 12. ed. Salvador: Juspodivm, 2023.

BULOS, Uadi Lammêgo. *Constituição Federal anotada*. 2. ed. São Paulo: Saraiva, 2001.

CAMPOS, Francisco. *Exposição de motivos do Código de Processo Penal*, item VII.

CAMPOS JUNIOR, Nadir de. *Temas de processo penal*. Publicação MPM.

CAPEZ, Rodrigo. *A individualização da medida cautelar pessoal no processo penal brasileiro*. Dissertação (Mestrado) – Universidade de São Paulo, São Paulo. 2015.

_____. *No processo penal não existe o poder geral de cautela*, 2017. Disponível em: https://www.conjur.com.br/2017-mar-06/rodrigo-capez-processo-penal-nao-existe-poder--geral-cautela. Acesso em: 5 set. 2018.

CARNELLUTTI, Francesco. *Tratado de direito processual penal*. São Paulo: Saraiva, 1980.

CHIMENTI, Ricardo Cunha; CAPEZ, Fernando; ROSA, Márcio Elias; SANTOS, Marisa. *Curso de direito constitucional*. 2. ed. São Paulo: Saraiva, 2005.

CINTRA, Antonio Carlos Araujo; GRINOVER, Ada Pellegrini; DINAMARCO, Cândido Rangel. *Teoria Geral do processo*. 9. ed. Malheiros.

CNJ. Conselho Nacional de Justiça. *Regras de Tóquio: regras mínimas padrão das Nações Unidas para a elaboração de medidas não privativas de liberdade*. Coordenação: Luís Geraldo Sant'Ana Lanfredi. Brasília: CNJ, 2016. Disponível em: https://www.cnj.jus.br/wp-content/uploads/2019/09/6ab7922434499259ffca0729122b2d38-2.pdf. Acesso em: 2 out. 2023.

DEZEM, Guilherme Madeira. *Curso de processo penal*. 7. ed. São Paulo: Revista dos Tribunais, 2021.

DINAMARCO, Cândido Rangel. *A instrumentalidade do processo*, 1987.

ESPÍNOLA FILHO, Eduardo. *Código de Processo Penal anotado*. 5. ed. Rio de Janeiro: Ed. Rio, 1980. v. 2.

_____. *Código de Processo Penal anotado*. Rio de Janeiro: Ed. Rio, 1980. v. 6.

_____. *Código de Processo Penal anotado*. Rio de Janeiro: Ed. Rio, 1980. v. 7.

FARIA, Bento. *Código de Processo Penal*. Rio de Janeiro: Record, 1960, v. 2.

FEITOZA, *Direito processual penal: teoria, crítica e práxis*. 7. ed. Rio de Janeiro: Impetus, 2012.

FERNANDES, Antonio Scarance. *Prejudicialidade*. São Paulo: Revista dos Tribunais, 1988.

_____. *Processo penal constitucional*. 2. ed. São Paulo: Revista dos Tribunais, 2000.

_____. _____. 5. ed. São Paulo: Revista dos Tribunais, 2007.

FRANCO, Alberto Silva et al. *CP e sua interpretação jurisprudencial*. 2. ed. São Paulo: Revista dos Tribunais.

GARCINDO FILHO, Alfredo de. *Jurisprudência*, 1996.

GLASSON, Ernest Desire. *Précis de procédure civile*, II.

GNCCRIM. *Enunciados interpretativos da Lei Anticrime (Lei n. 13.964/2019)*. Grupo Nacional de Coordenadores de Centro de Apoio Criminal (GNCCRIM) – Comissão Especial. Disponível em: https://criminal.mppr.mp.br/arquivos/File/GNCCRIM_-_ANALISE_LEI_ANTICRIME_JANEIRO_2020. Acesso em: 8 out. 2023.

GOMES CANOTILHO. *Direito constitucional*. 6. ed. Coimbra: Livr. Almedina, 1993.

GOMES, Luiz Flávio. *Crime organizado*. São Paulo: Revista dos Tribunais.

_____. *Direito de apelar em liberdade*.

_____. *Imunidades parlamentares*. Disponível em: www.estudoscriminais.com.br. Acesso em: 2011.

_____. *Lei n. 11.313*: novas alterações nos juizados criminais. Disponível em: www.editoraconsulex.com.br. Acesso em: 2006.

_____. *Suspensão condicional do processo penal.* São Paulo: Revista dos Tribunais, 1995.

_____; CERVINI, Raul. *Interceptação telefônica.* São Paulo: Revista dos Tribunais, 1997.

GOMES, Orlando. *Direitos reais.* Rio de Janeiro: Forense, n. 298.

GOMES FILHO, Antonio Magalhães. *Direito à prova no processo penal.* São Paulo: Revista dos Tribunais, 1997.

_____. *Presunção de inocência e prisão cautelar.* São Paulo: Saraiva, 1991.

GRECO FILHO, Vicente. *Interceptação telefônica.* São Paulo: Saraiva, 1996.

_____. *Tóxicos.* 5. ed. São Paulo: Saraiva, 1987.

_____. _____. 11. ed. São Paulo: Saraiva, 1996.

GRINOVER, Ada Pellegrini. O conteúdo da garantia do contraditório. In: *Novas tendências do direito processual.* 2. ed. Rio de Janeiro: Forense Universitária, 1990.

_____ et al. *Juizados Especiais Criminais.* São Paulo: Revista dos Tribunais, 1999.

_____. _____. 5. ed. São Paulo: Revista dos Tribunais, 2005.

_____; FERNANDES, Antonio Scarance; FILHO, Antonio Magalhães Gomes. *As nulidades no processo penal.* 2. ed. São Paulo: Malheiros, 1992.

_____; _____; _____. _____. 3. ed. São Paulo: Malheiros, 1993.

GROSNER, Ian. *Ministério Público e investigação criminal,* pesquisa de pós-graduação, Brasília, julho de 1999.

JARDIM, Afrânio Silva. *Ação penal pública* – princípio da obrigatoriedade. Rio de Janeiro: Forense.

JESUS, Damásio de. *Direito penal.* 13. ed. São Paulo: Saraiva, 1988. v. 1.

_____. Interceptação de comunicações telefônicas: notas à Lei n. 9.296/96, *RT, 735:458.*

_____. Juizados Especiais Criminais, ampliação do rol dos crimes de menor potencial ofensivo e Estatuto do Idoso. Artigo publicado no *Phoenix,* órgão informativo do Complexo Jurídico Damásio de Jesus, n. 35, nov. 2003.

_____. *Lei dos Juizados Especiais Criminais anotada.*

_____. *Princípios do processo civil na Constituição Federal.* 2. ed. São Paulo: Revista dos Tribunais.

LEAL, Câmara. *Comentários ao Código de Processo Penal brasileiro,* 1943, v. 4 e 5.

LIMA, Renato Brasileiro de. *Manual de processo penal.* Rio de Janeiro: Impetus, 2011. v. 1.

_____. *Manual de processo penal.* Salvador: JusPodivm, 2016. volume único.

LOPES JR., Aury. *Direito processual penal.* 19. ed. São Paulo: SaraivaJur, 2022.

LUCCHINI, Luigi. *Elementi di procedura penale,* 3. ed., 1908.

MAGALHÃES NORONHA, Edgard. *Curso de direito processual penal*. 19. ed. São Paulo: Saraiva, 1981.

MANSO, Costa. *O processo na segunda instância e suas aplicações à primeira*, 1932.

MANZINI, Vicenzo. *Trattato di diritto processuale penale italiano secondo il nuovo Codice*, 1931, v. 1.

_____. *Trattato di diritto processuale penale italiano secondo il nuovo Codice*, 1931, v. 2.

_____. *Trattato di diritto processuale penale italiano secondo il nuovo Codice*, v. 4.

MARQUES, José Frederico. *Elementos de direito processual penal*. Rio de Janeiro: Forense, 1965, v. 4.

_____. *Elementos de direito processual penal*. 2. ed. Rio de Janeiro: Forense, v. 1.

_____. *Elementos de direito processual penal*. 2. ed. Rio de Janeiro: Forense, v. 2.

_____. *Elementos de direito processual penal*. Rio de Janeiro: Forense, v. 4.

_____. *Estudos de direito processual penal*, 1960.

MARREY, Adriano. *Júri*. 3. ed. São Paulo: Revista dos Tribunais.

MAZZILLI, Hugo Nigro. A natureza das funções do Ministério Público e sua posição no processo penal. *Revista dos Tribunais*, v. 805, p. 464, nov. 2002.

MAZZUOLI, Valério de Oliveira. *O direito internacional e o direito brasileiro*: homenagem a José Francisco Rezek. Rio Grande do Sul, Unijuí, 2004.

MÉDICI, Sérgio de Oliveira. *Caderno de doutrina e jurisprudência*. Associação Paulista do Ministério Público, n. 29.

MEIRELLES, Hely Lopes. *Mandado de segurança*. 15. ed. São Paulo: Malheiros, 1994.

MIRABETE, Julio Fabbrini. *Código de Processo Penal interpretado*. 2. ed. São Paulo: Atlas, 1994.

_____. _____. 5. ed. São Paulo: Atlas, 1997.

_____. *Processo penal*. São Paulo: Atlas, 1991.

MONTEIRO, João. *Programa de curso de processo civil*. 2. ed., 1905, v. 3.

MORAES, Maurício Zanoide de. *Presunção de inocência no processo penal brasileiro*: análise de sua estrutura normativa para elaboração legislativa e para a decisão judicial. Rio de Janeiro: Lumen Juris, 2010.

_____. *Sigilo no processo penal* — eficiência e garantismo. São Paulo: Revista dos Tribunais, 2008.

NEGRÃO, Perseu Gentil. *Recurso especial*. São Paulo: Saraiva, 1997.

NERY JUNIOR, Nelson. A divergência entre o STF e o STJ. *Boletim do IBCCrim*, São Paulo, 44:6 e 7, ago. 1996.

_____. *Princípios do processo civil na Constituição Federal*. 2. ed. São Paulo: Revista dos Tribunais.

NUCCI, Guilherme de Souza. *Curso de direito processual penal*. 20. ed. Rio de Janeiro: Forense, 2023.

OLIVEIRA, Eugenio Pacelli. *Curso de processo penal*. 13. ed. Rio de janeiro: Lumen Juris, 2010.

PAZZAGLINI FILHO, Marino et al. *Juizado Especial Criminal*. São Paulo: Atlas, 1995.

PIOVESAN, Flávia. *Direitos humanos e o direito constitucional internacional*, 20. ed. São Paulo: SaraivaJur, 2022.

PITOMBO, Sérgio Marcos Moraes. *Inquérito policial*: novas tendências. Cejup, 1987.

PONTES DE MIRANDA, Francisco Cavalcanti. *História e prática do* habeas corpus. São Paulo: Saraiva, 1979.

ROSA, Inocêncio Borges da. *Processo penal brasileiro*. Porto Alegre: Barcelos, 1942. v. 3.

_____. _____. Porto Alegre: Barcelos, 1942. v. 4.

SANTOS, Moacyr Amaral. *Primeiras linhas de direito processual civil*. 14. ed. São Paulo: Saraiva, 1994, v. 3.

SOUZA, Orlando de. *Manual das audiências*. São Paulo: Saraiva, 1986.

TAVARES, André Ramos; LENZA, Pedro; ALÁRCON, Pietro de Jesús Lora. *Reforma do Judiciário analisada e comentada*. São Paulo: Método, 2005.

TORNAGUI, Hélio. *Curso de processo penal*. 6. ed. São Paulo: Saraiva, 1989. v. 2.

_____. _____. 7. ed. São Paulo: Saraiva, 1990. v. 2.

TOURINHO FILHO, Fernando da Costa. *Processo penal*. São Paulo: Saraiva, 1997, v. 1, 2 e 4.

ZILLI, Marcos. *Revista Brasileira de Ciências Criminais* n. 79. Folha de S. Paulo, 18 nov. 1992.